21世纪本科金融学名家经典教科书系

现代金融市场学
（第四版）

主　编　张亦春
副主编　张元萍　郑振龙
　　　　蔡庆丰　郭　红

中国金融出版社

责任编辑：王效端　王　君
责任校对：刘　明
责任印制：丁淮宾

图书在版编目（CIP）数据

现代金融市场学/张亦春主编. —4 版. —北京：中国金融出版社，2019.2
（21 世纪本科金融学名家经典教科书系）
ISBN 978 - 7 - 5049 - 9668 - 8

Ⅰ.①现… Ⅱ.①张… Ⅲ.①金融市场—经济理论—高等学校—教材 Ⅳ.①F830.9

中国版本图书馆 CIP 数据核字（2018）第 157212 号

现代金融市场学（第四版）
XIANDAI JINRONG SHICHANGXUE（DI-SI BAN）

出版　中国金融出版社
发行
社址　北京市丰台区益泽路 2 号
市场开发部　（010）66024766，63805472，63439533（传真）
网 上 书 店　http://www.chinafph.com
　　　　　　（010）66024766，63372837（传真）
读者服务部　（010）66070833，62568380
邮编　100071
经销　新华书店
印刷　北京市松源印刷有限公司
尺寸　185 毫米 × 260 毫米
印张　25.5
字数　568 千
版次　2002 年 1 月第 1 版　2007 年 8 月第 2 版　2013 年 1 月第 3 版　2019 年 2 月第 4 版
印次　2021 年 1 月第 2 次印刷
定价　50.00 元
ISBN 978 - 7 - 5049 - 9668 - 8
如出现印装错误本社负责调换　联系电话（010）63263947
编辑部邮箱：jiaocaiyibu@126.com

21世纪高等学校金融学系列教材编审委员会

顾　　问：
吴晓灵（女）　清华大学五道口金融学院　教授　博士生导师
陈雨露　中国人民银行　党委委员　副行长
王广谦　中央财经大学　教授　博士生导师

主任委员：
郭建伟　中国金融出版社　总编辑
史建平　中央财经大学　教授　博士生导师
刘锡良　西南财经大学　教授　博士生导师

委　　员：（按姓氏笔画排序）
丁志杰　对外经济贸易大学　教授　博士生导师
王爱俭（女）　天津财经大学　教授　博士生导师
王效端（女）　中国金融出版社　副编审
王　稳　对外经济贸易大学　教授　博士生导师
王　能　上海财经大学　美国哥伦比亚大学　教授　博士生导师
王　聪　暨南大学　教授　博士生导师
卞志村　南京财经大学　教授　博士生导师
龙　超　云南财经大学　教授
叶永刚　武汉大学　教授　博士生导师
邢天才　东北财经大学　教授　博士生导师
朱新蓉（女）　中南财经政法大学　教授　博士生导师
孙祁祥（女）　北京大学　教授　博士生导师
孙立坚　复旦大学　教授　博士生导师
李志辉　南开大学　教授　博士生导师
李国义　哈尔滨商业大学　教授
杨兆廷　河北金融学院　教授
杨柳勇　浙江大学　教授　博士生导师
杨胜刚　湖南大学　教授　博士生导师
汪　洋　江西财经大学　教授　博士生导师
沈沛龙　山西财经大学　教授　博士生导师
宋清华　中南财经政法大学　教授　博士生导师

张礼卿　中央财经大学　教授　博士生导师
张成思　中国人民大学　教授　博士生导师
张　杰　中国人民大学　教授　博士生导师
张桥云　西南财经大学　教授　博士生导师
张志元　山东财经大学　教授
陆　磊　国家外汇管理局　副局长
陈伟忠　同济大学　教授　博士生导师
郑振龙　厦门大学　教授　博士生导师
赵锡军　中国人民大学　教授　博士生导师
郝演苏　中央财经大学　教授　博士生导师
胡炳志　武汉大学　教授　博士生导师
胡金焱　山东大学　教授　博士生导师
查子安　金融时报社　总编辑
贺力平　北京师范大学　教授　博士生导师
殷孟波　西南财经大学　教授　博士生导师
彭建刚　湖南大学　教授　博士生导师
谢太峰　首都经济贸易大学　教授　博士生导师
赫国胜　辽宁大学　教授　博士生导师
裴　平　南京大学　教授　博士生导师
潘英丽（女）　上海交通大学　教授　博士生导师
潘淑娟（女）　安徽财经大学　教授
戴国强　上海财经大学　教授　博士生导师

主编简介

张亦春，男，福建人，1960年毕业于厦门大学经济系政治经济学专业，香港科学院荣誉博士。曾任厦门大学财金系主任七年、厦门大学经济学院院长五年；现任厦门大学研究所所长，金融学教授，博士生导师，厦门大学国家金融重点学科学术总带头人，受聘于对外经贸大学等多所大学任客座教授；中国金融学会学术顾问、中国国际金融学会常务理事，1992年起享受国务院特殊津贴。迄今为止出版著作、教材37部，发表论文250多篇（均含合作）。2001年和2006年两次获得教育部高等教育国家级教学成果一等奖，以及两次获得厦门大学教师最高奖——南强一等奖；2011年被中国校园网评为"中国杰出社会科学家"；并被刘鸿儒中国金融教育基金会授予"2013年度中国金融学科终身成就奖"；其姓名被列入国内外43种名人录。

第四版序

在过去的几年中,国内外金融市场都经历了巨大的变化:国际市场上,一方面,随着全球经济逐渐复苏,美国经济走出金融危机阴影,美联储逐步退出量化宽松政策,带动美元走强,美国进入加息周期,全球货币政策收紧,金融市场动荡加剧;另一方面,英国脱欧对欧盟政治、经济产生冲击,加剧全球经济金融市场不确定性,全球金融市场格局走向复杂化。国内市场上,实体经济增速处于持续下滑状态,金融市场则历经从过热走向寒冬的过程:货币超发轮番推动债券、股票和房地产的牛市泡沫,金融机构表外业务和影子银行业务野蛮生长,金融部门功能出现异化的同时,对实体经济的支持也将出现弱化。对此,监管当局拉开金融去杠杆大幕,M_2和社会融资规模收紧,银行表外资产纳入 MPA 考核,最严资管新规出台,金融机构经营不再如此轻松,金融业进入了相对低谷的阶段。基于此特殊背景下,本书在前三版的基础上进行大规模的修订完善,希望能够反映近年来金融理论发展和金融市场最新变化。我们结合在教学过程中所积累的经验和同行师生的意见建议,主要做出以下修改。

第一,减少西方国家介绍的篇幅。前一版对西方国家的部分内容介绍得过多过细,而对我国近年来的发展着墨不多,为契合教育部提倡的"讲中国故事"的基调,我们对国外市场的部分内容介绍、案例和专栏进行了适当删减,同时增加对中国市场介绍。

第二,删除第五章保险市场介绍。多数介绍现代金融市场的教材并未涉及保险市场的内容,且经讨论本章与全书其他章节呼应较少,故进行删除。

第三,资料更新。近年来金融市场变化较大,为了让读者能够了解金融市场的新动态,我们对案例、专栏内容进行了更替,例如增加了"钱荒事件""KKR 入股青岛海尔"等内容,第三章增加中国多层次资本市场内容介绍。力求以最新的案例去帮助读者理解书中的金融理论。同时我们也对数据资料进行更新,保证数据资料的时效性。

第四,各章节前增加"学习目标"和"知识结构图",帮助学生明确章节重点,快速掌握章节结构,提高学习效率。同时我们也对课后习题进行修改,使学生的学习更有针对性。

参编章节	修订者
第一章	厦门大学蔡庆丰、陈行畅
第二章	厦门大学蔡庆丰、林少勤、全鸿烨
第三章	厦门大学蔡庆丰、何敏敏、王钰淇
第四章	厦门大学蔡庆丰、刘飞、林志伟
第五章	天津财经大学张元萍、梁小龙
第六章	厦门大学蔡庆丰、黄凯松
第七章	天津财经大学张元萍、范璐
第八章	天津财经大学杨哲、李新明
第九章	天津财经大学杨哲、陈昱颖
第十章	天津财经大学杨哲、赵越
第十一章	天津财经大学郭红、张荧天
第十二章	天津财经大学郭红、刘培
第十三章	天津财经大学郭红、王军啸、纪炜

  本书的修订得到了中国金融出版社、厦门大学金融系和天津财经大学金融系的鼎力支持，在此表示感谢。

张亦春

2018 年 8 月

第三版序

距第二版的《现代金融市场学》出版到现在又是一个五年。这五年里，全球金融市场经历了从美国的次贷危机到席卷全球的金融海啸，再到冲击欧洲的债务危机，金融动荡仍然在持续和演化，这场始于美国的国际金融危机也使全球经济深陷20世纪30年代"大萧条"以来最为严重的经济衰退。时至2013年，全球经济复苏仍然举步维艰，越来越多的国家陷入债务危机，最大的发达经济体美国面临着财政悬崖的困扰，而最大的新兴经济体中国也面临经济转型升级之痛，全球经济出现经济增长黑洞。在这样的背景下，中国的金融市场坚定、艰难前行。资本市场方面，股市经过了2007年泡沫破裂之后，管理层和金融业界也从IPO到二级市场交易各个环节不断探寻着改革的新途径。2009年创业板推出；2010年融资融券业务也开始开展起来；各类信托、社保基金、银行理财产品也在不断充实丰富着金融市场；债券市场不断放开，交易所及银行间交易市场不断扩大，各类国债、地方城投债、企业公司债都纷纷受到机构及个人投资者的青睐；外汇市场继续实行有管理的浮动汇率制，人民币汇率在稳定中不断上升，正逐渐演变成为区域性流通货币及国际上有重大影响力的币种；衍生金融市场上，ABS、CDs等衍生产品不断推出，交易规模不断扩大，股指期货等也成为各类参与者日益熟知的投资工具。

本次教材修订工作是在总结五年来教学实践情况的基础上对第二版教材进行的系统性更新。除了根据金融市场与金融形势的新发展和新情况添加了新的内容，更新了相关的数据和图表，也对次贷危机之后全球和中国金融市场的新发展提出了更多的反思和改进。

本次修订的主要工作有：

1. 在保留知识体系完整的基础上，对每章后面的"知识扩展"部分进行了修订和补充，删除了一些过时的案例和内容，增添了金融危机后的部分，以便老师在教学过程中不断跟进国内外金融市场发展的新动态。

2. 为便于学生加深对金融市场理论知识的理解，提高实际操作能力，对原有的"能力训练"部分进行了修改，对习题的一些内容和数据进行了更新，以使学生能够更好地对金融市场发展动态进行理解和把握。

3. 加大了教学案例的分量，选取了次贷危机以来国内外金融市场发展的最新状况作为教学案例，并结合教材中的疑点和难点启发学生思维，以有助于学生熟悉掌握基础知识和增强运用能力。

在此版教材修订过程中，天津财经大学的张元萍教授、厦门大学的蔡庆丰副教授和我一起共同参与了修订工作，我们也要感谢中国金融出版社的卓越工作和全力支持，在此我对所有为此教材的再版付梓付出努力的所有参与者表示诚挚的感谢。

是为序。

张亦春
2012 年 12 月于厦门大学

第二版前言

《现代金融市场学》出版至今已五年多了。在过去的五年中，中国的金融市场发生了巨大的变化。资本市场上，股权分置改革基本完成，股市市值总额与GDP的比例也由五年前的约15%发展到目前的超过50%；外汇市场上，汇率制度改革稳步展开，开始实行以市场供求为基础、参考一篮子货币进行调节的有管理的浮动汇率制度，人民币汇率波动弹性变大；金融衍生产品市场上，中国金融期货交易所已于2006年正式成立，股指期货呼之欲出；此外，中国金融市场的对外开放也稳步推进，在人民币升值预期下，国际热钱频频光临中国，近年来我国房地产市场及股票市场的大涨更是让中国民众和中国政府确实感受到金融全球化浪潮所带来的影响。总之，在过去的五年中，中国的金融市场发生了诸多实质性的变化，也面临着更多的机会和挑战。这些也为中国高等学校金融市场学课程的教学提出了新的要求和挑战。金融市场学已成为绝大多数金融（含金融学、金融工程、投资学等）专业本科教育的重要专业课程之一。本教材第一版面世五年来得到了多所院校金融专业广大师生的认可和好评。

本教材的修订工作是在总结五年来的教学实践情况的基础上对初版教材进行的一次系统性的更新改版，除了根据金融市场的新发展和新情况增添新的内容外，我们还对原有的部分章节进行了改写。在本次修订中，我们吸取了国内外众多兄弟院校在使用本教材后提出的修改建议，修改订正了第一版中的某些错误和遗漏。

本次修订的主要工作有：

1. 在保留知识体系完整性的基础上，在每章后面增加了"知识扩展"部分，并在网络资源中随时维护和更新。教师在教学过程中可随时根据国内外金融市场的最新变化更新相关内容。

2. 为便于学生加深对金融市场理论知识的理解，提高实际操作的能力，精心编写了"能力训练"部分，含单项选择题、多项选择题、简答题、论述题和计算题，并在网络资源版中附有参考答案，为教师的教学和学生的学习提供便利。

3. 加大了教学案例的分量，选取近年来国内外金融市场的最新发展状况作为教学案例，并结合教材中的疑点和难点启发学生的思维，以有助于学生熟悉掌握基础知识和增强运用能力。

本教材附带网络资源版教学光盘，包括各章教学课件、各章学习指导、关键术语、知识扩展、案例分析、能力训练、参考文献与网站链接等内容。

本教材修订分工如下：

现章节	原作者	修订者
主编、副主编	张亦春、张元萍、郑振龙、贺强	张亦春、张元萍、郑振龙、蔡庆丰、郭红
第一章	厦门大学张亦春	厦门大学张亦春、蔡庆丰
第二章	厦门大学张亦春	厦门大学蔡庆丰
第三章	厦门大学陈善昂	厦门大学张亦春、蔡庆丰
第四章	厦门大学李晓峰	厦门大学张亦春、蔡庆丰
第五章	厦门大学郑荣鸣	厦门大学张亦春、蔡庆丰
第六章	中央财经大学陈灵	天津财经大学张元萍
第七章	厦门大学李晓峰	厦门大学张亦春、蔡庆丰
第八章	厦门大学郑振龙	厦门大学郑振龙
第九章	北京大学贾春新	天津财经大学张元萍
第十章	天津财经大学张元萍	天津财经大学张元萍
第十一章	天津财经大学张元萍	天津财经大学张元萍
第十二章	南开大学高凤龙	天津财经大学郭红
第十三章	南开大学高凤龙	天津财经大学郭红
第十四章	中央财经大学贺强	天津财经大学郭红
光盘制作		天津财经大学张元萍、刘昱、李晶、张连娜

刘昱、李晶、张连娜编写了各章的知识扩展、案例分析和能力训练部分。

本次教材的修订和出版得到了厦门大学、天津财经大学和中国金融出版社的支持，在此我们表示诚挚的感谢。

张亦春　张元萍
2007 年 2 月

目录 Contents

1	**第一章　金融市场导论**
1	★学习目标　★知识结构图
2	**第一节　金融市场概述**
2	一、金融市场：概念的引出
2	二、金融市场与金融资产
3	三、金融资产：收益与风险
3	四、金融风险：定义及分类
5	五、金融市场的经济功能：微观和宏观
8	六、金融市场是现代经济的核心
9	**第二节　金融市场要素**
9	一、金融市场的主体
13	二、金融市场投资主体机构化
15	三、金融市场的客体
16	**第三节　金融市场的构成与分类**
16	一、金融市场按标的物分类
18	二、金融市场按中介特征分类
18	三、金融市场按金融资产的发行和流通特征分类
19	四、金融市场按成交与定价的方式分类
20	五、金融市场按有无固定场所分类
20	六、金融市场按地域分类
20	**第四节　金融市场的发展趋势**
21	一、金融全球化
22	二、金融自由化
24	三、金融工程化
25	四、资产证券化
27	本章小结　　28　关键术语
34	能力训练
36	**第二章　货币市场**
36	★学习目标　★知识结构图
37	**第一节　同业拆借市场**
37	一、同业拆借市场的演进
38	二、同业拆借市场的交易机制
39	三、同业拆借市场的参与者
39	四、同业拆借市场的利率及期限
40	五、同业拆借市场的特点
40	六、同业拆借市场的作用
41	**第二节　票据市场**
41	一、票据概述
43	二、商业票据市场
45	三、银行承兑票据市场
49	四、大额可转让定期存单市场
51	**第三节　回购市场**
51	一、回购协议的交易机制
51	二、回购市场的交易定价及风险
52	三、回购市场的利率决定
53	**第四节　短期政府债券市场**
53	一、政府短期债券
53	二、政府短期债券的发行
54	三、政府短期债券的市场特征
54	四、国库券收益的计算
55	**第五节　货币市场基金**
55	一、货币市场基金的市场运作

56	二、货币市场基金的发展方向	115	二、外汇市场交易的三个层次
57	本章小结　　58　关键术语	116	三、导致外汇市场汇率波动的主要因素
63	能力训练	118	第三节　外汇市场的交易方式

第三章　资本市场

67	★学习目标　★知识结构图	119	一、即期外汇交易
68	第一节　股票市场	121	二、远期外汇交易
68	一、股票的概念和种类	123	三、掉期交易
70	二、股票的一级市场	124	四、套汇交易
75	三、股票的二级市场	124	第四节　汇率决定的主要理论
79	四、股价指数	125	一、购买力平价说
84	五、中国多层次资本市场结构	126	二、利率平价说
85	第二节　债券市场	127	三、国际收支说
85	一、债券的概念与种类	129	四、资产市场说
89	二、债券的一级市场	133	本章小结　　134　关键术语
91	三、债券的二级市场	139	能力训练
92	第三节　私人权益资本市场		
92	一、私人权益资本市场的发展概况		

第五章　创业风险投资市场

92	二、私人权益资本市场的结构分析	144	★学习目标　★知识结构图
95	三、私人权益资本市场的运作	145	第一节　创业风险投资概述
96	四、发展私人权益资本市场的意义	145	一、创业风险投资的含义
97	第四节　投资基金	147	二、创业风险投资的特征
97	一、投资基金：概念、特点与分类	148	三、创业风险投资的功能
100	二、投资基金的设立和募集	149	四、创业风险投资的意义
101	三、投资基金的运作与投资	149	第二节　创业风险投资的运作方式
101	本章小结　　102　关键术语	149	一、创业风险投资的构成要素
104	能力训练	150	二、创业风险投资的组织形式
		151	三、创业风险投资的阶段划分
		153	四、创业风险投资的退出机制

第四章　外汇市场

108	★学习目标　★知识结构图	155	第三节　国外创业风险投资市场
109	第一节　外汇市场概述	155	一、美国的创业风险投资市场
109	一、外汇与汇率	156	二、欧洲的创业风险投资市场
110	二、外汇市场的含义	157	三、日本的创业风险投资市场
111	三、当代外汇市场的特点	157	四、以色列创业风险投资
112	四、外汇市场的作用	159	第四节　我国的创业风险投资市场
113	第二节　外汇市场运作	159	一、中国创业风险投资发展历程
113	一、外汇市场的参与者	160	二、中国创业风险投资的主要运作模式
		161	三、发展方向

163 本章小结　　164 关键术语
166 能力训练

第六章　金融衍生工具市场

168 ★学习目标　★知识结构图
169 第一节　金融衍生工具概述
169 　一、金融衍生工具的定义及种类
172 　二、金融衍生工具的特点
172 　三、金融衍生工具的产生和发展
174 第二节　金融远期市场
175 　一、远期利率协议的概念
175 　二、重要术语和交易流程
176 　三、远期利率协议结算金的计算
176 　四、远期利率协议的功能
177 　五、金融远期市场的特点
177 第三节　金融期货市场
177 　一、金融期货合约的定义及其主要内容
179 　二、金融期货交易的特点
179 　三、金融期货交易的种类
183 　四、期货合约与远期合约的区别
184 　五、金融期货市场的功能
185 第四节　金融期权市场
185 　一、金融期权合约的含义及种类
187 　二、金融期权的特征
188 　三、金融期权价格的决定
190 　四、期权交易策略
192 第五节　金融互换市场
192 　一、金融互换概述
194 　二、金融互换产生的理论基础
194 　三、金融互换的种类
197 　四、金融互换的功能
197 本章小结　　198 关键术语
203 能力训练

第七章　效率市场理论

208 ★学习目标　★知识结构图

209 第一节　效率市场假说的概念及其假设条件
210 第二节　效率市场假说的类型
212 第三节　效率市场假说的实证检验
212 　一、弱式有效市场假设的实证检验
213 　二、半强式有效市场假设的实证检验
214 　三、强式有效市场假设的实证检验
215 第四节　效率市场理论的发展
217 本章小结　　217 关键术语
217 能力训练

第八章　金融市场定价机制

220 ★学习目标　★知识结构图
220 第一节　货币市场定价机制
220 　一、利率定价机制
224 　二、汇率定价机制
228 第二节　资本市场定价机制
228 　一、债券市场定价
232 　二、股票市场定价
235 　三、投资基金的价格决定
237 第三节　金融衍生市场定价机制
237 　一、期货市场定价
239 　二、期权市场定价
245 　三、互换的定价
246 　四、可转换债券的价格决定
249 　五、优先认股权的价格决定
250 　六、认股权证的价格决定
251 本章小结　　253 关键术语
261 能力训练

第九章　证券投资组合理论

266 ★学习目标　★知识结构图
267 第一节　金融市场风险与防范
267 　一、金融市场风险的特征
267 　二、金融市场的风险
269 　三、金融市场风险的防范策略

271	第二节 证券投资组合收益和风险的测定
271	一、证券组合收益率的测定
273	二、证券组合风险的测定
278	三、系统性风险的测定
279	第三节 金融市场投资组合理论
279	一、投资者行为的几种假设
280	二、风险偏好与无差异曲线
287	本章小结　288 关键术语
288	能力训练

293　第十章　资本资产定价模型与套利定价理论

293	★学习目标　★知识结构图
293	第一节 资本资产定价模型
295	一、资本资产定价模型的假设
295	二、分离理论
296	三、资本市场线
297	四、证券市场线
300	第二节 因子模型
300	一、单因子模型
302	二、多因子模型
304	第三节 套利定价理论
305	一、套利的基本形式
305	二、套利定价理论
308	三、套利定价理论和资本资产定价模型的一致性
308	本章小结　309 关键术语
311	能力训练

315　第十一章　金融监管概述

315	★学习目标　★知识结构图
316	第一节 金融监管概述
316	一、金融监管的概念及要素
319	二、金融监管的原则
320	三、金融监管的内容
321	第二节 金融监管的理论依据
321	一、公共效益论
323	二、俘虏论
325	三、监管经济学
327	四、金融监管理论的几点结论
328	五、金融监管理论的变革
330	本章小结　331 关键术语
333	能力训练

335　第十二章　金融监管体制

335	★学习目标　★知识结构图
335	第一节 金融监管体制模式
336	一、金融监管体制模式
337	二、金融监管体制的变迁
338	三、各国（地区）金融监管体制比较分析
340	四、次贷危机后各国金融监管改革
344	第二节 我国的金融监管体制
344	一、我国金融监管体制的沿革
346	二、我国金融监管法律体系的建立和完善
348	本章小结　348 关键术语
351	能力训练

353　第十三章　金融市场监管

353	★学习目标　★知识结构图
354	第一节 货币市场监管
354	一、对同业拆借市场的监管
354	二、对票据市场的监管
355	三、对其他子市场的监管
356	第二节 证券市场监管
356	一、证券市场监管的内容
360	二、证券市场的自律性监管
362	三、我国证券监管机构
362	第三节 外汇市场监管
362	一、外汇市场监管的主体、客体和形式
363	二、我国外汇市场监管的主要内容

365	第四节 保险市场监管	371	本章小结	372 关键术语
365	一、保险市场监管的方式	377	能力训练	
366	二、保险市场监管的内容及目标			
367	三、保险业的自律性监管	379	**附录**	
369	第五节 金融衍生工具市场监管			
369	一、金融衍生工具市场监管概述	383	**参考书目**	
370	二、场内衍生工具市场的监管			
370	三、场外衍生工具市场的监管			

第一章
金融市场导论

学习目标：

  1. 掌握金融市场的基本概念和功能、金融市场的构成与分类方法以及金融市场的要素。
  2. 了解金融市场发展的趋势，熟悉我国金融自由化的发展进程。

知识结构图：

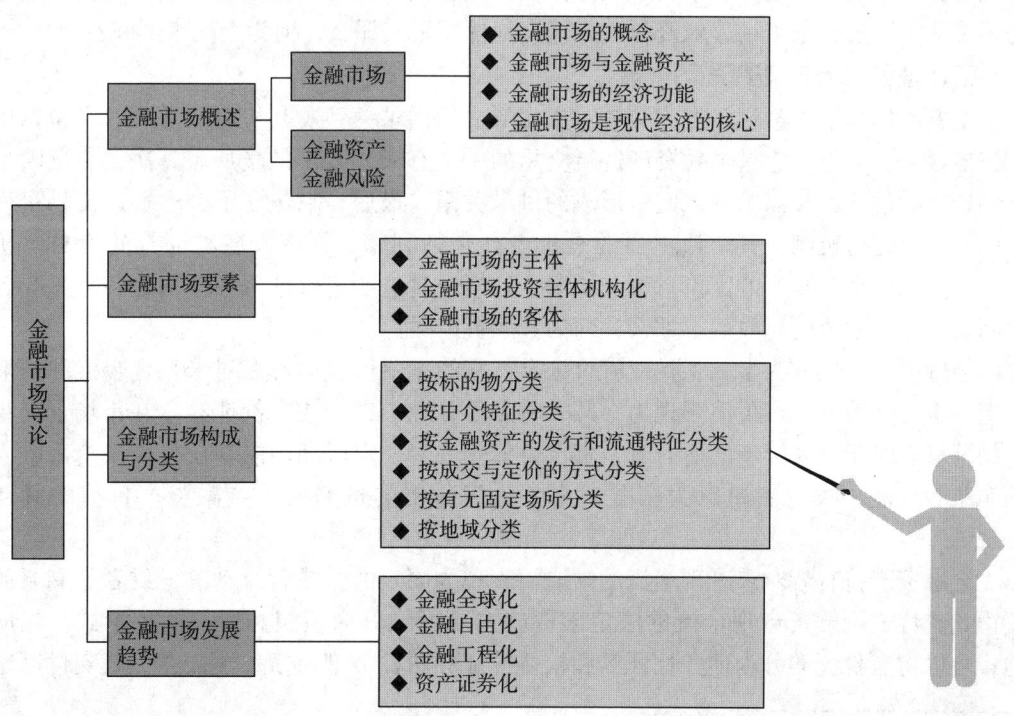

第一节 金融市场概述

一、金融市场：概念的引出

所谓金融，简单地讲就是指资金的融通或者资本的借贷。它所要解决的核心问题就是：如何在不确定的环境下对资源进行跨期的最优配置。资源配置一般可以通过计划和市场两种方式进行。如果中央计划者完全掌握了经济的生产能力，了解每个市场主体的偏好，对未来不确定性有足够的认识且具备强大的计算能力而能随时求解上述随机最优控制问题，那么，从理论上讲通过"计划"这一方式也可以有效地解决在不确定环境下最优化跨期资源配置。这也正是大部分前计划经济国家，包括 1956 年到 1979 年间的中国所努力从事的工作。从 20 世纪 80 年代起，几乎所有计划经济的中央决策者都不约而同地放弃了履行资源跨期配置任务的职责。计划经济把资源跨期配置的任务交给了另一个可供替代的制度安排——市场。

在市场经济体制下，一方面，家庭或更一般的资金盈余单位获得收入并将其分割为当期消费和投资；另一方面，经济体系中存在着大量提供产品和劳务的实际生产者（主要是企业，也包括政府①），为了生产和再生产，它们需要大量的资金支持。连通消费和生产、媒介资源跨期配置的就是金融市场和金融中介。因此，现代金融可以视为不确定环境下资源跨期最优配置的市场解决方案。由此，我们也可以把金融理解为：在不确定的环境下，通过金融市场，对资源进行跨期最优配置。那么，何为金融市场呢？

二、金融市场与金融资产

金融市场是指以金融资产为交易对象而形成的供求关系及其机制的总和。它包括以下三层含义：首先，它是金融资产进行交易的一个有形或无形的场所。其次，它反映了金融资产的供应者和需求者之间所形成的供求关系。最后，它包含了金融资产交易过程中所产生的运行机制，其中最主要的是价格（包括利率、汇率及各种证券的价格）机制，它揭示了金融资产的定价过程，说明了如何通过这些定价过程在市场的各个参与者之间合理地分配风险和收益。那么，何为金融资产呢？

金融资产，也称为金融工具或有价证券，它的主要价值体现在对未来现金流的索取权上。直观上看，资产价值表现为在某一时点上金融工具（或有价证券）在市场上交易时的价格。对于金融资产的所有者，资产价值代表着一定时期内能够获得未来货币收入的源泉和权利。投资者愿意为获得未来收入而付出的价格就是金融资产价值的具体表现。

金融资产持有者对未来现金流的索取权表现为固定的，或者浮动的，或者是剩余的货币量。代表金融资产现金流的法定索取权主要可以分为债权和股权两种形式。相应地，可以将有价证券分为债务性证券和权益性证券两种类型。债务性证券一般支付固

---

① 我们可以把政府理解为提供国防、治安等公共产品的生产者。

或浮动的现金流,如公司债、国债和存单等以固定利息进行现金流的支付;也有的长期债务工具是以浮动利率为基础进行利息的支付,如在金融创新过程中所出现的以规避利率波动风险为目的的浮动利率债券。权益性证券的收益水平取决于发行人的经营状况,而且其支付顺序在债务性证券之后,普通股是最典型的权益性证券。此外,另有一些金融工具介于两者之间。例如,优先股就是一种要求固定回报的股权,但其收益的支付排在债务人的后面,因此收益的取得也取决于发行人的经营状况;可转换债券允许投资者在一定的条件下把债权转变为股权,因此兼备两种不同的特性。在了解了金融资产的概念和分类之后,我们进一步了解金融资产的收益和风险。

三、金融资产:收益与风险

金融资产的价值附着在投资者对金融资产未来现金流的索取权上,因此,金融资产的价格确定也离不开现金流。任何金融资产定价的基本经济原则是:金融资产的价格等于其预期的未来现金流的现值。有些金融资产的未来现金流是固定的,如政府债券;也有些金融资产的未来现金流是不确定的,只能以预期的价值进行折现,如普通股。普通股股息的分派是以企业的净利润为基础的,具有不确定性;并且这种不确定性不仅体现在现金流量的支付上,还体现在现金流支付的时间上。即使是固定收益证券,其未来的现金流也可能因为发行主体的原因或者从发行到最后一笔现金流支付的期间发生的事件而产生不确定性。这种在未来现金流支付上的不确定性即为金融资产风险。

任何金融资产的发行主体的信誉和支付能力都直接影响着该金融资产未来现金流的确定程度。一般认为,一国中央政府所发行的国库券的现金流是最有保证的,因为政府的信誉等级最高,一般不会违约。除了发行主体的信誉会引起金融资产未来现金流确定程度的差异外,通货膨胀所引发的货币购买力的变化也会影响未来现金流的价值。虽然中央政府一般没有支付上的违约风险,但高的通货膨胀也会使得金融资产的未来现金流贬值,这也会影响未来现金流的确定程度。此外,在跨国投资中,汇率的变动也会影响金融资产的未来现金流。我们将与发行主体信用水平相关的风险称为信用风险或者违约风险,将与通货膨胀相关的风险称为购买力风险,与金融资产的计价货币相关的风险称为汇率风险。关于风险,后文会有进一步的阐述。

在金融资产收益和价格的形成过程中,时间因素和不确定因素起到了重要作用。从时间因素看,任何人购买金融资产,都是把当前的货币收入在一段时间内让渡给别人,以期在到期时获得高于当前的货币收入。未来收入和当前货币量之间的差额就是一定时间内投资者让渡金融资产使用权的补偿。显然,让渡的时间越长,要求的补偿就可能越大,投资者对收益的预期就越高。从不确定(风险)因素看,金融资产的购买者在付出货币的同时就和金融资产的发行者共同承担了生产投资的风险,必然要求一定的风险补偿。金融资产的风险越大,支付给投资人的风险补偿也就越高。一个简单的例子就是政府债券的利息总是低于企业债券的利息,因为政府的信用水平一般被认为高于企业的信用水平。

四、金融风险:定义及分类

金融市场中的任何投资活动从本质上讲无非是以未来更高的回报来替代当前的消

费，同时也是以更高的回报预期来补偿不确定性（风险）对确定性的替代。前者涉及的问题被称为资金的时间价值，后者涉及的问题被称为资金的风险回报。从某种意义上讲，金融是一种以承担风险换取收益的经济活动。那么，何为风险呢？

关于风险和金融风险的定义，目前学术界还没有一个统一的界定。对风险的解释或界定存在着以下不同的观点：（1）风险是结果的不确定性；（2）风险是损失发生的可能性，或可能发生的损失；（3）风险是结果对期望的偏离；（4）风险是导致损失的变化；（5）风险是受伤害或损失的危险。事实上，这些解释和界定从不同角度揭示了风险的某些特性。从以上观点可知，所谓风险是指由于不确定性导致损失或获利的可能性，这一可能性的分布状况显示了风险的程度。

1952年，马柯维茨（Markowitz）在其《资产组合选择》论文中提出用方差和均值（预期收益）作为对风险和收益的基本测度，自此风险和收益有了精确的、具有统计意义的定义（Mille, 1999）。以方差或标准差来衡量风险的突出特点在于它对风险的认识和测度是双向的，即将收益围绕其均值上下的波动都视为风险的表现。这与将风险仅仅理解为损失的可能性进而只测度下侧风险的观点有着明显的区别。这种双向的风险测度与统计学中的正态分布的基本原理是一致的，使得正态分布这一统计分析技术可以运用于现代风险的量化分析和管理。

分类是进一步认识事物的手段，对于风险和金融风险的分类有利于我们更深刻地理解金融风险的性质。在给出风险的定义之后，我们对风险进行分类。根据风险发生的范围，可以将金融风险分为系统性风险和非系统性风险。系统性风险会影响所有的金融变量，无法通过分散投资降低风险，因此也称为不可分散风险，如经济周期。非系统性风险一般是与特定市场主体相关的风险，可以通过分散投资降低甚至消除风险，因此也称可分散风险。需要强调的是，在传统的资产定价理论如资本资产定价模型（CAPM）中，非系统性风险是得不到市场回报的，因为它可以通过多样化投资分散掉。根据风险承担能否给承担者带来收益，可以将风险分为纯粹风险和投资风险。前者只能给风险承担者带来损失，如火灾、地震和疾病等带来的风险；后者使承担者既有损失的可能，也有获利的希望，如利率风险、汇率风险等。更具体地，可以将投资者在金融市场中所面临的金融风险分为以下几种。

1. 市场风险。市场风险是指因市场变量变动而带来的风险，或被定义为金融资产及其组合的价值对市场变量（风险因子）变化的敏感度。根据这些市场变量的不同，市场风险又可以分为利率风险、汇率风险、股权价格风险、商品价格风险和变量波动性风险等。

2. 信用风险。信用风险通常被定义为交易对手不能正常履行合约而造成损失的风险，因而也称为违约风险。根据这一传统定义，只有在违约实际发生时，风险才转化为损失[①]。但实际上，交易对手的履约能力和信用状况会随时影响金融资产的价值，而不

---

① 在实践中表现为商业银行只有在借款人违约实际发生后才在资产负债表上将贷款资产注销，计为损失。而在此之前，银行按贷款的账面价值持有该资产，且资产价值与借款人的还款能力与可能性无关。

仅仅在违约实际发生时。由此，现代意义上的信用风险可以定义为交易对手履约能力的变化造成金融资产价值损失的风险，相应地可以称为履约能力风险或违约可能性风险。

3. 流动性风险。流动性风险通常可以在资产、机构和市场三个层次上探讨。金融资产的流动性是指该资产在正常的市场价格上变现的能力；机构的流动性是指通过将资产变现或对外融资来清偿到期债务的能力；市场的流动性是指通过市场出售和购买相关金融产品的便利程度，通常用市场的交易量来表示。对于金融机构而言，流动性风险往往是指因其所持有的资产流动性差和对外融资能力枯竭而造成的损失或破产的可能性。

市场风险、信用风险和流动性风险是金融资产所面临的最主要风险，而市场主体在金融市场中除了面临上述风险外，主要还面临操作风险和法律风险。

4. 操作风险。操作风险是指金融机构因为信息系统或内控机制失灵而造成意外损失的风险。这种风险一般是由人为的错误、系统的失灵、操作程序发生错误或控制失效而引起的。此外，操作风险还包括金融交易过程的定价风险，即交易人员使用错误的模型，或模型参数选择不当，导致对交易价值的错误判断而造成损失的可能性。

5. 法律风险。法律风险是指交易对手不具备法律或监管部门授予的交易权利时而导致损失的可能性。它不仅包括合同文件的签署是否具备可执行性的问题，还包括是否将自己的法律和监管责任以恰当的方式转移给交易对手的风险。法律风险往往和信用风险直接相关。

Allen 和 Santomero（1998）认为可以将金融风险分为以下三种：（1）能够通过商业行为消除或规避的风险；（2）能够转移给其他参与者的风险；（3）必须在企业层面上积极管理的风险。这实际上是从风险管理的角度对风险进行的分类。

五、金融市场的经济功能：微观和宏观

（一）微观经济功能

金融市场的微观经济功能体现在价格发现、提供流动性和降低交易成本上。

1. 价格发现机制。金融市场的各参与方能够根据发行人和投资人的需要设计出各种不同的金融工具，并通过金融机构的努力，将这些金融工具销售到各种不同类型的投资者手中，从而在资金的供给方与需求方之间建立起资金传递的机制。市场中买卖双方通过对资金借贷的利率、期限及金额等条件的竞争决定了金融资产的价格，这就是金融市场的价格发现机制。这一机制的存在使金融市场的资产创造和分配得以顺利进行。

2. 提供流动性。金融市场为投资者提供了卖出金融资产的机制。正是基于此种机制，才使得当外界因素迫使或者驱动投资者出售金融资产时，可以较小的代价在很短的时间内实现。换言之，此种机制为金融资产提供了流动性。如果金融市场不具备此种机制，则债券的持有者只有等待债券到期，而股权的持有者更只能等到公司清盘，才得以套现其资金了，这样的话，当然很少有人愿意将资金投入金融市场中去。所有金融市场都（应）能够提供某种形式（尽管程度不一）的流动性，这是金融市场生命力的表现。

3. 降低交易成本。金融市场的又一个重要作用是将买者和卖者聚合在一起，以便利金融资产的交易，降低交易成本，促进市场成长。当买者和卖者比较分散时，收集交换

信息必须付出相当的成本,这样买者就难以找到卖者,交换就难以完成。金融市场此时的作用就在于通过提供交易场所(有形或无形)将资金供求双方聚集在一起,从而减少信息收集的费用,方便金融交易的开展。

(二) 宏观经济功能

金融市场的宏观经济功能体现在聚敛功能、配置功能、调控功能和反映功能上。

1. 聚敛功能。金融市场的聚敛功能是指金融市场引导众多分散的小额资金汇聚成为可以投入社会再生产的资金集合功能。在这里,金融市场起着资金"蓄水池"的作用。在国民经济四部门中,各部门之间、各部门内部的资金收入和支出在时间上并不总是对称的。这样,一些部门、一些经济单位在一定的时间内可能存在暂时闲置不用的资金,而另一些部门和经济单位则存在资金缺口。金融市场就提供了两者沟通的渠道。

金融市场是由资金供应者和资金需求者组成的。资金供应者就是在一定时间内的资金有余者,这些资金有余者的资金之所以暂时闲置,或者是因为要预防未来的意外急需,或者是要等到积累到足够数量之后进行某项大额投资或消费。如个人为预防意外事件或为了满足将来生活及购买大件消费品之需而进行储蓄,企业为了积存足够的资金投资于某个新项目而进行的资金积累等。这些暂时闲置的资金在使用之前有通过投资谋求保值增值的需要。对资金需求者来说,往往是由于要进行某项经济活动,或为了满足其比较迫切的需要,但手中积累的资金不足,因此,需要寻求更多的资金来源。但是,各经济单位的闲置资金是相对有限的,这些暂时不用的资金就显得相对零散,不足以满足大规模的投资要求,特别是企业为发展生产而进行的大额投资和政府部门进行大规模的基础设施建设与公共支出的要求。这就需要一个能将众多的小额资金集合起来以形成大额资金的渠道,金融市场就提供了这种渠道,这就是金融市场的资金聚敛功能。

金融市场之所以具有资金聚敛功能,一是由于金融市场创造了金融资产的流动性。现代金融市场正发展成为功能齐全、法规完善的资金融通场所,资金需求者可以很方便地通过直接或间接的融资方式获取资金,而资金供应者也可以通过金融市场为资金找到满意的投资渠道。二是金融市场上多样化的融资工具为资金供应者的资金寻求合适的投资手段找到了出路。金融市场根据不同的期限、收益和风险要求,提供了多种多样的供投资者选择的金融工具,资金供应者可以依据自己的收益风险偏好和流动性要求选择其满意的投资工具,实现资金效益的最大化。

2. 配置功能。金融市场的配置功能表现在三个方面:一是资源的配置,二是财富的再分配,三是风险的再分配。在经济运行过程中,拥有多余资产的盈余部门并不一定是最有能力和机会做最有利投资的部门,现有的资产在这些盈余部门得不到有效的利用,金融市场通过将资源从低效率利用的部门转移到高效率利用的部门,从而使一个社会的经济资源能最有效地配置在效率最高或效用最大的用途上,实现稀缺资源的合理配置和有效利用。在金融市场中,证券价格的波动实际上反映着证券背后所隐含的相关信息。投资者可以通过证券交易中所公开的信息及证券价格波动所反映出的信息来判断整体经济运行情况以及相关企业、行业的发展前景,从而决定其资金和其他经济资源的投向。一般来说,资金总是流向最有发展潜力、能够为投资者带来最大利益的部门和企业。这样,通过金融市场的作用,有限的资源就能够得到合理的利用。

财富可以用各经济单位持有的全部资产的市场价格来表示。政府、企业及个人通过持有金融资产的方式来持有财富,在金融市场上的金融资产价格发生波动时,其财富的持有数量也会发生变化。一部分人的财富量随金融资产价格的升高而增加,而另一部分人的财富量则由于金融资产价格的下跌而相应减少。这样,社会财富就通过金融市场价格的波动实现了财富的再分配。

金融市场同时也是风险再分配的场所。在现代经济活动中,风险无时不在、无处不在。不同的主体对风险的厌恶程度是不同的。利用各种金融工具,风险厌恶程度较高的人可以把风险转嫁给风险厌恶程度较低的人,从而实现风险的再分配。

3. 调控功能。调控功能是指金融市场对宏观经济的调控作用。金融市场一边连着储蓄者,另一边连着投资者,金融市场的运行机制通过对储蓄者和投资者的影响而发挥作用。

金融市场具有直接调控作用。在金融市场大量的直接融资活动中,投资者为了自身利益,一定会谨慎、科学地选择投资的国家、地区、行业、企业、项目及产品。只有符合市场需要、效益高的投资对象,才能获得投资者的青睐。而且,投资对象在获得资本后,只有保持较高的经济效益和较好的发展势头,才能继续生存并进一步扩张。否则,它的证券价格就会下跌,继续在金融市场上筹资就会面临困难,发展就会受到后续资本供应的抑制。这实际上是金融市场通过其特有的引导资本形成及合理配置的机制首先对微观经济部门产生影响,进而影响到宏观经济活动的一种有效的自发调节机制。

金融市场的存在及发展为政府实施对宏观经济活动的间接调控创造了条件。货币政策属于调控宏观经济活动的重要宏观经济政策,其具体的调控工具有存款准备金、再贴现、公开市场操作等,这些政策的实施都以金融市场的存在、金融部门及企业成为金融市场的主体为前提。金融市场既提供货币政策操作的场所,也提供实施货币政策的决策信息。首先,因为金融市场的波动是对有关宏微观经济信息的反映,所以,政府有关部门可以通过收集及分析金融市场的运行情况来为政策的制定提供依据。其次,中央银行在实施货币政策时,通过金融市场可以调节货币供应量、传递政策信息,最终影响到各经济主体的经济活动,从而达到调节整个宏观经济运行的目的。此外,财政政策的实施也越来越离不开金融市场,政府通过国债的发行及运用等方式对各经济主体的行为加以引导和调节,并提供中央银行进行公开市场操作的手段,也对宏观经济活动产生着巨大的影响。

4. 反映功能。金融市场的反映功能表现在如下几个方面:(1)由于证券买卖大部分都在证券交易所进行,人们可以随时通过这个有形的市场了解到各种上市证券的交易行情,并据以判断投资机会。证券价格的涨跌在一个有效的市场中实际上反映着其背后企业的经营管理情况及发展前景。此外,一个有组织的市场一般也要求上市的证券公司定期或不定期地公布其经营信息和财务报表,这也有助于人们了解及推断上市公司及相关企业、行业的发展前景。所以,金融市场首先是反映微观经济运行状况的指示器。(2)金融市场交易直接和间接地反映国家货币供应量的变动。货币的紧缩和放松均是通过金融市场进行的,货币政策实施时,金融市场会出现波动,表示出紧缩和放松的程度。因此,金融市场所反馈的宏观经济运行方面的信息,有利于政府部门及时制定和调整宏观经济政策。(3)由于证券交易的需要,金融市场有大量专门人员长期从事商情研究和分析,他们每日与各类工商业直接接触,能了解企业的发展动态。(4)金融市场有着广泛而及时的收集和传播信息的通信网络,整个世界金融市场已连成一体,四通八达,从而使人们可以及时了解世界经济发展变化情况。

六、金融市场是现代经济的核心

(一) 金融市场是储蓄向投资转化的关键环节

金融市场是储蓄者和投资者之间的传递机制。它通过各种金融技术、金融工具和金融机构把成千上万的储蓄组织起来,并把这些储蓄输送到投资者手中。高度发达、影响广泛和运行灵活的金融市场在将储蓄资金转移到投资领域的过程中起着至关重要的作用。一个有效的金融市场使得工商业能够对未来进行投资,通过资金的融通及时把握、利用每一个可能的获利机会,于是,投资规模的外在边界被极大地扩展了,从而实体经济的发展也获得了一个极为广阔的空间。另外,从储蓄者的角度来看,从金融资产获得的收益意味着明天更高的消费,一个有效的金融市场鼓励节俭,它允许个人通过延迟当期消费以获取未来的更多的财富。客观上,有效的金融市场为整个经济系统积累了更多的剩余,它使得经济系统得以在更大的规模上展开再生产,从而推动了社会经济的进步。于是,就经济整体而言,一个有效的金融市场意味着更大的产出和更高的消费(也即更高的生活水准),没有发达的金融体系,现代意义上的经济增长和生活水准提高将是不可思议的。

(二) 金融市场成为市场机制的主导和枢纽

古典经济学认为,金融部门是实体经济部门的附属品,经济决定金融。他们用简单两分法的眼光来看待经济与金融之间的关系,货币被看做是面纱,对实体经济不产生影响。随着经济货币化程度的提高,金融部门在社会经济系统中所扮演的角色也越来越重要。从今天金融活动的实践来看,金融部门已经远远不是面纱了。金融市场发育的好坏直接影响着整个社会经济系统的正常运转。

金融市场在市场机制中扮演着主导和枢纽的角色,发挥着极为关键的作用。一个有效的金融市场上,金融资产的价格和资金的利率能及时、准确和全面地反映所有公开的信息,资金在价格信号的引导下迅速、合理地流动。金融市场作为货币资金交易的渠道,以其特有的运作机制使千百万居民、企业和政府部门的储蓄汇成巨大的资金流推动和润滑着商品经济这个巨大的经济机器,使之顺畅、持续地运转。金融市场还以其完整而又灵敏的信号系统和灵活有力的调控机制引导着经济资源向着合理的方向流动,优化资源的配置。

进入20世纪90年代以来,世界有关国家和地区频繁发生金融危机,对正常的经济发展及政治生活的稳定产生了巨大的冲击,因此,人们对当今金融市场的发展现状和趋势、国际金融体制和秩序以及传统的金融理论开始进行一系列的反思和探索。在一个各种不同利益交集的、充满变幻的全球一体化的金融市场上,只有深刻地理解了金融市场上各经济主体的行为规律及金融市场的运行机制，才能对当今世界上复杂的经济金融问题作出客观而具体的分析，并据此指导我们的行动。

第二节 金融市场要素

一、金融市场的主体

金融市场的主体指的就是金融市场的参与者。从动机看，金融市场的主体可以分为投资者（投机者）、筹资者、套期保值者、套利者、调控和监管者五大类。金融市场的投资者与实际部门的投资者是不同的，它是指为了赚取差价收入或者股息、利息收入而购买各种金融工具的主体，它是金融市场的资金供应者。按交易动机和时间长短等划分，广义的投资者又可以分为投资者和投机者两大类。筹资者则是金融市场上的资金需求者。套期保值者是指利用金融市场转嫁自己所承担风险的主体。套利者则是利用市场定价的低效率来赚取无风险利润的主体。调控和监管者是指对金融市场实施宏观调控和监管的中央银行与其他金融监管机构。

更具体地，我们可以把金融市场的主体分为政府部门、工商企业、家庭部门、金融机构以及中央银行五个部门。由于上述五个部门在专业化分工中所处的地位不同，因此，它们在金融市场中扮演的角色也就不尽相同。

（一）政府部门

在各国的金融市场上，政府部门（含中央政府与地方政府）往往是资金的主要需求者之一，它们主要通过发行中央政府债券或地方政府债券来筹集资金，用于基础设施建设、弥补财政预算赤字等。中央政府通过财政部门发行中央政府债券，包括国库券和公债，其特点首先是由于政府有征税的特权，所以一般不存在违约风险，其信用等级是最高的；其次是可以享受税收优惠，其利息收入一般可以免征所得税。政府部门有时也是金融市场的资金供应者，如税款集中收入还没有支出时。另外，不少国家的政府也是国际金融市场上的积极参加者，如中东的主要石油输出国家就是国际金融市场上资金供应的大户，一些发展中国家则是金融市场上的主要资金需求者。不论是发展中国家还是发达国家，政府部门都是金融市场上的经济行为主体之一。

（二）工商企业

在不少国家，国有或私营的工商企业是仅次于政府部门的资金需求者，它们既通过市场筹集短期资金从事经营，以提高企业财务杠杆比例和增加盈利，又通过发行股票或中长期债券等方式筹措资金用于扩大再生产和经营规模。另外，工商企业也是金融市场上的资金供应者之一。它们在生产经营过程中会有暂时闲置的资金，为了使其保值或获得盈利，它们也会将其暂时让渡出去，以使资金的运用发挥更大效益。此外，工商企业也是套期保值的主体。

（三）家庭部门

家庭部门一般是金融市场上的主要资金供应者。个人或家庭为了存集资金购买大件商品如住房、汽车等，或是留存资金以备急需、养老等，都有将手中资金投资以使其保值增值的要求。因此，家庭部门通过在金融市场上合理购买各种有价证券来进行组合投资，既满足日常的流动性需求，又能获得资金的增值。家庭部门的投资可以是直接购买债券或股票，也可以是通过机构投资者的代理投资间接参与市场，如购买共同基金、参与养老基金和购买保险公司保单等形式，最终都是向金融市场提供资金。家庭部门有时也有资金需求，但数量一般较小，常常是用于耐用消费品的购买和住房消费等。

（四）金融机构

我们可以将参与金融市场的金融机构分为存款性金融机构、机构投资者（非存款性金融机构）和中介机构。

1. 存款性金融机构。存款性金融机构是指通过吸收各种存款而获得可利用资金，并将其贷给需要资金的各类经济主体或投资于证券等金融资产以获取收益的金融机构。它们是金融市场的重要中介，也是套期保值和套利的重要市场主体。存款性金融机构一般包括以下几类。

（1）商业银行。在存款性金融机构中，商业银行是最主要的机构。早期的商业银行是指接受活期存款并主要为工商企业提供短期贷款的金融机构。现代意义上的商业银行已经成为金融领域中业务最广泛、资金规模最雄厚的存款性金融机构。商业银行既是资金的供应者，又是资金的需求者。随着各国解除对金融机构混业经营的限制，综合化经营的商业银行几乎可以参与金融市场的全部活动。作为资金的需求者，商业银行利用其可开支票转账的特殊性，大量吸收家庭部门、工商企业和政府部门暂时闲置不用的资金，还可以通过发行大额可转让存单、发行金融债券、参与同业拆借等方式筹措资金。作为资金的供应者，商业银行主要通过贷款、投资以及同业拆放等方式为金融市场提供资金。此外，商业银行还能通过派生存款的方式创造和收缩货币，对整个金融市场的资金供应和需求产生着巨大的影响。

（2）储蓄机构。在西方国家，有一种专门以吸收储蓄存款作为资金来源的金融机构，这就是储蓄机构。储蓄机构的大部分资金运用都是用来发放不动产抵押贷款，投资于国债或其他证券。与商业银行相比，储蓄机构的资产业务期限长，抵押贷款比重高。政府常利用储蓄机构来实现某些经济目标，其中多为房地产政策目标。因此，一些储蓄机构得到了政府的扶持。储蓄机构在各国的名称不一样，如在美国是储蓄贷款协会、互助储蓄银行，在英国是信托储蓄银行、房屋互助协会，在法国、意大利和德国则为储蓄银行，等等。在金融市场上，它们与商业银行一样，既是资金的供应者，又是资金的需求者。

（3）信用合作社。信用合作社是由某些具有共同利益的人们组织起来的互助性质的会员组织。其资金来源主要是会员的存款，也可以来自非会员。其资金运用则是对会员提供短期贷款、消费信贷、票据贴现及从事证券投资，也有部分资金用于同业拆借和转存款等。信用合作社在经济生活中起着广泛动员社会资金的作用，它们遍布大银行难以顾及的角落，进一步促进了社会闲散资金的汇聚和利用。由于金融竞争的影响及金融创新的发展，信用合作社的业务有拓宽的趋势。其资金来源及运用都从原有的以会员为主逐渐转向多元化，因而其在金融市场上的作用也越来越大。

2. 机构投资者。机构投资者可以定义为一种特殊的金融机构，代表中小投资者的利益，将他们的储蓄集中在一起管理，为了特定目标，在可接受的风险范围和规定的时间内追求投资收益的最大化。

（1）投资基金。投资基金（在美国一般称为共同基金）是一种利益共享、风险共担的集合投资方式，即通过公开发售基金份额，集中投资者的资金，由基金管理人管理，由基金托管人托管，以组合投资的方式进行证券投资[①]。投资基金的当事人有四个：委托人是基金的发起人；受托人是基金管理公司，经营基金所募资金；受益人是投资者，即持有基金份额的人，基金持有人可以按其持有比例分享基金的投资收益或资产净值；信托人负责基金资产的保管，一般由投资银行、信托公司和商业银行等大金融机构充当。关于投资基金，本书第三章将有更为详细的介绍。

（2）养老基金。养老基金是指由发起人和收益人（将来受益）收集、汇集并进行投资的基金，它为个人在工作期积累储蓄，作为其退休后的生活保障。养老基金的资金来源是公众为退休后生活所准备的储蓄金，通常由资方和劳方共同缴纳，也有单独由资方缴纳的。养老金的缴纳一般由政府立法加以规定，因此其资金来源是有保证的。与人寿保险一样，养老基金也能较精确地估计未来若干年它们应支付的养老金，因此，其资金运用主要投资于长期公司债券、质地较好的股票和发放长期贷款上。养老基金也是金融市场上的主要资金供应者之一。

（3）保险公司。保险公司包括人寿保险公司及财产和灾害保险公司。人寿保险公司是为人们因意外事故或死亡或养老而造成经济损失提供保险的金融机构。财产和灾害保险公司是为企业及居民提供财产意外损失保险的金融机构。保险公司的主要资金来自按一定标准收取的保险费。一般地说，人寿保险具有保险金支付的可预测性，并且只有当契约规定的事件发生时或到约定的期限时才支付，因此，保险费实际上是一种稳定的资金来源。这与财产和灾害保险公司不同，财产和灾害保险事故的发生具有偶然性和不确定性。它们之间的差别决定了其资金运用方向的不一致。人寿保险公司的资金运用以追求高收益为目标，主要投资于高收益、高风险的证券如股票等，也有一部分用做贷款。这样，人寿保险公司成为金融市场上的主要资金供应者之一。在一些西方国家，人寿保险公司是金融市场上最大、最活跃的机构投资者。财产和灾害保险公司在资金的运用上则注重资金的流动性，以货币市场上的金融工具为主，还有一部分投资于安全性较高的政府债券、高级别的企业债券等。

3. 中介机构。

（1）投资银行。投资银行是资本市场上从事证券的发行、买卖及相关业务的一种金融机构。最初的投资银行产生于长期证券的发行及推销要求，随着资本市场的发展，投资银行的业务范围也越来越广泛。现代投资银行通常经营以下主要业务：证券承销、证券交易（包括自营业务和经纪业务）、证券研究、资产管理、公司并购、风险投资、基

---

① 国际证监会组织（IOSCO）在总结各国基金的共性后，将投资基金通称为集合投资计划。

金管理、风险管理和国际金融等。投资银行在金融市场上的功能是：一方面，它为需要资金的单位包括企业和政府部门提供筹集资金的服务；另一方面，投资银行充当投资者买卖证券的经纪人和交易商。投资银行适应市场发展的需要而产生，又以其长期在资本市场上运作而形成的丰富的市场经验及专长为资金的供应者和需求者提供优质服务，从而促进资金的流动和市场的发展。在当今世界上，投资银行已成为资本市场上最重要的金融中介机构，无论是在一级市场还是二级市场上都发挥着重要作用。

（2）其他中介机构。投资顾问咨询公司是为市场投资者提供咨询服务、接受投资委托、代理投资者管理资产的中介机构，是证券投资的职业性指导者。投资顾问咨询公司根据客户的要求，把咨询分析建立在科学的基础分析和现代的技术分析基础之上，通过对大量的信息资料进行加工处理，向投资者提供分析报告和投资建议，帮助客户建立有效的投资决策。

证券评级机构是指运用一系列科学的方法对企业或证券的信用等级进行评估的社会公证组织。它是一个中立性企业法人，独立、超脱于证券管理者、发行者和投资者之外，以保证其客观性、公正性、独立性、科学性和权威性。证券评级机构一般为独立的、非官方的机构，大多数是私人企业，通常必须对自己的信誉负责。证券评级机构的业务范围通常包括债券信用评级、企业信用评级和金融机构信用评级。在发达国家的金融市场中，除了中央政府发行的债券外，各种有价证券的发行都需要经过专门的证券信用评级机构予以评价。

资本市场中的大量业务活动都涉及法律事务，需要律师事务所提供法律服务。律师事务所依据有关的法律法规，站在公正的立场上对有关契约文件、公司发行证券的有关文件是否完整和合法，公司行为、证券公司的行为是否合法等提供法律服务。会计师事务所则是站在社会公正的立场上对有关公司的资本到位、财务状况、资产状况、盈利状况等进行验资审计，出具有关的报告，对投资者、企业以及整个资本市场产生重要的影响。因此，上述两类中介机构是资本市场的重要参与者。

此外，参与金融市场的还有一些官方、半官方的和在各国各具特色的其他类型的金融机构，如开发银行、进出口银行及农业信贷机构、大企业所属的金融公司等。在我国金融市场上，三大政策性银行、金融信托机构及财务公司等，也被归入金融机构之列，是金融市场的主体之一。

（五）中央银行

中央银行在金融市场上处于一种特殊的地位，它既是金融市场的行为主体，又大多是金融市场上的调控者和监管者。从中央银行参与金融市场的角度来看，首先，作为银行的银行，它充当最后贷款人的角色，从而成为金融市场资金的提供者。其次，中央银行为了执行货币政策，调节货币供应量，通常采取在金融市场上买卖证券的做法，进行公开市场操作。中央银行的公开市场操作不以盈利为目的，但会影响到金融市场上资金的供求及其他经济主体的行为。此外，一些国家的中央银行还接受政府委托，代理政府债券的还本付息；接受外国中央银行的委托，在金融市场上买卖证券，参与金融市场的活动。

二、金融市场投资主体机构化

投资主体机构化目前已成为国际金融市场的发展趋势,并成为判断一个国家金融市场成熟程度的主要标准之一。

(一) 投资主体机构化:国际趋势与中国现状

20世纪70年代以来,机构投资者迅速崛起,并逐渐成为金融市场投资的主导力量。越来越多的家庭通过共同基金、养老基金和保险公司等机构投资者的代理投资间接地参与金融市场,共同基金和养老基金成为美国家庭主要的投资理财工具。截至2016年末,美国注册投资公司大约管理家庭金融资产比例从1980年的3%上升为2016年的22%。由于共同基金、养老基金和保险公司等机构投资者相对于个人投资者具有信息和规模等优势,美国家庭的多数金融资产都委托给这些机构投资者进行代理投资。代理投资模式的盛行不仅局限于美国,西方其他发达国家、新兴市场国家以及部分发展中国家都不同程度地出现了金融市场投资主体机构化的趋势。

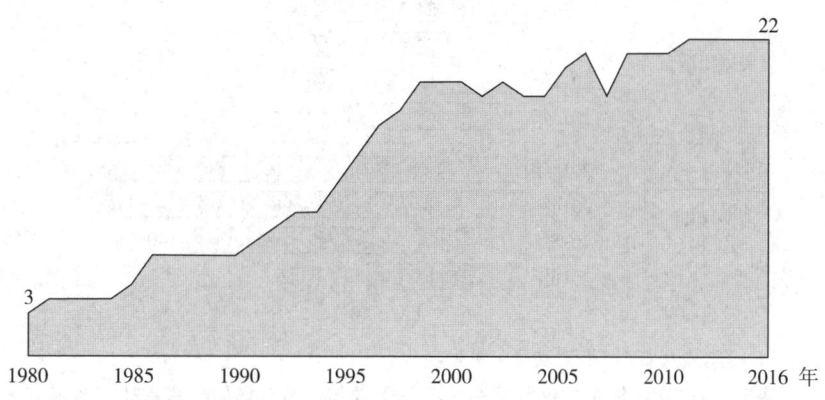

数据来源:ICI and FRB。

图1-1　1980—2016年美国投资公司持有家庭金融资产份额变化情况(%)

随着越来越多的家庭和个人投资者将自己的金融资产委托给机构投资者进行代理投资,股票、债券等金融资产也越来越集中到机构投资者手中。截至2016年末,投资公司已持有全部上市公司31%的流通股份、19%的国内公司债券及海外债券、13%的美国国债和政府部门证券以及23%的在外流通市政债券。

那么,金融市场为什么会出现投资主体机构化呢?

(二) 投资主体机构化的经济学解释

金融市场存在着交易费用和信息不对称等市场缺陷,这使得机构投资者有了改善的空间和存在的意义。第一,与个人投资者相比,机构投资者具有信息处理的专业优势,能够更好地解决金融市场上的信息不完全和信息不对称问题[①]。第二,机构投资者汇集

[①] 信息不完全强调由于实际运行中经济主体进行决策时可获得的信息不可能是完全的,并且信息的获取要以付出成本为代价,进而信息成本就成为某些经济决策的核心因素;信息不对称则是指在某些经济活动中,一些参与者拥有相关的信息,而另一些参与者不拥有这些信息,或者某些参与者先于他人获得有关信息。

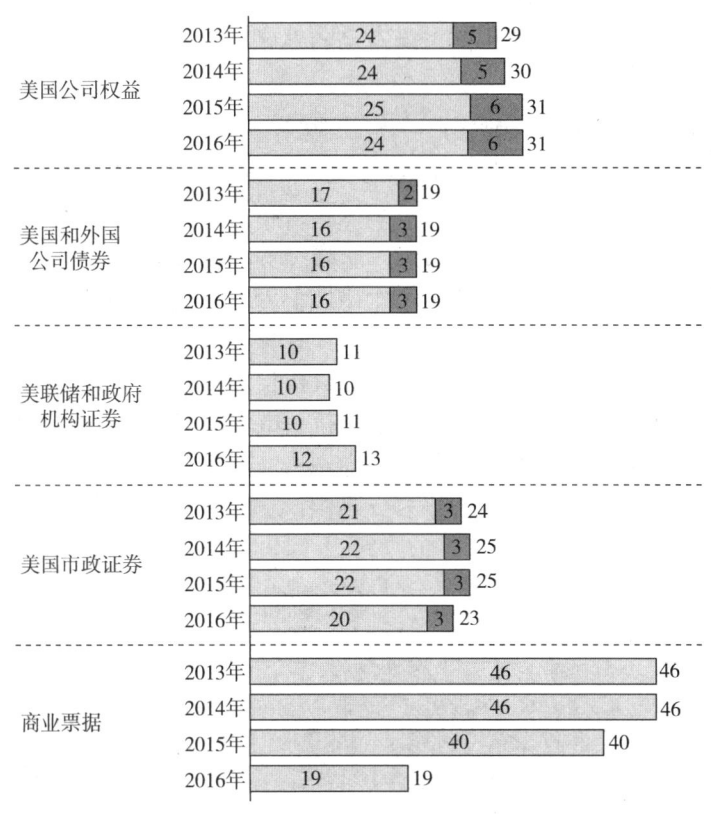

数据来源：ICI、美联储委员会、世界交易所联合会。

图1-2 2016年末投资公司在股票、债券和货币市场的投资占比（%）

大量委托资产，可以充分利用规模经济效应降低投资者的交易成本。机构投资者的规模经济使得它可以更有效地通过分散投资来降低投资者的投资风险。第三，投资者要有效地参与市场，就要花费大量的时间和精力学习市场的运作规律、资本收益的分布情况以及监控和跟随金融资产的跨期变化。然而，随着投资者收入和生活水平的提高，他们的时间价值也相应上升，这就意味着投资者参与市场的机会成本迅速提高。在这种情况下，一个有效的办法是由机构投资者代替投资者进行投资，这样可以有效降低投资者的参与成本。第四，随着金融自由化和金融全球化的发展，各国金融市场之间的相互联系和彼此影响更加错综复杂，金融投资的工具和模型更是日新月异、层出不穷，这一切都使得投资者面临更大且更为复杂的金融风险。这意味着投资者直接参与市场并非最优的选择，需要机构投资者为他们提供专家理财和风险管理的服务。因此，越来越多的家庭和个人投资者以投资共同基金、参与养老基金以及购买养老保险和银行信托产品等形式将资产委托给专业的机构投资者进行代理投资。一般认为，市场投资主体机构化有利于稳定金融市场、倡导理性投资和鼓励金融创新，能够提高金融市场的运行效率和资源配置效率，可以改善公司治理结构和缓解所谓的内部人控制问题。

三、金融市场的客体

（一）金融工具

金融市场主体进入金融市场进行金融交易的目的，无非是为了货币资金融通，资金的融通是建立在信用关系的基础之上的，它往往必须借助某种金融工具方能得以实现。具体地说，信用关系的建立和终止都是通过金融工具的交易来完成的。实际上，金融工具已逐渐成为它所代表的信用关系的化身。因此，金融市场的客体就是金融工具。

金融工具或金融资产的价值取决于其所能给持有者带来的未来收益的量和确定性。在金融资产价值决定中，有的金融资产和实物资产，如厂房、机器设备、土地等之间存在着密切的联系。例如，能够产生股息收益和资本利得的股票，往往归功于发行股票的企业用所募集资金购买了性能先进、运营成本低、能产生大量现金流的实物资产。也有些金融工具与实物资产之间的联系并不那么直接，如期货、期权等。这些金融工具的价值依赖于股票、债券等金融资产，因此这类金融工具被冠以"金融衍生工具"的称呼，至于赖以衍生的基础性金融工具则相应地也取得了"原生金融工具"的称呼。

需要特别指出的是，金融工具在实现资金和资源重新分配的过程中还同时帮助分散或转移风险。举个简单的例子，一个企业通过举债可以将企业所有者的一部分风险转移给债权人；再比如，一个面临可能出现日元贬值而导致出口产品收入下降的企业，可以通过卖出日元期权（看涨期权）的交易将风险转移出去。由于衍生金融工具在风险管理方面往往比原生金融工具更有效率，因此，自20世纪70年代起，在金融风险日趋加大的情况下，衍生金融工具的品种和规模都有长足的发展。对此，我们在本教材的第七章中会有更具体的阐述。

（二）金融工具的特性

金融工具在融通资金的过程中发挥着两方面的重要作用：促进资金从其盈余方向其短缺方流动、使收益和风险在资金供求双方重新分布。为此，金融工具具有以下特性：收益性、流动性和风险性。

收益性指的是金融工具能够带来价值的增值。金融工具的收益有两种形式：一种直接地表现为利息或者是股息、红利等，另一种则是金融工具买卖的差价。流动性指的是金融工具可以在金融市场上进行交易转让。金融工具的流动性解决了投资者退出的问题。金融工具是信用关系的载体，金融工具的流动性越强，其流通的范围就越广。换言之，通过不断流动的金融工具作为纽带，可将越来越多的市场主体纳入金融市场中来。在现代经济中，一种金融工具的流动性强弱往往是其活力大小的重要标志。风险性指的是投资在金融工具上的本金和利息能否安全地收回。一般来说，金融工具的风险性取决于以下几个方面：一是发行人的信用状况，如果发行人具有极高的声誉、财务健全、资金雄厚并且拥有按时偿债的良好记录，例如政府、银行或者知名的公司，那么风险性就相对较低；二是发行人的经营状况，它决定了发行人金融工具清偿能力的大小；三是金融工具本身的设计，作为信用关系的载体，金融工具在设计上必须具体而且明确，避免在法律上发生纠纷。

任何金融工具都是以上三种特性的组合，是三种特性的矛盾的平衡体。一般来说，流动性与收益性呈反向相关,流动性越高的金融工具,其收益性就越低,反之则相反。风险性和收益性呈正向相关,风险性越高的金融工具往往有着较高的收益率。流动性、风险性和收益性的不同组合反映着金融工具的多样性,从而使之能够适应不同资金供求者的不同偏好。

第三节　金融市场的构成与分类

按不同的标准,可以对金融市场进行不同的分类,以便更充分地理解金融市场。

一、金融市场按标的物分类

金融市场按标的物划分,有货币市场、资本市场、外汇市场、黄金市场和保险市场。

（一）货币市场

货币市场是指以期限在一年以内的金融资产为交易标的物的短期金融市场。它的主要功能是保持金融资产的流动性,以便随时转换成现实的货币。它一方面满足了借款者的短期资金需求,另一方面也为暂时闲置的资金找到了出路。货币市场一般指国库券、商业票据、银行承兑汇票、可转让定期存单、回购协议、联邦资金等短期信用工具买卖的市场。许多国家将银行短期贷款也归入货币市场的业务范围。由于该类市场信用工具随时可以在发达的二级市场上出售变现,具有很强的变现性和流动性,功能近似于货币,故称货币市场。又由于该市场主要经营短期资金的借贷,故也称短期资金市场。票据市场和拆借市场是货币市场最重要的组成部分。所谓的票据市场是指以各种票据作为媒介进行资金融通的市场,按照票据的种类,又可以具体分为商业票据市场、银行承兑票据市场和大额可转让存单市场。拆借市场则是金融机构间进行短期资金融通的市场,为各金融机构尤其是商业银行弥补资金不足、减少资金闲置提供渠道。

货币市场一般没有正式的组织,所有交易特别是二级市场的交易几乎都是通过电信方式联系进行的。市场交易量大是货币市场区别于其他市场的重要特征之一。巨额交易使得货币市场实际上成为一个批发市场。由于货币市场的非人为性及竞争性,因而它又是一个公开市场,任何人都可以进入市场进行交易,在那里不存在固定不变的顾客关系。

（二）资本市场

资本市场是指期限在一年以上的金融资产交易的市场。一般来说,资本市场包括两大部分:一是银行中长期存贷款市场,二是有价证券市场。本章的讨论主要着眼于后者。

通常,资本市场主要指的是债券市场和股票市场。它与货币市场之间的区别为:第一,期限的差别。资本市场上交易的金融工具均为一年以上,最长者可达数十年,有些甚至无期限,如股票等。货币市场上一般交易的是一年以内的金融工具,最短的只有几日甚至几小时。第二,作用不同。货币市场所融通的资金大多用于工商企业的短期周转资金。在资本市场上所融通的资金大多用于企业的创建、更新、扩充设备和储存原料，政府在资本市场上筹集长期资金则主要用于兴办公共事业和保持财政收支平衡。第三，风险程度不同。货币市场的信用工具由于期限短而流动性高，价格不会发生剧烈变化，风险较小。资本市场的信用工具由于期限长而流动性较低，价格变动幅度较大，风险也较高。

（三）外汇市场

外汇市场是指从事外汇买卖或兑换的交易场所，或是各种不同货币彼此进行交换的场所，是金融市场的重要组成部分。如同货币市场一样，外汇市场也是各种短期金融资产交易的市场，不同的是货币市场交易的是同一种货币或以同一种货币计值的票据，而外汇市场则是以不同种货币计值的两种票据之间的交换。在货币市场上，所有的贷款和金融资产的交易都受政府法令条例管制。但在外汇市场上，一国政府只能干预或管制本国的货币。

外汇市场有广义和狭义之分。狭义的外汇市场指的是银行间的外汇交易，包括同一市场各银行间的交易、中央银行与外汇银行间以及各国中央银行之间的外汇交易活动，通常被称为批发外汇市场。广义的外汇市场是指由各国中央银行、外汇银行、外汇经纪人及客户组成的外汇买卖、经营活动的总和，包括上述的批发市场以及银行同企业、个人间外汇买卖的零售市场。

外汇市场的主要功能在于：第一，通过外汇市场的外汇储备买卖和进行货币兑换业务，使各国间债权债务关系的货币清偿和资本的国际流动得以形成，实现购买力的国际转移。第二，外汇市场集中了各国政府、企业、公司等单位的闲置资金，并对国际贸易中进出口商进行借贷融资，从而加速了国际资金周转，调剂国际资金余缺。第三，外汇市场所拥有的发达的通信设施及手段将世界各地的外汇交易主体连成一个网络，缩短了世界各地间的远程货币收付时间，提高了资金的使用效率。第四，进出口商利用市场中的远期外汇买卖业务可有效地避免或减少因汇率变动带来的风险，从而促进国际贸易的发展。第五，外汇市场也是各国政府调节国际收支乃至整个国民经济的重要渠道，各国政府通过一系列的政策和措施影响外汇的供求和汇率的变动，进而达到调节国际收支乃至宏观经济的目的。

世界上最主要的外汇市场有：伦敦外汇市场（交易时间：北京时间17：00到次日1：00）、纽约外汇市场（交易时间：北京时间22：00到次日5：00）、东京外汇市场（交易时间：北京时间8：00到14：30）、法兰克福外汇市场（交易时间：北京时间14：30到23：00）以及香港外汇交易市场（交易时间：北京时间10：00到17：00）。上述外汇市场的营业时间相互衔接，使得外汇交易可以在全球24小时不间断地进行。

（四）黄金市场

黄金市场是专门集中进行黄金等贵金属买卖的交易中心或场所。尽管随着时代的发展，黄金的非货币化趋势越来越明显，但黄金作为国际储备工具之一，在国际结算中仍然占有重要的地位，黄金市场依旧被视为金融市场的组成部分。黄金市场可分为有固定场所的有形市场和没有固定场所的无形市场。无形市场中以伦敦黄金交易市场和苏黎世黄金市场为代表，称为欧式黄金市场；有形市场在商品交易所内进行黄金买卖业务，以美国的纽约商品交易所和芝加哥商品交易所为代表，称为美式黄金市场；也有在专设的黄金交易所里进行交易的有形黄金市场，以香港金银业贸易场和新加坡黄金交易所为代表，称为亚式黄金市场。其中，伦敦、纽约、苏黎世、芝加哥和香港的黄金市场被称为五大国际黄金市场。

（五）保险市场

保险市场从事因意外灾害事故所造成的财产和人身损失的补偿，它以保险单与年金单的发行和转让为交易对象，是一种特殊形式的金融市场。

二、金融市场按中介特征分类

金融市场按中介特征划分，有直接金融市场和间接金融市场。

金融市场的形成是直接与资金的融通相联系的。在正常的经济生活中，总有资金暂时闲置者及资金短缺者存在，金融市场就为这两者提供互通有无的渠道。根据在资金融通中的中介机构的特征来划分，可将金融市场分为直接金融市场和间接金融市场。

直接金融市场指的是资金需求者直接从资金所有者那里融通资金的市场，一般指的是通过发行债券或股票的方式在金融市场上筹集资金的融资市场。间接金融市场则是通过银行等信用中介机构作为媒介来进行资金融通的市场。在间接金融市场上，资金所有者将手中的资金贷放给银行等信用中介机构，然后再由这些机构转贷给资金需求者。在此过程中，不管这笔资金最终归谁使用，资金所有者都将只拥有对信用中介机构的债权而不能对最终使用者具有任何权利要求。

需要强调的是，直接金融市场与间接金融市场的差别并不在于是否有金融中介机构的介入，而主要在于中介机构的特征的差异。在直接金融市场上也有金融中介机构，只不过这类公司不像银行那样，它不是资金的中介，而大多是信息中介和服务中介。虽然两者难分轻重，但本教材的重点是直接金融市场。

三、金融市场按金融资产的发行和流通特征分类

金融市场按金融资产的发行和流通特征划分，有一级市场、二级市场、第三市场和第四市场。

资金需求者将金融资产首次出售给公众时所形成的交易市场称为一级市场或者发行市场。金融资产的发行方式主要有两种：公募和私募。公募更多地称为公开发行，是指发行人通过中介机构向不特定的社会大众广泛发售股票。在公开发行的情况下，所有合法的社会投资者都可以参与认购。为了保障广大投资者的利益，各国对公开发行都有严格的要求。私募又称为非公开发行和内部发行，是指面向少数特定的投资者发行股票的方式。私募发行的对象大致有两类，一是个人投资者，如公司股东和公司员工；二是机构投资者，如大的金融机构或与发行人有密切往来关系的企业等。私募发行有确定的投资者，发行手续简便，可以节省发行时间和发行费用；其不足之处在于投资者数量有限，流通性较差，而且也不利于提高发行企业的社会信誉。但近年来，随着养老基金、共同基金和保险公司等机构投资者的发展壮大，私募近年来呈现逐渐增长的趋势。

私募又分为包销和代销两种。包销是指金融资产的发行人与银行等金融机构协商，

由银行等承销机构按照商定的条件把全部证券承接下来负责对公众销售。包销期满后，不论证券是否已经推销出去，包销机构都要如数付给发行人应得资金。代销则是发行人自己承担全部发行风险，只将公开销售事务委托投资银行等办理的一种方式，代销商销多少算多少，它只收取手续费等费用，不承担任何风险。此外还有一种自办发行或称自销的方式，一般通过私下洽商的方式直接销售给为数不多的个人及团体投资者。目前国际上流行的是包销方式。

证券发行后，各种证券在不同的投资者之间买卖流通所形成的市场即为二级市场，又称流通市场或次级市场。它又可分为两种，一是场内市场即证券交易所，二是场外交易市场。证券交易所是依照国家有关法律规定经政府主管机关批准设立的证券集中竞价的有形场所。场外交易市场又称柜台交易（OTC）或店头交易市场，它是在证券交易所之外进行证券买卖的市场。原则上在场外交易的证券以未上市的证券为主，然而现在情况发生了很大的变化，为数不少的上市证券，尤其是政府债券、地方债券和公司债券也都纷纷涌入场外交易市场进行交易。

一级市场是二级市场的基础和前提，没有一级市场就没有二级市场；二级市场是一级市场存在与发展的重要条件之一，无论从流动性上还是从价格的确定上，一级市场都要受到二级市场的影响。

此外，在发达的市场经济国家还存在着第三市场和第四市场，实际上都是场外市场的一部分。第三市场也称为店外市场，它是由交易所会员直接从事大宗上市证券交易而形成的市场。第三市场最早出现于20世纪60年代的美国。长期以来，美国的证券交易所都实行固定佣金制，而且未对大宗交易折扣佣金，导致买卖大宗上市股票的机构投资者（养老基金、保险公司、投资基金等）和一些个人投资者通过场外市场交易上市股票以降低交易费用。这种形式的交易随着20世纪60年代机构投资者的比重明显上升以及股票成交额的不断增大而获得了迅速的发展，并形成专门的市场，该市场因佣金便宜、手续简单而备受投资者欢迎。

第四市场是指大机构（和富有的个人）绕开通常的经纪人，彼此之间利用电子通信网络（ECNs）直接进行的证券交易。这类系统由非自律监管的组织以独立业务方式拥有和营运，系统的参与者通常限于市场专业人士，或在某些情况下限于机构投资者。这些系统的特点是专注于买卖活跃的股票或大宗交易，从而侵占了传统交易所的市场领地。路透社的Instinet系统、美国的Island系统和英国的Posit系统都是该系统的典型代表。电子通信网络的发展一方面对证券交易所和场外交易市场产生了巨大的竞争压力，从而促使这些市场降低佣金、改进服务，另一方面也对证券市场的监管提出了挑战。

四、金融市场按成交与定价的方式分类

金融市场按成交与定价的方式划分，有公开市场和议价市场。

公开市场指的是金融资产的交易价格通过众多的买主和卖主公开竞价而形成的市场。金融资产在到期偿付之前可以自由交易，并且只卖给出价最高的买者，一般在有组织的证券交易所进行。在议价市场上，金融资产的定价与成交是通过私下协商或面对面的讨价还价方式进行的。在发达的市场经济国家，绝大多数债券和中小企业的未上市股

票都通过这种方式交易。最初在议价市场交易的证券流通范围不大，交易也不活跃，但随着现代电信及自动化技术的发展，该市场的交易效率已大大提高。

五、金融市场按有无固定场所分类

金融市场按有无固定场所划分，有有形市场和无形市场。

有形市场即有固定交易场所的市场，一般指的是证券交易所等固定的交易场地。在证券交易所进行交易首先要开设账户，然后由投资人委托证券商买卖证券，证券商负责按投资者的要求进行操作。无形市场则是指在证券交易所外进行金融资产交易的总称，它的交易一般通过现代化的电信工具在各金融机构、证券商及投资者之间进行。它是一个无形的网络，金融资产及资金可以在其中迅速地转移。在现实世界中，大部分的金融资产交易均在无形市场上进行。

六、金融市场按地域分类

金融市场按地域划分，有国内金融市场和国际金融市场。

金融市场按其作用的地域范围来划分，又可以分为国内金融市场及国际金融市场。国内金融市场是指金融交易的作用范围仅限于一国之内的市场，它除了包括全国性的以本币计值的金融资产交易市场之外，还包括一国范围内的地方性金融市场。国际金融市场则是金融资产跨越国界进行国际交易的场所。国际金融市场有广义和狭义之分。狭义的国际金融市场指进行各种国际金融业务的场所，有时又称传统的国际金融市场，包括货币市场、资本市场、外汇市场、黄金市场以及衍生市场等；广义的国际金融市场则包括离岸金融市场。所谓离岸金融市场是指非居民间从事国际金融交易的市场。离岸市场以非居民为交易对象，资金来自所在国的非居民或国外的外币资金。离岸金融市场基本上不受所在国金融监管机构的管制，并可享受税收方面的优惠待遇，资金出入境自由。离岸金融市场是一种无形市场，从广义来看，它只存在于某一城市或地区而不存在于一个固定的交易场所，由所在地的金融机构与金融资产的国际性交易而形成。

国内金融市场是国际金融市场形成的基础。实际上，从金融监管角度来看，国内金融市场及传统的国际金融市场都要受到所在国金融监管当局的管制，而新兴的国际金融市场如离岸金融市场则可以说是完全国际化的市场，它不受任何国家法令的限制，主要经营境外货币。国际金融市场是国内金融市场发展到一定阶段的产物，是与实物资产的国际转移、金融业较为发达、资本的国际流动及现代电子信息技术的高度发展相辅相成的。

第四节 金融市场的发展趋势

近三十年来，国际金融市场发生了重大的变化。就宏观角度看，金融全球化和金融自由化倾向明显；就微观角度看，金融工程化和资产证券化渐成趋势。

一、金融全球化

20世纪70年代末期以来，世界经济出现了全球化趋势。国家间的经济来往日益密切，国际金融市场逐步成为一个密切联系的整体市场：在全球各地的任何一个主要市场上都可以进行相同品种的金融交易，世界上任何一个局部市场的波动都可能马上传递到全球的其他市场上。这就是金融的全球化。

（一）金融全球化的主要表现

金融的全球化意味着资金可以在国际间自由流动，金融交易的币种和范围超越国界，各国的利率水平趋于一致。它具体包括以下内容：

1. 金融交易的国际化。从货币市场的交易来看，西方主要发达国家及部分发展中国家的银行及其他一些大金融机构通过欧洲货币市场筹集或运用短期资金，参与国际金融市场的活动。一些跨国公司也通过国际货币市场发行短期商业票据来融通资金。从国际资本市场交易的角度来看，为适应企业跨国经营和国内企业对外融资的需要，一些国家的政府和一些大企业纷纷通过发行国际债券进入国际资本市场融资；一些重要的股票市场纷纷向外国公司开放，允许国外公司的股票到其国家上市交易，允许外国投资者进入本国股票市场。从外汇市场的交易来看，浮动汇率制实行以来，各国中央银行为稳定汇率，在外汇市场上进行外币买卖使外汇市场交易更加活跃，新的外汇交易工具层出不穷，日新月异。

2. 市场参与者的国际化。传统的以大银行和主权国政府为代表的国际金融活动主体正为越来越多样化的国际参与者所代替。大企业、投资银行、保险公司、投资基金甚至私人投资者都纷纷步入国际金融市场。在这个过程中，银行和各种非银行金融机构逐步向全球各金融中心扩散，代理本国或国外的资金供求者的投资与筹资活动，甚或直接在金融市场上参与以盈利为目的的交易活动。特别是近十几年来，各国金融机构之间并购重组浪潮风起云涌，各种各样的投资基金在全球金融市场上空前发展，都大大促进了金融市场交易的国际化。

（二）金融全球化的原因

金融全球化发展与国际经济之间的交往日益密切是分不开的，推动金融国际化的力量有以下几个方面：

1. 金融管制放松所带来的影响。随着金融管制的放松，各国政府减少了对金融机构跨国经营的地域限制，从而促进了金融机构在全球范围内拓展其业务；放宽了对外汇流动的限制，从而促进了资本的自由流动，这就加快了金融市场的国际化步伐。

2. 现代电子通信技术的快速发展为金融的全球化创造了便利的条件。现代计算机及电子通信技术的发展，使国际金融交易中信息传递更加及时、交易成本更加低廉、手续更加简便。这张无形的大网将全球的市场联结成为一个整体，构成了全球化金融市场的技术基础。

3. 国际金融市场上投资主体的变化推动了其进一步的全球化。国际金融市场的参与者已越来越多样化，特别是各种类型的投资基金的崛起大大地改变了投资结构及交易性质，产生了一批专为套利而参与买卖的机构投资者，它们为了获利，必然频频出没于全球各国的金融市场，寻找获利机会。这种频繁的交易更加促进了各国金融市场间的联系。

（三）金融全球化的影响

金融全球化促进了国际资本的流动，有利于稀缺资源在国际范围内的合理配置，促进着世界经济共同增长。金融市场的全球化也为投资者在国际金融市场上寻找投资机会、合理配置资产持有结构、利用套期保值技术分散风险创造了条件。一个金融工具丰富的市场也为筹资者提供了更多的选择机会，有利于其更快获得低成本资金。这些都是金融全球化的有利影响的一面。

金融全球化的不利影响主要表现在以下几个方面：首先，导致金融风险在全球扩散。由于全球金融市场的联系更加紧密，一旦发生利率和汇率波动或局部的金融动荡，会马上传递到全球各金融中心。这就使金融风险的控制显得更为复杂。其次，增加政府执行货币政策与金融监管的难度。由于国际资本流动加快，一些政策变量的国际影响增强，政府在实施货币政策和进行宏观调控时往往更难估计其传导过程及影响。此外，涉及国际性的金融机构及国际资本的流动问题往往非一国政府所能左右，这也增加了政府金融监管部门的监管难度。2007年以来的次贷危机及欧债危机也显示了放松监管所带来的经济动荡及其在全球范围内的传导。

美国次贷危机又称次级房贷危机，是指一场发生在美国，因次级抵押贷款机构破产、投资基金被迫关闭、股市剧烈震荡引起的金融风暴。它致使全球主要金融市场出现流动性不足危机。美国次贷危机是从2006年春季开始逐步显现的，2007年8月开始席卷美国、欧盟和日本等世界主要金融市场。它对全球金融和世界经济产生了不可低估的影响。

欧洲债务危机即欧洲主权的债务危机，是指在2008年金融危机之后，希腊等欧洲国家发生的债务危机。欧元区主权债务危机自2009年发生以来，已经成为影响国际金融稳定和世界经济复苏的一个重要因素。伴随危机的不断深化，欧元区生存前景开始遭到质疑，欧盟内部成员国对经济货币联盟的改革方向意见分歧加剧，欧洲一体化进程面临不进则退的重大抉择，这场危机对世界经济的潜在破坏性影响也进一步凸显。

总体来看，金融全球化是大势所趋。如何加强国际协调，实现共同监管，建立新型的国际金融体系，则是在金融全球化趋势下亟须解决的一项重要课题。

二、金融自由化

金融自由化是指20世纪70年代中期以来在西方发达国家出现的逐渐放松甚至取消对金融活动的管制措施的过程。

（一）金融自由化的主要表现

金融业处于全社会信用网络的中心环节，其活动涉及社会各部门的利益。任何一个金融机构倒闭所带来的影响绝不仅限于其本身，它对外部世界带来的伤害要大得多，有时甚至会引起不利的连锁反应，导致金融动荡乃至经济危机。因此，基于安全和稳健的理由，从历史上看，金融业一直是受政府管制最严厉的部门之一。然而，自20世纪70

年代中期以来，无论是过去管制较严的国家还是管制较为宽松的国家，都出现了放松管制的趋势。其主要表现为：

1. 减少或取消国与国之间对金融机构活动范围的限制。国家间相互开放本国的金融市场，给予外国金融机构国民待遇，允许外国金融机构在本国经营和国内金融机构一样的业务。
2. 放松或解除外汇管制，促进资本的国际流动。
3. 放宽各种金融机构业务活动范围的限制，允许不同金融机构之间的业务适当交叉。
4. 放宽或取消对银行的利率管制。
5. 鼓励金融创新活动，允许和支持新型金融工具的交易。

（二）金融自由化的原因

金融自由化是由于原有的管制措施已无法适应新形势下经济金融环境的变化，阻碍了金融业乃至整体经济的发展。20世纪70年代末和80年代初，西方国家出现了两位数字的恶性通货膨胀，导致市场利率高企；而银行等金融机构受存款利率上限的限制，根本无法提供有吸引力的价格来吸收资金，造成了资金的脱媒，在市场竞争中处于不利地位。为了缓解经营困境并应付来自国内外金融同业的竞争，金融创新不断问世；加之现代计算机及通信技术的飞速发展，一些新的金融工具不断地被开发出来。这些新的金融工具有效地避开和绕过了原有的管制条例，使监管者意识到许多旧的条例已不适应形势的变化，从而在客观上促进了管制的放松。

金融自由化与金融全球化相伴而生，金融机构在全球范围内展开竞争，对金融活动的过度管制相当于捆住了本国金融机构的手脚，使本国的金融机构在全球竞争中处于不利的地位。实际上，随着金融活动的全球化与科学技术的日益进步，将金融活动的范围进行强行限制已成为不可能，投资者随时会转向其他国家和地区得到相同的服务，这就使得某国单独地执行管制变得非常不利。这也是金融自由化在全球范围展开的原因之一。

从经济哲学上看，监管措施显然同政府干预相联结。20世纪70年代以来西方国家陷入滞胀，凯恩斯主义受到强烈质疑，经济自由主义开始重新崛起。新经济自由主义强调市场机制的作用，反对政府的过度干预，成为金融自由化的理论基础。

（三）金融自由化的影响

金融自由化导致了更加激烈的金融竞争，这在一定程度上促进了金融业经营效率的提高。在金融自由化过程中产生了许多新型的信用工具及交易手段，大大地方便了市场参与者的投融资活动，减低了交易成本。金融自由化极大地促进了资本的国际自由流动，有利于资源在国际间的合理配置，在一定程度上促进了国际贸易的活跃和世界经济的发展。

金融自由化也同样面临着诸多问题。国际资本的自由流动，既有机遇，也充满了风险。金融市场上管制的放松对金融机构的稳健经营提出了较高的要求，一旦处理不好，有可能危及金融体系的稳定，并导致金融动荡和经济危机。次贷危机爆发的原因之一便是金融自由化所推行的金融机构混业经营，导致次贷类衍生产品市场被过度放大。金融自由化还给货币政策的实施及金融监管带来了困难。

自由化并不意味着就此取消政府的干预和管制，任何时候政府都没有对金融业的运行放任自流过，只不过在不同的时间由不同的趋势占上风罢了。问题的关键不在于是否要管制，而是如何适应新的发展态势采取适当的管制措施以趋利避害。从历史上看，金融业的发展都是一个管制—放松—再管制的循环过程，每一轮新的管制和新的自由化趋势都被赋予了新的内容。

三、金融工程化

（一）金融工程的内容

金融工程是指将工程思维引入金融领域，综合采用各种工程技术方法（主要有数学建模、数值计算、网络图解、仿真模拟等）设计、开发新型的金融产品，创造性地解决金融问题。这里的新型和创造性指的是金融领域中思想的跃进、对已有观念的重新理解与运用，或者是对已有的金融产品进行分解和重新组合。

金融工程技术的应用可以概括为以下四个主要方面：套期保值、投机、套利与构造组合。套期保值是指一个已存在的风险暴露的实体力图通过持有一种或多种与原有风险头寸相反的套期保值工具来消除该风险。完全的套期保值是不多见的，大多只是对风险暴露超过既定水平部分进行抵补。投机是指市场主体利用对市场某些特定走势的预期来对市场未来的变化进行预测，并据此制造原先并不存在的风险，借助金融衍生工具实现高回报。套利是指通过将大量有着内在联系的金融产品组合起来以保证这种组合无风险地获得利润（当然套利机会并非时刻都有，并且难以捕捉）。所谓构造组合是指对几项金融交易或几种风险暴露重新进行构造组合，以期回避风险或牟取收益。

（二）金融工程化的原因

金融工程化的动力来自20世纪70年代以来社会经济制度的变革和电子技术的进步。20世纪70年代以来国际金融领域内社会经济制度的最大变革是布雷顿森林体系的崩溃。汇率的浮动化使得国际贸易和国际投资活动的风险大大加剧，工商企业不仅要应付经营上的风险，还要面对汇率波动的风险。为保证国际贸易和国际投资的稳定，各国货币当局力图通过货币政策控制汇率的波动幅度，其中最常用的是改变贴现率，这样汇率的波动就传导到了利率上，在金融管制的时代里限定的利率也开始市场化了。这一时期的另外一个重大的冲击是石油提价引起的基础商品价格的剧烈变动。这些变化共同形成了对风险管理技术和工具的需求。

在过去的四十年间，金融环境发生了巨大的变化，但是，如果没有相应的技术进步，金融方面的演变将是不可能的。今天的金融市场日益依赖于信息的全球传播速度、交易商迅速交流的能力以及个人电脑和复杂的分析软件的出现。金融工程采用图解、数值计算和仿真技术等工程手段来研究问题，金融工程的研究直接而紧密地联系着金融市场的实际。大部分真正有实际意义的金融工程研究必须有计算机技术的支持。图解法需要计算机制表和作图软件的辅助，数值计算和仿真则需要很强的运算能力，经常用到百万次甚至上亿次的计算，没有计算机的高速运算和辅助设计，这些技术将失去意义。电信网络的发展能够实现即时的数据传送，这样在全球范围内进行交易才成为可能。技术的进步使得许多古老的交易思想旧貌换新颜，在新的条件下显示出更大的活力，譬如利用股票现货市场与股指期货之间的价格不均衡性来获利的计算机程序交易，其基本的套利策略本身就是十分陈旧的，这种策略被应用于谷物交易已经有一个多世纪了，但是将该策略扩展到股票现货与股指期货上则要有复杂的数学建模、高速运算以及电子证券交易等条件才能实现。

金融工程化的趋势为人们创造性地解决金融风险提供了空间。金融工程的出现标志着高科技在金融领域内的应用，它大大提高了金融市场的效率。值得注意的是，金融工程同时是一把"双刃剑"。2007年爆发的次贷危机，就是因为金融机构所设计的金融衍生产品杠杆比例过高，结构设计不合理，导致了全球经济动荡；反之，在金融市场日益开放的背景下，公司机构要减少自己的风险暴露，各国政府和货币当局要保卫本国经济和金融的稳定，也必须求助于这种高科技的手段。

四、资产证券化

资产证券化是指把流动性较差的资产，如金融机构的一些长期固定利率放款或企业的应收账款等通过商业银行或投资银行的集中及重新组合，以这些资产作抵押来发行证券，实现相关债权的流动化。资产证券化最早起源于美国。最初是储蓄银行、储蓄贷款协会等机构的住宅抵押贷款的证券化，接着商业银行也纷纷仿效，对其债权实行证券化，以增强资产的流动性和市场性。从20世纪80年代后期开始，证券化已成为国际金融市场的一个显著特点，传统的以银行为中心的融资借贷活动开始发生了新的变化。

（一）资产证券化的内容

资产证券化的主要特点在于将原来不具有流动性的融资形式变成具有流动性的市场性融资。以住宅抵押融资的证券化为例，住宅抵押融资虽然信用度较好，但属小额债权，且现金流动不稳定。因此，有关金融机构就将若干小额债权集中起来，通过政府机构的担保，使其转换成流动性较高的住宅抵押证券。又如对信用度较低的借款人融资的证券化，一些信用度较低的风险企业和中小企业，其资金大多依靠商业银行的贷款，因为受自身信用度的限制，它们难以在资本市场上筹资。但是，随着流通市场的扩大，这种低信用等级的企业发行的债券迅速增加，出现了一种高收益债券市场。这种高收益债券可视为银行向低信用度企业融资证券化的一种形式。此外，对于某些信用度较低的发展中国家的贷款也开始出现证券化的趋向，从而提高其流动性，有助于解决这些国家不断积累的债务问题。

随着20世纪80年代以来住宅抵押证券市场的不断扩大，资产证券化又有了一些新的发展：第一，将住宅抵押证券的做法应用到其他小额债权上，对这些小额债权进行证券化。这使资产证券化的领域大大拓宽，如汽车贷款、信用卡应收款、住宅资产净值贷款和大型设备的租赁等。第二，商业不动产融资的流动化。从1984年起，市场上出现了公募形式的商业不动产担保证券。它以商业不动产的租金收入作为还债金，与原所有者完全分离。第三，担保抵押债券。它是将住宅抵押凭证、住宅抵押贷款等汇集起来，以此为担保所发行的债券。其发行方式是由某个金融企业作为发行人，收买住宅抵押凭证并设立集合基金，以此为担保同时发行3~4组债券。发行者以抵押集合基金每月产生的资金流动为资金来源，在对各组债券支付利息的同时，只对其中的某一组债券的持有人偿还本金。发行此种债券某种程度上是为了解决住宅抵押凭证在到期偿还时现金流动不稳定的问题。

当前，西方国家的资产证券化趋势正深入金融活动的各个方面，不仅是传统银行贷款的证券化，而且经济中以证券形式持有的资产占全部金融资产的比例越来越大。社会资产金融资产化、融资非中介化都是这种趋势的反映。国内有人认为，现代金融正由传统的银行信用阶段发展到证券信用阶段。在证券信用阶段，融资活动以有价证券作为载体，有价证券把价值的储藏功能和流通功能统一于一身，即意味着短期资金可以长期化，长期资金也可短期化，从而更好地适应了现代化大生产发展对资金调节的要求。这种观点与国外流行的资产证券化趋势是比较一致的，也符合我国改革开放以来的实际发展趋势。

（二）资产证券化的原因

资产证券化之所以在20世纪80年代以来成为一种国际性的趋势，与以下原因是分不开的。

1. 金融管制的放松和金融创新的发展。20世纪70年代以来，经济滞胀成为困扰西方发达国家的主要问题。这一时期，市场利率大幅波动，各类金融机构之间的竞争日趋激烈，金融管理法规与现实经济环境已不相适应。于是，西方发达国家纷纷采取放松管制的措施来刺激本国金融业的发展。在这个过程中，金融创新起到了推波助澜的作用。金融创新本身是适应市场需要的产物，也是金融机构规避管制的结果。金融管制的放松和金融创新的发展促进了金融市场的活跃及效率的提高，从而构成了资产证券化的基础。

2. 国际债务危机的出现。国际债务危机的出现导致了巨额的呆账，一些国际性的大银行深受债务拖欠之苦，希望通过加强资产的流动性来解决资金周转的困难，而证券的发行无疑是途径之一。资产证券化既使原有债权得以重新安排，又可使新增债权免受流动性差的困扰。因此，银行开始越来越多地介入国际证券市场。银行的介入又对资产证券化起着巨大的促进作用。

3. 现代电信及自动化技术的发展为资产证券化创造了良好的条件。一方面，随着信息传递和处理技术的发展，获取信息的成本降低。完全依赖金融机构的服务以消除借贷者之间的信息不对称的情况已有了很大变化；另一方面，交易过程中计算机技术的广泛使用使数据处理成本大大下降，信息流通渠道大为畅通，从而证券交易成本大幅度下降。另外，交易技术的改进也为新的金融工具的开发创造了条件。这些都支持了资产证券化的发展。

（三）资产证券化的影响

资产证券化的影响主要表现在以下几个方面：第一，对投资者来说，资产证券化趋势为投资者提供了更多可供选择的新证券种类，投资者可以根据自己的资金额大小及偏好来进行组合投资。第二，对金融机构来说，通过资产证券化可以改善其资产的流动性，特别是对原有呆账债权的转换，对其资金周转效率的提高是一个很大的促进。而且，资产证券化也是金融机构获取成本较低的资金来源、增加收入的一个新的渠道。第三，对整个金融市场来说，资产证券化为金融市场注入了新的交易手段，这种趋势的持续将不断地推动金融市场的发展，增加市场活力。

同时也应看到，资产证券化中的许多资产实际上是一些长期贷款和应收账款的集合，它们所固有的风险也不可避免地影响到新证券本身的质地。资产证券化涉及发起人、还本付息者、担保人、受托者及投资者等多个当事人，从而使传统贷款功能分散给几个有限责任的承担者，这样，资产证券化中的风险就表现出一定的复杂性，一旦处理不当，就会影响到整个金融体系的稳定。同时，资产证券化也使金融监管当局在信贷扩张及货币供应量的估计上面临更复杂的问题，对金融的调控监管产生了一定的不利影响。

本章小结

1. 金融市场是指以金融资产为交易对象而形成的供求关系及其机制的总和。它是金融资产进行交易的一个有形或无形的场所，反映了金融资产的供应者和需求者之间所形成的供求关系，包含了金融资产交易过程中所产生的运行机制。金融市场是储蓄向投资转化的关键环节，随着经济系统的金融化，金融市场成为市场机制的主导和枢纽。

2. 所谓风险是指由于不确定性导致损失或获利的可能性，这一可能性的分布状况显示了风险的程度。根据风险发生的范围可以将金融风险分为系统性风险和非系统性风险。

3. 金融市场的微观经济功能体现在价格发现、提供流动性和降低交易成本上。金融市场的宏观经济功能体现在聚敛功能、配置功能、调控功能和反映功能上。

4. 金融市场的主体可以分为投资者（投机者）、筹资者、套期保值者、套利者、调控和监管者五大类。更具体地，可以把金融市场的主体分为政府部门、工商企业、家庭部门、金融机构以及中央银行五个部门。

5. 金融工具是它所代表的信用关系的化身，金融市场的客体就是金融工具。金融工具具有收益性、流动性和风险性。任何金融工具都是以上三种特性的组合，是三种特性的矛盾的平衡体。

6. 金融市场可以按多种方式进行分类。按标的物划分为货币市场、资本市场、外汇市场、黄金市场和保险市场；按中介特征划分为直接金融市场和间接金融市场；按金融资产的发行和流通特征划分为一级市场、二级市场、第三市场和第四市场；按成交与定价的方式划分为公开市场和议价市场；按有无固定场所划分为有形市场和无形市场；按地域划分为国内金融市场和国际金融市场。

7. 近四十年以来，国际金融市场发生了重大的变化。就宏观角度看，金融全球化和金融自由化倾向明显；就微观角度看，金融工程化和资产证券化渐成趋势。

关键术语

金融市场　金融资产　货币市场　资本市场　外汇市场　直接金融市场　间接金融市场　公开市场　议价市场　国内金融市场　国际金融市场　金融全球化　金融自由化　金融工程化　资产证券化

知识扩展 1-1

人民币完全可兑换后，离岸市场与在岸市场关系的变化①

在人民币未实现完全可兑换之前，通过发展离岸市场来推动人民币的国际使用是必要和可行的。那么，当人民币实现完全可自由兑换后，人民币离岸市场会随着在岸市场的崛起而逐渐萎缩甚至消失吗？届时离岸市场与在岸市场的关系又将怎样？我们先来观察美元、日元等货币在岸市场开放后各境内离岸市场的演变过程，再探究这些演变的根源并分析两个市场关系的变化，最后推测人民币实现完全可兑换后，人民币离岸市场与在岸市场关系的可能变化。

（一）在岸市场完全开放后，境内离岸市场的作用逐渐减弱

离岸市场可以设在境内，也可以设在境外。境内离岸市场以美国的国际银行设施（International Banking Facilities，IBFs）和日本的 JOM 为代表，也包括泰国曼谷国际银行业务便利（Bangkok International Banking Facilities，BIBF）的尝试。

1981 年 12 月 3 日，为了吸引大量外流的美国本土银行和其他国家的金融机构到美国金融市场上来，并在美国从事国际金融业务，从而提高美国金融市场的竞争力，保持美国本土市场的活力，美国创立了 IBFs。即通过法律允许在美国境内的银行通过设立单独账户的方式使用其国内的机构和设备向非居民客户提供存款和放款等金融服务并享受类似境外离岸市场那样比较宽松的政策，比如不受美联储规定的法定准备金率和贷款利率等条例的制约，可以不参加美国联邦存款保险等。虽然 IBFs 创设时，美元已经是国际货币，但当时美国在岸市场上存在较为严苛的利率和资本管制，使得美元在岸市场在活跃程度和市场竞争力上远远落后于欧洲美元市场，特别是伦敦美元市场。因此，IBFs 创立的历史背景与一国货币走向国际化的过程存在一定的相似性和可比性，同样地存在在岸市场管制，同样地离岸市场开始蓬勃发展。在 IBFs 成立之初，IBFs 预期的作用得到了一定的发挥，其资产规模占美国境外总资产的比重处于上升态势，从 1981 年的 25%

---

① 根据乔依德、李蕊、葛佳飞：《人民币国际化：离岸市场与在岸市场的互动》整理，引自《国际经济评论》，2014（02）。

左右一路猛增到了 1987 年的 55% 左右。但随着美元在岸市场的管制逐渐消失，IBFs 也失去了它快速发展的土壤，在与其他美元离岸市场的竞争中日显颓势，其资产规模占美国境外总资产的比重持续下降，2000 年以后已经下跌到 25% 以下。

再来看一国货币国际化过程中推出的境内货币离岸市场——日本的 JOM 和泰国的 BIBF。1986 年 12 月，日本为了将东京建设成为国际金融中心，加速日元国际化进程，减少商业银行的经营成本，摆脱日元对美元的依附，创立 JOM。JOM 从在岸市场中被人为隔离出来，只能从事离岸业务、免征利息税、无利率管制和准备金率要求。但随着日元在岸市场的开放，日元在 JOM 中的比例已经萎缩。1996 年以来，日元资产在 JOM 所有资产中的比重逐渐从 2/3 左右下降到了 1/3 左右，日元负债在 JOM 所有负债中更是一直在 20% 以下，很多年份甚至不到 5%。1993 年 3 月，为了加速泰铢国际化进程，BIBF 建立，但它已基本淹没在历史的尘埃之中。

可以看到，随着在岸市场的完全开放和在岸市场与境内离岸市场隔膜的消失，境内离岸市场的规模出现萎缩，作用逐渐减弱。

（二）两类离岸市场走出不同演变路径的根源

随着在岸市场的完全开放，离岸市场设在境内的都走向了萎缩甚至消失，而离岸市场设在境外的虽然不再被视为离岸市场，但总体上该种货币的业务并没有萎缩，甚至反而有所增加。

两类离岸市场在在岸市场开放过程与开放之后的不同演变路径，与它们所处的地理位置和政策环境是分不开的，其形成也同样通过了两种不同的方式。境内离岸市场的形成都是依靠了货币主权国的政策推动。无论是美国的 IBFs、日本的 JOM，还是泰国的 BIBF，完全是在在岸市场未完全开放或存在管制的前提下，依靠政策的力量人为地从在岸市场中隔离出来的一个特殊的市场。境外离岸市场，以欧洲美元市场为代表，包括伦敦欧元市场、新加坡日元市场等，它们中的大多数是在庞大离岸经济的现实离岸货币需求基础上发展起来的。它们处于货币主权国管辖范围之外，它们的发展虽然受在岸市场开放程度的制约和货币主权国货币政策的影响，但市场需求是其形成和发展的主导因素。

随着在岸市场的开放，境内离岸市场的政策推动因素逐渐消失，两个市场的政策因素逐渐趋同，在岸市场与离岸市场之间的界限也逐渐淡化。设在境内的离岸市场，由于其缺乏离岸经济支撑又具有进入在岸市场的地缘优势，因此在在岸市场完全开放时，便迅速地转而从事在岸业务，融合为在岸市场的一部分。而设在境外的离岸市场在在岸市场开放过程中与在岸市场相互促进，相互渗透，逐渐融为一体，其规模可能会有所变化，但由于区位优势和金融聚集效应等因素，在境外进行的该种货币的金融业务并不会萎缩，甚至会有所增加，如欧洲美元市场。同时，离岸市场（确切地说是在境外金融中心进行的该货币的金融业务）与在货币主权国境内进行的金融业务相互补充形成一个更大、更完整的有序竞争的全球货币市场（如全球美元市场）。在全球各个金融中心进行的某种货币的金融业务相互补充，在不同的地理位置形成一个覆盖全球和不间断的完整的市场。因此，在岸市场完全开放后，两类离岸市场走出两种不同的演变路径的根源是有没有充足的真实离岸货币需求,是否完全依靠政策支撑才得以存在和发展。

(三)人民币完全可兑换后离岸市场与在岸市场可能的关系

伦敦、新加坡等人民币离岸市场与欧洲美元市场、新加坡日元市场等离岸市场具有相同的性质,因此,也很有可能走出相似的演变路径。而中国香港并不在中国人民银行的货币管辖权之内。虽然中国香港在人民币离岸市场的发展过程中得到了一些政策支持,但它同样具有庞大的真实离岸人民币需求。因此中国香港从根本上是与传统的境内离岸市场不相同的。在人民币在岸市场完全开放后,中国香港人民币离岸市场的演变路径跟伦敦、新加坡等地的人民币离岸市场不会有本质的区别。因此我们预计,包括中国香港在内的人民币离岸市场将会在中国在岸市场的开放过程中获得发展壮大的契机,并随着开放进程的推进逐渐融合成统一整体,共同构成完整的全球人民币市场。事实上,随着在岸市场金融体系的逐渐完善和逐步开放,两个市场间的联系已经日渐紧密。作为资本账户逐渐开放特定时期中的上海自贸区金融更是在一定程度上同时兼具离岸因素与在岸因素。

因此,建立和发展人民币离岸市场是一把"双刃剑",既能与在岸市场相互促进,助推人民币国际化进程,又可能对在岸市场产生潜在的不利影响。趋利避害的关键是要加快在岸市场金融体系改革,特别是利率、汇率等价格的形成机制,适度推进资本账户开放,保持两个市场的协调发展。并且,这也同样有利于人民币国际化进程和两个市场的长远发展。上海自贸区的建立将有望成为离岸市场与在岸市场沟通的桥梁,不仅有利于借助中国香港等人民币离岸市场蓬勃发展的东风加速推进上海国际金融中心建设和人民币国际化进程,而且也必将有利于中国香港等人民币离岸市场的进一步发展。

知识扩展 1-2

金融自由化在世界各国的实践[①]

背景资料:

一、拉美国家的金融自由化

拉美有过两次引人注目的金融自由化:第一次始于20世纪70年代中期,80年代初债务危机爆发后逐渐趋于停顿;第二次始于80年代末,90年代上半期达到高潮。第一次实施的金融自由化的内容主要包括:实行利率市场化、取消定向贷款以及降低银行储备金比率。第二次金融自由化具有以下两个特点:一是实施金融自由化的国家不再限于少数,而是几乎遍布整个拉美大陆,只有海地、巴拿马和苏里南三国基本上很少或没有采取金融自由化措施;二是除南锥体国家在70年代采取的放松利率管制、取消定向贷款和降低银行储备金比率等措施以外,第二次金融自由化还采取了对国有银行实施私有

---

① 根据陈柳钦:《金融自由化在世界各国的实践和中国金融开放》整理,引自学说连线,2006年10月5日。

化、积极引进外国银行的参与及加强中央银行的独立性等措施。

二、亚洲国家和地区的金融自由化

新加坡在20世纪70年代中期就实现了利率自由化,并于1968年率先设立亚洲美元市场,以此带动金融自由化和国际化。80年代,新加坡在财政上鼓励境外的放款财团、基金管理和包销证券的财团开展业务,同时包销和管理国际证券的发行。1984年新加坡国际货币交易所的建立是金融发展中的另一里程碑。1998年,新加坡政府出台新一轮金融改革方案,逐步开放国内金融市场,鼓励新加坡资本的银行通过合并增强资本实力,扩大业务规模,以便在世界金融市场上拼争一席之地。

韩国的金融自由化进程始于20世纪80年代初期,其金融改革的主要内容包括:逐步实现国有商业银行私有化;减少对银行经营的干预,给予银行更大的自主权;降低市场准入限制并促进金融服务多样化;放松对绝大多数银行和金融机构的利率限制。在金融改革的实施过程中,除了第一项执行得较为彻底外,其余措施进展缓慢。每当韩国宏观经济发展受到冲击时,金融自由化政策就会出现反复。

为进一步推动金融自由化,韩国政府在1993年推出了在5年内实施一系列内容多、范围广的金融改革计划,主要包括:取消利率管制,实现商业存贷款、短期公司债券、政府债券、银行定息债券的利率自由化;改革政策性融资制度;逐步完善货币工具的使用;开放资本账户。金融危机以后,韩国金融自由化进程大大加快,至1997年实现韩圆自由兑换。

印度尼西亚在1983年6月颁布新的银行管理条例,开始了金融自由化改革的进程。金融改革的重点是:降低进入金融部门的壁垒,放松对本国银行开设分行和外国银行进入国内的大多数限制;允许公共部门实体将不超过50%的存款存入非国有银行;允许非银行机构办理定期存款业务;允许银行和非银行在股票市场上筹措资金;放松对租赁业、保险业、风险资本、消费信贷和证券业的管制;将银行准备金要求从15%降低到2%。上述改革措施为银行业的发展创造了条件。

马来西亚从1973年起开始进行金融改革,取消外汇管制条例。1978年,放宽利率管制,但要求贷款利率要遵循基本贷款利率的规定。1987年10月,政府宣布减少行政指导,放松对利率的严格控制,放宽信贷限制,鼓励向私人企业投资。1992年,取消贷款利率的限制并修订和颁布了一系列金融法案。

泰国的金融自由化是以1979年颁布的《商业银行法》为先导。主要内容包括:1990年和1992年取消存款利率和贷款利率的上限,全面实现存贷款利率自由化;放宽外汇管制,实现外汇交易市场化;允许投资银行、商业银行和金融公司扩大业务范围,尤其是允许金融公司经营以前只能由商业银行从事的业务(如外汇交易);发展离岸银行业务,以便把泰国建设成东南亚地区的金融中心;加快证券市场的发展。1992年5月政府制定新的《证券交易法》,1995年11月设立首个交易所外市场即曼谷股票交易中心。

三、发达国家的金融自由化

1. 价格自由化方面。1975 年，美国改革固定佣金制度，采取新的协定佣金制。1983 年末，美国基本实现利率自由化。日本的利率自由化开始于20 世纪70 年代末，到1987 年完全解除了利率限制。联邦德国于1976 年2 月通过了废除利率限制的法案，全面放松利率管制。澳大利亚在1980 年取消了商业银行和储蓄银行的存款利率上限，不久贷款利率也自由化了。瑞典于1978 年废除银行存款利率上限，1980 年废除私人部门发行债券利率上限，1985 年废除银行贷款利率上限。英国于1986 年10 月27 日取消了传统的股票交易所固定佣金比率规定，出现了所谓的"金融大爆炸"，全面摧垮了英国本土及英联邦国家金融分业经营体制，逐渐涌现出一批超级金融机构。法国自1965 年起先后取消了6 年以上定期存款、2 年以上25 万法郎以上的存款利率管制，到70 年代末，除对6 个月内和1 年内50 万法郎以下的定期存款规定利率上限外，其他存款利率全部放开。从1985 年12 月起废止控制金融机构贷款增加额的做法，对活期存款不计利息，以后又逐步取消了外汇管制和对内资银行向非居民发放法郎贷款的限制，取消特殊贷款贴息，允许银行发行自由利率的大额存单。上述改革标志着该国的利率市场化全面推开。

2. 业务范围自由化方面。1980 年3 月，美国政府制定《1980 年银行法》，1982 年10 月制定《1982 年存款机构法》，这两个法案打破了美国几十年来形成的不同金融机构之间严格的业务限制，使储蓄机构与商业银行的区别趋于消亡。英国1986 年通过了《金融服务法》，宣布银行业可以直接进入证券交易所进行交易，从而确立了英国金融业混业经营的新时代。澳大利亚从1980 年开始放松金融机构经营业务范围的限制，使商业银行与储蓄银行的区别消失，并使它们自由从事证券经营。日本依据1981 年《银行法》，商业银行可以经营国债、地方政府债券、政府保付债券的买卖，证券公司则向银行的大额可转让定期存单业务渗透。1997 年5 月，为了从根本上解决日本金融业面临的问题，日本金融当局通过了全面进行金融体制改革的法案。法国1984 年《银行法》规定，不再执行分业管理制度，投资银行业和商业银行业从此可以混业经营。加拿大在1987 年的立法放松了金融机构的业务范围限制，导致该国的全部证券公司都被大商业银行所持有，部分商业银行开始设立分支机构经营某些保险业务。

四、其他国家的金融自由化

整体上，非洲金融自由化进展最为迟缓，成效也最小。其金融自由化始于20 世纪80 年代中期，从1983 年4 月到1991 年5 月，加纳、南非、赞比亚、肯尼亚、尼日利亚、突尼斯、马拉维、津巴布韦、埃及等先后实现了存贷款利率的自由化。非洲国家虽然进行了消除金融压制的金融自由化改革，可是，所有这一切带来的回报却实在少得可怜。俄罗斯、东欧、独联体等转轨国家也在1991—1995 年基本完成了金融自由化改革。

五、中国的金融自由化

中国的金融自由化从1992 年正式开始。在利率自由化方面，1993 年发布的《中共中央关于建立社会主义市场经济体制若干问题的决定》和《国务院关于金融体制改革的决定》最先明确利率市场化改革的基本思路。1995年《中国人民银行关于"九五"期间深化利率改革的方案》初步提出了利率市场化改革的基本思路。1996年6月1日,放开银行间同业拆借市场利率。1997年6月,银行间债券市场正式启动,同时放开了债券市场债券回购和债券交易利率。1998年3月,改革再贴现利率及贴现利率的生成机制,放开了贴现和转贴现利率。1998年9月,放开了政策性银行金融债券市场化发行利率。1999年10月,对保险公司大额定期存款实行协议利率。2000年9月21日,实行外汇利率管理体制改革,放开了外币贷款利率。2003年7月,放开了英镑、瑞士法郎和加拿大元的外币小额存款利率管理,由商业银行自主确定。2003年11月,对美元、日元、港元、欧元小额存款利率实行上限管理,商业银行可根据国际金融市场利率变化在不超过上限的前提下自主确定。2003年11月,商业银行、农村信用社可以开办邮政储蓄协议存款。2004年1月1日,中国人民银行再次扩大金融机构贷款利率浮动区间。从2004年10月29日起上调金融机构存贷款基准利率,并放宽人民币贷款利率浮动区间和允许人民币存款利率下浮。自2004年11月18日起上调境内商业银行美元小额外币存款利率上限。2007年我国利率化改革取得重大突破,1月4日上海银行间同业拆放利率(SHIBOR)正式运行。开启了货币市场基准利率体系建设,有助于形成完整的基准利率曲线,将进一步加速推进我国利率市场化进程。自2012年起,我国利率自由化进入加速阶段,中国人民银行进一步扩大利率浮动区间,将存款利率浮动区间的上限调整为基准利率的1.1倍;将贷款利率浮动区间的下限调整为基准利率的0.7倍。2013年7月,我国全面放开金融机构贷款利率管制,取消了金融机构贷款利率0.7倍的下限,拟由金融机构根据商业原则自主确定贷款利率水平。2015年,我国利率自由化进入收官之年,中国人民银行五次降准降息,同时,对商业银行和农村合作金融机构等不再设置存款利率浮动上限,并抓紧完善利率的市场化形成和调控机制,加强央行对利率体系的调控和监督指导,提高货币政策传导效率。中国人民银行行长周小川在"2016年中国发展高层论坛"上发表演讲时表示,中国的利率市场化在2015年末之前基本上已完成,金融机构都有自主决定利率的权力。

在金融业务与机构准入自由化方面,中国人民银行在1999年8月颁布了《证券公司进入银行间同业市场管理规定》和《基金管理公司进入银行间同业市场管理规定》,允许符合条件的券商和基金管理公司进入银行间同业市场,从事同业拆借和债券回购业务;中国证监会和中国保监会在1999年10月批准保险基金进入股票市场;2001年7月,中国人民银行发布实施《商业银行中间业务暂行规定》,明确商业银行在经过中国人民银行批准以后,可开办代理证券业务、金融衍生业务、投资基金托管、财务顾问等投资银行业务以及代理保险业务。以上规章的颁布,表明中国金融业开始了混业经营。

中国在1994年成功实现了汇率并轨,1996年7月1日起,对外商投资企业实行银行结售汇。2005年7月,进一步改进汇率形成机制,实行以市场供求为基础、参考一篮子货币进行调节、有管理的浮动汇率制度。2006年1月,中国人民银行在引入询价交易方式和做市商制度的同时,将汇率中间价的形成方式改为由中国外汇交易中心于当日开市前向做市商询价，将去掉最高和最低价后得到的加权平均价作为当日的基准价格并授权其对外发布，这是强化市场对中间价形成的作用、淡化官方色彩的一种有益尝试。2014年7月，取消人民币对美元挂牌汇率浮动区间的限制后，人民币汇率中间价的基准或参考汇率的色彩更加凸显。随着2007年5月、2012年4月和2014年3月银行间即期外汇市场人民币兑美元交易价浮动幅度扩大，银行间市场（即外汇批发市场，人民币汇率形成的市场）人民币兑美元交易价的日浮动区间分别由基准汇率的上下0.3%逐步扩大到2%，银行间市场的浮动区间已基本能够满足正常情形下汇率波动的需要。同时，随着2005年9月和2014年7月，中国人民银行分步取消银行对客户办理本外币兑换的挂牌汇率浮动区间的限制，银行结售汇市场（即外汇零售市场，人民币汇率执行的市场）已经实现了汇率随行就市、自由浮动。1996年12月1日，中国实现人民币经常项目可自由兑换。2001年12月11日，中国正式加入世界贸易组织，境内的银行业、保险业等金融产业将在3~5年时间内逐步实现基本对外开放，证券业、信托业等金融产业也将加快对外开放的步伐。我国坚持资本项目稳步开放，在进一步对外开放资本市场和引进国外资本的同时，适时鼓励国内企业对外投资，形成资本双向流动的合理格局。

讨论题：

1. 比较拉美国家及亚洲国家和地区的金融自由化。
2. 我国应如何推进金融自由化。

分析路径与思路：

1. 拉美国家在传统上受新自由主义影响较深，尤其是美国和国际货币基金组织在拉美国家改革中发挥着重要的作用。拉美国家多年来曾一直是美国推行新自由主义的试验场。拉美国家的金融自由化具有典型的激进特征。与拉美国家不同的是，亚洲国家和地区的金融自由化进程要平缓得多，除了个别国家，亚洲的金融自由化主要采取渐进式的自由化战略。在亚洲，发展中国家实施金融自由化的时间也不尽相同。

2. 我国推进金融自由化改革已不可逆转，这是我国经济金融融入国际经济社会主流的必然选择。从金融角度审视，当前我国必须从基础做起，消除金融隐患，为金融自由化奠定基础；稳步推进利率市场化进程，发挥利率优化配置资源的作用；继续推进资本流动自由化改革，实现与国际资本市场的接轨；加强金融监管，保证金融自由化的顺利推进。归根到底，金融自由化应当是资金融通效率和金融监管高效稳健的有机结合，偏颇其中任何一方都将不利于金融自由化的顺利发展，从而阻碍经济持续稳定的增长。

能力训练

一、单项选择题

1. 金融市场的客体是（　　）。
   A. 经纪人　　　　B. 交易商　　　　C. 金融工具　　　　D. 居民

2. 属于非存款性金融机构的是（ ）。
A. 投资基金　　　B. 中央银行　　　C. 政府部门　　　D. 信用合作社
3. 资本市场是指期限在（ ）的金融资产交易的场所。
A. 1年以下　　　B. 1年以上　　　C. 2年以上　　　D. 5年以内
4. 公开市场与议价市场是按（ ）划分金融市场的。
A. 标的物　　　　　　　　　　　　B. 区域
C. 成交与定价方式　　　　　　　　D. 金融资产的发行和流通特征
5. 资金需求者将金融资产首次出售给资金的供应者所形成的交易市场称为（ ）。
A. 发行市场　　　B. 流通市场　　　C. 外汇市场　　　D. 货币市场

二、多项选择题

1. 金融市场的宏观经济功能体现在（ ）。
A. 提供流动性　　B. 聚敛功能　　　C. 配置功能　　　D. 价格发现机制
2. 投资银行的主要业务包括（ ）。
A. 证券承销　　　B. 风险投资　　　C. 国际金融　　　D. 基金管理
3. 金融工具具有（ ）特征。
A. 投机性　　　　B. 流动性　　　　C. 收益性　　　　D. 风险性
4. 金融中介性主体包括（ ）。
A. 养老基金　　　B. 储蓄机构　　　C. 投资银行　　　D. 证券评级机构
5. 金融工程技术的应用可以概括为（ ）等方面。
A. 投机　　　　　B. 构造组合　　　C. 套利　　　　　D. 套期保值
6. 金融市场的配置功能表现在（ ）。
A. 资源的配置　　　　　　　　　　B. 财富的再分配
C. 风险的再分配　　　　　　　　　D. 宏观经济政策的传导
7. 资产证券化的原因包括（ ）等方面。
A. 现代电信及自动化技术的发展　　B. 金融管制的放松
C. 金融创新的发展　　　　　　　　D. 国际债务的出现

三、简答题

1. 什么是金融市场？其定义可包括几层含义？
2. 简述货币市场和资本市场的区别。
3. 如何理解金融市场是储蓄向投资转化的关键环节？
4. 请对投资主体机构化作出经济学解释。

四、论述题

1. 如何理解风险，并对风险进行分类。
2. 如何理解金融市场的宏观经济功能？
3. 请从不同的角度对金融市场主体进行划分。

第二章
货币市场

学习目标：

1. 掌握不同货币市场的交易机制、定价机制和特征。
2. 了解各个货币市场发展的现状。

知识结构图：

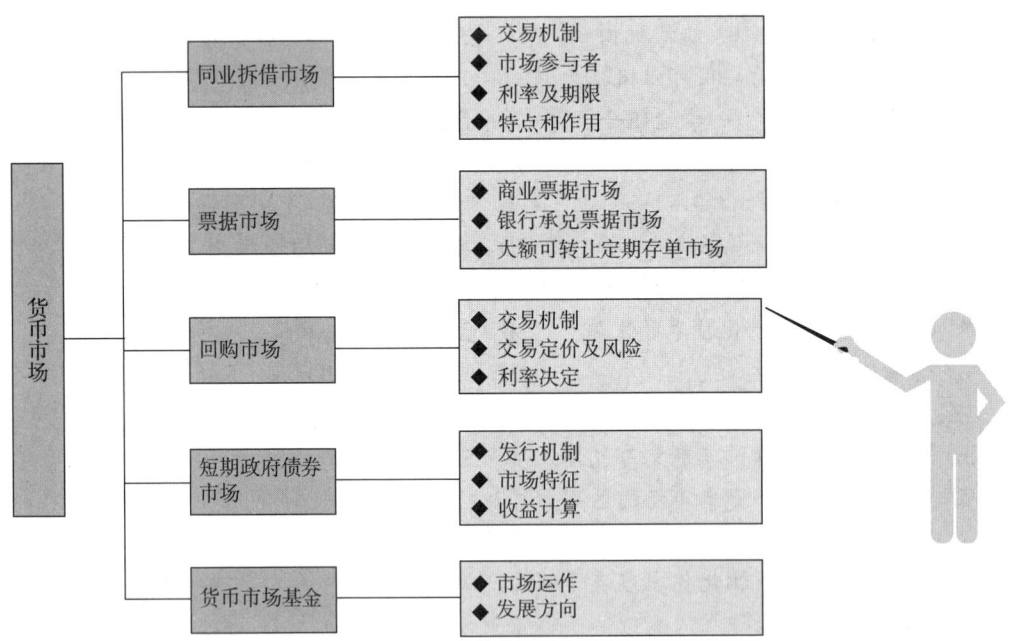

根据金融工具的到期期限长短，可以将金融市场分为货币市场和资本市场。货币市场是指一年期以内的短期金融工具交易所形成的供求关系及其运行机制的总和。货币市场金融工具的短期性表现在这些金融工具很容易就转化成货币支付手段 M_1，从而实现其

货币功能①。

货币市场的参与者主要有五类：第一，各类金融机构，包括商业银行和其他非银行金融机构，其中商业银行是货币市场最主要的参与者；第二，机构投资者，包括保险公司和货币市场基金；第三，各类企业，包括各行业有短期资金需求和短期资金供给的企业；第四，政府部门和中央银行，其中政府部门作为资金需求者通过发行短期政府债券参与市场，中央银行作为货币政策的执行者参与货币市场交易以投放和回笼货币，调控货币供应量；第五，个人投资者，一般情况下货币市场是投资主体高度机构化的市场，家庭部门和个人投资者很少参与，即便参与也仅限于购买货币市场基金和大额可转让存单。

借助货币市场，经济主体可以有效管理其流动性。这表现在：货币市场一方面可以满足资金需求者的短期资金需要，另一方面也为资金盈余者的暂时闲置资金提供能够获取盈利机会的出路。此外，货币市场中所形成的利率也被视为整个金融市场的基准利率，是中央银行制定货币政策的重要参考依据。另外，货币市场也为中央银行实施货币政策提供了有利的条件。中央银行通过货币市场进行公开市场业务操作，从而实现货币政策目标。中央银行买入货币市场工具，投放基础货币；卖出货币市场工具，回笼基础货币。中央银行通过公开市场操作不仅可以调控基础货币进而影响货币供应量，还可以借助交易价格引导金融市场的利率走势。

第一节 同业拆借市场

同业拆借市场也可以称为同业拆放市场，是指金融机构之间以货币借贷方式进行短期资金融通活动的市场。同业拆借的资金主要用于弥补短期资金的不足、票据清算的差额以及解决临时性的资金短缺需要。同业拆借市场交易量大，能敏感地反映资金供求关系和货币政策意图，影响货币市场利率，是货币市场体系的重要组成部分。

一、同业拆借市场的演进

同业拆借市场产生于存款准备金制度的实施，伴随着中央银行业务和商业银行业务的发展而发展。为了控制货币流通量和银行的信用扩张，美国1913年立法规定，所有接受存款的商业银行都必须按存款余额计提一定比例的存款准备金，作为不生息的支付准备存入中央银行，准备数额不足将受到一定的经济处罚。由于清算业务活动和日常收付数额的变化，往往会出现有的银行存款准备金多余而有的银行存款准备金不足的情况。存款准备金多余的银行一般愿意尽可能地对多余部分加以利用，以获取利息收益，而存款准备金不足的银行又必须按规定加以补足。这样，在存款准备金多余的银行和存款准备金不足的银行之间客观上就存在相互调剂的要求，同业拆借市场便应运而生。1921

---

① 狭义的货币供应量 M_1 = 流通中现金 + 商业银行体系的支票存款；广义的货币供应量 $M_2 = M_1$ + 商业银行的定期存款和储蓄存款；$M_3 = M_2$ + 其他金融机构的储蓄存款和定期存款。

年，在美国纽约形成了以调剂联邦储备银行会员银行的准备金头寸为内容的联邦资金市场，实际上就是美国的同业拆借市场。在英国，伦敦同业拆借市场的形成则是建立在银行间票据交换过程的基础之上。各家银行在轧平票据交换的差额时，有的银行头寸不足，从而就有必要向头寸多余的银行拆入资金，由此使不同银行之间出现经常性的资金拆借行为。

在经历了20世纪30年代的经济大萧条之后，西方各国普遍强化了中央银行的职能，相继引入法定存款准备金制度作为控制商业银行信用规模的手段。与此相适应，同业拆借市场也得到了较快发展，当今西方国家的同业拆借市场，无论在交易内容、开放程度还是在融资规模、功能作用方面，都发生了深刻的变化。拆借交易不仅发生在银行之间，还出现在银行与其他金融机构之间。以美国为例，同业拆借市场形成之初，市场参与主体仅限于美联储的会员银行之间，后来，互助储蓄银行和储蓄贷款协会等金融机构也参与了这一市场。20世纪80年代以后，外国银行在美国的分支机构也加入了这个市场。我国的同业拆借市场自1996年统一规范之后得到迅速发展，交易成员和交易量不断扩大，交易主体种类也由最初的银行机构扩展为目前的包括保险公司、证券公司、基金公司、财务公司在内的各类金融机构。随着监管体制的进一步完善，我国同业拆借市场日趋成熟。2016年2月，国务院取消了《银行业金融机构进入全国银行间同业拆借市场审核规则》，符合要求的金融机构入市时不再需要审批。取消准入门槛后，一些小型的金融机构将有机会进入市场拆借资金；已经是市场成员的金融机构还可根据规定调整限额，使其资金的流动性更加充裕。这进一步提升了我国同业拆借市场的深度和广度，促进了同业拆借市场的健康高效发展。

二、同业拆借市场的交易机制

同业拆借市场主要是银行等金融机构之间相互借贷在中央银行存款账户上的准备金余额，用于调剂准备金头寸的市场。一般来说，任何银行可用于贷款和投资的资金数额只能小于或等于负债额减去法定存款准备金后的余额。然而，在银行的实际经营过程中，资金的流入和流出是不确定的，银行要时时处处保持在中央银行准备金存款账户上的余额恰好等于法定准备金余额是不可能的。如果准备金存款账户上的余额大于法定准备金余额，即拥有超额准备金，那么就意味着银行有资金闲置，也就产生了相应的利息收入的损失；如果银行在准备金存款账户上的余额等于或小于法定准备金余额，在出现有利的投资机会而银行又无法筹集到所需资金时，银行就只有放弃投资机会，或出售资产，或收回贷款，等等。为了解决这一矛盾，有多余准备金的银行和存在准备金缺口的银行之间就出现了准备金的借贷。这种准备金余额的买卖活动就构成了传统的银行间同业拆借市场。

随着市场的发展，同业拆借市场的参与者也开始呈现出多样化的格局，交易对象也不仅限于商业银行的准备金了，它还包括商业银行相互间的存款以及证券交易商和政府拥有的活期存款。拆借的目的除满足准备金要求外，还包括轧平票据交换的差额，解决临时性、季节性的资金要求等。但它们的交易过程都是相同的。

同业拆借市场资金借贷程序简单快捷，借贷双方可以通过电话直接联系，或与市场中介人联系。在借贷双方就贷款条件达成协议后，贷款方可直接或通过代理行经中央银行的电子资金转账系统将资金转入借款方的资金账户上，数秒钟即可完成转账程序。当贷款归还时，可用同样的方式划转本金和利息，有时利息的支付也可通过向贷银行开出支票进行支付。

三、同业拆借市场的参与者

同业拆借市场的主要参与者首推商业银行。商业银行既是主要的资金供应者，又是主要的资金需求者。由于同业拆借市场期限较短、风险较小，许多银行都把短期闲置资金投放于该市场，以便及时调整资产负债结构，保持资产的流动性。特别是那些市场份额有限、承受经营风险能力脆弱的中小银行，更是把同业拆借市场作为短期资金运用的经常性的场所，力图通过该市场提高资产质量，降低经营风险，增加利息收入。非银行金融机构也是金融市场上的重要参与者。证券公司、互助储蓄银行、储蓄贷款协会等非银行金融机构参与同业拆借市场的资金拆借，大多以贷款人身份出现在该市场上，但它们也有需要资金的时候，如证券公司的短期拆入。此外，外国银行的代理机构和分支机构也是同业拆借市场的参与者之一。市场参与者的多样化使商业银行走出了过去仅仅重新分配准备金的圈子，同业拆借市场的功能和范围进一步扩大，促进了各种金融机构之间的联系。

同业拆借市场中的交易既可以通过市场中介人，也可以直接联系交易。市场中介人是指为资金拆入者和资金拆出者之间媒介交易以赚取手续费的经纪商。同业拆借市场的中介人可以分为两类，一类是专门从事拆借市场及其他货币市场子市场中介业务的专业经纪商，如日本的短资公司就属这种类型；另一类是非专门从事拆借市场中介业务的兼营经纪商，大多由商业银行承担，这些大中型商业银行不仅充当经纪商，其本身也参与该市场的交易。

四、同业拆借市场的利率及期限

同业拆借市场的拆借期限通常以1～2天为限，短至隔夜，多则1～2周，一般不超过1个月，当然也有少数同业拆借交易的期限接近或达到1年。同业拆借的拆款按日计息，拆息额占拆借本金的比例为拆息率。拆息率每天不同，甚至每时每刻都会变化，其高低灵敏地反映货币市场资金的供求状况。

在国际货币市场上，比较典型的有代表性的同业拆借利率有三种，即伦敦银行间同业拆借利率（LIBOR）、新加坡银行间同业拆借利率和香港银行间同业拆借利率。伦敦银行间同业拆借利率是伦敦金融市场上银行间相互拆借英镑、欧洲美元及其他欧洲货币时的利率，由报价银行在每个营业日的上午11时对外报出，分为存款利率和贷款利率两种报价。资金拆借的期限为1个月、3个月、6个月和1年等几个档次。自20世纪60年代初，该利率即成为伦敦金融市场借贷活动中的基本利率。目前，伦敦银行间同业拆借利率已成为国际金融市场上的一种关键利率，一些浮动利率的融资工具在发行时也以该利率作为浮动的依据和参照物。相比之下，新加坡银行间同业拆借利率与香港银行间同业拆借利率的生成和作用范围是两地的亚洲货币市场，其报价方法与拆借期限和伦敦银行间同业拆借利率并无差别，但它们在国际金融市场上的地位和作用则要差得多。

2007年1月4日，被看做我国货币市场基准利率的SHIBOR（上海银行间同业拆借利率）正式运行，这是我国货币市场走向完善的重要一步。SHIBOR是由信用等级较高的银行组成报价团自主报出的人民币同业拆出利率计算确定的算术平均利率，是单利、无担保、批发性利率。目前，对社会公布的SHIBOR包括隔夜、1周、2周、1个月、3个月、6个月、9个月及1年多个品种。2012年，中国人民银行在其公布的《金融业发展和改革"十二五"规划》中强调，应进一步发挥上海银行间同业拆放利率（SHIBOR）的基准作用，扩大其在市场化产品中的应用。随着在实践中的不断完善，SHIBOR在我国货币市场中发挥着愈加重要的作用。

五、同业拆借市场的特点

1. 融通资金期限短，流动性高。同业拆借市场的资金融通期限一般是1~2天或者1个星期，是为了解决头寸临时不足或头寸临时多余所进行的资金融通。目前，同业拆借市场已成为各金融机构弥补短期资金不足和进行短期资金运作的市场，成为解决或平衡资金流动性和盈利性矛盾的市场，从而临时调剂性市场也就变成短期融资市场。

2. 具有严格的市场准入条件。同业拆借一般在金融机构或指定的某类金融机构之间进行，而非金融机构包括工商企业、政府部门及家庭部门或非指定的金融机构不能进入同业拆借市场。有些国家或在某些特定的时期，政府也会对进入此市场的金融机构进行一定的资金限制。我国已于2016年放开对金融机构进入同业拆借市场的行政审批。

3. 技术先进，手续简便，成交时间短。同业拆借市场的交易主要是采取电话协商的方式进行，是一种无形市场。达成协议后，就可以通过各自在中央银行的存款账户自动划拨清算；或者向资金交易中心提出供求和进行报价，由资金交易中心进行撮合成交，并进行资金交割划账。

4. 信用交易且交易数额较大。在同业拆借市场上进行资金借贷或融通，一般不需要以担保或抵押品作为借贷条件，完全是一种协议和信用交易关系，双方都以自己的信用担保，都严格遵守交易协议。

5. 利率由供求双方议定，可以随行就市。同业拆借市场上的利率可由双方协商，讨价还价，最后议定成交。因此，同业拆借市场上的利率是一种市场利率，或者说是市场化程度最高的利率，能够充分灵敏地反映市场资金供求状况及其变化。

六、同业拆借市场的作用

1. 同业拆借市场的存在加强了金融机构资产的流动性，保障了金融机构运营的安全性。流动性风险是金融机构经营过程中面临的主要金融风险之一，同业拆借市场的存在为金融机构提供了一种增强流动性的机制，这也间接保障了金融机构经营的安全性。由于同业拆借市场的存在，金融机构可以比较方便地获得短期资金融通来弥补资金缺口，从而满足了其流动性的需要。同时，同业拆借市场的存在也使金融机构不需要通过低价出售资产来维持流动性，这在一定程度上又保障了金融机构的经营安全。因此，金融机构通过同业拆借加强了资产的流动性和运营的安全性，优化了资产和负债的组合。

2. 同业拆借市场的存在有利于提高金融机构的盈利水平。一方面，金融机构通过同业拆借市场可以将暂时盈余的资金头寸及时贷放出去，减少资金的闲置，由此增加资产的总收益；另一方面，金融机构特别是商业银行不必为了维持一定的法定准备金而刻意保持较多的超额准备资金，这使得金融机构能够更充分、更有效地运用所有资金，增加盈利性资产的比重，提高总资产的盈利水平。此外，同业拆借市场的存在也有利于金融机构灵活调整流动性储备，提高资产组合的平均及总体盈利水平。

3. 同业拆借市场是中央银行实施货币政策的重要载体。首先，同业拆借市场及其利率可以作为中央银行实施货币政策的重要传导机制。中央银行可以通过调节存款准备金率使同业拆借市场银根紧缩或放松，调节同业拆借市场的利率，进而带动其他利率变动，控制商业银行的信贷能力与规模。其次，同业拆借市场利率反映了同业拆借市场资金的供求状况，是中央银行货币政策调控的一个重要指标。中央银行可以结合当前的通货膨胀（或通货紧缩）率、就业率及经济增长率制定适当的货币政策，从而实现宏观金融调控目标。

4. 同业拆借市场利率往往被视做基准利率，反映社会资金供求状况。金融市场银根的松紧以及整个社会的资金供求状况往往会通过同业拆借市场的交易量及市场利率得到反映。同业拆借市场利率水平及其变化可以反映出整个金融市场利率的变动趋势以及资金的供求情况，对宏观经济也起着十分重要的作用。因此，有些国家的中央银行将同业拆借市场利率视为货币政策的中间目标。此外，同业拆借市场上的利率也经常被看成基础利率，各金融机构的存放款利率都在此利率基础上进行确定。

第二节　票据市场

一、票据概述

票据是一种重要的有价证券，它作为金融市场上通行的结算和信用工具，是货币市场上的主要的交易工具之一。以票据为媒介构成的票据市场构成了货币市场的一个重要组成部分。依据票据的种类，票据市场可以简单地分为商业票据市场、大额可转让存单市场和银行承兑汇票市场三类货币子市场。

（一）票据的特点

票据作为一种有价证券，具有以下几个明显的特征：

1. 票据是一种完全有价证券[①]。票据的权利随票据的设立而设立，随票据的转让而转让。只有在权利行使之后，票据体现的债权债务关系才宣告结束。因此，票据是一种典型的完全有价证券，票据的这一特点也是票据贴现市场形成的基础。

[①] 有价证券可分为完全有价证券和不完全有价证券。完全有价证券的证券本身和该证券拥有的权利在任何情况下都不可分离，而不完全有价证券的证券本身和权利可以剥离。

2. 票据是一种设权证券①。票据所代表的财产权利即一定金额的给付请求权完全由票据的制成而产生。换言之，票据的制成并非是用来证明已经存在的权利，而是创立一种新的权利。票据一旦制成，票据关系人的权利义务关系随之确立。

3. 票据是一种无因证券②。票据的持票人只要持有票据就能享受票据拥有的权利，而不必说明票据取得及票据行为发生的原因。票据债务人也不能以票据所有权发生变化为理由而拒绝履行其因票据行为而负担的付款义务。正是由于这种无因性，票据的流通和转让成为可能。

4. 票据是一种要式证券③。票据的制成和记载事项必须严格依据法律规定进行，并且票据的签发、转让、承兑、付款、追索等行为的程序和方式也都必须依法进行。如果违反了法律规定，将会导致票据行为的无效或对票据权利产生影响。

5. 票据是一种文义证券④。票据在流通过程中若发现文字内容有错误，不得用票据以外的证据方法予以变更或补充。这样做是为了保证流通信用和交易安全，保护流通过程中善意持票人的权利。例如，票据上记载的出票日与实际出票日不符时，以票载日期为准。

6. 票据是一种流通证券。票据权利可以通过一定的方式转让，一般包括背书或交付。票据债权债务关系的转让不必依照民法中有关债权转让的规定进行，这使票据具有高度的流通性。在西方国家票据制度中特别强调了这一点。英美等国就是以"流通证券"来形容票据的。一般来说，无记名票据通过交付就能转让，而记名票据转让时则须经过背书。

7. 票据是一种返还证券。票据权利人实现了自己的权利、收领了票据上的金额之后，应将票据归还给付款人。而在其他债权中，债务人履行债务后，即使债权人不同时交还有关债权证书，也可以用其他的凭证如收据来证明债务的履行。在票据债权中，若债权人不交还票据，债务人可拒付票款。如果付款人是主债务人，付款后票据关系宣告结束；如果付款人是次债务人，付款后可向其前手追索。

(二) 票据的种类

1. 汇票。汇票是由出票人签发的委托付款人在见票时或者在指定日期无条件支付一定金额给收款人或持票人的一种票据。汇票有三方当事人，即出票人、付款人和收款人。出票人是在票据关系中履行债务的当事人。收款人是在票据关系中享有债权的人，在接受汇票时有权向付款人请求付款。付款人即受出票人委托向持票人进行票据金额支付的人。付款人和出票人之间往往存在一定的资金关系，通常是出票人的开户银行。

按汇票记载权利人方式的不同，汇票可分为记名汇票、不记名汇票和指定汇票。按汇票上记载付款期限的长短，汇票可分为即期汇票和远期汇票。此外，汇票还可以按出票人不同分为银行汇票和商业汇票。

2. 本票。本票是指出票人签发的承诺自己在见票时无条件支付确定的金额给收款人

---

① 所谓设权证券是指证券权利的发生必须以制成票据为前提。
② 所谓无因证券是指证券上的权利只由证券上的文义确定，持有人在行使权利时无须负证明责任。
③ 所谓要式证券是指证券的制成必须遵照法律规定。
④ 文义证券是指票据上的所有权利义务关系均以票据上的文字记载为准，不受任何外来因素的干扰。

或持票人的票据。本票具有三个特征：一是本票的基本当事人只有两个，即出票人和收款人；二是本票的付款人为出票人自己；三是本票的出票人自己承担无条件付款的责任，故没有承兑制度。以出票人的不同，可以将本票分为银行本票和商业本票。在我国，本票只能由商业银行签发，不承认商业本票。

3. 支票。支票是出票人签发的委托办理支票存款业务的银行或其他金融机构在见票时无条件支付确定金额给收款人或持票人的票据。

（三）票据行为

票据行为是指以产生票据上载明的债权债务关系为目的的要式行为，包括出票、背书、承兑、保证、付款及追索。在我国，汇票可以发生上述全部票据行为，而支票和本票是以出票人或银行和金融机构为付款人，因此不需要承兑。

出票是指出票人按照法定形式签出票据，并将它交付收款人的票据行为。出票是一切票据行为的基础，票据的权利义务关系从此产生。

背书是指以转让票据权利或将一定票据权利授予他人行使为目的，在票据的背面或者粘单上记载有关事项并签章的票据行为。背书是票据权利转让的重要方式。和无记名票据以票据交付即可转让不同，记名票据必须经转让人背书方能转让。但出票人在票据上记载"不得转让"字样的，票据不能转让。

承兑是指票据付款人承诺在票据到期日支付票载金额的行为。承兑是汇票特有的票据行为，主要目的在于明确汇票付款人的票据责任。受出票人委托的付款人在承兑之前，从法律意义上并非汇票债务人，只有经过承兑，表示愿意支付汇票金额，付款人才成为债务人，对持票人负有付款的责任。

保证是指票据债务人以外的任何第三人担保票据债务人履行债务的票据行为。担保票据债务履行的人叫票据保证人，被担保的票据债务人叫被保证人。保证人为票据担保后，票据到期得不到付款的，持票人有权向保证人请求付款。保证人应该足额支付。

付款是指票据的付款人向持票人支付票载金额从而消除票据关系的票据行为。票据的付款人仅限于票据上记载的当事人，其他任何人的付款都不具有票据付款行为的性质。只有付款人足额支付后才能收回票据，消除该票据的债权债务关系，因此，付款是票据关系的最后一个环节。

追索是指票据到期不获付款或期前不获承兑，或有其他法定原因出现时，持票人请求背书人、出票人及其他债务人偿还票据金额及有关损失和费用的票据行为。追索权的行使可以在票据到期之前，也可以在票据到期之后。

二、商业票据市场

商业票据是大公司为了筹措资金，以贴现方式出售给投资者的一种短期无担保承诺凭证。美国的商业票据属本票性质，英国的商业票据则属汇票性质。由于商业票据没有担保，仅以信用做保证，因此能够发行商业票据的一般都是规模巨大、信誉卓著的大公司。商业票据市场就是这些信誉卓著的大公司所发行的商业票据交易的市场。

（一）商业票据市场的演进

商业票据是货币市场上历史最悠久的工具，最早可以追溯到19世纪初。商业银行曾是商业票据的主要购买者。自20世纪50年代初期以来，由于商业票据风险较低、期限较短、收益较高，许多公司也开始购买商业票据。现在，商业票据的主要投资者是保险公司、非金融企业、银行信托部门、地方政府、养老基金组织等。商业银行对商业票据的市场需求已经退居次要地位。但银行在商业票据市场上仍具有重要作用，这主要表现在商业银行代理发行商业票据、代保管商业票据以及提供商业票据发行的信用额度支持等。由于许多商业票据是通过滚动发行偿还，即发行新票据取得资金偿还旧票据，加之许多投资者选择商业票据时较为看重银行的信用额度支持，因此，商业银行的信用额度对商业票据发行的影响极大。

商业银行曾是商业票据的主要购买者。自20世纪50年代初期以来，由于商业票据风险较低、期限较短、收益较高，许多公司也开始购买商业票据。现在，商业票据的主要投资者是保险公司、非金融企业、银行信托部门、地方政府、养老基金组织等。商业银行对商业票据的市场需求已经退居次要地位。但银行在商业票据市场上仍具有重要作用，这主要表现在商业银行代理发行商业票据、代保管商业票据以及提供商业票据发行的信用额度支持等。由于许多商业票据是通过滚动发行偿还，即发行新票据取得资金偿还旧票据，加之许多投资者选择商业票据时较为看重银行的信用额度支持，因此，商业银行的信用额度对商业票据的发行影响极大。

（二）商业票据市场的交易机制

1. 发行者。发行者可以分为金融性公司和非金融性公司。金融性公司主要有三种：附属性公司、与银行有关的公司及独立的金融公司。第一类公司一般附属于某些大的制造公司，如附属于通用汽车公司的通用汽车承兑公司；第二类公司是银行持股公司的下属子公司；其他则为独立的金融公司。非金融性公司发行商业票据的频次较金融公司少，发行所得主要解决企业的短期资金需求及季节性开支，如应付工资及缴纳税款等。

商业票据的发行视经济及市场状况的变化而变化。一般来说，高利率时期发行数量较少，资金来源稳定时期、市场利率较低时，发行数量较多。

2. 面额及期限。大多数商业票据的发行面额都在10万美元以上，只有部分商业票据的发行面额为2.5万美元或5万美元。在二级市场上，商业票据的最小交易单位为10万美元。据统计，商业票据市场上每个发行者平均拥有1.2亿美元的未到期的商业票据，一些较大的单个发行者拥有的未到期的商业票据达数十亿美元之多。

商业票据的期限较短，一般不超过270天。市场上未到期的商业票据平均期限在30天以内，大多数商业票据的期限在20~40天。

3. 销售渠道。商业票据的销售渠道有二：一是发行者通过自己的销售力量直接出售，二是通过商业票据交易商间接销售。采取何种方式主要取决于发行者使用这两种方式的成本的高低。非金融性公司主要通过商业票据交易商间接销售，因为它们的短期信用需求通常具有季节性及临时性，建立永久性的商业票据销售队伍不合算。但有一些规模非常大的公司则通过自己的下属金融公司直接销售，在这样的大公司中，其未到期的商业票据一般在数亿美元以上，其中大多数为大金融公司和银行持股公司。

尽管在投资者急需资金时，商业票据的交易商和直接发行者可在到期之前兑现，但商业票据的二级市场并不活跃。这主要是因为商业票据的期限非常短，购买者一般都计划持有到期。另一个原因是商业票据是高度异质性的票据，不同经济单位发行的商业票据在期限、面额和利率等方面各有不同，其交易难以活跃。

4. 信用评估。发行人在发行商业票据时，需要获得评级机构的评级。商业票据评估的主要内容有管理质量、经营能力、资金周转速度、竞争能力、流动性、债务结构和经营前景等。因为商业票据是短期债务，因此衡量其短期偿债能力是非常重要的方面。

虽然商业票据的发行者一般都有较高的信用等级，但较小或不太有名的低信用等级的企业也可以发行商业票据，但必须借助于信用等级较高的公司给予的信用支持（这种票据被称为信用支持商业票据），或以高品质的资产为抵押（这种票据被称为抵押支持商业票据）。商业票据评级是指对商业票据的质量（即债权实现的可靠程度）进行评价并按质量高低分成若干等级。

5. 非利息成本。同发行商业票据有关的非利息成本有：（1）信用额度支持费用。一般以补偿余额的方式支付，即发行者必须在银行账号中保留一定金额的无息资金，有时则按信用额度的 0.375%~0.75% 一次性支付。后一种方法近年来较受商业票据发行者的欢迎。（2）代理费用。主要是商业银行代理发行及偿付的费用。（3）信用评估费用。它是发行者支付给信用评估机构的报酬。

6. 投资者。商业票据的投资者主要包括包括中央银行、非金融性企业、投资公司、政府部门、私人抚恤基金、基金组织及个人。货币市场基金和银行信托是最主要的投资者，前者持有的商业票据存量超过 40%，后者持有量在 20% 左右，而其他投资者包括非金融机构、保险公司、政府及个人养老基金等，持有的商业票据存量在 5%~15%。另外，储蓄贷款协会及互助储蓄银行也获准以其资金的 20% 投资于商业票据。投资者可以从三个渠道购买商业票据：从交易商手中购买、从发行者那里购买以及购买投资商业票据的基金份额。

三、银行承兑票据市场

在商品交易活动中，售货人为了向购货人索取货款而签发的汇票，经付款人在票面上承诺到期付款的"承兑"字样并签章后，就成为承兑汇票。经购货人承兑的汇票称商业承兑汇票，经银行承兑的汇票即为银行承兑汇票。由于银行承兑汇票由银行承诺承担最后付款责任，实际上是银行将其信用出借给企业，因此，企业必须交纳一定的手续费。这里，银行是第一责任人，而出票人则只负第二手责任。以银行承兑票据作为交易对象的市场即为银行承兑票据市场。

（一）银行承兑汇票

银行承兑汇票是为方便商业交易活动而创造出的一种工具，在对外贸易中运用较多。当一笔国际贸易发生时，由于出口商对进口商的信用不了解，加之没有其他的信用协议，出口方担心对方不付款或不按时付款，进口方担心对方不发货或不能按时发货，交易就很难进行。这时便需要银行信用从中做保证。一般地，进口商首先要求本国银行开立信用证，作为向国外出口商的保证。信用证授权国外出口商开出以开证行为付款人的汇票，可以是即期的也可是远期的。若是即期的，付款银行（开证行）见票付款；若是远期汇票，付款银行（开证行）在汇票正面签上"承兑"字样，填上到期日，并盖章为凭。这样，银行承兑汇票就产生了。

为了进一步解释银行承兑汇票的产生过程，这里结合一笔进出口贸易来加以说明。假设甲国进口商要从乙国进口一批汽车，并希望在90天后支付货款。进口商要求本国银行按购买数额开出不可撤销信用证，然后寄给外国出口商。信用证中注明货物装运的详细要求并授权外国出口商按出售价格开出以进口方开证行为付款人的远期汇票。汽车装船后，出口商开出以甲国开证行为付款人的汇票，并经由乙国通知行将汇票连同有关单据寄往甲国开证行，要求承兑。甲国开证行审核无误后，在汇票正面加盖"承兑"图章，并填上到期日。承兑后，这张远期汇票便成为甲国（进口国）开证银行的不可撤销负债。开证行承兑后将承兑过的汇票交由乙国的通知行退还给开出汇票的出口商。出口商收到汇票后，可要求通知行贴现，取得现款，等于提前收回货款。乙国通知行取得汇票后，可持有至到期日向甲国承兑行（开证行）收款，也可以将汇票拿到金融市场上出售。

从上面这个简单的例子可以看出，在国际贸易中运用银行承兑汇票至少具有以下三个方面的优点：第一，出口商可以立即获得货款进行生产，避免由货物装运而引起的时间耽搁；第二，由于乙国银行以本国货币支付给出口商，避免了国际贸易中不同货币结算上的麻烦及汇率风险；第三，由于有财力雄厚、信誉卓著的银行对货款的支付做担保，出口商无须花费财力和时间去调查进口商的信用状况。

银行承兑汇票不仅在国际贸易中运用，也在国内贸易中运用。在有些货币为国际硬通货的国家，如美国，银行承兑汇票还因其他国家周期性或季节性的美元外汇短缺而创造出来，这种承兑汇票称做外汇承兑汇票。但总的来说，为国际贸易创造的银行承兑汇票占绝大部分。银行承兑汇票最常见的期限有30天、60天和90天等几种，也有期限为180天和270天的。交易单位一般是10万美元和50万美元。银行承兑汇票的违约风险较小，但有利率风险。

银行承兑汇票被创造后，银行既可以自己持有当做一种投资，也可以拿到二级市场上出售。如果出售，银行可以通过两个渠道：一是利用自己的渠道直接销售给投资者，二是利用货币市场交易商销售给投资者。因此，银行承兑汇票二级市场的参与者主要是创造承兑汇票的承兑银行、市场交易商及投资者。二级市场上的银行可分为五个层次。第一层次是若干家最大的国内银行。它们创造的银行承兑汇票最安全，市场性最强，因而利率（贴现率）最低。第二层次是略逊于最大银行的银行，它们创造的银行承兑汇票的利率通常接近第一层次的银行的承兑汇票的利率。余下的银行属于第三及第四层次，它们的利率远高于前两层次的银行承兑汇票的利率。第五层次的银行为外国银行在美国的分支机构，它们创造的承兑汇票利率高出国内承兑汇票利率很多，主要是因为投资者对它们的信誉缺乏足够的信任。

（二）银行承兑汇票市场的作用

同其他货币市场信用工具相比，银行承兑汇票在某些方面更能吸引储蓄者、银行和投资者，因而它是既受借款者欢迎又为投资者青睐，同时也受到银行喜欢的信用工具。

1. 从借款人角度分析。

首先,借款人利用银行承兑汇票的成本较传统银行贷款的利息成本及非利息成本之和低。要求银行承兑汇票的企业实际上就是借款者,它必须向银行交付一定的手续费。当它向银行贴现后又取得现款,故其融资成本为贴息和手续费之和。传统的银行贷款除必须支付一定的利息外,借款者还必须在银行保持超过其正常周转资金余额的补偿性最低存款额,这部分存款没有利息,构成企业的非利息成本。相比较而言,使用传统银行贷款的成本比运用银行承兑汇票的成本高。

其次,借款者运用银行承兑汇票比发行商业票据筹资有利。能在商业票据市场上发行商业票据的都是规模大、信誉好的企业。许多借款者都没有足够的规模和信誉以竞争性的利率发行商业票据筹资。这部分企业却可以运用银行承兑票据来解决资金上的困难。即使是少数能发行商业票据的企业,其发行费用和手续费加上商业票据利息成本,总筹资成本也高于运用银行承兑票据的筹资成本。

2. 从银行角度分析。

首先,银行运用承兑汇票可以增加经营效益。银行通过创造银行承兑汇票,不必动用自己的资金即可赚取手续费。当然,有时银行也用自己的资金贴现承兑汇票。但由于银行承兑汇票拥有大的二级市场,很容易变现,因此银行承兑汇票不仅不影响其流动性,而且提供了传统银行贷款所无法提供的多样化的投资组合。

其次,银行运用承兑汇票可以增加其信用能力。一般地,各国银行法都规定了银行对单个客户提供信用的最高额度。

最后,银行法规定出售合格的银行承兑汇票所取得的资金不要求缴纳准备金。这样,在流向银行的资金减少的信用紧缩时期,这一措施将刺激银行出售银行承兑汇票,引导资金从非银行部门流向银行部门。

3. 从投资者角度分析。投资者最重视的是投资的收益性、安全性和流动性。投资于银行承兑汇票的收益同投资于其他货币市场信用工具如商业票据、大额可转让定期存单等的收益不相上下。银行承兑汇票的承兑银行对汇票持有者负不可撤销的第一手责任,汇票的背书人或出票人承担第二手责任,即如果银行到期拒绝付款,汇票持有人还可向汇票的背书人或出票人索款。因此,投资于银行承兑汇票的安全性非常高。一流质量的银行承兑汇票具有公开的贴现市场,可以随时转售,因而具有高度的流动性。

专栏
警惕票据欺诈[①]

一、票据欺诈的表现形式及其手段

票据欺诈的表现形式有:私刻印章蒙混过关,克隆银行承兑汇票,涂改票据金额,伪造支票进账单等。

---

① 张汉林:《警惕票据欺诈》,载《对外经贸财会》,2002(3)。

票据欺诈的手段更是五花八门，如注册空壳公司作跳板；采取调包计，即用克隆的票据调换真实的票据，对象多数是银行承兑汇票；虚构交易合同，多半是为向银行申请骗开承兑汇票，以便下一步克隆骗取，即用克隆的承兑汇票向乙贴现银行申请贴现，一旦得逞，即刻将真实承兑汇票向甲出票行申请退票；等等。

二、典型案例及分析

案例1：2012年2月9日，龙湾一坐拥3家贸易公司的女老板管某利用伪造的购销合同，骗取银行承兑汇票1 000万元并贴现使用。管某利用与浙江某金属有限公司业务往来时扣下留存的已盖好该公司印章的空白合同，在无真实货物交易的情况下，填报虚假的购销合同，送交银行。银行顺利为她办出共计1 000万元银行承兑汇票贷款，期限半年。后因经营不善，投资失败，贷款到期后无法归还银行的借款，给银行造成重大损失。

分析：当出票人向银行申请承兑时，购销双方只是签订了购销合同，真正的商品交易还未发生，银行审查商品交易的主要依据是购销合同，一些企业借此相互串通签订假购销合同，以此来骗取银行对之承兑，获取银行信贷资金。

案例2：2013年9月10日，朱某伙同李某预谋用变造银行承兑汇票后质押借款的方式诈骗。朱某将3张小面额的银行承兑汇票交给李某，李某在广州将3张小面额的银行承兑汇票变造成一张金额为450万元的银行承兑汇票。随后李某指示陈某从广州将变造好的银行承兑汇票交给朱某。2013年9月22日，朱某将其中一张变造的银行承兑汇票交给老何等人，老何等人在明知银行承兑汇票是变造的情况下，通过银行的熟客小翠到银行办理贴现业务，骗得赃款4 321 520元。

分析：该案例中，银行在办理贴现业务时未按规定进行票据的查询查复，票据鉴别过程也流于形式，银行由于操作不慎、审查不严，最终为此付出了惨重的代价。不管是伪造的票据、变造的票据还是克隆的票据，依靠现代先进的票据鉴别仪器，按照鉴别要求，该类风险是完全可以避免的。

从上述案例来看，犯罪嫌疑人实施票据欺诈并非天衣无缝，甚至还算不上高明，但却屡屡能够得手，究其原因，是银行和企业有关人员未能按照《票据法》办事，以及未能恪尽职守所致。

三、加强和完善票据管理的设想

1. 不断研究改进传统的票据验证手段和方式，以增强受理票据的可靠性。如银行预留企业账户印鉴卡，由现在的一套增加为两套。增加的一套采用特制透明纸，以便可用重合预留印章的方式加以验证。

2. 对不同票据，商业银行实行不同的分类管理办法。对银行汇票和支票，规定合理的控制限额，如超过限额，则用电话和其他手段向委托付款单位询证。对现金支票的控制限额应当更加严格。对转入个人账户或信用卡的款项，必须严格控制在一般的国内工资、奖金及差旅费标准范围以内。对银行承兑汇票，参照增值税专用发票的管理办法，即用防伪标志，并实行不同票面金额版本，如超过10万元的，加多重防伪功能。

3. 加快推进计算机网络化管理的步伐，实行全国各商业银行联网。为确保网络安全，不可接入互联网，而必须组成独立的网络体系。一切票据业务均通过网上收付确认。支付企业的确认，一般业务不得少于两重授权，大额款项支付必须加主管特别授权。目前招商银行推出的个人"一卡通"业务是很值得借鉴的，招商银行的企业网上银行系统也是较严密的系统。由于目前尚未实现全行业联网，暂处于各商业银行各自为政的状况，因此，对银行汇票及银行承兑汇票暂时还无法在网上银行确认。随着银行实现网络一体化，票据的网络化验证应该是可行的。

四、大额可转让定期存单市场

(一) 大额可转让定期存单

同传统的定期存款相比，大额可转让定期存单具有以下几点不同：第一，定期存款记名、不可流通转让，而大额可转让定期存单则是不记名的，可以流通转让。第二，定期存款金额不固定，可大可小；可转让定期存单金额较大，我国要求对个人发行的存单起点为 30 万元，机构投资人认购大额存单的起点金额不低于 1 000 万元。第三，定期存款利率固定，而可转让定期存单利率既有固定的，也有浮动的，且一般来说比同期限的定期存款利率高。第四，定期存款可以提前支取，提前支取时要损失一部分利息；可转让存单不能提前支取，但可在二级市场流通转让。

(二) 大额可转让定期存单的种类

美国银行体系相对发达，定期存单的种类也相对较多。历史最悠久也最为重要的一种是美国国内存单，由美国国内银行发行，存单上注明存款的金额、到期日、利率及利息期限。此外，诸如欧洲美元存单是美国境外银行（外国银行和美国银行在外的分支机构）发行的以美元为计价单位的一种可转让定期存单。扬基存单的发行者主要是西欧和日本等地的著名的国际性银行在美分支机构。储蓄机构存单是出现较晚的一种存单，它是由一些非银行金融机构（储蓄贷款协会、互助储蓄银行、信用合作社）发行的一种可转让定期存单。

中国的大额存单产品于 2015 年 6 月 15 日正式推出。根据利率确定方式分类，大额存单可分为固定利率和浮动利率两种。固定利率存单采用票面年化收益率的形式计息；浮动利率存单以上海银行间同业拆借利率为浮动利率基准计息。根据本息支付方式分类，可分为到期一次还本付息和定期付息、到期还本两种方式。

(三) 大额可转让定期存单的市场交易

1. 利率和期限。最初在美国市场，大额可转让存单主要以固定利率的方式发行，存单上注明特定的利率，并在指定的到期日支付，这在当时利率稳定时深受投资者欢迎。后来随着金融市场利率波动加剧并趋于上升，在这种情况下，投资者都希望投资于短期的信用工具，可转让存单的期限大大缩短。

2015 年 6 月 2 日，中国人民银行制定了《大额存单管理暂行办法》以规范大额存单业务发展，拓宽存款类金融机构负债产品市场化定价范围，有序推进利率市场化改革。该《办法》规定，大额存单采用标准期限的产品形式。个人投资者认购大额存单起点金额不低于 30 万元，机构投资者认购大额存单起点金额不低于 1 000 万元。大额存单期限包括 1 个月、3 个月、6 个月、9 个月、1 年、18 个月、2 年、3 年和 5 年共 9 个品种。

2. 风险和收益。对投资者来说，可转让存单的风险有三种：一是信用风险，二是流动性风险，三是市场风险。信用风险是指发行存单的银行在存单期满时无法偿付本息的风险。流动性风险指的是存单持有者急需资金时存单不能在二级市场上立即出售变现或不能以较合理的价格出售的风险。市场风险来自资产价格波动带来的风险，与前两者不同，市场风险属于系统性风险，能够得到收益补偿。

一般地说，存单的收益取决于三个因素：发行银行的信用评级、存单的期限及存单的供求量。另外，收益和风险的高低也紧密相连。可转让存单的收益高于同期的国库券收益，主要原因是国库券的信用风险低并且具有免税优惠。另外，国库券市场的流动性也比存单市场高。在四种存单中，欧洲美元存单的利率高于国内存单的利率，一般高0.2%～0.3%。扬基存单的利率和欧洲美元存单的利率差不多，但平均来说，扬基存单的利率略低于欧洲美元存单的利率。这主要是由于以下两个原因：一是扬基存单受美国法令和条例保护，因而投资者不用承担国外政治或国家风险；二是交易商从事扬基存单交易比欧洲美元存单交易更容易、成本更低。储蓄存单由于其很少流通，因而利率无法与以上三种存单比较。

（四）大额可转让定期存单的投资者

大企业是大额可转让定期存单的最大买主。对于企业来说，在保证资金流动性和安全性的情况下，其现金管理目标就是寻求剩余资金的收益最大化。企业剩余资金一般有两种用途：一种用于应付各种固定的预付支出如纳税、分红及发放工资等，另一种用于意想不到的应急之需。企业可将剩余资金投资于存单，并将存单的到期日同各种固定的预期支出的支付日期联系起来，到期以存单的本息支付。至于一些意外的资金需要，则可在企业急需资金时在二级市场上出售存单来获取资金。

金融机构也是存单的积极投资者。首先是货币市场基金在存单的投资上占据很大的份额。其次是商业银行和银行信托部门。银行可以购买其他银行发行的存单，但不能购买自己发行的存单。此外，政府机构、外国政府、外国中央银行及个人也是存单的投资者。

对许多投资者来说，大额可转让定期存单，既有定期存款的较高利息收入特征，又同时有活期存款的可随时获得兑现的优点，是追求稳定收益的投资者的一种较好选择。对银行来说，发行存单可以增加资金来源，而且由于这部分资金可视为定期存款而能用于中期放款。发行存单的意义不仅在于增加银行存款，更在于由发行存单所带来的对银行经营管理方面的作用。存单发行使银行在调整资产的流动性及实施资产负债管理上具有更灵活的手段。

存单市场在很大程度上是通过存单交易商维持的。存单交易商的功能主要有两个：一是以自己的头寸买进存单后再零售给投资者；二是支持存单的二级市场，为存单的不断买卖创造市场。交易商购买存单的资金头寸主要是通过回购协议交易进行的。由于存单较政府证券的风险要大，因而以存单做抵押进行回购协议交易时，买回存单的价格要高于买回政府债券的价格。在美国，存单交易商的数量一度超过30家，但今天只有很少的交易商为存单做市。因此，存单的流动性大为降低。中国早于1986年也引进和发行了大额可转让定期存单，但由于市场的不完善和时机的不成熟，央行又于1997年暂停了对大额可转让定期存单的审批。2015年，中国人民银行制定了《大额存单管理暂行办法》，再次推出了大额存单。

第三节 回购市场

回购市场是指通过回购协议进行短期资金融通交易的市场。所谓回购协议，指的是在出售证券的同时和证券的购买商签订协议，约定在一定期限后按原定价格或约定价格购回所卖证券，从而获取即时可用资金的一种交易行为。从本质上说，回购协议是一种抵押贷款，其抵押品为证券。

一、回购协议的交易机制

回购协议的期限从一日至数月不等。当签订回购协议后，资金获得者同意向资金供应者出售政府债券和其他债券以换取即时可用的资金。一般地，回购协议中所交易的证券主要是政府债券。在我国回购协议市场上，回购协议的标的物是经中国人民银行批准的，可用于在回购协议市场进行交易的政府债券、中央银行债券及金融债券。回购协议期满时，再用即时可用资金做相反的交易。从表面上看，资金需求者通过出售债券获得了资金，而实际上资金需求者是从短期金融市场上借入了一笔资金。对于资金借出者来说，它获得了一笔短期内有权支配的债券，但这笔债券到时候要按约定的数量如数交回。所以，出售债券的人实际上是借入资金的人，购入债券的人实际上是借出资金的人。出售一方允许在约定的日期以原来买卖的价格再加若干利息购回该证券。这时，不论该证券的价格是升还是降，均按约定价格购回。在回购交易中，若贷款或证券购回的时间为一天，则称为隔夜回购；如果时间长于一天，则称为期限回购。

金融机构之间的短期资金融通一般可以通过同业拆借的形式解决，不一定要用回购协议的办法。有一些资金盈余部门不是金融机构，而是非金融机构、政府部门和证券公司等，它们采用回购协议的办法可以避免对放款的管制。此外，回购协议的期限可长可短，比较灵活，也满足了部分市场参与者的需要。期限较长的回购协议还可以套利，即在分别得到资金和证券后，利用再一次换回之间的间隔期进行借出或投资，以获取短期利润。

逆回购协议实际上与回购协议是一个问题的两个方面。它是从资金供应者的角度出发相对于回购协议而言的。回购协议中，卖出证券取得资金的一方同意按约定期限以约定价格购回所卖出证券。在逆回购协议中，买入证券的一方同意按约定期限以约定价格出售其所买入证券。从资金供应者的角度看，逆回购协议是回购协议的逆进行。

二、回购市场的交易定价及风险

回购协议市场没有集中的有形场所，交易以电信方式进行。大多数交易在资金供应方和资金获得者之间直接进行，但也有少数交易通过市场专营商进行。这些专营商大多为政府证券交易商，它们同获得资金的一方签订回购协议，并同供应资金的另一方签订逆回购协议。

大银行和政府证券交易商是回购协议市场的主要资金需求者。银行利用回购协议市场作为其资金来源之一。作为资金获得者，它有着与众不同的优势：首先，它持有大量的政府证券和政府代理机构证券，这些都是回购协议项下的正宗抵押品；其次，银行利用回购协议所取得的资金不属于存款负债，不用缴纳存款准备金。政府证券交易商也利用回购协议市场为其持有的政府证券或其他证券筹措资金。回购协议中的资金供给方很多，如资金雄厚的非银行金融机构、地方政府、存款机构、外国银行及外国政府等。其中资金实力较强的非银行金融机构和地方政府占统治地位。对于中央银行来说，通过回购交易可以实施公开市场操作，所以，回购市场是其执行货币政策的重要场所。

回购协议中的交易计算公式为

$$I = PP \times RR \times T/360 \quad (2.1)$$

$$RP = PP + I \quad (2.2)$$

式中，PP 为本金，RR 为证券商和投资者达成回购时应付的利率，T 为回购协议的期限，I 为应付利息，RP 为回购价格。

尽管回购协议中使用的是高质量的抵押品，但是交易的双方当事人也会面临信用风险。回购协议交易中的信用风险来源如下：如果到约定期限后交易商无力购回政府债券等证券，客户只有保留这些抵押品。但如果适逢债券利率上升，则手中持有的证券价格就会下跌，客户所拥有的债券价值就会小于其借出的资金价值；如果债券的市场价值上升，交易商又会担心抵押品的收回，因为这时其市场价值要高于贷款数额。减少信用风险的方法有以下两种：一是设置保证金。回购协议中的保证金是指证券抵押品的市值高于贷款价值的部分，其大小一般在1%～3%。对于较低信用等级的借款者或当抵押证券的流动性不高时，差额可能达到10%之多。二是根据证券抵押品的市值随时调整的方法。既可以重新调整回购协议的定价，也可以变动保证金的数额。如在回购协议的条款中规定，当回购协议中的抵押品价值下跌时，回购协议可以要求按新的市值比例追加保证金，或者降低贷款的数额。

回购协议中证券的交付一般不采用实物交付的方式，特别是在期限较短的回购协议中。但为了防范资金需求者在回购协议期间将证券卖出或与第三方做回购所带来的风险，一般要求资金需求方将抵押证券交到贷款人的清算银行的保管账户中或借款人专用的证券保管账户中，以备随时查询，当然也有不做这样规定的。

三、回购市场的利率决定

在回购市场中，利率是不统一的，利率的确定取决于以下多种因素。

1. 用于回购的证券的质地。证券的信用度越高，流动性越强，回购利率就越低，否则，利率就会相对来说高一些。

2. 回购期限的长短。一般来说，期限越长，由于不确定因素越多，因而利率也应高一些。但这并不是一定的，实际上利率是可以随时调整的。

3. 交割的条件。如果采用实物交割的方式，回购利率就会较低，如果采用其他交割方式，则利率就会相对高一些。

4. 货币市场其他子市场的利率水平。回购协议的利率水平不可能脱离货币市场其他子市场的利率水平而单独决定，否则该市场将失去其吸引力。它一般是参照同业拆借市场利率而确定的。由于回购交易实际上是一种用较高信用的证券特别是政府证券作抵押的贷款方式，其风险相对较小，因而利率也较低。

第四节　短期政府债券市场

短期政府债券是政府部门以债务人身份承担到期偿付本息责任的期限在 1 年以内的债务凭证。从广义上看，政府债券不仅包括国家财政部门所发行的债券，还包括地方政府及政府代理机构所发行的证券。狭义的短期政府债券则仅指国库券。一般来说，政府短期债券市场主要指的是国库券市场。

一、政府短期债券

政府短期债券以贴现方式发行，投资者的收益是证券的购买价与证券面额之间的差额。由财政部发行的短期债券一般称为国库券。需要强调的是，在我国，不管是期限在 1 年以内还是 1 年以上的由政府财政部门发行的政府债券均被称为国库券。而在国外，期限在 1 年以上的政府中长期债券称为公债，只有 1 年以内的政府短期债券才称为国库券。

政府发行短期债券一般基于以下两个目的：第一个目的是满足政府部门短期资金周转的需要。政府部门弥补长期收支差额，可通过发行中长期公债来筹措。但政府收支也有季节性的变动，每一年度的预算即使平衡，其间可能也有一段时间会出现资金短缺，需要筹措短期资金以资周转。这时，政府部门就可以通过发行短期债券以保证临时性的资金需要。此外，在长期利率水平不稳定时，政府不宜发行长期公债，因为如果债券利率超过将来的实际利率水平，则政府将承担不必要的高利率；而如果预期利率低于将来的实际利率水平，则公债市场价格将跌至票面之下，影响政府公债的销售。在这种情况下，最好的办法就是先按短期利率发行国库券，等长期利率稳定后再发行中长期公债。政府短期债券发行的第二个目的是为中央银行的公开市场业务提供可操作的工具。政府短期债券是中央银行进行公开市场操作的最佳品种，也是连接财政政策与货币政策的契合点。目前，由于政府短期证券的发行数额增长很快，其在货币政策调控上的意义有时超过了平衡财政收支的目的。

二、政府短期债券的发行

国库券大多是通过拍卖方式发行，投资者可以两种方式来投标：一是竞争性方式。竞标者报出认购国库券的数量和价格（拍卖中长期国债时通常为收益率），所有竞标根据价格从高到低（或收益率从低到高）排队。二是非竞争性方式。由投资者报出认购数量，并同意以中标的平均竞价购买。竞标结束时，发行者首先将非竞争性投标数量从拍卖总额中扣除，剩余数额分配给竞争性投标者。发行者从申报价最高（或从收益率最低）的竞争性投标开始依次接受，直至售完。当最后中标标位上的投标额大于剩余招标额时，该标位中标额按等比分配原则确定。

竞争性招标又可以分为单一价格（荷兰式）招标方式或多种价格（美国式）招标方式。按单一价格招标时，所有中标者都按最低中标价格（或最高收益率）获得国库券。

按多种价格招标时，中标者按各自申报价格（收益率）获得国库券。非竞争性投标者则按竞争性投标的平均中标价格来认购。

三、政府短期债券的市场特征

同其他货币市场信用工具不同，短期国库券交易具有一些较明显的投资特征。这些特征对投资者购买国库券具有很大影响。

（一）违约风险小

由于国库券是国家的债务，因而它被认为是没有违约风险的。国库券无违约风险的特征增加了其对投资者的吸引力。对商业银行和地方政府来说，利用国库券可以很容易地开展回购协议交易。

（二）流动性强

国库券的第二个特征是流动性强，即国库券能在较短的时间内以合理的价格进行变现。国库券流动性强有三方面原因：首先，国库券是政府信用背书，广大投资者参与意愿高；其次，国库券发行体量大，交易对手多，市场内交易量高；最后，国库券面额小，吸引广大中小投资者参与，进一步扩大了投资者群体。

（三）面额小

相对于其他货币市场票据来说，国库券的面额较小。目前，我国的国债债券每张面额为100元。对许多小投资者来说，国库券通常是他们能直接从货币市场购买的唯一有价证券。

（四）收益免税

在美国，国库券可以享受免税待遇。免税主要是指免除州及地方所得税。假定州所得税税率为T，那么商业票据收益率和国库券收益率之间的关系可以通过下式表示：

$$RCP(1-T) = RTB \tag{2.3}$$

式中，RCP为商业票据利率，RTB为国库券利率，T为州及地方税率。

从上述公式可以看出，国库券的免税优点的体现取决于投资者所在州及地方税率的高低和利率的现有水平。州及地方税率越高，国库券的吸引力越大；市场利率水平越高，国库券的吸引力也越大。

四、国库券收益的计算

以我国面额为10 000元的国库券为例，国库券的收益率一般以银行贴现收益率表示，其计算方法为

$$Y_{BD} = \frac{10\,000 - P}{10\,000} \times \frac{360}{t} \times 100\% \tag{2.4}$$

式中，Y_{BD}为银行贴现收益率，P为国库券价格，t为距到期日的天数。

例如，一张面额10 000元、售价9 818元、到期期限182天（半年期）的国库券，其贴现收益率为

$$[(10\,000 - 9\,818)/10\,000] \times 360/182 \times 100\% = 3.6\%$$

若我们已知某国库券的银行贴现收益率，就可以算出相应的价格，其计算方法为

$$P = 10\,000 \times [1 - Y_{BD} \times (t/360)] \tag{2.5}$$

实际上，用银行贴现收益率计算出来的收益率低估了投资国库券的真实年收益率。真实年收益率指的是所有资金按实际投资期所赚的相同收益率再投资的话，原有投资资金在 1 年内的增长率，它考虑了复利因素。其计算方法为

$$Y_E = \left[1 + \left(\frac{10\,000 - P}{P}\right)\right]^{365/t} - 1 \tag{2.6}$$

式中，Y_E 为真实年收益率。

在上例中，该国库券的真实年收益率为

$$[1 + (10\,000 - 9\,818)/9\,818]^{365/182} - 1 = 3.75\%$$

从以上数字可以看出，银行贴现收益率低估了国库券的真实收益率。与真实年收益率相比，银行贴现收益率存在三个问题：首先，在折算为年率时，银行贴现收益率用的是 360 天而不是 365 天；其次，它用单利计算法而不是复利计算法；最后，公式（2.4）的分母用的是面额而不是投资额。

由于在实践中期限小于 1 年的大多数证券的收益率都是按单利计算的，其计算方法为

$$Y_{BE} = \frac{10\,000 - P}{P} \times \frac{365}{t} \times 100\% \tag{2.7}$$

式中，Y_{BE} 为债券等价收益率。

债券等价收益率考虑了 365 天（在闰年的年份，公式（2.7）中的 365 天应为 366 天）和分母应为投资额的问题，但未考虑复利问题。上述国库券的债券等价收益率为

$$[(10\,000 - 9\,818)/9\,818] \times 365/182 \times 100\% = 3.72\%$$

可见，债券等价收益率低于真实年收益率，但高于银行贴现收益率。

第五节 货币市场基金

货币市场基金最早出现于 1972 年。当时，由于美国政府出台了限制银行存款利率的 Q 条例，银行存款对许多投资者的吸引力下降，他们急于为自己的资金寻找到新的能够获得货币市场现行利率水平的收益途径。货币市场基金正是在这种情况下应运而生。它能将许多投资者的小额资金集合起来，由专家操作。与股票型基金和债券型基金不同，货币市场基金的投资对象主要是短期政府债券、银行承兑汇票、大额可转让定期存单和商业票据等货币市场投资品种，故称为货币市场基金。它通过提高投资的流动性而降低了投资的风险性。

一、货币市场基金的市场运作

（一）货币市场基金的发行及交易

货币市场基金一般属开放型基金，即其基金份额可以随时购买和赎回。当符合条件的基金经理人设立基金的申请经有关部门许可后，它就可着手基金份额的募集。投资者认购基金份额与否一般依据基金的招募说明书来加以判断。基金的初次认购按面额进

行,一般不收或收取很少的手续费。由于开放型基金的份额总数是随时变动的,因此,货币市场基金的交易实际上是指基金购买者增加持有或退出基金的选择过程。一般情况下,投资者用投资收益再投资,增加基金份额。由于货币市场基金的净资产值是固定不变的,因此,衡量该类基金表现好坏的标准就是其投资收益率。

(二) 货币市场基金的特征

货币市场基金首先是基金中的一种,同时,它又是专门投资货币市场工具的基金,与一般的基金相比,除了具有一般基金的专家理财、分散投资等特点外,货币市场基金还具有以下投资特征:

1. 货币市场基金投资于货币市场中高质量的证券组合。货币市场基金是美国20世纪70年代出现的新型投资理财工具,是规避利率管制的一种金融创新,其产生的最初目的是为了给投资者提供稳定或高于商业银行等存款金融机构存款利率的市场利率水平。因此,货币市场基金产生之后就在各种短期信用工具中进行选择组合投资。货币市场基金投资的高质量证券具有流动性高、收益稳定、风险小等特点,而资金较少的小投资者除了在货币市场上可以购买短期政府债券外,一般不能直接参与货币市场交易。货币市场基金的出现满足了一部分小额资金投资者投资货币市场获取稳定收益的要求,因此受到投资者的青睐。

2. 货币市场基金提供一种有限制的存款账户。货币市场基金的投资者可以签发以其基金账户为基础的支票来取现或进行支付。这样,货币市场基金的基金份额实际上发挥了能获得短期证券市场利率的支票存款的作用。尽管货币市场基金在某种程度上可以作为一种存款账户使用,但它们在法律上并不算存款,因此不需要提取法定存款准备金及受利率最高限的限制。当然,货币市场基金账户所开支票的数额是有最低限额要求的,一般不得低于500美元。而我国对货币市场基金的"T+0赎回提现"实施限额管理,单一投资者持有的单只货币市场基金,在单一基金销售机构的单日"T+0赎回提现"额度不高于1万元。另外,许多基金还提供客户通过电报电传方式随时购买基金份额或取现等的方便。

二、货币市场基金的发展方向

货币市场基金的发展方向取决于其在金融市场中的作用。只有被市场需要的交易手段和机构才能得到不断发展。从目前的发展趋势看,货币市场基金的一部分优势仍得以保持,如专家理财、投资于优等级的短期债券等,但另一些优势正逐渐被侵蚀。主要表现在两个方面:

1. 货币市场基金没有获得政府有关金融保险机构提供的支付保证。货币市场基金提供支票账户,因此在某种程度上可被看做一种存款性金融机构,但政府存款保险公司不为货币市场基金的投资者的资金提供存款保险。这在经营出现风险时容易导致投资者的损失,不利于基金在市场竞争中争取稳健投资者的参与,尤其是在20世纪80年代以来银行业的经营风险增大、银行倒闭事件增多的情况下。尽管一些基金组织尝试建立私人保险机构,或采取限制投资方向如将基金资金只投资于无风险的政府债券上等措施,但并不能完全解除投资者的担忧。

2. 投资于货币市场基金的收益和投资于由银行等存款性金融机构创造的货币市场存

款账户的收益的差距正在消失。一是由于银行面对竞争，在不断地推出新的更有吸引力的信用工具；二是货币市场基金受到管制较少的历史正逐渐成为过去。货币市场基金在追求高收益的过程中必然伴随着高风险。一些货币市场基金出现了巨额的亏损，给基金持有人带来了损害，这导致了政府的干预。2018年6月1日，证监会和人民银行联合发布《关于进一步规范货币市场基金互联网销售、赎回相关服务的指导意见》，明确持牌经营和公平竞争，旨在遏制货币市场基金销售行业的无序发展，加强对货币市场基金流动性风险的管理。

即使货币市场基金今天的发展面临着一些问题，但它并不会从市场上消失，仍将和其他存款性金融机构在竞争中一道发展。在这个过程中，货币市场基金将面临兼并重组要求，通过优胜劣汰、不断创新，以求在市场竞争中立足。

本章小结

1. 根据金融工具的到期期限长短，可以将金融市场分为货币市场和资本市场。所谓货币市场是1年期以内的短期金融工具交易所形成的供求关系及其运行机制的总和。货币市场的参与者主要有五类：各类金融机构、机构投资者、各类企业、政府部门和中央银行以及个人投资者。

2. 货币市场金融工具的短期性表现在这些金融工具很容易就转化成货币支付手段M_1，从而实现其货币功能。借助货币市场，经济主体可以有效管理其流动性。货币市场中所形成的利率也被视为整个金融市场的基准利率，它是中央银行制定货币政策的重要参考依据。

3. 同业拆借市场，也可以称为同业拆放市场，是指金融机构之间以货币借贷方式进行短期资金融通活动的市场。它的特点是融通资金期限短、流动性高；具有严格的市场准入条件；技术先进，手续简便，成交时间短；信用交易且交易数额较大；利率由供求双方议定，可以随行就市。

4. 同业拆借的资金主要用于弥补短期资金的不足、票据清算的差额以及解决临时性的资金短缺需要。同业拆借市场的拆借期限通常以1~2天为限，短至隔夜，多则1~2周，一般不超过1个月，也有少数接近或达到1年。在国际货币市场上，比较典型的有代表性的同业拆借利率有三种，即伦敦银行间同业拆借利率、新加坡银行间同业拆借利率和香港银行间同业拆借利率。

5. 票据是一种重要的有价证券，它作为金融市场上通行的结算和信用工具，是货币市场上主要的交易工具之一。票据是一种完全有价证券、设权证券、无因证券、要式证券、文义证券、流通证券、返还证券。票据包括汇票、本票、支票。票据行为包括出票、背书、承兑、保证、付款及追索。

6. 商业票据是大公司为了筹措资金，以贴现方式出售给投资者的一种短期无担保承诺凭证。商业票据市场就是这些信誉卓著的大公司所发行的商业票据交易的市场。

7. 在商品交易活动中，售货人为了向购货人索取货款而签发的汇票，经付款人在票面上承诺到期付款的"承兑"字样并签章后，就成为承兑汇票。经购货人承兑的汇票称商业承兑汇票，经银行承兑的汇票即为银行承兑汇票。以银行承兑票据作为交易对象的市场即为银行承兑票据市场。银行承兑汇票是为方便商业交易活动而创造出的一种工具，在对外贸易中运用较多。

8. 大额可转让定期存单（CDs）产生于20世纪60年代，一般由较大的商业银行发行。同传统的定期存款相比，大额可转让定期存单不记名，可以流通转让；金额较大；利率既有固定的，也有浮动的，且一般来说比同期限的定期存款的利率高；不能提前支取，但可在二级市场流通转让。大额可转让定期存单包括国内存单、欧洲美元存单、扬基存单和储蓄机构存单。

9. 回购协议是指在出售证券的同时，和证券的购买商签订协议，约定在一定期限后按原定价格或约定价格购回所卖证券，从而获取即时可用资金的一种交易行为。从本质上说，回购协议是一种抵押贷款，其抵押品为证券。逆回购协议实际上与回购协议是一个问题的两个方面。回购市场是指通过回购协议进行短期资金融通交易的市场。

10. 短期政府债券是政府部门以债务人身份承担到期偿付本息责任的期限在1年以内的债务凭证。从广义上看，政府债券不仅包括国家财政部门所发行的债券，还包括地方政府及政府代理机构所发行的证券。狭义的短期政府债券则仅指国库券。一般来说，政府短期债券市场主要指的是国库券市场。政府短期债券市场的特征是违约风险小、流动性强、面额小、收益免税。

11. 政府短期债券以贴现方式发行，投资者的收益是证券的购买价与证券面额之间的差额。由财政部发行的短期债券一般称为国库券。政府发行短期债券一般基于以下两个目的：一是满足政府部门短期资金周转的需要，二是为中央银行的公开市场业务提供可操作的工具。

12. 货币市场基金一般属于开放型基金，除了具有一般基金的专家理财、分散投资等特点外，还具有以下投资特征：投资于货币市场中高质量的证券组合，提供一种有限制的存款账户。

关键术语

货币市场　同业拆借市场　票据　商业票据市场　银行承兑票据市场　大额可转让定期存单市场　回购协议　回购市场　政府短期债券　货币市场基金

知识扩展

中国货币市场基金的基本情况

改革开放四十年来，我国的金融体系市场化程度不断加深。特别是加入世界贸易组织以后,加快市场化进程的压力进一步提高。从完善我国投融资体系的角度看,建立货币市场基金已经成为一个十分重要的环节。

一、建立货币市场基金的积极意义

(一)帮助解决我国金融投资产品风险收益特征平滑过渡性不足的问题

货币市场基金是介于资本市场与银行储蓄存款之间的过渡性产品,可以提供介于二者之间的风险与收益。尤其在股市熊市到来时,可以帮助中小投资者将股票基金转换成货币市场基金,以规避股市风险,为此货币市场基金又称为停泊基金。

但是,我国非金融机构投资人尤其是个人投资者目前可以投资的金融产品只有银行存款类及股票与国债类,即银行存款与资本市场工具两类。根据统计,2015年银行存款和现金是我国个人金融投资的主要产品,共占82.2%;其次是股票,占8.4%(见表2-1)。显而易见,这种投资结构存在很强的风险收益差异,在低风险、低收益的银行存款和高风险、高收益的股票产品之间没有过渡产品,形成了一个大的产品类别空缺。

表2-1　　　　　　　　2015年我国居民个人金融资产结构表

资产类别	银行存款	现金	股票	国债	保险及其他
比重(%)	73.2	9	8.4	5.3	4.1

缺乏过渡性产品使个人投资者不得不将资金存在银行,导致银行存款余额快速增长。这在现阶段缺乏理想投资工具的情况下,加大了银行的利息成本负担。缺乏过渡性产品也使企业无法将暂时闲置的资金投资于收益率高于银行存款同时风险很低的金融产品上,这无疑加大了企业将资金贸然投资于股票市场的比重,增加了企业的风险。发展货币市场基金有助于解决这些问题。

另外,由于货币市场基金主要投资于短期债券,因此当债券的收益率曲线较为平坦或市场短期收益率高于长期收益率的时候,投资于货币市场基金可以获得较高的收益率。这种情况多发生在宏观经济政策偏紧的情况下。另外,货币市场基金也较多投资于利率挂钩产品,因此在基准利率上调后,货币市场基金也会随之取得较高的收益率。

(二)活跃货币市场,提高市场效率

我国货币市场比资本市场起步要早,但发展速度慢于资本市场,特别是股票市场。最近几年,由于意识到货币市场对于利率市场化、中央银行有效实施货币政策以及稳定金融市场的重要作用,社会各部门都致力于加快货币市场的发展。我国货币市场目前存在的问题主要是品种不够多,规模不够大,流动性低。这些问题限制了货币市场发挥其正常功能。

根据国外的实践经验,发展货币市场基金会极大地促进货币市场的发展。因为它可以吸引大量社会资金进入货币市场,帮助扩大市场需求,从而扩大市场规模;同时,可以活跃各类货币市场工具的交易,提高市场的流动性。

(三)促进基金业的发展

从市场发达国家的经验看,投资基金通常通过提供多样化产品吸引投资人,即一个基金管理公司往往管理众多种类的投资基金，包括股票基金、债券基金、货币市场基金等。投资人可以根据市场和自己投资偏好的变化随时选择基金类型，灵活地将资金在各基金类型中进行转移，几乎不支付额外的费用。因此，在一个基金组群中，种类越多，差异越大，则越具有吸引力。

从微观角度看，货币市场基金其实有助于提高银行竞争力，包括稳住银行的存款来源。这主要体现在两个方面：其一，建立货币市场基金会加快商业银行发行可转让大额存单的批准过程。发行可转让大额存单既增加了货币市场交易品种，增加了货币市场基金的投资对象，又帮助商业银行提高了存款的来源，而且是更加稳定的资金来源，可谓一举数得。其二，帮助商业银行增加中间业务品种。货币市场基金的开放式特点和提供支付结算便利的特点，使其账户管理的业务量相当大，而这些业务都离不开商业银行。商业银行可以作为托管人，或者作为结算银行，或者作为基金销售人，提供相关服务，取得可观的中介服务收入。

二、货币市场基金在中国的发展规模

"年轻而有发展潜力"是对我国货币市场基金的简要概括。在我国，首只货币市场基金——华安现金富利于2003年12月30日上市。截至2017年6月末，我国基金市场共有针对个人投资者的A类和针对机构投资者的B类货币市场基金212只。近年来，随着互联网金融的快速发展，尤其是2013年6月余额宝（天弘余额宝货币基金）成立以来，以余额宝为代表的各种互联网基金的兴起，使货币市场基金进入了全新的发展阶段。到2017年第二季度，货币市场基金规模达到53 370亿元，占基金市场总规模的53.24%，如图2-1所示。

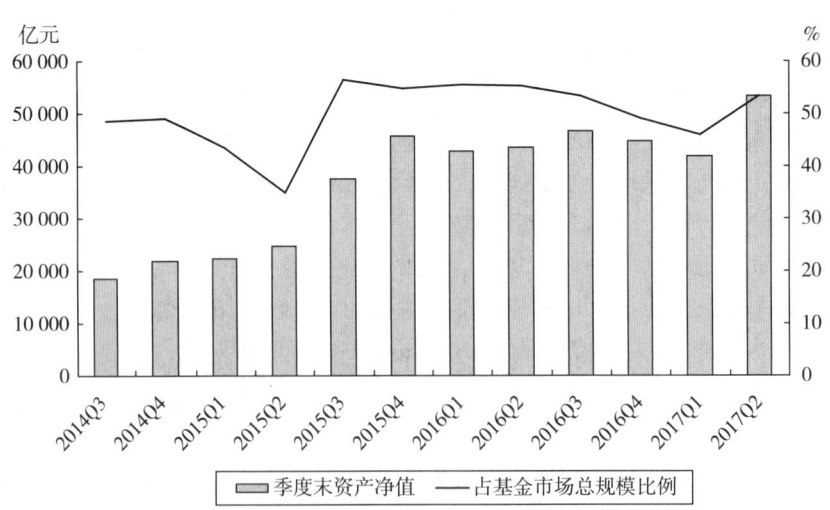

资料来源：Wind数据库。

图2-1 中国货币市场基金规模2014—2017年的变化

附原始数据：

季度	季度末资产净值（亿元）	占基金市场总规模比例（%）
2014Q3	18 602	48.49
2014Q4	21 874	49.13
2015Q1	22 468	43.54
2015Q2	24 773	35.1
2015Q3	37 712	56.43
2015Q4	45 761	54.82
2016Q1	42 955	55.58
2016Q2	43 663	55.21
2016Q3	46 735	53.34
2016Q4	44 687	49.07
2017Q1	41 993	45.84
2017Q2	53 370	53.24

表 2-2　　　　　　　我国部分货币市场基金概览

序号	基金名称	基金代码	每万份基金单位收益（元）	七日收益折算的年收益率（%）
1	天弘余额宝货币	000198	1.1067	4.163
2	景顺长城景益货币B	000381	1.0930	4.404
3	工银瑞信货币市场基金	482002	1.0663	4.202
4	大成货币市场B	091005	1.0186	3.765
5	兴银货币市场B	000740	1.0825	3.410
6	嘉实货币市场A	070008	1.0637	4.058
7	华安现金富利货币A	040003	1.1300	4.235
8	银河银富货币B	150015	1.0282	4.567
9	诺安货币市场基金	320002	0.9173	4.524
10	长盛货币市场基金	080011	0.9551	3.629

资料来源：中国基金网，2017-07-06。

案例分析

2013 年"钱荒"事件历程[①]

1. 开场：银行间违约传闻。2013 年 4 月，银行间市场流动性异常充裕，SHIBOR 隔夜利率长期保持在 3% 以下，充足的流动性和低利率诱惑金融机构不断提高杠杆率。5 月下旬，流动性异常宽裕局面出现逆转，资金利率开始攀升，但金融机构习惯于 6 月初

---

① 参考《金融动态研究》2013 年第 6 期，山东省金融学会学术委员会。

拆借资金，以覆盖监管时点要求，市场资金需求量并没有大幅上升。进入 6 月，市场流动性骤然变紧，6 月 5 日，一则"光大银行 60 亿元同业违约"消息传开，市场警惕性逐渐增强，部分原本头寸充足银行拆出资金的意愿开始降低，市场"钱荒"开始显现。

2. 发酵：人民银行的意外之举。随着市场流动性紧张，资金价格上涨，6 月 6 日，SHIBOR 隔夜利率骤升 135.9 个基点至 5.98%，隔夜回购利率暴涨 139 个基点至 6.13%。同日，农业发展银行发行 6 个月期的 200 亿元金融债，尽管发行利率超过 3.4%，但实际发行额仅为 115.1 亿元，以"流标"告终，市场流动性全面趋紧。6 月 7 日，人民银行召集各行金融市场相关管理层开会，市场预期将会注入流动性，但出乎市场预期，人民银行不但没有向市场注入资金，反而继续发行央行票据，同时进行了 100 亿元的正回购操作，回收流动性。17 日，人民银行发函要求各商业银行强化流动性管理。面对资金价格飙升，人民银行一反常态，铁血纠偏市场机构放水预期，市场流动性紧张预期成为共识，紧张情绪开始蔓延。

3. 高潮：天价利率。6 月 18—19 日，美联储议息会议上伯南克的讲话令市场资金紧张情绪进一步加剧，19 日，原本作为资金拆出方的大型商业银行也加入借钱大军，银行间拆借利率飙升，受此影响，银行间市场人民币交易系统闭市时间延迟半个小时至下午 5 点。6 月 20 日，人民银行不但没有注入流动性，反而继续发行 20 亿元央票，人民银行的突然"断奶"令市场担忧情绪瞬间到达顶点，当日隔夜头寸拆借利率一下子飙升 578 个基点，达到 13.44%，创下历史新高，盘中甚至一度蹿升至 30% 的惊人高位，各期限资金利率也全线大涨，资金市场几乎因失控而停盘，甚至传言中国银行一笔银行间支付出现违约，市场风声鹤唳，"钱荒"事件达到高潮。

4. 扩散：蔓延至整个金融体系。尽管 6 月 21 日之后，市场流动性开始好转，隔夜拆借利率开始下跌，但恐慌情绪蔓延造成的多米诺骨牌效应渐次显现，流动性紧张的影响逐渐波及货币基金、债市、股市等整个金融市场。货币基金赎回量激增，21 日，市场传出北京一大型基金公司明星货币基金出现爆仓的消息；在公司债券市场，随着投资者平仓套现，短期公司债收益率激增，1 个月到期且评级为 AAA 级的公司债收益率升至 10%，远高于期限较长的公司债收益率；受负面情绪传导，中国股市也大幅下跌，24 日沪指跌 5.30% 报 1963 点，创近 4 年最大单日跌幅，而兴业、民生、平安三家同业业务扩张显著的中小银行跌停。

5. 平息：央行救助。银行间市场大面积流动性紧张、利率狂飙状况持续近一个月后，人民银行救助措施终于出台。6 月 25 日，人民银行发布公告称，为保持货币市场平稳运行，已向一些符合宏观审慎要求的金融机构提供了流动性支持；同时，人民银行连续三周在公开市场操作中采取"无为而治"措施，停发央行票据，不进行任何方向的回购操作，让央行票据和正回购自然到期，缓解市场资金面紧张现状，向市场传积极信息。与此同时，在人民银行窗口指导作用下，国开行、邮储银行等一些自身流动性充足的大行也开始发挥稳定器作用向市场融出资金，货币市场利率逐步回落，截至 7 月 18 日，SHIBOR 隔夜利率降至 2.998%，重回 3% 以下，市场逐渐回归平静。

讨论：

"钱荒"出现有哪些深层次的原因？

（1）结构性失衡是"钱荒"的根本原因。为逃避金融监管、提高竞争力和满足自身利益，银行在经营和产品设计时常常忽视风险性和流动性原则，通过表外业务等方式将资金大量投放到流动性较差的房地产和政府平台发展的基础设施。与此同时，银行资金来源呈现短期化趋势，大量依靠银行理财产品或同业市场拆借短期资金，从而形成严重的期限错配问题。在期限错配和资金空转情况下，一旦市场上整体流动性不足，杠杆率高的银行会陡然面对融不到钱的局面，甚至是集中兑付危机。

（2）政策性因素和时点因素叠加是"钱荒"的导火索。5月以来，诸多政策性因素和时点性因素集中出现：国家外汇管理局将外币纳入贷存比考核，银行必须买入美元补充外汇头寸，加剧了银行间资金面紧张状况；在美联储量化宽松政策退出预期增强、外汇局严查虚假贸易、国际资本做空中国等因素影响下，国际热钱流入大幅减少；4月债市稽查风暴之后，监管部门加强了对债券市场的监管，规定银行理财账户与自营账户之间不能交易，这也导致部分机构头寸资金不足；在存在严重结构性失衡情况下，诸多政策性、时点性因素短时期内集中出现，最终导致金融市场流动性风险爆发。

（3）人民银行的"反常"举动是"钱荒"的"催化剂"。按照以往惯例，每逢市场流动性紧张，人民银行总是能够及时释放流动性。然而，此次面对来势汹汹的"钱荒"，人民银行不仅没有第一时间释放流动性，相反对各商业银行提出了"控制增量、盘活存量"的政策指导。人民银行此举目的是警示愈演愈烈的资金"空转"现象，但由于未给市场足够预期，导致短期流动性严重短缺，市场波动剧烈。

能力训练

一、单项选择题

1. 同业拆借的拆款按（　　）计息。
A. 日　　　　B. 月　　　　C. 季　　　　D. 年
2. 伦敦银行间同业拆借利率（LIBOR）由报价银行在每个营业日的（　　）报出。
A. 上午9点　　B. 上午9点30分　C. 上午10点　　D. 上午11点
3. 关于票据的票据行为，下列说法错误的是（　　）。
A. 票据行为包括出票、背书、承兑、保证、付款和追索
B. 在我国，票据可以发生存在的全部票据行为
C. 出票人在票据上记载"不得转让"字样的，票据不能转让
D. 保证是票据债务人以外的任何第三人担保票据债务人履行债务的票据行为
4. 关于票据追索权的叙述正确的是（　　）。
A. 追索权的行使在票据到期之前　　B. 追索权的行使在票据到期之后
C. 票据无追索权　　　　　　　　　D. A和B
5. 关于商业票据，下列说法正确的是（　　）。

A. 商业票据是以贴现方式发行的短期无担保承诺凭证

B. 美国的商业票据属汇票性质

C. 英国的商业票据属本票性质

D. 以上均正确

6. 在二级市场上，商业票据的最低交易规模为（   ）美元。

　　A. 25 000　　　B. 50 000　　　C. 100 000　　　D. 200 000

7. 关于国内存单的叙述正确的是（   ）。

A. 流通中未到期的国内存单的平均期限为 6 个月左右

B. 国内存单是大额可转让定期存单中历史最悠久，也是最为重要的一种

C. 初级市场上国内存单的利率仅由市场供求关系决定

D. 利息的计算通常按距到期日的实际天数计算，一年按 365 天计

8. 以下叙述错误的是（   ）。

A. 欧洲美元存单是美国境外银行发行的以美元为面值的可转让定期存单

B. 欧洲美元存单市场的中心在伦敦，但发行范围不限于欧洲

C. 扬基存单期限一般较短，大多不超过 6 个月

D. 扬基存单是外国银行在美国的分支机构发行的一种可转让定期存单

9. 对投资者来说，可转让存单的风险有（   ）。

　　A. 信用风险　　B. 操作风险　　C. 市场风险　　D. A 和 C

10. 关于回购协议，以下叙述错误的是（   ）。

A. 回购协议是一种抵押贷款，其抵押品为证券

B. 回购协议中所交易的证券主要是企业债券

C. 逆回购协议与回购协议是一个问题的两个方面

D. 回购协议中证券的交付一般不采用实物交付的方式，特别是在期限较短的回购协议中

11. 关于政府短期债券，以下叙述错误的是（   ）。

A. 政府短期债券是政府部门以债务人身份承担到期偿付本息责任的期限在 1 年以内的债务凭证

B. 政府短期债券以贴现方式发行，投资者的收益是证券的购买价与证券面额之间的差额

C. 国库券大多是通过拍卖方式发行的

D. 在我国，期限在 1 年以上的政府中长期债券称为公债

12. 关于货币市场基金的正确叙述是（   ）。

A. 货币市场基金一般属于封闭式基金

B. 货币市场基金只能采取公募方式发行

C. 货币市场基金购买或赎回价格所依据的净资产值是不变的

D. 衡量货币市场基金表现好坏的标准是其净资产值

二、多项选择题

1. 同业拆借的资金主要用于（   ）。

A. 弥补短期资金的不足　　　　　B. 弥补票据清算的差额
C. 解决临时性的资金短缺需要　　D. 解决季节性的资金短缺需要

2. 同业拆借市场的特点包括（　　）。
A. 融通资金期限短、流动性高
B. 具有严格的市场准入条件；技术先进，手续简单，成交时间短
C. 信用交易且交易数额较大
D. 利率由市场决定

3. 在国际市场上，比较典型的有代表性的同业拆借利率有（　　）。
A. 伦敦银行间同业拆借利率（LIBOR）
B. 纽约银行间同业拆借利率
C. 新加坡银行间同业拆借利率
D. 香港银行间同业拆借利率

4. 依据票据的种类，票据市场可以简单地分为（　　）。
A. 商业票据市场　　　　　　　B. 大额可转让存单市场
C. 银行承兑汇票市场　　　　　D. 支票市场

5. 票据作为一种有价证券，具有以下特征（　　）。
A. 不完全有价证券　　　　　　B. 设权证券
C. 有因证券　　　　　　　　　D. 文义证券

6. 按汇票记载权利人方式的不同，汇票可分为（　　）。
A. 银行汇票　　B. 商业汇票　　C. 记名汇票　　D. 不记名汇票

7. 属于支票的票据行为是（　　）。
A. 出票　　　　B. 背书　　　　C. 承兑　　　　D. 付款

8. 银行承兑汇票的交易规模一般为（　　）美元。
A. 5 万　　　　B. 10 万　　　 C. 50 万　　　 D. 100 万

9. 下列是大额可转让存单与传统的定期存款的不同点的是（　　）。
A. 定期存款记名、不可流通，而大额可转让定期存单则是不记名的
B. 定期存款金额不固定，而可转让定期存单金额较大
C. 定期存款利率固定，而可转让定期存单利率既有固定的，也有浮动的
D. 定期存款可以提前提取；可转让定期存单不能提前支取，也不能在二级市场流通转让

10. 一般地说，存单的收益取决于（　　）。
A. 发行银行的信用评级　　　　B. 存单的期限
C. 存单的供求量　　　　　　　D. 市场利率

11. 在回购市场中，利率由以下因素决定（　　）。
A. 用于回购的证券的质地　　　B. 回购期限的长短
C. 交割的条件　　　　　　　　D. 货币市场其他子市场的利率水平

12. 关于政府短期债券的市场特征，以下叙述正确的是（　　）。

65

A. 违约风险小　　B. 收益免税　　C. 面额较大　　D. 流动性强

三、简答题

1. 简述同业拆借市场的交易机制。
2. 简述在国际贸易中银行承兑汇票的产生和运用及其具有的优点。
3. 对银行来说，利用回购协议市场作为资金来源的优势有哪些？
4. 回购协议交易中的信用风险怎样产生？怎样减少信用风险？
5. 回购市场的交易原理及其与同业拆借市场的区别是什么？
6. 政府为何要发行短期债券？
7. 国库券通过拍卖方式发行有哪些优点？为什么国库券市场具有明显的投资特征？

四、论述题

1. 简述同业拆借市场的作用。
2. 简述银行承兑汇票市场的作用。
3. 大额可转让定期存单市场是如何产生的，有哪些特征？
4. 简述货币市场基金的操作及其特征。
5. 虽然我国的 SHIBOR 建设、培育工作取得了重要进展，但从实际运行来看，SHIBOR 体系仍有继续完善的空间。有机构认为，SHIBOR 是基于报价驱动，而非交易驱动，报价商不承担交易义务，遂存在报价过程中人为操纵的可能性。对于这个问题你有什么看法？

五、计算题

1. 银行 A 因急需资金 1 000 万美元，而将其持有的部分政府债券卖给银行 B，并与银行 B 签订回购协议，10 天后将债券购回，支付给银行 B 3.6%（年利率）的利息，请计算回购价格。
2. 已知某商业票据利率为 5%，所得税税率为 30%，那么国库券利率是多少？
3. 一个短期国库券按 7.55% 贴现率进行报价，在到期之前还剩下 157 天，它每 100 美元面值的价格是多少？它的真实年收益率是多少？

六、实践题

1. 请登录上海银行间同业拆放利率官网（http://www.shibor.org）查询并记录当天的 SHIBOR 报价（隔夜、1周、2周、1个月、3个月、6个月、9个月、1年）。
2. 上网了解我国目前规模最大货币市场基金，它的收益表现如何？资产如何配置？
3. 了解我国货币市场基金发展的现状，谈谈你对发展前景的展望。

第三章 资本市场

学习目标：

1. 掌握资本市场的概念及分类，理解股票、债券的概念和种类以及股票、债券的一级市场和二级市场。
2. 了解私人权益资本市场的发展和运作，了解投资基金的概念、种类及运作。

知识结构图：

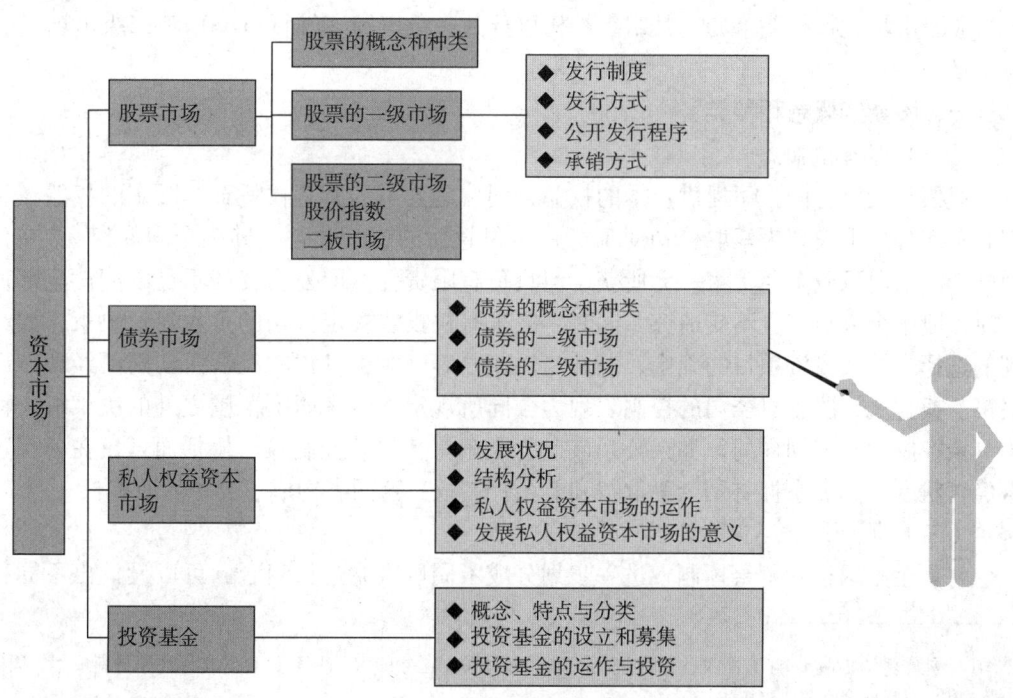

根据米什金（Mishkin，1995）的定义，所谓的资本市场是指期限在1年以上的资金融通活动的总和，包括期限在1年以上的证券市场以及期限在1年以上的银行信贷市场。资本市场上资金的融通可以采取公募和私募两种形式，而基本的融资载体有股权和债权两种，参见表3-1。根据上述两个维度可以将资本市场分为银行信贷市场（一般是指期限在1年以上的银行中长期信贷市场）、股票市场、债券市场和私人权益资本市场四个子系统。

表3-1　　　　　　　　　　　资本市场的四个子系统

	公募方式	私募方式
股权融资	股票市场	私人权益资本市场
债权融资	债券市场	银行中长期信贷市场

资料来源：盛立军：《中国金融新秩序》，北京，清华大学出版社，2003。

根据金融功能观的观点，资本市场具有促进风险的改善、信息收集和企业监控三大功能。本章将探讨股票市场、债券市场、私人权益资本市场以及与三者紧密相关的投资基金。

第一节　股票市场

股票市场也称权益市场，其组织结构可分为一级市场（发行市场）和二级市场（交易市场）。

一、股票的概念和种类

（一）股票的概念

股票是投资者向公司提供资本的权益合同，是公司的所有权凭证。股东的权益在利润和资产分配上表现为索取公司对债务还本付息后的剩余收益，即剩余索取权[①]；在公司破产的情况下股东通常将一无所获，但只负有限责任，即公司资产不足以清偿全部债务时，股东个人财产也不受追究。同时，股东有权投票决定公司的重大经营决策，如经理的选择、重大投资项目的确定、兼并与反兼并等，对于日常的经营活动则由经理作出决策。换言之，股东对公司的控制表现为合同所规定的经理职责范围之外的决策权，称为剩余控制权；但同样的，如果公司破产，股东将丧失其控制权。概括而言，在公司正常经营状态下，股东拥有剩余索取权和剩余控制权，这两者构成了公司的所有权[②]。

（二）股票种类

将剩余索取权和剩余控制权进一步划分成不同层次并进行组合，可以设计出不同种

[①] 剩余索取权是相对于合同收益权而言的，指的是公司收入在扣除所有固定的合同支付（原材料成本、固定工资、利息）后的余额的要求权。

[②] 公司所有权不同于财产所有权，后者指的是对给定财产（人力资本、非人力资本）的占有权、使用权、收益权和转让权。公司是由不同财产所有者通过合同连接的，财产所有权是交易的基础，公司所有权是交易的结果。

类的股票。

1. 普通股。普通股是在公司的经营管理和盈利及财产的分配上享有普通权利的股份，代表满足所有债权偿付要求及优先股股东的收益权和求偿权要求后对企业盈利和剩余财产的索取权。其股息收益上不封顶，下不保底，每一阶段的红利数额也是不确定的。普通股股东按其所持有的股份比例享有以下基本权利：公司决策参与权、利润分配权、优先认股权以及剩余资产分配权。

普通股有时也划分为不同等级，如A级和B级。A级普通股是对公众发行的，可参与利润分红，但没有投票权或只有部分投票权；B级普通股是由公司创办人持有的，具有完全投票权。在老股东想要筹集权益资本而又不愿过多地放弃对公司的控制权时，常常采取发行另一等级普通股的方法。例如，老股东的B级股票每股含1个投票权，发行A级新股则规定每股只含三分之一个投票权。

应注意的是，中国股票有A股和B股之分，但含义与上述不同。A股的正式名称是人民币普通股票，是由我国境内的公司发行，供境内机构、组织和个人以人民币认购和交易的普通股股票。B股的正式名称是人民币特种股票，也称境内上市外资股，它是由人民币标明面值，以外币认购和买卖，在境内证券交易所上市交易的普通股股票。

除了A股和B股外，我们还经常听到H股、N股和S股。所谓的H股是指注册地在内地、上市地在香港的外资股。香港的英文是HongKong，即取其首字母，在香港上市的外资股就叫做H股。依此类推，纽约的第一个英文字母是N，新加坡的第一个英文字母是S，伦敦的第一个英文字母是L，相应地，纽约、新加坡和伦敦上市的股票分别叫做N股、S股和L股。

普通股股东具有优先认股权，即当公司增发新的普通股时，现有股东有权按其原来的持股比例认购新股，以保持对公司所有权的现有比例。现有股东也可以在市场上出售优先认股权，其价值取决于市场价格、新股出售价和购买一股所需的权数。当然，如果股东认为新发行的普通股无利可图时，他也可以放弃这种权利。

普通股的价格受公司的经营状况、经济政治环境、心理因素、供求关系等诸多因素的影响，其波动没有范围限制，暴涨暴跌现象屡见不鲜。因此，普通股的投资风险较大，其预期收益率高。根据其风险特征，普通股又可分成以下几类：（1）蓝筹股[①]。指那些在其所属行业内占有重要支配地位、业绩优良、成交活跃、红利优厚的大公司股票。像目前美国电报电话公司、通用汽车公司等发行的普通股即属于蓝筹股。这里要特别指出的是，所谓的红筹股是指在中国境外注册、在香港上市但主要业务在中国内地或者大部分股东权益来自中国内地的股票，它并不是与蓝筹股相对应的概念。（2）成长股。指销售额和利润迅速增长，并且其增长速度快于整个国家及其所在行业的公司所发行的股票。这类公司目前一般只对股东支付较低红利，而将大量收益用于再投资，随着公司的成长，股票价格上涨，投资者便可以从中得到大量收益。（3）收入股。指那些当

[①] "蓝筹"一词源于西方赌场，在西方赌场中，有三种颜色的筹码，其中蓝色筹码最为值钱，红色筹码次之，白色筹码价值最低。

前能支付较高收益的普通股。（4）周期股。指那些收益随着经济周期而波动的公司所发行的普通股。（5）防守股。指在面临不确定因素和经济衰退时期，高于社会平均收益且具有相对稳定性的公司所发行的普通股。公用事业公司发行的普通股是典型的防守股。（6）概念股。指适合某一时代潮流的公司所发行的股价呈较大起伏的普通股。（7）投机股。指价格极不稳定，或公司前景难以确定，具有较大投机潜力的普通股。

2. 优先股。优先股是指在剩余索取权方面较普通股优先的股票，这种优先性表现在分得固定股息并且在普通股之前收取股息。但是，优先股在剩余控制权方面则劣于普通股，优先股股东通常是没有投票权的，只是在某些特殊情况下才具有临时投票权。例如，当公司发生财务困难而无法在规定时间内支付优先股股息时，优先股股东就具有投票权而且一直延续到支付股息为止。又如，当公司发生变更支付股息的次数、公司发行新的优先股等影响优先股股东的投资利益时，优先股股东就有权投票表决。当然，这种投票权是有限的。

由于优先股股息是固定的，因此优先股的价格与公司经营状况的关系不如普通股密切，而主要取决于市场利息率，其风险小于普通股，预期收益率也低于普通股。

如果考虑跨时期、可转换性、复合性及可逆性等因素，优先股的剩余索取权和剩余控制权则有不同的特点，由此分为不同的种类：（1）按剩余索取权是否可以跨时期累积分为累积优先股与非累积优先股。累积优先股是指如果公司在某个时期内所获盈利不足以支付优先股股息时，则累积于次年或以后某一年盈利时，在普通股的红利发放之前，连同本年优先股的股息一并发放；而非累积优先股是指当公司盈利不足以支付优先股的全部股息时，其所欠部分，非累积优先股股东不能要求公司在以后年度补发。（2）按剩余索取权是不是股息和红利的复合分为参加优先股和非参加优先股。参加优先股又称参与分红优先股，是指除了可按规定的股息率优先获得股息外，还可以与普通股分享公司的剩余收益。它可进一步分为无限参加优先股和有限参加优先股两种，前者指优先股股东可以无限制地与普通股股东分享公司的剩余收益，后者则指优先股股东只能在一定限度内与普通股股东分享公司的剩余收益。非参加优先股是指只能获取固定股息而不能参加公司额外分红的优先股。目前大多数公司发行的优先股都属于非参加优先股。（3）可转换优先股。指在规定的时间内，优先股股东可以按一定的转换比率把优先股换成普通股。这实际上是给予优先股股东选择不同的剩余索取权和剩余控制权的权利。例如，当公司盈利状况不佳时，优先股股东就可以仍持有优先股，以保证较为固定的股息收入；而当公司大量盈利、普通股价格猛涨时，他就可以行使其转换的权利以便具有更大的剩余索取权。又如，当优先股股东要加强对公司的控制时，也可以转换成普通股。在某些情况下，优先股兼有转换性和累积性，它对投资者就更具吸引力。（4）可赎回优先股。即允许公司按发行价格加上一定比例的补偿收益予以赎回的优先股。通常，当公司为了减少资本或者认为可以用较低股息率发行新的优先股时，就可能以上述办法购回已发行的优先股股票。显然，可赎回优先股在剩余索取及剩余控制方面对股东不利。

二、股票的一级市场

一级市场也称为发行市场，它是指公司直接或通过中介机构向投资者出售新发行的股票的市场。所谓新发行的股票包括初次发行的股票和再发行的股票，前者是公司第一次向投资者出售的原始股，后者是在原始股的基础上增加的新份额。

（一）股票发行制度

1. 注册制。注册制是市场化程度较高的成熟股票市场所普遍采用的一种发行制度，证券监管部门公布股票发行的必要条件，只要达到所公布条件要求的企业即可发行股票。发行人申请发行股票时，必须依法将公开的各种资料完全准确地向证券监管机构申报。证券监管机构的职责是对申报文件的真实性、准确性、完整性和及时性做合规性的形式审查，而将发行公司的质量留给中介机构来判断和决定。

2. 核准制。核准制实行实质管理原则，即证券发行人不仅要以真实状况的充分公开为条件，而且必须符合证券监管机构制定的若干适合于发行的实质条件。只有符合条件的发行公司经证券监管机构批准方可在股票市场上发行股票。证券监管机构除了对申报文件的真实性、准确性、完整性和及时性进行审查外，还要对发行人的营业性质、财力、素质、发展前景、发行数量和发行价格等条件进行实质性审查，并据此作出发行人是否符合发行条件的价值判断和是否核准申请的决定。

我国股票发行从 2000 年 3 月开始采用核准制，目前，我国股票发行实行核准制并配以发行审核制度和保荐制度。发行审核制度规定，中国证监会下设发行审核委员会（以下简称发审委），审核发行人股票发行申请和可转换公司债券等中国证监会认可的其他证券的发行申请。上市公司申请公开发行股票或者非公开发行新股，应当由保荐人保荐，并向中国证监会申报。随着改革的深化和市场的发展，核准制的缺陷和不足逐步显现。为建立市场主导、责任到位、披露为本、预期明确、监管有力的股票发行上市制度，我国于 2013 年 11 月 15 日发布的《中共中央关于全面深化改革若干重大问题的决定》中提出了推进股票发行注册制改革。

（二）股票发行方式

1. 公募和私募。股票发行的方式一般可分为公募和私募两类。公募是指面向市场上大量的非特定的投资者公开发行股票。其优点是可以扩大股票的发行量，筹资潜力大；无须提供特殊优厚的条件，发行者具有较大的经营管理的独立性；股票可在二级市场上流通，从而提高发行者的知名度和股票的流动性。其缺点则表现为工作量大，难度也大，通常需要承销者的协助；发行者必须向证券管理机关办理注册手续；必须在招股说明书中如实公布有关情况以供投资者作出正确决策。私募是指只向少数特定的投资者发行股票，其对象主要有个人投资者和机构投资者两类，前者如使用发行公司产品的用户或本公司的职工，后者如大的金融机构或与发行者有密切业务往来关系的公司。

企业采取私募方式发行股票筹集资金的可能原因主要有以下几种：

第一，那些组织结构和契约关系复杂的企业往往更适合私募发行。因为这类企业涉及非常复杂而又专业的财务和法律问题，一般投资者难以判断投资的收益和风险。但对于拥有各类专业人士的机构投资者，它能够对私募的股票作出理性判断，只要符合其风险收益原则，还是愿意投资。

第二，有些企业虽然目前经营状况顺利，但过去曾有过经营危机或异常波动，这类企业采取私募发行更为合适。因为市场和一般投资者对该企业有不良印象，因此较难通过公开发行来筹集资金。

第三，有些企业需要的筹资规模没有达到公开发行的规模经济的要求。因为公开发行过程中所花费的时间成本和费用成本并不会因为发行金额的减少而同比例减少。利用私募方式进行筹资可以免去向证券监管机构申请所花费的时间和精力，因而能显著缩短自开始准备至筹集到资金为止的手续和时间，还可以节省可观的发行费用。

此外，还可能的原因是所需资金规模太大，很难通过公开发行达到目的。无论发行公司情况如何优良，如果一次的发行规模过大，就很可能对市场形成较大冲击，导致发行条件不利于发行公司。如果采取短期内分次在公开市场上发行的方式，则不但不受评级机构和投资者的欢迎，而且手续费也会随着发行次数的增加而增加。在这种情况下，利用私募方式，通过投资银行的安排联系到合适的机构投资者，就能在短期内调动资金完成发行。

总之，私募具有节省发行费、通常不必向证券管理机关办理注册手续、有确定的投资者从而不必担心发行失败等优点，但也有需向投资者提供高于市场平均条件的特殊优厚条件、发行者的经营管理易受干预、股票难以转让等缺点。

对于再发行的股票还可以采取优先认股权方式，也称配股，它给予现有股东以低于市场价值的价格优先购买一部分新发行的股票的权利，其优点是发行费用低并可维持现有股东在公司的权益比例不变。在认股权发行期间，公司设置一个除权日，在这一天之前，股票带权交易，即购得股票者同时也取得认股权；而除权日之后，股票不再附有认股权。

2. 溢价发行、平价发行和折价发行。溢价发行是指发行人按照高于面额的价格发行股票。溢价发行可以分为时价发行和中间价发行两种方式。时价发行也称为市价发行，是指以同类股票的流通价格为基准来确定股票发行价格；中间价发行是以介于面额和时价之间的价格来发行股票。平价发行是指发行人以股票的面额作为发行价格。目前，平价发行在发达国家股票市场中很少运用，多在不发达的国家和地区运用。折价发行是指以低于面额的价格出售新股，即按面额打一定折扣后发行股票。我国目前规定股票发行不能折价。

（三）股票公开发行程序

1. 拟发行公司和主承销商的双向选择。投资银行选择股票发行公司时一般考虑以下因素：是否符合股票发行条件、是否会得到市场的认同、是否具备增长潜力等。拟发行股票的公司选择主承销商时所看重的是投资银行的声誉和实力、造市能力、承销费用、承销经验和发行能力[①]。

2. 组建发行工作小组。拟发行公司与投资银行在双向选择之后就开始组建发行工作小组。一般来讲，发行小组除了拟发行公司和作为承销商的投资银行外，还包括注册会

---

① 但在某些场合，公司通过竞争性招标的方式来选择承销商，这种方式有利于降低发行费用，但不利于与承销商建立持久牢固的关系。

计师、律师以及行业专家。

3. 尽职调查与辅导。尽职调查是指中介机构（包括投资银行、会计师事务所、律师事务所）在承销股票时，以本行业公认的业务标准和道德规范，对拟发行公司及其所在行业的相关情况及有关文件的真实性、准确性和完整性进行核实、验证等专业调查。保荐机构在推荐发行人首次公开发行股票并上市前，应对发行人进行辅导，对发行人的董事、监事和高级管理人员、大股东等进行系统的法律法规知识、证券知识培训，使其全面掌握发行上市、规范运作等方面的有关法律法规和规则，知悉信息披露和履行承诺等方面的义务，树立进入证券市场的诚信意识、自律意识和法律意识。

4. 制订与实施重组方案。发行工作小组成立之后就着手对拟发行公司进行重组，以符合公开发行的条件或在公开发行时取得更好的效果。重组应尽量做到：发行人主体明确、主业突出，资本债务结构得到优化；财务结构和同类上市公司比较具有一定的优越性；使每股税后利润较大，从而使得企业能够筹集到尽可能多的资金；有利于公司利用股票市场进行再融资；减少关联交易；避免同业竞争；等等。

5. 制订发行方案。在整个股票公开发行过程中，需要许多中介机构及相关机构的参与，需要准备大量的材料。作为主承销商的投资银行必须协调好各中介机构的工作，确保所有材料在预定日程内完成①。因此，制订发行方案是股票承销中的重要步骤。

6. 编制募股文件与申请股票发行。股票发行的一个实质性工作是准备招股说明书以及作为其根据和附件的专业人士的结论性审查意见，这些文件统称为募股文件，主要包括招股说明书、审计报告、法律意见书和律师意见报告。在完成募股文件的编制后，拟发行公司将把包括这些文件在内的发行申请资料报送证券监管机构。证券监管机构的专家组（包括律师、注册会计师以及行业专家等）对上述文件进行审查。通过审查来确定这些文件是否进行了充分且适当的披露，尤其注意是否有错误陈述或对重大事件的遗漏。在注册制下，证券监管机构不对拟发行公司的质量进行评价或评估，这一结论完全由市场作出。但在核准制下，则须对拟发行公司的质量作出判断，并将决定是否允许公开发行。

7. 路演。路演是股票承销商帮助发行人安排的发行前的调研与推介活动。路演是决定股票发行成功与否的重要步骤。成功的路演可以达到三个目的：通过路演让投资者进一步了解发行人；增强投资者信心，创造对新股的市场需求；从投资者的反应中获得有用的信息。

8. 确定发行价格。发行定价是一级市场的关键环节。如果定价过高，会使股票的发行数量减少，进而使发行公司不能筹到所需资金，股票承销商也会遭受损失；如果定价过低，则股票承销商的工作容易，但发行公司却会蒙受损失，对于再发行的股票，价格过低还会使老股东受损。

---

① 在招股说明书的准备过程中，一般组建发行工作组，并有较明确的专业分工，发行公司的管理层在律师的协助下负责招股说明书的非财务部分，作为承销商的投资银行负责股票承销合约部分，发行公司内部的会计师准备所有的财务数据，独立的注册会计师对财务账目的适当性提供咨询和审计。

根据中国证监会《证券发行与承销管理办法》规定，首次公开发行股票应通过询价的方式确定股票发行价格。首先，承销商与发行人使用相对估值法及绝对估值法对拟发行股票进行合理估值。其次，发行人及其主承销商向符合条件的特定机构投资者进行询价，在进行询价时，主承销商应当向询价对象提供投资价值研究报告。询价分为初步询价和累计投标询价。发行人及其主承销商应当通过初步询价确定发行价格区间，在发行价格区间内通过累计投标询价确定发行价格。

9. 组建承销团。当发行数量很大时，常由多家投资银行组成承销辛迪加或承销银团来处理整个发行，其中一家投资银行作为主承销商起主导作用。主承销商选择承销团时主要参考下列标准：其一，应有不错的客户基础和销售渠道；其二，愿意且有能力担任做市商；其三，分销商愿意在股票上市交易后对它进行分析研究。

10. 稳定价格。在股票承销中，投资银行通常会对其所承销的股票采取稳定价格策略，通常有三种稳定价格的技巧：一是联合做多策略，二是绿鞋期权策略，三是提供稳定报价策略。

（四）股票承销方式

发行公司着手完成准备工作之后即可按照预定的方案发售股票。对于投资银行来说，就是执行承销合同批发认购股票，然后出售给投资者。具体方式通常有以下几种。

1. 包销。包销是指承销商以低于发行定价的价格把公司发行的股票全部买进，再转卖给投资者，这样承销商就承担了在销售过程中股票价格下跌的全部风险。承销商所得到的买卖差价是对承销商所提供的咨询服务以及承担包销风险的报偿，也称为承销折扣。

在包销发行时，发行公司与承销商正式签订合同，规定承销的期限和到期承销商应支付的款项，如到截止期股票销售任务尚未完成，承销商必须按合同规定如数付清合同确定的价款，若财力不足又不能商请延期，就须向银行借款支付。为了增加潜在投资者的基础以便在较短的时间内把股票销售出去，牵头承销商往往会组织销售集团，这个集团包括承销银团成员和不属银团的金融机构，其作用相当于零售商。

在销售过程中，如果股票的市场价格跌到发行报价之下时，主承销商可能会根据承销协议在市场上按市价购买股票以支持发行价格。但如果市场价已显著低于发行价从而预定的发行额难以完成时，则承销银团只好解散，各个成员尽力去处理自己承诺完成的部分，最终损失也由各自承担。

2. 代销。代销即"尽力销售"，指承销商许诺尽可能多地销售股票，但不保证能够完成预定销售额，任何没有出售的股票可退给发行公司。这样，承销商不承担风险。

3. 助销。助销又包括余额包销及定额包销。余额包销是指先向社会不定向公开发行，剩余部分由承销商全部认购。定额包销是指承销商先认购部分证券，然后向社会发售剩余证券，发行失败的风险由发行人来承担。定额包销适用于信誉好、资金分批投入的企业。

4. 备用包销。通过认股权来发行股票并不需要投资银行的承销服务，但发行公司可与投资银行协商签订备用包销合同，该合同要求投资银行作为备用认购者买下未能售出的剩余股票，而发行公司为此支付备用费。但应该指出的是，在现有股东决定是否购买新股或出售他们的认股权的备用期间，备用认购者不能认购新股，以保证现有股东的优先认股权。

与承销相比，私募条件下的认购和销售则较为简单，它通常是根据认购协议直接出售给投资者，而投资银行则因安排投资者和提供咨询而得到酬金收入。

三、股票的二级市场

二级市场也称交易市场，是投资者之间买卖已发行股票的场所。这一市场为股票创造流动性，即能够迅速脱手换取现值。在流动的过程中，投资者将自己获得的有关信息反映在交易价格中，而一旦形成公认的价格，投资者凭此价格就能了解公司的经营概况，公司则知道投资者对其股票价值即经营业绩的判断，这样一个价格发现过程降低了交易成本。同时，流动也意味着控制权的重新配置，当公司经营状况不佳时大股东通过卖出股票放弃其控制权，这实质上是一个"用脚投票"的机制，它使股票价格下跌以发现公司的有关信息并改变控制权分布状况，进而导致股东大会的直接干预或外部接管，而这两者都是"用手投票"行使控制权。由此可见，二级市场另一个重要作用是优化控制权的配置从而保证权益合同的有效性。

（一）证券交易所及其组织形式

证券交易所是由证券管理部门批准的为证券的集中交易提供固定场所和有关设施并制定各项规则以形成公正合理的价格和有条不紊的秩序的正式组织。证券交易所是整个证券市场的核心。

证券交易所从组织形式上可以分为会员制和公司制两种类型。会员制证券交易所是以会员协会成立的不以盈利为目的的组织，主要由股票经纪商组成，实行会员自治、自律、自我管理。只有会员及享有特许权的股票经纪商才有资格在交易所中进行交易。会员大会是交易所的最高权力机构，理事会是其执行机构。公司制证券交易所以盈利为目的，它是由各类出资人共同投资入股建立起来的公司法人。公司制证券交易所对在本所内的股票交易负有担保责任，必须设有赔偿基金。十几年来，公司制已经为全球重要的证券交易所采用，成为证券交易所改革的必然趋势。

（二）证券交易所的交易制度

1. 交易制度优劣的判别标准。交易制度是证券市场微观结构的重要组成部分，它对证券市场功能的发挥起着关键的作用。交易制度的优劣可从以下六个方面来考察：流动性、透明度、稳定性、效率、成本和安全性。

流动性是指以合理的价格迅速交易的能力，它包含两个方面：即时性和低价格影响。前者指投资者的交易愿望可以立即实现，后者指交易过程对证券价格影响很小。流动性的好坏具体可以用三个指标来衡量：市场深度、市场广度和弹性。市场深度是指市场在承受大额交易时证券价格不出现大幅波动的能力。市场广度指的是市场参与者的数量与复杂程度，如果说在现行交易价格上下较小的幅度内有大量的买卖委托，则市场具有深度和广度。如果市场价格因供求不平衡而改变，而市场可以迅速吸引新的买卖力量使价格回到合理水平，则称市场具有弹性。

透明度是指证券交易信息的透明,包括交易前信息透明、交易后信息透明和参与交易各方的身份确认。其核心要求是信息在时空分布上的无偏性。

稳定性是指证券价格的短期波动程度。证券价格的短期波动主要源于两个效应:信息效应和交易制度效应。合理的交易制度设计应使交易制度效应最小化,尽量减少证券价格在反映信息过程中的噪音。

交易制度的效率主要包括信息效率、价格决定效率和交易系统效率。信息效率是指证券价格能否迅速、准确、充分地反映所有可得的信息。价格决定效率是指价格决定机制的效率,如做市商市场、竞价市场中价格决定的效率等。交易系统效率指的是交易所使用的系统能否及时准确地完成交易指令并进行资金与证券的交割。

证券交易成本包括直接成本和间接成本。前者指佣金、印花税、手续费、过户费等,后者包括买卖价差、搜索成本、迟延成本和市场影响成本等[1]。

安全性主要指交易技术系统的安全性。

2. 交易制度的类型。根据价格决定的特点,证券交易制度可以分为做市商交易制度和竞价交易制度。

做市商交易制度也称报价驱动制度。在典型的做市商制度下,证券交易的买卖价格均由做市商给出,买卖双方并不直接成交,而向做市商买进或卖出证券。做市商的利润主要来自买卖差价。但在买卖过程中,由于投资者的买卖需求不均等,做市商就会有证券存货(多头或空头),从而使自己面临价格变动的风险。做市商要根据买卖双方的需求状况、自己的存货水平以及其他做市商的竞争程度来不断调整买卖报价,从而决定了价格的涨跌。

竞价交易制度也称委托驱动制度。在此制度下,买卖双方直接进行交易或将委托通过各自的经纪商送到交易中心,由交易中心进行撮合成交。根据证券交易在时间上是否连续,竞价交易制度又分为间断性竞价交易制度和连续竞价交易制度。

间断性竞价交易制度也称集合竞价制度。在该制度下,交易中心(如证券交易所的主机)将规定时段内收到的所有交易委托并不进行一一撮合成交,而是集中起来在该时段结束时进行。因此,集合竞价制度只有一个成交价格,所有委托价在成交价之上的买进委托和委托价在成交价之下的卖出委托都按该唯一的成交价格全部成交。成交价的确定原则通常是最大成交量原则,即在所确定的成交价格上满足成交条件的委托股数最多。集合竞价制度是一种多边交易制度,其最大优点在于信息集中功能,即把所有拥有不同信息的买卖者集中在一起共同决定价格。当市场意见分歧较大或不确定性较大时,这种交易制度的优势就较明显。因此,很多交易所在开盘、收盘和暂停交易后的重新开市时都采用集合竞价制度。

连续竞价制度是指证券交易可在交易日的交易时间内连续进行。在连续竞价过程中,当新进入一笔买进委托时,若委托价大于或等于已有的卖出委托价,则按卖出委托

---

[1] Yakov Amihud and Haim Mendelson, 1991, "Liquidity, Asset Prices and Financial Policy", Financial Analysts Journal, Vol. 47, No. 6, pp. 56–66.

价成交；当新进入一笔卖出委托时，若委托价小于或等于已有的买进委托价，则按买进委托价成交。若新进入的委托不能成交，则按"价格优先，时间优先"的顺序排队等待。这样循环往复，直至收市。连续竞价制度是一种双边交易制度，其优点是交易价格具有连续性。

目前世界上大多数证券交易所都是实行混合的交易制度。如纽约证交所实行辅之以专家的竞价制度①，伦敦证交所部分股票实行做市商制度，部分股票实行竞价制度。巴黎、布鲁塞尔、阿姆斯特丹的证交所对交易活跃的股票实行连续竞价交易，对交易不活跃的股票实行集合竞价。包括我国在内的亚洲国家和新兴证券市场大多实行竞价交易②。

对于大宗交易，各个证券交易所都实行了较特殊的交易制度，其中最常见的是拍卖和标购。在拍卖中，卖者只有一个，买者有很多竞争者；在标购中，买者只有一个，卖者则有很多竞争者。例如，上海证券交易所规定，参加拍卖（标购）的应买（卖）证券商，其报价方式采用申报单方式公开表明买（卖）价及数量。参加应买的证券商所报的买入价在拍卖底价以上时，其中出最高买入价的证券商即为拍定人。拍定人有两人以上，而其申报应买的数量超过拍卖数量时，则按各拍定人申报数量的比例拍定。如应买证券所报买价在拍卖底价以下时，均为无效。同样，凡参加应卖的证券商所报的卖价在标购底价以下时，以卖价最低者为标定人。标定人有两人以上，而所申报应卖的数量超过标购数量时，按各标定人申报买卖数量的比例标定。

3. 证券交易委托的种类。证券交易委托是投资者通知经纪人进行证券买卖的指令，其主要种类有：

（1）市价委托。即委托人自己不确定价格，而委托经纪人按市面上最有利的能够实现成交的价格买卖证券。市价委托的优点是成交速度快，能够快速实现投资者的买卖意图。其缺点是当行情变化较快或市场深度不够时，执行价格可能跟发出委托时的市场价格相去甚远。

（2）限价委托。即投资者委托经纪人按他规定的价格或比限定价格更有利的价格买卖证券。具体地说，对于限价买进委托，成交价只能低于或等于限定价格；对于限价卖出委托，成交价只能高于或等于限定价格。限价委托克服了市价委托的缺陷，为投资者提供了以较有利的价格买卖证券的机会。但限价委托常常因市场价格无法满足限定价格的要求而无法执行，使投资者错失良机。

（3）停止损失委托。这是一种限制性的市价委托，是指投资者委托经纪人在证券价格上升到或超过指定价格时按市价买进证券，以期减少价格进一步上涨所带来的成本上升，或在证券价格下跌到或低于指定价格时按市价卖出证券，以期减少价格进一步下跌时的股票价值损失。

（4）定价即时交易委托（Immediate or Cancel）。客户根据市场上现行的价格水平，

---

① 关于纽约证券交易所专家制度的详细讨论请详见郑振龙：《纽约证交所的特种会员制度及其借鉴》，载《国际金融研究》，1992（2），17～19。

② 关于竞价交易制度与做市商制度的比较见屠光绍主编：《交易体制：原理与变革》，58～64页，上海，上海人民出版社，2000。

要求经纪人按照给定的委托价格立即到市场上进行交易。如委托进入市场时，市场上的价格正好是委托价或比委托价格更好的价格，则可马上成交，否则其委托自动取消。这种委托报价方式与限价委托方式的主要区别是，它要求即时交易而不等待。

（5）定价全额即时委托（Fill or Kill）。客户根据市场上现行的价格水平，要求经纪人按照给定的委托价格和交易数量立即到场上进行交易。如委托进入市场时，市场上的价格正好是委托价格或比委托价格更好的价格，同时又能全额满足，则可马上成交，否则其委托自动取消。与定价即时交易委托方式相比，定价全额即时委托要求必须是全额交易。

（6）开市和收市委托（Market at Open and Close）。开市和收市委托要求经纪人在开市或闭市时按市价或限价委托方式买卖股票。与前五种委托报价方式相比，开市和收市委托的主要区别在于限定成交时间，而对具体的报价方式没有严格要求。

（7）停止损失限价委托。它是停止损失委托与限价委托的结合。当市价达到指定价格时，该委托就自动变成限价委托。

4. 信用交易。信用交易又称垫头交易或保证金交易，是指证券买者或卖者通过交付一定数额的保证金得到证券经纪人的信用而进行的证券买卖。信用交易可以分为信用买进交易和信用卖出交易。信用买进交易又称为融资交易，信用卖出交易又称为融券交易。我国已于2010年批准证券公司开展融资融券业务。截至2017年6月末，我国沪深两市融资融券余额为8 798.62亿元。

（1）保证金购买。信用买进交易又称为保证金购买，是指对市场行情看涨的投资者交付一定比例的初始保证金，由经纪人垫付其余价款，为他买进指定证券。最低初始保证金比率通常是由中央银行规定的。如美联储目前规定的最低初始保证金比率是50%。

保证金交易对于经纪人来说相当于在提供经纪服务的同时又向客户提供了一笔证券抵押贷款。这种贷款的风险是很小的，因为用保证金购买的客户必须把所购证券作为抵押品托管在经纪人处。而且如果未来该证券价格下跌，客户遭受损失而使保证金低于维持保证金的水平时，经纪人就会向客户发出追缴保证金通知。客户接到追缴保证金通知后，应立即将保证金水平补足到初始保证金的水平。对于客户来说，通过保证金购买可以减少自有资金不足的限制，扩大投资效果。当投资者对行情判断正确时，其盈利可大增。当然，如果投资者对市场行情判断错误，则其亏损也是相当严重的。

我们举一个例子来说明保证金购买的原理。假设A股票每股市价为10元，某投资者对该股票看涨，于是进行保证金购买。该股票不支付现金红利。假设初始保证金比率为50%，维持保证金比率为30%。保证金贷款的年利率为6%，其自有资金为10 000元。这样，他就可以借入10 000元共购买2 000股股票。

假设1年后股价升到14元，如果没有进行保证金购买，则投资收益率为40%。保证金购买的投资收益率为

$$[14 \times 2\,000 - 10\,000 \times (1 + 6\%) - 10\,000]/10\,000 = 74\%$$

假设1年后股价跌到7.5元，则投资者保证金比率（等于保证金账户的净值/股票市值）变为

$$(7.5 \times 2\,000 - 10\,000)/(7.5 \times 2\,000) = 33.33\%$$

那么，股价下跌到什么价位（X）投资者会收到追缴保证金通知呢？这可以从下式来求解：

$$(2\,000X - 10\,000)/2\,000X = 30\%$$

从上式可以解得 $X = 7.143$。因此，当股价跌到 7.14 元时投资者将收到追缴保证金通知。

假设 1 年后该股票价格跌到 5 元，则保证金购买的投资收益率将是

$$[5 \times 2\,000 - 10\,000 \times (1 + 6\%) - 10\,000]/10\,000 = -106\%$$

（2）卖空交易。信用卖出交易又称为卖空交易，是指对市场行情看跌的投资者本身没有证券，就向经纪人交纳一定比率的初始保证金（现金或证券）借入证券，在市场上卖出，并在未来买回该证券还给经纪人。

在实践中，经纪人可以将其他投资者的证券借给卖空者而不用通知该证券的所有者。若该证券的所有者要卖出该证券时，经纪人就向其他投资者或其他经纪人借入股票。因此，卖空的数量在理论上是无限的。但如果经纪人借不到该证券，则卖空者就要立即买回该证券还给经纪人，因此其期限也是不确定的。在卖空证券期间，该证券的所有权益均归原所有人所有。因此，若出现现金分红的情形，虽然卖空者未得到现金红利，但他还得补偿原持有者该得而未得的现金红利。为了防止过分投机，证交所通常规定只有在最新的股价出现上升时才能卖空。卖空的所得也必须全额存入卖空者在经纪人处开设的保证金账户①。

当股价上升超过一定限度从而使卖空者的保证金比率低于维持保证金比率时，卖空者就会收到追缴保证金通知。此时他要立即补足保证金，否则经纪人有权用卖空者账户上的现金或卖掉该账户上的其他证券来买回卖空的证券，损失由卖空者承担。

我们举一个例子来说明卖空交易的原理。假设你有 9 000 元现金，并对 B 股票看跌。该股票不支付红利，目前市价为每股 18 元。初始保证金比率为 50%，维持保证金比率为 30%。这样你就可以向经纪人借入 1 000 股卖掉。

假设该股票跌到 12 元，你就可以按此价格买回股票还给经纪人，每股赚 6 元，共赚 6 000 元。投资收益率为 66.67%。

假设该股票不跌反升，那么你就有可能收到追缴保证金通知。到底股价升到什么价位（Y）你才会收到追缴保证金通知呢？这可以从下式来求解：

$$(18\,000 + 9\,000 - 1\,000Y)/1\,000Y = 30\%$$

由上式可以求出 $Y = 20.77$ 元。

假设股价升到 26 元，则投资收益率为

$$(18 \times 1\,000 - 26 \times 1\,000)/9\,000 = -88.89\%$$

四、股价指数

为了判断市场股价变动的总趋势及其幅度，我们必须借助股价平均数或指数。在计

---

① 大的机构投资者通常可以提取部分卖空所得。

算时要注意以下四点：样本股票必须具有典型性、普遍性，为此，选择样本股票应综合考虑其行业分布、市场影响力、规模等因素；计算方法要科学，计算口径要统一；基期的选择要有较好的均衡性和代表性；指数要有连续性，要排除非价格因素对指数的影响。

（一）股票价格指数的编制

1. 选择样本股。选择一定数量有代表性的上市公司股票作为编制股票价格指数的样本股。样本股可以是全部上市股票，也可以是其中有代表性的一部分。样本股的选择主要考虑两条标准：一是样本股的市价总值要占到交易所上市的全部股票市值的相当部分，二是样本股票价格变动趋势必须能反映股票市场价格变动的总趋势。

2. 选定基期，并以一定方法计算基期平均股价和市值。通常选择某一有代表性或股价相对稳定的日期为基期，并按选定的某一种方法计算这一天的样本股平均价值或总市值。

3. 计算计算期的平均股价或市值并做必要的修正。收集样本股在计算期的价格并按选定的方法计算平均价格。有代表性的价格是样本股收盘的平均价。

4. 指数化。如果计算股价指数，需要将计算期的平均股价或市值转化为指数值，即将基期平均股价或市值定为某一常数（通常为100、1 000或10），并据此计算计算期股价的指数值。

（二）股票价格平均数的计算

股票价格平均数反映一定时点上市场股票价格的绝对水平，它可分为简单算术股价平均数、修正的股价平均数和加权股价平均数三类。

1. 简单算术股价平均数。它是将样本股票每日收盘价之和除以样本数得出的，即

$$\text{简单算术股价平均数} = \frac{1}{n}(P_1 + P_2 + P_3 + \cdots + P_n) = \frac{1}{n}\sum_{i=1}^{n} P_i \quad (3.1)$$

式中，n 为样本的数量，P_i 为第 i 只股票的价格。

世界上第一个股票价格平均数——道琼斯股票价格平均数在1928年10月1日前就是使用简单算术平均法计算的。简单算术平均数虽然计算较简便，但它有两个缺点：一是它未考虑各样本股票的权重，从而未能区分重要性不同的样本股票对股价平均数的不同影响；二是当样本股票发生拆细、派发红股、增资等情况时，股价平均数就会失去连续性，使前后期的比较发生困难。

2. 修正的股价平均数。

（1）除数修正法，又称道氏修正法。这是美国道琼斯公司为克服简单算术平均法的不足，在1928年创始的一种计算股价平均数的方法。该方法的核心是求出一个除数，以修正因股票拆细、增资、发放红股等因素造成的股价平均数的变化，以保持股价平均数的连续性和可比性。具体做法是以新股价除以旧股价平均数，求出新除数，再以计算期的股价总额除以新除数，从而得出修正的股价平均数，即

$$\text{新除数} = \text{变动后的新股价总额} / \text{旧股价平均数} \quad (3.2)$$

$$\text{修正的股价平均数} = \text{报告期股价总额} / \text{新除数} \quad (3.3)$$

例如，拥有30只样本股票的道琼斯工业股票价格平均数经过多年的修正，到2017

年 7 月 5 日,其除数值只有 0.1460213。这样,30 只股票同时上涨 1 美元,就会使指数值上升 205.45 点。

(2) 股价修正法。就是将发生股票拆细等变动后的股价还原为变动前的股价,使股价平均数不会因此变动。例如,假设第 j 种股票进行拆细,拆细前股价为 P_j,拆细后每股新增的股数为 R,股价为 P'_j,则修正的股价平均数的公式为

$$修正的股价平均数 = \frac{1}{n}[P_1 + P_2 + \cdots + (1+R) \times P'_j + \cdots + P_n] \quad (3.4)$$

由于 $(1+R) \times P'_j = P_j$,因此该股价平均数不会受股票分割等的影响。美国纽约时报编制的 500 种股价平均数就是采用股价修正法来计算的。

3. 加权股价平均数。它是根据各种样本股票的相对重要性进行加权平均计算的股价平均数,其权数 Q 可以是成交股数、股票总市值、股票总股本等,其计算公式为

$$加权股价平均数 = \frac{1}{n}\sum_{i=1}^{n} P_i Q_i \quad (3.5)$$

(三) 股价指数的计算

股价指数是反映不同时点上股价变动情况的相对指标。通常是将报告期的股票价格与选定的基期价格相比,并将两者的比值乘以基期的指数值,即为报告期的股价指数。股价指数的计算方法主要有两种:简单算术股价指数和加权股价指数。

1. 简单算术股价指数。计算简单算术股价指数的方法有两种:相对法和综合法。

(1) 相对法。又称平均法,就是先计算各样本股价指数,再加总求总的算术平均数。其计算公式为

$$股价指数 = \frac{1}{n}\sum_{i=1}^{n} \frac{P_1^i}{P_0^i} \quad (3.6)$$

式中,P_0^i 表示第 i 种股票的基期价格;P_1^i 表示第 i 种股票的报告期价格;n 为样本数。英国《经济学家》的普通股价格指数就是采用这种计算方法计算出来的。

(2) 综合法。综合法是先将样本股票的基期价格和报告期价格分别加总,然后相比求出股价指数,即

$$股价指数 = \frac{\sum_{i=1}^{n} P_1^i}{\sum_{i=1}^{n} P_0^i} \quad (3.7)$$

2. 加权股价指数。它是根据各期样本股票的相对重要性予以加权,其权重可以是成交股数、总股本等。按时间划分,权数可以是基期权数,也可以是报告期权数。以基期成交股数(或总股本)为权数的指数称为拉斯拜尔指数,其计算公式为

$$加权股价指数 = \frac{\sum P_1 Q_0}{\sum P_0 Q_0} \quad (3.8)$$

以报告期成交股数(或总股本)为权数的指数称为派许指数。其计算公式为

$$\text{加权股价指数} = \frac{\sum P_1 Q_1}{\sum P_0 Q_1} \qquad (3.9)$$

式中，P_0 和 P_1 分别表示基期和报告期的股价；Q_0 和 Q_1 分别表示基期和报告期的成交股数（或总股本）。拉斯拜尔指数偏重基期成交股数（或总股本），而派许指数则偏重报告期的成交股数（或总股本）。目前世界上大多数股价指数都是派许指数，只有德国法兰克福证券交易所的股价指数为拉斯拜尔指数。

（四）主要的股价指数

1. 国际主要股价指数。

（1）道琼斯工业股价平均数。它是世界上最早、最有影响的股票价格平均数，由美国道琼斯公司编制并在《华尔街日报》上公布。现在人们所说的道琼斯指数实际上是一组股价平均数，包括五组指标：

工业股价平均数：以美国埃克森石油公司、通用汽车公司和美国钢铁公司等 30 家著名大工商业公司股票为编制对象，能灵敏地反映经济发展水平和变化趋势。平时所说的道琼斯指数就是指道琼斯工业股价平均数。

运输业股价平均数：以美国泛美航空公司、环球航空公司、国际联运公司等 20 家具有代表性的运输业公司股票为编制对象的运输业股价平均数。

公共事业股价平均数：以美国电力公司、煤气公司等 15 家具有代表性的公共事业大公司股票为编制对象的公共事业股价平均数。

股价综合平均数：以上述 65 家公司股票为编制对象的股价综合平均数。

道琼斯公正市价指数：以 700 种不同规模或实力的公司股票作为编制对象，该指数于 1988 年 10 月首次发表。由于该指数所选的股票不但考虑了广泛的行业分布，而且兼顾了公司的不同规模和实力，因而具有相当的代表性。

除了道琼斯指数外，标准普尔 500 指数也是美国最重要的股票指数之一，由美国标准普尔公司编制和发布。到目前为止，美国包含最多上市公司的股票价格指数是威尔希尔 5 000 指数，它是所有纽约证券交易所及美国股票交易所再加上场外交易股票的市值总和。

（2）金融时报证券交易所指数（FTSE100 指数）。它也译为富时指数，是英国最权威的股价指数，由《金融时报》编制和公布。这一指数的特点是统计面宽、范围广，能够全面反映整个股市状况。

（3）日经 225 股价指数。它是日本经济新闻社编制和公布的，反映日本股票市场价格变动的股价指数。

（4）纳斯达克（NASDAQ）综合指数。纳斯达克市场设立了 13 种指数，其中纳斯达克综合指数是最重要的指数，该指数是以纳斯达克市场上市的所有本国和外国的上市公司的普通股为基础计算的。该指数按每个公司的市场价值来设权重，这意味着每个公司对指数的影响是由其市场价值决定的。

2. 我国的几个股票指数。

(1) 上证综合指数。上海证券交易所从 1991 年 7 月 15 日起编制并公布上海证券交易所综合股价指数，它以 1990 年 12 月 19 日为基期，以全部上市股票为样本，以股票发行量为权数，按加权平均法计算。从 1992 年 2 月起分别公布 A 股指数和 B 股指数，从 1993 年 5 月 3 日起正式公布工业、商业、地产业、公用事业和综合五大类分类股价指数。其中上证 A 股指数以 1990 年 12 月 19 日为基期，上证 B 股指数以 1992 年 2 月 21 日为基期，以全部上市的 A 股和 B 股为样本，以发行量为权数进行加权计算。上证分类指数以 1993 年 5 月 1 日为基期，按同样方法计算。2006 年第一个交易日，上交所公布了"新上证综合指数"，指数样本全部选自已完成股权分置改革的沪市上市公司。新上证综指发布以 2005 年 12 月 31 日为基日，以该日所有样本股票的市价总值为基期，基点为 1 000 点。

(2) 深证综合指数。深圳证券交易所综合指数包括深证综合指数、深证 A 股指数和深证 B 股指数。它们分别以在深圳证券交易所上市的全部股票、全部 A 股和全部 B 股为样本股，以 1991 年 4 月 3 日为综合指数和 A 股指数的基期，以 1992 年 2 月 28 日为 B 股指数的基期，基期指数定为 100，以指数股计算日股份数为权数进行加权平均计算。

(3) 上证成分股指数。简称上证 180 指数，是对原上证 30 指数进行调整和更名后产生的指数。上证成分股指数的样本股共有 180 只股票，选择样本股的标准是遵循规模（总市值、流通市值）、流动性（成交金额、换手率）、行业代表性三项指标，即选取规模较大、流动性较好且具有行业代表性的股票作为样本。

(4) 深证成分股指数。深证成分股指数由深圳证券交易所编制，通过对所有在深圳证券交易所上市的公司进行考察，按一定标准选出 40 家有代表性的上市公司作为成分股，以成分股的可流通股数为权数，采用加权平均法编制而成。深证成分股指数包括深证成分指数、成分 A 股指数、成分 B 股指数及深证分类指数。成分股指数以 1994 年 7 月 20 日为基日，基日指数为 1 000 点。

(5) 深证 100 指数。深圳证券信息有限公司于 2003 年初发布深证 100 指数，深证 100 指数成分股选取主要考察 A 股上市公司流通市值和成交金额两项指标，从在深交所上市的股票中选取 100 只 A 股作为成分股，以成分股的可流通 A 股数为权数，采用派氏综合法编制。根据市场动态跟踪和成分股稳定性原则，深证 100 指数将每半年调整一次成分股。深证 100 指数以 2002 年 12 月 31 日为基准日，基准指数定为 1 000 点，从 2003 年第一个交易日开始编制和发布。

(6) 沪深 300 指数。上海证券交易所和深圳证券交易所联合编制的沪深 300 指数于 2005 年 4 月 8 日正式发布。沪深 300 指数样本股全是 A 股，沪市 179 只，深市 121 只。沪深 300 指数样本选取标准为规模大、流动性好的股票，其样本市值约占整个股票市场总市值的六成，具有良好的代表性。沪深 300 指数也是我国第一个用于反映 A 股整体市场表现的股票指数，有利于投资者观察和把握国内股票市场的整体变化，具有很好的投资参考价值。统一指数的推出不仅结束了我国没有反映股票价格整体走势的股价指数的历史，而且为指数期货等一系列含有做空功能的金融工具的推出打好了基础，将对未来中国证券市场的发展带来持续和深远的影响。

五、中国多层次资本市场结构

我国资本市场自20世纪90年代发展至今，资本市场已由场内市场和场外市场两部分构成。其中，主板（含中小板）、创业板（俗称"二板"）和场外市场的全国中小企业股份转让系统（俗称"新三板"）、区域性股权交易市场、证券公司主导的柜台市场共同组成了我国多层次资本市场。具体构成有以下几个市场。

（1）主板市场。主板市场也称为一板市场，指传统意义上的证券市场（通常指股票市场），是一个国家或地区证券发行、上市及交易的主要场所。2004年5月，经国务院批准，中国证监会批复同意深圳证券交易所在主板市场内设立中小企业板块，从资本市场结构上也从属一板市场。主板市场是资本市场中的最重要组成部分，很大程度上能反映经济发展状况，有"国民经济晴雨表"之称。

（2）二板市场。二板市场又称创业板市场，是地位次于主板市场的二级证券市场，以NASDAQ市场为代表，在中国特指深圳创业板。在上市门槛、监管制度、信息披露、交易者条件、投资风险等方面和主板市场有较大区别。其目的主要是扶持中小企业，尤其是高成长性企业，为风险投资和创业投资建立正常的退出机制，为自主创新国家战略提供融资平台，为多层次主板市场体系建设添砖加瓦。

（3）三板市场。三板市场即全国中小企业股份转让系统，是经国务院批准设立的全国性证券交易所，全国中小企业股份转让系统有限责任公司为运营管理机构。2012年9月20日，公司在国家工商总局注册成立，注册资本30亿元。上海证券交易所、深圳证券交易所、中国证券登记结算有限责任公司、上海期货交易所、中国金融期货交易所、郑州商品交易所、大连商品交易所为公司股东单位。

（4）四板市场。四板市场即区域性股权交易市场，是为特定区域内的企业提供股权、债券的转让和融资服务的私募市场，一般以省级为单位，由省级人民政府监管。对鼓励科技创新和激活民间资本，加强对实体经济薄弱环节的支持具有积极作用。目前全国建成且初具规模的区域股权市场包括青海股权交易中心，天津股权交易中心和齐鲁股权交易中心等十几家股权交易市场。

多层次资本市场的构建，将更好地满足资本市场资金供求双方多层次化要求，同时有利于提供优化准入机制和退市机制，提高上市公司的质量，并防范和化解金融风险。

专栏
新三板的发展

全国中小企业股份转让系统（新三板）是经国务院批准、依据证券法设立的全国性证券交易场所，于2012年9月正式注册成立；是继上海证券交易所、深圳证券交易所之后的第三家全国性证券交易场所。在场所性质和法律定位上，全国股转系统与证券交易所是相同的，都是多层次资本市场体系的重要组成部分。相比A股市场，特别是和A股中的中小板和创业板相对比，新三板的挂牌上市条件更低、参与交易的门槛更高。新三板市场经过数年的发展，截至2017年6月末，挂牌公司总数已达11 314家，挂牌公司总市值达到48 798.4亿元。

新三板逐渐具备制度优势。随着创新层的设立，只要监管部门于后期放低投资者准入门槛，例如允许公募基金进入新三板，就将大大增加新三板市场的流动性。同时，为创新层提供更好的资本市场服务，未上市企业也将更有动力到新三板挂牌。而新三板原本的挂牌要求相比创业板还是要简单，采用的发行批准方式也是备案制，等同于事实上的发行注册制已经推行。同时，由于"创新层"被区分之后，"基础层"企业的流动性将进一步枯竭，多数企业与退市无异，由于创新层已经给出了明确的维持条件，不满足这一条件的挂牌企业将退出创新层，事实上的"退市"制度也得到完善，优胜劣汰的机制已经完善。

对于全国中小企业股份转让系统而言，其有望通过制度性优势吸引越来越多中小企业来到新三板挂牌，从而快速做大做强，未来甚至有望成为和上交所、深交所比肩的大型交易所。对于挂牌企业而言，随着新三板现存的一些劣势的逐步改善，它们在新三板挂牌已经能够享受到和 A 股上市一样便利的资本市场服务，但目前在 A 股上市的难易程度和在新三板挂牌不可同日而语，如果抓住这一时机在新三板挂牌，则有望和这一市场一起成长。对于投资人而言，由于新三板上市企业的成长性更好，他们未来投资这些企业也能够更好地分享到其成长带来的红利。

但同时也需要注意，新三板能够走得更远同样需要强有力的制度配合，以免这些改革流于形式。其中信息披露制度是重要一环，例如"创新层"的进入和维持标准，主要是对于财务指标的相关要求，挂牌企业有动力通过粉饰报表来迎合这一要求，这就需要对信息披露等相关事项作出更为严格的规定。注册制之后，监管部门更加重要的职责是充当"守夜人"的角色，做好这些制度性安排。

资料来源：李海涛：新三板：中国资本市场改革的"试验田"，FT 中文网，2016－06－15。

第二节　债券市场

债券市场是资本市场的另一个基本形态，其发行和交易的债务工具与权益工具有着本质的区别，因而债券市场的特点也与股票市场有所不同。

一、债券的概念与种类

（一）债券的概念

债券是投资者向政府、公司或金融机构提供资金的债权债务合同，该合同载明发行者在指定日期支付利息并在到期日偿还本金的承诺，其要素包括期限、面值与利息、税前支付利息、求偿等级、限制性条款、抵押与担保及选择权（如赎回与转换条款）。这些要素使得债券具有与股票不同的特征。

1. 股票一般是永久性的，因而是无须偿还的；而债券是有期限的，到期日必须偿还本金，且每半年或一年支付一次利息，因此，对于公司来说若发行过多的债券就可能资不抵债而破产，而公司发行越多的股票，其破产的可能性就越小。

2. 股东从公司税后利润中分享股利，而且股票本身增值或贬值的可能性较大；债券持有者则从公司税前利润中得到固定利息收入，而且债券面值本身增值或贬值的可能性不大。

3. 在求偿等级上，股东的排列次序在债权人之后，当公司由于经营不善等原因破产时，债权人有优先取得公司财产的权利，其次是优先股股东，最后才是普通股股东。但通常，破产意味着债权人要蒙受损失，因为剩余资产不足以清偿所有债务，这时债权人实际上成了剩余索取者。尽管如此，债权人无权追究股东个人资产。同时，债券按索取权的排列次序也区分为不同等级，高级债券是指具有优先索取权的债券，而低级或次级债券是指索取权排名于一般债权人之后的债券。一旦公司破产清算时，先偿还高级债券，然后才偿还次级债券。

4. 限制性条款涉及控制权问题，如前所述，股东可以通过投票来行使剩余控制权，而债权人一般没有投票权，但他可能要求对大的投资决策有一定的发言权，一方面主要表现在债务合同常常包括限制经理及股东职责的条款，如在公司进行重大的资产调整时要征求大债权人的意见；另一方面，在公司破产的情况下，剩余控制权将由股东转移到债权人手中，债权人有权决定是清算公司还是重组公司。

5. 权益资本是一种风险资本，不涉及抵押担保问题，而债务资本可要求以某一或某些特定资产作为保证偿还的抵押，以提供超出发行人通常信用地位之外的担保，这实际上降低了债务人无法按期还本付息的风险，即违约风险或称信用风险。

6. 在选择权方面，股票主要表现为可转换优先股和可赎回优先股，而债券则更为普遍。一方面，多数公司在公开发行债券时都附有赎回条款，在某一预定条件下，由公司决定是否按预定价格（一般比债券面值高）提前从债券持有者手中购回债券。另一方面，许多债券附有可转换性，这些可转换债券在到期日或到期日之前的某一期限内可以按预先确定的比例（称为转换比率）或预先确定的价格（转换价格）转换成股票。

（二）债券的种类

债券的种类繁多，按发行主体不同可分为政府债券、公司债券和金融债券三大类，而各类债券根据其要素组合的不同又可细分为不同的种类。

1. 政府债券。政府债券是指中央政府、政府机构和地方政府发行的债券，它以政府的信誉作保证，因而通常无须抵押品，其风险在各种投资工具中是最小的。

（1）中央政府债券。它是中央政府财政部发行的以国家财政收入为保证的债券，也称为国家公债。其特点首先表现为一般不存在违约风险，故又称为金边债券；其次是可享受税收优惠，其利息收入可豁免所得税。

在美国，国债按期限可分为1年以内的短期国库券、从1年到10年的中期国债和10年到30年的长期国债，前者属货币市场工具，是一种贴现证券；后两者属资本市场工具，是一种息票证券，通常是每6个月付一次息，到期偿还本金。此外，按是否与物价挂钩，国债可分为固定利率公债和保值公债。前者在发行时就确定名义利率，投资者得到的真实利率取决于投资期的通货膨胀率；而后者的本金则随通货膨胀指数作调整，利息是根据调整后的本金支付的，因而不受通胀影响，可以保护债券的价值。值得注意的是，中央政府债券也不是完全无风险的，1998年俄罗斯主权债务违约、2008年席卷欧洲的主权债务危机、2011年美国国债评级被下调等都标示着如果主权国家对其债务不进行妥善管理，并合理安排财政及货币政策，那么其国家主权信用也会受到不利的影响。

（2）政府机构债券。在美国、日本等不少国家，除了财政部外，一些政府机构也可发行债券。这些债券的收支偿付均不列入政府预算，而是由发行单位自行负责。有权发行债券的政府机构有两种：一种是政府部门机构和直属企事业单位，如美国联邦住宅和城市发展部下属的政府全国抵押协会（GNMA）；另一种是虽然由政府主办却属于私营的机构，如联邦全国抵押贷款协会（FNMA）和联邦住宅抵押贷款公司（FHLMC）。这些政府有关机构或资助企业具有某些社会功能，它们通过发行债券的经济部门增加信贷资金以及降低融资成本，其债券最终由中央政府作后盾，因而信誉也很高。但要注意的是，这些政府机构债券也并不是完全无风险的，其风险要高于美国政府债券。受2007年次贷危机影响，FNMA与FHLMC相继破产，并为美国政府所接管。

（3）地方政府债券。在多数国家，地方政府都可以发行债券，这些债券也是由政府担保，其信用风险仅次于国债及政府机构债券，同时也具有税收豁免特征。若按偿还的资金来源可分为普通债券和收益债券两大类。普通债券是以发行人的无限征税能力为保证来筹集资金用于提供基本的政府服务，如教育、治安、防火、抗灾等，其偿还列入地方政府的财政预算。收益债券则是为了给某一特定的盈利建设项目（如公用电力事业、自来水设施、收费公路等）筹资而发行的，其偿付依靠这些项目建成后的营运收入。

2. 公司债券。公司债券是公司为筹措营运资本而发行的债券，要求不管公司业绩如何都应优先偿还其固定收益，否则将在相应破产法的裁决下寻求解决，因而其风险小于股票，但比政府债券高。公司债券的种类很多，通常可分为以下几类。

（1）按抵押担保状况分为信用债券、抵押债券、担保信托债券和设备信托证。

信用债券是完全凭公司信誉，不提供任何抵押品而发行的债券。其持有者的求偿权排名于有抵押债权人对抵押物的求偿权之后，对未抵押的公司资产有一般求偿权，即和其他债权人排名相同。发行这种债券的公司必须有较好的声誉，一般只有大公司才能发行，而且这种债券的期限较短、利率较高。

抵押债券是以土地、房屋等不动产为抵押品而发行的一种公司债券，也称固定抵押公司债。如果公司不能按期还本付息，债权人有权处理抵押品以资抵偿。在以同一不动产为抵押品多次发行债券时，应按发行顺序分为第一抵押债券和第二抵押债券，前者对抵押品有第一置留权，首先得到清偿；后者只有第二置留权，只能待前者清偿后，用抵押品的剩余款偿还本息。

担保信托债券是以公司特有的各种动产或有价证券为抵押品而发行的公司债券，也称流动抵押公司债。用做抵押品的证券必须交由受托人保管，但公司仍保留股票表决及接受股息的权利。

设备信托证是指公司为了筹资购买设备并以该设备为抵押品而发行的公司债券。发行公司购买设备后，即将设备所有权转交给受托人，再由受托人以出租人的身份将设备租赁给发行公司，发行公司则以承租人的身份分期支付租金，由受托人代为保管及还本付息，到债券本息全部还清后，该设备的所有权才转交给发行公司。这种债券常用于铁路、航空或其他运输部门。

（2）按利率可分为固定利率债券、浮动利率债券、指数债券和零息债券。

固定利率债券是指事先确定利率，每半年或一年付息一次，或一次还本付息的公司债券。这种公司债券最为常见。

浮动利率债券是在某一基准利率（例如同期限的政府债券收益率、优惠利率、LIBOR 等）之上增加一个固定的溢价，如 100 个基点即 1%，以防止未来市场利率变动可能造成的价值损失。对某些中小型公司或状况不太稳定的大公司来说，发行固定利率债券发生困难或成本过高时，可考虑选择发行浮动利率债券。

指数债券是通过将利率与通货膨胀率挂钩来保证债权人不至于因物价上涨而遭受损失的公司债券。挂钩办法通常为：债券利率 = 固定利率 + 通胀率 + 固定利率 × 通胀率。有时，用来计算利息的指数并不与通胀率相联系，而与某一特定的商品价格（油价、金价等）挂钩，这种债券又称为商品相关债券。

零息债券即以低于面值的贴现方式发行，到期按面值兑现，不再另付利息的债券。它与短期国库券相似，可以省去利息再投资的麻烦，但该债券价格对利率变动极为敏感。

（3）按内含选择权可分成可赎回债券、偿还基金债券、可转换债券和带认股权证的债券。

可赎回债券是指公司债券附加早赎和以新偿旧条款，允许发行公司选择于到期日之前购回全部或部分债券。当市场利率降至债券利率之下时，赎回债券或代之以新发行的低利率债券对债券持有人不利，因而通常规定在债券发行后至少 5 年内不允许赎回。

偿还基金债券是要求发行公司每年从盈利中提存一定比例存入信托基金，定期偿还本金，即从债券持有人手中购回一定量的债券。这种债券与可赎回债券相反，其选择权在债券持有人一方。

可转换债券是指公司债券附加可转换条款，赋予债券持有人按预先确定的比例（转换比率）转换为该公司普通股的选择权。大部分可转换债券都是没有抵押的低等级债券，并且是由风险较大的小型公司所发行的。这类公司一方面筹措债务资本的能力较低，使用可转换债券的方式将增强对投资者的吸引力；另一方面，可转换债券可被发行公司提前赎回。

带认股权证的债券是指公司债券可把认股权证作为合同的一部分附带发行。与可转换债券一样，认股权证允许债券持有人购买发行人的普通股，但对于公司来说，认股权证是不能赎回的。

3. 金融债券。金融债券是银行等金融机构为筹集信贷资金而发行的债券。在西方国家，由于金融机构大多属于股份公司组织，故金融债券可纳入公司债券的范围。

发行金融债券表面看来同银行吸收存款一样，但由于债券有明确的期限规定，不能提前兑现，所以筹集的资金要比存款稳定得多。更重要的是，金融机构可以根据经营管理的需要，主动选择适当时机发行必要数量的债券以吸引低利率资金，故金融债券的发行通常被看做银行资产负债管理的重要手段；同时，由于银行的资信度比一般公司要高,金融债券的信用风险也较公司债券低。

二、债券的一级市场

债券的发行与股票类似,不同之处主要在发行合同书和债券评级两个方面。同时,由于债券是有期限的,因而其一级市场多了一个偿还环节。

(一) 发行合同书

发行合同书也称信托契据,是说明公司债券持有人和发行债券公司双方权益的法律文件,由受托管理人(通常是银行)代表债券持有人利益监督合同书中各条款的履行。

债券发行合同书一般很长,其中各种限制性条款占很大篇幅。对于有限责任公司来说,一旦资不抵债而发生违约时,债权人的利益会受损害,这些限制性条款就是用来设法保护债权人利益的,它一般可分成否定性条款和肯定性条款。

1. 否定性条款。否定性条款是指不允许或限制股东做某些事情的规定。最一般的限款性条款是有关债券清偿的条款,例如利息和偿还基金的支付,只要公司不能按期支付利息或偿还基金,债券持有人就有权要求公司立即偿还全部债务。

典型的限制性条款包括对追加债务、分红派息、营运资金水平与财务比率、使用固定资产抵押、变卖或购置固定资产、租赁、工资以及投资方向等作出不同程度的限制。这些限制实际上为公司设置了某些最高限。

有些债券还包括所谓的交叉违约条款,该条款规定,对于有多笔债务的公司,只要对其中一笔违约,则认为公司对全部债务违约。

2. 肯定性条款。肯定性条款是指公司应该履行某些责任的规定,如要求营运资金、权益资本达到一定水平以上。这些肯定性条款可以理解为对公司设置了某些最低限。

无论是肯定性条款还是否定性条款,公司都必须严格遵守,否则可能导致违约。但在违约的情况下,债权人并不总是急于追回全部债务,一般情况下会设法由债券受托管理人找出变通办法,要求公司改善经营管理。迫使公司破产清算一般是债权人的最后手段,因为破产清算对于债权人通常并不是最有利的。

(二) 债券的信用评级

债券的信用评级是指由专门的信用等级机构根据发行人提供的信息材料,通过调查、预测等手段,运用科学的分析方法,对拟发行的债券资金使用的合理性和按期偿还债券本息的能力及其风险程度所作出的综合评价。

1. 信用评级的目的。虽然债券公开发行要求发行人公布与债券发行有关的信息,但是由于所公布的信息内容较多、专业性较强,并不是所有投资者都能够根据公布的信息准确判断发行人的偿债能力。为此,债券评级机构使用简单易懂的符号,向投资者提供有关债券风险性的实质信息,以供投资者作出债券投资的决策。多数国家并不强迫发行者必须采取债券评级,但是,由于没有经过评级的债券在市场上往往很难被市场投资者所接受,因此,在市场上公开发行债券的发行人都自愿向债券评级公司申请评级。

2. 信用评级的依据。对债券的信用评级并不是评价各种债券的市场价格、市场销路和证券投资收益，而是评价该债券发行人的偿债能力、资信状况和投资者承担的风险水平。表3-2归纳了债券评级机构在债券评级过程中所依据的三个主要因素。

表3-2　　　　信用评级的依据

债券发行人的偿债能力	预期盈利
	负债比例
	能否按期还本付息
债券发行人的资信状况	金融市场上的信誉
	历次偿债情况
	历史上是否如期偿还债务
投资者承担的风险水平	破产可能性的大小
	破产后债权人所能受到的保护程度
	破产后债权人所能得到的投资补偿程度

3. 信用评级的等级。在信用评级机构中，最具权威性的是标准普尔公司和穆迪公司。表3-3和表3-4分别是这两个公司的等级评定系统。

表3-3　　　　　　　　标准普尔等级评定系统

级别	说　　　明
AAA	最高级：债务人有非常强的本息偿还能力
AA	高级：债务人有很强的本息偿还能力
A	中上级：债务人本息偿还能力强，但可能受到经济因素和环境变化的不良影响
BBB	中级：债务人有充分的本息偿还能力，但受经济因素和环境变化的影响较大
BB	中低级：不断发生一些可能导致不安全能力的事件
B	投机级：具有可能损害其本息偿还能力或意愿的不利情况
CCC	强投机级：现在就有可能违约
CC	超强投机级：次于CCC级
C	保留收入债券：已经停止付息，但还保留收入
D	残值证券：不可能偿付本息，只能按一定比例兑付残值

表3-4　　　　　　　　穆迪等级评定系统

级别	说明
Aaa	最佳：质量最高，风险最小，本息偿还有充分的保证，又被称为金边债券
Aa	高级：证券保护措施不如Aaa级，且其中某些因素可能使远期风险略大于Aaa级
A	中高级：担保偿付本息的措施适当，但含有某些将起损害作用的因素
Baa	中低级：偿付本息的措施在短期内适当，但远期不适当
Ba	投机级：担保本息偿付的措施似乎可以，但有投机因素和其他不确定因素
B	不宜长期投资：不具备吸引投资的特点，长远看本息偿付的保护不可靠
Caa	较差：属于低等级债券，本息偿付将被延迟，甚至危及支付
Ca	有较高投机性：经常发生本息推迟偿付或者其他明显问题
C	最低等级债券

第三章 资本市场

（三）债券的偿还

债券的偿还一般可分为定期偿还和任意偿还两种方式。

1. 定期偿还。定期偿还是在经过一定宽限期后，每过半年或一年偿还一定金额的本金，到期时还清余额。这种方式一般适用于发行数量巨大、偿还期限长的债券，但国债和金融债券一般不使用该方法。

定期偿还具体有两种方法：一是以抽签方式确定并按票面价格偿还，二是从二级市场上以市场价格购回债券。为增加债券信用和吸引力，有的公司还建立偿还基金用于债券的定期偿还。

2. 任意偿还。任意偿还是债券发行一段时间（称为保护期）以后，发行人可以任意偿还债券的一部分或全部，具体操作可根据早赎或以新偿旧条款，也可在二级市场上买回予以注销。

投资银行往往是具体偿还方式的设计者和操作者，在债券偿还的过程中，投资银行有时也为发行者代理本金偿还。

三、债券的二级市场

债券的二级市场与股票类似，也可分为证券交易所、场外交易市场以及第三市场和第四市场几个层次。证券交易所是债券二级市场的重要组成部分，在证券交易所申请上市的债券主要是公司债券，国债一般不用申请即可上市，享有上市豁免权。然而，上市债券与非上市债券相比，它们在债券总量中所占的比重很小，大多数债券的交易是在场外市场进行的，场外交易市场是债券二级市场的主要形态。

在二级市场的交易机制方面，债券与股票并无差别，只是由于债券的风险小于股票，其交易价格的波动幅度也较小。其他方面不再赘述。

 专栏

"债券通" 正式启动

2017 年 7 月中国内地和香港启动了债券交易互联互通机制，此举意味着中国这个全球第三大债市进一步被国际投资者的投资组合广泛接受。在"债券通"的机制下，国外基金管理公司能够首次在无须于中国内地开设账户的情况下，在中国 9 万亿美元规模的政府债、机构债和企业债市场开展交易。根据高盛预计，之后十年可能会有逾 1 万亿美元离岸债券基金流入中国债市。

"债券通"是目前已在香港、上海和深圳之间运转的股票互联互通机制"沪港通"和"深港通"的姊妹机制。中国股票于 2017 年 6 月获准进入 MSCI 的旗舰新兴市场指数，"沪港通"和"深港通"起到了重要的推动作用，因此"债券通"可能会有助于中国被纳入全球债券指数，从而吸引数千亿美元跟踪指数的基金资金投向中国内地市场。

资料来源：英国《金融时报》，2017 年 7 月 3 日。

第三节 私人权益资本市场

由于投资者和筹资企业在时空上的不对称,资本市场的信息不对称问题尤为突出。相对于投资者,筹资企业在自身信誉等级、担保条件及融资项目的风险收益上拥有信息优势;此外,为了追求自身的效用最大化,筹资企业有可能制造虚假信息,传递不真实信号。资金供求双方的信息不对称必然阻滞储蓄向投资的转化,影响资本市场的运作效率。证券市场的信息披露要求和潜在并购威胁、商业银行的信息生产和代理监督可以在一定程度上改善筹资企业的逆向选择和道德风险,但并非所有筹资企业的信息不对称问题都可以通过上述机制得以解决。新兴的中小企业特别是高科技企业、由于资产负债比率过高或管理不善而处于财务困境的企业、需要进行财务重组的中型企业、拟进行管理层并购或杠杆并购的上市公司,以及具有敏感信息不便公开披露的企业,往往由于严重的信息不对称而很难从证券市场或银行部门获得融资。在西方发达国家,私人权益投资(包括风险投资与非风险投资)的迅速发展为上述企业开辟了新的融资渠道。

一、私人权益资本市场的发展概况

根据美国哈佛大学商学院 Lerner 教授(2002)的定义,所谓的私人权益资本市场是指为高风险并潜在高收益的项目提供资本的市场,市场投资主体在投资决策前执行审慎调查并在投资后保留强有力的影响来保护自己的权益价值。在西方发达国家,私人权益资本是新兴企业、尚未上市的中小企业、处于财务困境的企业以及寻求并购资金支持的上市公司的重要资金来源。风险投资是对迅速发展且蕴藏巨大竞争潜力的新兴企业的权益投资。

除了风险投资外,私人权益投资还包括管理层收购(MBO)投资、杠杆并购(LBO)投资、过渡期企业的麦则恩融资、次级债务以及对财务困境企业的投资等非风险投资。在过去的三十多年间,西方发达国家的私人权益资本市场发展迅猛,增长速度超过了证券市场和商业银行等传统融资渠道。以美国为例,私人权益投资由 1984 年的 67 亿美元增长到 2016 年的超过万亿美元的规模。欧洲的私人权益投资也由 1984 年的 5 亿欧洲货币单位发展到 2016 年的 550 亿欧元,成为继美国之后世界上第二大私人权益资本市场,参见图 3-1。需要特别指出的是,欧洲风险投资协会将风险投资定义为一种由专门的投资公司向具有巨大发展潜力的成长型、扩张型或重组型的未上市企业提供资金支持并辅以管理参与的投资行为。这一概念事实上等同于美国的私人权益投资。但欧洲真正意义上的风险投资即投资于初创阶段的风险企业特别是高科技企业的风险投资直到 20 世纪 90 年代才出现。

二、私人权益资本市场的结构分析

(一)私人权益资本市场的筹资者

处于企业成长周期不同阶段的企业融资需求不尽相同,但都可能成为私人权益资本市场的筹资者,参见图 3-2。处于初创阶段的高科技企业是该市场的主要筹资者之一,

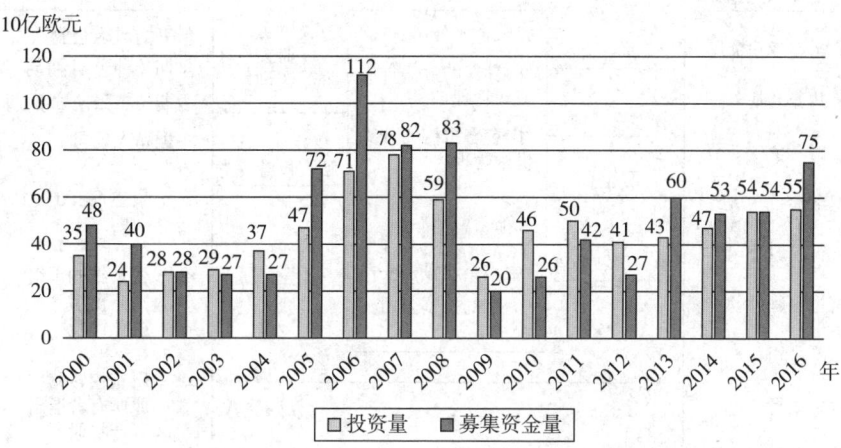

资料来源：欧洲风险投资协会，EVCA Yearbook。

图 3-1　欧洲 2000—2016 年私人权益资本募集资金及投资情况

由于其产品和服务市场前景的高度不确定性，投资风险较高，因此难以从传统的金融中介和金融市场获得融资，需要风险资本的支持，风险投资是私人权益投资的最初形式。20 世纪 80 年代以来，私人权益投资中的非风险投资额曾一度超过了风险投资额。在美国，那些年销售额在 2 500 万美元到 5 亿美元的中型企业得到私人权益投资的更多青睐①。这些企业借助私人权益资本市场进行资金募集，用于企业扩张、财务重组或所有权转移。此外，上市公司也可能成为私人权益投资的对象，它们往往利用私人权益资本市场进行管理层收购（MBO）或杠杆收购（LBO）。20 世纪 80 年代中后期，管理层收购基金和杠杆收购基金成为非风险投资私人权益投资的主要形式。在西方发达国家，一些处于财务困境的上市公司也通过发行私人权益基金渡过危机，同时也避免公开发行的注册成本（包括时间成本和注册费用）和信息披露。这些寻求私人权益投资的企业存在两大共性：其一在于风险高、不确定性大且信息披露少，无法从银行或证券市场等其他渠道获得融资。因此，对上述企业的投资通常需要投资者在投资决策前进行严格筛选和审慎调查，而这又是普通金融中介很难完成的；其二在于除了需要资金支持外，还需要金融中介对其发展进行引导和咨询，也就是说在投资后应积极参与所投资企业的管理与监控。这也是私人权益投资与其他投资方式的显著区别。

（二）私人权益资本市场的金融中介

20 世纪 70 年代以前，私人权益投资主要以富裕家族、金融机构和企业集团对筹资企业的直接投资为主（见图 3-2）。而目前，绝大多数的私人权益投资是通过专业的金融中介进行，其中 80% 的金融中介是以有限合伙制的形式建立。有限合伙制金融中介的出现缘于私人权益资本市场严重的分类难题和激励难题，对此我们将在后文进一步分析。在有限合伙制下，机构投资者作为有限合伙人提供 99% 的资本，但不负责私人权益

---

① 这些企业通常是被家族或个人所控制，且不愿意上市。

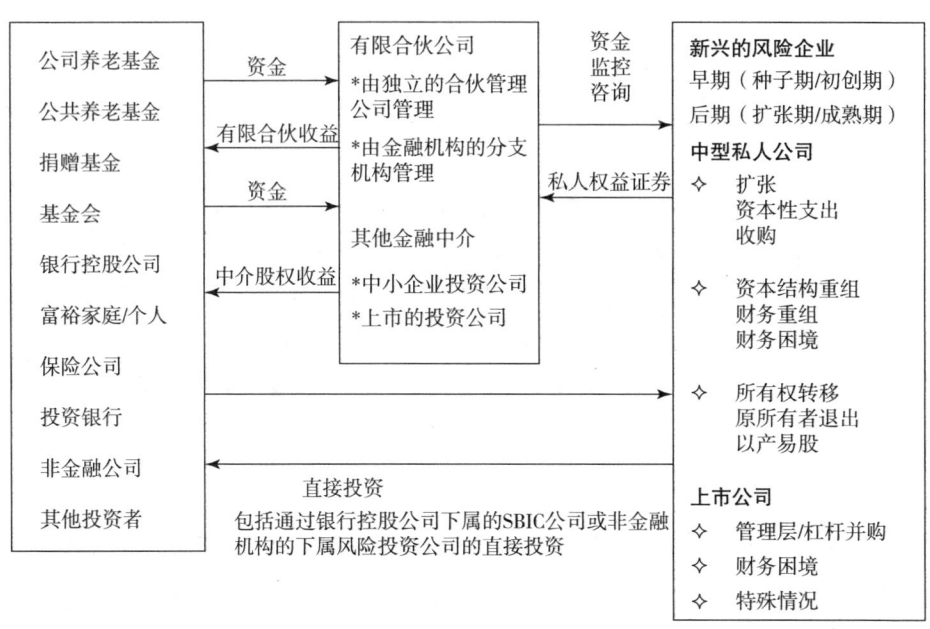

图 3-2 私人权益资本市场结构

投资的具体运营,仅以其投资额负有限责任①。私人权益投资经理作为普通合伙人往往要求投入1%的资本,但可以分享投资收益的20%左右(即所谓的附加收益),以此激励投资经理努力工作。除了附加收益外,普通合伙人还可以每年按投资金额的一定比例(通常是2%~2.5%)提取管理费。普通合伙人对经营承担无限责任,并负责私人权益投资的具体运作。除了有限合伙企业外,小企业投资公司(SBIC)、公开上市的投资公司及其他机构也可以作为私人权益资本市场的金融中介,但这些机构目前所占的市场份额已相当有限。

(三) 私人权益资本市场的投资者

公司养老基金、公共养老基金和捐赠基金/基金会等机构投资者,银行控股公司、保险公司和投资银行等金融中介,以及富裕家族/个人和其他非金融企业都可能成为私人权益资本市场的投资者。其中又以养老基金(特别是公共养老基金)的投资额最大、发展速度最快。机构投资者投资于私人权益资本市场主要出于以下两个目的:一是获取超过其他金融投资收益的风险调整投资收益,二是出于分散投资进而分散风险的考虑。金融中介投资于私人权益资本市场除了上述目的外,还出于拓展业务的考虑。银行控股公司参与支持中小企业发展的私人权益投资基金,可以接触众多的中小企业,便于从中选择优质企业拓展信贷业务;投资银行除了作为有限合伙人外,还可以作为普通合伙人参与私人权益资本市场的投资,通过对成熟期风险企业的投资以及对杠杆收购进行融

---

① 需要强调的是,有限合伙人尽管不参与基金的日常运作,但对投资过程中的一些重要事项享有表决权,如修改有限合伙协议、在期满前解散有限合伙组织、延长基金存续期、变更普通合伙人和评估投资组合等。

资,投资银行比较容易获得上述企业的证券承销业务或提供其他金融服务。但需要指出的是,上述投资主体由于风险厌恶程度和对流动性要求的不同,它们所偏好的私人权益投资类型也有所区别,如大学捐赠基金/基金会、富裕家族或个人相对其他投资者来讲对流动性要求较低,风险承受能力较大,因此投资于初创风险企业的比例往往相对较大;公司养老基金与公共养老基金的风险厌恶程度和流动性要求较高,因此,偏好投资于那些风险较小、投资回收较快的后期风险投资或非风险投资。

除了上述市场主体外,私人权益资本市场上还存在着一些所谓的信息生产者,主要是一些代理机构和咨询公司,它们帮助私人权益投资基金的普通合伙人募集资金,为机构投资者评估私人权益投资基金,帮助筹资企业寻找私人权益投资基金,对其所发行的私人权益进行设计和定价,等等。这些中介机构的积极参与在一定程度上缓解了私人权益资本市场严重的信息不对称和信息不完全。

三、私人权益资本市场的运作

(一) 私人权益投资的运作过程

整个私人权益投资包括融资与投资两个过程。私人权益的融资过程简单地讲就是普通合伙人(私人权益投资经理)向养老基金、富裕家族或个人等投资者募集资金,成立有限合伙制的私人权益投资基金。私人权益投资的过程相对复杂,依次为投资项目筛选、投资交易构造、投资管理监控以及投资资本退出。首先,普通合伙人通过信息收集和信息分析,完成项目筛选,将私人权益资本投资于那些具有潜在高收益但却无法从其他传统融资渠道获得资金支持的高风险企业。其次,普通合伙人与筹资企业就权益投资的证券类型、数量和定价以及投资协议的其他相关条款进行协商和谈判,完成交易构造。再次,普通合伙人积极参与筹资企业的经营和监控,部分筹资企业会在普通合伙人的积极参与管理下成长为能够通过其他资本市场融资或出售的企业。最后,普通合伙人协助筹资企业通过首次公开发行、出售或公司回购等模式收回投资、获得收益并回馈投资者,在完成投资过程后开始新一轮的私人权益投资。

(二) 私人权益投资的特点

私人权益投资作为一种创新的投资方式,适合于风险大、不确定性高的投资环境。第一,私人权益投资是一种管理高风险以获取高收益的投资方式。在私人权益资本市场筹资的企业,无论是处于初创阶段的新兴企业还是陷入财务困境的上市公司,都面临着较大的不确定性,投资风险大。因此,私人权益投资所要求的投资收益率也远高于一般的金融投资。一般而言,早期风险投资要求的投资收益率为 $35\% \sim 70\%$,后期风险投资要求的投资收益率为 $25\% \sim 40\%$,对财务困境企业的融资要求的投资收益率为 $30\% \sim 35\%$,而其他非风险投资所要求的投资收益率也高达 $15\% \sim 25\%$。因此,私人权益投资也被称为最昂贵的融资方式。第二,私人权益投资是一种主动参与管理型的专业投资。作为普通合伙人的私人权益投资经理,或者具备企业管理的丰富经验,或者具备投资银行的从业背景,对所投资企业的经营管理、市场前景和行业情况都有较深刻的理解。他们不仅投入私人权益资本,还利用长期积累的经验、知识和商业网络关系帮助筹资企业发展壮大、完成资产重组或走出财务困境。第三,私人权益投资是一种权益资本投资,而非借贷投资，它所关注的是投资对象的发展前景和资产增值，而非当前的盈亏情况。也因此，私人权益投资并不是一般意义上的短期性或流动性投资，它是一种中长期投资，一般需要3～7年的时间才能实现资本退出和获得收益。

（三）私人权益投资的有限合伙制

私人权益投资经理一旦被赋予监督者的角色，又产生了其本身的激励问题和相应的代理成本。如何消除优先合伙人与普通合伙人之间的信息不对称和激励不相容成为中介设计的关键。有限合伙制的出现较好地解决了上述问题，也因此成为私人权益资本市场的普遍的中介制度。第一，有限合伙制的报酬体系设计能给普通合伙人以最优激励。普通合伙人只需投入1%的资金，却享有20%左右的投资收益提成。第二，私人权益投资基金是固定期限的，一般为10年。出于建立声誉以便获得后续融资的考虑，普通合伙人就必须努力工作，运营好私人权益投资基金[①]。第三，有限合伙制下，资金募集并非一步到位，更多的是采取承诺制，即有限合伙人只承诺提供一定数量的资金，但资金却是分期注入的。与此同时，有限合伙人设计无过"离婚条款"——即使普通合伙人没有重大过错，只要投资者丧失信心，就可以停止追加投资。保留撤销后续资金的权利可能造成投资者前期注入资金的部分损失，但却可以有效地控制普通合伙人的道德风险行为。第四，有限合伙制实行强制性分配政策，投资一有收益就立即进行分配（最早在投资后第2年或第3年），并要求必须将出售投资组合的所得返还投资者。允许有限合伙人在普通合伙人获得附加权益（业绩报酬）之前收回他们的投资和管理费，并要求普通合伙人归还所得的附加收益（亦即所谓的Claw Back条款）。此外，有限合伙契约还对普通合伙人和有限合伙人可能的利益冲突作出明确的规定，禁止普通合伙人从事私下交易，要求其尽职管理私人权益投资基金。科学合理的契约设计可以有效减少普通合伙人的道德风险行为，并激励其全心全意为有限合伙人创造价值，实现私人权益投资的高收益。

四、发展私人权益资本市场的意义

从信息经济学的角度分析，对于大型企业来讲，它们一般具有成熟的产品或市场，有可预期的并较为稳定的未来现金流，投资风险相对较小。这使得它们在定价上能够被市场和投资者所充分理解。这类企业的信息不对称问题通过证券市场的信息披露即可改善，投资者可以通过在证券市场上购买股票和债券对其进行直接融资。对于那些规模没有达到上市要求、信息处理相对复杂的企业，投资者可以委托金融中介进行间接融资，通过后者的信息生产避免筹资企业的逆向选择，并通过后者的代理监督克服筹资企业的道德风险。但作为最主要的金融中介，商业银行在信息处理上具有一定的局限性。一般认为，银行在处理标准化信息上具有规模优势，但却无法成功地处理不确定性、创新以及新思想；并且银行在向投资者（储户）提供跨期风险分散机制的同时也将风险集中在自己身上，经受不住外部的冲击，挤兑等刚性的风险约束限制了商业银行对高风险项目

---

① 普通合伙人为了获得后续资本，就必须在前一个合伙期限内有较好的投资业绩。这实际上是多期博弈情况下声誉模型的实际运用。

的投资。这也就使得那些面临较大不确定性的风险企业,如处于初创阶段的高科技企业、由于资产负债比率过高而处于财务困境的企业、需要进行财务重组或拟进行管理层并购/杠杆并购的大中型企业、具有敏感信息不便公开披露的企业等,无法从商业银行等传统金融中介获得资金支持。上述企业信息披露少,投资风险大(当然,高风险也对应着高收益),发展前景具有较大的不确定性。投资者和筹资企业之间严重的信息不对称制约了前者对后者的直接投资。要实现对上述企业的融资,投资者需要委托具有信息处理比较优势的金融中介对筹资企业进行信息分析,消除后者可能的逆向选择;以大股东的身份作为投资者的代表对投资进行管理监督,尽可能减少筹资企业的道德风险,有效维护投资者的利益。作为一种颇具企业家精神的金融中介,私人权益投资基金能够有效缓解私人权益资本市场上严重的信息不对称问题,促成投资者对具有潜在高收益的高风险企业的投资。

我国资本市场的各个子系统发展很不均衡,以银行中长期信贷为主导的间接融资远远超过证券市场的直接融资;而证券市场的发展也不均衡,债券市场相对于股票市场来讲,规模太小,发展缓慢。私人权益资本市场仅局限于风险投资,且风险投资被定位为扶持中小科技企业发展、加快科技成果转化的"政策性金融",这使得我国的风险投资在发展初始就存在着严重的先天不足,并很快随着2000年美国新经济泡沫的破灭而陷入低谷。运行良好的私人权益资本市场对我国资本市场发展和经济增长意义深远:第一,可以通过对新兴科技企业的支持实现高新技术与金融资本的结合,进而促进我国技术创新和经济发展;第二,可以通过对并购活动的融资提高公司效率,运用市场手段实现优胜劣汰或强强联合,从而增进社会福利;第三,可以通过对那些因为负债过重或管理不善而陷入财务困境的企业进行融资和整合,节约社会的破产成本;第四,可以通过私人权益投资经理对各种风险企业的管理、扶持和引导等价值创造活动增加企业价值;第五,更为重要的是,私人权益资本市场的发展可以为我国中小企业的发展壮大开辟新的融资渠道,弥补银行部门和证券市场在资源配置、信息生产和企业治理等方面的缺陷,提高资本市场的经济效率。因此,发展私人权益资本市场对我国资本市场的完善、金融深化和经济发展具有重要意义。

第四节 投资基金

投资基金是资本市场的一个新的形态,它本质上是股票、债券及其他证券投资的机构化,不仅有利于克服个人分散投资的种种不足,而且成为个人投资者分散投资风险的最佳选择,从而极大地推动了资本市场的发展。

一、投资基金:概念、特点与分类

(一)投资基金的概念

投资基金是一种将众多不确定的投资者的资金汇集起来,委托专业的基金管理人进行投资管理,委托专业的基金托管人进行基金资产的托管,基金所得的收益由投资者按出资比例分享的一种投资工具。投资基金实行集合投资制度，它主要通过向投资者发行股票或收益凭证，将社会上的小额闲散资金集中起来，交由专业的投资机构将其投资于各种金融资产，如股票、债券、外汇、期货和期权等，获得的收益按出资者的出资比例进行分配。投资机构本身作为资金管理者获得一定比例的管理费收入。

各国（地区）对投资基金的称谓有所不同，投资基金在美国被称为共同基金，在英国和我国香港特别行政区被称为单位信托基金，在欧洲一些国家则被称为集合投资基金或集合投资计划，在日本和我国台湾地区则被称为证券投资信托基金。

（二）投资基金的特点

1. 规模经营——低成本。投资基金将小额资金汇集起来，其经营具有规模优势，可以降低交易成本，对于筹资方来说，也可有效降低其发行费用。

2. 分散投资——低风险。投资基金可以将资金分散投到多种证券或资产上，通过有效组合最大限度地降低非系统性风险。

3. 专家理财——更多的投资机会。投资基金是由具有专业化知识的人员进行管理，特别是有精通投资业务的投资银行的参与，能够更好地利用各种金融工具，抓住市场的投资机会，创造更好的收益。

4. 服务专业化——方便。投资基金从发行、收益分配、交易、赎回都有专门的机构负责，特别是可以将收益自动转化为再投资，使整个投资过程轻松、简便。

（三）投资基金的种类

1. 根据组织形式分为公司型基金和契约型基金。

（1）公司型基金。公司型基金是依据公司法成立的以盈利为目的的股份有限公司形式的基金，其特点是基金本身是股份制的投资公司，基金公司通过发行股票筹集资金，投资者通过购买基金公司股票而成为股东，享有基金收益的索取权。

公司型基金又可细分为开放型和封闭型两种。开放型基金是指基金可以无限地向投资者追加发行股份，并且随时准备赎回发行在外的基金股份，因此其股份总数是不固定的，这种基金就是一般所称的投资基金或共同基金。封闭型基金股份总数固定，且规定封闭期限，在封闭期限内投资者不得向基金管理公司提出赎回，而只能寻求在二级市场上挂牌转让，募集完毕进入封闭期的封闭式基金大多在证券交易所挂牌交易。

表 3-5　　　　　　　　　　开放式基金和封闭式基金比较

比较项目	开放式基金	封闭式基金
规模	规模随投资者申购或赎回而变化	固定，未经法定程序认可不能增发
存续期限	没有固定期限	有固定封闭期，通常在5年以上，一般为10年或15年
交易方式	直接向基金管理公司申购赎回	上市交易
交易价格	根据每日基金单位资产净值	根据市场行情变化，在基金单位资产净值基础上折价或溢价，多为折价
交易费用	买卖时向基金公司支付申购费和赎回费	需要向券商支付手续费

续表

比较项目	开放式基金	封闭式基金
信息披露	每日公布基金单位资产净值,每季度公布资产组合等	每周公布基金单位资产净值,每季度公布资产组合等
投资策略	强调基金的短期业绩与流动性管理,基金资产中要保持一定现金和流动性资产	可以长期投资于流动性较差,但收益高的产品

（2）契约型基金。契约型基金是依据一定的信托契约组织起来的基金,其中作为委托人的基金管理公司通过发行受益凭证筹集资金,并将其交由受托人保管,基金管理公司负责基金的投资营运,投资者是受益人,凭基金受益凭证索取投资收益。

契约型基金也有开放式和封闭式之分,其分类与公司型相同。我国目前的基金均为契约型基金。

（3）公司型基金和契约型基金的比较。公司型基金和契约型基金具有以下几点区别：第一,信托财产的法人资格不同。公司型基金具有法人资格,契约型基金没有法人资格。第二,信托资产运用的依据不同。公司型基金依据公司章程规定运用信托财产,而契约型基金则依据信托契约来运用信托财产。第三,发行的筹资工具不同。公司型基金既可以发行股票,又可以发行债券筹资,而契约型基金则通过发行收益凭证筹资。第四,投资者的地位不同。公司型基金的投资者购买公司股票后成为公司股东,以股息形态收取收益,可以参加股东大会,行使股东权利。契约型基金的投资者购买受益凭证,是契约关系的当事人,即委托人和受益人,不参与资金的运用。

2. 根据投资目标分为收入型基金、成长型基金和平衡型基金。

（1）收入型基金。收入型基金是以获取最大的当期收入为目标的投资基金,其特点是损失本金的风险小,但长期成长的潜力也相应较小,适合较保守的投资者。收入型基金又可分为固定收入型基金和权益收入型基金两种,前者主要投资于债券和优先股股票,后者主要投资于普通股。

（2）成长型基金。成长型基金是以追求资本的长期增值为目标的投资基金,其特点是风险较大,可以获取的收益也较大,适合能承受高风险的投资者。成长型基金又可分为三种：一是积极成长型基金,这类基金通常投资于有高成长潜力的股票或其他证券；二是新兴成长型基金,这类基金通常投资于新行业中有成长潜力的小公司或有高成长潜力行业（如高科技）中的小公司；三是成长收入基金,这类基金兼顾收入,通常投资于成长潜力大、红利也较丰厚的股票。

（3）平衡型基金。平衡型基金是以净资产的稳定、可观的收入及适度的成长为目标的投资基金,其特点是具有双重投资目标,谋求收入和成长的平衡,故风险适中,成长潜力也不是很大。

3. 根据地域不同分为国内基金、国家基金、区域基金和国际基金。

（1）国内基金。国内基金是把资金只投资于国内有价证券且投资者多为本国公民的一种投资基金。

(2) 国家基金。国家基金是指在境外发行基金份额筹集资金，然后投资于某一特定国家或地区资本市场的投资基金。这种基金大多规定了还款期限并有一个发行总额限制，属于封闭型基金。

(3) 区域基金。区域基金是把资金分散投资于某一地区各个不同国家资本市场的投资基金。这种基金的风险较国内基金和国家基金的风险小。

(4) 国际基金。也称全球基金，它不限定国家和地区，将资金分散投资于全世界各主要资本市场上，从而能最大限度地分散风险。

4. 按投资对象分为以下九种：

(1) 股票基金，即基金的投资对象是股票，这是基金最原始、最基本的品种之一。

(2) 债券基金，即投资于债券的基金，这是基金市场上规模仅次于股票基金的另一个重要品种。

(3) 货币市场基金，即投资于存款证、短期票据等货币市场工具的基金，属于货币市场范畴。

(4) 专门基金，它是从股票基金发展而来的投资于单一行业股票的基金，也称次级股票基金。

(5) 衍生基金和杠杆基金，即投资于衍生金融工具，包括期货、期权、互换等并利用其杠杆比率进行交易的基金。

(6) 对冲基金与套利基金。对冲基金又称套期保值基金，是在金融市场上进行套期保值交易，利用现货市场和衍生市场对冲的基金，这种基金能最大限度地降低和规避风险，因而也称避险基金。套利基金是在不同金融市场上利用其价格差异低买高卖进行套利的基金，也属低风险稳回报基金。

(7) 雨伞基金。严格来说，雨伞基金并不是一种基金，只是在一组基金（称为母基金）之下再组成若干个子基金，以方便和吸引投资者在其中自由选择和低成本转换。

(8) 基金中的基金。即以本身或其他基金单位为投资对象的基金，其选择面比雨伞基金更广，风险也进一步分散降低。

(9) 交易所上市开放式基金（LOF）和交易所交易基金（ETF）。前者是指在交易所上市交易的开放式证券投资基金，也称为上市型开放式基金。投资者可以通过基金管理人或其委托的销售机构以基金净值进行基金的申购、赎回，也可以通过交易所市场以及交易系统撮合成交价进行基金的买入和卖出。后者是一种在交易所买卖的有价证券，代表一篮子股票的所有权。机构投资者以这一篮子股票为担保，将其分割为众多单价较低的投资单位——交易所交易基金份额。投资者既可以在证券交易所像买卖股票一样买卖交易所交易基金，也可以通过赎回交易所交易基金单位换得所存托的一篮子股票。

二、投资基金的设立和募集

（一）投资基金的设立

设立基金首先需要发起人，发起人可以是一个机构，也可以由多个机构共同组成。一般来说，基金发起人必须同时具备下列条件：至少有一家金融机构；实收资本在基金规模一半以上；均为公司法人；有 2 年以上的盈利记录；首次认购基金份额不低于 20%，同时保证基金存续期内持有基金份额不低于 10%。

发起人要确定基金的性质并制定相关的要件，如属于契约型基金，则包括信托契约；如属于公司型基金，则包括基金章程和所有重大的协议书。这些文件规定了基金管理人、保管人和投资者之间的权利义务关系，会计师、律师、承销商的有关情况以及基金的投资政策、收益分配、变更、终止和清算等重大事项。发起人准备好各项文件后，报送主管机关，申请设立基金。

在很多情况下，基金是由基金管理公司或下设基金管理部的投资银行作为发起人，在基金设立后往往成为基金的管理人，如果发起人不能直接管理该基金，则需要专门设立基金管理公司或聘请专业的基金经理公司作为基金管理人。几乎所有的大型投资银行都设有基金部或基金管理分公司，它们经常以经理公司的身份出现在基金市场上。设立基金的另一个重要当事人是保管人，即基金保管公司，保管人负责对基金所募集的资金进行保管，并进行核算和监督。一般由投资银行、商业银行或保险公司等金融机构充当，担任保管公司也是投资银行基金管理的重要业务之一。

（二）投资基金的募集

基金的设立申请一旦获主管机关批准，发起人即可发表基金招募说明书，着手发行基金股份或受益凭证，该股票或凭证由基金管理公司和基金保管公司共同签署并经签证后发行，发行方式可分公募和私募两种，类似于股票的发行。

三、投资基金的运作与投资

（一）投资基金的运作

按照国际惯例，基金在发行结束一段时间内，通常为 3~4 个月，就应安排基金证券的交易事宜。对于封闭型基金股份或受益凭证，其交易与股票债券类似，可以通过自营商或经纪人在基金二级市场上随行就市，自由转让。对于开放型基金，其交易表现为投资者向基金管理公司认购股票或受益凭证，或基金管理公司赎回股票或受益凭证，赎回或认购价格一般按当日每股股票或每份受益凭证基金的净资产价值来计算，大部分基金是每天报价一次，计价方式主要采用未知价方式，即基金管理公司在当天收市后才计价以充分反映基金净资产和股份或受益凭证总数的变化。

（二）投资基金的投资

投资基金的一个重要特征是分散投资，通过有效的组合来降低风险。因此，基金的投资就是投资组合的实现，不同种类的投资基金根据各自的投资对象和目标确定与构建不同的证券组合，其基本原理和操作方法将在后文的相关章节中介绍。

本章小结

1. 资本市场是指期限在 1 年以上的资金融通活动的总和，包括期限在 1 年以上的证券市场以及期限在 1 年以上的银行信贷市场。可以将资本市场分为银行信贷市场、股票市场、债券市场和私人权益资本市场四个子系统。

2. 股票是投资者向公司提供资金的权益合同，是公司的所有权凭证。按剩余索取权和剩余控制权的不同有不同种类的股票，最基本的分类是普通股和优先股。

3. 债券是投资者向政府、公司或金融机构提供资金的债权债务合同，它具有与股票不同的特征，可分为政府债券、公司债券和金融债券三大类。

4. 股票市场和债券市场的组织结构可分为一级市场和二级市场。一级市场是发行新的股票和债券的市场，二级市场是买卖已发行股票和债券的市场。

5. 股票的一级市场通常由咨询与管理、认购与销售两个阶段构成；相比之下，债券的一级市场多了一个偿还环节，并在限制性条款和债券评级两个方面具有其特点。

6. 二级市场通常可分为证券交易所和场外交易市场，以及具有混合特征的第三市场和第四市场等层次。

7. 投资基金是一种将众多不确定的投资者的资金汇集起来，委托专业的基金管理人进行投资管理，委托专业的基金托管人进行基金资产的托管，基金所得的收益由投资者按出资比例分享的一种投资工具。

关键术语

资本市场　股票　剩余索取权　剩余控制权　普通股　优先股　公募　私募　包销　承销　做市商交易制度　竞价交易制度　保证金购买　卖空　股价指数　二板市场　债券　可转换债券　可赎回债券　私人权益资本市场　投资基金　开放式基金　封闭式基金　公司型基金　契约型基金

案例分析

私募股权基金案例：KKR 入股青岛海尔

背景资料：

2013 年 9 月 30 日，青岛海尔股份有限公司发布公告，称公司已经和 KKR 旗下 KKR 中国成长基金（以下简称 KKR 基金）的全资子公司 KKR 签订协议，KKR 将以 33.82 亿元现金认购青岛海尔发行的 10% 股份，成为其战略股东。这是青岛海尔成立 30 年来，首次引入境外战略股东。

青岛海尔引入 KKR 主要基于以下几个动机：

（1）企业扩张对资金规模需求增加。企业发展规模扩大对资金需求增多。2010—2012 年，青岛海尔的营业收入增长了 30%，与之相对应的，营业成本增长接近 27.32%。为了维持日常生产经营，企业必须持有大量流动资金来支付人工薪酬、生产性开支、研发性支出等。

(2) 破解股权激励困境提升企业治理水平。青岛海尔内部知情人透露，公司近年来发展速度远落后于美的、格力等家电企业，很大的原因是股权归属不清、股权激励不到位，核心高管的绩效激励等政策远低于美的、格力等对手。从长期看，引入KKR或许对解决青岛海尔的股权激励问题意义重大，KKR在管理方面有自己独特的优势和经验，将通过参与企业管理来优化企业绩效考察机制，全面激发团队活力，彻底破解青岛海尔股权谜题。

(3) 加快海外资产整合能力。到2013年，海外白色家电整合进展缓慢，趋于停滞。此次青岛海尔引入KKR，外界普遍认为对海外资产整合会有很大的帮助，KKR下属一个名叫Capstone的内部咨询部门将会发挥很大作用，这个部门拥有实力强劲的管理咨询团队，专注解决企业具体的营运问题，在全球拥有丰富的管理经验和资源。

青岛海尔对于首次引入战略投资者也格外重视，从开始筹划到最终成功引入KKR也经历了相对漫长的历程。2012年末，青岛海尔期待借助战略投资者的力量以寻求新的发展。在对意向投资者进行筛选时，青岛海尔尤其关注投资者拥有的资源能够在多大程度上提升企业价值，以及投资者是否与企业发展目标一致。通过对潜在合作者的考察、评估，青岛海尔认为KKR丰富的全球化资源以及投资管理理念与企业特别契合，决定将KKR引为企业战略投资者。KKR是全球老牌私募股权投资机构之一，对跨行业投资有丰富的经验，而且拥有广阔的全球化渠道，在改善企业经营绩效、整合内外部资源方面具有独到之处。根据资料披露，KKR所有投资的企业年销售收入总计超过2 000亿美元，可谓资金充裕。青岛海尔决定采用定向增发的方式向KKR发行股票，并通过了证监会的审核。

2014年7月22日，青岛海尔发布公告称KKR正式成为青岛海尔的战略投资者。青岛海尔定向增发对象为KKR，筹集资金总额33.82亿元，KKR以现金方式认购，在定向增发完成后，KKR持有青岛海尔10%的股份（KKR由此成为青岛海尔第三大股东）。本次股票发行价格定为11.29元/股，另外，KKR对本次认购的股票自发行结束之日起3年内不得转让。

讨论1：为什么青岛海尔选择采用定向增发的方式？

相比于在公开市场发行股票、债券，定向增发并不面向所有公众投资者，因而门槛较低，限制条件较少，可以满足企业快速融资的需求。另外，定向增发一般采用与投资者协商或证券机构代销的方式进行，产生的佣金费用低于公开发行的余额包销方式，而且，发行价格涉及的定价基准日一般为董事会决议公告日，通常距离正式发行日有较长的时间，这样投资者有机会用比二级市场更低的价格认购，如果定向增发对象涉及大股东，更容易受到资本市场的追捧，由此企业可以有效降低费用，吸引更多资金。

讨论2：KKR是否给海尔带来协同效应？

协同效应并非简单的加减乘除，而是要结合双方的优势，通过有效融合达到"1+1>2"的效果。定向增发完成后，KKR利用其享誉全球的内部咨询部门对青岛海尔内部治理结构、外部资源进行有效整合，引入KKR后第一年，青岛海尔实现营业销售额1 592.54亿元，同比增长34%。另外，得益于KKR遍布全球的营销网络的共享，以及对青岛海尔全球资源的有效整合,在全球经济增长乏力、家电市场整体低迷的情况下,青岛海尔逆流而上,在海外市场取得突破,极大地提高了企业的全球竞争力与知名度。由此可见,引入战略投资者KKR,通过双方的有效整合实现了协同效应,为青岛海尔长期稳定发展奠定了基础。

能力训练

一、单项选择题

1. 销售额和利润迅速增长,并且其增长速度快于整个国家及其所在行业的公司所发行的股票是(　　)。
   A. 收入股　　　　B. 蓝筹股　　　　C. 投机股　　　　D. 成长股

2. 纳斯达克市场设立了(　　)种指数。
   A. 5　　　　　　B. 13　　　　　　C. 15　　　　　　D. 20

3. 在连续竞价过程中,如果新进入的委托不能成交,则按照(　　)的顺序排队等待。
   A. 时间优先　　　　　　　　　　B. 价格优先
   C. 时间优先,价格优先　　　　　D. 价格优先,时间优先

4. 下列关于政府机构债券的说法不正确的是(　　)。
   A. 财政部和一些政府机构均可发行　　B. 债券的收支偿付列入政府预算
   C. 债券最终由中央银行作后盾　　　　D. 以信誉为保证,无须抵押品

5. 当公司由于经营不善等原因破产时,下列投资者对公司剩余资产索取的先后顺序为(　　)。
   A. 普通股股东、债权人、优先股股东
   B. 债权人、优先股股东、普通股股东
   C. 普通股股东、优先股股东、债权人
   D. 优先股股东、普通股股东、债权人

6. 你的朋友告诉你她刚收到她所持有的10 000元面值的10年期国债每半年支付一次的息票,该国债的年息票率为6%。她共收到(　　)。
   A. 300元　　　　B. 600元　　　　C. 3 000元　　　　D. 6 000元

7. 某投资者参与保证金买空交易,有本金1万元,按每股10元的市价买入股票,假设法定保证金比率为50%,保证金最低维持率为20%。则当股票价格跌破每股(　　)时,投资者必须追加保证金。
   A. 6.25元　　　B. 7.50元　　　C. 5元　　　　D. 8元

8. (　　)最不可能是基金投资的优势。
   A. 多样化　　　　B. 专业管理
   C. 方便　　　　　D. 基金的收益率通常高于市场平均收益率

9. 下列有关封闭式基金的说法,最有可能正确的是(　　)。

A. 基金券的价格通常高于基金的单位净值
B. 基金券的价格等于基金的单位净值
C. 基金券的份数在发行后是不变的
D. 基金券的份数会因投资者购买或赎回而改变

二、多项选择题
1. 以下关于证券交易所的说法，正确的是（   ）。
A. 组织形式上可以分为会员制和公司制两种类型
B. 会员大会是会员制证券交易所的最高权力机构
C. 都是不以盈利为目的的组织
D. 越来越多的证券交易所由公司制向会员制转变

2. 下列（   ）属于境外上市外资股。
A. B股　　　　B. H股　　　　C. N股　　　　D. S股

3. 流动性的好坏由（   ）指标来衡量。
A. 弹性　　　　B. 效率　　　　C. 市场深度　　　　D. 市场广度

4. 关于优先股股票的阐述正确的是（   ）。
A. 对股份公司而言，发行优先股的作用在于可以筹集长期稳定的公司股本，但因其股息率固定不变，从而增加了企业的分派负担
B. 优先股股东有表决权
C. 对投资者而言，由于优先股的股息收益稳定，而且在财产清偿时也先于普通股股东，因而风险相对较小
D. 优先股股东具备普通股股东所具有的基本权利

5. 根据价格决定的特点，证券交易制度可以分为（   ）。
A. 集合竞价制度　B. 委托驱动制度　C. 报价驱动制度　D. 连续竞价制度

6. 下列关于债券与股票的比较，正确的有（   ）。
A. 债券通常有规定的利率，股票的股息红利不固定
B. 债券是一种有期证券，股票是一种无期证券
C. 股票风险较大，债券风险相对较小
D. 发行债券的经济主体很多，但能发行股票的经济主体只有股份有限公司

7. 私人权益投资是一种（   ）。
A. 借贷投资
B. 主动参与管理型的专业投资
C. 管理高风险以获取高收益的投资方式
D. 中长期投资

8. 投资基金的特点有（   ）。
A. 低成本　　　　　　　　　B. 低风险
C. 方便　　　　　　　　　　D. 更多的投资机会

9. 根据组织形式的不同，投资基金可以划分为（   ）。

A. 契约型基金　　B. 开放型基金　　C. 封闭型基金　　D. 公司型基金

三、简答题

1. 如何理解资本市场的概念及其功能？
2. 公募和私募各有什么优缺点？
3. 股票的承销方式有哪些？
4. 在二板市场上，当股票发行后，保荐人的职责有哪些？
5. 请从不同的角度对公司债券进行分类。
6. 简述信用评级的目的。
7. 公司型基金与契约型基金比较有哪些区别？

四、论述题

1. 与主板市场相比，二板市场有哪些突出的特点？
2. 请从不同角度对证券投资基金进行分类。

五、计算题

1. X股票目前的市价为每股20元，你卖空1 000股该股票。请问：（1）你的最大可能损失是多少？（2）如果你同时向经纪人发出了停止损失买入委托，指定价格为22元，那么你的最大可能损失又是多少？

2. 假设A公司股票目前的市价为每股20元。你用15 000元自有资金加上从经纪人借入的5 000元保证金贷款买了1 000股A公司股票。贷款年利率为6%。

（1）如果A公司股票价格立即变为①22元、②20元、③18元，你在经纪人账户上的净值会变动多少百分比？

（2）如果维持保证金比率为25%，A公司股票价格跌到多少你才会收到追缴保证金通知？

（3）如果你在购买时只用了10 000元自有资金，那么第（2）题的答案会有何变化？

（4）假设该公司未支付现金红利。1年以后，若A公司股票价格变为：①22元、②20元、③18元，你的投资收益率是多少？你的投资收益率与该股票股价变动的百分比有何关系？

3. 假设B公司股票目前市价为每股20元，你在你的经纪人保证金账户中存入15 000元并卖空1 000股该股票。你的保证金账户上的资金不生息。

（1）如果该股票不付现金红利，则当1年后该股票价格变为22元、20元和18元时，你的投资收益率是多少？

（2）如果维持保证金比率为25%，当该股票价格升到什么价位时你会收到追缴保证金通知？

（3）若该公司在1年内每股支付了0.5元现金红利，（1）和（2）题的答案会有什么变化？

4. 3月1日，你按每股16元的价格卖空1 000股Z股票。4月1日，该公司支付每股1元的现金红利。5月1日，你按每股12元的价格买回该股票平掉空仓。在两次交易中,交易费用都是每股 0.3 元。那么,你在平仓后赚了多少钱?

5. 3 个月贴现式国库券价格为 97.64 元,6 个月贴现式国库券价格为 95.39 元,两者的面值都是 100 元。请问哪个的年收益率较高?

6. A、B、C 三只股票的信息见下表。其中 P_t 代表 t 时刻的股价,Q_t 代表 t 时刻的股数。在最后一个期间($t=1$ 至 $t=2$),C 股票 1 股分割成 2 股。

	P_0	Q_0	P_1	Q_1	P_2	Q_2
A	18	1 000	19	1 000	19	1 000
B	10	2 000	9	2 000	9	2 000
C	20	2 000	22	2 000	11	4 000

(1) 请计算第 1 期($t=0$ 至 $t=1$)时刻之间按道氏修正法计算的简单算术股价平均数的变动率。

(2) 在 2 时刻,道氏修正法的除数等于多少?

(3) 请计算第 2 期($t=1$ 至 $t=2$)时刻之间按道氏修正法计算的简单算术股价平均数的变动率。

7. 用上题的数据计算以下几种指数第 2 期的收益率:

(1) 拉斯拜尔指数变动率;(2) 派许指数变动率。

第四章
外汇市场

学习目标：

1. 了解当代外汇市场的基本运作方式，掌握导致汇率波动的主要因素。
2. 熟悉外汇市场的交易方式，掌握每种交易方式的特征和交易目的。
3. 了解汇率决定的主要理论。

知识结构图：

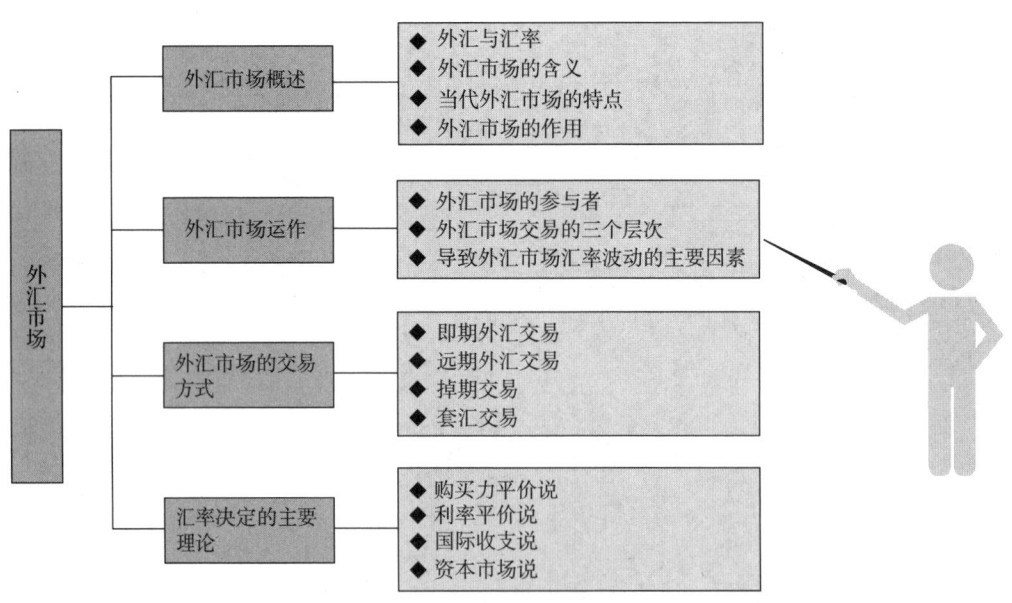

案例引入

1997 年，东南亚曾爆发金融危机，而其导火索正是外汇市场。早在 1996 年，泰国经常贸易项目赤字高达国内生产总值的 8.2%，为了弥补大量的经常项目赤字和满足国内过度投资的需要,外国短期资本大量流入房地产、股票市场,泡沫经济膨胀,银行呆账增加,泰国经济已显示出危机的征兆。1997年5月中旬,以美国大投机家乔治·索罗斯的量子基金为首的国际投资者对泰铢发动猛烈冲击,加剧了泰国金融市场的不稳定性。同年7月2日,泰国货币危机全面爆发。泰国宣布放弃自1984年以来一直实施的固定汇率制度安排,改为有管理的浮动汇率制度,当天泰铢即贬值20%,这标志着泰国货币危机全面爆发。由于菲律宾、印度尼西亚、马来西亚等周边国家也面临着与泰国相似的一些问题,再加上所谓的"接触传染"效应以及国际投机者的不断狙击,危机开始蔓延到整个东南亚。

外汇市场是金融市场的重要组成部分,由于它的存在,资金在国际间的调拨划转才得以进行,国际间的债权债务才得以清偿,国际资本才得以流动,跨越国界的资金借贷融通才得以实现。因此,本章主要介绍外汇市场的基本原理和相关理论。

第一节 外汇市场概述

一、外汇与汇率

(一) 外汇

世界各国都有自己独立的货币和货币制度,各国货币相互之间不能流通使用,因此,国际间债权债务的清偿必然产生国际间的货币兑换,由此产生外汇和汇率的概念。

外汇这一概念有动态和静态两种表述形式。动态的外汇是指一国货币兑换或折算为另一种货币的运动过程,最初的外汇概念就是指它的动态含义。现在人们提到外汇时,更多的是指它的静态含义。

静态的外汇又有广义和狭义之分。广义的静态外汇是指一切用外币表示的资产。这种含义的外汇概念通常用于国家的外汇管理法令之中。如我国《外汇管理条例》中定义:外汇是指下列以外币表示的可以用做国际清偿的支付手段和资产,具体包括:(1)外国货币,包括钞票、铸币;(2)外币支付凭证,包括票据、银行存款凭证、邮政储蓄凭证;(3)外币有价证券,包括政府债券、公司债券、股票等;(4)特别提款权、欧洲货币单位;(5)其他外汇资产。狭义的静态外汇的概念是指以外币表示的可用于进行国际间结算的支付手段。按照这一概念,只有存放在国外银行的外币资金以及对银行存款的索取权具体化的外币票据才构成外汇。具体来看,外汇主要包括以外币表示的银行汇票、支票、银行存款等。人们通常所说的外汇就是指这一狭义的概念。

由此看来,外汇有三个特点:(1)外币性,即外汇必须是以外币表示的国外资产;(2)可偿性,即外汇必须是在国外能得到清偿的债权;(3)可兑换性,即外汇必须能自由兑换成以其他货币表示的支付手段。

按照不同的标准可以把外汇分成不同的种类:(1)根据是否可以自由兑换,外汇可分成自由外汇和记账外汇。(2)根据外汇的来源和用途,外汇可分为贸易外汇和非贸易外汇。贸易外汇是指通过出口有形商品取得的外汇。非贸易外汇是指通过出口无形商品而取得的外汇。(3) 根据外汇管理的对象，外汇可分为居民外汇和非居民外汇。

（二）汇率

汇率就是两种不同货币之间的折算比价，也就是以一国货币表示的另一国货币的价格，也称汇价、外汇牌价或外汇行市。

汇率的表达方式有两种：直接标价法和间接标价法。直接标价法是以一定单位的外国货币为标准来折算应付若干单位的本国货币的汇率标价法，又称应付标价法。间接标价法是以一定单位的本国货币为标准来折算应收若干单位的外国货币的标价法，又称应收标价法。可以看出，在直接标价法下，汇率的数值越大，意味着一定单位的外国货币可以兑换越多的本国货币，也就是本国货币的币值越低；在间接标价法下，这一关系则相反。

按照不同的标准，汇率可有基本汇率和套算汇率，固定汇率和浮动汇率，即期汇率和远期汇率，单一汇率与复汇率，买入汇率、卖出汇率和中间汇率，官方汇率与市场汇率，电汇汇率、信汇汇率和票汇汇率等不同的分类。

二、外汇市场的含义

外汇市场是指由各国中央银行、外汇银行、外汇经纪人和客户组成的买卖外汇的交易系统。外汇市场不像商品市场和其他金融市场那样一定要设有具体的交易场所，它主要是指外汇供求双方在特定的地区内通过现代化的电信设备及计算机网络系统来从事外汇买卖的交易活动。

按照外汇交易参与者的不同，外汇市场可以具体分为狭义的外汇市场和广义的外汇市场。狭义的外汇市场又叫外汇批发市场，它是特指银行同业之间的外汇交易市场，包括外汇银行之间、外汇银行与中央银行之间以及各国中央银行之间的外汇交易。广义的外汇市场除了包括上述狭义外汇市场之外，还包括银行同一般客户之间的外汇交易。

按照外汇市场经营范围的不同，外汇市场有国内外汇市场和国际外汇市场之分。国内外汇市场一般适用于发展中国家，这种市场主要进行的是外币与本币之间的交易，其参加者主要限于本国居民，并且所进行的外汇交易要受制于国内金融制度。国际外汇市场是指各国居民都可以自由参加多种货币的自由买卖、交易不受所在国金融制度限制的外汇市场。国际外汇市场是一个基本上完全自由的市场，是一种发达的外汇市场。

按外汇交易的方式来划分，外汇市场有有形市场和无形市场之分。有形市场是指从事交易的当事人在固定的交易场所和规定的营业时间里进行外汇买卖。这种形式的外汇市场主要存在于欧洲大陆的巴黎、法兰克福、布鲁塞尔等地区。由于其交易方式和交易目的都很有限，主要用于调整即期的外汇头寸，决定对顾客交易的公定汇率，因此它不是外汇市场主要形式。无形市场是指由电话、电报、电传和计算机终端等现代化通信网络所形成的一个抽象的市场。这种外汇市场没有固定的外汇交易场所，也没有固定的开盘和收盘时间。抽象的外汇市场形式普遍流行于英国、美国、瑞士、远东等国家和地区。因其拥有更为广泛的交易产品和交易手段，所以人们一般都将典型的外汇市场理解为一种抽象市场。

三、当代外汇市场的特点

20世纪70年代以来，随着国际货币制度的改革以及现代科学技术的发展，当代国际外汇市场更加迅猛发展，新的交易工具和交易方式不断涌现，呈现出以下几个典型的特征。

（一）宏观经济变量对外汇市场的影响作用日趋显著

尽管外汇市场的参与者大都是出于微观经济的目的来进行外汇买卖，但这个市场的交易总量及本国货币相对于外国货币的价格（即汇率）对一国的国民收入、就业量、物价指数和利率水平等宏观经济变量却有着重大的影响作用；与此同时，外汇交易及本国货币汇率也受上述种种宏观经济变量的影响。当然，国民经济的所有部门都会彼此影响，各种类型的市场之间都存在着有机联系，但这种相互作用的现象在外汇市场上显得尤为突出和重要；特别是对一个开放型的小国经济（如瑞士、新加坡等）来说，情况更是如此。外汇市场不仅对本国经济的宏观变量极为敏感，而且还容易受别国经济盛衰的影响。更准确地说，外汇市场受国内外宏观经济变量的相对水平的影响。例如，本国国民收入的增加会增加对外币的需求，而世界上其他国家国民收入的增加则会扩大外币的供给（即对本币的需求增加），假如这两者的变动是同比例的，那么外汇市场上的价格（即汇率）将维持不变；否则，有关货币的汇率将出现升降。至于通货膨胀和利率等经济变量，情况也是如此，即影响汇率的只是国内外的相对水平。

（二）全球外汇市场已在时空上连成一个国际性外汇大市场

自20世纪70年代起，亚太地区外汇市场逐渐得到发展，由于时差的关系，使世界各地的外汇市场的营业时间得以衔接，如每天由东京、香港等亚太地区的外汇市场首先开市，在即将收盘时，伦敦等欧洲的外汇市场开市了；交易后不久，纽约等美洲外汇市场也开市了；在纽约外汇市场收盘后不久，东京、香港等外汇市场又开市了。外汇市场交易可以24小时连续不断地进行。现代化通信设备和计算机的大量运用使各个外汇市场相互间的联系更加紧密。外汇交易者不仅可以远隔重洋进行交易，而且可以每天24小时全天候进行交易。全球外汇市场就这样相互衔接、重叠交合，在时间和空间上连成一个统一的整体。

（三）外汇市场动荡不安

自1973年布雷顿森林体系瓦解、西方国家普遍开始实行浮动汇率制后，外汇市场的动荡不安就成为一种经常现象。尤其是进入20世纪80年代以来，由于世界经济发展不平衡加剧以及国际资本流动进一步趋向自由化，世界外汇市场上各国货币汇率更加涨落不定。毫无疑问，外汇市场动荡不稳必然会给各国的对外经济贸易活动带来极大的风险。

（四）先进交易技术改变了外汇市场结构

1992年路透交易指令自动撮合系统正式上线，从此开启了全新的交易模式，并逐步取代了电话交易模式。交易技术改变了同业市场、一般商业银行、全球大型经纪商（大型投资银行）、非银行市场参与者（如中央银行、非金融企业和个人投资者）的交易方式，同时为算法交易提供了可靠的技术支持，并使得外汇市场成为高效、透明、灵活、多层次竞争市场的代名词。

银行同业外汇市场的交易占比已由 2008 年 4 月的 65.42%（市商直接交易 + 客户直接交易 + 电子经纪业务）跌至 2017 年 4 月的 54.79%。而同时，大型银行向机构投资者提供的经纪业务上升势头明显，从 2008 年 4 月的占比 10.5%，上升为 2017 年 4 月的 23.8%。此外，交易技术的发展也推动了外汇零售市场业务的发展。网上外汇交易服务商将小额交易汇聚为大额交易，然后在流动性强的同业市场对冲头寸。2001 年，外汇零售交易份额微乎其微，但到 2010 年其日均交易已达 1 250 亿～1 500 亿美元，占全球即期市场的 8%～10%。

（五）超主权数字货币对外汇市场产生冲击

2008 年国际金融危机爆发以来，全球经济进入深刻调整期，不同类型经济体之间分化加大，国际金融市场受发达国家货币政策溢出效应影响震荡加剧，对于现代超主权货币的呼声也越来越高。诸如 SDR 等超主权货币，以及基于区块链、Ripple 之类的去中心化分布式数字货币的发行，试图来构建一套新型的超主权货币跨国支付清算体系，从而适当缓解主权货币主导下的传统货币体系缺陷，也有助于应对全球"流动性困局"。世界很可能将进入货币体系的新时代，建立在传统法币体系之上的外汇市场也将面临巨大的挑战。

四、外汇市场的作用

（一）实现购买力的国际转移

国际经济交往的结果需要债务人（如进口商）向债权人（如出口商）进行支付，这种购买力的国际转移是通过外汇市场实现的。例如，一个日本出口商将一批丰田汽车卖给墨西哥进口商，这项交易的作价货币可能有三种选择：日元、比索或第三国货币（如美元）。一旦双方商定以何种货币成交，交易的一方或双方就需要转移购买力。若以日元成交，则墨西哥进口商就得将购买力从比索转换成日元以便进行进口货款的支付；若交易货币是比索，则由日本出口商将购买力向其本国货币（日元）转移；若交易是以第三国货币（如美元）来计价结算，则墨西哥进口商需要将比索兑换成美元，而日本出口商在收到美元货款后最终还得将其兑换成日元。外汇市场所提供的就是使这种购买力转移的交易得以顺利进行的经济机制，它的存在使得各种潜在的外汇出售者和外汇购买者的愿望能联系起来，使各类国际商业往来的经济合作以及各国在政治、军事、文化、体育、科技等各个领域的交流成为可能。当市场的价格调节（即汇率变动）使得外汇供给量正好等于外汇需求量时，所有潜在的出售和购买愿望都得到了满足，外汇市场处于均衡状态之中。

（二）为国际经济交易提供资金融通

外汇市场作为国际金融市场的一个重要组成部分，在买卖外汇的同时也向国际经济交易者提供了资金融通的便利，从而使国际借贷和国际投资活动能够顺利进行。例如，日本某跨国公司想在意大利设立一家子公司，它可先在外汇市场用日元兑换一定数额的里拉，然后用其在意大利购买土地、兴建厂房、添置设备并雇用当地的工人。又如，美国财政部发行的国库券和长短期政府债券中的相当部分是由外国官方机构和私人企业购买并持有的，而这种证券投资当然是以不同货币之间可自由兑换为前提的。例如，2017年7月5日，中国银行成功在境外完成10.5亿美元债券定价发行，外汇市场使企业得以从境外筹资。

此外，由于外汇市场的存在，人们能够在一个国家借款筹资而向另一个国家提供贷款或进行投资，从而使得各种形式的套利活动得以进行，各国的利率水平也因此出现趋同现象。但其前提条件是资金的跨国界运动不受任何限制。但世界经济的现实情况并非如此。

（三）提供外汇保值和投机的场所

在以外币计价成交的国际经济交易中，交易双方都面临着外汇风险。人们对风险的态度并不相同，有的人宁可花费一定的成本来转移风险，有的人则愿意承担风险以期实现预期中的利润。由此产生外汇保值和投机两种截然不同的行为。外汇保值指交易者卖出或买进金额相当于已有的一笔外币资产或负债的外汇，使原有的这笔外币资产或负债避免汇率变动的影响，从而达到保值的目的。外汇投机则是通过某项外汇交易故意使自己原来关闭的外汇头寸转变成敞开的多头寸或空头寸，或者是让由于某种实际经济交易所产生的外汇头寸继续敞开着而不采取任何抛补措施，以期在日后的汇率变动中得到外汇收益。由此可见，外汇套期保值与外汇投机的做法正好相反，前者是利用远期外汇交易弥补（或转移）其业务上的风险，关闭原先暴露的外汇头寸，而后者则是通过即期或远期外汇交易故意敞开头寸以期实现风险利润。因此，外汇市场的存在既为套期保值者提供了规避外汇风险的场所，又为投机者提供了承担风险、获取利润的机会。

第二节　外汇市场运作

外汇市场由主体和客体构成，客体即外汇市场的交易对象，主要是各种可自由交换的外国货币、外币有价证券及支付凭证等。外汇市场的主体即外汇市场的参与者，主要包括外汇银行、外汇经纪人、顾客和中央银行。

一、外汇市场的参与者

（一）外汇银行

外汇银行又叫外汇指定银行，是指经过本国中央银行批准，可以经营外汇业务的商业银行或其他金融机构。外汇银行可分为三种类型：专营或兼营外汇业务的本国商业银行；在本国的外国商业银行分行及本国与外国的合资银行；其他经营外汇买卖业务的本国金融机构，如信托投资公司、财务公司等。

外汇银行是外汇市场上最重要的参与者。在美国，十几家设在纽约以及几十家设在别的主要城市的大型商业银行实际上充当着做市商的角色。由于它们经常在外汇市场上大规模地进行各种货币的买卖，使得外汇市场得以形成并顺利运转。

外汇银行在两个层次上从事外汇业务活动。第一个层次是零售业务，银行应客户的要求进行外汇买卖，并收兑不同国家的货币现钞。第二个层次是批发业务，这是银行为了平衡外汇头寸、防止外汇风险而在银行同业市场上进行的轧差买卖。外汇银行在为客户提供外汇买卖的过程中难免会在营业日内出现各种外汇头寸的多头或空头，统称敞开头寸，即一些币种的出售额少于购入额，而另一些币种的出售额多于购入额。为了避免因各种币种之间汇率变动而产生的汇率风险，银行就需要借助同业交易及时进行外汇头寸的调拨，轧平各种头寸，即将多头抛出，将空头补进。然而，银行在同业市场上进行外汇买卖并不一定都是为了消除头寸进而免除汇率风险。在有些情况下，某些外汇银行会以风险爱好者的姿态在该市场积极制造头寸，这实际上是一种以谋取风险利润为目的的外汇投机活动。但无论如何，同业外汇交易占外汇交易总额的90%以上。值得一提的是，外汇银行同业的外汇买卖差价一般要低于银行与客户之间的买卖差价。

（二）外汇经纪人

外汇经纪人是指于外汇银行之间、外汇银行和其他外汇市场参加者之间，为买卖双方接洽外汇交易而赚取佣金的中间商。如同外汇银行一样，外汇经纪商也必须经过所在国中央银行的核准方可参与市场。外汇经纪人在外汇市场上的作用主要在于提高外汇交易的效率，这主要体现在成交的速度与价格上。由于外汇经纪人本身集中体现了外汇市场上外汇买卖双方的信息，所以经纪人在接受客户的委托后，一般总能在较短的时间内替委托人找到相应的交易对象，而且能在多家交易对象的报价中找到最好的成交价格，从而提高外汇交易的效率。

（三）顾客

在外汇市场中，凡是与外汇银行有外汇交易关系的公司或个人，都是外汇银行的客户。顾客是外汇市场上的主要供求者，其在外汇市场上的作用和地位仅次于外汇银行。这类市场的参与者有的为实施某项经济交易而买卖外汇，如经营进出口业务的国际贸易商，到外国去投资的跨国公司，发行国际债券或筹借外币贷款的国内企业，等等；有的为调整资产结构或利用国际金融市场的不均衡状况而进行外汇交易，如买卖外国证券的投资者，在不同国家货币市场上赚取利差、汇差收益的套利者和套期保值者，对市场汇率进行打赌以赚取风险利润的外汇投机者，等等。除此之外，还有其他零星的外汇供求者，如国际旅游者、出国留学生、汇出或收入侨汇者、提供或接受外币捐赠的机构和个人等。在上述各种外汇供求者中，最重要的是跨国公司，因为跨国公司的全球经营战略涉及许多种货币的收入和支出，所以它进入外汇市场非常频繁。

（四）中央银行及其他官方机构

外汇市场上另一个重要的参与者是各国的中央银行。这是因为各国的中央银行都持有相当数量的外汇余额作为国际储备的重要构成部分，并承担着维持本国货币金融稳定的职责，所以中央银行经常通过购入或抛出某种国际性货币的方式来对外汇市场进行干预，以便能把本国货币的汇率稳定在一个其所希望的水平上或幅度内，从而实现本国货币金融政策的意图。

中央银行干预外汇市场的范围与频率在很大程度上取决于该国政府实行什么样的汇率制度。假如一国货币与别国货币（或特别提款权或一篮子货币）挂钩，实行固定汇率制，那么，该国中央银行的干预程度显然比实行浮动汇率制的国家要大得多。一般情况下,中央银行在外汇市场上的交易数量并不很大,但其影响却非常广泛。这是因为外汇市场的参与者都密切关注着中央银行的一举一动,以便能及时获取政府宏观经济决策的有关信息,所以,中央银行即使在外汇市场上的一个微小举措,有时也会对一国货币汇率产生重大影响。有时候,甚至会有几个国家的中央银行联手进行外汇干预,其效果就更为显著。除了中央银行以外,其他政府机构为了不同的经济目的,有时也进入外汇市场进行交易,如财政部、商业部等。但中央银行是外汇市场上最经常、最重要的官方参与者。

以上是从横向上对外汇市场的参与者进行分类。如果从纵向上观察,上述参与者可分为四个层次:第一层次(也是最低层)是进出口商,它们是外汇的最终使用者和供应者。第二层次是外汇银行,它们在外汇供应者和使用者之间起着媒介作用。第三层次是外汇经纪商,外汇银行通过它们平衡银行内部外汇的流入与流出。第四层次(也是最高层次)是中央银行,它在一国总的外汇供求失衡时运用国家外汇储备,起着最后贷款人的作用。

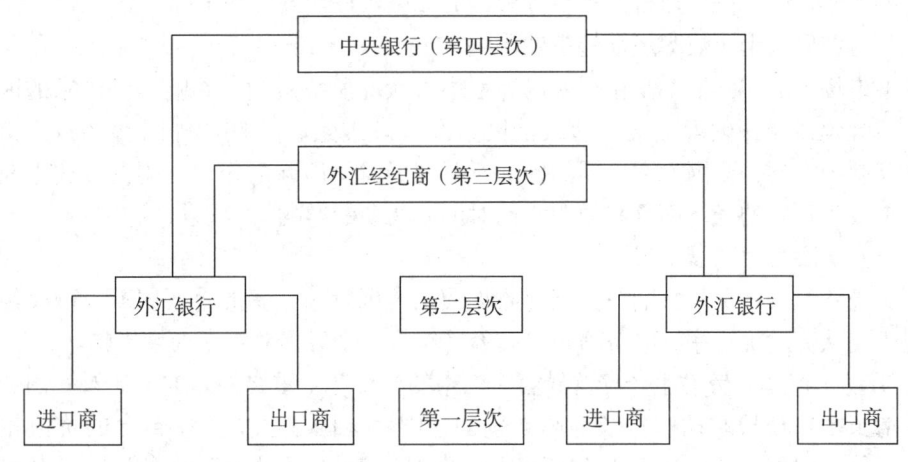

图 4-1 外汇市场参与者的构成

二、外汇市场交易的三个层次

根据上述对外汇市场参与者的分类,外汇市场交易可以分为三个层次,即银行与顾客之间、银行同业之间以及银行与中央银行之间的交易。在这些交易中,外汇经纪人往往起着中介作用。

(一)银行与顾客之间的外汇交易

顾客出于各种各样的动机,需要向外汇银行买卖外汇。银行在与顾客的外汇交易中,一方面从顾客手中买入外汇,另一方面又将外汇卖给顾客。银行实际上是在外汇的最终供给者和最终使用者之间起中介作用,赚取外汇的买卖差价。

(二)银行同业之间的外汇交易

银行在每个营业日根据顾客的需要与其进行外汇交易的结果难免产生各种外汇头寸的多头或空头,统称敞开头寸。多头表示银行该种外汇的购入额大于出售额,空头则表示银行该种外汇的出售额多于购入额。当银行各种外汇头寸处于不平衡时，银行便承担了外汇风险。若银行要回避外汇风险，就需要通过银行同业间的交易轧平外汇头寸，即将多头抛出、空头补进，使其所承诺的某种货币的出售数量与同种货币的购进数量相平衡。此外，银行还出于投机、套利、套期保值等目的从事同业的外汇交易。因此，银行同业间的外汇交易构成了绝大部分的外汇交易，占外汇市场交易总额的90%以上。

银行同业市场是外汇市场供求流量的汇集点，因此它决定着外汇汇率的高低。在外汇市场上，有些实力雄厚的大银行处于做市商的地位，由于其雄厚的实力和巨额资金的经营，因此其报价对市场汇价的形成有很大的影响。

（三）银行与中央银行之间的外汇交易

中央银行为了使外汇市场上自发形成的供求关系所决定的汇率能相对地稳定在某一期望的水平上，可通过其与外汇银行之间的交易对外汇市场进行干预。

如果某种外币兑换本币的汇率低于期望值，中央银行就会向外汇银行购入该种外币，增加市场对该种外币的需求量，促使银行调高其汇率；反之，如果中央银行认为该种外币的汇率偏高，就向银行出售该种外汇的储备，促使其汇率下降。

三、导致外汇市场汇率波动的主要因素

外汇市场上的实际汇率是由现实的外汇供求状况所决定的。影响外汇供求的因素错综复杂，既包括经济因素，又包括政治因素和心理因素，并且各种因素之间又相互联系、相互制约。同一个因素在不同的国家、不同的时间所起的作用也不同。这里我们仅选择几个较为重要的经济因素来说明它们对汇率变动的影响。

（一）国民经济发展状况

国民经济发展状况是影响一国国际收支乃至该国货币汇率的重要因素。国民经济发展状况主要从劳动生产率、经济增长率和经济结构三个方面对汇率产生影响。

1. 劳动生产率。劳动生产率差异会对汇率的变动产生重要的影响。如果一国劳动生产率的增长率在较长时期内持续地高于别国，则使该国单位货币所包含的价值相对增加，从而使本国货币的对外价值相应上升。不过，劳动生产率对汇率的影响是缓慢而长期的，不易马上被察觉出来。

2. 经济增长率。国内外经济增长率的差异对汇率变动的影响是错综复杂的。首先，一国经济增长率较高，意味着收入上升，由此会造成进口支出的增加，从而导致经常项目逆差。其次，一国经济增长率高，往往也意味着生产率提高很快，由此通过生产成本的降低改善本国产品的竞争地位而有利于增加出口、抑制进口。而且如果一国经济是出口导向的，经济增长是为了生产更多的出口货物，则经济增长率的提高可以使出口的增长弥补进口的增加。综合来看，高增长率一般在短期内会引起更多的进口，从而造成本国货币汇率下降的压力，但从长期来看，却有力地支持了本国货币的强劲势头。最后，一国经济增长率较高，意味着该国投资利润率也较高，由此吸引国外资金流入本国进行直接投资，从而增加本国国际收支资本项目的收入，导致该国货币需求旺盛，汇率上升。

3. 经济结构。经济结构主要指产业结构和产品结构，它对汇率的影响主要是通过影

响国际收支的经常项目实现的。如果一国的经济结构比较合理，能够适应世界市场的需求，并且能随着市场需求的变化而调整，那么，该国的贸易收支乃至经常项目收支就能够保持持续的平衡或维持顺差，该国货币在国际外汇市场上就会保持较强的地位。反之，如果一国的经济结构不合理，不能适应世界市场的需求，或不能随着世界市场需求的变化而调整，那么，该国的贸易收支和经常项目收支就难以保持平衡，该国货币在外汇市场上就会趋于疲软。

综上所述，国民经济发展状况对国际收支的影响具有长期性和持久性，因此，它对汇率的影响也是长期的。所以，要分析一国汇率的长期变化，首先必须分析该国的国民经济发展状况。

（二）相对通货膨胀率

国内外通货膨胀率的差异是决定汇率长期趋势的主导因素。在纸币流通制度下，一国货币的对内价值是决定其对外价值（即汇率）的基础，而货币的对内价值是由国内物价水平来反映的。通货膨胀就意味着该国货币代表的价值量下降，货币对内贬值；而货币对内贬值又不可避免地引起货币的对外贬值，即表现为该国货币对另一国货币汇率的下跌。由于各国普遍存在着通货膨胀问题，因此，必须通过比较国内外通货膨胀率的差异来考察其对汇率的影响。一般而言，如果一国的通货膨胀率超过另一个国家，则该国货币对另一国货币的汇率就要下跌；反之，则上涨。不过，通货膨胀对汇率的影响往往是通过国际收支这个中间环节间接实现的。首先，当一国通货膨胀率较高时，该国商品的价格必然上升，从而削弱本国商品在国际市场上的竞争能力，引起出口的减少，同时提高外国商品在本国市场上的竞争能力，造成进口增加，从而导致经常项目的逆差。其次，通货膨胀会影响一国的实际利率。由于实际利率等于名义利率减通货膨胀率，当名义利率不变、通货膨胀率上升时，将导致实际利率下降。实际利率的降低又会引起资本的外逃，可能导致资本项目的逆差，进而导致该国货币汇率的下跌。

（三）相对利率

利率作为资金的价格，一国利率的变动必然会影响到该国的资金输出入，进而影响到该国货币的汇率。如果一国的利率水平相对较高，就会刺激国外资金流入增加，本国资金流出减少，由此改善资本账户收支，提高本国货币的汇价；反之，如果一国的利率水平相对较低，便会恶化资本账户收支并降低本国货币的汇价。

在考察利率对汇率的影响作用时应注意几个问题：一是要比较两国利率的差异，二是要考察扣除通货膨胀因素后的实际利率。如果本国利率上升，但其幅度不如外国利率的上升幅度大，或不如国内通货膨胀率的上升幅度大，就不可能导致本国货币汇率的上升。而且，利率差异对汇率的影响一般都是短期的，随着时间的延长，其作用会逐渐减弱，也就是说，利率对长期汇率的影响作用十分有限。此外，利率对汇率的影响也不是绝对的，这就要求我们在分析利率与汇率的关系时要同时考虑其他因素，如远期汇率走势。只有当利率投机的收益足以抵补远期汇率的不利变化时，国际短期资本才会流入。

（四）宏观经济政策

宏观经济政策主要是指一国为了实现充分就业、物价稳定、国际收支平衡和经济增长的目标而实施的财政政策和货币政策。就经济政策的执行而言，它可分为紧缩性的经济政策和扩张性的经济政策，它们对国际收支乃至汇率的作用结果正好相反。财政政策主要通过调整税率和政府支出两种方式来执行，货币政策主要通过调整再贴现率、存款准备金率和货币供应量的方式来执行。扩张性的财政政策和货币政策都会刺激投资需求和消费需求，促进经济的发展，从而增加进口需求，使该国的贸易收支发生不利的变化，由此导致该国货币汇率的下跌。扩张性的货币政策还会降低利率，从而引起国际短期资本的大量流出，抑制短期资本的流入，从而可能引起资本项目的逆差，增加汇率下跌的压力。扩张性的财政政策可能导致巨额的财政赤字，从而导致通货膨胀率的加剧以及国际收支的恶化，使汇率下跌。但如果政府为了弥补财政赤字，提高利率来发放国债或对付通货膨胀时，汇率反而可能上升。同理，当采取紧缩性的财政政策和货币政策时，就可能导致汇率的上升。

一般来说，宏观经济政策对一国经济的影响要在一段时间后才能见效，但它的调整却可能对市场预期产生巨大的影响作用，从而迅速引起货币供求和汇率的变化。目前，这种对经济政策效果的预期对短期汇率波动的影响作用越来越大。

（五）国际储备

一国政府持有较多的国际储备，表明政府干预外汇市场、稳定汇率的能力较强，因此，储备增加能加强外汇市场对本国货币的信心，从而有助于本国货币汇率的上升。反之，储备下降则会引发本国货币汇率的下跌。

除了上述经济因素外，还有许多非经济因素的作用，如政治、军事以及心理等因素。其中心理因素又与政治、经济、军事等因素有极大的相关性，并可能对汇率产生重大影响。由于国际金融市场上存在着巨额的短期性投机资金，它们对世界各国的政治、经济、军事等因素都具有高度敏感性，一旦出现风吹草动就四处流窜，给外汇市场带来巨大的冲击，由此成为各国货币汇率频繁起伏的重要根源。可以说，预期因素是短期内影响汇率变动的最主要因素。只要市场上预期某国货币不久会下跌，那么市场上立即就可能出现抛售该国货币的活动，从而导致该国货币汇率的下跌。

第三节 外汇市场的交易方式

外汇市场上的各种交易可按不同的标准进行划分。按合同的交割期限或交易的形式特征来区分，可分为即期外汇交易和远期外汇交易两大类；按交易的目的或交易的性质来区分，除了因国际结算、信贷融通和跨国投资等所引起的一般商业性外汇交易以外，外汇买卖还可分为套利交易、掉期交易、互换交易、套期保值交易、投机交易以及中央银行的外汇干预交易等。此外，随着国际金融业的竞争发展与金融工具的创新，外汇市场上还出现了许多新的交易方式，如外汇期货、期权交易。本章主要介绍即期、远期、掉期、套汇等传统外汇市场上常见的外汇交易，期货、期权、互换等交易将在以后章节详细讨论。

一、即期外汇交易

(一) 基本原理

1. 定义。即期外汇交易又称现汇买卖，是交易双方以当时外汇市场的价格成交，并在成交后的两个营业日内办理有关货币收付交割的外汇交易。例如，2016年11月1日，美国银行和日本东京银行通过电话达成一项外汇买卖业务，美国银行愿意按1美元兑104.62日元的汇率卖出1 000万美元，买入104 620万日元；而东京银行也愿意按同样的汇率卖出104 620万日元，买入1 000万美元。11月2日，美国银行和东京银行分别按照对方的要求将卖出的货币汇入对方指定的账户内，从而完成这笔交易。即期外汇交易是外汇市场上最常见、最普遍的买卖形式。

2. 交易惯例。即期外汇交易的汇率是即期汇率，或称现汇汇率。通常采用以美元为中心的报价方法，即以某个货币对美元的买进或卖出的形式进行报价。除了原英联邦国家的货币（如英镑、爱尔兰镑、澳大利亚元和新西兰元等）采用间接报价法（以一单位该货币等值美元标价）以外，其他交易货币均采用直接报价法（以一单位美元等值该货币标价），并同时报出买入价和卖出价。买入价是指报价行愿意以此价买入标的货币的汇价，卖出价是报价行愿意以此价卖出标的货币的汇价。买入价与卖出价之间的价格差称为价差。

按国际惯例，为了使用方便，外汇交易中使用两种货币在一起的缩写来表示外汇价格，其中前者为本币，后者为外币。表4-1为国际常用外汇交易货币的缩写。

表4-1　　　　　　　　　　外汇市场常见货币缩写

人民币	RMB	英镑	GBP
俄罗斯卢布	SUR	马来西亚林吉特	MYR
美元	USD	瑞士法郎	CHF
新加坡元	SGD	澳大利亚元	AUD
日元	JPY	加拿大元	CAD
韩圆	KRW	港元	HKD
欧元	EUR	菲律宾比索	PHP
印度尼西亚盾	IDR	新西兰元	NZD

按照即期外汇市场的报价惯例，通常用五位数字来表示买卖价。如纽约市场2018年6月1日的汇价为

EUR1 = USD1.1652 ~ 1.1656

　　　　（买入价）（卖出价）

USD1 = HKD7.8460 ~ 7.8466

　　　　（买入价）（卖出价）

报价的最小单位（市场称基本点）是标价货币的最小价值单位的1%。通常各银行的交易员在报价时只取最末两位数，因为前面几位数只有在外汇市场发生剧烈动荡时才会变化，一般情况下，频繁变动的只是最末两位数，如汇率为76.87~76.91时，他就报

87/91。

银行和客户间的零售交易大多按银行报出的汇价买卖外汇,少数按客户要求作限价交易。所谓限价交易是指客户要求银行按指定汇价买卖一定数量的外汇。当市场汇价变化到符合客户要求时进行交易,否则银行不能进行交易。

3. 交易程序。

(1) 自报家门:询价者必须首先说明自己的单位名称,以便让报价者知道交易对方是谁,并决定交易对策。

(2) 询价:询价内容一般包括交易货币、起息日和交易金额。

(3) 报价:一般只报汇率的最后两位数,并同时报出买价和卖价。

(4) 成交:询价银行首先表示买或卖的金额,然后由报价银行承诺。

(5) 证实:交易双方互相证实买或卖的汇率、金额、交割日期以及资金结算。

(二) 交叉汇率的计算

在国际外汇市场上,各种货币的汇率普遍以美元标价,即与美元直接挂钩,非美元货币之间的买卖必须通过美元汇率进行套算。通过套算得出的汇率叫交叉汇率。交叉汇率的套算遵循以下几条规则:

1. 如果两种货币的即期汇率都以美元作为单位货币,那么计算这两种货币比价的方法是交叉相除。

例:假定目前外汇市场上的汇率是

USD1 = CHF0.9876 ~ 0.9880

USD1 = JPY109.94 ~ 109.98

这时单位瑞士法郎兑换日元的汇价为

$CHF1 = JPY \frac{109.94}{0.9880} \sim \frac{109.98}{0.9876} = JPY111.275 \sim 111.361$

2. 如果两个即期汇率都以美元作为计价货币,那么,汇率的套算也是交叉相除。

例:假如目前的市场汇率是

GBP1 = USD1.3270 ~ 1.3274

AUD1 = USD0.7438 ~ 0.7442

则单位英镑换取澳大利亚元的汇价为

$GBP1 = AUD \frac{1.3270}{0.7442} \sim \frac{1.3274}{0.7438} = AUD1.7831 \sim 1.7846$

3. 如果一种货币的即期汇率以美元作为计价货币,另一种货币的即期汇率以美元为单位货币,那么,这两种货币间的汇率套算应为同边相乘。

例:假设市场汇率如下:

USD1 = CHF0.9876 ~ 0.9880

GBP1 = USD1.3270 ~ 1.3274

则英镑对瑞士法郎的汇价为

GBP1 = CHF1.3270 × 0.9876 ~ 1.3274 × 0.9880 = CHF1.3105 ~ 1.3115

（三） 即期外汇交易的方式

即期外汇交易可分为电汇、信汇和票汇三种方式。

1. 电汇。电汇即汇款人用本国货币向外汇银行购买外汇时，该行用电报或电传通知国外分行或代理行立即付出外汇。

电汇方式下，银行在国内收进本国货币、在国外付出外汇的时间相隔不过一两天。由于银行不能利用顾客的汇款，而国际电报费又较贵，所以电汇汇率最高。

2. 信汇。信汇是指汇款人用本国货币向外汇银行购买外汇时，由银行开具付款委托书，用航邮方式通知国外分行或代理行办理付出外汇业务。

信汇方式下，由于信汇委托书的传递时间较长，银行有机会利用这部分资金来牟利，因此，其汇率要比电汇汇率低。

3. 票汇。票汇是指外汇银行开立由国外分行或代理行付款的汇票交给购买外汇的客户，由其自带或寄给国外收款人办理结算的方式。同信汇一样，票汇也需花费邮寄时间或旅行时间，银行同样可占用客户的资金，因此其汇率也较电汇汇率低。

随着电子计算机的广泛应用和国际通信业的发达，邮期也大为缩短，几种汇款方式之间的差别正在逐渐消除。目前，电汇汇率已成为外汇市场的基本汇率，其他汇率都以电汇汇率作为计算标准。

二、远期外汇交易

（一） 基本原理

远期外汇交易又称期汇交易，是指买卖外汇双方先签订合同，规定买卖外汇的数量、汇率和未来交割外汇的时间，到了规定的交割日期买卖双方再按合同规定办理货币收付的外汇交易。在签订合同时，除交纳10%的保证金外，不发生任何资金的转移。

远期交易的期限有1个月、3个月、6个月和1年等几种，其中3个月最为普遍。远期交易很少超过1年，因为期限越长，交易的不确定性就越大。

人们进行期汇交易的具体目的是多方面的，但不外乎是为了套期保值的动机。具体包括以下几个方面。

1. 进出口商和外币资金借贷者为避免商业或金融交易遭受汇率变动的风险而进行期汇买卖。在国际贸易中，自买卖合同签订到货款清算之间有相当一段时间，在这段时间内，进出口商可能因计价货币的汇率变动而遭受损失，为避免汇率风险，进出口商可预先向银行买入或卖出远期外汇，到支付或收进货款时，就可按原先约定的汇率来办理交割。同样的，拥有外币的债权人和债务人可能在到期收回或偿还资金时因外汇汇率变动而遭受损失，因此，他们也可以在贷出或借入资金时就相应卖出或买入相同期限、相当金额的期汇，以防范外汇风险。

2. 外汇银行为平衡其远期外汇头寸而进行期汇买卖。进出口商等顾客为避免外汇风险而进行期汇交易，实质上就是把汇率变动的风险转嫁给外汇银行。外汇银行为满足客户要求而进行期汇交易时，难免会出现同一货币同一种交割期限或不同交割期限的超买或超卖，这样，银行就处于汇率变动的风险之中。为此，银行就要设法把它的外汇头寸予以平衡，即将不同期限、不同货币头寸的余缺进行抛售或补进，由此求得期汇头寸的平衡。

3. 外汇投机者为谋取投机利润而进行期汇买卖。在浮动汇率制下，汇率的频繁剧烈波动会给外汇投机者进行外汇投机创造有利的条件。所谓外汇投机是指根据对汇率变动的预期，有意保持某种外汇的多头或空头，希望从汇率变动中赚取利润的行为。其特点是：（1）投机活动并非基于对外汇有实际需求，而是想通过汇率涨落赚取差额利润。（2）投机者与套期保值者不同，他们是通过有意识地持有外汇多头或空头来承担外汇风险，以期从汇率变动中获利。外汇投机既可以在现汇市场上进行也可以在期汇市场上进行。二者的区别在于，在现汇市场上进行投机时，由于现汇交易要求立即进行交割，投机者手中必须持有足够的现金或外汇。而期汇交易只需交纳少量保证金，无须付现汇，到期轧抵，计算盈亏，因此，不必持有巨额资金就可进行交易。所以，期汇投机较容易，成交额也较大，但风险也较高。

外汇投机有两种形式：（1）先卖后买，即卖空或称空头。当投机者预期某种外币的汇率将下跌时，就在外汇市场上以较高的价格预先卖出该种货币的期汇，若到期时该种外币的汇率果真下跌，投机者就可按下跌后的汇率低价补进现汇，交割远期合约，赚取差价利润。（2）先买后卖，即买空或称多头。当投机者预期某种外币的汇率将上升时，就在外汇市场上预先以低价买进该种货币的期汇，若到期时该种货币的汇率果真上升，投机者就按上升后的汇率卖出该种货币的现汇来交割远期，从中赚取投机利润。

（二）远期汇率的标价方法与计算

远期外汇交易的汇率也称做远期汇率，其标价方法有两种：一种是直接标出远期汇率的实际价格；另一种是报出远期汇率与即期汇率的差价，即远期差价，也称远期汇水。升水是远期汇率高于即期汇率时的差额，贴水是远期汇率低于即期汇率时的差额。就两种货币而言，一种货币的升水必然是另一种货币的贴水。

在不同的汇率标价方式下，远期汇率的计算方法不同。

直接标价法下，远期汇率 = 即期汇率 + 升水，或远期汇率 = 即期汇率 - 贴水。

间接标价法下，远期汇率 = 即期汇率 - 升水，或远期汇率 = 即期汇率 + 贴水。

不过，如果标价中将买卖价格全部列出，并且远期汇水也有两个数值时，那么，前面这些情况也可以不去考虑，只要掌握下述规则即可求出正确的远期外汇买卖价格。

1. 若远期汇水前大后小，表示单位货币的远期汇率贴水，计算远期汇率时应用即期汇率减去远期汇水。例如：市场即期汇率为 USD1 = CHF0.9876 ~ 0.9880，1 个月远期汇水为 63/59，则 1 个月的远期汇率为 CHF0.9876 ~ 0.9880 - 0.0063 ~ 0.0059，1 个月远期汇率 USD1 = CHF0.9813 ~ 0.9821。

2. 若远期汇水前小后大，表示单位货币的远期汇率升水，计算远期汇率时应将即期汇率加上远期汇水。例如：市场即期汇率为 GBP1 = USD1.3270 ~ 1.3274，3 个月远期汇水为 48/58，则 3 个月的远期汇率为 USD1.3270 ~ 1.3274 + 0.0048 ~ 0.0058，3 个月远期汇率 GBP1 = USD1.3318 ~ 1.3332。

（三）远期外汇交易方式

1. 固定交割日的远期交易。即交易双方事先约定在未来某个确定的日期办理货币收付的远期外汇交易。这是实际中较常用的远期外汇交易方式，但它缺乏灵活性和机动性。因为现实中外汇买卖者（如进出口商）往往事先并不知道外汇收入和支出的准确时间，他们往往希望与银行约定在未来的一段期限中的某一天办理货币收付，这时就需要采用择期交易方式，即选择交割日的交易。

2. 选择交割日的远期交易。即主动请求交易的一方可在成交日的第三天起至约定的期限内的任何一个营业日要求交易的另一方按照双方事先约定的远期汇率办理货币收付的远期外汇交易。

确定择期交割日的方法有两种：（1）事先把交割期限固定在两个具体日期之间。如某一出口商在 2016 年 5 月 25 日成交一笔出口交易，预期 3 个月内收到货款，该出口商马上在外汇市场上卖出一笔 3 个月的远期外汇，并约定择期日为 5 月 29 日至 8 月 29 日。这样，该出口商便可在这段时间内的任何一天随时将收到的外汇卖给银行。（2）事先把交割期限固定在不同月份之间。如上例中，出口商可视其需要将交割期限规定为第 1 个月、第 2 个月、第 3 个月，或 3 个月中的任意 2 个月，或择期 3 个月。

由于择期交易在交割日上对顾客较为有利，因此，银行在择期交易中使用的是对顾客较不利的汇率，也就是说，银行将选择从择期开始到结束期间最不利于顾客的汇率作为择期远期交易的汇率。

例如：假设某家美国银行的报价如下：

即期　　　　　GBP1 = USD1.6200 ~ 1.6250
1 个月期　　　GBP1 = USD1.6300 ~ 1.6350
2 个月期　　　GBP1 = USD1.6400 ~ 1.6450
3 个月期　　　GBP1 = USD1.6500 ~ 1.6550

如果择期从第 1 个月开始，到第 3 个月结束，对向该行出售外汇的顾客来说适用的汇率是 GBP1 = USD1.6200，对于从该行购买外汇的顾客来说适用的汇率为 GBP1 = USD1.6550。如果择期在第 2 个月、第 3 个月，则对出售外汇的顾客和购买外汇的顾客适用的汇率分别为 GBP1 = USD1.6300 和 GBP1 = USD1.6550。由此可见，对于购买者来说，适用的汇率在两种情况下都一样，面对出售外汇者来说，适用的汇率则有所差别。

三、掉期交易

掉期交易又称时间套汇，是指同时买进和卖出相同金额的某种外汇但买与卖的交割期限不同的一种外汇交易。进行掉期交易的目的在于避免汇率变动的风险，可分为以下三种形式。

1. 即期对远期，即在买进或卖出一笔现汇的同时卖出或买进相同金额该种货币的期汇。期汇的交割期限大多为 1 星期、1 个月、2 个月、3 个月、6 个月。这是掉期交易中最常见的一种形式。

2. 明日对次日，即在买进或卖出一笔现汇的同时卖出或买进同种货币的另一笔即期交易，但两笔即期交易交割日不同，一笔是在成交后的第 2 个营业日（明日）交割，另一笔反向交易是在成交后的第 3 个营业日（次日）交割。这种掉期交易主要用于银行同业的隔夜资金拆借。

3. 远期对远期，指同时买进并卖出两笔相同金额、同种货币但不同交割期限的远期外汇。这种掉期形式多为转口贸易中的中间商所使用。

四、套汇交易

套汇交易是套利交易在外汇市场上的表现形式之一，是指套汇者利用不同地点、不同货币在汇率上的差异进行贱买贵卖，从中套取差价利润的一种外汇交易。由于空间的分割，不同的外汇市场对影响汇率诸因素的反应速度和反应程度不完全一样，因而在不同的外汇市场上，同种货币的汇率有时可能出现较大差异，这就为异地套汇提供了条件。套汇交易又可分为直接套汇和间接套汇。

1. 直接套汇。利用两个外汇市场之间某种货币汇率的差异进行的套汇称为直接套汇，也叫两点套汇或两地套汇。例如，在伦敦市场上，英镑的汇率为 GBP1 = USD1.6280，同时，纽约外汇市场上的汇率为 GBP1 = USD1.6300，可见，英镑在纽约市场上的汇率高于在伦敦市场上的汇率，套汇者就可在伦敦市场上用 162.8 万美元买入 100 万英镑，同时在纽约市场上卖出 100 万英镑，收入 163 万美元，从而获得 2 000 美元的收益。

2. 间接套汇。间接套汇又称三点套汇或三角套汇，是指套汇者利用三个不同外汇市场中三种不同货币之间交叉汇率的差异，同时在这三个外汇市场上贱买贵卖，从中赚取汇率差额的一种套汇交易。

为了把握三地之间的套汇机会，可依据下述原则进行判断：将三地外汇市场的汇率均以直接标价法（或间接标价法）表示，然后相乘，如果乘积等于 1 或接近等于 1，说明没有套汇机会；如果乘积不等于 1 且与 1 的偏差较大，说明有套汇机会（在用同一标价法表示汇率时，被标值的货币单位都为1）。目前，由于电信技术的高度发达，不同外汇市场上的汇率差异日益缩小，因此，套汇交易的机会已大大减少。

第四节 汇率决定的主要理论

从上述外汇市场的各类交易中可以看出，汇率是影响各类交易者交易行为的重要因素。保值者为了防范汇率变动的风险而从事外汇交易，投机者根据自己对汇率变动的预测进行外汇交易并从中牟利。因此，了解和把握决定汇率及其变动的因素就显得十分重要。长期以来，各国经济学家致力于研究和探讨汇率的决定基础，产生了各种各样的汇率理论。目前在国际上比较有影响力的学说有：购买力平价说、利率平价说、国际收支说和资产市场说。这些理论分别从宏观基本面因素、实际市场因素、存量因素和流量因素等不同的角度对汇率的决定和变动进行了研究。一种理论只能针对汇率决定的某一方面进行深入详尽的阐述。同一种理论在不同时期的解释能力也是不同的。到目前为止，还没有一种全能的汇率决定理论。已有的汇率决定理论是相互补充、相互替代的。

固定汇率制下汇率理论的新发展主要体现在把汇率调整融入到政府政策优化分析的框架中进行研究。浮动汇率制下汇率理论的新发展主要体现在将现代经济学的最新发展应用到汇率决定理论研究中，如将预期、不完全信息、博弈论、有效市场理论、GARCH

模型、行为金融学及微观市场结构理论等引入到汇率决定理论研究中。下面我们对几种较具影响的汇率理论做一简要的介绍和评价。

一、购买力平价说

购买力平价说是西方国家汇率理论中最具有影响力的一个理论，是瑞典经济学家卡塞尔在总结前人研究的基础上于1922年系统提出的。该理论的基本思想是：本国人之所以需要外国货币或外国人需要本国货币，是因为这两种货币在各发行国均具有对商品的购买力。以本国货币交换外国货币，其实质就是以本国的购买力去交换外国的购买力。因此，两国货币购买力之比就是决定汇率的基础，而汇率的变化也是由两国购买力之比的变化而引起的。购买力平价又表现为两种形式，即绝对购买力平价和相对购买力平价。

（一）购买力平价的形式

1. 绝对购买力平价。这是指一定时点上两国货币的均衡汇率是两国物价水平之比。设 R_0 为该时点的均衡汇率，则

$$R_0 = P_a/P_b \tag{4.1}$$

式（4.1）中，P_a 和 P_b 分别为 A 国和 B 国的一般物价水平。绝对购买力平价说是以一价定律为基础的，即假设在自由贸易条件下，同一种商品在世界各地以同一种货币表示的价格是一样的，只不过按汇率折合成不同货币的价格形态。若在某些国家出现商品价格的不一致，则会出现国际间的商品套购活动，直到现实汇率调整到与绝对购买力平价相等、两国商品以同一种货币表示的价格一样为止。将式（4.1）改变为

$$P_a = R_0 \cdot P_b \tag{4.2}$$

式（4.2）即为一价定律的表达式。

2. 相对购买力平价。相对购买力平价学说将汇率在一段时期内的变动归因于两个国家在这段时期中的物价或货币购买力的变动。这就是说，在一定时期内，汇率的变化与同一时期内两国物价水平的相对变动成比例，用公式表示为

$$R_1 = \frac{(P_{a1} - P_{a0})/P_{a0}}{(P_{b1} - P_{b0})/P_{b0}} \times R_0 \tag{4.3}$$

式（4.3）中，R_1 和 R_0 分别代表计算期和基期的均衡汇率，P_{a1} 和 P_{a0} 分别代表 A 国计算期和基期的物价水平，P_{b1} 和 P_{b0} 分别代表 B 国计算期和基期的物价水平。

相对购买力平价学说与绝对购买力平价学说相比更富有意义，因为它从理论上避开了一价定律的严格假设。如果相对购买力平价学说是正确的，绝对购买力平价学说却不一定正确；但如果绝对购买力平价学说是正确的，则相对购买力平价学说也一定是正确的。

（二）对购买力平价理论的评价

购买力平价理论揭示了汇率变动的长期原因。因为从根本上说，一国货币的对外价值是货币对内价值的体现。一国物价上涨、纸币对内贬值，在短期内不一定会引起纸币对外贬值，但在长期内必然会引起纸币对外贬值。在西方各国实行浮动汇率的今天，这一汇率理论自然在一定程度上符合汇率运动的现实，尤其是在物价剧烈波动、通货膨胀

严重时期具有相当的意义，因此有很强的生命力。

然而，作为一个主要的西方汇率理论，购买力平价说也存在着不少缺陷。

第一，从理论基础上来看，购买力平价说是以货币数量论为前提的，认为两国纸币的交换取决于纸币的购买力，而纸币的购买力取决于货币的数量，而不是取决于它所代表的价值。这实际上是一种本末倒置。事实上，纸币所代表的价值并不取决于纸币的购买力。相反，纸币的购买力却取决于纸币所代表的价值。

第二，购买力平价理论把汇率的变动完全归结于购买力的变化，既忽视了其他因素，如国民收入、国际资本流动、生产成本、市场结构、贸易条件、技术水平以及政治经济局势等对汇率变动的影响，也忽视了汇率变动对购买力的反作用。实际上，货币购买力是影响汇率变化的因素，但绝不是唯一的因素。

第三，购买力平价理论是建立在种种假设之上的。其中最重要的一个就是前面已提及的一价定律，即处于不同国家市场上的同类、同质商品的价格通过国际贸易会趋向相同。但事实上这一前提条件很难实现。首先，一价定律的基础必须是所有商品都是国际贸易商品，这样国际市场上的套购活动才会使国际贸易商品的价格趋于一致。但事实上，对世界绝大多数国家来讲，非贸易商品在国民生产总值中所占的比重大于贸易商品所占的比重，而非贸易商品的价格虽然通过国际贸易商品的价格而相互有一定的联系，但其价格形成的基础仍在各国国内市场，而不是在国际市场。因此，包含国际贸易商品价格和非国际贸易商品价格在内的一般物价水平便不可能保持一致。其次，一价定律的存在是以自由贸易和无贸易成本为前提的。但在现实的国际贸易中却存在着种种人为的障碍（如关税壁垒、进口配额和许可证制、外汇管制等），再加上本身所涉及的运输成本和其他交易费用，贸易商品的价格也不可能完全趋同。

第四，购买力平价理论在计算具体汇率时存在许多具体的问题：一是物价指数的选择。如上所述，选择不同的物价指数将导致不同的购买力平价。是采用消费品物价指数还是采用批发价格指数，或是采用其他指数，难以确定。不同国家的不同经济学家对此存有异议。二是商品的分类。运用购买力平价来计算汇率，要求不同国家的商品的分类达到一致性和可操作性，否则就缺乏可比性。商品分类包括进口、出口、贸易、非贸易等。不同国家由于价格体系、经济体制、统计口径上的差异以及人们知识、信息和主观解释上的差异，使商品分类的一致性要求难以实现。三是基期年的选择。在计算相对购买力平价时，基期年的选择至关重要。因为相对购买力平价学说实际上隐含了基期年汇率 R_0 是均衡汇率的假设。因此，准确选择一个汇率达到或基本达到均衡的基期年是保证以后一系列计算结果正确的必要前提。但由于研究人员可能因主观判断的失误、观察能力和技术的不足、数据的不完整以及各取所需之故，从而难以实现对基期年的正确选择。

二、利率平价说

汇率与利率之间存在着极为密切的关系，这种密切关系是通过国际间的套利性资金流动而产生的。

（一）利率平价说的主要内容

利率平价说的基本观点是：外汇市场上远期汇率与即期汇率之间的差价是由两国利

率的差异决定的。在两国利率存在差异的情况下，资金将从低利率国流向高利率国以牟利。但套利者在比较金融资产的收益率时，不仅要考虑两种资产所提供的收益率，还要考虑两种资产因汇率变动而产生的收益变动。为避免外汇风险，套利者往往将套利与掉期保值业务结合起来，进行抵补套利，即在将低利率货币转换成高利率货币进行跨国投资的同时，购进一笔相应数额的远期低利率货币，以确保其今后的收入。其结果是，即期外汇市场上低利率货币的供给和高利率货币的需求同时增加，而远期外汇市场上低利率货币的需求和高利率货币的供给同时增加，使低利率货币的现汇汇率下浮、期汇汇率上浮，而高利率货币的现汇汇率上浮、期汇汇率下浮。换言之，低利率货币出现远期升水，高利率货币则有远期贴水。随着抛补套利的不断进行，远期差价不断加大，直到两种货币利率之间的差距与汇率的远期升水率或贴水率相等时，抛补套利活动才会停止。因此，利率差与即期、远期汇率差之间趋于相等的关系，即利率平价。

（二）对利率平价说的评价

利率平价理论研究的对象是因利率差异而引起的资本流动与汇率决定之间的关系，它从一个侧面阐述了短期汇率变动的原因——资本在国际间的流动。因此，利率平价理论于20世纪20年代首次提出后就得到不少西方经济学家的重视。但这一理论也存在一些缺陷，主要表现为：第一，理论上的最大不足之处是未能说明汇率决定的基础，而只是解释了在某些特定条件下汇率变动的原因。第二，利率平价实现的先决条件是金融市场高度发达完善并紧密相连，资金能不受限制地在国际间自由流动。但事实上，目前世界各国尚未普遍建立完善的外汇期汇市场，而且许多国家还实行外汇管制和对资本流动的限制，因而利率平价事实上难以实现。第三，利率平价成立的另一个条件是在达到利率平价之前，套利活动不断进行。但实际情况并非如此。在跨国投资中存在着一些额外风险和费用，如政治风险、各种交易费用、税收差异和流动性差异等，这些因素都会影响到套利收益，使国际间的抛补套利活动在达到利率平价之前就会停止。因此，在现实世界中，利率平价往往难以成立。第四，没有区分经济正常状态下的情况与经济危机下的情况。在发生货币危机的情况下，不是利率平价决定汇率，而是即期汇率与远期汇率之间的差距反过来决定利率的水平。

三、国际收支说

国际收支说是从国际收支角度分析汇率决定的一种理论。与其他汇率决定理论相比，以国际收支解释汇率决定的思想源远流长。早在1861年英国经济学家葛逊就对此进行了系统的阐述，并提出了国际借贷说。实行浮动汇率制后，一些学者进一步运用凯恩斯主义的国际收支均衡分析法来分析汇率的决定，提出了国际收支说。1981年，美国学者阿尔盖系统地总结了这一理论。因此，国际收支说实际上就是国际借贷说的现代形式。因此，在介绍国际收支说之前，我们必须首先了解国际借贷说的主要观点。

（一）国际借贷说的主要内容

该理论认为，汇率决定于外汇供求，而外汇供求又是由国际借贷所引起的。商品的进出口、债券的买卖、利润、捐赠和旅游的收支以及资本交易等都会引起国际借贷关系。国际借贷分为固定借贷和流动借贷两种，前者指借贷关系已形成，但未进入实际支付阶段的借贷，后者指已进入支付阶段的借贷。只有流动借贷才会影响外汇供求。当一国的流动债权（外汇收入）大于流动债务（外汇支出）时，外汇的供给大于需求，因而外汇汇率下降；反之，则外汇汇率上升。当一国的流动借贷平衡时，外汇收支相等，汇率便处于均衡状态。这一学说用外汇的供求解释汇率，有其重要的意义，但它主要是说明短期汇率的变动，而对于汇率决定的基础并未详加论证，对于影响汇率的其他重要因素也没有提出充分的解释。

（二）国际收支说的原理

当国际收支处于均衡状态时，其经常项目收支差额应等于（自主性）资本流出入的差额。如果我们用 CA 表示经常账户收支差额，KA 表示资本账户收支差额，则国际收支的均衡条件可表示为

$$CA + KA = 0 \tag{4.4}$$

经常账户收支为商品劳务的进出口差额，而出口（X）和进口（M）分别是由外国国民收入 Y^*、相对价格 P/SP^* 和本国国民收入 Y、相对价格 P/SP^* 所决定的。即

$$X = f(Y^*, P, P^*, S) \tag{4.5}$$
$$M = g(Y, P, P^*, S) \tag{4.6}$$

资本账户收支则主要取决于国内外的利率差异（$r - r^*$）以及人们对未来汇率变化的预期，即（$S_e - S$）/S，其中 S_e 为未来现汇汇率的预期值。即

$$KA = KA[r, r^*, (S_e - S)/S] \tag{4.7}$$

当一国国际收支处于均衡状态时，$CA(Y, Y^*, P, P^*, S) = -KA[r, r^*, (S_e - S)/S]$，由此所决定的汇率水平就是均衡汇率。因此，均衡汇率可表示为

$$S = h(Y, Y^*, P, P^*, r, r^*, S_e) \tag{4.8}$$

由式（4.8）可知，影响均衡汇率变动的因素有国内外国民收入、国内外价格水平、国内外利息率以及人们对未来汇率的预期。（1）当其他条件不变时（下同），本国国民收入增加，将导致进口增加，从而引起国际收支赤字，由此出现对外汇的超额需求，使外汇汇率上升；反之，若外国国民收入增加，则会使本国出口增加，并使国际收支出现盈余，从而导致对外汇的超额供给，使外汇汇率下跌。（2）若本国物价水平相对于外国物价水平下跌，则会引起出口增加，进口减少，从而导致外汇汇率的下跌；反之，本国物价的相对上升则使外汇汇率上升。（3）若本国利息率相对于外国利息率上升，则会增加国外资金的流入，减少本国资金的流出，从而导致外汇汇率的下跌；反之，本国利率的相对降低则使外汇汇率上升。（4）若人们预期未来外汇汇率的走势看涨，就会在外汇市场上抛本币，购外币，从而也会导致外汇汇率的上扬；反之，人们预期未来外汇汇率的走势看跌则使外汇汇率下跌。

此外，凯恩斯主义者还进一步分析，一国的宏观经济政策会对其收入水平、物价水平和利率水平产生影响，从而影响到均衡汇率。如扩张性的财政政策一方面会通过总需求的扩大而导致收入和物价的上升，使经常账户收支产生逆差而形成对本国货币贬值的压力；另一方面，扩张性的财政政策可能导致利息率的上升，从而刺激国外资金的流入，减少国内资金的流出，使资本账户收支出现顺差而形成对本币升值的压力，因此，

其净效果要视具体情况而定。扩张性的货币政策也会刺激投资需求和消费需求，扩大进口需求；同时还会降低利率，引起国际短期资本的大量流出，抑制短期资本的流入，从而造成外汇市场上的超额需求，使外汇汇率上升。

（三）对国际收支说的评价

国际收支说是从国际收支供求的角度解释汇率的决定，将影响国际收支的各种重要因素纳入汇率的均衡分析，这对于短期外汇市场的分析具有一定的意义。但该理论同样也存在着许多不足之处：该理论是以外汇市场的稳定性为假设前提的，其分析基础是凯恩斯主义宏观经济理论、弹性论、利率平价说，由于这些理论存在缺陷，故其结论往往与现实相背离。

四、资产市场说

随着国际商品资本流动的高度发展，国内外商品市场、货币市场和证券市场之间的相互联系和相互作用日益加强，使得传统的汇率决定理论难以解释现实中变幻莫测的汇率的剧烈变动。在此背景下，20 世纪 70 年代中期以后不少经济学家提出了资产市场说这一新的汇率决定理论。该理论对传统汇率理论的最大突破在于它将商品市场、货币市场和证券市场结合起来进行汇率决定分析，尤其重视金融资产市场均衡对汇率变动的影响。其基本原理是将外汇看成一种资产，汇率是两国资产的相对价格，汇率变动是由于对外资产的需求与供给之间的变动而引起的，均衡汇率就是指两国资产市场供求存量保持均衡时的两国货币之间的相对价格。资产市场说在一定程度上与现代汇率变动的特征相符，因此，该理论一经问世便受到西方学术界和实际部门的青睐，成为当今汇率理论的主流。

资产市场说隐含着三个重要前提。其一是一国的资产市场包括本国货币市场、本币资产（主要是本国债券）市场和外币资产市场（包括外国债券和货币存款市场），并且这三种市场均相当发达，对利率和汇率的变动十分敏感。其二是三个市场紧密联系，资金可在三个市场自由流动。其三是货币自由兑换。

依据对本外币资产可替代性的不同假设，资产市场说可分为货币分析法与资产组合分析法。货币分析法假定这两者可完全替代，而资产组合分析法则反之。在货币分析法内部，又依对价格弹性的假定不同，分为弹性价格货币分析法与黏性价格货币分析法。

（一）弹性价格货币分析法

弹性价格货币分析法是在本币与外币资产可完全替代，商品市场与证券市场一般能迅速、灵敏地加以调整，国际商品套购机制发生作用的假定下进行分析的。

1. 基本模型。弹性货币论认为，一国的实际货币需求是相对稳定的，是利率 r 和收入 Y 的稳定函数，即

$$M_d = K(Y,r) \tag{4.9}$$

于是货币市场均衡的条件是

$$M_s = K(Y,r) \tag{4.10}$$

当由于 M_s、Y、r 的变动而造成货币市场失衡时，将使商品价格发生变动，在商品市场价格是有完全弹性的情况下，价格水平取决于各自的货币供给和货币需求，则本国

和外国的价格水平可分别表示为

$$P = \frac{M_s}{K}, \quad P^* = \frac{M_s^*}{K^*} \quad (4.11)$$

由于各国商品具有完全的替代性，商品套购过程中一价定律成立，即各种商品在世界各国用同一种货币表示的价格是一致的：

$$P = SP^* \quad (4.12)$$

此处 S 为直接标价的汇率。

由式（4.11）、式（4.12）可得

$$S = \frac{\dfrac{M_s}{K}}{\dfrac{M_s^*}{K^*}} \quad (4.13)$$

这样，国际商品套购机制便通过商品市场的价格水平将汇率与两国货币市场的供给和需求存量联系起来。均衡汇率正是使两国货币市场的相对供给存量被公众意愿持有的汇率水平。

式（4.13）中，K、K^* 又可表述为收入 Y 和利率 r 的函数，即

$$K = kY^{\alpha}r^{-\beta}, \quad K^* = k^*Y^{*\alpha}r^{*-\beta} \quad (4.14)$$

式（4.14）中，k、α、β 分别代表以货币形式持有收入的比例、货币需求的收入弹性和利率弹性，并假定两国的 α、β 相同。

将式（4.14）代入式（4.13）后，得到

$$e = \frac{M_s}{M_s^*} \cdot \frac{k^*}{k} \cdot \left(\frac{Y^*}{Y}\right)^{\alpha} \cdot \left(\frac{r}{r^*}\right)^{\beta} \quad (4.15)$$

式（4.15）即为弹性价格货币分析法的汇率模型。

2. 影响汇率变动的因素。由式（4.15）可得出影响汇率变动的主要因素有两国货币供给、国民收入以及利率的相对变化。

当本国货币供给相对外国增加时，外汇汇率就会上升，本币汇率就会下跌；反之则相反。

当本国国民收入相对外国增加时，外汇汇率就会下跌，本币汇率就会上升；反之则相反。

当一国利率水平相对外国提高时，外汇汇率就会上升，本币汇率就会下跌；反之则相反。

由此可见，弹性价格货币分析法实际上是在购买力平价说的基础上，运用现代货币学派的货币供求理论来进一步说明物价水平。这种理论对于说明长期汇率趋势具有一定的意义。但它也存在着一些缺陷：首先，它将国际经济的因果关系颠倒了。它把货币因素看成是决定性的，而把收入、支出、贸易条件和其他实际因素看成是次要的，只通过对货币需求的影响发生作用。实际上是商品流通决定货币流通，而不是相反。其次，它假定货币需求函数是相当稳定的，但这在短期内也难以实现。再次，其假设前提条件是

一价定律，但它在现实中难以实现。最后，它假定国内外资产具有完全的替代性。事实上，由于交易成本、赋税待遇和种种风险的不同，各国资产之间难以完全替代。

（二）黏性价格货币分析法

黏性价格货币分析法是以本币与外币资产可完全替代但商品市场价格具有黏性的假设前提对汇率的变动进行分析的。该理论是由美国麻省理工学院教授鲁迪格·多恩布茨于1976年提出的。他认为，当一国货币市场出现失衡（如货币供应量扩张）后，由于短期内价格黏性不变，实际货币供应量就会增加。要使货币市场恢复均衡，人们对实际货币余额的需求就必然增加。实际货币需求是国民收入和利息率的函数，在短期内国民收入不变的情形下，利息率就会下降。在各国资产具有完全替代性和流动性的条件下，利息率的变动会引起大量的套利活动，由此导致外汇汇率上升，本币汇率下跌。但由于价格短期黏性不动，货币市场失衡的恢复完全依靠证券市场来调节，因此，利息率在短期内必然出现超调，即调整的幅度超过其新的长期均衡水平，与此相适应的是，汇率的变动幅度也会超过新的长期均衡水平而出现超调现象。但这一短期均衡汇率并不会长久保持，商品市场价格最终会作出相应的调整。这是因为：第一，利息率下降会刺激总需求。第二，外汇汇率上升会使世界商品市场偏离一价定律，使世界需求转向本国商品的套购行为，从而导致总需求的增加。在总供给不变的情况下，必然导致商品价格的上升。在价格上升的过程中，实际货币供应量相应地逐渐下降，使利息率回升，外汇汇率回落。当调整过程完成后，商品市场达到长期均衡，汇率水平也达到了弹性价格货币分析法所说明的长期均衡水平。因此，黏性价格货币分析法是一种动态调整分析法。

黏性价格货币分析法的主要贡献在于提出了现实中的汇率超调现象，并在理论上首次给予系统的阐述。这种方法认为，货币市场的失衡总是会造成汇率超调，在浮动汇率制下汇率剧烈波动是难以避免的。因此，汇率在短期内不仅会偏离绝对购买力平价，而且也不符合购买力平价说的相对形态。本国价格水平在上升，但外汇汇率反而在下降，即本币相对外币升值。这一论述对我们正确评价购买力平价说和现实汇率的波动具有一定的意义。但黏性价格货币分析法也存在着不足之处，主要是：第一，它将汇率波动完全归因于货币市场的失衡，忽视了商品市场上的实际变动对汇率的影响，未免有失偏颇。第二，存在同弹性价格货币分析法相似的缺陷，即国内外资产具有完全替代性的假设在现实中难以实现。

（三）资产组合分析法

资产组合分析法假定本币与外币资产之间不具有完全的替代性，主张用收益—风险分析法取代通过套利和商品套购机制的分析来探讨国内外金融市场上不同资产间的有效组合对汇率的影响。

由于各国有价证券的名义收益率高低不同，所涉及的各种风险也大小各异，因此，理性的投资者会将其拥有的财富按照收益与风险的权衡配置于各种可供选择的资产上。在各国资产具有完全流动性的情况下，一国居民所持有的金融资产不仅包括本国货币和本国有价证券，还包括外国货币和外国有价证券。因此，一国私人部门（包括个人居民、企业和银行）在某一时点上的财富（资产）总量可用以下方程式来表示

$$W = M + B_p + SF_p \tag{4.16}$$

式（4.16）中，W、M、B_p、S、F_p 分别表示私人部门持有的财富净额、本国货币、本国有价证券、汇率（以直接标价法表示的外币价格）和国外资产。应当说明的是，私人部门持有的各种资产形式是以其净资产额（资产与负债的差额）来表示的；整个私人部门以本国货币形式持有的财富额（M）应是货币基数，即对中央银行所持有的资产，它源于中央银行持有的政府债券（B_c）和外汇储备（R）两部分，可表示为 $M = B_c + R$；私人部门以本国有价证券形式持有的财富额（B_p）应是政府债券持有额，它等于政府债券总额（B）减去中央银行持有的部分（B_c），即 $B_p = B - B_c$，而 B 是随政府赤字而变动的；$F_p = F - R$，即私人部门的对外资产净额为一国对外资产净额（F）减去中央银行持有的部分，即外汇储备（R）。

私人部门的财富总额在上述各种资产之间分配的比例取决于各类资产的预期收益率。本国货币的预期收益率为零，本国有价证券的预期收益率为国内利息率（r_d），国外资产的预期收益率为世界利息率（r_w）加预期汇率上升率（r_e）。各种资产的比例应与本身的预期收益率成正比，与其他替代性资产的预期收益率成反比。因此，私人部门资产组合中的各种资产的比例分配将随国内外各种资产的预期收益率的变动而调整。可用方程式表示为

$$M = \alpha(r_d, r_w, r_e)W \tag{4.17}$$

$$B_p = \beta(r_d, r_w, r_e)W \tag{4.18}$$

$$SF_p = \gamma(r_d, r_w, r_e)W \tag{4.19}$$

$$\alpha + \beta + \gamma = 1 \tag{4.20}$$

式中，α、β、γ 分别表示私人部门愿意以本国货币、本国有价证券和国外资产形式所持有的财富比例。

最佳资产组合建立起来以后，当各种资产供给水平发生变化，或者当各种资产的预期收益率发生变动时，其原有的资产组合均衡就会遭到破坏。这时，私人部门实际的资产组合比例与其意愿的资产组合比例不相吻合，私人部门会对其现有的资产组合进行调整，以使其资产组合符合意愿，从而又开始了重新恢复均衡的过程。在进行国内外资产之间调整的过程中，必然会引起外汇供求的变化，从而引起汇率的变化，并重新达到均衡。影响两国金融资产供求量的因素有很多，主要是国内外资产供应量的变化、利率和汇率的变动、国际收支中经常性项目的差额以及政府财政的平衡情况等。

1. 对外国资产需求的变化。主要源于外国利息率的变化和汇率的变化。当外国资产市场失衡导致外国利息率上升时，私人部门对外国资产投资的意愿增强，使 γ 增大，而 α、β 相应减小。也就是说，公众为了重新平衡其资产组合，就会将一部分本国货币和本国有价证券转换成国外资产，使国内货币和证券出现超额供给，而国外净资产则出现超额需求，由此导致外汇汇率上升，国外净资产额（SF_p）上升，直至资产组合重新符合公众意愿。反之，当外国利息率下降时，公众将减少对外国资产的需求，从而导致外汇汇率的下跌。

2. 本国货币供应量的变化。当中央银行通过购买政府债券来融通财政赤字时，货币

供应量就会相应增加，投资者将会用增加的（部分）货币来购买本币资产和外币资产，以便重新平衡他们的资产组合。若本币资产和外币资产供给量不变，则因货币供应量增加而导致的本外币资产需求上升会推高本外币资产的价格，使汇率上升，收益率下降。

3. 本国资产供应量的变化。本币资产供应量的增加是政府增发债券以弥补财政赤字的结果。本币资产增加对汇率的影响具有两重性。一方面，本币资产的增加提高了私人部门的财富总额，导致总需求增加，对国外资产的需求也相应增加，从而促使外汇汇率提高；另一方面，本币资产供应增加使本币资产价格下跌、收益率上升，又会诱使公众增加对本币资产的需求，相对削弱对外币资产的需求，从而导致外汇汇率的下降。其净影响取决于国外资产的需求财富弹性与国外资产对本国利率的交叉需求弹性的相对大小。

4. 外币资产供应量的变化。外币资产供应量的增加源于经常账户的盈余。当经常账户出现盈余时，私人部门持有的国外净资产（F_p）就会增加，使SF_p/W大于意愿比率γ。在重新平衡资产组合时，人们会将超额的净外汇资产转换成本国货币和资产，从而导致外汇汇率的下跌。反之，则使外汇汇率上升。

以上论述的是短期均衡汇率的决定，但在某一时点上，当汇率S和利率r达到平衡时，经常账户未必能达到平衡。在浮动汇率制度和政府不干预外汇市场的情况下，若经常账户出现顺差（或逆差）时，意味着资本账户的逆差（或顺差），也就意味着外币资产存量的增加（或减少），这反过来又影响到汇率，使汇率下降（或上升），如此反复不断的相互作用形成了对汇率的动态调节，直至外币资产存量不再增加（或减少），经常项目趋于平衡，从而使短期均衡汇率最终趋于长期均衡汇率。

资产组合分析法的主要贡献在于使资产市场说避开了人们对利率平价说的攻击，并将传统理论所强调的经常账户收支纳入了考察范围，在一定程度上具有综合分析的特征。该方法的缺陷是：第一，未将商品市场的失衡对汇率的影响纳入分析之中。第二，它以财富总额代替收入作为影响资产组合的因素，但又没有说明实际收入对财富总额的影响。

（四）对资产市场说的评价

就整个资产市场说而言，其可取之处在于：第一，对传统的汇率研究方法进行了重大的改革，以一般均衡分析代替局部均衡分析，以存量分析代替流量分析，以动态分析代替比较静态分析，并将长短期分析有机地结合起来，因此能较好地分析现实汇率变动的原因。第二，强调了货币因素和预期因素对当期汇率变动的影响作用，具有一定的现实意义。资产市场说的不足之处在于：第一，它仅仅是在新的经济条件下对传统的汇率理论进行的调整，并没有从根本上把握汇率决定和变动的内在原因。第二，该理论是以金融市场高度发达、各国资产具有完全流动性为假设前提的，这显然不符合当今世界经济发展的现实。

本章小结

1. 外汇市场是指由各外汇市场参与者组成的买卖外汇的交易系统。按照外汇交易参与者的不同，外汇市场有狭义和广义之分。从形式上看，外汇市场有具体和抽象之分，但通常人们都将典型的外汇市场理解为一种抽象市场。

2. 当代外汇市场已成为全球化的市场，宏观经济变量对外汇市场的影响作用日趋显著，汇率波动日趋剧烈，各种防范汇率风险的金融创新不断应运而生，各国中央银行的联合干预已成为外汇市场的重要特征。

3. 外汇市场的主要作用是：实现购买力的国际转移，为国际经济交易提供资金融通，为外汇保值和投机提供交易场所。

4. 外汇市场的参与者主要包括外汇银行、外汇经纪人、顾客、中央银行及其他官方机构，相应地，外汇市场的交易可分为三个层次，即银行与顾客之间、银行同业之间、银行与中央银行之间的交易，外汇经纪人则在其中起中介作用。

5. 传统的外汇市场交易主要包括即期外汇交易、远期外汇交易、掉期交易、套汇交易和套利交易。

6. 汇率是两国货币的交换比例，其决定基础是两国货币各自所具有的或所代表的价值量之比。在不同货币制度下，汇率的决定基础有所不同。金本位制度下，汇率的决定基础是铸币平价；纸币流通制度下，汇率的决定基础是两国纸币所代表的实际价值量之比。

7. 汇率决定理论种类繁多，本章介绍了其中较具影响力的购买力平价说、利率平价说、国际收支说和资产市场说。它们分别从货币因素、宏观基本面因素等不同角度对均衡汇率的决定和汇率的变动进行了研究。

8. 外汇市场上实际汇率的形成是由现实中外汇供求关系所决定的，而影响外汇供求的因素错综复杂，主要有经济的、政治的和心理的因素。其中经济因素主要包括国民经济发展状况、相对通货膨胀率、相对利率、宏观经济政策以及国际储备等。

关键术语

外汇　汇率　直接标价法　间接标价法　头寸　基本点　即期汇率　买入价　卖出价　交叉汇率　远期汇率　升水　贴水　套期保值　外汇投机　择期交易　直接套汇　间接套汇　掉期交易　一价定律　绝对购买力平价　相对购买力平价　国际借贷说　国际收支说　资产市场说　弹性价格货币分析法　黏性价格货币分析法　汇率超调　资产组合分析法

知识扩展

外汇保证金交易

一、什么是外汇保证金交易

外汇保证金交易是一种利用杠杆效应使实际交易金额在原基础上放大几十倍甚至

上百倍的外汇交易。个人外汇实盘交易是指个人委托银行，参照国际外汇市场实时汇率，把一种外币买卖成另一种外币的交易行为。由于投资者必须持有足额的要卖出外币才能进行交易，因此也被称为实盘交易。外汇保证金交易又称合约现货外汇交易、按金交易、虚盘交易，指投资者和专业从事外汇买卖的金融公司（银行、交易商或经纪商）签订委托买卖外汇的合同，交付一定比率（一般不超过10%）的交易保证金，便可按一定融资倍数买卖十万、几十万甚至上百万美元的外汇。因此，这种合约形式的买卖只是对某种外汇的某个价格作出书面或口头的承诺，然后等待价格出现上升或下跌时再做买卖的结算，从变化的价差中获取利润。当然，投资者也要承担相应的亏损风险。

二、操作实例

假设当前 GPB/USD 的汇率是 1.5847/52。

看涨：你预计英镑会相对于美元升值，所以你以 1 英镑兑 1.5852 美元买入一单即 10 万英镑。合约价值是 100 000 × 1.5852USD = 158 520USD。假设经纪人对美元保证金的要求是 2.5%，所以你必须保证在你的保证金账户上至少存有 2.5% × 158 520USD = 3 963USD。

GBP/USD 果真升值到 1.6000/05，你这时决定卖出英镑、买回美元，从而关闭仓位。你的收益如下：100 000 × (1.6000 − 1.5852) USD = 1 480USD，等于一个点赚了 10 美元。

收益率则为 1 480/3 963 = 37.35%，这显示了以保证金账户买入的积极作用。

如果 GBP/USD 跌至 1.5700/75，你的亏损如下：100 000 × (1.5852 − 1.5700)USD = 1 520USD，亏损 38.35%。

这个例子告诉我们，保证金交易可以使你的利润率或亏损率放大。

看跌：你预计英镑会从 GBP/USD = 1.5847/52 下跌，所以你决定卖出一单 GBP/USD。合约价值为 100 000 × 1.5847USD = 158 470USD，实际上你卖出了 10 万英镑，买入了 158 470USD。你的经纪人要求的美元保证金是 2.5% × 158 470USD = 3 961.75USD。

GBP/USD 果真跌至 1.5555/60，那么你的账面收益如下：

$$100\ 000 \times (1.5847 - 1.5560)\ USD = 2\ 870USD$$

2 870USD 的账面收益加入你的保证金账户，你现在就有了 6 831.75USD。这样你就可以开设价值 273 270USD 的仓位。

但如果 GBP/USD 开始上涨，当汇率达到 1.6000/05 时，你的账面亏损如下：

$$100\ 000 \times (1.6005 - 1.5847)\ USD = 1\ 580USD$$

你的保证金账户便减少了 1 580USD，降至 2 381.75USD，这样只能支持价值 2 381.75 USD/0.025 = 95 270USD 的开放仓位。而你交易所需的金额是 100 000 × 1.6005USD = 160 050USD。这样你的资金短缺金额是 160 050USD − 95 270USD = 64 780USD。经纪人会向你发出保证金通知，通知你补上 2.5% × 64 780 USD = 1 619.50USD。如果你没有立刻续上这笔钱，经纪人将清算你的仓位。

若最后你清仓时的汇率是 GBP/USD = 1.5720/25，你的收益如下：
$$100\ 000 \times (1.5847 - 1.5725)\ \text{USD} = 1\ 220\ \text{USD}$$
现在你再没有开放仓位了，你可以将交易账户上全部的 5 181.75 美元以现金提出。或者说这时你有足够的保证金来支持价值 207 270 USD 的仓位。

三、风险控制

外汇交易存在风险，保证金交易可以极大地放大利润率或亏损率。外汇交易需要时刻警惕，此时控制风险变得至关重要。

以当前汇率立即执行的指令称做市价单。但交易者可以在一些预定价位设置一些自动指令，从而控制亏损并巩固战果。

1. 止损单。这是一种当买方出价或卖方要价抵达预定价位时自动清仓的指令。

如果你持有多仓，可以在当前汇率下方设立止损单。一旦市价跌破止损触发价位，该指令将被激活，你的多仓会被自动关闭。

如果你持有空仓，那你可以在当前价位上方设置止损单，一旦卖方要价升至触发价位，该指令将被激活。

追踪止损是在进入获利阶段时设置的指令。该策略有利于锁定利润。在仓位变得越来越有利可图时，通过提高止损触发价位，交易者可以保证在市场反转向下时仍可实现大部分账面收益。

止损单存在的问题是，在起伏不定的市场中，汇率可能会突破止损触发价位，从而使得止损指令不可能在精确的止损位执行。

2. 获利指令。与止损单相对（也就是限制收益）。它意味着一旦当前汇率越过设定极限，仓位将被关闭。对于空仓而言，该指令将设在当前汇率下方，多仓则反之。

3. 限价单。在当前汇率越过一些预定的极限价位时将激活的买入或卖出指令。

当汇率跌破一个预定的极限价位时，交易者可能会设置买入限价单；反之，当汇率高于一个预定的极限价位时，交易者可能会设置卖出限价单。

限价单可以是在一个特定时期内（比如 1 天或 1 个月）有效，或者取消前有效（GTC）。当日有效限价单在交易日剩下的时间内有效，除非在交易日结束之前被执行。取消前有效限价单则维持有效至成交，除非账户持有人发出指令取消订单。

4. 一指令有效则另一指令取消。这是一种在价差两端设立的止损单和限价单组合（或两个限价单）。当一个指令被触发时，另一个指令被终止。

对多仓而言，止损单会设在市场价差的下方，而限价卖出指令会设在市场价差的上方。如果基本货币汇率突破限价单极限，则仓位会自动卖出，这时不再需要止损单了，所以止损单会被取消；反之，如果汇率跌至止损单触发价位，那么仓位会关闭，这时便不需要限价单了。

对空仓而言，止损单会设在市场价差的上方，而限价单会设在市场价差的下方。如果汇率升至止损触发价位，那么仓位会被关闭，限价单则被取消。如果汇率跌至限价单触发价位，那么限价指令就被激活，空仓被回购平仓，止损单则被取消。

案例分析

日本中央银行汇市干预案例[①]

2002年5月至6月，日本中央银行对外汇市场的积极、频繁和日见成熟的干预行动可以作为近年来中央银行汇市干预的一个典型案例。

背景资料：

由于日元汇率在2002年5月、6月上涨的动力很足，兑美元连续升破几个重要价位，因此，日本中央银行干预问题再次成为外汇市场的焦点。从2002年5月22日到6月4日，日本中央银行在两周内四次进场干预日元汇率，直到美元兑日元汇率回升至124上方。之后，由于美元跌势汹汹，日本中央银行的干预价位下移——2002年6月24日在升至121.10日元时进行干预，但之后不久又升回121日元附近。到6月28日，日本当局再次干预汇市，而且欧洲中央银行和美联储代表日本中央银行共同干预汇市（见表4-2）。

表4-2　　　　　　　　　　2001年以来汇市干预情况

日期	汇市干预
2001年9月17日、19日与21日	日本中央银行进场买美元卖日元。
2001年9月24日、26日、27日与28日	日本中央银行多次进场买进美元，因担心美元在"9·11"事件后的弱势会造成日元升值快速，可能会打击日本的出口。日本中央银行于这段时间内的汇市干预并不仅限于美元兑日元，还包括由欧洲中央银行（ECB）与其他欧元区国家中央银行代替日本中央银行出面买进欧元兑日元。日本中央银行在9月27日表示，美国联邦储备委员会（FED）也首度于9月代表该行进场干预。
2002年5月22日	在美元因市场对美国经济复苏速度产生疑虑而触及123.50日元的五个半月低点后，日本中央银行进场抛日元买美元。日本中央银行拟在123.80～123.90日元水准进场干预。
2002年5月23日	日本中央银行连续第二天进场干预汇市，推测拟在123.90/93水准附近卖出日元买入美元。
2002年5月31日	美元在上一交易日跌破123日元。干预令美元回升至124.45/50，随后再度跌向124日元时，日本中央银行再抛售一轮日元。美元兑日元自123.75回升至124上方。

[①] 王蕾：《中央银行汇市干预的典型案例》，载《国际贸易》，2005(6)。

续表

日期	汇市干预
2002年6月4日	日本中央银行在约123.25日元价位进场干预,此后美元兑日元回升至124上方,这是日本中央银行在两周内第四次进场干预。日本中央银行在美元跌至约123日元时进场干预,抛日元买美元。
2002年6月24日	日本中央银行在日元升至121.10时进行干预,但之后不久日元又升回121附近。
2002年6月28日	日本中央银行在美元跌破120日元、一度触及118.90日元低位后干预汇市,欧洲中央银行和美联储也代表日本中央银行共同干预汇市,但效果不大,美元很快再次跌破120日元。

由此可以看出,日本中央银行每次干预后日元都会出现一定程度的下跌;虽然日元在干预后几个交易日再次上扬,但总体上看,日本中央银行的干预确实改变了日元的运行轨迹。日本中央银行如此处心积虑地抑制日元升势的原因很简单,因为日本经济刚刚出现的复苏苗头主要依靠的动力是出口增长,而日元汇率的上升无疑会对出口增长形成阻碍。

讨论题:

1. 根据以上的分析预测日本中央银行的干预动向及其可能的后果并加以验证。
2. 讨论在何种情况下中央银行间会采取联合干预。

分析路径与思路:

1. 1999年时日本中央银行没能护卫115~120价位,而是屈从于市场力量,逐渐减少干预量,日元最终升破105;2002年的情况与那时有些相似:日本同样在衰退之后出现资本流入和经济复苏,日元汇率也逐步上扬。

但是,以下方面决定了两次干预是不同的:

第一,如使二者具有可比性,日本第二季度GDP数据要非常亮丽。但2002年与以往不同,日本无法像1999年那样依赖美国强劲的经济复苏以推动其向前迈进。

第二,1999年日本经济的复苏不只是由外部需求带动的,还由资本投资和消费者支出带动;2002年日本的资本投资和消费者支出都疲弱不振,经济复苏主要由出口带动。

第三,1999年时日本主要受到亚洲金融危机的影响,虽然亚洲出现危机,但整个世界的大环境是好的。但在2002年,全球经济都处于阴霾之中,亚洲(除日本外)反而成为表现相对亮丽的地区。

第四,1999年时日本财务省和中央银行在干预问题上公开冲突,2002年二者则一致得多。

第五,与1999年相比,日本的货币政策框架在2002年已大大改变。2002年放松银根的政策力度更大,而且日本中央银行不像1999年那样强制自己去冲销干预结果。

第六,1999年每次干预的力度逐步减弱,而2002年日本中央银行四次干预尚未出现逐渐减少趋势。

因此可以得出结论：日本中央银行在 2002 年 5 月至 6 月的干预行动是决心要实现日元弱势，共卖出逾 3 兆日元，但在整个干预过程中日本政府的立场可能不时做一些微妙的转变，因为美国对弱势美元正采取一种纵容的政策，而且之后曝光的一系列企业会计丑闻使得干预的难度加大，因此可以看到的市场情况是干预只是部分放缓了美元的跌势。

2. 在 2002 年的干预中，日本中央银行很可能最终没有冲销其干预，其原因是：日本国内货币市场利率已经接近于零，流动性陷阱的存在使得干预所产生的多余流动性不会影响借贷成本；日本中央银行正在追求更宽松的货币环境，对汇市的干预恰好可以帮助它做到这一点；日本的年通货紧缩率大约为 1%，暂时不会担心基础货币的增加引发通货膨胀。

按照冲销无效论的观点，既然日本中央银行无意冲销干预，那么其干预行动就很有可能有效，这与实际情况是相符的。

3. 在 2002 年日本中央银行的前几次干预中，只要美元滑落到 124 日元以下，日本中央银行就会入场干预，但是在 2002 年 6 月 21 日美元再次跌落 124 日元甚至 123 日元、122 日元后，日本中央银行一直未进行干预，而是在 24 日逼近 121 日元时才出手，到了 28 日，干预价位已降至 120 日元下方。干预价位的不断下降一方面表明日元走升、美元走软是大势所趋，另一方面也显示出日本中央银行对日元短期目标价位的逐渐改变。虽然日本中央银行拥有 4 000 亿美元的外汇储备，但是在市场因充斥着不利美元的种种消息和信心危机而不利于干预时，暂时减少干预幅度，容忍美元兑日元一段时间的贬值应是明智之举。

4. 从经济基本面情况看，2002 年 6 月 21 日公布 4 月日本所有产业指数下降。日本所有产业指数是衡量日本经济活动力的重要指标，该指数在 3 月曾上升 1.2%。作为该指数核心成分的第三产业指数 4 月下滑 1.5%，而 3 月时为上扬 1.3%。从整体上讲，该数据较预期差，反映出日本经济在第一季度增长后将在第二季度出现逆转。

与此同时，市场也日益忧虑日元近来走强将抑制受出口带动的经济复苏。该数据反映了疲弱的国内需求，恰恰与工业生产强劲增长的状况成反比。工业生产分项指数 2002 年 4 月上升 0.2%，3 月为增长 0.8%。工业生产的逐步转好与疲弱的国内需求反映了日本当时经济复苏不规律的特性以及极其依赖出口作为成长动力的事实。

能力训练

一、单项选择题

1. 下列说法正确的是（　　）。
A. 在直接标价法下，汇率上升意味着本币升值
B. 买入价和卖出价是同一笔外汇交易中买卖双方所使用的价格
C. 在直接标价法和间接标价法下，升水与贴水的含义截然相反
D. 远期外汇的买卖价之差总是大于即期外汇的买卖价之差

2. 利率对汇率变动的影响是（　　）。

A. 国内利率上升，则本国汇率上升

B. 国内利率下降，则本国汇率下降

C. 需比较国内外的利率和通货膨胀率后确定

D. 利率对汇率的影响是长期的

3. 下列关于本币贬值的说法中错误的是（　　）。

A. 有利于改善一国的旅游和其他服务收入

B. 有利于减少单方面转移的收入

C. 可能引发国内通货膨胀

D. 在进口商品需求弹性充分的条件下阻碍进口增长

4. 某人某日以美元汇价在1.0700/1.0705买进5张欧元，3天后在1.0840/1.0845平仓，其获利为（　　）。

A. 7 000美元　　　B. 7 250美元　　　C. 6 275美元　　　D. 6 750美元

5. 在伦敦外汇市场上，即期汇率GBP＝HKD12.55－12.6，6个月的HKD差价为90－100。斯密公司买进6个月的远期HKD10 000，折合英镑（　　）。

A. 10 000÷(12.55＋0.0090)　　　B. 10 000÷(12.60＋0.0100)

C. 10 000÷(12.55－0.0090)　　　D. 10 000÷(12.60－0.0100)

6. 下列不适于掉期交易的说法是（　　）。

A. 一对交易构成，通常一方是即期，另一方是远期

B. 能够代替两种市场交易

C. 消除了对方的信用风险

D. 可以用来充分利用套利机会

7. 套汇是外汇市场上的主要交易之一，其性质是（　　）。

A. 保值性的　　　　　　　　　　B. 投机性的

C. 盈利性的　　　　　　　　　　D. 既是保值的，又是投机的

8. 对于资产市场分析法，下列说法不正确的是（　　）。

A. 决定汇率的是流量因素而不是存量因素

B. 以动态分析法分析长期均衡汇率

C. 预期因素对当期汇率有重要的影响

D. 重视金融资产市场均衡对汇率变动的影响

9. 关于绝对购买力平价（PPP）和相对购买力平价之间的关系，下列说法正确的是（　　）。

A. 绝对PPP成立并不意味着相对PPP也成立

B. 相对PPP成立意味着绝对PPP也成立

C. 二者之间无必然联系

D. 绝对PPP成立意味着相对PPP也成立

10. 弹性货币分析法强调（　　）市场对汇率变动的要求。

A. 商品市场　　　　B. 货币市场　　　　C. 证券市场　　　　D. 保险市场

11. 资产组合分析法认为当本币资产供应量增加时（　　）。

A. 外汇汇率上升

B. 外汇汇率下跌

C. 对外汇汇率影响不大

D. 其净影响取决于国外资产的需求财富弹性与国外资产对本国利率的交叉需求弹性的相对大小

二、多项选择题

1. 狭义的静态外汇包括（　　）。

A. 外币表示的银行汇票　　　　B. 外币表示的银行支票

C. 外币有价证券　　　　　　　D. 外币银行存款

2. 下列说法不正确的是（　　）。

A. 外汇银行只要存在敞开头寸就一定要通过外汇交易将其轧平

B. 只要两国间存在着利率差异，国际投资者就可从套利交易中获利

C. 甲币对乙币升值10%，则乙币对甲币贬值10%

D. 外汇银行同业的外汇买卖差价一般要低于银行与客户之间的买卖差价

3. 传统的外汇市场交易主要包括（　　）。

A. 即期外汇交易　　　　　　　B. 远期外汇交易

C. 外汇期货交易　　　　　　　D. 套汇交易

4. 远期外汇交易的交割方式有（　　）。

A. 固定交割日　　B. 标准交割日　　C. 当日交割　　D. 选择交割日

5. 汇率理论中包含了一价定律这一前提条件的理论包括（　　）。

A. 绝对购买力平价说　　　　　B. 相对购买力平价说

C. 资产组合分析法　　　　　　D. 弹性价格货币分析法

6. 购买力平价说存在的缺陷是（　　）。

A. 认为纸币的购买力取决于货币的数量

B. 其前提条件一价定律难以实现

C. 认为汇率变动只受购买力变动的影响，忽视了其他因素

D. 在具体计算汇率时，诸如物价指数的确定、商品的分类、基年的选择等难以确定

7. 当两国利率存在差异时，在资金完全自由流动的情况下，大量的抵补套利活动将形成这样的结果（　　）。

A. 低利率国货币即期汇率上升　　　B. 低利率国货币远期汇率上升

C. 高利率国货币即期汇率下降　　　D. 高利率国货币远期汇率下降

8. 以下对于利率评价说的缺陷说法正确的是（　　）。

A. 没有考虑套利活动的交易成本

B. 现实生活中国际资本流动会受到外汇管制、外汇政策等因素的制约

C. 该学说要求两国的价格体系相当接近，这在现实社会中较难实现

D. 该学说不是一个独立的汇率决定理论，只是说明了汇率和利率的关系

9. 根据国际收支说，影响均衡汇率变动的因素包括（　　）。

A. 国内外国民收入　　　　　　　　B. 国内外价格水平

C. 国内外利息率　　　　　　　　　D. 人们对未来汇率的预期

10. 关于弹性货币分析法，正确的说法是（　　）。

A. 当本国货币供给相对外国增加时，外汇汇率就会上升，本币汇率就会下跌

B. 当本国国民收入相对外国增加时，外汇汇率就会下跌，本币汇率就会上升

C. 当一国利率水平相对提高时，外汇汇率就会上升，本币汇率就会下跌

D. 弹性货币分析法的结论与国际收支说的结论是一致的

11. 根据黏性价格货币分析法，以下说法正确的是（　　）。

A. 国内外资产不具备完全替代性

B. 商品市场和货币市场的调整速度是不同的

C. 它是购买力平价理论的现代翻版

D. 货币市场失衡后，由于商品市场反应缓慢，汇率作出超调反应

12. 对于关于汇率理论的看法正确的有（　　）。

A. 购买力平价理论把汇率的变化归结于购买力的变化

B. 利率平价理论侧重于研究因利率差异引起的资本流动与汇率决定之间的关系

C. 国际收支说是从国际收支角度分析汇率决定的理论

D. 在资产市场说中，汇率超调被认为是由商品市场价格黏性引起的

13. 资产组合分析法将本国居民持有的财富划分为以下几种形式（　　）。

A. 居民固定资产　　B. 本国货币　　　C. 本国债券　　　D. 外国资产

三、简答题

1. 简述外汇市场的作用。

2. 什么是交叉汇率？

3. 简述导致外汇市场汇率波动的主要经济因素。

4. 简述黏性价格货币分析法。

四、论述题

论述几种主要汇率决定理论的优缺点。

五、计算题

1. 下列银行报出了 GBP/USD 和 USD/DEM 的汇率，你想卖出英镑，买进澳大利亚元。

银行	GBP/USD	USD/AUD
A	1.6253/63	1.6258/68
B	1.6255/65	1.6259/69
C	1.6252/64	1.6260/70
D	1.6256/66	1.6257/67
E	1.6254/68	1.6256/66

问题：（1）你将向哪家银行卖出英镑，买进美元？

（2）你将向哪家银行卖出美元，买进澳大利亚元？

（3）用对你最有利的汇率计算 GBP/AUD 的交叉汇率是多少？

2. 下表列举的是银行报出的 GBP/USD 的即期与远期汇率：

	银行 A	银行 B	银行 C
即期	1.6230/40	1.6231/39	1.6232/42
3 个月	39/36	42/38	39/36

问题：你将从哪家银行按最佳汇率买进远期英镑？

3. 设纽约市场上年利率为 8%，伦敦市场上年利率为 6%，即期汇率为 GBP1 = USD1.6025～1.6035，3 个月汇水为 30～50 点，若一投资者拥有 10 万英镑，应投放在哪个市场上较有利？如何确保其投资收益？请说明投资、避险的操作过程及获利情况。

4. 已知即期汇率为 1 美元兑换 1.78 瑞士法郎，美元利率为 8%，瑞士法郎利率为 6%，试计算正常情况下美元对瑞士法郎的 3 个月远期利率。若银行给出的 3 个月远期汇率为 1 美元兑换 1.70 瑞士法郎，试以相当于 100 万美元的资产进行套利设计，计算投资收益。

第五章
创业风险投资市场

学习目标：

1. 熟悉创业风险投资的概念、功能、意义，掌握创业风险投资的具体运作方式。
2. 了解国外和我国创业风险投资市场的发展历史和现状，通过对国外先进经验的总结，为我国创业风险投资市场提供发展建议。

知识结构图：

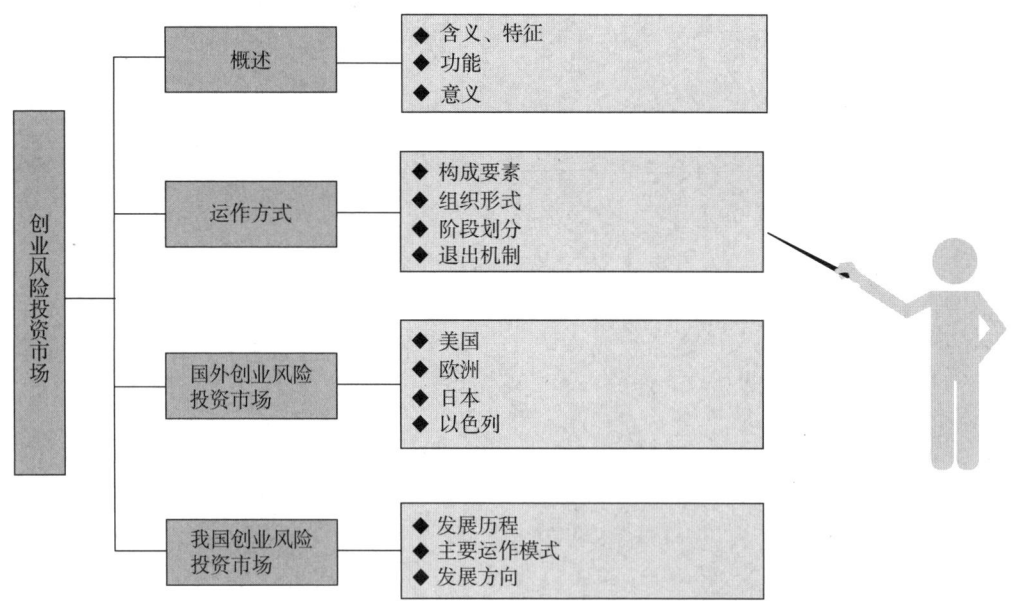

第一节　创业风险投资概述

一、创业风险投资的含义

在经合组织（OECD）科技政策委员会1996年发表的一篇题为《风险投资与创新》的研究报告中，对创业风险投资做了如下定义：创业风险投资是一种向极具发展潜力的新建企业或中小企业提供权益资本的投资行为。具体地说，创业风险投资是由专门的投资机构向具有巨大发展潜力和高风险的中小高科技企业或高成长企业提供权益性资本，并辅之以管理，追求最大限度资本增值利得的投资行为。除了专业化管理的风险投资基金外，它还包括早期创业风险投资的天使投资和布罗波投资。

> 创业风险投资：向有潜力的新建或中小企业提供权益资本的投资行为。

天使投资指既富有雄厚的资金实力，又富有管理经验的个人。他们看准了投资机会后，就用自己的钱加上自己的管理经验，参与企业整个的从小到大的成长过程。他们是最早的和最有典型特征的风险投资家。

布罗波投资是指那些在企业最初发展阶段，主要来自企业家本人和亲朋好友的个人投资。这时企业可能只有一个想法、一个概念，而没有设备、没有资金、没有管理经验。这种投资以私有直接投资或放弃工资的形式实现，后者也叫血汗资本。相对来讲，布罗波投资更直接，困难更多，风险更大，而一旦成功，所获利润也最高。

早期创业风险投资的高回报带来了创业风险投资业的空前繁荣，吸引了一大批创业风险投资者和大量的资金。资金供给的增加必然导致日趋激烈的竞争，而竞争的结果是纯经济利润的下降，并促使创业风险投资不得不走出传统的投资范围而转向企业的中期和晚期投资，如风险租赁、麦则恩投资、风险杠杆购并和风险兼并、风险联合投资等。

风险租赁是一种以风险企业为对象的融资租赁形式，旨在解决新兴企业对资产的长期需求。风险租赁与一般租赁的区别在于：风险租赁的资金来源是创业风险投资资本；出租方大多是创业风险投资公司，承租方往往是高科技新兴企业；由于风险高，风险租赁的租金也高于一般融资租赁。随着其业务的发展，还出现了一种新型的标的为无形资产（以知识产权为主）的风险租赁。

麦则恩投资又叫半楼层投资，是一种中期创业风险投资，投资目标一般是已进入发展扩张阶段、需要资金来增加人员和扩大生产的企业。麦则恩投资对筹资者而言是一种无担保的长期债务，这种债务附有投资者对筹资者的权益认购权或转为普通股的转换权。债务需要5~7年分期偿还，利息率为13%~15%。利率越低，权益认购权越多。这种投资介于传统银行贷款和纯粹风险投资之间。

风险杠杆购并和风险兼并。杠杆购并就是收购方主要通过借债来获得目标公司的产权，即借助财务杠杆作用完成购并活动。其中债务资金来自风险资本、运用于风险企业的杠杆购并称为风险杠杆购并。风险兼并是指创业风险投资所资助的兼并活动。风险杠杆购并和风险兼并的风险较小，投资回报率也较低，但它扩大了创业风险投资的业务范围，给创业风险投资业务以更广阔的天地。

创业风险联合投资即辛迪加投资，是指多家创业风险投资公司为早期潜在投资机会而进行的合作，既避免了过度竞争，又降低了投资风险。

现代意义的创业风险投资产生于1946年，以美国研究与发展公司（ARD）的成立为诞生的标志。它是第一家公开交易的封闭型的投资公司，并由职业金融家管理，实现了创业资本经营主体的专业化和机构化。在创业风险投资几十年的发展史中，该公司经历了20世纪50年代、60年代的兴起，70年代的衰退，80年代的复兴，80年代末90年代初的低潮和90年代后的蓬勃发展这样一系列阶段，并逐渐扩展到全世界，该公司提供的教训和经验对以后风险投资业发展所作的贡献功不可没。

专栏

天使投资①

本章提及的天使投资即非正式的私人创业风险投资市场，是一个没有中介的风险资本市场，它由富裕的家庭和个人直接对企业进行股份投资。投资项目从投资前选择、投资过程中的管理到投资后的监控和收获等都由投资者自行完成。由于个别投资人的资本金规模一般都比较小并且大多来自私人财产，因而也就不像创业风险投资基金那样有迫切的时间、规模和回报的压力，它已成为企业最初创立的主要融资方式。由于其"雪中送炭"色彩更为浓厚，许多人也称其为"天使投资"。

天使投资与创业风险投资基金的比较：

1. 融资阶段。研究表明，天使投资是种子期融资的最大的单一来源，其资金占种子期的48%。天使投资在种子期和创立期比创业风险投资基金（风险资本）更为活跃。天使们54%的资金和60%的交易出现在种子期和创立期，相比之下，创业风险投资基金只投入了20%的资金，占交易的28%。

2. 获得资金速度。天使投资的过程决策快，程序相对简单。从第一次见面到获得资金，天使投资者通常要花2.5个月，而创业风险投资基金则需要4.5个月。分析其原因，可能是由于天使们在数量上占绝对优势，且大多在自己非常熟悉的专业领域投资；与之形成对比的是创业风险投资基金的"高效率"，每1 000万~1 500万美元对应一个普通合伙人，而且随着基金规模的扩大，每个普通合伙人对应管理的资金规模更大，从而相对人手更少，这样只会使门槛越来越高，金融专业人士越来越难以花时间考虑其他不熟悉的专业问题。

3. 预期收益。研究表明，当预计其投资将有助于增进社区就业、有助于社会福利技术的商业化（如医药、节能、环保），有助于帮助女性和少数民族时，他们中的50%以上表示愿意冒较高的风险而接受较低的回报。不仅如此，许多天使们均看重成就感的满足，如他们帮助创业者建立一个成功的企业，实现自己的某种未竟的意愿。相比之下，风险资本可以说是非常冷酷的和缺乏想象力的。天使们期望每年32.5%的回报，而创业风险投资基金期望的回报则是每

---

① 刘丁己、周纯、何国全：《天使投资与风险投资基金的比较分析》，载《商业经济与管理》，2005（5）。

年40%。

4. 合作关系。天使投资是资金加经验的良好结合，天使投资者一般具有丰富的商业和创业经验，他们投资的过程积极主动，除了在公司董事会设置代表这种普遍形式外，大部分天使投资者也在公司里担任顾问，而且天使们还有一些参与方式是创业风险投资基金难以做到的。如几乎有1/4的天使投资人在所投资的公司里全职或半职工作，甚至是直接投入经营，这对于缺乏经验的初创科技公司是尤为有意义的。当然这一参与并不是干涉公司的自主权。相比之下，风险资本一般只参与管理，且与被投资公司的关系较为疏远。

二、创业风险投资的特征

创业风险投资的特征可以概括为以下几个方面：

1. 创业风险投资是没有担保的投资。它是以创意为基础，而不是以总资产为基础。换句话说，创业风险投资的基础不是货币，而是对未来的判断。创业风险投资就是经营想法，通过经营知识和信息引导资金流向，向未来要财富。美国创业风险投资家一般着重从市场吸引力、产品新颖性、管理能力、环境阻碍和企业家能力五个方面评估，尤其考核创业者是否具有管理水平和创业精神，考核的是高科技的未来市场。

2. 创业风险投资是高附加值投资。创业风险投资是一种长期性股本投资，这种投资可以充实企业资本金，改善企业资本负债结构。它不谋取分红，以便企业能够迅速积累资本，也不谋求控制企业。由于创业风险投资家的自身利益和公司利益息息相关，使得其不仅参与企业长期或短期发展规划的制定、企业生产目标的测定、企业营销方案的建立，还参与企业的资本运营过程，甚至参与企业重要人员的雇用、解聘事宜，利用他们长期积累的经验、知识和信息网络参与企业管理，为企业提供咨询服务。因此，创业风险投资能为企业带来比其投资的货币价值大得多的价值，即所谓增值的投资。

3. 创业风险投资是以高科技中小企业为主要服务对象的投资。高新技术中小企业资金力量单薄，又无法得到银行贷款，它们最需要资金，从投资项目上讲，高科技项目是一国生产力发展、经济结构升级换代的关键。同时，由于中小企业数量巨大，其在吸纳就业、满足市场需求、繁荣一国经济方面的作用举足轻重。

知识经济时代，企业没有形式上大和小的绝对区别。创业风险投资家深知，假若预见到知识经济的规律，小的会变强；逆知识经济而动，大的会变弱。因此，创业风险投资家看一个企业有没有前途，首先看它是否顺应潮流。中小企业凭借自身机制的灵活性，往往能在竞争中获得先机，赢得主动，也因此容易得到创业风险投资的关注。

4. 创业风险投资是一种流动性小、周期长的投资。创业风险投资参股企业，以流动性低为特征，在相对不流动中寻求增长。从投资周期看，创业风险投资历时较长，且具有明显的周期性。创业风险投资在企业创始阶段开始投资，当新产品进入成熟期、企业经营稳定时，投资者开始清理资产，通过股票上市和股份转让撤出投资，开始新的项目。创业风险投资是一种长期的流动性低的权益资本。一般情况下，创业风险投资不会一下全部投入风险企业，而是随着企业的成长不断地分期分批地投入资金。这样既可以减少风险，又有助于资金周转。

5. 创业风险投资是以三位一体为运作方式的投资。无论是哪个阶段的创业风险投资，一般都包含着三方当事人，分别是投资者、创业风险投资公司和风险企业。资金从投资者流向创业风险投资公司，经过创业风险投资公司的筛选决策，再流向风险企业，通过风险企业的运作，资本得到增值，再回流至创业风险投资公司，创业风险投资公司再将收益回馈给投资者，构成一个资金循环。

风险资本来自各种基金、富有的家庭和个人、银行、保险公司等，投资者本着对创业风险投资家个人的信赖投出资金，而这种信任和信赖无形中给创业风险投资家带来了巨大压力。他们深知，一旦投资失误，再融资的可能性趋近于零。

创业风险投资是以融资为首的投资与融资的有机结合，融资之中有投资，投资中有融资，没有一定的投资目标或投资方向很难融得资金，很多时候，投资方向的选定是能否融到资金的关键。同样，投资当中有融资，投资的过程往往伴随着第二轮或第三轮的融资，融资机构、投资机构和风险企业一起构成了不可分割的有机整体。

6. 创业风险投资是不以经营获利而以股份转让为最终目的的投资。创业风险投资家的最终目的是带着丰厚利润和显赫功绩从风险企业退出。退出政策是创业风险投资公司规划中至关重要的一部分。

三、创业风险投资的功能

创业风险投资作为特殊的投资活动，除了具有普通投资的功能外，更为引人注意的是以下几个方面的功能。

1. 科技事业发展的推进器。创业风险投资公司在选择投资对象时，企业的科技水平是其考察的关键方面之一。在实际中，创业风险投资主要投资于含有一定高新技术成分的行业、企业或项目。因此，创业风险投资活动促进了科技成果转化，支持了科技事业发展。

2. 未来经济增长点的培育器。创业风险投资主要集中于极具发展潜力、前瞻性的高新技术行业，创业风险投资家凭借其过人的洞察力和预见性寻找出未来的经济热点，并通过创业风险投资活动使这些行业中的一些新领域得以不断进步和实现产业化，进而发展成为一国经济新的增长点。可以说，在现代市场经济中，创业风险投资活动对整个世界经济未来增长点的发现和培育起到了很大的作用。

3. 政府资金投入的放大器。对某些具有特殊意义的领域，政府必要的资金投入具有很强的政策示范效应。政府利用创业风险投资机构向高新技术产业投入资金，经过创业风险投资家的有效运作，会吸引更多的非政府部门投资者提供资金，使实际投入的资金放大。

4. 投资风险的调节器。风险资本来源是多元化或分散化的，这使得创业风险投资的高风险分散到了许多投资主体身上；风险资本以组合方式投资，从而能够分散和降低创业风险投资公司的整体投资风险，进而各投资主体所承担的风险也被有效降低；通过创业风险投资家的有效运作，还能够降低创业风险投资经营管理的风险，并使承担了高风险的投资主体具有较高收益的回报。

5. 新企业的孵化器。企业初创阶段，往往技术和产品仅具雏形，甚至一切还仅是一个观念上的产品,因此投资风险极高,很难从银行及其他金融机构获得资金支持。而风险资本对新建企业的扶持,才使新企业得以孵化,踏上创业之路。而且,也正是因为有了创业风险投资家参与风险企业的经营管理,才使这些企业更有可能获得成功。

四、创业风险投资的意义

1. 创业风险投资为新兴初创产业提供融资服务。对于新兴初创企业而言,由于规模小,各方面不成熟,它们很难从银行与信托公司等机构获得融资。但是这些新兴初创企业对经济的发展又意义重大,是未来经济的代表。创业风险投资可以为新兴初创企业解决融资问题。

2. 创业风险投资为初创企业注入了管理内涵。企业管理是决定企业成败的关键。初创企业的创业者有些是技术天才,但不一定是管理天才,新兴初创企业在创业初期往往缺乏管理能力,创业风险投资家以其精通的金融知识和管理知识刚好填补了初创企业这方面的缺陷。

3. 创业风险投资是知识经济时代的一种金融服务形式。知识经济以无形的创造性知识为基础,创造性知识向实际生产转化的必不可少的条件是资本,而为知识经济提供资本的就是创业风险投资。知识经济是以高科技产业为基础的经济。高科技在发展的初期具有明显的高风险性,只有创业风险投资才能够适应知识经济时代金融服务的要求。

第二节 创业风险投资的运作方式

一、创业风险投资的构成要素

创业风险投资运作涉及五类主体:投资主体、创业风险投资家、风险企业家、中介机构和股权购买者。

1. 投资主体。即创业风险投资者。创业风险投资者的状况直接关系到风险资本的来源、结构和规模,从而也是创业风险投资运作中首要关心的问题之一,即筹集风险资本所涉及的对象。实践中,各国创业风险投资的投资主体主要包括政府、各类机构投资者、企业、家庭及海外投资者,其中机构投资者主要包括独立基金、银行、保险公司等。在这些投资者提供的风险资本当中,占较大比重的应当是商业性质的资金,而政府提供一定的资金作为风险资本使用,其目的并不单纯是为了获利,而是在所有资金中起政策导向作用。政府向创业风险投资投入的资金在全社会风险资本中所占的比重并不大,但它对创业风险投资的正常运作和不断发展所起到的作用却是不可替代的。

2. 创业风险投资家。创业风险投资家是创业风险投资运作中的灵魂人物,其素质、经验、能力状况是决定创业风险投资项目成败的关键因素之一。一个合格的创业风险投资家不仅具有一定的科技背景,还要有丰富的企业管理知识和经验,更要熟悉金融市场的运作;既要具有大胆创新的精神,又要有谨慎小心的性格。创业风险投资家自身的人力资本便是其最大的财富。

3. 风险企业家。风险企业是创业风险投资的投资对象,而创业风险投资选定投资对象时所注重的并不单纯是技术的先进程度,从创业风险投资业的一句行话就可以看出这一点:宁可投资于二流技术、一流管理的公司,也不投资于一流技术、二流管理的公司。但是,风险企业大多生产没有规模、管理不成系统,因而创业风险投资考察风险企业时,实际上常常并不是看技术,而主要是看创业者即风险企业家的素质。大胆创新和远见卓识是风险企业家取得成功所应具备的素质,而风险企业家与创业风险投资家的密切配合则是一项创业风险投资运作获得成功的关键环节。

4. 中介机构。创业风险投资的中介机构大致分为两类:一般中介机构和特殊中介机构。其中,前者主要包括会计师事务所、律师事务所、资产评估事务所、项目评估机构、信用评级机构等;后者是针对其特殊性与专门需要所设立的服务和监管机构,主要包括标准认证机构、知识产权估值机构、专业性融资担保机构、新企业孵化器、行业协会等。中介机构也是创业风险投资运作中不可或缺、不可替代的链条,中介机构的缺位将导致创业风险投资低效率乃至无效率运作,并将加大创业风险投资运作的风险。

5. 股权购买者。在创业风险投资运作的退出阶段,创业风险投资家通过主板市场、二板市场或场外交易市场的股票交易,或者通过产权交易、兼并收购、清算等方式,寻找并将其持有的风险企业的股权出售给股权购买者,从而实现风险资本的退出。

二、创业风险投资的组织形式

创业风险投资主要的组织形式有:股份公司制、有限合伙制和附属型创业风险投资机构以及其他形式的创业风险投资。

(一) 股份公司制

资本提供者即公司股东,股东承担有限责任,因此,这种组织形式可以保护股东避免由于合同违约等问题给第三方造成损失所引起的诉讼风险。公司型组织允许股东通过在董事会中扮演积极角色而直接参与管理。由于公司的解散相对困难,这种组织形式能给潜在的风险资本供给者带来更多的信心,在创业风险投资业刚起步的阶段,这一点十分重要。

(二) 有限合伙制

从税收的角度看,有限合伙制的组织形式优于公司型组织形式。在有限合伙制中,只对合伙人按个人边际税率征税,不对合伙制实体征税。在合伙制的头几年,投资处于亏损状态时,投资损失可以扣减应税收入,这对承担高的边际税率的富有个人来说颇具吸引力。同时,有限合伙制还能吸引处于税收负担另一级的投资者,即养老基金、捐赠基金等享受税收豁免的投资者,这些机构投资者受益于免税带来的巨大好处。显然,从税收角度看,对富有个人而言,税收所带来的利益多发生在合伙制的最初几年,在这几年中有较高的投资损失,可以抵减应纳税所得;而对免税投资者而言,税收所带来的好处多发生在合伙制后期,即投资项目成熟开始获利的时期。

合伙制的建立和解散均比公司型的组织结构容易,其投资范围和期限预先规定。在公司型的组织结构中,股东可以随时改变投资的目标、变更利润分配安排,而在合伙制的组织结构中,这些在基金创立之初就已经确定。

有限合伙制的一般合伙人承担着很高的风险,需要高度的投资技能,这可能是这种组织形式在创业风险投资业初期不甚流行的原因之一。

（三）附属型创业风险投资机构

这一类包括大型金融机构或产业公司的子公司和附属机构，其资本大多数来自母公司。20世纪70年代末以来，许多有丰富创业风险投资经验的银行职员离开银行附属的创业风险投资机构，入伙有限合伙制以获取更高的回报。为了阻止这种人才流失，许多银行附属的创业风险投资机构改变其组织结构，转变为有限合伙制，以便提供更直接和更高的投资回报。

作出良好的创业风险投资决策所需要的条件是具备专业技能的创业风险投资家能在母公司或政治利益的压力下独立管理投资，最好的办法是采取独立的组织结构。而实际上，即使当创业风险投资业处于早期的时候，占据主流的组织结构在很大程度上还是非独立的（母公司附属型或官办公司），当创业风险投资业发展到一定阶段，产生更大的项目流时，独立的合伙制结构才开始占主导地位。

（四）其他形式的创业风险投资

这主要指大企业的创业风险投资和私人创业风险投资。大企业可以直接投资于风险企业，还可以向其所属的研究开发部门或单位拨付资金，通过研究和开发为企业自身的产品升级或换代服务。私人创业风险投资主要指发达国家的富人直接或者委托其代理人进行创业风险投资。

三、创业风险投资的阶段划分

一项高新技术的产业化通常划分为四个阶段：技术酝酿与发明阶段、技术创新阶段、技术扩散阶段和工业化大生产阶段。每一阶段所需资金的性质和规模都是不同的。创业风险投资在高新技术发展的不同阶段进行投入，其经营目标和运行方式是不同的。

> 创业风险投资的阶段划分：根据技术发展阶段的不同，风险投资可以划分为四个阶段——种子期、导入期、成长期、成熟期。

（一）创业风险投资的种子期（Seed Stage）投入

种子期是指技术的酝酿与发展阶段，这一时期的资金需要量很少，从创意的酝酿，到实验室样品，再到粗糙样品，一般由科技企业家自己解决。有许多发明是工程师、发明家在进行其他实验时的灵机一动，在原有的投资渠道下设法变为样品并进一步形成产品，于是发明家就会寻找新的投资渠道。这个时期的创业风险投资的资本称做种子资本（Seed Capital），其来源主要有：个人积蓄、家庭积蓄、家庭财产、朋友借款、申请自然科学基金，如果还不够，则会寻找专门的创业风险投资家和创业风险投资机构。要得到创业风险投资家的投资，仅凭一个念头是远远不够的，最好能有一个样品。然而，仅仅说明这种产品的技术如何先进、如何可靠、如何有创意也是不够的，还必须对这种产品的市场销售情况和利润情况进行详细的调查和科学的预测，并形成文字，将它交给创业风险投资家。一个新兴企业的成功不能仅凭聪明的工程师和睿智的发明家，而必须有懂得管理企业并对市场营销、企业理财有相当了解的人才。经过考察，创业风险投资家同意出资，就会合建一个小型股份公司。创业风险投资家和发明家各占一定股份，合作生产，直到形成正式的产品。这种企业面临三大风险,一是高新技术的技术风险,二是高新技术产品的市场风险,三是高新技术企业的管理风险。创业风险投资家在种子期的投资在其全部创业风险投资额中的比例是很少的,一般不超过10%,但却承担着很大的风险:一是不确定性因素多且不易测评,二是离收获季节时间长,因此也就需要有较高的回报。

(二) 创业风险投资的导入期 (Start-up Stage) 投入

导入期是指技术创新和产品试销阶段,这一阶段的经费投入显著增加。在这一阶段,企业需要制造少量产品。一方面要进一步解决技术问题,尤其是通过测试,排除技术风险。另一方面还要进入市场试销,听取市场意见。这个阶段的资金主要来自原有创业风险投资机构增加的资本投入。这一时期投入的资本称做导入资本(Start Capital)。如果这种渠道无法完全满足需要,还有可能从其他创业风险投资渠道获得资金。这一阶段的风险仍主要是技术风险、市场风险和管理风险,并且技术风险和市场风险开始凸显。这一阶段所需资金量大,是创业风险投资的主要阶段。对于略大的项目来说,往往一个创业风险投资机构难以满足,创业风险投资机构有时联合向一个项目投资,这样做可以分散风险。这个阶段创业风险投资要求的回报率也是很高的。一旦创业风险投资发现无法克服的技术风险或市场风险超过自己所能接受的程度,投资者就有可能退出投资。这时无论是增加投资还是退出,都要果断,力戒观望。该投资时裹足不前,可能错过一个大好的机会,并且使原有投资的作用无法充分发挥;而该退出时犹犹豫豫,食之无味,弃之又嫌可惜,很可能就会陷入无底深渊。是进入还是退出,除了科学冷静之外,还要依靠直觉,这就是个艺术问题了。这也就是为什么许多创业风险投资家只爱做自己熟悉的行业。熟悉的行业容易培养直觉,而直觉往往不是数学模型和统计数字所能取代的。当然,这也会限制创业风险投资家的发展,特别是当这个行业不再具有巨大发展潜力时。

(三) 创业风险投资的成长期 (Expansion Stage) 投入

成长期是指技术发展和生产扩大阶段。这一阶段的资本需求相对前两阶段又有所增加,一方面是为扩大生产,另一方面是开拓市场、增强营销投入,最后使企业达到基本规模。这一阶段的资金称做成长资本(Expansion Capital)或扩展资本,其主要来源于原有创业风险投资家增资和新的创业风险投资的进入。另外,产品销售也能回笼相当的资金,银行等稳健资金也会择机而入。这也是创业风险投资的主要阶段,这一阶段的风险已主要不是技术风险,因为技术风险在前两个阶段应当已基本解决,但市场风险和管理风险将加大。由于技术已经成熟,竞争者开始仿效,会夺走一部分市场。企业领导大多是技术背景出身,对市场营销不甚熟悉,易在技术先进和市场需要之间取舍不当。企业规模扩大,会对原有组织结构提出挑战。这都是市场风险和管理风险的来源。为此,创业风险投资机构应积极评估风险,派员参加董事会,参与重大事件的决策,提供管理咨询,选聘更换管理人员,并以这些手段排除和分散风险。这一阶段的风险相对前两个阶段已大大减少,但利润率也在降低,创业风险投资家在帮助增加企业价值的同时,也应着手准备退出。

(四) 创业风险投资的成熟期 (Mature Stage) 投入

成熟期指技术成熟和产品进入大工业生产阶段,这一阶段的资金称做成熟资本

（Mature Capital）。该阶段资金需要量很大，但创业风险投资已很少增加投资了。一方面是因为产品的销售本身已能产生相当的现金流入，另一方面是因为这一阶段的技术成熟、市场稳定，企业已有足够的资信能力去吸引银行借款、发行债券或发行股票。更重要的是，随着各种风险的大幅降低，利润率已不再高到诱人，对创业风险投资不再具有足够的吸引力。成熟阶段是创业风险投资的收获季节，也是创业风险投资的退出阶段。创业风险投资家可以拿出丰厚的收益回报给投资者了。创业风险投资在这一阶段退出，不仅因为这一阶段对创业风险投资不再具有吸引力，而且也因为这一阶段对其他投资者如银行、一般股东具有吸引力，创业风险投资可以以较好的价格退出，把企业的接力棒交给其他投资者。

由此看来，创业风险投资的投入有四个阶段：种子期的小投入、导入期的大投入、成长期的大投入以及成熟期的部分小投入。它们分别对应着产品成长的四个过程。实际上，这四个阶段之间并无么明显的界限。虽说理论对此有一定的划分方法，但落实到实际，还得靠企业家自己去把握。

四、创业风险投资的退出机制

创业风险投资的退出机制是指创业风险投资机构在其所投资的风险企业发展相对成熟之后，将所投的资金由股权形态转化为资金形态，即变现的机制及其相关的配套制度安排。它涉及退出方式和退出场所两方面的问题。风险资本能否从风险企业中成功地退出，对于高技术创业风险投资循环的顺利进行有着极其重要的意义。

> 创业风险投资的退出：在所投资的企业发展相对成熟之后，将所投资金由股权形态转化为资金形态，即变现的机制及其相关配套制度安排。

（一）创业风险投资退出的作用

1. 退出机制为风险资本提供了持续的流动性。创业风险投资与一般投资的重要区别在于投资收益的获取方式不同。一般投资是通过持有所投资企业的股份来获取股息和红利收入，而创业风险投资是通过出售其在所投资企业占有的股权来获取资本增值收入。创业风险投资家专门从事具有挑战性的风险企业培育工作，但其并不永远与风险企业同甘共苦，而是只共苦不同甘，见好就收，将已经增值的资本回收后再投入到新的风险企业中去，在不断的投资—退出—再投资的过程中实现资本的持续增值。因此，在所投资的风险企业成功后将股权转化为流动性的资金至关重要。退出机制在此正好提供了股权变现的机制。如果缺乏退出机制，已经成功的风险资本无法从原投资企业撤出，就不能进行新的再投资活动，风险资本自身的增值运动和社会的创业风险投资活动就会受到限制，不用说进行扩大的再投资，连简单再投资都无法持续进行。长此以往，创业风险投资活动将趋于萎缩，难以维持，更谈不上发展了。从这个意义上说，退出机制是风险资本的变现器和稳定器，是创业风险投资成功的必要条件。没有退出机制，风险资本就难以发展；退出机制不健全，风险资本的发展就不迅速。

2. 退出机制为风险资本提供了持续的发展性。与任何资本一样，风险资本不仅仅是为了保值，而是为了尽可能多地增值。创业风险投资仅仅能够保持风险资本的连续性和稳定性是远远不够的，必须在保值的同时获取增值。不管投资是否获得成功，是否能够实现增值，所投入资本及其增值都必须能够及时转化为流动状态。从这个意义上来说，退出机制是风险资本的加速器和放大器。风险资本不仅需要退出机制，而且需要能够实现增值的退出机制。也就是说，退出机制不是提供简单变现机制，而是提供扩大变现机制。

3. 准确评价创业资产和创业风险投资活动的价值。高新技术具有新的特征，但在市场上却难以找到衡量其价值的标准和尺度。而且每一个成功的创业风险投资项目都是包含知识产权、创新思维、技术诀窍、管理和市场开发能力等因素的综合体，无形资产的含量很高。成功的创业风险投资项目均具有良好的发展前景和巨大的市场潜力，即便眼前项目是亏损的，但仍然可能受到投资者的欢迎。因此，对创业资产不仅要评估其即期的价值，更要评估其成长性带来的未来价值。创业风险投资的最终退出有助于评价此次投资价值的创造。

4. 吸引社会资本加入创业风险投资行列，促进风险资本的有效循环。风险资本一般由职业创业风险投资家从社会募集而来，而风险资本的退出机制则是创业风险投资成功的基本保障。如果没有可行的资本退出方案，投资者不会将资金投入，创业风险投资活动将因难以筹集到社会资本而无法进行，投入—退出—再投入的风险资本的有效循环也就无从建立，创业风险投资活动的链条就会中断，就无法实现投资增值的良性循环。

可见，一套完善的创业风险投资退出机制，对一个国家的创业风险投资体系而言，扮演着动力机制和安全保障机制双重角色。缺少健全、多渠道退出机制的创业风险投资体系是无法正常运作的。

（二）创业风险投资的退出方式

主要有公开上市（包括主板市场、中小企业板、创业板市场）、买壳上市、境外上市、偿付协议、出售、收购与兼并、破产与清算等几种方式。

1. 公开上市。即首次公开发行股票。这种方式是创业风险投资退出的最佳渠道。创业风险投资者在投资后获得的高额回报便是风险企业成功后，其股票公开上市或企业卖出时的资本收益。它可分为主板市场交易和创业板市场交易两种。主板市场的主要功能是为那些在创业板市场和场外交易中经过一段时间培育并已显示出良好发展前景的高科技企业提供进一步扩展的空间。在创业板市场未建立前，它还是高科技企业的主要上市渠道。但是主板市场尚不具备为风险资本提供充分撤出渠道的功能。它只能作为一种过渡安排，即作为某些现已具备相当规模的高科技企业的筹融资渠道。创业板市场是专门为高新技术企业建立的股票市场。以著名的美国纳斯达克市场为例，创业板市场的发行标准低于主板市场，而且没有规模限制，企业只要符合管理当局公开宣布的标准就能够上市发股。创业板市场的主要功能是帮助风险资本的形成和风险企业的成长，为创业风险投资增值、顺利退出提供了出口。我国创业风险投资行业在危机中得以历练发展，以创业板平稳的推出为标志，风险行业环境的逐步改善，有力地促进了我国创业风险投资事业的发展。

2. 买壳上市。买壳上市是指风险企业通过先收购某一上市公司一定数量的股权，取得对其实质意义上的控制权后，再将自己的资产通过反向收购的方式注入上市公司内，实现非上市的控股公司间接上市的目的。然后，创业风险投资再采取市场逐步退出的方式。购并公司为非上市公司，被购并企业为上市壳公司。壳公司被收购后并不消失，而是继续存在（名字可以更改），只是将大部分或相对多数股权交由收购公司所有，收购公司通过资产置换等方式将自己的资产和业务并入上市壳公司。因此，买壳上市又被称做反向收购。

3. 偿付协议。偿付协议是一种帮助投资人将其对风险企业的投资变现的一项合约保证。偿付协议在企业家和投资人签订的创业风险投资协议中通常表现为某些条款。使用偿付协议在创业风险投资中是很普遍的事情，尤其是当投资人对被投资企业是否能够将其股份在公开市场上顺利出售（如公开上市）不确定时。由于事实上很多创业风险投资并不像创业企业家在其业务计划书中所预计的那么成功，因此，对创业风险投资人而言，签订和执行偿付协议就变得非常重要了。

偿付协议一般包括以下内容：（1）回购条款。按照该条款创业风险投资人可以强迫被投资企业按议定的价格回购投资人手中的股份。（2）买卖契约。据此创业风险投资人可以强迫被投资企业管理层回购投资人股份或者将其股份卖给投资人。

4. 出售。出售是企业产权交易的一种主要形式，也是创业风险投资家最常用的退出方法之一。按照出售对象的不同，它又可分为两种方式：一种是对公司之间的一般收购，另一种是由另一家创业风险投资公司接收的第二期收购。后者通常发生在前期创业风险投资基金存续期结束或由于某种原因需要实现收益的时候。另外，在企业管理层与创业风险投资者关系破裂时，第二期收购也不失为一种选择。相对于首次公开发行方式而言，出售有其自身的优势。

5. 破产清算。创业风险投资是一种高收益、高风险的投资方式，部分或完全的失败在创业风险投资业是很普遍的。当创业风险投资者意识到所投资企业已无发展前途或无法达到预期收益时，唯一能够做的就是果断地抽身而退，即破产清算。否则，让一个无前途的项目占用创业风险投资者的大量资金是很不划算的，还不如让退出的资金进入下一个投资循环，以谋取高回报。以清算方式退出虽然是痛苦的，但这却是避免更大损失的权宜之计。因此，及时有效地清理失败项目也是风险资本退出的重要方式。

第三节　国外创业风险投资市场

一、美国的创业风险投资市场

对于绝大多数国家来说，创业风险投资是 20 世纪八九十年代出现的新事物。然而美国创业风险投资的历史却要长得多。20 世纪 70 年代以前，美国的风险资本主要由富有的家庭提供。到了 70 年代末，美国政府修改法规，允许 5% 的养老金进入创业风险投资领域，从而迅速扩大了风险资本的供给。与此同时，以微电子为主要内容的技术革命使高科技产业中的投资机会迅速增加，刺激了对风险资本的需求。1978—2016 年，美国的风险资本总额从 40 亿美元猛增到 710 亿美元，增加了近 18 倍。

从美国风险资本的供给结构来看：养老基金虽然整体有一个下降趋势，但相对于其他资本来源仍具有绝对优势，占43%，捐赠和基金会占20%，个人及家庭占10%，保险公司和其他公司除了个别年份外作用在不断加强，成为美国创业风险投资的一个重要投资者，共占25%，外国投资者占2%。机构投资是风险资本的主要来源。从风险资本的投资对象看，美国的风险资本与欧洲和日本相比，更集中于高科技企业，在计算机软硬件、生物技术、能源、医疗设备、娱乐通信和IT服务等行业的投资占其总投资的71%左右，并向多元化发展，将投资着眼于消费、零售及健康等行业。美国创业风险投资公司管理的资本规模一般不大，相当部分创业风险投资企业的资本规模小于1 000万美元，平均规模大约5 500万美元。尽管近年来每笔业务所要求的投资越来越大，创业风险投资机构依然偏向于小型化，以保持其高效率和灵活性。

从投资于企业不同发展阶段的风险资本比例来看，风险资本投资于企业早期的比例甚小，尽管这个比例在逐步提高之中。事实上，美国创业风险投资业每年投资于企业早期的资本大约只有60亿美元，与创业者和其他私人投资的1 000亿美元相比，这是一个极小的数额。这种状况是风险资本家追求在一定风险下利润最大化的结果。从不同阶段创业风险投资的预期收入和风险（预期收入的标准差）的相互关系中可看出，种子期的创业风险投资具有最高的年收益率（超过30%）和最大的风险（标准差接近0.35），而后期投资的收益和风险都最小。早期成长阶段与加速成长阶段的投资收益和风险则是介于中间。总的来说，创业风险投资具有比其他类型投资更高的收益率和风险。

美国创业风险投资的发展与股票市场是密切相关的。企业上市是风险资本退出的重要途径，股票二级市场的活跃程度对于一级市场企业股票的发行价格和发行难易程度有重大影响。企业股票发行价位高，资本增值大，风险资本管理者和投资者都能获得较丰厚的利润，这就会刺激风险资本市场的发展，有更多的增值资本回流到创业风险投资领域；反之，风险资本市场就会萎缩，投资者会寻求其他机会。

二、欧洲的创业风险投资市场

> 管理层收购（Management Buy-Outs，MBO）：指管理层通过杠杆的方式收购自己管理经营的目标公司。

与美国相比，欧洲创业风险投资市场的发展要滞后很多。创业风险投资在欧洲的兴起是从20世纪80年代开始的，但在以后十多年的时间里取得了较大的发展。风险资本已为数千家欧洲企业提供了发展资金，很多成功的欧洲企业是在风险资本的帮助下建立起来的。到90年代中期，欧洲风险资本的年度投资已超过50亿欧洲货币单位，需要说明的是，由于欧洲把管理层收购（MBO）计算在内，该数据与美国的数据不具有可比性，投资的项目在5 000～7 000个。其中三分之二的项目是在少于100人的小企业中，90%的项目是在少于500人的中小企业中。

欧洲创业风险投资主要集中在企业扩张和管理层收购两个方面，两项之和将近占创业风险投资总额的90%。而种子期创业风险投资不足6%。产生这种状况的原因有二：其一是种子期创业风险投资的周期长、风险大，对于一般的创业风险投资机构吸引力较小，创业者和其他私人投资是种子期创业风险投资的主要来源。其二是由于欧洲股市规模尤其是为中小企业服务的股市规模相对较小，创业风险投资通过二板市场实现退出的渠道受到一定限制。

欧洲创业风险投资与美国相比还有两个显著的不同点。其一，欧洲的创业风险投资项目中主流工业占了较大比重，对高科技产业的投资不足20%，而美国风险资本对高科技产业的投资则达到了90%。其二，银行是欧洲风险资本的主要供给者，而美国风险资本的主要供给者是养老基金、私人投资者和保险公司。在欧洲国家中，只有英国的养老基金已成为风险资本的主要来源。资金来源的不同对风险资本的发展有重大影响。由于银行投资相对于退休基金和保险金的投资是短期的，它会影响创业风险投资的类型和性质。欧洲风险资本来源上的缺陷在一定程度上阻碍了欧洲创业风险投资的发展。

随着欧洲证券市场的发展和对中小企业支持力度的不断加大，风险资本以二板市场作为退出的渠道越来越宽，创业风险投资的收益水平有望不断提高。

三、日本的创业风险投资市场

与欧美相比，日本创业风险投资的主要特点是银行对创业风险投资机构的控制。有52%的创业风险投资公司的母公司是各类商业银行，只有25%的创业风险投资公司的母公司是证券公司。银行所属创业风险投资公司的资本总额占整个行业资本总额的75%。在管理上，大多数管理阶层人员来自银行，创业风险投资公司基本上沿袭了银行的制度。在创业风险投资业的从业人员中，具有科技背景的很少。这种人员构成阻碍了过滤和识别对处于研究开发阶段和高风险阶段的高科技企业的投资机会，这是日本风险资本集中于企业后期投资的原因之一。

日本风险资本的周转速度较慢，原因是资金沉淀在股票市场上的时间过长。在一项抽样调查中，有62%的创业风险投资企业表示在所投资的企业上市后仍将继续持有该企业的股份，并以在股市上的操作作为盈利的主要来源。日本创业风险投资公司的收入中，有46%来自其贷款利息，22%来自股份增值，17%来自股份分红。在支出构成中，62%用来支付利息，32%作为企业的运行费用。从收入和支出的构成中可以看出日本创业风险投资公司与商业银行较为相似。

制约日本创业风险投资发展同时也是形成以风险贷款为主要投资形式的另一个重要原因，是日本以中小新生企业为主要服务对象的证券市场还不发达。在上市公司规模和股票交易的流动性等方面，日本股市比美国的纳斯达克市场相差甚远。目前证券市场对培育风险资本和高科技产业的重要意义已引起日本政府相关部门的重视，有关限制性法规正在逐步放宽。

四、以色列创业风险投资

以色列是发展创业风险投资非常成功的后起国家之一，而且其国有经济、集体经济占很大比例，自1985年进行经济改革，因而与我国经济有许多相似之处。研究以色列创业风险投资的发展对我国具有借鉴意义。

（一）以色列创业风险投资的发展成就及成功模式

以色列创业风险投资的成功模式是：技术孵化器与传统的创业风险投资模式有机结合。在传统意义上，创业风险投资基金由有限合伙人和普通合伙人组成。有限合伙人只向基金注资，构成基金的资本源。普通合伙人负责基金的实际操作，其主要职责包括：

建立基金、筹集资金以供投资筛选有潜力的投资项目；评估谈判，达成协议；投资家与创业者合作发展风险企业；创业风险投资退出，实现收益。以色列在创业风险投资传统模式的基础上创新了一种政府支持下的技术孵化器模式。创业者虽然在科技及工程领域有很高造诣，拥有丰富的技术创新经验，但往往缺乏经营管理方面的知识和经验，而这些对于风险企业取得商业成功又是至关重要的。技术孵化器就是为解决这一问题而出现的，其目的在于通过向处于早期发展阶段的高科技企业提供为期两年的经营场所、资金、管理等支持与帮助，使其尽快健康成长。

技术孵化器的运作机制是：由政府、投资机构及个人投资者多方投资，形成技术孵化器基金的资本源，由孵化器管理中心掌管，投向被孵化企业；由创业者提供项目，入主孵化器，形成该基金的项目源，通常是每个项目新建一个风险企业，接受基金的管理等；孵化器管理中心是资本源与项目源的联系人、运作者及管理者。政府投资的资金有着明确的用途和使用方式，即孵化器管理中心的工资、房租、办公费等全部费用，每年约20万美元，每年向每个被孵化企业提供其全部费用的85%的资金。管理中心的主要任务是寻找、筛选项目，向首席科学家办公室提供材料，经其批准，组建风险企业；向被孵化企业提供经营管理、监督控制，对重大事项作出决策。每个孵化器通常能容纳10~15个处于早期发展阶段的企业，每个企业要包括2~5名产品技术开发人员。

以色列创业风险投资成功模式的运行机制是高科技企业在早期发展阶段由技术孵化器支持，在成长发展阶段由传统创业风险投资支持。有关资料表明，在一些国家，投资于研究开发阶段的创业风险投资的成功率为10%，而以色列的成功率高于50%。

（二）以色列创业风险投资成功的原因

以色列创业风险投资之所以取得如此巨大的成功，有其深层原因。

1. 广泛平衡的全民教育体系。全民教育体系造就的优质智力资源为发展创业风险投资提供了智力支持。60多年来，以色列建立起一整套切合国情、相对完善的全民教育体系，包括基础教育、高等教育、职业教育和业余教育。其中，基础教育是重点，高等教育是关键，职业教育和业余教育是重要组成部分。以色列在发展全民教育上采取了将尊师重教、追求知识的传统与政府的有效支持及法律制度保障相结合的办法。以色列的教育倡导创新与实效原则，这体现在全民教育的各个体系中。以色列经过短短60年，劳动生产率和国民生活水平能够接近意大利和英国，高科技和创业风险投资能够取得如此巨大的成就，就在于其完善高效的全民教育体系造就了高质量的智力资源。

2. 政府的有效干预和积极支持。以色列政府促进本国高科技企业和创业风险投资的发展主要表现在三个方面。第一，直接投资设立创业风险投资基金。20世纪80年代末，以色列涌现出大量的高科技企业，由于缺乏资金、管理等支持，很多企业最终没有在市场上获得成功。1992年，以色列政府为解决这一问题设立了1亿美元的YOZMA风险基金，同时成立了YOAMZ创业风险投资公司，至此，以色列掀起了创业风险投资发展的第一个高潮。到1995年末，该公司吸引了1.5亿美元的外国资金，与外国资金共同设立了10只风险基金。以色列政府还通过其控制的保险公司积极参与创业风险投资，使具有政府背景的资金量占到创业风险投资基金总量的1/3。第二，政府向技术孵化器提供的资金支持起到了乘数作用。技术孵化器的投资基金由政府投资与民间投资构成。根据1985年颁布的《鼓励工业研究与开发法》的规定，政府资助的研究开发项目成功转化为产品后，企业每年只需以销售额的2%逐步偿还资助金额。这一规定的目的就是为了引入民间投资，促进技术孵化器模式与机制的发展和完善。第三，政府不干预技术孵化器管理中心的资本运营，而是通过工贸部首席科学家办公室审批投资项目，这样，管理中心经理的激励约束机制既能按市场化要求运作，又能体现政府支持鼓励早期投资的政策与目标。

3. 宽松的金融及投资环境。进入20世纪90年代后，资本市场取消了限制私人企业融资的政策，外汇市场逐步引入了浮动汇率制。政府的这些逐步放松金融管制的措施大大促进了国内外金融业的交流，使以色列在90年代后很快成为中东的金融中心。目前，以色列几乎所有银行都在西方国家金融中心设有子公司或分部，提供长短期融资和出口资金融通服务。通过走出去，银行积累了从事投资、国际交易以及商业银行业务的经验。同时，多数国际知名投资银行都在以色列设有办事处，它们为以色列的高科技企业利用国际资本市场提供了有效的服务。另外这些投资银行还与英特尔、西门子等跨国公司一起收购、兼并以色列具有高成长性的高科技公司，使得以色列的产权市场日益活跃。

4. 面向世界，与国际合作发展创业风险投资。目前，已与包括我国在内的40多个国家签署了官方科技合作协定，同美国、日本、德国等建立了双边科技合作基金。其国际合作的主要特点是：与世界上科技领先的国家建立长期稳定的合作关系，与发达国家的先进公司联合开发高科技产品和国际市场，广泛吸引外国投资。这样，以色列在国际范围内找到了最适合的技术、产品、资本及市场，引入了最优秀的管理人才。以色列创业风险投资国际化是推动其高科技企业以及创业风险投资事业快速发展的重要力量。

第四节　我国的创业风险投资市场

一、中国创业风险投资发展历程

1985年9月，国务院批准成立了我国第一家创业风险投资公司——中国新技术创业投资公司（以下简称中创），这是一家专营创业风险投资的全国性金融机构。它的成立被视为我国创业风险投资业起步的标志。继中创之后，我国又成立了中国高科技创业风险投资有限公司、广州技术创业公司、江苏省高新技术创业风险投资公司等类似的公司，使我国出现了创业风险投资的早期萌芽。其业务主要为投资、贷款、租赁、担保、咨询等。这一阶段我国创业风险投资的资金规模约为30亿元人民币。

20世纪90年代中期前后，一批海外基金和创业风险投资公司开始涌入中国，为中国创业风险投资业注入新的资金，并带来西方全新的管理与规范化的运作；与此同时，一些投资银行、信托投资公司等金融机构也纷纷开设创业风险投资部，涉足刚刚兴起的创业风险投资业。种种情况表明中国创业风险投资业开始进入试探性发展阶段。

国务院办公厅于1999年转发了科技部、国家计委、国家经贸委、财政部、人民银行、税务总局、证监会制定的《关于建立风险投资机制若干意见的通知》，该通知对于我国建立创业风险投资机制的意义、基本原则、创业风险投资撤出机制的建立、完善中介服务机构体系、建立相应的政策和法规体系等都做了明确的说明和规定；国家经贸委于2000年颁布了《关于鼓励和促进中小型企业发展的若干政策意见》，其中提出："鼓励社会和民间投资，探索建立中小企业风险投资公司；探索风险投资基金的管理模式和撤出机制；充分发挥政府对风险投资的导向作用"；2001年8月，国家对外贸易经济合作部、国家科学技术部、国家工商行政管理总局颁布了《关于设立外商投资创业投资企业的暂行规定》，使外商参与中国的创业投资有规可循。这些举措从不同的资金渠道拓宽了中国创业风险投资的发展空间。

2004年，由于资本市场退出形势的预期好转以及网络潮的回暖，风投行业在总投资额上大幅攀升，风投业进入一个全面复苏和加速发展的时期。2009年10月23日，中国创业板举行开板启动仪式。创业板的创立，优化了我国中小企业的融资难问题，同时优化了风险投资机构的退出渠道。截至2017年5月，创业板上市企业已达到572家。

近年来，中国的创业风险投资无论是投资机构总数、筹集的风险资本金总额、投资项目总量，还是创业风险投资及基金管理机构的从业人员等，都有大幅度的增加。中国创业风险投资机构的区域分布与当地的科技、经济发达程度，信息交通、配套环境的健全，以及当地政府的政策支持密切相关。当前创业风险投资机构最为集中的地区为北京、上海和深圳，其次是南京、杭州、天津、广州、成都、武汉、西安等中心城市。2015年，全国创业风险投资管理资本总量达到6 653.3亿元，占GDP总量的0.92%，较上年增加1 420.9亿元，增幅为31.7%。2015年同期美国创业风险投资管理资本为1 653亿美元，占GDP总量的0.96%，欧洲的创业风险投资管理资本总额约为550亿欧元。由此可见，中国创投行业规模仅次于美国，中国已经成为名副其实的创业风险投资大国。

> 创业板：专为暂时无法在主板上市的中小企业、高科技产业企业提供的融资平台市场。中国创业板市场的代码以"300"开头。

二、中国创业风险投资的主要运作模式

（一）以有限责任公司方式设立，对投资项目以股权管理方式运作

该模式的管理特点是：选择投资项目——需符合国家产业政策及鼓励发展领域的创新科技项目；投资项目评审——由公司内部的投资决策委员会和董事会审定投资项目及投资金额；股权方式投资——以风险资金作股权投入，派出人员进入被投资企业的董事会、监事会，参与企业的重大决策；组成管理团队——由擅长技术与企业管理、金融财务等3~4人组成，负责投资企业的动态跟踪管理，以及筹划资本增值退出方案；资本运作退出——通过项目股权转让或推荐项目企业上市，作为风险资本退出的主要途径；鼓励与约束机制——对管理团队实施投资项目资本增值、退出的奖励方案，以及对因跟踪管理不善的项目人员进行调整直至解聘。

(二) 委托管理方式运作，实行所有权与经营权分离，资金持有者与项目经营者分离

该模式的管理特点是：建立资金平台——由创业风险投资公司筹集资金；建立管理平台——将风险资金委托若干家资金管理公司进行管理；建立项目平台——创业风险投资公司与资金管理公司共同寻找投资项目；激励约束机制——资金管理公司应对每个投资项目匹配10%~25%的投资额，实现共担风险；建立监管制度——委托银行负责监管资金管理公司，并要求管理公司定期提交资金管理报告；增值退出分成——按项目委托管理协议分成，资金管理公司还对收益显著的项目收取额外业绩费。

(三) 筹组多元化专业基金，建立各类基金管理公司

该模式的管理特点是：投资领域专业化——专业技术领域定向筹集风险资金；促进区域性发展——在人才、资金、项目、资本市场、政策环境配套的区域大力发展创业风险投资；管理人才合理使用——按技术行业与管理类别匹配，发挥人才积极效能；筹资与投资匹配——资金与投资项目融资水平相适应；整体协调发展——控股公司人才汇聚，资金雄厚，竞争中抗风险能力强大。

(四) 外商创业投资合作的主要方式

一般来说，外商机构（包括中国香港、台湾地区的公司）在资金实力、资本运作能力等方面见长，中国大陆本土的创业风险投资机构在投资项目管理、技术及产业发展等方面有独到之处。因此，国内创业风险投资机构与外商合作有很强的互补性，有广阔的发展空间，可以采取以下合作方式。

1. 参与科技孵化器的创业运作。在新经济的发展过程中，创业风险投资以资本的方式培育企业，而孵化器注重构筑创业的基础与良好的环境。中国为创新型企业发展服务的科技孵化器创业模式在西安、北京、珠海等地均获得成功。它们主要为创业者提供各类研究场所、公司运作、工商登记以及新生创业型公司诞生所需要的各类服务。外商创业投资机构可以在中国科技、经济和综合经营环境优越的北京、上海、深圳、广州、珠海、杭州、中山等地合作创办科技孵化器中心，培养创业企业，并从中选择优秀的新生企业进行投资，为其进行发展培训、设计运作及盈利模式。通过一段时期的培育发展后，即可进行全部或部分股权转让从而获利退出。

2. 以境外基金方式参与培植创新企业。可在中国香港或中国境外的其他地方设立创业投资基金，与中国境内的创业风险投资机构或创业投资基金进行联手合作，共同在中国大陆寻找某些熟悉技术领域的高成长性创新中小企业，双方共同匹配投资，共同组建新的有限责任公司，突出企业的核心技术和产品的竞争力，提高企业的综合发展能力，为资本运作及企业购并做准备。

三、发展方向

1. 完善创业风险投资结构。整体思路是要减少政府的主导性和扶持性基金，激发其他资本力量。主要做法如下：第一，政府可以出资带动，但当公司发展步入正轨时，政府资本应该退出，让其他社会资本介入；第二，引进国外的先进管理结构，实施所有权与经营权相分离的治理结构，政府要减少对创业风险投资公司运作的干涉，经营管理者必须与原所在单位割断联系并承担投资风险责任。

2. 多渠道开辟创业风险投资资金来源。由以下渠道可以考虑：第一，保险公司、信托投资公司、养老基金和捐赠基金等机构投资者是创业风险投资的最佳资金来源；第二，商业银行资金也可以多种模式进入创业风险投资；第三，积极引导国外资金进入，获得创业风险投资资本，学习先进的经营管理经验；第四，引导民间资本投向创业风险投资领域；第五，券商可以通过入股风险投资公司等方式介入创业风险投资。

3. 培养高素质的创业风险投资人才。以下做法可以解决人才紧缺：第一，加强高等院校相关教育，拨款辅助此领域的教育工作；第二，聘请国外有丰富经验的人士对风险管理人员进行培训，开拓其视野以及深化其对创业风险投资的实质性认识；第三，在实际的操作环境中建立有效机制，鼓励工作人员不断摸索、丰富经验与创新。

4. 建立畅通的创业风险投资退出机制。具体做法如下：第一，加快创业板与股票市场的完善，建立有效的市场机制使得资质符合的公司可以正常上市，而不是一味封堵；第二，建立公司产权交易市场，为公司并购构造一个信息流动顺畅、交易能够顺利有效进行的产权交易平台，完善相关法律制度。

专栏

全球风投市场发展状况分析： 中国的表现太抢眼

下图显示了 2010—2016 年的 10 个增长最快的创业风险投资市场以及美国的创业风险投资项目 A 轮至 D 轮的复合年增长率。在这六年里，美国是增长最慢的市场，全年复合增长率为 12%。与此同时，韩国、中国和日本位居前三甲。巴西、阿拉伯联合酋长国和爱尔兰分别是第四、第五和第六。

看到这些地区的风险资本扩张，尤其是伴随着非常健康的增长速度，堪称精彩绝伦。持续 6 年以上 50% 的增长率意味着创业风险投资在此期间增长了 11 倍。与此同时，美国的增长率为 75%。

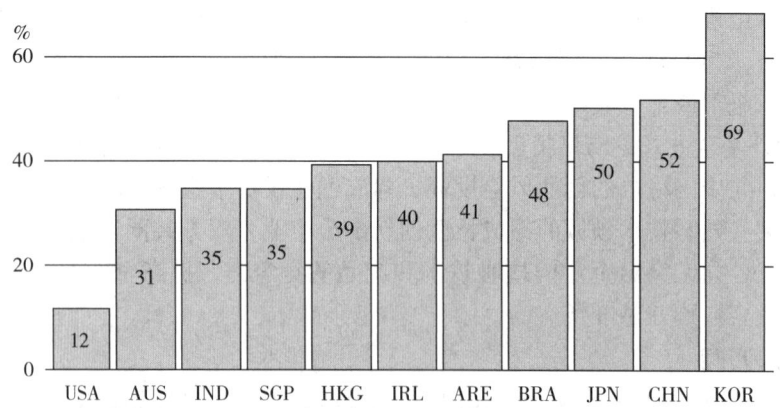

而中国在增速前十的国家中总量又是最高的，2016 年中国创业风险投资总额为 300 亿美元，超过增速前十国家中总量排名第二的印度近 10 倍。如果这一趋势持续下去，再过五年甚至更短时间内，中国创业风险投资的市场规模将超过美国。中国可能会加速跨越至这一里程碑，尤其是美国市场在 2014—2015 年的极盛以后，现已恢复到了平均水平。

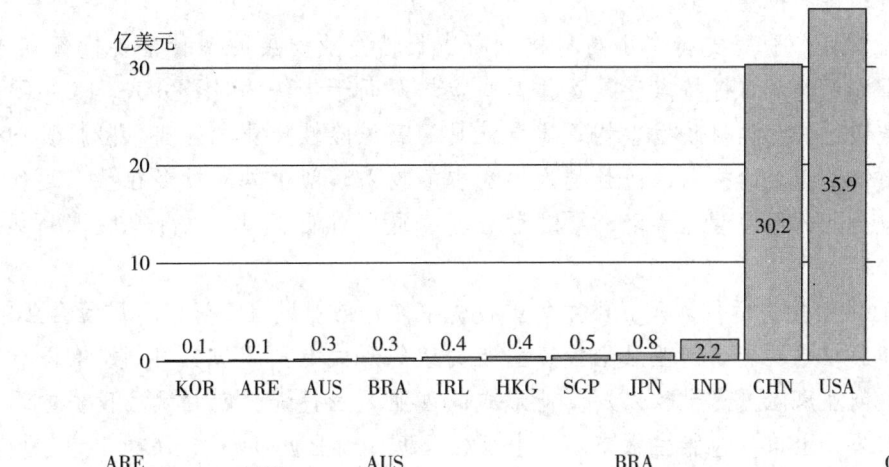

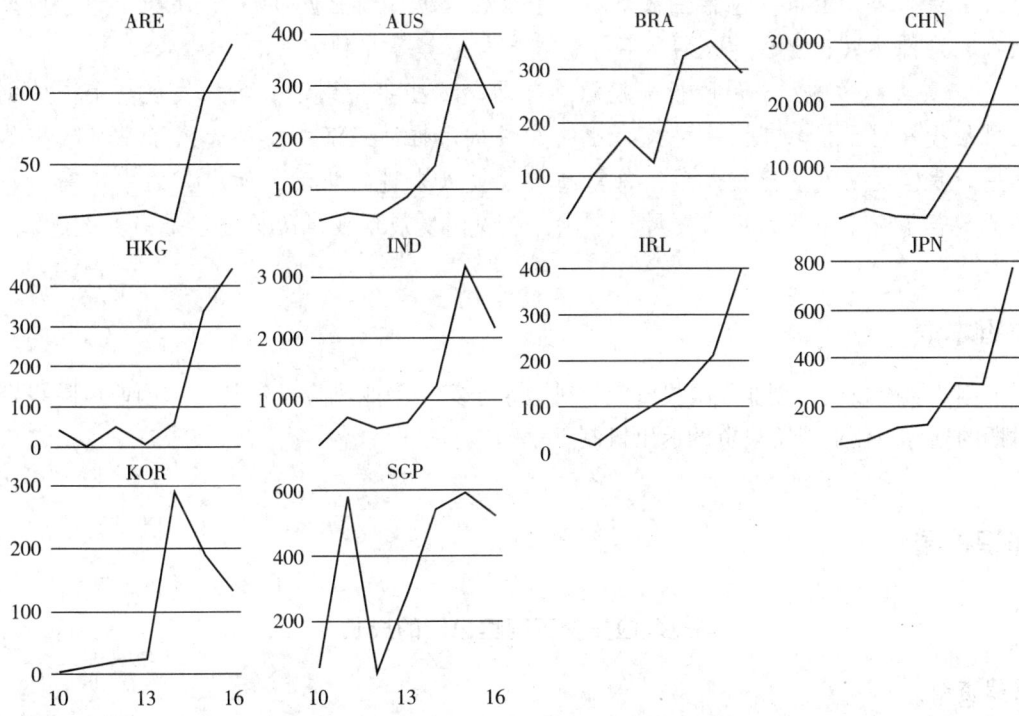

全球创业市场正在持续增长。除美国、中国和印度外，其他市场发展并不深入。但是，如果其他地区依旧保持过去十年的持续增长速度，那么初创企业的筹资环境将会大不同。全球的初创企业会获得更多的帮助，快速成长，为世界经济增长贡献力量。

本章小结

1. 创业风险投资是一种向极具发展潜力的新建企业或中小企业提供权益资本的投资行为。具体地说，创业风险投资是由专门的投资机构向具有巨大发展潜力和高风险的中小高科技企业或高成长企业提供权益性资本，并辅之以管理，追求最大限度资本增值利得的投资行为。

2. 创业风险投资是支持中小高科技与高成长性企业发展的一种重要投资方式。创业风险投资无论从自身特点还是运作模式上均不同于传统的投资方式。其主要投资的领域是银行贷款和财政拨款均不愿意涉足的高风险性产业。创业风险投资向企业的投入不仅是资金的投入，而且是人力资本的投入，创业风险投资在整个运作过程中要参与企业的经营管理活动，要通过合理的退出机制变现，以此来获取高额的投资回报。

3. 创业风险投资运作涉及五类主体：投资主体、创业风险投资家、风险企业家、中介机构和股权购买者。创业风险投资主要的组织形式有：股份公司制、有限合伙制和附属型创业风险投资机构以及其他形式的创业风险投资。创业风险投资的退出方式主要有公开上市（包括主板市场、中小企业板、创业板市场）、买壳上市、境外上市、偿付协议、出售、收购与兼并、破产与清算等几种方式。

4. 真正意义的创业风险投资起源于美国，近些年得到了长足的发展。美国的创业风险投资对于推动美国高科技企业的发展从而推动经济的发展起到了举足轻重的作用。我国经济发展比较落后，急需高科技投入来进行推动，而广大的中小高科技企业却苦于资金不足，难以发展。因此，在我国发展创业风险投资已是当务之急。

关键术语

创业风险投资　创业风险投资家　风险企业家　创业风险投资基金　创业风险投资时期的划分　创业风险投资的退出机制

知识扩展

创业风险投资下阿里巴巴的成长 [①]

背景资料：

一、创业伊始，第一笔创业风险投资救急

1999 年初，马云决定回到杭州创办一家能为全世界中小企业服务的电子商务站点。回到杭州后，马云和最初的创业团队开始谋划一次轰轰烈烈的创业。大家集资了50万元，在马云位于杭州湖畔花园的100多平方米的家里，主攻批发贸易的电商品牌阿里巴巴诞生了，成立初期阿里巴巴拥有两个网站，一个面向英文全球批发贸易市场，另一个面向国内批发贸易市场。

[①] 参考《风险投资成功案例》，中国风险投资网。

二、第二轮投资，挺过互联网寒冬

从 2000 年 4 月起，纳斯达克指数开始暴跌，长达两年的熊市寒冬开始了，很多互联网公司陷入困境，甚至关门大吉。但是阿里巴巴却安然无恙，很重要的一个原因是阿里巴巴获得了 2 500 万美元的投融资。

那个时候，全社会对互联网产生了一种不信任，许多互联网企业破产，由于阿里巴巴有大量的资金作为保障，业务发展仍在持续，2001 年 12 月阿里巴巴注册用户数超越 1 200 万人。虽然行业不景气，马云坚持提出关门把产品做好，等到行业春天到来再大展拳脚。冬天很快就过去了，互联网的春天在 2003 年开始慢慢到来。

三、第三轮中小企业融资，完成上市目标

2004 年 2 月 17 日，马云在北京宣布，阿里巴巴再获 8 200 万美元的巨额战略投资。这笔投资是当时国内互联网行业金额最大的一笔私募投资。2005 年 8 月，雅虎、软银再向阿里巴巴投资数亿美元。之后，阿里巴巴创办第三方支付平台支付宝，收购雅虎中国全部资产，推出专注于服务第三方品牌及零售商的淘宝商城，合并阿里软件和阿里研究院成为新的阿里软件，成立阿里云计算等，一直到阿里巴巴上市。

在电子商务时代，阿里巴巴以其巨大的市场潜力和美好的发展前景，从亲朋好友的 50 万元人民币启动资金到获得了富达投资第一笔风投 500 万美元，再到 2000 年获得来自软银、高盛和富达投资等机构融资共 2 500 万美元，最后数家一线投资机构投入的 8 200 万美元。阿里巴巴创造的"网商"时代，成了中国互联网发展的最强音。这是中国互联网通过获得风投取得巨大成功的案例，精准的眼光和大胆的投入也为投资者带来了巨大的收益。而创业风险投资在阿里巴巴成长过程中扮演了至关重要的角色。提供了资金帮助，成就阿里巴巴美国纳斯达克市场价值最高 IPO 的历史纪录。

讨论题：
1. 为什么对一家企业风险投资要分成很多轮次进行，各个轮次有什么区别？
2. 创业风险投资在具体操作中的特点是什么？

分析路径与思路：

从该案例我们看到，阿里巴巴在正式上市融资之前进行了三轮风险融资。创业风险投资方由一开始的亲朋好友到第二轮的专业机构和第三轮的互联网企业，投资主体随着轮次的增加变得更加专业，实力也更强。金额从十万级别到千万级别再到第三轮的亿元级别。我们可以从中发现，虽说创业风险投资是风险极大的活动，但在投资的过程中，金额数量循序渐进，这样做的目的是为了防控风险。分成许多轮次说明创业风险投资过程不是一锤子买卖，而是随着企业的发展而持续进行，直到企业成功上市，创业风险投资伴随着初创企业一同前进。

能力训练

一、单项选择题

1. 风险租赁与一般租赁的主要区别在于（　　）。
   A. 风险较高　　　　　　　　B. 租赁期较长
   C. 利润较高　　　　　　　　D. 资金来源是创业风险投资资本

2. 麦则恩投资介于传统银行贷款和纯粹创业风险投资之间，其一般在目标企业的（　　）阶段进行投资。
   A. 创立阶段　　B. 成长阶段　　C. 发展扩张阶段　　D. 成熟阶段

3. 以下几种创业风险投资中属于参与企业早期发展的投资方式是（　　）。
   A. 风险联合投资　B. 风险兼并　C. 天使投资　　D. 半楼层投资

4. 在创业风险投资的阶段划分中，技术风险和市场风险凸显于（　　）。
   A. 种子期　　B. 导入期　　C. 成长期　　D. 成熟期

5. 创业风险投资的收益获取方式主要为（　　）。
   A. 收取股息　B. 收取服务费用　C. 出售其所持股权　D. 红利收入

6. 被称为反向收购的创业风险投资退出机制是（　　）。
   A. 偿付协议　　B. 买壳上市　　C. 公开上市　　D. 出售

7. 欧洲风险资本的主要供给者是（　　）。
   A. 捐赠和基金会　B. 个人及家庭　C. 银行　　D. 外国投资者

8. 日本创业风险投资的主要特点是（　　）。
   A. 银行对创业风险投资机构的控制　　B. 与股票市场有着密切联系
   C. 风险资本的周转速度快　　　　　　D. 国家是投资主体

9. 我国批准成立的第一家创业风险投资公司是（　　）。
   A. 中国新技术创业投资公司　　　B. 中国高科技风险投资有限公司
   C. 广州技术创业公司　　　　　　D. 江苏省高新技术风险投资公司

10. 以色列的创业风险投资运行模式较为突出的一点是（　　）。
    A. 创业风险投资公司多采取独立经营的方式
    B. 创业风险投资项目中主流工业占了较大比重
    C. 政府支持下的技术孵化器模式
    D. 风险资金规模较小

二、多项选择题

1. 早期创业风险投资的高回报导致日趋激烈的竞争，创业风险投资不得不走出传统的创业风险投资范围并转向企业的中期和晚期投资，其形式包括（　　）。
   A. 风险租赁　B. 麦则恩投资　C. 风险杠杆购并　D. 布罗波投资

2. 创业风险投资是高风险与高收益并举的投资，其主要风险包括（　　）。
   A. 市场风险　B. 技术风险　C. 管理风险　D. 财务风险

3. 无论是哪个阶段的创业风险投资，一般都包含着三方当事人，分别是（　　）。

A. 银行　　　　　B. 投资者　　　　C. 创业风险投资公司　　D. 风险企业
4. 创业风险投资与一般投资相比具有以下特点（　　）。
A. 创业风险投资是以高科技中小企业为主要服务对象
B. 创业风险投资的流动性较大
C. 创业风险投资为企业注入管理内涵
D. 创业风险投资不以经营获利而以股份转让为最终目的
5. 有限合伙制作为创业风险投资的组织形式之一，其特点为（　　）。
A. 其解散相对困难，更易吸引风险资本的供给
B. 只对合伙人按个人边际征税，不对合伙制实体征税
C. 其投资范围和期限预先规定
D. 合伙人承担的风险通常低于股份公司的股东
6. 创业风险投资的成长期是指技术发展和生产扩大阶段，这一阶段的主要风险包括（　　）。
A. 市场风险　　　B. 技术风险　　　C. 生产风险　　　　D. 管理风险
7. 创业风险投资基本获得成功后通常选择的退出方式包括（　　）。
A. 公开上市　　　B. 买壳上市　　　C. 出售　　　　　　D. 破产清算
8. 美国风险资本的主要供给者是（　　）。
A. 银行　　　　　B. 养老基金　　　C. 私人投资者　　　D. 保险公司
9. 以色列创业风险投资成功的原因主要包括（　　）。
A. 广泛平衡的全民教育体系　　　　B. 政府的有效干预和积极支持
C. 部分西方国家的大力支持　　　　D. 宽松的金融及投资环境

三、简答题
1. 创业风险投资具有哪些主要特征？
2. 创业风险投资与其他投资方式的区别是什么？
3. 创业风险投资在不同阶段是如何运作的？
4. 创业风险投资的退出渠道有哪些？

四、论述题
1. 比较分析各国创业风险投资市场的状况及其特点。
2. 论述我国创业风险投资存在的问题并提出建议。

第六章
金融衍生工具市场

学习目标：

1. 通过对金融衍生工具的一般性介绍，要求掌握不同衍生工具的定义，对金融远期、期货、期权及互换的不同特点能够进行区别。

2. 掌握远期和期货的区别，认识不同期权交易策略，了解互换的基本内容。

3. 对金融衍生工具市场有一个较全面的认识。

知识结构图：

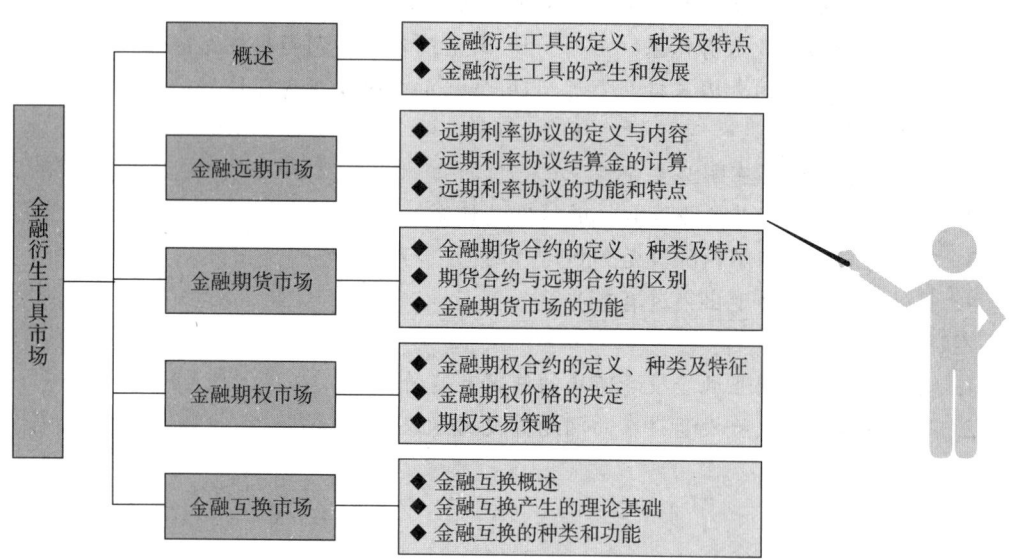

随着金融国际化和自由化的发展，由传统金融工具衍生出来的金融衍生工具不断创新，交易量迅速增长，市场规模急速扩大，交易手段日趋多样化、复杂化。20世纪90年代以来，金融衍生工具已成为国际金融市场上频繁运用的交易手段，金融衍生工具市场已成为国际金融市场的主角。本章将系统论述金融衍生工具的含义、特征、种类等，

并通过对金融衍生市场发展的研究,进一步分析其性质、功能及其运用等,从而对金融衍生工具市场有一个较全面的认识。

第一节 金融衍生工具概述

一、金融衍生工具的定义及种类

金融衍生工具可以简单地定义为价值依赖于基本标的资产价格的金融工具。根据金融衍生工具自身交易的方法及特点,可以分为远期、期货、期权和互换四个基本类型。根据标的资产的不同,金融衍生工具可以分为股票衍生工具、利率衍生工具、货币衍生工具和信用衍生工具。

（一）远期、期货、期权和互换

远期、期货、期权和互换是金融衍生工具的四种基本类型,其他金融衍生工具都是由上述四种基本类型经过金融工程技术复合或变化而成的[①]。甚至从更基本的原理上分析,金融衍生工具只有远期和期权两种,期货和互换可以认为是远期的延伸或变形。远期类合约的特点在于合约双方在签订日约定标的资产的交易价格和数量,合约到期日双方都有履约义务,但双方在签约日不需要支付任何实际费用。远期合约的收益与标的资产的价格水平呈线性和对称关系。与远期类合约不同,期权合约实际上是一种权利买卖,其本质上是期权合约购买者以支付期权费为代价,向期权合约出售者购买在合约到期日或合约到期前可以根据市场情况自行决定是否履约的权利。与远期合约相比,期权合约不仅可以防范市场不利变动的风险,还可以保留市场有利变动的潜在收益,其收益与标的资产的价格呈非线性和非对称关系。

1. 远期。远期合约是指双方约定在未来某一确定的时间按确定的价格买卖一定数量的某种金融资产的合约。它通常是在两个金融机构之间或金融机构与其公司客户之间签署的,一般不在规范的交易所内交易。在合约中约定在将来买入标的物的一方为多头,在未来卖出标的物的一方为空头。一般把合约中规定的未来买卖标的物的价格称为交割价格,而把使远期合约价值为零的交割价格称为远期价格。前者是实际交易中形成的实际价格,而后者是理论价格,两个价格一旦不相等就出现了套利机会。如果交割价格高于远期价格,投资银行就可以通过买入标的资产现货而卖出远期并等待交割以获取无风险利润。这也会使现货价格上升,交割价格下降,直至套利机会消失。反之,如果交割价格低于远期价格,投资银行就可以通过卖空标的资产现货而买入远期以获取无风险利润。同样的,这也会使现货价格下降,交割价格上升,直至套利机会消失。

2. 期货。期货是指协议双方同意在将来确定的时间按照约定的条件（包括价格、交割地点和交割方式等）买入或卖出一定标准数量的某种金融资产的标准化合约。期货交易均在交易所进行,交易双方并不直接接触,而是各自和交易所的清算公司进行结算。

---

① 从另一个角度讲,再复杂的金融衍生工具都可以最后分解成远期、期货、期权和互换的组合。

期货交易采取每日盯市结算，经纪公司通常要求买卖双方在交易之前开立专门的保证金账户并存入一定数量的初始保证金。每日交易结束，保证金账户都要根据期货价格的涨跌进行调整，以反映交易者的浮动盈亏。如果当日结算价格高于昨天的结算价格（或当日的开仓价），高出部分即为期货多头的浮动盈利和期货空头的浮动亏损，并相应地分别加入多头的保证金账户和从空头的保证金账户扣除。保证金账户余额超过初始保证金的部分，交易者可以随时提现；如果保证金账户余额低于交易所规定的维持保证金，经纪公司就会通知交易者补足差额，否则将被强制平仓。

3. 期权。期权是指赋予其购买者在规定期限内按双方约定的执行价购买或出售一定数量标的资产的权利的合约。凡是赋予期权购买者购买标的资产权利的合约为看涨期权，赋予期权购买者出售标的资产权利的合约为看跌期权。按照期权购买者执行期权的时限，期权可以分为欧式期权和美式期权。欧式期权只能在期权到期日才能执行期权，而美式期权则允许购买者在期权到期前的任何时间执行期权。按照期权的标的资产，期权合约可以分为利率期权、货币期权、股票期权和股指期权等现货期权。此外，利率期货、外汇期货和股指期货等衍生产品也可以成为期权的标的资产。与期货合约不同，期权不仅在交易所进行交易，还存在着一个规模庞大的场外交易市场。一般来讲，在交易所交易的是标准化期权合约，而场外市场交易的是非标准化的期权合约。

4. 互换。互换是指两个或两个以上的当事人按照商定条件，在约定的时间内交换一系列现金流的合约。1981年，美国著名的投资银行所罗门兄弟成功地为IBM公司与世界银行进行美元与马克及瑞士法郎的互换，这标志着互换的诞生。互换是在平行贷款和背对背贷款的基础上发展起来的，是比较优势理论在金融领域最生动的运用[①]。事实上，比较优势理论不仅适用于国际贸易，也适用于其他的经济活动。只要存在着比较优势，双方就可以通过适当的分工和交换使双方共同获利。根据比较优势理论，只要满足以下条件就可以进行互换：一是双方对对方的资产或负债均有需求，二是双方在两种资产或负债上存在着比较优势。

随着金融衍生工具日新月异的发展，上述的分类界限正在模糊，由两种、三种甚至更多不同种类的衍生工具及其他金融工具经过变化、组合以及合成这几种方式创造出来的再衍生工具和合成衍生工具正在出现，使衍生工具的传统分类模糊难辨。如由期货和期权合约组成的期货期权、由期权和互换合成的互换期权、由远期和互换合成的远期互换等。这些都使刚刚确立的衍生工具分类方法受到冲击。

（二）股票衍生工具、利率衍生工具、货币衍生工具和信用衍生工具

1. 股票衍生工具、利率衍生工具和货币衍生工具。

股票衍生工具是指以股票或股票指数为基础资产的金融衍生工具，主要包括股票期货、股票期权、股票指数期货、股票指数期权以及上述合约的混合交易合约。

---

① 平行贷款是指不同国家的两个母公司分别在国内向对方公司在本国境内的子公司提供金额相当的本币贷款，并承诺在到期日各自归还所借的货币；背对背贷款是指两个国家的公司相互直接贷款，贷款货币不同但币值相等，贷款到期日相同。

利率衍生工具是指以利率或利率的载体为基础资产的金融衍生工具，主要包括远期利率协议、利率期货、利率期权、利率互换以及上述合约的混合交易合约。

货币衍生工具是指以各种货币作为基础资产的金融衍生工具，主要包括远期外汇合约、货币期货、货币期权、货币互换以及上述合约的混合交易合约。

上述金融衍生工具后文会有更为详细的介绍，这里我们先简要介绍一下新近出现的信用衍生工具。

2. 信用衍生工具。传统的信用风险管理如分散投资、防止授信集中化、加强对交易对手的信用审查、要求交易对手提供抵押或担保等措施一般都需要大量的人力和物力投入。而且，传统的管理方法只能在一定程度上降低信用风险水平，而很难使投资者完全摆脱信用风险，无法适应现代信用风险管理发展的需要。20世纪90年代以来，信用衍生产品的出现和发展为投资者的信用风险管理提供了新的对冲工具，也为金融机构开拓出新的业务品种和利润来源。

信用衍生产品是指以贷款或债券的信用状况为基础资产的衍生金融工具。具体来说，它是一种双边金融合约安排。在这一合约下，交易双方同意互换商定的现金流，而现金流的确定依赖于预先设定的未来一段时间内信用事件的发生。这里的信用事件通常与违约、破产或者信用等级降低等情况相联系，必须是可以观测到的。

信用衍生工具主要通过分解和组合技术改变资产的整体风险特征，如信用互换、信用期权以及信用远期等。按照其价值的决定因素可以分为三类：第一类是基本的信用衍生工具，它的价值主要取决于违约概率的期限结构；第二类是一揽子信用互换（BDS），它的价值与纳入篮子中的信用体的相关性有关；第三类是信用价差期权（CSO），它的价值取决于信用价差的波动性。下面简要介绍几种国际上常见的信用衍生工具。

（1）信用违约互换（CDS）。在这种合约下，交易双方就基础资产的信用状况达成协议，合约购买方（一般是希望规避信用风险的市场主体）向合约出售方支付一定的费用，以换取在基础资产违约实际发生时合约出售方向合约购买方支付全部或部分违约金额。这实际上是合约购买方以一定的费用为代价将基础资产的信用风险转移给合约出售方①。

（2）总收益互换（TRS）。在这种合约下，合约购买方将基础资产的总收益（包括基础资产的利率加减基础资产价值的变化）支付给合约出售方，同时作为交换，合约出售方支付给合约购买方一个以LIBOR利率为基础的收益率。这种支付的互换一般每季度进行一次，交易形式类似于利率互换。

（3）信用联系票据（CLN）。这是一种表内交易的货币市场工具，在发行时往往注明其本金的偿还和利息的支付取决于约定的参考资产的信用状况，如果参考资产出现违约，则该票据得不到全额的本金偿还。票据发行者在发行这一融资票据时，将参考资产

---

① 尽管这种合约被称为违约互换，但在交易性质上更类似于前交易和保险单交易。前交易是指签订合约时支付一定的费用，将信用风险转移给合约出售方，之后看违约事件是否发生，发生则合约出售方需支付费用给购买方作为补偿，不发生则不支付任何费用。

的信用风险转嫁给票据投资者。这实际上是一个普通的固定收益证券和信用衍生工具的混合产品。

（4）信用价差期权（CSO）。这里的价差主要指的是利率的差异，因此又叫做信用利差期权。信用价差期权是用于向投资者补偿参照资产违约风险的、高于无风险利率的利差，其计算公式为

$$信用价差 = 贷款或证券收益率 - 相应的无风险收益率$$

信用价差期权的购买者可以通过购买价差期权来对冲敏感型债券由于信用等级下降而造成的损失。

二、金融衍生工具的特点

1. 金融衍生工具的性质复杂。这是因为基本衍生工具如期货、期权和互换的理解和运用已经不易，而当今国际金融市场的再衍生工具更是将期货、期权和互换进行组合，使金融衍生工具的特性更为复杂。这种复杂多变的特性一方面使得金融衍生工具更具有充分的弹性，更能够满足使用者的特定需要；而另一方面也导致大量的金融衍生工具难以为一般投资者理解，更难以掌握和驾驭。

2. 金融衍生工具的交易成本较低。金融衍生工具可以用较为低廉的交易成本来达到规避风险和投机的目的，这也是金融衍生工具为保值者、投机者所喜好并迅速发展的原因之一。衍生工具的成本优势在投资于股票指数期货和利率互换时表现得尤为明显。例如，通过购买股票指数期货而不必逐一购买单只股票，投资者即可以少量的资金投入及低廉的交易成本来实现其分散风险或投机的目的。又如，在浮动利率市场具有借款优势的借款人可与另一个在固定利率市场具有借款优势的借款人进行利率互换交易，来达到双方均降低成本的目的。

3. 一般来说，金融衍生工具具有高度的财务杠杆作用，是一种高风险的投资工具。高度的财务杠杆作用在金融期货和金融期权中表现得非常明显。例如，金融期货是采用保证金的方式进入市场交易，市场参与者只需动用少量资金即可控制巨额交易合约，所以金融期货具有以小博大的高杠杆效应。如果运用于套期保值，可在一定程度上分散和转移风险；如果运用于投机，可能带来数十倍于保证金的收益，也可能产生巨额的亏损。1995 年 2 月英国巴林银行事件就是因为交易员运用日经股票指数期货过度投机导致的悲剧。

4. 运用金融衍生工具易于形成所需要的资产组合。比如，一个投资者决定在甲国政府债券做多头，在乙国政府债券做空头，而他现时资产组合中只有乙国政府债券，为此，若按照传统金融工具的交易方式，他只能先卖出乙国政府债券取得乙国货币，再卖出乙国货币买回甲国货币，并用甲国货币买进甲国政府债券。这一资产组合的完成最快也需要 5~7 天才能真正实现，同时此间还可能出现外汇风险。若是采用政府债券期货交易，则仅用十几秒钟就可完成资产组合的调整。

三、金融衍生工具的产生和发展

金融衍生工具是在一定的客观背景中，在一系列因素的促动下产生和发展的。

(一) 客观背景

金融衍生工具产生的动力主要来自金融市场上的价格风险。20世纪70年代以后，金融环境发生了很大的变化，利率、汇率和通货膨胀呈现极不稳定和高度易变的状况，使金融市场的价格风险大增。

从汇率变动看，1973年布雷顿森林体系崩溃后，以美元为中心的固定汇率制完全解体，西方主要国家纷纷实行浮动汇率制，加之20世纪70年代国际资本流动频繁，特别是欧洲美元和石油美元的冲击，使得外汇市场的汇率变动无常，大起大落。

从利率变动看，20世纪60年代末开始，西方国家的利率开始上升，70年代的两次石油危机更是使国际金融市场的利率水平扶摇直上，把金融市场的投资者和借贷者暴露在高利率风险中。60年代，西方货币学派兴起，至70年代对西方国家的领导人产生影响，西方国家普遍以货币供应量取代利率作为货币政策的中介目标，从而放松对利率的管制，利率变动频繁。

汇率、利率以及相关股市价格的频繁变动，使企业、金融机构和个人时时刻刻生活在金融市场价格变动风险之中，迫切需要规避市场风险。因此，作为新兴风险管理手段的以期货、期权和互换为主体的金融衍生工具应运而生。进入20世纪80年代后，美国、英国、日本等发达国家不断放松金融管制，实行金融自由化措施，创造更为宽松的金融竞争环境。这一方面使得利率、汇率等市场行情更加频繁地波动，规避风险的要求进一步扩大；另一方面为新市场的创立和新业务的开展提供了更多的机会和可能，从而促进了金融衍生工具的持续发展。2007年次贷危机的爆发，说明在现代金融衍生品日益复杂的情况下，金融机构更多偏向于将自己暴露于高风险、高杠杆率、高收益的金融衍生品交易中，并可能进一步通过微观金融部门影响到宏观经济。这也就需要政府继续加强对金融部门的规范和监管。

(二) 新技术的推动

通信技术和电子计算机信息处理技术的飞速发展及其在金融业的运用大大降低了金融交易的成本，提高了金融交易的效率，并使金融交易突破了时间和空间的限制，创造了全球性的金融市场。同时，在放松金融管制浪潮的推动下，更多的非金融部门纷纷参与金融活动。由此，银行与非银行金融机构之间、金融机构与非金融机构之间以及本国金融机构与外国金融机构之间的竞争日趋激烈。这必然迫使各金融机构通过金融工具创新来保持自己在竞争中的优势，以保持并扩大自己的市场份额。

与此同时，高新技术的发展也为金融衍生工具的发展提供了坚实的技术基础。只有在新技术的辅助之下，具有复杂交易程序的金融衍生工具交易才能够进行。高效率的信息处理系统能提供有关汇率、利率等变量的瞬间动向，帮助交易者识别、衡量并监控蕴含在复杂的证券组合当中的各种风险，寻找交易机会。大型交易网络和计算机的运用，使得金融创新的供给者可以直接或间接地与原先在分散、单个市场的最终用户联系起来，加快金融创新工具供求的结合，促进了金融衍生工具的发展。新兴的金融分析理论和信息处理与技术设备的结合，为开发设计和推广金融衍生工具奠定了坚实的技术基础。

(三) 金融机构的积极推动

金融衍生工具发展的另一个重要因素是金融机构的积极推动。银行及其他金融机构在金融市场呼唤新的避险工具的情况下,通过金融衍生工具的设计开发以及担当交易中介甚至对手,极大地推动了金融衍生工具的产生和发展。银行积极参与金融衍生工具的开发与普及主要是基于以下两方面的压力而为之的:

1. 银行在巨大的市场竞争压力下拓展新的业务。20世纪70年代以来,随着世界经济的不断发展,银行业务经营的环境即银行赖以存在的基础和发展条件发生了很大的变化。受金融自由化和证券化的影响,非银行金融机构利用其新颖而富有竞争力的金融工具,与银行展开了一场争夺资金来源和信贷市场的竞争,投资人和筹资人更多地通过证券市场直接融资,使银行传统的存贷业务日渐萎缩,银行在金融市场上的份额急剧下降。同时,银行自身的资产在日益加剧的利率、汇率和股市风险下,迫切需要更加有效的避险工具。为了规避自身的风险,为了保住原有的客户并赢得新客户,把失去的市场重新夺回来,银行积极地设计开发金融衍生工具,并担当金融衍生工具的交易中介甚至对手,成为推动金融衍生工具发展的重要角色。

2. 国际监管的外在压力迫使银行积极实现盈利点的转移。世界金融市场的大动荡和各国金融管制的放松使银行在竞争压力下片面追求资产规模的扩张,致使信贷资产质量极度恶化,信贷资产风险加大,累计坏账金额不断增加,银行危机频繁发生。为防止一国跨国银行的危机引发多国银行危机乃至世界性金融危机,国际银行业加强了对银行的联合监管,对银行的资本充足性提出了较高的要求。银行提高资本充足率的主要途径是扩大资本,或是调整风险资产配置,减少高风险的传统信贷资产。为此银行掀起了将表内资产表外化的热潮。金融衍生交易是表外业务的重要内容,它可以在不增加银行资产的情况下为银行带来丰厚的费用收入,成为银行新的盈利增长点,为增加银行资本提供资金来源,是提高资本充足率的有效措施。因此,金融衍生市场吸引了为数众多的金融机构,并因此而迅速发展起来。

(四) 金融理论的推动

金融理论也直接推动了衍生工具的产生和发展。1972年12月,诺贝尔经济学奖获得者米尔顿·弗里德曼的一篇题为《货币需要期货市场》的论文为货币期货的诞生奠定了理论基础。1972年,费雪·布莱克与默顿·斯科尔斯两位学者发表的一篇关于股票欧式看涨期权定价的论文使得原本空泛的期权定价在理论上有了支撑,芝加哥期权交易所因而于1973年成立。这之后金融衍生工具的价格模型及模拟技巧不断更新及改善,使得参与者更能掌握及计算金融衍生工具的理论价值,加之金融衍生品杠杆性的特点,加速了市场规模的扩大。到2011年,美国金融衍生品市场已达600万亿美元规模。

第二节 金融远期市场

远期合约是指双方约定在未来某一确定的时间按确定的价格买卖一定数量的某种金

融资产的合约。它通常是在两个金融机构之间或金融机构与其公司客户之间签署的，一般不在规范的交易所内交易。常见的远期合约有远期利率协议（FRA）、远期外汇合约和远期股票合约。这里我们以远期利率协议为例介绍金融远期市场。

一、远期利率协议的概念

远期利率协议是指交易双方为了规避未来的利率波动风险，或者为了在未来利率波动时进行投机而在订立协议时预先商定，在将来的某一特定日期，按规定的币种、数额、期限和利率进行交割的一种协议。实际上，远期利率协议的买方相当于名义借款人，而卖方则相当于名义贷款人，双方签订远期利率协议，相当于同意从未来某一商定日期开始，按协定利率借贷一笔数额期限已确定的名义本金。只是双方在清算日并不实际交换本金，而是根据协议利率和参照利率之间的差额及名义本金额由交易一方支付给另一方结算金。

二、重要术语和交易流程

为了规范远期利率协议，英国银行家协会于 1985 年颁布了远期利率标准化文件（FRABBA），作为市场实务的指导原则。目前世界上大多数远期利率协议都是根据该标准化文件签订的。该标准化协议使每一笔远期利率交易仅需一个电传确认即可成交，大大提高了交易速度和质量。

远期利率标准化文件对远期利率协议的重要术语做了规定：

合同金额——借贷的名义本金额；

合同货币——合同金额的货币币种；

交易日——远期利率协议成交的日期；

结算日——名义借贷开始的日期，也是交易一方向另一方交付结算金的日期；

确定日——确定参照利率的日期；

到期日——名义借贷到期的日期；

合同期——结算日至到期日之间的天数；

合同利率——在协议中双方商定的借贷利率；

参照利率——在确定日用以确定结算金在协议中指定的某种市场利率；

结算金——在结算日，根据合同利率和参照利率的差额计算出来的由交易一方付给另一方的金额。

为了进一步了解这些概念之间的相互关系，我们以一个实例来说明远期利率的交易流程。

2011 年 6 月 6 日星期一，双方同意成交一份 "3×6" 名义金额为 100 万美元、协定利率为 4.75% 的远期利率协议。其中 "3×6" 是指起算日和结算日之间为 3 个月，起算日至名义贷款最终到期日之间的时间为 6 个月。交易日与起算日时隔一般 2 个交易日。在本例中，起算日是 2011 年 6 月 2 日星期四，而结算日则是 2011 年 9 月 2 日星期五，到期时间为 2011 年 12 月 2 日星期五，合同期为 2011 年 9 月 2 日至 2011 年 12 月 2 日。在结算日之前的 2 个交易日（2011 年 8 月 31 日星期三）为确定日，确定参照利率。参照利率通常为确定日的伦敦银行间同业拆放利率。我们假定参照利率为 5.5%。这样，在结算日,由于参照利率高于合同利率,名义贷款方就要支付结算金给名义借款方(具体计算方法见下文)。上述流程可用图 6-1 表示。

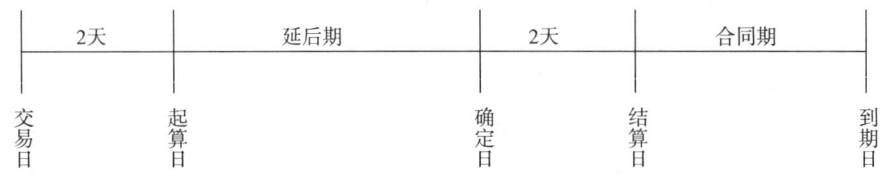

图 6-1 远期利率协议流程

三、远期利率协议结算金的计算

在远期利率协议下,如果参照利率超过合同利率,那么卖方(名义贷款人)就要支付买方(名义借款人)一笔结算金,以补偿买方在实际借款中因利率上升而造成的损失。一般来说,实际借款利息是在贷款到期时支付的,而结算金则是在结算日支付的,因此结算金并不等于因利率上升而给买方造成的额外利息支出,而等于额外利息支出在结算日的贴现值,具体计算公式如下:

$$结算金 = \frac{(R_r - R_k) \times A \times \frac{D}{B}}{1 + R_r \times \frac{D}{B}} \quad (6.1)$$

式(6.1)中,R_r 表示参照利率;R_k 表示合同利率;A 表示合同金额;D 表示合同期天数;B 表示天数计算惯例(如美元为 360 天,英镑为 365 天)。

在式(6.1)中,分子表示由于合同利率与参照利率之间的差异所造成的额外利息支出,而分母是对分子进行贴现,以反映结算金的支付是在合同期开始之日而非结束之时。

我们把上例的数字代入式(6.1),就可算出卖方应向买方支付的结算金为

$$结算金 = \frac{(0.055 - 0.0475) \times 1\,000\,000 \times \frac{91}{360}}{1 + 0.055 \times \frac{91}{360}} = 1\,869.84(美元)$$

四、远期利率协议的功能

远期利率协议最重要的功能在于通过固定将来实际交付的利率而避免了利率变动风险。签订远期利率协议后,不管市场利率如何波动,协议双方将来收付资金的成本或收益总是固定在合同利率水平上。例如,当参照利率上升时,表明协议购买方的资金成本加大,但由于他可以从协议出售方得到参照利率与协议利率的差价,正好可弥补其加大了的资金成本,而协议出售方则固定了他的资金收益。反之则相反。

另外,由于远期利率协议交易的本金不用交付,利率是按差额结算的,所以资金流动量较小,这就给银行提供了一种管理利率风险而无须通过大规模的同业拆放来改变其资产负债结构的有效工具,这对于增加资本比例、改善银行业务的资产收益率十分

有益。

与金融期货、金融期权等场内交易相比,远期利率协议具有简便、灵活、不需支付保证金等特点,更能充分满足交易双方的特殊需求。但与此同时,其信用风险和流动性风险也较场内交易的金融期货合约要大。但其市场风险较金融期货小,因为它最后实际支付的只是利差而非本金。

五、金融远期市场的特点

远期合约是适应规避现货交易风险的需要而产生的。相对于原始社会自给自足的状态而言,现货交易是人类的一大进步。通过交易,双方均可获得好处。但现货交易的最大缺点在于无法规避价格风险。一个农场主的命运完全取决于他的农作物收割时农作物的现货市场价格。如果在播种时就能确定农作物收割时卖出的价格,农场主就可安心致力于农作物的生产了。远期合约正是适应这种需要而产生的。

远期合约是非标准化合约,因此它不在交易所交易,而是在金融机构之间或金融机构与客户之间通过谈判签署远期合约来交易。已有的远期合约也可以在场外市场交易。

在签署远期合约之前,双方可以就交割地点、交割时间、交割价格、合约规模、标的物的品质等细节进行谈判,以便尽量满足双方的需要。因此,远期合约跟期货合约相比,灵活性较大。这是远期合约的主要优点。

但远期合约也有明显的缺点:首先,由于远期合约没有固定的、集中的交易场所,不利于信息交流和传递,不利于形成统一的市场价格,市场效率较低。其次,由于每份远期合约千差万别,这就给远期合约的流通造成较大不便,因此远期合约的流动性较差。最后,远期合约的履约没有保证,当价格变动对一方有利时,对方有可能无力或无诚意履行合约,因此远期合约的违约风险较高。

第三节 金融期货市场

20世纪70年代初,西方国家出现了严重的通货膨胀,固定汇率制也被浮动汇率制所取代,国内外经济环境和体制安排的转变使经济活动的风险增大。这种情况反映到金融市场上就是利率、汇率和证券价格的急剧波动,原有的远期交易由于其流动性差、信息不对称、违约风险高等缺陷而无法满足人们急剧增长的需要,金融期货应运而生。

一、金融期货合约的定义及其主要内容

金融期货合约是指协议双方约定在将来某一特定的时间按约定的条件(包括价格、交割地点、交割方式)买入或卖出一定标准数量的某种特定金融工具的标准化协议。

一般来说,金融期货合约包含以下几方面内容。

1. 交易的标的物。每份合约都必须指明以何种金融工具作为标的物。如外汇期货的标的物是外汇,具体又有美元、英镑、欧元、日元、澳大利亚元、加拿大元等不同币种之分。

2. 交易单位。期货交易每份合约的交割数量都是确定的,但对于不同的交易所又有

不同的规定。如一张英镑期货合约，在芝加哥国际货币市场为 25 000 英镑，在中美洲商品交易所为 12 500 英镑，在阿姆斯特丹欧洲期权交易所则为 10 000 英镑。

交易单位的大小视期货市场交易规模、参与者资金实力、合约商品价格波动性等因素而定。交易单位的标准化极大地简化了期货交易的过程，提高了市场效率，使期货交易成为一种只记录期货合约买卖数量的交易。

3. 最小变动价位。也称刻度或最小波幅，是期货交易所公开竞价过程中商品或金融期货价格报价的最小变动数值。最小变动价位乘以合约交易单位，就可得到期货合约的最小变动金额。期货品种不同，最小变动价位也不同。如英镑期货为 0.0005 美元，即 5 个基本点；而加拿大元期货为 0.0001 美元，即 1 个基本点。最小变动价位大小的确定一般取决于该金融工具的种类、性质、市场价格波动状况及商业习惯等因素。有了最小变动价位，期货交易就以最小变动价位的整数倍上下波动，便利了交易者核算盈亏。

4. 每日最高波动幅度。即期货交易所规定的单个交易日内期货价格的最高允许涨跌幅度。在我国又称涨跌停板制度。当单日期货价格波动幅度超过这一限制时，期货交易所将会停止当天交易，进一步的交易将在第二天进行。

设置涨跌停板的主要目的是限制风险，保障期货交易者在期货价格出现猛涨或狂跌时免受重大损失。但涨跌停板制度的设置也阻碍了价格迅速移向新的均衡水平，从经济效率上讲，它阻止了市场及时恢复均衡，限制了发现价格功能的实现。

涨跌停板幅度的大小主要取决于期货价格波动的频繁程度和波幅的大小。在美国一些成熟的期货交易所，现已不设涨跌停板，以使期货价格能真实地反映商品供求关系，迅速地发现价格。

5. 标准交割时间。包括标准交割月份和标准交割日期。

（1）标准交割月份。指各个交易所规定的期货合约交割的未来月份，又称合约月份。不同的交易所对交割月份的规定也不同，如伦敦国际金融期货交易所（LIFFE）规定货币期货合约的交割月份为 3 月、6 月、9 月和 12 月；芝加哥国际货币市场（IMM）规定除上述月份外，还有少量货币期货合约的交割月份是在 1 月、4 月和 10 月。

（2）标准交割日期。指交割月份的具体交割日，又称最后交易日。伦敦国际金融期货交易所规定为交割月份的第二个星期三；芝加哥国际货币市场则规定为交割月份的第三个星期三，合约的交易在交割日前两个营业日（星期一）停止。在芝加哥商品交易所，股票期货合约的最后交易日为交割月份的第三个星期五，抵押证券期货合约则为交割月份第三个星期三之前的星期五。

6. 初始保证金。又称原始保证金，是指期货交易双方为保证合约得以履行而向清算会员存储的保证金，以保证价格变化时亏损一方能即时支付。

设置初始保证金是为了有效控制期货市场风险，为在交易所内进行的期货交易提供履约担保，保证交易所的财务安全性、完整性和健全性。因此，初始保证金是期货保障机制的最重要环节。

除初始保证金外，交易所一般还规定了维持保证金制度，即交易者为维持自己的交易部分所必须持有的保证金最低限额，低于此限，交易所就会向交易者发出保证金通知,要求交易者于次日开盘前补交至初始保证金水平。维持保证金金额一般为初始保证金金额的75%~80%。

二、金融期货交易的特点

1. 间接清算制。期货合约均在交易所进行,交易双方不直接接触,而是各自跟交易所的清算部或专设的清算公司结算。对期货交易的买方而言,卖方是期货交易所的结算公司;对期货交易的卖方而言,买方是期货交易所的结算公司,因此,交易双方无须担心对方违约。由于所有买者和卖者都集中在交易所交易,因此就克服了远期交易所存在的信息不对称和违约风险高的缺陷。

2. 合约标准化。期货合约的合约规模、交割日期、交割地点等都是标准化的,即在合约上有明确的规定,无须双方再商定。交易双方所要做的唯一工作是选择适合自己的期货合约,并通过交易所竞价确定成交价格。价格是期货合约的唯一变量。当然,这并不是说所有期货合约的交割月份、交割地点等都是一样的,同种金融工具的期货合约可以有不同的交割月份,但它是由交易所事先确定并在合约中事先载明的,而不是由交易双方商定后载入合约的。有时,交易所允许期货合约的空方(卖方)在可供选择的标的物(主要适用于利率期货和商品期货)和交割地点(主要适用于商品期货)之间选择,交易所将根据空方的选择按事先规定的公式对其收取价款进行调整。

3. 灵活性。期货合约的买者或卖者可在交割日之前采取对冲交易以结束其期货头寸(平仓),而无须进行最后的实物交割。这相当于买者可把原来买进的期货卖掉,卖者可把原来卖出的期货买回,这就克服了远期交易流动性差的问题。由于通过平仓结束期货头寸比起实物交割既省事又灵活,因此目前大多数期货交易都是通过平仓来结束头寸的。据统计,最终进行实物交割的期货合约不到2%。

4. 每日清算制。期货交易是每天进行结算的,而不是到期一次性进行。在每天交易结束时,清算公司都要根据期货价格的涨跌对每个交易者的保证金账户进行调整,以反映交易者的浮动盈亏,这就是所谓的盯市。浮动盈亏是根据结算价格计算的。结算价格的确定由交易所规定,它有可能是当天的加权平均价,也可能是收盘价,还可能是最后几秒钟的平均价。

当天结算价格高于昨天的结算价格(或当天的开仓价)时,高出部分就是多头的浮动盈利和空头的浮动亏损。这些浮动盈利和浮动亏损就在当天晚上分别加入多头的保证金账户和从空头的保证金账户中扣除。当保证金账户的余额超过初始保证金水平时,交易者可随时提取现金或用于开新仓;而当保证金账户的余额低于交易所规定的维持保证金水平时,经纪公司就会通知交易者限期把保证金水平补足到初始保证金水平,否则就会被强制平仓。

三、金融期货交易的种类

按标的物的不同,金融期货主要可分为外汇期货、利率期货和股票指数期货。

(一)外汇期货

1. 外汇期货的含义。外汇期货是指交易双方约定在未来特定的时期进行外汇交割,并限定了标准币种、数量、交割月份及交割地点的标准化合约。外汇期货交易则是指在期货交易所中通过喊价成交的外汇合约买卖。

外汇期货产生于 1972 年,由芝加哥商业交易所的国际货币市场分部(IMM)首创。此后,美国中美洲商品交易所、费城期货交易所等相继推出外汇期货交易。1982 年 9 月,伦敦国际金融期货交易所开张营业。1984 年,新加坡国际金融期货交易所也开始进行外汇期货交易。目前,世界上主要的期货市场大多都进行外汇期货交易。

2. 外汇期货交易的基本常识。

(1) 外汇期货的交易币种。包括美元、日元、英镑、欧元、澳大利亚元、加拿大元等。

(2) 外汇期货的交易标价:除澳大利亚元以外,交易货币均以每单位货币值多少美元来标价。

(3) 外汇期货的交易单位:在外汇期货交易市场上,一般都已确定了统一的交易单位(也就是合约单位)。如芝加哥国际货币市场上除加拿大元和墨西哥比索外,其他货币单位每笔合同为 12.50 万美元。

(4) 外汇期货交易中的保证金:在外汇期货交易中,每一份期货合同都必须有保证金来保证作为合同一方的付款人履行交易合同。

(5) 外汇期货合同的交割日期。一般规定为一年中的 3 月、6 月、9 月、12 月的第 3 个星期的星期三。如果交割日银行不营业则顺延一天。

(二) 利率期货

1. 利率期货的含义。利率期货是指标的资产价格依赖于利率水平的期货合约,如长期国债期货、短期国债期货和欧洲美元期货。但是这些长短期债券只是作为计算利率波动的基础,通常在合同期满时并不需要实际交割金融资产,而只是计算市场的涨落结算利率期货合同的实际价值。

利率期货交易则是指在有组织的期货交易所中,通过喊价成交进行的在未来某一时期进行交割的债券合约买卖。

2. 利率期货的种类。根据其报价方式不同,利率期货主要分为两大类。

(1) 短期利率期货。

①国库券期货。国库券期货合约标准期限为 3 个月,交易单位为 100 万美元,交割月份为 3 月、6 月、9 月、12 月 4 个月份,最小价格变动为 0.01%,刻度值为 25 美元,报价方式以芝加哥国际货币市场指数表示。国库券期货合约交易主要在芝加哥国际货币市场进行。

②可转让存单期货。可转让存单期货合约的要求同国库券期货相似,标准期限为 3 个月,交易单位为 100 万美元,报价方式也以芝加哥国际货币市场指数表示。

除此之外,短期利率期货还包括商业本票期货,其合约要求与国库券期货和可转让存单期货相似,只是报价方式不同,采用贴现率方式。

(2) 长期利率期货。长期利率期货主要指中长期政府债券期货。美国期货市场中长期债券的交易单位为面值 100 000 美元,标准利率为每年利率 8%。

3. 利率期货的报价方式。

（1）短期利率期货的报价方式。短期利率期货的报价以指数为基础，具体报价方式为 100 减去短期债券利率（贴现率），得出的指数便是短期利率期货的价格。这一报价方式为芝加哥国际货币市场首创，故也称芝加哥国际货币市场指数。指数与利率期货合约的价值成正比，指数越高，合约价值相应越大；反之，指数越低，合约价值越小。

例：芝加哥商业交易所国际货币市场 3 个月期国库券的标准数量是面值 100 万美元，假设贴现率为 6%、期货价格为 94 时，这张国库券合约的价值为 \$ 1 000 000 - \$ 1 000 000 × 6% × $\frac{1}{4}$ = \$ 985 000；当贴现率为 4%、期货价格为 96 时，这张国库券合约的价值为 \$ 1 000 000 - \$ 1 000 000 × 4% × $\frac{1}{4}$ = \$ 990 000。

短期利率期货价格变动的最小单位为 1 个基点，即 0.01%，期货价格最小单位变动所引起的合约价值的变动金额称做刻度值。短期利率期货刻度值的计算公式如下：

$$\text{刻度值} = \text{期货合约面值} \times \frac{\text{到期天数}}{\text{一年天数}} \times 0.01\% \tag{6.2}$$

上例中 3 个月期国库券期货的刻度值为：\$ 1 000 000 × $\frac{90}{360}$ × 0.01% = \$ 25

这样，利率期货的交易者在期货价格出现变动时能迅速知道其手持利率期货合约价值的变动情况。比如，利率期货价格上升 4 个基点，某交易者持有 5 张国库券期货，则其手持合约升值 500 美元。

（2）长期利率期货的报价方式。中长期债券期货采用票面金额百分比的方式报价。例如，99 - 00 的报价表示买方愿意按面值的 99% 买进这张合约。中长期公债期货的标准利率为 8%，因此，当中长期公债的收益率为 8% 时，其期货报价基本上为 100 - 00；若市场利率下跌，则中长期公债合约的报价上升，高于 100 - 00；若市场利率上升，中长期公债合约的报价下跌，低于 100 - 00。

与短期利率期货不同，长期利率期货价格的最小变动单位为 $\frac{1}{32}$%。长期利率期货合约刻度值的计算公式为

$$\text{刻度值} = \text{期货合约面值} \times \frac{1}{32}\% \tag{6.3}$$

长期利率期货的标准面值为 10 万美元，因此其刻度值为 31.25 美元。

由于长期利率期货价格的最小变动单位为 $\frac{1}{32}$%，因此长期利率期货合约报价的含义比较特别，如报价 101 - 24 是指票面价值的 101 $\frac{24}{32}$%，报价 103 - 08 是指票面价值的 103 $\frac{8}{32}$%。

知道长期利率期货的刻度值和长期利率报价的含义后，当利率期货价格变动时，交易者能够迅速地计算出合约价值的变动情况。比如，假设 1 张 15 年期的长期公债期货价

格由 101 – 24 升至 103 – 08，价格变动单位为 $1\frac{16}{32}$ 或 $\frac{48}{32}$，合约价值变化为 1 500 美元（48×31.25）。

(三) 股票指数期货

1. 股票指数期货的含义。股票指数期货指期货交易所同期货买卖者签订的约定在将来某个特定的时期，买卖者向交易所结算公司收付等于股价指数若干倍金额的合约。从上述定义中可看出，股票指数期货合约的价值实际上等于股票指数乘以若干倍数的金额。这一倍数通常是 500 或 250，也有的交易所规定为 100 或 50，主要视股票指数高低而定。合约的价格也通过公开喊价决定。一般来说，期指以现指为基础，但两者不尽一致。股票指数期货是所有期货交易中最复杂和技巧性最强的一种交易形式，其交易标的物不是商品，而是一种数字，可谓买空卖空的最高表现形式。

股票指数期货交易于 1982 年 2 月由美国堪萨斯期货交易所首创，堪萨斯期货交易所当时推出的合约是价值线综合平均指数期货。继堪萨斯期货交易所之后，芝加哥商业交易所（1982.4）、纽约证券交易所（1982.5）及芝加哥期货交易所（1984.7）也相继开办了股票指数期货交易。在我国股市早期，也曾有过短暂的股指期货交易，后来随着中国股市与资本市场的发展和成熟，于 2010 年 2 月正式推出股指期货。表 6 – 1 是目前世界上主要股指期货合约及其上市交易所。

表 6 – 1　　　　　　　　世界主要股指期货合约及其上市交易所

股指期货合约	上市交易所
道琼斯工业平均指数	芝加哥期货交易所（CBOT）
标准普尔 500 指数（S&P500）	芝加哥商业交易所（CME）
纽约证券交易所综合股价指数	纽约证券交易所（NYSE）
主要市场指数	芝加哥商业交易所
金融时报指数期货（FT – SE100）	伦敦国际金融期货期权交易所（LIFFE）
日经 225 指数期货（NK225）	新加坡国际金融交易所（SIMEX） 芝加哥商业交易所
东京证券交易所股价指数（TOPIX）	东京证券交易所（TSE）
恒生指数	香港期货交易所（HKFE）

资料来源：王益、刘波：《资本市场》，北京，经济科学出版社，2000。

2. 股票指数期货的特点。

(1) 交易对象具有抽象性。股票指数期货交易的对象是股票指数，它是一种无形的数字，不像商品期货或外汇期货那样交易的是具体商品和货币。因此，股票指数期货的交易对象具有抽象性。

(2) 合约价值计算简便。股票指数期货合约的价值是按交易时的股票指数乘以若干倍数的金额计算得出的。因此，只要知道股票指数，合约价值马上就可以计算出来。例如，当纽约证券交易所综合指数为 140 点时，其期货合约价值须是 7 万美元；当指数升为145点时，其期货合约价值便是72 500美元，交易者的盈亏一目了然。

（3）交割方式独特。商品期货可采取对冲交易和实物交割两种方式结束交易。与商品期货不同，由于股票指数期货合约的交易对象具有抽象性，除对冲合约外，无法进行实物交割，因此只能采取现金结算这一独特的交割方式。

（4）防范风险的功能全面。对股票投资者而言，股票市场存在着两种风险，一种是非系统性风险，指某种或某几种股票价格的变动与其他股票价格无关；另一种是系统性风险，指整个股票市场价格的波动同升同降。对于前一种风险，投资者可以通过多种股票的投资组合来分散风险；对于后一种风险，投资者通常无可奈何。股票指数期货的出现解决了这一难题。投资者通过股票指数期货交易可同时转嫁非系统性风险和系统性风险。投资者做一笔交易就等于参与了整个股市，避免了逐个选股的麻烦。

四、期货合约与远期合约的区别

期货合约和远期合约虽然都是在交易时约定在将来某一时间按约定的条件买卖一定数量的某种标的物的合约，但它们也存在诸多区别。

（一）标准化程度不同

远期交易遵循契约自由的原则，合约中的相关条件如标的物的质量、数量、交割地点和交割月份都是根据双方的需要确定的。由于各交易者的需要千差万别，远期合约条款的具体内容也五花八门，因而远期合约虽具有灵活性的优点，但却给合约的转手和流通造成很大麻烦，这就决定了远期合约二级市场的不发达。

期货合约则是标准化的。期货交易所为各种标的物的期货合约制定了标准化的数量、质量、交割地点、交割时间、交割方式、合约规模等条款，只有价格是在成交时根据市场行情确定的。由于开展期货交易的标的物毕竟有限，相关条件又是固定的，因此期货合约满足人们各种需要的能力虽然不如远期合约，但标准化却大大便利了期货合约的订立和转让，使期货合约具有极强的流动性，并因此吸引了众多的交易者。

虽然远期合约目前也在走标准化的道路，但其标准化程度一定赶不上期货合约，否则远期合约就变成期货合约了，远期合约也就不存在了。

（二）交易场所不同

远期交易并没有固定的场所，交易双方各自寻找合适的对象，因而是一个无组织的效率较低的分散的市场。在金融远期交易中，银行充当着重要角色。由于金融远期合约交割较方便，标的物同质性较好，因此很多银行都提供重要标的物的远期买卖报价供客户选择，从而有力地推动了远期交易的发展。

期货合约则在交易所内交易，一般不允许场外交易。交易所不仅为期货交易提供了交易场所，而且还为期货交易提供了许多严格的交易规则（如涨跌停板制、最小价格波动幅度、报价方式、最大持仓限额、保证金制度等），并为期货交易提供信用担保。可以说期货市场是一个有组织的、有秩序的、统一的市场。

（三）违约风险不同

远期合约的履行仅以签约双方的信誉为担保，一旦一方无力或不愿履约时，另一方就得蒙受损失。即使在签约时签约双方采取交纳定金、第三方担保等措施，仍不足以保证远期合约到期一定能得到履行，违约、毁约的现象时有发生，因而远期交易的违约风险很高。

期货合约的履行则由交易所或清算公司提供担保。交易双方直接面对的都是交易所，即使一方违约，另一方也不会受到丝毫影响。交易所之所以能提供这种担保，主要是依靠完善的保证金制度和结算会员之间的连带无限清偿责任来实现的。可以说，期货交易的违约风险几乎为零。

（四）价格确定方式不同

远期合约的交割价格是由交易双方直接谈判并私下确定的。由于远期交易没有固定的场所，因此在确定价格时信息是不对称的，不同交易双方在同一时间所确定的类似远期合约的价格可能相差甚远，因此远期交易市场的定价效率很低。

期货交易的价格则是在交易所中由很多买者和卖者通过其经纪人在场内公开竞价确定的，有关价格的信息较为充分、对称，由此产生的期货价格较为合理、统一，因此期货市场的定价效率较高。

（五）履约方式不同

由于远期合约是非标准化的，转让相当困难，并要征得对方同意（由于信用度不同），因此绝大多数远期合约只能通过到期实物交割来履行。实物交割对双方来说都是费时又费力的事。

由于期货合约是标准化的，期货交易又在交易所内，因此交易十分方便。当交易一方的目的（如投机、套期保值和套利）达到时，他无须征得对方同意就可通过平仓来结清自己的头寸并把履约权利和义务转让给第三方。在实际中，绝大多数期货合约都是通过平仓来了结的。

（六）合约双方关系不同

由于远期合约的违约风险主要取决于对方的信用度，因此签约前必须对对方的信誉和实力等方面做充分的了解。

期货合约的履行完全不取决于对方而只取决于交易所或清算公司，因此可以对对方完全不了解。在期货交易中，交易者甚至根本不知道对方是谁，这就极大地方便了期货交易。

（七）结算方式不同

远期合约签订后，只有到期才进行交割清算，其间均不进行结算。

期货交易则是每天结算的。当同品种的期货市场价格发生变动时，就会对所有该品种期货合约的多头和空头产生浮动盈余或浮动亏损，并在当天晚上就在其保证金账户体现出来。因此，当市场价格朝有利于自己的方向变动时，交易者不必等到到期就可逐步实现盈利。当然，若市场朝不利于自己的方向变动时，交易者在到期之前就得付出亏损的金额。

五、金融期货市场的功能

（一）转移价格风险的功能

在日常金融活动中，市场主体常面临利率、汇率和证券价格风险（统称价格风险）。

有了期货交易后，他们就可利用期货多头或空头把价格风险转移出去，从而实现避险的目的。这是期货市场最主要的功能，也是期货市场产生的最根本原因。

应该注意的是，对单个主体而言，利用期货交易可以达到消除价格风险的目的，但对整个社会而言，期货交易通常并不能消除价格风险，期货交易发挥的只是价格风险的再分配即价格风险的转移作用。

不过，在有些条件下，期货交易也具有增大或减少整个社会价格风险总量的作用。具体而言，套期保值者之间的期货交易可以使两者的价格风险相互抵消，投机者之间的期货交易则给社会增加了期货价格的风险，而套期保值者与投机者之间的期货交易才是价格风险的转移。由此可见，适量的投机可以充当套期保值者的媒介，加快价格风险转移速度，而过度的投机则会给社会增加许多不必要的风险。

（二）价格发现功能

期货价格是所有参与期货交易的人对未来某一特定时间的现货价格的期望或预期。不论期货合约是多头还是空头，都会依其个人所持立场或所掌握的市场资讯，并对过去的价格表现加以研究后，作出买卖委托。交易所通过电脑撮合公开竞价出来的价格即为此时刻市场对未来某一特定时间现货价格的平均看法。这就是期货市场的价格发现功能。市场参与者可以利用期货市场的价格发现功能进行相关决策，以提高自己的市场适应能力。

第四节 金融期权市场

期权交易是在期货交易的基础上产生和发展的，但由于它在套期保值、转嫁价格风险等方面比期货交易更具灵活性，因而吸引了大批投资者，并使其自身获得迅猛的发展。

一、金融期权合约的含义及种类

（一）金融期权合约的含义及主要内容

期权又称选择权，是指赋予其购买者在规定期限内按双方约定的价格（以下简称协议价格或执行价格）购买或出售一定数量某种金融资产（称为基础金融资产或标的资产）的权利的合约。

换句话说，金融期权是买卖双方订立合约，并在合约中规定，由买方向卖方支付一定数额的权利金后，即赋予了买方在规定时间内按双方事先约定的价格购买或出售一定数量的某种金融资产的权利。对期权买方来讲，合约赋予他的只有权利而无义务，在合约有效期内，他既可到期行使这个权利，也可放弃而不执行这个权利，甚至转让给第三者，条件是在购买时他将支付一定数额的期权费给卖方。对期权的卖方来讲，合约赋予他的只有义务而无权利，他在收取买方付给的期权费后，则有义务按买方行使权利提出的要求履约，当然，这种履约须按合约事先规定的时间和履约价格来执行。

标准化的期权合约通常包含以下六方面的要素。

1. 标的资产的种类及数量。每份期权合约应指明以何种金融资产作为标的资产，同时应规定买卖该种资产的数量。不同交易所均对不同资产期权合约的数量作出明确规定。

2. 执行价格。又称协定价格，是指期权到期时的履约价格，一旦敲定，不容更改。同一种期权合约商品在期权市场上往往有多种敲定价格，敲定价格不同的期权合约，按照当时市价差别而有不同的标价（权利金），而标价的确定要考虑是看涨期权还是看跌期权、合约剩余有效期的长短等因素。

3. 合约有效期限。合约有效期限一般不超过9个月，以3个月和6个月最为常见。其方法是按月份表示，形成三个循环：1月循环：1－4－7－10；2月循环：2－5－8－11；3月循环：3－6－9－12。意即1月推出的合约，标准到期月份为4月、7月和10月，其余类推。

但不同的合约也有不同的标准有效期限。如对于股票期权、股票指数期权来说，由于股票价格变化十分频繁，走势难以预期，合约有效期也比较短，一般为1个月、2个月和3个月。

4. 期权交易地点。标准化的期权合约一般在专门的期权交易所内进行。但由于现代期权发展历史短，种类繁多，一些期货交易所、商品交易所、证券交易所也会附设期权交易场所，交易标准化期权合约。至于场外非标准化期权合约，则一般由银行或一些投资公司安排，交易地点可由交易双方商定。

5. 权利金。它是期权买方为购买选择权利所付出的那笔金额，它是标准化期权合约中的唯一变量，也称期权价格、期权费、保证金、保险金等。

6. 合约格式。一般规定合约的交易单位、最小变动价格、每日最高波动幅度、合约月份、最后交易日、履约日的选定、交割方式等。

（二）金融期权的种类

金融期权市场是当今最为活跃的金融衍生市场之一，它由现货期权市场和期货期权市场构成，其交易的金融工具十分广泛，主要有利率、外汇、股指及单一股票等期权，而每一类金融工具中，又有若干的可供交易的产品。尤其是随着场外期权交易的迅速发展，在原有期权工具基础上又不断创新，形成了门类齐全结构完善的金融期权市场。

按期权买者的权利，期权可有两类最基本的划分：看涨期权和看跌期权。凡是赋予期权买者购买标的资产权利的合约就是看涨期权，而赋予期权买者出售标的资产权利的合约就是看跌期权。

按期权买者执行期权的时限，期权可分为欧式期权和美式期权。欧式期权的买者只能在期权日才能执行期权（行使买进或卖出标的资产的权利），而美式期权允许买者在期权到期前的任何时间执行期权。

按照期权合约的标的资产，金融期权合约可分为利率期权、货币期权（或称外汇期权）、股票指数期权、股票期权等现货期权以及金融期货期权，因此，金融期权可细分如下：

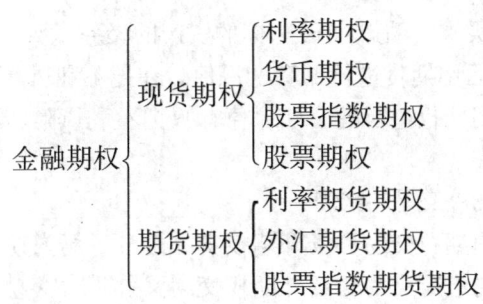

二、金融期权的特征

期权最显著的特点是它交易的对象（标的物）不是任何金融资产实物，而是一种买进或卖出金融资产的权利。这种权利交易具有很强的时间性，它只能在合约规定的有效期内行使，一旦超过合约规定的期限，就视为自动失去这种权利。期权交易的双方享有的权利和承担的义务不一样，期权的买方享有选择权，他有权在规定的时间内，根据市场行情变化，决定是否行使或者转让其权利；而期权的卖方则有义务履行合约，不得以任何理由拒绝。此外，期权交易双方的合约一旦订立，买方须事先向卖方支付一笔期权费，且不论买方是否行使期权，其期权费均不退还。下面将期权交易与期货交易、场内交易与场外交易的特征作进一步比较。

（一）期权交易与期货交易的比较

1. 权利和义务方面。期货合约的双方都被赋予相应的权利和义务，除非用相反的合约抵消，这种权利和义务在到期日必须行使，也只能在到期日行使，期货的空方甚至还拥有在交割月选择在哪一天交割的权利。期权合约只赋予买方权利，卖方则无任何权利，他只有在对方履约时进行对应买卖标的物的义务。特别是美式期权的买者可在约定期限内的任何时间执行权利，也可以不行使这种权利；期权的卖者则须准备随时履行相应的义务。

2. 标准化方面。期货合约都是标准化的，因为它都是在交易所中交易的，而期权合约则不一定。在美国，场外交易的现货期权是非标准化的，但在交易所交易的现货期权和所有的期货期权则是标准化的。

3. 盈亏风险方面。期货交易双方所承担的盈亏风险都是无限的。期权交易卖方的亏损风险可能是无限的（看涨期权），也可能是有限的（看跌期权），盈利风险是有限的（以期权费为限）；期权交易买方的亏损风险是有限的（以期权费为限），盈利风险可能是无限的（看涨期权），也可能是有限的（看跌期权）。

4. 保证金方面。期货交易的买卖双方都须交纳保证金。期权的买者则无须交纳保证金，因为他的亏损不会超过他已支付的期权费，而在交易所交易的期权卖者则也要交纳保证金，这跟期货交易一样。场外交易的期权卖者是否需要交纳保证金则取决于当事人的意见。

5. 买卖匹配方面。期货合约的买方到期必须买入标的资产，而期权合约的买方在到期日或到期前则有买入（看涨期权）或卖出（看跌期权）标的资产的权利。期货合约的卖方到期必须卖出标的资产，而期权合约的卖方在到期日或到期前则有根据买方意愿相应卖出（看涨期权）或买入（看跌期权）标的资产的义务。

6. 套期保值方面。运用期货进行的套期保值，在把不利风险转移出去的同时，也把有利风险转移出去。运用期权进行的套期保值，只把不利风险转移出去而把有利风险留给自己。

（二）场内交易与场外交易的比较

金融期权交易有场内期权交易和场外期权交易之分。场内期权交易是指在固定交易场所对标准化的期权合约进行交易；场外期权交易又称柜台交易或店头交易，是在交易所以外的众多金融机构、中间商和客户之间，通过买卖双方磋商来进行的交易，这种交易是在一种无形的、松散的市场中通过电话、电传等现代电信设备的联系来完成的。二者之间既有联系又有区别。二者之间的联系表现为：场外期权交易的产品大部分是以场内期权、期货交易相对应的产品为基础的。最初的期权交易是在场外市场上进行的，在场外交易的基础上产生了场内期权交易。场内期权交易的产生使得银行同业期权交易向高标准化方面发展十分迅速，也给场外期权交易以极大的竞争，从而又推动着场外期权交易的活跃和方式的不断创新。二者的主要区别表现为：

1. 标准化程度。场内交易的合约内容是标准化的，合约的各项规定都是由交易所制定的；而场外交易期权合约则完全由客户根据其特殊需要经协商签订，合约的各项条款都可以灵活协商。

2. 价格确定的方式。场内交易合约的买卖均是在交易所的交易大厅进行，并以公开拍卖的方式决定合约的价格；而场外交易主要是通过电话、电传等现代化通信设备进行，由交易双方经过协商确定合约的价格。

3. 交易方式。场内交易合约的买卖双方须通过交易所成员的经纪人代为交易，作为经纪人既能替第三者交易，也可以为他们自己交易；而场外交易主要是在银行与银行、银行与客户之间直接进行，也可由买卖双方的场内经纪人在场外进行交易。

4. 清算方式。场内交易合约的买卖双方互不认识，交割清算是通过交易所的清算公司完成的；而场外交易是由买卖双方直接见面，对合约条款进行磋商，一经达成协议，意味着交易双方都接受了对应风险。

5. 保证金和费用的收取。场内交易市场规定有严格的保证金制度，所有参加者都必须交纳保证金；现金结算在每日市场标价的基础上进行，交易所经纪人向第三者收取经纪人费用，以抵补经手费用。场外交易不需要保证金，而由买方付给卖方一定的期权费，作为购买期权合约所付出的费用。

三、金融期权价格的决定

（一）金融期权的价值分析

一份期权合约的价值等于其内在价值与时间价值之和，其数学表达式为

$$PV = IV + TV$$

内在价值又称为内涵价值，是指在履行期权合约时可获得的总利润，当总利润小于零时，内在价值为零。内在价值反映了期权合约中预先约定的敲定价格与相关基础资产市场价格之间的关系。其计算公式为

$$IV = \begin{cases} S - X & (在看涨期权中) \\ X - S & (在看跌期权中) \end{cases}$$

式中，IV 为内涵价值，S 为标的资产的市价，X 为敲定价格（实施价格）。

按照有无内涵价值，期权可呈现三种状态：实值期权（ITM）、虚值期权（OTM）、平价期权（ATM）。

我们把 $S > X$ 时的看涨期权称为实值期权，把 $S < X$ 时的看涨期权称为虚值期权，把 $S = X$ 时的看涨期权称为平价期权。

同样，我们把 $X > S$ 时的看跌期权称为实值期权，把 $X < S$ 时的看跌期权称为虚值期权，把 $X = S$ 时的看跌期权称为平价期权。

实值期权的内在价值大于零，而虚值期权和平价期权的内在价值均为零。

期权的时间价值是指期权买方随着期权时间的延续和相关商品价格的变动而有可能使期权增值时，愿意为购买这一期权所付出的权利金额。从动态上看，期权的时间价值有一个变化规律：伴随期权合约剩余有效期缩短而衰减。发生衰减的原因也很简单，对于期权买方而言，有效期越长，市况发生有利于他的变化的可能性也就越大，获利的机会也就越多，他愿意付出的时间价值也就越高。与此同时，卖方亏损的风险也越大。伴随合约剩余有效期限的缩短，买方获利的机会在减少，卖方承担的风险也在减少，因此时间价值也将逐步减少。

期权的时间价值还取决于标的资产市价与敲定价格之间的差额的绝对值。当差额为零时，期权的时间价值最大。当差额的绝对值增大时，期权的时间价值是递减的，具体如图 6-2 所示。

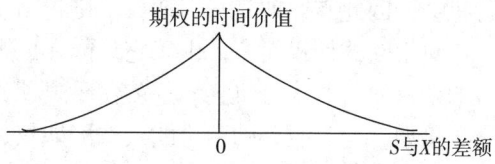

图 6-2　期权的时间价值与 S 和 X 差额之间的关系

（二）权利金、内在价值、时间价值三者之间的关系

期权合约的权利金是由期权价值所决定的，即由内涵价值和时间价值所决定。三者之间的关系可用图 6-3 来表示。从静态的角度看，期权价值（权利金）在任一时点都是由内涵价值和时间价值两部分组成。在虚值期权（看涨期权 $S < X$，看跌期权 $S > X$）

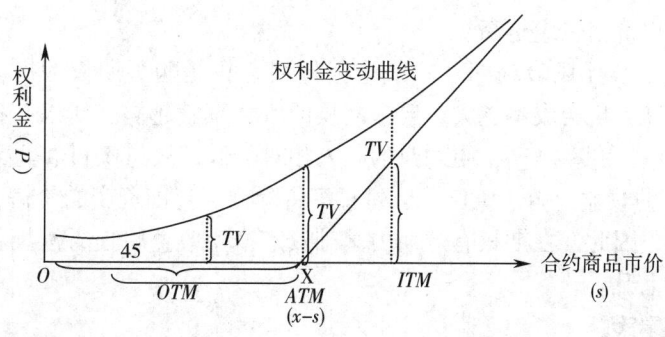

图 6-3　看涨期权中权利金、内涵价值、时间价值三者变动关系

时,权利金完全由时间价值组成;在平价期权($S=X$)时,权利金完全由时间价值组成,且时间价值达到最大;在实值期权(看涨期权$S>X$,看跌期权$S<X$)时,权利金由内涵价值和时间价值组成,内涵价值与市价等比例增减。从动态的角度看,期权的时间价值在衰减,伴随合约剩余有效期的减少而减少,期满时时间价值为零,权利金全部由内涵价值组成。

(三) 影响期权价格的因素

上面所讨论的只是期权价格理论上的价值构成,在实际的期权定价中,还要考虑一些能够量化的因素。在众多的影响因素中,最重要的有五个。

1. 标的资产的市场价格与期权的协议价格。由于看涨期权在执行时其收益等于标的资产当时的市价与协议价格之差,因此,标的资产的价格越高、协议价格越低,看涨期权的价格就越高。

对于看跌期权而言,由于执行时其收益等于协议价格与标的资产市价的差额,因此,标的资产的价格越低、协议价格越高,看跌期权的价格就越高。

2. 期权的有效期。对于美式期权而言,由于它可以在有效期内的任何时间执行,有效期越长,多头获利机会就越大,而且有效期长的期权包含了有效期短的期权的所有执行机会,因此有效期越长,期权价格越高。

对于欧式期权而言,由于它只能在期末执行,有效期长的期权就不一定包含有效期短的期权的所有执行机会。这就使欧式期权的有效期与期权价格之间的关系显得较为复杂。例如,同一股票的两份欧式看涨期权,一个有效期为 1 个月,另一个为 2 个月,假定在 6 周后标的股票将有大量红利支付,由于支付红利会使股价下降,在这种情况下,有效期短的期权价格甚至会大于有效期长的期权价格。

但在一般情况下(剔除标的资产支付大量收益这一特殊情况),由于有效期越长,标的资产的风险就越大,空头亏损的风险也越大,因此,即使是欧式期权,有效期长的其期权价格也越高,即期权的边际时间价值为正值。

3. 标的资产价格的波动。简单地说,标的资产价格的波动幅度是用来衡量资产未来价格变动不确定性的指标。由于期权多头的最大亏损额仅限于期权价格,而最大盈利额取决于执行期权时标的资产市场价格与协议价格的差额,因此,波动幅度越大,对期权多头越有利,期权价格也应越高。

4. 无风险利率。无风险利率(一般指银行利率)是购买期权的机会成本。在看涨期权中,利率越高,机会成本越大,要求期权的收益率就越高,所以与权利金呈正向关系。在看跌期权中,利率越高,履约时的收入相对降低,故与权利金呈反向关系。

5. 标的资产的收益。由于资产分红付息等将降低了基础资产的价格,而协议价格并未进行相应调整,因此,在期权有效期内基础资产产生收益将使看涨期权价格下降,而使看跌期权价格上升。

四、期权交易策略

期权交易策略基本上可分为基本交易策略和组合投资策略两种。

(一) 基本交易策略

期权的基本交易策略主要有四种：购买看涨期权、购买看跌期权、出售看涨期权和出售看跌期权。四种基本交易策略的主要特征如表6-2所示。

表6-2　　　　　　　　　　　四种期权基本交易策略的主要特征

	看涨期权		看跌期权	
	买入	卖出	买入	卖出
盈亏图	(损益图)	(损益图)	(损益图)	(损益图)
期权费	支付	收入	支付	收入
利润	无限	有限	无限	有限
损失	有限	无限	有限	无限
对市场价格的预测	看涨	看跌	看跌	看涨
损益平衡点	敲定价格加期权费	敲定价格加期权费	敲定价格减期权费	敲定价格减期权费

(二) 组合投资策略

在上述基本交易策略的基础上，交易者还可根据期权种类、期限以及敲定价格的不同构造不同的组合策略。主要有以下三种组合套利策略。

1. 水平套利。它是指交易者按相同的协定价格同时买卖不同到期月份的同类型期权合约以套取水平价差的期权交易策略。由于近期期权合约的时间价值衰减速度快于远期合约的时间价值衰减速度，因此，水平套利通常是在买进一个远期期权合约的同时卖出一个近期期权合约。这样，两种期权间的期权费差额就会扩大，交易者盈利的机会也相应增大。水平套利可分别通过看涨期权和看跌期权进行，当交易者预测长期价格稳中趋涨时，运用看涨期权进行水平套利交易；当交易者预测长期价格稳中趋降时，运用看跌期权进行水平套利交易。

2. 垂直套利。它是指交易者按照不同的协定价格同时买卖相同期限的期权合约以套取垂直价差的期权交易策略。垂直套利交易的特点是利润和亏损都有限。亏损限于出售期权时得到的期权费与买入期权时支付的期权费的差额，利润则最多为期权费。垂直套利又包括买空套利和卖空套利，当交易者预测市场价格上升时运用买空套利，当交易者预测市场价格下降时运用卖空套利。每种套利方式又包括看涨期权和看跌期权两种。因此，垂直套利共包括四种形式。

(1) 买空看涨期权套利。交易者按某个协定价格买进看涨期权，同时按更高的协定价格卖出相同期限的看涨期权。

(2) 卖空看涨期权套利。交易者按某个协定价格卖出看涨期权，同时按更低的协定价格买进相同期限的看涨期权。

（3）买空看跌期权套利。交易者按某个协定价格买进看跌期权，同时按更低的协定价格卖出相同期限的看跌期权。

（4）卖空看跌期权套利。交易者按某个协定价格卖出看跌期权，同时按更高的协定价格买进看跌期权。

3. 对角套利。它是指交易者按不同的协定价格同时买卖不同到期月份的同类型期权合约以套取对角价差的期权交易策略。

从上述三种组合套利策略又可演变出几百种期权投资策略。限于篇幅，不再赘述。

第五节　金融互换市场

金融互换是迄今为止最为成功的场外交易金融衍生工具。

一、金融互换概述

（一）金融互换的定义

按照国际清算银行（BIS）的定义，金融互换是买卖双方在一定时间内交换一系列现金流的合约。具体一点说，金融互换是指两个（或两个以上）当事人按照商定的条件，在约定的时间内交换不同金融工具的一系列支付款项或收入款项的合约。

（二）金融互换与平行贷款和背对背贷款的联系与区别

金融互换是 20 世纪 80 年代在平行贷款和背对背贷款的基础上发展起来的，但它们之间既有联系又有区别。

1. 平行贷款。20 世纪 70 年代初，由于国际收支恶化，英国实行外汇管制，并采取了对外投资扣税的办法，以控制资金的外流。一些银行为满足企业逃避外汇管制的需求，推出了平行贷款，两个母公司分别在国内向对方公司在本国境内的子公司提供金额相当的本币贷款，并承诺在指定到期日各自归还所借货币。例如，英国母公司向美国母公司在英国境内的子公司贷款，美国母公司相对应地贷款给英国母公司在美国境内的子公司。其流程如图 6-4 所示。

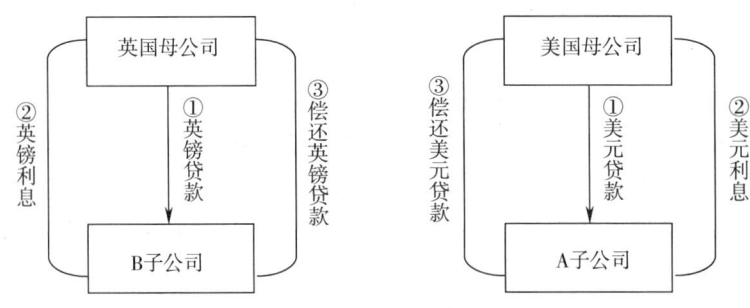

图 6-4　平行贷款流程

平行贷款既可满足双方子公司的融资需要，又可逃避外汇管理，因此深受欢迎。但平行贷款存在信用风险问题，这是因为平行贷款包含两个独立的贷款协议，它们分别具有法律效力，其权利义务不相联系，当一方出现违约时，另一方仍不能解除履约义务。

2. 背对背贷款。背对背贷款是为了解决平行贷款中的信用风险问题而产生的。它是指两个国家的公司相互直接贷款，贷款币种不同但币值相等，贷款到期日相同，各自支付利息，到期各自偿还原借款货币。其流程如图6-5所示。

背对背贷款尽管有两笔贷款，但只签订一个贷款协议，协议中明确若一方违约，另一方有权抵消应尽的义务。这就大大降低了信用风险，向货币互换大大迈进了一步。但是，背对背贷款涉及跨国借贷问题，这就存在外汇管制问题。因此，背对背贷款只有在1979年英国取消外汇管制后才作为一种金融创新工具而出现。

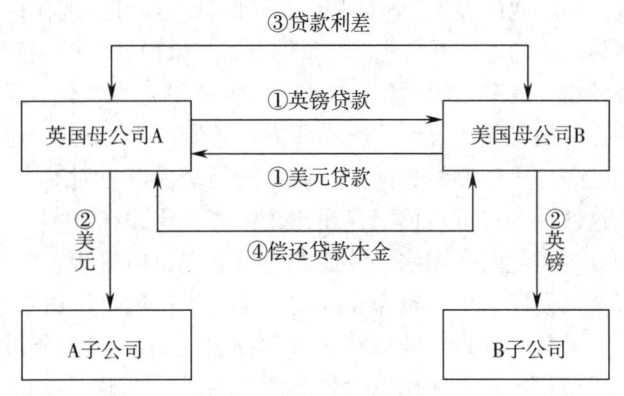

图6-5 背对背贷款流程

背对背贷款虽然已非常接近现代货币互换，但二者仍有本质的区别。前者是一种借贷行为，在法律上会产生新的资产和负债（双方互为对方的债权人和债务人）；而后者则是不同货币间负债或资产的互换，是一种表外业务，并不产生新的资产与负债，因而也就不改变一个公司原有的资产负债结构。这也是互换交易之所以受到人们青睐并得以飞速发展的一个重要原因。

（三）互换与掉期的区别

互换和掉期在英文中都叫Swap，因此很多人误把它们混为一谈。实际上，两者有很大区别。

1. 性质不同。外汇市场上的掉期是指对不同期限但金额相等的同种外汇作两笔反方向的交易。它只是外汇买卖的一种方法，并无实质的合约，更不是一种衍生工具。互换则是两个或两个以上当事人按照商定的条件在约定的时间内交换一系列现金流的合约。因此，互换有实质的合约，它是一种重要的衍生工具。

2. 市场不同。掉期在外汇市场上进行，本身并未形成独立的市场；而互换则在单独的互换市场上交易。

3. 期限不同。互换交易多是1年以上的中长期交易；而掉期以短期为主，极少超过1年。

4. 形式不同。互换有两种基本形式：货币互换和利率互换（见下文详述），其中的货币互换包含一系列利息和支付（或收取）的交换，而掉期并不包含利息支付及其交换。

5. 汇率不同。掉期的前后两笔交易牵涉到不同的汇率，而互换中的货币互换前后两笔交易的汇率是一样的。

6. 交易目的不同。掉期的主要目的是管理资金头寸，消除汇率风险；互换的主要目的则是降低筹资成本，进行资产负债管理，转移与防范中长期利率和汇率变动风险。

二、金融互换产生的理论基础

金融互换产生的理论基础是比较优势理论。该理论是英国著名经济学家大卫·李嘉图提出的。他认为，在两国都能生产两种产品且一国在这两种产品的生产上均处于有利地位而另一国均处于不利地位的条件下，如果前者专门生产优势较大的产品，后者专门生产劣势较小（具有比较优势）的产品，那么通过专业化分工和国际贸易，双方仍能从中获益。

互换交易正是利用交易双方在筹资成本上的比较优势而进行的。具体而言，互换产生的条件可以归纳为两个方面：一是交易双方对对方的资产或负债均有需求，二是双方在这两种资产或负债上存在比较优势。比如在1981年，世界银行需要用瑞士法郎或德国马克这类绝对利率水平较低的货币进行负债管理，与此同时，IBM公司则希望筹集美元资金以便同其美元资产相匹配，避免汇率风险。由于世界银行在欧洲债券市场上信誉卓著，筹集美元资金的成本低于IBM公司，而IBM公司发行瑞士法郎债券的筹资成本低于世界银行。在存在比较优势的情况下，世界银行和IBM公司分别筹集自己具有优势的资金，并通过互换获得自己所需的资金，从而降低了筹资成本。

三、金融互换的种类

金融互换的发展历史虽然较短，但品种不断创新。除了传统的货币互换和利率互换外，各种新的金融互换品种不断涌现。

（一）利率互换

利率互换是指双方同意在未来的一定期限内根据同种货币的同样的名义本金交换现金流，其中一方的现金流根据浮动利率计算出来，而另一方的现金流根据固定利率计算。互换的期限通常在2年以上，有时甚至在15年以上。

双方进行利率互换的主要原因是各自在固定利率市场和浮动利率市场上具有比较优势。假定A、B公司都想借入5年期的1 000万美元的借款，A公司想借入与6个月期相关的浮动利率借款，B公司想借入固定利息借款，但两家公司信用等级不同，故市场向它们提供的利率也不同，如表6-3所示。

表6-3 市场提供给A、B两公司的借款利率

	固定利率	浮动利率
A公司	10.00%	6个月期LIBOR+0.30%
B公司	11.20%	6个月期LIBOR+1.00%

从表6-3可以看出，A公司的借款利率均比B公司低，即A公司在两个市场都具有绝对优势。在固定利率市场上，A公司比B公司的绝对优势为1.20个百分点；而在浮动利率市场上，A公司比B公司的绝对优势为0.70个百分点。这就是说，A公司在固定利率市场上有比较优势，而B公司在浮动利率市场上有比较优势。这样，双方就可利用各自的比较优势为对方借款，然后互换，从而达到共同降低筹资成本的目的。即A公司以10.00%的固定利率借入1 000万美元，而B公司以LIBOR+1.00%的浮动利率借入1 000万美元。由于本金相同，故双方不必交换本金，而只交换利息的现金流。即A公司向B公司支付浮动利息，B公司向A公司支付固定利息。

通过发挥各自的比较优势并互换，双方总的筹资成本降低了0.50个百分点（即11.20%+6个月期LIBOR+0.30%−10.00%−6个月期LIBOR−1.00%），这就是互换利益。互换利益是双方合作的结果，理应由双方分享。具体分享比例由双方谈判决定。我们假定双方各分享一半，则双方都将使筹资成本降低0.25个百分点，即双方最终实际筹资成本分别为：A公司支付LIBOR+0.05%浮动利率，B公司支付10.95%的固定利率。

这样双方就可根据借款成本与实际筹资成本的差异（A公司：9.95%−LIBOR；B公司：LIBOR−9.95%）计算各自向对方支付的现金流，即A公司向B公司支付按LIBOR计算的利息，B公司向A公司支付按9.95%计算的利息。

在上述交换中，每隔6个月为利息支付日，因此互换协议的条款应规定每6个月一方向另一方支付固定利率与浮动利率的差额。假定某一支付日的LIBOR为11.00%，则A公司应付给B公司5.25万美元［即1 000万美元×0.5×（11.00%−9.95%）］。利率互换的流程如图6−6所示。

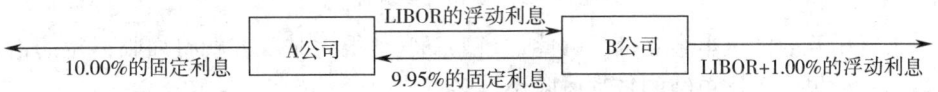

图6−6 利率互换的流程

由于利率互换只交换利息差额，因而信用风险很小。

（二）货币互换

货币互换是将一种货币的本金和固定利息与另一货币的等价本金和固定利息进行交换。

货币互换的主要原因是双方在各自国家中的金融市场上具有比较优势。假定英镑和美元的汇率为1英镑=1.5000美元。A公司想借入5年期的1 000万英镑借款，B公司想借入5年期的1 500万美元借款。但由于A公司的信用等级高于B公司，两国金融市场对A、B两公司的熟悉状况不同，因此市场向它们提供的固定利率也不同，如表6−4所示。

表6−4 市场提供给A、B两公司的借款利率

	美元	英镑
A公司	8.0%	11.6%
B公司	10.0%	12.0%

从表6−4可以看出，A公司的借款利率均比B公司低，即A公司在两个市场都具有绝对优势，但绝对优势大小不同。A公司在美元市场上的绝对优势为2.0个百分点，在英镑市场上只有0.4个百分点。这就是说，A公司在美元市场上有比较优势，而B公司在英镑市场上有比较优势。这样双方就可利用各自的比较优势借款，然后通过互换得到自己想要的资金，并通过分享互换收益（1.6个百分点）来降低筹资成本。

于是，A公司以8.0%的利率借入5年期的1 500万美元借款，B公司以12.0%的利率借入5年期的1 000万英镑借款。然后双方先进行本金的交换，即A公司向B公司支付1 500万美元，B公司向A公司支付1 000万英镑。

假定A、B公司商定双方平分互换收益，则A、B公司都将使筹资成本降低0.8个百分点，即双方最终的实际筹资成本分别为：A公司支付10.8%的英镑利率，而B公司

支付9.2%的美元利率。

这样双方就可根据借款成本与实际筹资成本的差异计算各自向对方支付的现金流，进行利息互换。即A公司向B公司支付10.8%的英镑借款的利息计108万英镑，B公司向A公司支付8.0%的美元借款的利息计120万美元。经过互换后，A公司的最终实际筹资成本降为10.8%英镑借款利息，而B公司的最终实际筹资成本变为8.0%美元借款利息加1.2%英镑借款利息。若汇率水平不变的话，B公司最终的实际筹资成本相当于9.2%美元借款利息。若担心未来汇率水平变动，B公司可以通过购买美元远期或期货来规避汇率风险。B公司向A公司支付1 500万美元，到此货币互换结束。若不考虑本金问题，上述货币互换的流程如图6-7所示。

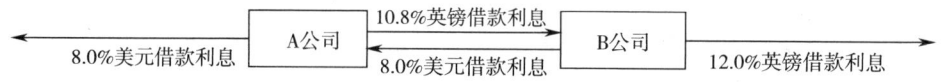

图6-7 货币互换流程

由于货币互换涉及本金互换，因此，当汇率变动很大时双方就将面临一定的信用风险。当然这种风险仍比单纯的贷款风险小得多。

（三）其他互换

从最普遍的意义来说，互换实际上是现金流的交换。由于计算或确定现金流的方法有很多，因此互换的种类就很多。除了上述最常见的利率互换和货币互换外，其他主要的互换品种有：

1. 交叉货币利率互换。交叉货币利率互换是利率互换和货币互换的结合，它是以一种货币的固定利息交换另一种货币的浮动利率。

2. 增长型互换、减少型互换和滑道型互换。在标准的互换中，名义本金是不变的，而在这三种互换中，名义本金是可变的。其中增长型互换的名义本金在开始时较小，而后随着时间的推移逐渐增大。减少型互换则正好相反，其名义本金随时间的推移逐渐变小。近年来，互换市场又出现了一种特殊的减少型互换，即指数化本金互换，其名义本金的减少幅度取决于利率水平，利率越低，名义本金的减少幅度越大。滑道型互换的名义本金则在互换期内时而增大，时而变小。

3. 基点互换。在普通的利率互换中，互换一方是固定利率，另一方是浮动利率。在基点互换中，双方都是浮动利率，只是两种浮动利率的参照利率不同，如一方为LIBOR，另一方为基准利率。

4. 可延长互换和可赎回互换。在标准的互换中，期限是固定的。可延长互换的一方有权在一定限度内延长互换期限，可赎回互换的一方则有权提前中止互换。

5. 零息互换。零息互换是指固定利息的多次支付流量被一次性的支付所取代，该一次性支付可以在互换期初也可在期末。

6. 后期确定互换。在普通涉及浮动利率的互换中，每次浮动利率都是在该计息期开始之前确定的。后期确定互换的浮动利率则是在每次计息期结束之后确定的。

7. 差额互换。差额互换是对两种货币的浮动利率的现金流量进行交换，只是两种利息现金流量均按同种货币的相同名义本金计算。如互换一方按 6 个月期美元的 LIBOR 对 100 万美元的名义本金支付利息，另一方按 6 个月期欧元的 LIBOR 减去 1.90% 的浮动利率对 100 万美元的名义本金支付以美元表示的利息。

8. 远期互换。远期互换是指互换生效日是在未来某一确定时间开始的互换。

9. 互换期权。互换期权从本质上属于期权而不是互换，该期权的标的物为互换。例如，利率互换期权本质上是把固定利率交换为浮动利率或把浮动利率交换为固定利率的权利。但许多机构在统计时都把互换期权列入互换的范围。

10. 股票互换。股票互换是以股票指数产生的红利和资本利得与固定利率或浮动利率交换。投资组合管理者可以用股票互换把债券投资转换成股票投资，反之则相反。

四、金融互换的功能

1. 降低筹资成本或提高资产收益。从前述利率互换和货币互换的实例中可以清楚地看到，筹资者通过互换交易可充分利用双方的比较优势，大幅度降低筹资成本。同理，投资者也可通过资产互换来提高资产收益。

2. 优化资产负债结构，转移与防范利率风险和外汇风险。互换交易使企业和银行能够根据需要筹措到任何期限、币种、利率的资金，同时可根据市场行情的变化灵活地调整其资产负债的市场结构和期限结构，以实现资产负债的最佳搭配，从而减少中长期利率和汇率变化的风险。

3. 逃避各类管制。互换交易属表外业务，不记入资产负债表，因此可以逃避外汇管制、利率管制及税收管制等方面的限制。

本章小结

1. 金融衍生工具是由金融基础工具衍生出来的各种金融合约及其各种组合形式。如金融远期、金融期货、金融期权和金融互换等。金融衍生工具性质复杂，交易成本较低，具有高度的财务杠杆作用，是一种高风险的投资工具，易于形成所需要的资产组合。

2. 金融远期合约是指交易双方约定在未来某一确定时间按照事先商定的价格（如汇率、利率或股票价格等）以预先确定的方式买卖一定数量的某种金融资产的合约。主要有远期外汇合约、远期利率协议和远期股票合约。

3. 远期利率协议是买卖双方同意在未来一定时间（清算日），以商定的名义本金和期限为基础，由一方将协定利率与参照利率之间差额的贴现额度付给另一方的协议。远期利率协议最重要的功能在于通过固定将来实际交付的利率而避免了利率变动风险。

4. 金融期货合约是指协议双方约定在将来某一特定的时间按约定的条件（包括价格、交割地点、交割方式）买入或卖出一定标准数量的某种特定金融工具的标准化协议。期货交易实行每日清算制，所有清算均通过清算公司进行。合约双方均可单方通过平仓结束合约。

5. 金融期货主要可分为利率期货、外汇期货和股票指数期货三种，其主要功能是转移价格风险功能、价格发现功能和投机功能。

6. 金融期权是指赋予其购买者在规定期限内按双方约定的价格购买或出售一定数量某种金额资产的权利的合约。期权分看涨期权和看跌期权两大类，这两大类期权又有欧式期权和美式期权之分。

7. 期权买方只有权利没有义务，卖方只有义务没有权利。因此买方要向卖方支付权利金。期权买方不需要交纳保证金，卖方则可能需要交纳保证金，其做法与期货相似。

8. 期权合约的权利金由内涵价值和时间价值之和所决定。内涵价值是指在履行期权合约时可获得的总利润。按照有无内涵价值，期权可呈现三种状态：实值期权、虚值期权和平价期权。实值期权的内在价值大于零，而虚值期权和平价期权的内在价值均为零。期权的时间价值是指期权买方随着期权时间的延续和相关商品价格的变动有可能使期权增值时，愿意为购买这一期权所付出的权利金额。

9. 影响期权价格的主要因素是标的资产的市场价格与期权的协议价格、期权的有效期、标的资产价格的波动、无风险利率、标的资产的收益等。

10. 金融互换是指两个（或两个以上）当事人按照商定的条件在约定的时间内交换不同金融工具的一系列支付款项或收入款项的合约。

11. 金融互换是利用比较优势理论进行的，它有利率互换和货币互换两种基本类型，并可派生出众多品种。

12. 金融互换具有降低筹资成本、提高资产收益、优化资产负债结构、转移和防范利率风险以及外汇风险和逃避管制等功能。

关键术语

金融衍生工具　金融远期合约　远期利率协议　结算金　金融期货合约　保证金　金融期权　看涨期权　看跌期权　内涵价值　时间价值　实值期权　虚值期权　平价期权　金融互换　平行贷款　背对背贷款　利率互换　货币互换　比较优势理论

案例分析

康宁公司：2015年11月8日到期的零息可转换债券
——可转换债券的估值与融资[①]

背景资料：

2000年11月8日，康宁公司宣布将发行27亿美元的零息可转换债券，每1 000美

---

① ［美］Robert F. Bruner，潘国英译：《金融案例研究》，北京，清华大学出版社，2005。

元票面本金的定价为741.923美元。首次公开发行价格带来了年2%的到期收益率，复利按半年滚动一次。条款概要见表6-5。与此同时，康宁公司另外还将面向公众发行3 000万股普通股，每股发行价格为71.25美元。这两次发行互不影响。

表6-5　　　　　　　　　　　　　　发行条款概要

发行债券	本公司本金合计为2 712 546 000美元的零息可转换债券将于2015年11月8日到期。该债券是康宁公司无保证的优先负债。
发行价格	到期本金为1 000美元的债券价格是741.923美元。
利息	债券到期之前，本公司不支付利息。
到期日	2015年11月8日。
转换权利	除非我公司事先赎回或回购了这些证券，您在到期日之前的任何时候，可按每只债券兑换8.3304股的首次转换率将债券转为普通股。首次转换率相当于每股89.0625美元的首次转换价格，这是基于证券的首次公开发行价格。转换率可以在某种情形下作出调整。
原始发行折扣	出于纳税目的，本公司的债券折价发行，首次发行折扣等于单位证券的到期本金减去首次公司发行价格。您要意识到，至到期日为止本公司不支付利息，但在转换、赎回、出售或证券到期之前，出于缴纳美国联邦所得税的原因，美国投资者必须在其毛利中将首次发行折扣作为应计折扣包括在内（即使证券最终没有被转换、赎回、出售或在到期日支付）。
募集资金的使用	本公司计划运用本次发行和同时进行的普通股发行所筹集的部分资金为收购倍耐力公司融资。如果收购倍耐力公司的项目没有完成，或募集资金超出了收购倍耐力公司的需要，本公司会将这些募集资金用于公司的一般性用途。
康宁公司的选择性赎回	2005年11月8日及以后，本公司可能在任何时间选择赎回部分或全部的债券。赎回价格将等于首次公开发行价格加上到赎回日的应计原始发行折扣。
按持有者的选择进行回购	您可以要求本公司按本招募书附件中列示的回购价格在2005年11月8日和2010年11月8日回购您的部分或全部债券。
若控制权发生变化，按持有者的选择进行回购	如果本公司的控制权发生变化，您可以要求公司回购部分或全部债券，回购价格等于首次公开发行价格加上至回购日的应计利息。

对可转换债券发行的分析

对可转换债券进行估值依托于这样一种思想：可转换债券实际上是普通债券与一种或多种附加期权（如转换成普通股的期权）的结合体。可转换债券的价值（V）因此就是普通债券价值和附带期权价值之和：

$$V_{可转换债券} = V_{普通债券} + V_{期权1} + V_{期权2} + \cdots + V_{期权n}$$

通过对每个成分直接进行估值，可以得出可转换债券的合适价位。

从比较容易估值的普通公司债券部分开始入手。普通公司债券通常是按其到期收益率相对于该债券的风险和到期时间的充分性进行估值的。如果采用741.923美元的发行价和1 000美元的本金还款，到期收益率将为2%（如按每半年滚计复利的话，今天的741.923美元将以2%的年利率于15年后增长至1 000美元）。然而，这并不完整。原因是741.923美元的价格包含债券价值和附带期权的价值。取而代之，普通公司债券部分的真实价值应该采用类似债信级别的公司债券的到期收益率进行估算。通过康宁公司最近的评级（表6-6）与不同债信级别的公司进行比较（表6-7），整理类似评级公司的普通债券发行样本（表6-8），可以对可转换债券的债券部分进行估值。

表6-6　　　　　　　　康宁公司发行历史中的部分债信评级

优先无保证债券的评级——穆迪		当地发行人的长期债信评级——标准普尔	
评级	生效日	评级	生效日
A2	2000-02-02	A*-	2000-09-27
A3	1996-12-24	A	1996-05-14
A2	1992-01-21	A+	1991-03-21
A1	1982-11-29	AA	1982-03-10
Aa3	1982-04-26	AA-	1973-11-09

注：*-号表示负面的预期。

表6-7　　按债信级别分类列示的主要行业财务比率：1996—1998年的3年期比率的中位数

行业长期债务	AAA	AA	A	BBB	BB	B	CCC	康宁公司为可转换债券与股票发行准备的备考数据
税前利润对利息的覆盖倍数	12.9	9.2	7.2	4.1	2.5	1.2	-0.9	5.02
息、税、折旧、摊销前利润对利息的覆盖倍数	18.7	14	10	6.3	3.9	2.3	0.2	8.05
经营活动产生的现金/债务总额（%）	89.7	67	49.5	32.2	20.1	10.5	7.4	20.9
自由经营现金流/债务总额（%）	40.5	21.6	17.4	6.3	1	-4	-25.4	-2.1
资本回报率（%）	30.6	25.1	19.6	15.4	12.6	9.2	-8.8	3.67
经营收益/销售收入（%）	30.9	25.2	17.9	15.8	14.4	11.2	5	14
长期债务/资本（%）	21.4	29.3	33.3	40.8	55.3	68.8	71.5	28.2
债务总额/资本（包括短期债务）（%）	31.8	37	39.2	46.4	58.5	71.4	79.4	29

表6-8　　　　　　　　当前具有可比性的普通公司债券样本

发行人	标准普尔评级	到期年份	到期收益率（%）
Air Touch Communications	A	2008	7.56
American Stores	A-	2017	7.99
Bell Atlantic	A+	2012	7.73
Coca-Cola Enterprises	A	2017	7.81
Corning Inc.	A	2013	7.50
Walt Disney Co.	A	2015	7.90
Enron Oil and Das	A-	2008	7.70

续表

发行人	标准普尔评级	到期年份	到期收益率（%）
IBM	A+	2019	7.65
Lucent Technologies	A	2028	7.87
New York Tel. Co.	A+	2013	7.74
Nordstrom, Inc.	A	2009	8.11
Southwest Airlines	A−	2027	7.95
WorldCom Inc.	A−	2010	7.45
均值			7.75
中位数			7.73
标准差			0.21

对可转换期权进行估值

其后，仍需对可转换期权进行估值。转换权实际上是一种美式看涨期权，赋予持有者可以从现在至以后15年内的任何时候以每股89.062美元的价格购买股票的权利。考虑采用布莱克—斯科尔斯期权定价模型为期权定价（严格地讲，布莱克—斯科尔斯模型应仅仅用于欧式期权的估值。但由于美式期权通常出于保有期权时间价值的目的而一直持有至到期日，因此它们实际上可以被当做是欧式期权。特殊的情况是美式期权涉及的股票派发了足够高的股息，在这种情况下，投资者可能在到期日之前行权以获取股息，因此采用布莱克—斯科尔斯模型就不合适）。

股息、股票波动性、无风险利率和回购条款都会影响期权价值［参考康宁公司的历史股息数据（表6−9）、康宁公司历史波动性及其可比公司和主要股票指数的波动变化（表6−10）。康宁公司期权交易的数据（表6−11）］。

表6−9   康宁公司的股息历史（美元/股）

派息日期	3月31日	6月30日	9月30日	12月31日	全年
1997年	0.06	0.06	0.06	0.06	0.24
1998年	0.06	0.06	0.06	0.06	0.24
1999年	0.06	0.06	0.06	0.06	0.24
2000年	0.06	0.06	0.06		

表6−10   2000年11月8日估算的历史波动性

	1个月	3个月	6个月	1年
康宁公司	123.56	85.74	77.63	79.67
JDS Uniphase	140.07	90.14	91.56	95.42
Lucent	159.76	100.95	83.01	77.88

续表

	1 个月	3 个月	6 个月	1 年
Ciena	144.15	102.11	98.64	110.26
平均	141.89	94.74	87.71	90.81
道琼斯工业平均指数	22.36	16.24	16.57	19.93
标准普尔 500 指数	25.81	17.98	18.63	20.92
纳斯达克 100 指数	66.45	47.72	51.31	51.51

表 6-11 康宁公司期权在芝加哥期权交易所的期权价格：2000 年 11 月 7 日收盘价

纽约证券交易所股票收盘价	履约价格	期权最后买入价		期权最后卖出价	
		11 月	5 月	11 月	5 月
$ 68.50	$ 70.00	$ 3.25	无期权	4.75	无期权
68.50	70.00	无期权	15.50	无期权	14.50
68.50	80.00	0.75	无期权	12.63	无期权
68.50	83.38	0.44	无期权	16.13	无期权
距到期日天数		17	193	17	193

讨论题：

1. 如何为可转换债券进行估值？可转换债券的价值包括纯债券价值和什么？

2. 采用布莱克—斯科尔斯期权定价模型对可转换期权进行估值时，需要放入模型的重要假设有哪些？

3. 哪些因素会影响看涨期权的价值，如何影响？

分析路径与思路：

1. 可转换债券是一种混合型的债券形式。对个人投资者而言，可转换债券是一种兼顾收益和风险的理想的投资工具。当投资者不太清楚发行公司的发展潜力及前景时，可先投资于这种债券。待发行公司经营实绩显著，经营前景乐观，其股票行市看涨时，则可将债券转换为股票，以受益于公司的发展。可转换债券对于投资者来说是多了一种投资选择机会。可转换债券具有债权与股权双重特性，对机构投资者来说也是极为合适的投资品种。

2. 可转换债券的优势在于投资下限得以保证，收益上限没有限制；海外可转换债券以折扣价进行交易时，投资人有机会以低于市价的价格购买公司股票；附有回售条款的可转换债券，投资者享有将债券回售给发行人的权利，当公司股票的市场价格持续低于转股价达到一定幅度时，可以把债券按约定条件回售给债券发行人。

可转换债券的缺点在于发行人的赎回权将限制投资者参与分享公司股票成长的机会，附有强制赎回条款的可转换债券，在规定的一定时期内，若公司股票的市场价格高于转股价达到一定幅度并持续一段时间时，发行人可按约定条件强制赎回债券；可转换债券票面利率比普通债券利率低，若遇到股市低迷，投资者不把债券转换为股票，长期持有的债券利率一般低于银行存款利率，对投资者来说机会成本很高；可转换债券实际上具有期权的某些特征，因此其利率一般低于普通公司债券利率；可转换债券在一定条件下可转换成公司股票，因而会影响到公司的所有权。

3. 可转换债券的条款具有相当的复杂性，这使可转债的市场定价具有相当大的难度。我们即使仅考虑其中一两个主要条款，也难以精确计算可转换债券的理论价格。但即便如此，只要我们在投资可转换债券时仔细研读这些条款，从中仍可发现获利机会。

4. 对于年轻的中国证券市场而言，可转换债券是一个极具发展潜力的新型金融衍生品种，它对拓宽企业融资渠道、丰富证券品种和繁荣证券市场都将起到积极的作用。

能力训练

一、单项选择题

1. 关于信用衍生工具的说法错误的是（　　）。
A. 信用衍生产品以贷款或债券的信用状况为基础资产
B. 信用衍生产品是一种单边金融合约
C. 违约互换在交易性质上类似于前交易和保险单交易
D. 信用联系票据是一种表内交易的货币市场工具

2. 下列关于金融衍生工具的说法中，（　　）是不确切的。
A. 均以标准化合约的方式进行交易
B. 可实现风险的转移
C. 其价值取决于基础工具的价格
D. 可能放大风险

3. 下列叙述中正确的是（　　）。
A. 根据金融衍生工具自身交易的方法和特点，可以分为远期和期权两个基本类型
B. 远期合约的收益与标的资产的价格水平呈非线性和非对称性关系
C. 期权合约实际上是一种权利买卖
D. 期权合约的收益与标的资产的价格水平呈线性和对称性关系

4. 关于远期合约下列叙述正确的是（　　）。
A. 远期合约一般不在规范的交易所内交易
B. 远期价格是实际交易中形成的实际价格，而交割价格是理论价格
C. 如果交割价格高于远期价格，投资银行可以通过卖空标的资产现货买入远期获取无风险利润
D. 如果交割价格低于远期价格，投资银行可以通过买入标的资产现货卖出远期获取无风险利润

5. 对期货合约交易单位的规定正确的是（　　）。

A. 一张英镑期货合约的交易单位，在芝加哥国际货币市场为 10 000 英镑

B. 一张英镑期货合约的交易单位，在中美洲商品交易所为 12 500 英镑

C. 一张英镑期货合约的交易单位，在阿姆斯特丹欧洲期权交易所为 25 000 英镑

D. 期货合约交易单位的大小只与期货市场交易规模有关

6. 维持保证金金额一般为初始保证金金额的（　　）。

A. 50%～60%　　B. 60%～75%　　C. 75%～80%　　D. 80%～90%

7. 关于利率期货的叙述正确的是（　　）。

A. 利率期货合同期满时既可以实际交割金融资产，也可以通过计算市场的涨落结算利率期货合同的实际价值

B. 利率期货根据其标的资产期限不同主要分为短期利率期货和长期利率期货两大类

C. 国库券期货合约标准期限为 3 个月，交易单位为 10 万美元，交割月份为 3 月、6 月、9 月、12 月 4 个月份

D. 美国期货市场中长期债券的交易单位为面值 10 万美元，标准利率为每年利率 8%

8. 芝加哥商业交易所国际货币市场上 3 个月期国库券的标准数量是面值 100 万美元，假设贴现率为 8%，期货价格是（　　），这张国库券合约的价值为（　　）。

A. 98；$ 980 000　　　　　　　B. 98；$ 920 000

C. 92；$ 980 000　　　　　　　D. 92；$ 920 000

9. 长期利率期货价格的最小变动单位为（　　）。

A. $\frac{1}{8}$%　　B. $\frac{1}{16}$%　　C. $\frac{1}{32}$%　　D. $\frac{1}{64}$%

10. 股票指数期货交易的特点之一是（　　）。

A. 标的物是具体的股票

B. 合约价值是股票指数乘以某一固定乘数

C. 采取股票交收

D. 合约没有到期日

11. 对于期权这种金融衍生工具的性质和作用，下列说法正确的是（　　）。

A. 期权和期货一样，有固定的交割日，必须在固定的到期日进行交割

B. 期权的收益从理论上讲可以是无限的，而亏损则是有限的

C. 期权的价格决定于其内在价值和时间价值

D. 期权处于实值状态时期权合同标的物的即期市场价格高于合同协定价格

12. 一份美式看涨期权 6 个月到期，执行价格为 42 元，现在标的股票价格为 51 元，其看涨期权的期权费为 10 元，则该看涨期权的时间价值为（　　）。

A. 9 元　　B. 1 元　　C. 4.5 元　　D. 2 元

13. 以下叙述正确的是（　　）。

A. 平行贷款是两个母公司分别在国内向对方公司在本国境内的子公司提供金额相当的本币贷款

B. 平行贷款只签订一个贷款协议，信用风险较小

C. 背对背贷款是指两个国家的公司相互直接贷款，贷款币种不同、币值也不同，但贷款到期日相同

D. 背对背贷款与现代货币互换一样，是不同货币间负债或资产的互换

14. 关于互换和掉期的叙述正确的是（　　）。

A. 外汇市场上的掉期是指对相同期限但金额不等的同种外汇做两笔反方向的交易

B. 在各种金融市场上都可以进行掉期交易

C. 互换交易和掉期多是中长期交易

D. 货币互换包含一系列利息和支付（或收取）的交换，而掉期并不包含利息支付及其交换

15. 以下叙述错误的是（　　）。

A. 交叉货币利率互换是以一种货币的固定利息交换另一种货币的浮动利率

B. 任何互换的名义本金总是不变的

C. 基点互换中，双方都是浮动利率

D. 可赎回互换的一方有权提前中止互换

二、多项选择题

1. 根据标的资产的不同，金融衍生工具可以分为（　　）。

A. 股票衍生工具　B. 利率衍生工具　C. 货币衍生工具　D. 信用衍生工具

2. 金融衍生工具的基本特征包括（　　）。

A. 跨期性　　　　B. 杠杆性　　　　C. 联动性　　　　D. 不确定性或高风险性

3. 关于期权的叙述正确的是（　　）。

A. 按照期权购买者执行期权的时限划分，期权可以分为欧式期权和美式期权

B. 美式期权只能在期权到期日才能执行期权，而欧式期权则允许购买者在期权到期前的任何时间执行期权

C. 按照期权的标的资产，期权合约可以分为利率期权、货币期权、股票期权和股指期权等现货期权

D. 期权不仅在交易所进行交易（标准化合约），还可以在场外交易市场交易（非标准化合约）

4. 关于期货的叙述正确的是（　　）。

A. 期货交易可在交易所和场外交易市场上进行

B. 期货交易采取每日盯市结算

C. 期货交易双方均需交纳初始保证金

D. 保证金账户余额超过初始保证金的部分交易者不可以随时提现

5. 假定今天是2012年2月1日，交易双方同意成交一份"3×6"名义金额为100万美元、协定利率为4.5%的远期利率协定，下列叙述正确的是（　　）。

A. 该协定的起算日和结算日之间为3个月

B. 该协定的结算日至名义贷款最终到期日之间的时间为6个月

C. 该协定的起算日是 2012 年 2 月 3 日

D. 参照利率通常为确定日的伦敦银行间同业拆放利率

6. 一般来说，期货合约包含以下方面（　　）。

　A. 交易的标的物和交易单位　　B. 最小变动价位和每日最高波动幅度

　C. 标准交割时间和初始保证金　D. 交易价格

7. 以下利率期货的报价方式以芝加哥国际货币市场指数表示的是（　　）。

　A. 长期政府债券期货　　　　　B. 商业本票期货

　C. 国库券期货　　　　　　　　D. 可转让存单期货

8. 以下叙述正确的是（　　）。

　A. 一份期权合约的价值等于其内在价值与时间价值之和

　B. 实值期权的内在价值大于零，平价期权的内在价值为零，虚值期权的内在价值小于零

　C. 期权的时间价值伴随期权合约剩余有效期缩短而衰减

　D. 期权的标的资产市价与敲定价格之间的差额为零时，期权的时间价值也为零

9. 期权的基本交易策略主要有（　　）。

　A. 购买看涨期权　　　　　　　B. 购买看跌期权

　C. 出售看涨期权　　　　　　　D. 出售看跌期权

10. 期权的组合投资策略主要有（　　）。

　A. 水平套利　　　　　　　　　B. 买空套利

　C. 卖空套利　　　　　　　　　D. 对角套利

11. 下列关于期权的说法中错误的是（　　）。

　A. 对于到期日确定的期权来说，在其他条件不变的条件下，随着时间的流逝，其时间价值的减小是递增的

　B. 对于到期日确定的期权来说，在其他条件不变的条件下，随着时间的流逝，其时间价值的减小是递减的

　C. 当时间流逝同样的长度，在其他条件不变时，期限长的期权时间价值的减少幅度将大于期限短的期权时间价值的减小幅度

　D. 当时间流逝同样的长度，在其他条件不变时，期限长的期权时间价值的减少幅度将小于期限短的期权时间价值的减小幅度

12. 关于互换的叙述正确的是（　　）。

　A. 互换中的货币互换前后两笔交易的汇率是不一样的

　B. 可利用互换转移与防范中长期利率和汇率变动风险

　C. 金融互换产生的理论基础是比较优势理论

　D. 互换的期限通常在 2 年以上，有时甚至在 15 年以上

三、简答题

1. 什么是信用衍生工具？常见的信用衍生工具有哪些？

2. 简述远期利率协议的功能。

3. 简述金融远期市场的特点及优缺点。
4. 简述股票指数期货的特点。
5. 简述金融期货市场的功能。
6. 比较期权交易与期货交易。
7. 什么是期权价格、期权的内在价值和时间价值？
8. 简述互换与掉期的区别。
9. 简述金融互换的功能。

四、论述题

1. 简述金融衍生工具的特点。
2. 简述期货合约和远期合约的区别。
3. 如何利用利率和货币互换来减少利率风险和汇率风险，降低借贷成本，以及增加收益？
4. 简述影响期权价格的因素。

五、计算题

1. 2011年10月5日，A、B双方同意成交一份"1×4"名义金额为100万美元、协定利率为4.5%的远期利率协议。假定确定日的参照利率为5.25%，那么协议卖方支付给买方的结算金是多少？

2. 一份国库券期货合约，面值100万美元，期限6个月，其刻度值是多少？当价格上升6个基点时，持有4份该国库券期货的交易者其手持合约升值多少？

3. A是信用评级为AAA级的跨国公司，需要借5年期5 000万美元，A可以以一个较低的固定利率借款，但它希望获得浮动利率的好处，以便利率差距最大化。B是信用评级为BBB级的公司，也需要借入5年期5 000万美元，它的信用评级较低，故可以以浮动利率借款，或发行高利率的债券，这比借入固定利率款项更容易。它希望利率是固定的，以便确定未来的利息支付。利率情况如下表所示。

利率	A可借入	B可借入
固定	10.00%	12.00%
浮动	LIBOR	LIBOR+1%
要求利率	固定	浮动

请问怎样进行利率互换？

第七章
效率市场理论

学习目标：

1. 掌握效率市场假说的概念、假设条件以及类型。
2. 理解弱式、半强式和强式有效市场假设的实证检验以及对我国股票市场有效性问题的实证检验。
3. 了解效率市场理论的发展。

知识结构图：

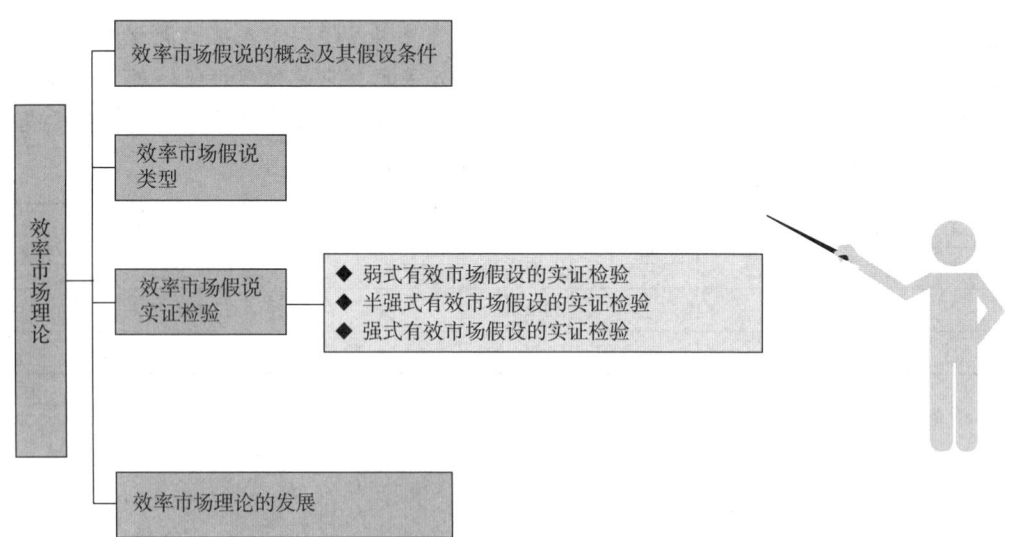

效率市场假说（EMH）是现代金融市场理论中最重要的概念之一。它最早由巴舍利尔（1900）提出，并由考利斯（1933）进行了最早的实证检验。现代对效率市场的研究则始于萨缪尔森（1965），后来经法玛（1970）、马其埃尔（1992）等进一步发展和深

化，逐渐形成一个系统性、层次性的概念，并建立了一系列用于验证市场有效性的模型和方法。

我国股票市场建立至今已有十多年的历史。在股票市场不断发展的过程中，股票市场效率问题也逐渐成为研究和探讨的热点问题。在这个问题上，可以1996年为界：在1996年以前，绝大多数文献认为我国股票市场没有达到弱式有效，弱式有效是市场有效性的一种形式；而到了1996年以后，许多文献则认为我国的股票市场已经达到弱式有效。

立足于此，本章对效率市场假说的概念及其假设条件、类型以及实证检验的结果做一个简要的论述，并利用相关理论对国内股票市场有效性问题做一简单的验证。

第一节　效率市场假说的概念及其假设条件

效率市场假说是针对资本市场上股票价格根据信息进行调整的速度快慢而提出的。如果股票价格能够根据信息进行迅速的调整，从而股票的当前价格就可以包含有关这个股票的所有信息，资本市场就是一个有效市场；相反，如果信息调整的速度很慢，从而投资者可以根据对信息的分析赚取利润，资本市场就是无效的。

效率市场假说的提出是建立在许多有关资本市场的假设条件之上的。这些假设条件包括：第一，资本市场上有大量相互竞争的以利润最大化为目标的理性参与者。这些参与者都各自独立地对股票价值进行分析并作出投资决策。第二，各种信息以一种随机的方式进入市场，而且每个信息公布之后的调整一般是互相独立的。第三，资本市场上互相竞争的投资者都力图使股票价格能够迅速地反映各种新信息的影响。这意味着调整可能是不完全的，但它是无偏的。因此，有时市场过度反应，有时市场则反应不足，但是在任何一个时点都无法进行预测。

根据这些假设条件我们可以知道，效率市场并不是一个静态的价格反映所有信息的过程，而是一个价格根据信息不断迅速地进行调整的动态过程。在这个过程中，价格调整在短时间内迅速完成。这种短时间迅速调整的一个必要条件就是存在着大量互相独立的股票分析者、套利者以及交易者等投资群体。这些投资群体在利润最大化条件的约束下，不断地根据股票价格的变动分析各种信息对股票价格的影响，并不断地买卖股票直至股票价格反映新的信息。由于调整的时间很短，因此从长期看，股票价格的波动就是独立随机的。

一个效率市场的特征主要有：第一，股票价格能够迅速地根据与股票价值相关的各种信息及时准确地进行调整；第二，股票预期收益的变化只与无风险利率水平的变动和股票本身风险溢酬的变动有关，除此之外，收益是不可预测的；第三，通过分析目前的投资特点无法为将来提供有用的信息；第四，如果将投资者分为信息灵通的投资者和信息不灵通的投资者，两种类型投资者的投资收益应该不存在明显的差异。

> **专栏**
> **股价对消息的迅速反应**
>
> 2012 年 11 月 19 日，酒鬼酒被爆出塑化剂超标 2 倍多的丑闻，遂宣布紧急停牌并接受检查，中国酒业协会称全国的白酒普遍都存在塑化剂的声明更是引起轩然大波。受此消息影响，19 日上午 9 时 27 分，酒鬼酒公告称，因媒体报道出现上市公司尚未披露的信息，临时紧急停牌。9 时 30 分正式开盘后，白酒类个股纷纷低开大跌，白酒板块在中午 14 时许跌至低点，市值一度蒸发约 430 亿元。之后，在沪指拉动下，白酒板块才开始回暖，最后酒类指数下跌 4.58%，市值蒸发了 330 亿元。截至 19 日收盘，老白干酒跌幅最大，达 10.01%。有 6 家白酒企业的跌幅超过了 5%，其中水井坊下跌 7.09%，泸州老窖下跌 6.13%，五粮液下跌 5.82%，贵州茅台下跌 4.61%。
>
> 资料来源：中国证券报。

第二节　效率市场假说的类型

早期有关效率市场假说的文献都建立于随机游走假设基础之上，即假设股票价格的波动是随机的。这类文献大多只有实证结果而没有理论背景。这类效率市场假说的主要内容为：在一个有效市场上股票价格的波动是独立随机的，因此，如果假设 $P_{j,t}$ 为股票 j 在时刻 t 的价格，$P_{j,t+1}$ 为股票 j 在时刻 $t+1$ 的价格，I_t 为时刻 t 的信息集合，则无法利用时刻 t 的信息对时刻 $t+1$ 的股票价格进行预测，最好的预测就是 $P_{j,t}$ 本身，即

$$E(P_{j,t+1} \mid I_t) = P_{j,t} \tag{7.1}$$

或者

$$E(P_{j,t+1} - P_{j,t} \mid I_t) = 0 \tag{7.2}$$

它表明效率市场假设是一个鞅过程，因此应注意它与独立同分布、白噪音的区别。

法玛（1970）对这一问题进行了系统深入的研究，在考虑风险的基础上提出了公平博弈模型[①]，并根据不同层次的信息将效率市场假说分成三个不同的类型：弱式有效、半强式有效以及强式有效。

法玛公平博弈模型的假设前提是股票价格能充分反映某一时点的所有公开信息，并规定价格形成机制为

$$E(P_{j,t+1} \mid \Phi_t) = [1 + E(r_{j,t+1} \mid \Phi_t)]P_{j,t} \tag{7.3}$$

式（7.3）中，E 表示期望值，$P_{j,t}$ 表示时刻 t 股票 j 的价格，$P_{j,t+1}$ 表示时刻 $t+1$ 股票 j 的价格，$r_{j,t+1}$ 表示时刻 $t+1$ 股票 j 的收益率，Φ_t 表示时刻 t 已经完全反映在股票价格中的信息集。

[①] 事实上，现代对股票市场有效性问题的检验大多数仍然采用随机游走模型。公平博弈模型因为考虑到风险因素（体现在 $E(r_{j,t+1}/\Phi_t)$ 中）而主要用于检验风险和收益之间的权衡。

这个等式表明，在给定时刻 t 的信息集 Φ_t 的条件下，股票 j 的预期价格等于当前价格乘以 1 加上股票 j 的预期收益率。这个预期收益率能够反映时刻 t 的公开信息，如利率、通货膨胀率、GDP 增长率等。在上述条件下，无法根据目前的信息集和经验获得超额利润。假定 $x_{j,t+1}$ 表示时刻 $t+1$ 股票 j 的实际价格与预期价格之间的差异，用公式表示为

$$x_{j,t+1} = P_{j,t+1} - E(P_{j,t+1} \mid \Phi_t) \tag{7.4}$$

则在有效市场上，有

$$E(x_{j,t+1} \mid \Phi_t) = 0 \tag{7.5}$$

这意味着市场反映出一个与信息集 Φ_t 相关的公平博弈，因此就可以认为股票的当前价格已经充分反映了所有的可得信息以及股票本身的风险因素。

法玛还根据信息的不同层次将效率市场假说分为三个次级假设。

假设	股价所反映的信息	特征
弱式有效市场假设	历史信息	当前股票价格充分反映历史价格，无法根据股票历史价格信息对今后价格预测，根据历史价格交易买卖无法获取利润。 上述特征可用数学表达式表示： $E(P_{j,t+1} - P_{j,t} \mid P_{j,t}, P_{j,t-1}, \cdots) = 0$
半强式有效市场假设	历史信息、公开信息	所有公开信息都反映在股票价格中，其中公开信息包括股票价格、会计数据、整个国民经济数据以及与公司有关的所有公开信息。所以基本面分析是无效的。
强式有效市场假设	历史信息、公开信息、私人信息（内幕信息）	所有信息都反映在股票价格中，投资人无法从公开和非公开信息分析中获取利润，内幕消息是无效的。

三种次级假设之间的关系如图 7-1 所示。

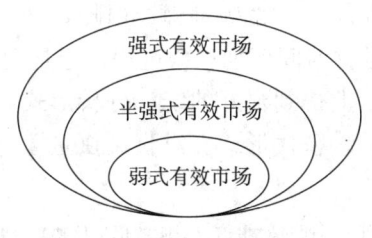

图 7-1 三种不同层次的效率市场假说

专栏

分析师比大猩猩高明吗？

美国《旧金山纪事报》曾做过一个有趣的试验，让大猩猩和分析师比赛选股来验证市场的有

效性。首先,把各种股票代码写在一块纸板上,让大猩猩向纸板上的股票代码投标来选股票,用此方法让大猩猩挑选出 5 只股票。然后,用大猩猩挑选的股票组合与 8 位知名分析师精心计算分析后挑选的 5 只股票相比较。结果是,雇佣大猩猩当投资顾问所选投资组合的收益率与分析师不相上下。

第三节 效率市场假说的实证检验

根据上节有关效率市场假说的概念解释,我们可以发现一个效率市场假说的共同的检验方法:那就是检验在一定信息范围内股票收益的可预测性。检验弱式有效使用的是股票价格的历史数据;半强式有效使用公开信息,如公司财务数据、国民经济数据等;而强式有效则使用所有信息。在众多学者利用各种信息对股票收益可预测性进行检验的基础上,John Y. Campbell(2000)对此进行了总结。他发现,在股票收益可预测性检验的问题上存在着下列几种共同的现象:第一,长期范围内的收益比短期范围内的收益更容易预测。Campbell(1999)发现,股利与价格比率对股票月收益的解释能力为 2%,而对年收益的解释能力则迅速上升至 18%。第二,可以相当准确地预测预期收益随时间的变动和波动率。Harvey(1991)等人均发现,一些用于预测股票收益的变量也可以用来预测股票波动率的变化。

一、弱式有效市场假设的实证检验

弱式有效市场有两个特征:一个是鞅过程,另一个是技术分析的无效性[①]。因此,对股票市场弱式有效的实证检验也主要从这两方面入手。

(一)对鞅过程的检验

与鞅过程关系密切的两个概念是独立同分布和白噪音。三者之间的关系为:在时间序列方差存在的情况下,独立同分布⊂鞅过程⊂白噪音[②]。因此,独立时间序列一定是鞅过程,而鞅过程不一定为独立时间序列;鞅过程一定是白噪音,但白噪音不一定是鞅过程。由于鞅过程无法从计量上得到很好的统计分析形式[③],因此,对鞅过程的检验主要采用独立同分布和白噪音两种替代形式。对收益独立性的检验为游程检验[④],对白噪

[①] 后来,马其埃尔(1992)还引入了通过对由信息引起的价格反映来衡量股票市场的弱式有效。
[②] 许多文献混淆了这三者之间的关系而将之等同起来,这是一种错误的概念理解。
[③] Hong(1990)利用傅立叶变换和频谱分析解决了这个问题。
[④] 游程检验指给定一个价格变化序列,每一次价格变化都赋予一个符号:价格上涨时为加号(+),价格下跌时为负号(-)。这样得到的价格变化测试结果就是一系列的加减号:+ + + - + - +⋯当两次连续的价格变化方向一致时,一个游程就产生了;两个或更多的价格连续变化意味着游程的继续。当价格变化方向发生改变时,如几个正的变化之后的一个负的变化,就意味着一个游程的结束和一个新游程的开始。为了测试独立性,只需要把给定的价格变化序列的游程个数同随机价格变化序列的游程个数的期望值进行比较即可:在期望值范围内,则说明通过独立游程检验,给定价格变化序列是独立的;如果不在期望值范围内,则说明无法通过独立游程检验,给定价格变化序列不是独立的。

音的检验为自相关检验。但在检验过程中必须注意，通过独立的游程检验却可以证明鞅过程的存在，从而证实弱式有效市场假设，但通不过独立游程检验却无法证明伪弱式有效市场假设；同样，无法通过白噪音检验可以证明伪弱式有效市场假设，而通过白噪音检验则无法证实弱式有效市场假设。

但十分奇怪的是，无论是自相关检验还是游程检验，都出现了许多矛盾的现象。对自相关检验而言，一些研究者分析了几个相对较短时期（包括1天、4天、9天、16天）的股票收益的序列自相关性。测试结果表明这些时期的股票收益间的相关性不显著。这倾向于弱式有效市场假设。但近年来对一些考虑不同市值（规模）的股票组成的投资组合的研究表明，小盘股组成的投资组合的自相关性要大于大盘股组成的投资组合。这又对弱式有效市场假说提出了质疑。游程检验的研究证明了不同时期股票价格变化具有独立性。给定股票价格序列的实际游程个数总是在随机股价变化序列的游程个数期望值的范围之内。同时这种测试还用于柜台市场的股票交易中，得到的结果也证实弱式有效市场假设。但是，一些学者对纽约证券交易所个别交易的价格变化进行分析，却发现证券价格变化之间存在着显著的相关关系。

（二）对技术分析无效性的检验

有人认为前面关于收益独立性的统计测试过于僵化，不能适用于证券分析家们所采用的复杂的价格模式。为了对这种观点作出响应，研究者试图通过模拟分析各种可能的技术性交易规律，并对由这些规律所产生的收益情况进行了实证检验。在弱式有效市场上，如果只依靠过去的历史价格发展出来的交易规律进行交易的话，投资者所获得的收益不会高于单纯的购买并持有而得到的收益。大部分的早期研究都表明，在考虑了交易费用之后，利用交易规律所获得的交易利润都将被损失掉，而近来的一些研究则表明遵循一些交易规律能够产生较好的效益。但近年来越来越多的实证研究发现有些技术分析的确有用。如 De Bondt 和 Thaler（1985）发现，自 1993 年以来，过去 3 年表现最好的 35 只股票在未来 5 年的平均表现远比在过去 3 年中表现最差的 35 只股票差。这说明股票市场存在着过度反应。

二、半强式有效市场假设的实证检验

半强式有效市场指的是证券价格反映所有公开信息的情况。按照法玛的组织形式，可以将半强式有效市场假设的研究分成两组：一是运用在弱式有效市场假设测试中的纯市场信息（如价格、交易量）以外的其他可获得的公开信息来预测未来收益率，二是分析股票能多快调整至可以反映一些特定重大经济事件。

1. 运用在弱式有效市场假设测试中的纯市场信息（如价格、交易量）以外的其他可获得的公开信息来预测未来收益率。这类研究包括对收益报告预测股票未来收益的研究、对在日历年度内是否存在可以用来预测收益的规则的研究以及对典型收益的研究。这些研究表明，股票未来收益和公司的股息收益率存在着十分显著的正相关关系，市场对季节性收益的调整也是不充分的，而且存在着一月异常、月份效应、周末效应、周内交易日效应以及交易日内效应等收益率规则现象，同时在典型收益方面还证实了市值规模效应等现象①。De Bondt 和 Thaler（1987）以及 Fana 和 French（1992）都发现，由低市净率（市值与净值的比率）公司组成的投资组合比高市净率公司组成的投资组合可获得高得多的收益。这一系列都表明市场不是半强式有效的。

2. 股票能多快调整至可以反映一些特定重大经济事件。这个研究主要采取事件研究的方法，即列举几个股票市场上的重要事件，观测股票价格对这些重要事件的反应，从而来验证股票市场的有效。这些重要事件有：股份分割、首次公开招股、交易所上市、不可预期的经济和政治事件、会计变动公告、法人事件等。研究结果表明，除了交易所上市之外，其余的检验结果都支持市场有效假设。这与根据上面一种方法得出的结论互相矛盾。

三、强式有效市场假设的实证检验

强式有效市场假设认为股票价格已经充分反映了所有的信息，不管这些信息是公开信息还是内幕信息。在这一假设条件下，没有一组投资者可以获得所谓的内幕信息，也就是说，没有投资者可以通过获得内幕信息来获得超额利润。因此，对强式有效市场假设的检验主要从这方面入手，通过对公司内幕人员交易、股票交易所专家证券商、证券分析师、专业基金经理这些信息最灵通、最全面的专业人士能否获得超额利润进行实证验证。

1. 公司内幕人员交易。内幕人员包括公司的高级职员、董事会成员和公司任何股权类型的 10% 以上的股份持有者。对这些内幕人员交易数据的分析结果通常表明，公司内幕人员能持续地获得高出平均水平的利润。但也有许多研究表明，非内幕人员利用这些内幕信息却无法获得超额利润。这些分析结果为市场有效假设提供的论据是不一的。

2. 股票交易所专家证券商。由于专家证券商有独占的渠道获得有关未执行的指令的重要信息，因此，如果市场不是强式有效，则这些专家证券商一般会从这些信息中赚取超额收益。分析数据也证实了这个结论。但最近的研究则表明，在引入了竞争性费率和其他减少专家证券商的收费标准的交易实践后，专家证券商的资本收益率相对降低了许多。

3. 证券分析师。这个分析主要研究在证券分析师推荐之后进行投资能否获得超额利润。研究表明，在考虑了交易成本之后，根据推荐所获信息进行投资无法获得超额利润。这些结果支持了强式有效市场假设。

4. 专业基金经理。这个研究主要分析共同基金的业绩。大量的研究结果表明，大部分基金的业绩低于直接购买并持有策略所产生的业绩。当考虑经纪人佣金、基金佣金费和管理成本时，约有 2/3 的共同基金的业绩不如整个市场的业绩。这些结果也支持了强

---

① 一月异常指一月份存在的大量的异常收益现象。月份效应指市场的交易量和证券价格的累计效果一般发生在前半月的现象。周末效应指周末收盘到周一开盘之间一般是负收益的现象。周内交易日效应指周一的市场平均收益为负值，而每周其他 4 天的平均收益则为正值的现象。交易日内效应指周一和其他 4 天价格模式的差别只发生在交易的前 45 分钟，而且每交易日最后一笔交易倾向于上涨的现象。市值规模效应指股票收益和公司规模之间的负相关关系。

式有效市场假设。

因此，对效率市场假说的实际验证还远没有形成一致的结论。目前，在成熟资本市场国家，一般认同的观点是市场已经达到了弱式有效，而半强式有效、强式有效还需要进一步的验证。

第四节　效率市场理论的发展

法玛1992年以《有效的资本市场》为标志，主要对效率市场假说的基础进行了延伸性的研究，提出了效率市场假说定义的其他表述；修正了以前关于期望恒定的假设，普遍进行预测能力的测试；延长收益期间；认真考虑了联合假说的问题。最为显著的是：20世纪90年代，法玛对效率市场假说层次作出了一些调整，重新定义效率市场假说测试的三个层次，新的划分涵盖了所有实证检验内容，新的三个层次是：预测能力测试、事件测试和私人信息测试；深入探讨联合假说问题，得出了一些有益的结论。由于效率市场假说在一定程度上讲是一个实证理论，以下的讨论仍然主要集中在实证材料上。

一个较强的市场效率假说定义是：证券价格充分反映所有可获得的信息。这种强式定义的一个前提条件是：信息和交易费用、价格反映信息的成本总是零（Grossman and Stiglitz, 1980）。一个较弱的市场效率假说定义是：价格反映信息达到关于信息的边际收益（获得的利润）不超过边际成本的程度（Jensen, 1978）。弱定义更具有经济意义。由于存在正的信息和交易成本，市场效率假说的极端观点是虚假的。不过，它的优势是作为一个清晰的标准，让经济学家们避开决定合理的信息和交易成本的混乱。

法玛指出，关于信息和交易成本的模糊并不是市场效率推论的主要障碍，联合假说的问题更为严重。因为市场效率本身是不可测试的，它必须与一些平衡模型——资本资产定价模型联合被测试。关于这点，法玛1970年的回顾论文讲道：我们只能测试是否信息"适当地"反映在价格里，"适当地"用一个定价模型定义。如果发现关于收益行为的反常证据，很难区分是市场无效率或者是一个坏的市场平衡模型所引起的。由于联合假说问题，测试中不可能得到关于市场效率程度的准确结论，但效率市场假说的支持者们认为可以在如何提高描述证券收益的时间序列和截面行为的能力方面加以判断。

法玛在20世纪90年代的回顾中对以往的划分做了部分修改。原来的弱式测试改为收益预测力测试，弱式测试只是集中在过去收益的预测力，改后包含了收益预测力更宽的领域，也包含使用像股利收益、利率这些变量预测收益的初始研究。由于市场效率和平衡定价假说不可分离，预测能力的讨论也考虑了收益的截面预测能力，诸如像规模效应、季节性效应都在收益预测力的层次上考虑。对于第二种和第三种类型，只是改变标题，不改变覆盖面。用当时通行的标题——事件研究来代替半强式测试，用描述性的题目——私人信息的测试来代替强式测试。

法玛指出，这一阶段的研究表明：收益可由过去的收益、股利和各种期间结构变量进行预期。因此，新的测试拒绝旧的市场效率恒定的期望收益模型，尽管它们在早期的研究中发挥了很好的作用。这样，新的研究直接撞上了联合假设问题，应该承认表面的可预测能力也许是欺骗性的，是数据选择和偶然的特定样本条件的结果。

证据显示：期望收益在整个时间的偏离为债券和股票共同具有，偏离与经济条件模糊相关。法玛认为偏离是真实而合理的，但合理性尚未被存在的测试建立，联合假说问题很可能意味着它不能被建立。假使有人不同意收益预测力测试的新结果的市场效率含义，也会认同测试丰富了收益行为的知识。法玛就未来的研究方向指出，期望收益中合理的变化或者由消费偏好冲击引起，或者由技术冲击引起。我们也许不能发展和测试一个充分好的模型，使它分离偏好冲击和技术冲击，以及消除对储蓄、消费、投资、期望收益的影响，不过，我们希望知道关于在期望收益与宏观变量之间的联系的更多内容。这个任务至少有两部分：第一，如果期望收益中的变化以至于偏好或技术的冲击，那么期望收益中的变化对于不同的证券和市场是相同的。从一个连贯的假说考虑，最好把期望收益中整个时间的变化与对期望收益的截面数据模型联系起来。第二，深挖和建立期望收益和业务具体条件之间的联系（或显示缺乏）。如果期望收益中整个时间的变化是合理的，由偏好冲击或技术冲击引起，那么，期望收益中的变化应该与消费、投资和储蓄中的变化相关。法玛希望将来能够形成一个连贯的假说：把期望收益的截面性质与整个时间的期望收益联系起来，把期望收益行为与真实经济以相当详细的方式联系起来。

事件研究的含义矛盾较少，因为它们更倾向于分离了市场效率和平衡定价假说。事件研究给出了最为直接的有关效率的证据，证据基本上是支持性的。关于证券市场最彻底的证据来自事件研究，尤其是对于日收益的事件研究，能够清楚到描述价格对信息的调整速度。这一时期存在大量的关于公司金融热点的文献，结果表明：平均来说，股票价格对有关投资决策、股利变化、资本结构变化、公司控制交易的信息调整迅速。同时，研究揭示的实证规则大大丰富了人们对投资、金融、公司控制事件的理解并促进了理论研究。法玛曾就事件研究的未来走向提出：这是一个拥有熟练工人、久经试验的行业，它将继续在会计、宏观经济、工业组织领域扩张它的基础，金融领域也毫无趋缓的迹象。

私人信息的测试的最新结果澄清了早先关于公司内部人拥有尚未反映在价格中的私人信息。新的关于专业投资者（互助基金和养老基金）是否拥有私人信息的证据由于联合假说问题而模糊不清。主要有：公司内部人拥有导致异常收益的私人信息（Jaffe，1974），但局外人不能从关于内部人交易的公开信息中获利（Seyhun，1986）；价值线的公司级别变化平均导致估价的永久变化，但除了小股票以外，一般变化较小（Stickel，1985）。估价对《华尔街日报》栏目调查的分析师的私人信息反映在统计上可靠但实际应用中作用较小。

专栏
有效市场假说给投资者的启示

投资者经常发现一个令人疑惑的现象：某只股票的利好消息发布时，股票价格并不总是上升的。有效市场假说的理论可以解释这个奇怪的现象。根据有效市场假说，股票价格已经包含了历史信息和所有公开信息。因此,如果消息已经在预期范围之内,消息发布之后,对股价将不会产生影响,因为消息中不包含能引起股价变化的新信息。

根据有效市场假说,在一个相对有效的市场中,小道消息以及分析师报告都是公开的信息,无法帮助投资者获取超额收益,而正常的投资者不会具有更好的信息,因此也就很难超越市场。所以,投资者不应该频繁地买卖证券,企图在市场上超前行动而获利,而是一个选择"投资并持有"的策略,长期而言,两种策略的收益率理论上是相近的,但频繁交易明显要支付更多的佣金和手续费。

本章小结

1. 效率市场假说是针对资本市场上股票价格根据信息进行调整的速度快慢而提出的,它建立在一系列的假设条件之上,并体现出相应的特征。

2. 效率市场假说根据信息的不同层次可分为弱式有效市场假说、半强式有效市场假说以及强式有效市场假说。

3. 根据不同类型的效率市场假说,其实证检验也相应地分为弱式有效市场的实证检验、半强式市场的实证检验以及强式市场的实证检验。出于分析和研究方法的不同,各实证研究在结论上也存在着差异。

4. 对我国股票市场的实证研究表明,我国股票市场尚未达到弱式有效。

5. 法玛1992年以《有效的资本市场》为标志,主要对效率市场假说的基础进行了延伸性的研究,使效率市场理论得到了进一步的发展。

关键术语

效率市场假说　弱式有效市场假说　半强式有效市场假说　强式有效市场假说　独立同分布　鞅过程　白噪音　信息披露

能力训练

一、单项选择题

1. 效率市场假说最早是由(　　)提出。
   A. 法玛　　　B. 考利斯　　　C. 巴舍利尔　　　D. 萨缪尔森

2. (　　)是检验股票市场是否弱式有效的最重要的一个等式。
   A. $E(P_{j,t+1} - P_{j,t} \mid I_t) = 0$
   B. $E(P_{j,t+1} \mid \Phi_t) = [1 + E(r_{j,t+1} \mid \Phi_t)]P_{j,t}$
   C. $x_{j,t+1} = P_{j,t+1} - E(P_{j,t+1} \mid \Phi_t)$
   D. $E(P_{j,t+1} - P_{j,t} \mid P_{j,t}, P_{j,t-1}, \cdots) = 0$

3. 所有的公开信息都已经反映在股票价格中,这是指(　　)假设。

A. 弱式有效市场　　　　　　B. 半强式有效市场

C. 强式有效市场　　　　　　D. 无法判断

4. 如果股票市场是一个无效的市场，投资者可以利用（　　）进行投资策略的选择。

A. 基础分析　　　　　　　　B. 技术分析

C. 任何分析手段都是无效的　D. 基础分析和技术分析均可

5. 实证研究表明，共同基金没有跑赢大盘，说明市场达到了（　　）。

A. 弱式有效市场　　　　　　B. 强式有效市场

C. 半强式有效市场　　　　　D. 弱式有效市场或半强式有效市场

二、多项选择题

1. 对于股票收益可预测性检验的问题，其共同的现象有（　　）。

A. 长期范围内的收益比短期范围内的收益更容易预测

B. 短期范围内的收益比长期范围内的收益更容易预测

C. 可以准确地预测预期收益随时间的变动和波动率

D. 无法准确地预测预期收益随时间的变动和波动率

2. 弱式有效市场的特征是（　　）。

A. 独立同分布　　　　　　　B. 白噪音

C. 鞅过程　　　　　　　　　D. 技术分析的无效性

3. 对强式有效市场假设的检验应主要通过对（　　）能否获得超额利润进行实证检验。

A. 专业基金经理　　　　　　B. 股票交易所专家证券商

C. 公司内幕人员交易　　　　D. 证券分析师

4. 有关弱式有效市场假说，下列说法正确的有（　　）。

A. 无法根据股票历史价格信息对未来价格进行预测

B. 技术分析无效，应使用基础分析

C. 基础分析无效，应使用技术分析

D. 在成熟资本市场国家，可认为市场已经达到弱式有效

5. 如果资本市场半强式有效，投资者（　　）。

A. 通过技术分析不能获得超额收益

B. 运用股价模型不能获得超额收益

C. 通过基本面分析不能获得超额收益

D. 利用非公开信息不能获得超额收益

三、简答题

1. 什么是效率市场假说？

2. 效率市场假说建立在哪些假设条件之上？

3. 简述效率市场的特征。

4. 简述独立同分布、鞅过程以及白噪音之间的联系和区别。

四、论述题

1. 根据信息的不同层次将效率市场假说进行分类。
2. 请从效率市场假说的假设条件方面对我国股票市场的效率进行分析。

五、计算题

某上市公司宣布实施 1 拆 2 的股票分割计划,此前公司市值 30 亿元,流通股本 1 万股。假定股票分割计划没有其他有关公司新的信息,计划实施后,公司的市值与每股价格发生什么样的变化?如果发布后每股价格为 16 元,可以说明有关市场效率的哪些问题?

第八章
金融市场定价机制

学习目标:

1. 掌握利率定价机制、债券市场定价、股票市场定价、利率期货的定价以及期货看涨（跌）期权的定价模型；

2. 了解汇率市场定价机制、投资基金价格决定、布莱克—斯科尔斯模型以及二项式模型等。

知识结构图:

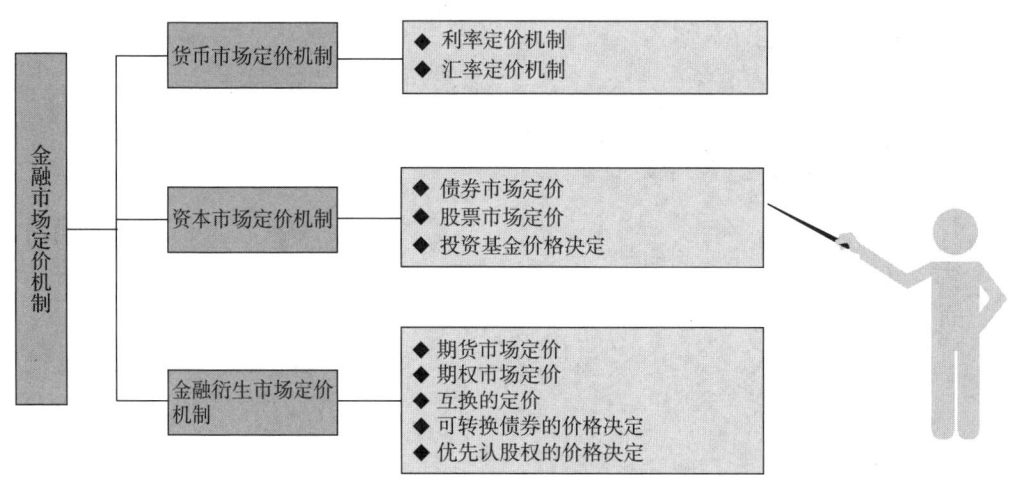

第一节 货币市场定价机制

一、利率定价机制

利率是一个重要的经济变量。从宏观上看，它与消费、投资、收入水平都有密切的关系;从微观上看,无论是企业还是居民,其经济决策都会受到利率的重要影响。在现代金融市场上,利率种类繁多且变动不定,所以我们必须对其进行深入的研究。

利率最一般的定义是利息/本金。但是,在金融市场上,利率是一个很复杂的概念,它有不同的计量方法,每一种方法对应特定的利率定义。所以,我们必须弄清利率究竟意味着什么。

(一) 现值与未来值

要理解利率,首先必须理解现值和未来值的概念。

资本本身就具有增值的能力。金融工具(如债券、票据、贷款等)意味着在一定的借贷行为发生后,借入者将会在约定的时期结束时将本金和利息归还给贷出者。但是,不同的借贷行为有不同的特点。从金融工具所能带来的收入看,不同的金融工具可能意味着不同的收入流。比如,一种债券投资可能会为你带来2年后的1万元收入,而另一种债券可能为你带来两个未来支付,1年后的5 000元和2年后的5 000元。我们该如何比较这两种债券的回报率孰高孰低呢?显然,不能简单地将两种支付流直接对比,因为不同时间的收入是无法直接比较的。换句话说,现在的1元钱和明年的1元钱是无法比较的。所以我们必须引入现值和未来值的概念。

如果利率为10%,那么,今年的1元钱如果贷放出去,1年后将变为1×(1+10%)即等于1.1元。1.1元称为现在1元钱的未来值。相应地,1年后的1元钱实际上只相当于现在的1/(1+10%)=0.91元。0.91元称为未来1元钱的现值。

如果i表示利率,FV表示未来值,PV表示现值,那么,1元钱在n年后的未来值为

$$FV = (1+i)^n \tag{8.1}$$

n年后的1元钱的现值为

$$PV = \frac{1}{(1+i)^n} \tag{8.2}$$

现值和未来值的概念是极其有用的,因为它们是不同时期的收入可以互相比较的基础。在前例中,如果利率为10%,则2年后1万元的现值为8 264.46元,而1年后的5 000元与2年后5 000元两项支付的现值和为8 677.68元。后者的现值明显高于前者。在金融市场上,为了描述利率的较小的变动,人们经常使用基点的概念。基点是指一个百分点的百分之一。

(二) 即期利率与远期利率

即期利率是指在特定时点上无息债券的到期收益率。无息债券是没有中间利息支付的,因而是贴现债券。我们知道1年期限的贴现债券的到期收益率为:$P_1 = \frac{F_1}{1+S_1}$。依此类推,t年期限的贴现债券的到期收益率为

$$P_t = \frac{F_t}{(1+S_t)^t} \tag{8.3}$$

式中,P_t为t年贴现债券的市场价格,F_t为面值,S_t为t年期即期利率。

我们之所以单独研究即期利率,是因为市场上的贴现债券一般是期限小于1年的。

长期债券一般是附息债券。因此，只有1年期即期利率 S_1 是可以观测到的。那么，对2年期以上的即期利率，我们该如何计算呢？

应用现值概念，未来时期的一笔支付 C，其现值为 $C/(1+i)^n$。未来时期的一系列支付，其现值之和应当等于其当前价格，即

$$PV = \sum_{t=1}^{n} \frac{C_t}{(1+S_t)^t}$$

$$= \sum_{t=1}^{n} d_t C_t \tag{8.4}$$

式中，C_t 为债券在 t 年的支付，d_t 为贴现因子，$d_t = \dfrac{1}{(1+S_t)^t}$ 为市场贴现函数。

假定已知1年期即期利率 S_1 是5%，2年期附息债券的当前价格为900元，面值为1 000元，年利息支付为100元。我们可以分别将2年期债券的不同期支付按照相应的即期利率进行贴现，并使现值之和等于债券的当前价格。

$$900 = \frac{100}{1+0.05} + \frac{1\,100}{(1+S_2)^2} \tag{8.5}$$

由此式可以计算出 $S_2 = 16.9\%$。

即期利率是从当前时点分析利率的结果。如果我们考虑未来时期的借贷行为，假定现在签订一笔短期借贷合同，约定资金将在一年后贷出、两年后归还，在这个合约中规定的一年以后的一年期利率就称为远期利率。远期利率当然不是一年以后实际出现的即期利率，后者既可能高于这个远期利率，也可能低于这个远期利率。但是，远期利率反映了人们对未来时期即期利率水平的预期。

远期利率有些是可以直接观测到的，因为远期合约上会注明这一指标。许多时候，远期利率是隐藏着的，因为在金融市场上存在着不同期限的即期利率，这些即期利率之间就隐藏着远期利率。

在前面我们计算2年期的即期利率时，是将无息债券的面值按照2年期限进行贴现，使现值总和等于当前价格。这一贴现过程还可以分成两步进行。第一步，我们可以计算2年期债券在1年后的现值是多少。这就需要将其按照远期利率进行贴现，即 $\dfrac{1\,000}{1+f_{1,2}}$，$f_{1,2}$ 代表1年以后的1年期利率。第二步，我们再将这1年后的价值按照1年期即期利率进行贴现，其结果应该等于债券的当前价格，即

$$900 = \frac{100}{1+0.05} + \frac{1\,100}{(1+0.05) \times (1+f_{1,2})} \tag{8.6}$$

由此可以计算出 $f_{1,2} = 30.2\%$。

将式（8.6）一般化，则 $t-1$ 和 t 期的即期利率与从第 $t-1$ 年到第 t 年间的远期利率 $f_{t-1,t}$ 的关系为

$$(1+S_{t-1})^{t-1} \times (1+f_{t-1,t}) = (1+S_t)^t \quad t=1,2,\cdots,n \tag{8.7}$$

（三）利率与回报率

到期收益率实际上是基于投资者持有债券直至到期日的假定。但是，如果债券的期

限比投资者的持有期要长,也就是说,投资者选择在到期前卖出债券,到期收益率则不能准确衡量投资者在持有期的回报率。在债券到期前,如果利率上升,那么投资者不仅从债券上获得了利息支付,还必须承担债券的资本损失;相应地,如果利率下降,投资者将获得资本利得。因此,回报率才是衡量一个人在特定的时间段持有某种债券或者其他有价证券所获取的收益指标。对于任何有价证券而言,回报率都是持有人的利息收入与有价证券价值变动的总和占购买价格的比率。

投资者在持有期内的回报率可以公式化为

$$R = \frac{C + P_{t+1} - P_t}{P_t} = i_c + g \tag{8.8}$$

式中,R 代表回报率,P_t、P_{t+1} 分别代表 t 和 $t+1$ 时债券的价格,C 为年利息,i_c 为当期收益率,g 为资本利得率。

公式(8.8)表明,债券的回报率等于当期收益率 i_c 与资本利得率 g 之和。但对于有些债券而言,当期收益率 i_c 可以很准确地度量到收益率,回报率与利率仍存在很大差别。尤其在债券价格剧烈波动引起较大资本利得或损失的情况下,二者差别就更大了。

为了更加深刻地了解这一点,我们可以通过观察图 8-1,当利率上升时,不同期限债券回报率所发生的变化。

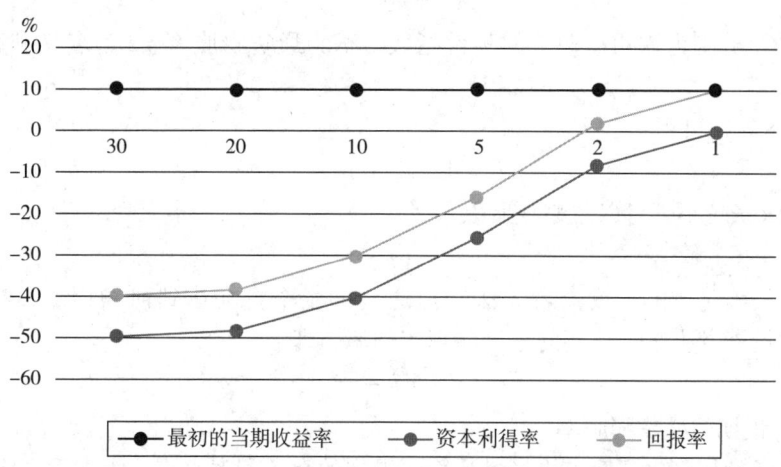

图 8-1 当利率由 10% 上升到 20% 时,息票率为 10% 的不同期限的债券的 1 年期回报率

通过观察图 8-1,我们可以得出几个结论,该结论对所有债券都适用:

1. 只有持有期与到期期限一致的债券,其回报率才与最初的到期收益率相等(图 8-1 中持有期期限为 1 年的债券);

2. 对于到期期限长于持有期的债券而言,利率上升与债券价格呈负相关,进而引起投资该债券的资本损失;

3. 债券的到期日越远,利率变动引起的债券价格变动比率就越大;

4. 债券的到期日越远,当利率上升时,回报率就越低;

5. 即使某一债券最初的利率很高,当利率上升时,其回报率也可能变成负数。

（四）名义利率与真实利率

到目前为止，我们在利率（回报率）的分析中一直没有考虑物价的变动问题。这种意义上的利率称为名义利率。但实际上，剔除物价波动因素的真实利率水平能更准确地反映融资成本。如果债券当年的回报率为10%，而同期物价上涨15%，则投资者的实际回报率就成为 -5%。

实际利率应该如何计算？由于实际利率衡量的不是名义货币的增长而是实际价格的增长，所以我们可以从实际商品前后变化的角度进行分析。

假定有一揽子商品和服务，在基期的价值是100元，在本年初的价值是110元，在本年末值是114元，名义利率为8%。那么，在年初将这一揽子商品与服务换成货币，将得到110元，全部用于贷放，到年末将收回本息 $110 \times (1+8\%) = 118.8$（元），再将这笔货币买回这一揽子商品和服务，将得到 118.8/114 = 1.042 个单位。因此，这笔贷款的实际利率为4.2%。

将上述过程公式化：

$$\frac{C_0(1+i)}{C_1} = 1 + i_r$$

$$\frac{1+i}{1+\pi} = 1 + i_r \tag{8.9}$$

式中，C_0、C_1 分别为期初、期末的物价指数，π 为通货膨胀率，i 为名义利率，i_r 为实际利率。

由式（8.9）可得

$$1 + i = 1 + i_r + \pi + i_r \times \pi$$

由于 $i_r \times \pi$ 较小，可以忽略，所以：

$$i_r \approx i - \pi \tag{8.10}$$

在进行决策时，由于投资者无法知道通货膨胀率将会达到何种程度，只能进行预期，所以对投资者决策最重要的是事前真实利率，即

$$i_r \approx i - \pi^e \tag{8.11}$$

式中，π^e 为预期的通货膨胀率。

实际的通货膨胀出现后，再经过计算而得到的真实利率水平称为事后真实利率。

为衡量借款的真实成本，我们区分了名义利率与实际利率。但是，仅仅考虑通货膨胀因素仍不能完全反映借款的真实成本，因为投资者从债券上获得的收入的一部分一般会以税收的形式上缴财政。所以，要准确衡量债券投资的收益，还需要进行税收调整，计算税后实际利率。

如果名义利率为 i，所得税税率为 t，则税后实际利率 i_{rt} 为

$$i_{rt} \approx i(1-t) - \pi^e \tag{8.12}$$

二、汇率定价机制

（一）汇率的含义

汇率是一种货币用另一种货币表示的价格。每一个国家在商品与劳务的生产上都有

着其比较优势,因此国家与国家之间也需要通过贸易提高生活水平。在国与国之间进行贸易时,由于本国商人往往偏好本国货币,所以一般会伴随着货币的兑换。各国货币之间的交易就形成了外汇市场。在这一市场上决定的不同货币之间的兑换比率就是汇率。当然,虽然不同货币的现钞之间存在着兑换的问题,汇率更主要的是反映不同国家银行存款间的兑换比率。

汇率之所以非常重要,是因为它决定了本国商品与外国商品的相对价格。如果某种商品在英国的售价是 100 英镑,汇率是 1 英镑兑换 2 美元,那么这种商品在美国的售价应该是 200 美元。当汇率发生波动时,如 1 英镑现在兑换 2.5 美元,那么这种商品在美国的售价就应为 250 美元。此时,美国消费者必须为消费同样的英国产品支付更多的美元。同时,英镑的升值会使英国产品在美国的竞争力下降,从而打击英国的出口产业。

在图 8-2 中,D 代表美元的需求曲线,S 代表美元的供给曲线,E 代表美元汇率,即 1 美元兑换多少英镑,Q 代表数量。外汇的供给曲线和需求曲线的交点就决定了均衡的外汇汇率和数量水平。决定美元需求的是英国人,因为他们要购买美元并进而购买以美元标值的商品、劳务、金融资产或实物资产。如果美元贬值,美国商品的英镑价格就会下跌,因而对美国商品乃至美元的需求将会增加,所以需求曲

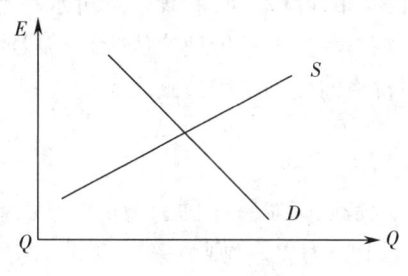

图 8-2 汇率供需曲线

线向下倾斜。供给曲线是由美国人决定的,因为他们同样要购买英国的商品、劳务、金融资产和实物资产,所以需要将美元换成英镑。如果 1 美元能兑换更多的英镑,就可以在英国购买更多的物品,所以汇率上升,对美元的供给就会增加,供给曲线因而向上倾斜。

(二) 长期中汇率的决定

购买力平价理论是揭示长期中汇率决定的重要理论。假定美元的供给曲线与需求曲线最初相交于图 8-3 中的 E^* 点。现在,英国的价格水平上升,美国的价格水平不变。由于美国商品的价格相对比较便宜,英国人就愿意购买更多的美国商品,使得美元的需求曲线右移。同时,美国人也愿意购买更多的本国商品,使外汇供给曲线左移。新的均衡汇率水平 E_1^* 大于 E^*,说明美元汇率将会上升。

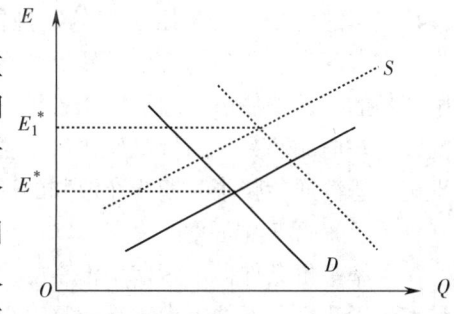

图 8-3 长期中汇率供需曲线

那么,汇率将会上升多大程度呢?购买力平价理论认为,汇率的变动能够恰好完全抵消通货膨胀的影响。要理解购买力平价理论,首先必须理解一价定律。这一定律指的是同样的商品在世界范围内的价格应该相同。就是说,如果美国的小麦价格是每吨 200 美元,英国的小麦价格是每吨 100 英镑,那么,英镑兑美元的汇率必须是 1 英镑兑换 2

美元。否则的话,如果 1 英镑能够兑换 3 美元,美元价值被低估,人们就会纷纷买进美元,卖出英镑,购买美国小麦。市场的力量会自发地使英镑和美元的汇率恢复到 1 英镑兑换 2 美元的水平。

把一价定律应用到总体价格水平的层次就会得到购买力平价理论。购买力平价理论又分为绝对购买力平价理论与相对购买力平价理论。绝对购买力平价理论认为,汇率的水平取决于两种货币在两个国家的购买力。由于购买力只能以该国物价水平衡量,所以汇率就是两国物价水平的比值,即

$$E = \frac{P_A}{P_B} \tag{8.13}$$

式中,P_A 为 A 国物价水平,P_B 为 B 国物价水平,E 为用 1 单位 A 国货币表示的 1 单位 B 国货币的价格。如果 B 国物价水平上涨快于 A 国,B 国货币就会贬值。

相对购买力平价理论认为,一段时期内的汇率变动取决于两个国家的货币购买力或相对价格的变动。用公式表示为

$$E_1 = \frac{P_{A1}/P_{A0}}{P_{B1}/P_{B0}} \times E_0 \tag{8.14}$$

就是说,如果 A 国的物价水平由基期的 P_{A0} 上升为 P_{A1},同时 B 国的物价水平由基期的 P_{B0} 上升为 P_{B1},则汇率(以 A 国货币表示的 B 国货币的价格)将由 E_0 变为 E_1。如果 A 国物价上涨 1 倍,同期 B 国物价水平只上涨 50%,那么,B 国货币就要升值 1 倍。

从实证材料看,在长期中,相对价格水平变动确实会反映在汇率的变动上,但是变动幅度并不完全相同。从短期来看,购买力平价理论并不是对汇率进行预测的好的工具。这是因为,一价定律是指同质的商品具有相同的价格。如果购买力平价理论成立,就要求两个国家的所有商品完全是同质的,实际上这是不可能的。比如,美国的福特汽车和日本的丰田汽车是同类产品,但它们不可能是同质的。所以,即使丰田汽车相对于福特汽车的价格上升,由于偏好、性能等原因,美国人可能仍然会购买丰田汽车。另外,许多商品和劳务的价格虽然反映在该国的总体价格水平中,但这些商品是不可能跨国交易的,比如住房、理发、用餐等。因此,市场不可能自发调节使这些商品的价格趋同,这些商品和劳务的价格变化就不会对汇率产生影响。另外,经验表明,购买力平价理论在恶性通货膨胀时期比在温和的通货膨胀时期对汇率更有解释力。

(三) 短期中汇率的决定

利率平价条件揭示短期中汇率的决定,在金融市场上,汇率总是在频繁地波动。这种变动无法用前面的因素进行解释。以往的汇率理论往往专注于商品与劳务市场对汇率的影响,而实际上,在外汇市场上,资本的交易与流动远较商品和劳务的交易更为重要。所以,在短期中,外汇买卖主要是把不同的货币当做不同的资产进行交易。

假定本国货币与外国货币在风险、流动性上是无差异的。按照资产需求理论,人们在选择持有本币或外币资产时将依据两种资产的预期回报率进行决策。假定英国投资者要在美元与英镑两种资产中进行选择,美元的利率为 $i^\$$,英镑的利率为 $i^£$。如果选择持有英镑,其预期回报率就是 $i^£$。如果选择将英镑转换为美元,在下一时期结束时再将美

元转换为英镑,就会形成以英镑表示的美元预期回报率,它不仅等于 $i^\$$,而且还要加上在这一时期预期美元的升值幅度。如果以 E_t 表示本期美元汇率,即 1 美元兑多少英镑,以 E_{t+1}^e 表示预期的下一时期美元汇率,以 $R^\$$ 表示以英镑表示的美元的预期回报率,则有

$$R^\$ = i^\$ + \frac{E_{t+1}^e - E_t}{E_t} \tag{8.15}$$

由于现代外汇市场的高度流动性,加上本币资产和外币资产是可以完全替代的,所以,如果本币资产的预期回报率高于外币资产,那么人们就会放弃外币资产转而购买本币资产;反之,如果本币资产的预期回报率低于外币资产的预期回报率,那么人们就会放弃本币资产转而购买外币资产。市场的力量会使两种资产增长的预期回报率相等,即

$$i^\pounds = i^\$ + \frac{E_{t+1}^e - E_t}{E_t} \tag{8.16}$$

式 (8.16) 称为利率平价条件。该式也可以按照美国人的观点进行分析。美元的预期回报率就是美元利率,应该等于以美元表示的英镑存款的预期回报率,也就是投资于外币英镑的预期回报率。后者即英镑利率加上英镑的预期升值率,也就是减去美元的预期升值率,其结果与式 (8.16) 相同,即

$$i^\$ = i^\pounds - \frac{E_{t+1}^e - E_t}{E_t} \tag{8.17}$$

利率平价条件说明本币利率应该等于外币利率加上外币的预期升值率(减去本币的预期升值率)。举例来说,如果本币利率为 10%,外币利率为 6%,说明外币预期将升值 4%。

(四)外汇市场均衡

为讨论外汇市场上当期汇率的决定,我们将本币与外币的预期收益表示为当期汇率的函数。我们从美国的角度进行分析,以美元为本币,以英镑为外币。在图 8-4 中,以横轴表示预期回报率,以纵轴表示美元汇率,即 1 美元兑换多少英镑。

如果预期美元汇率保持不变,那么,当即期美元汇率上升时,美元的预期回报率就会下降,以英镑表示的美元的预期回报率就会上升。英镑存款的预期回报率将会向上倾斜。同时,美元存款的预期回报率将恒等于 $i^\$$。因此,美元的预

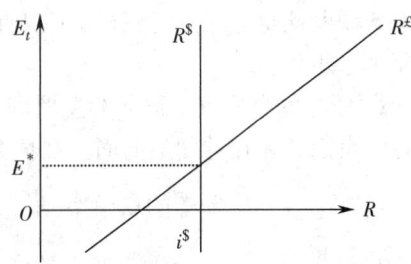

图 8-4 均衡汇率的形成

期回报率将垂直于横轴。两条曲线的交点就决定了均衡的即期汇率水平 E^*。如果 $E > E^*$,则英镑的预期回报率将高于美元,没有人会愿意持有美元,美元的超额供给会导致美元汇率下跌至 E^*。同理,如果 $E < E^*$,则美元的预期回报率将高于英镑,没有人会愿意持有英镑,英镑的超额供给会导致美元汇率上升至 E^*。

均衡汇率的变动取决于美元与英镑预期回报率的变动。从英镑的预期回报率看,由

于它等于英镑利率减去美元的预期升值率,所以,如果英镑利率 i^f 上升,英镑的预期回报率曲线将向右移动,使均衡汇率下降。这时人们会纷纷卖出美元,买入英镑,美元汇率自然会下降。相应地,如果英镑的利率下降,英镑的预期回报率将向左移动,使美元汇率上升。如果未来美元预期汇率 E_{t+1}^e 下降,也就是英镑的预期汇率上升,因而英镑的预期回报率曲线也将向右移动,使美元汇率下降。相应地,如果未来美元预期汇率 E_{t+1}^e 上升,也就是英镑的预期汇率下降,因而英镑的预期回报率曲线也将向左移动,使美元汇率上升。如果美国价格水平预期上升,美国的关税和进口限额预期下降,美国进口需求预期增加,美国出口需求预期下降,都会降低美元的预期升值率,使英镑的预期回报率曲线右移,导致即期美元汇率下降。

从美元的预期回报率看,如果美元利率上升,美元的预期回报率曲线右移,会导致美元汇率上升;否则,如果美元利率下降,美元的预期回报率曲线左移,会导致美元汇率下降。

第二节 资本市场定价机制

一、债券市场定价

债券投资所带来的收益有以下三种:(1)利息收入。除了中央政府或联邦政府发行的债券免税之外,也适用于所得税。(2)资本损益。如果有收益的话适用于资本利得税。中国尚未开征这类税种。(3)将利息做再投资所得到的收益。在计算债券投资的收益时,由于以上三个收益来源的涵盖范围不同,因而有各种不同的债券收益率。

(一)债券投资收益率

债券投资收益率是最重要的分析指标,是指投资于债券所得到的收益占投资本金的比率,说明从金融工具上获得的收入的现值与其今天的价值相等时的利率水平,它一般以年率来表示。

1. 债券的息票率。债券的息票率又称做债券的票面利率或名义利率,它是指在债券发行时设定并印在券面上的而且在债券整个存续期间固定不变的利率。

$$债券的息票率 = \frac{债券每年支付的利息}{债券的票面值或偿还价格} \times 100\% \tag{8.18}$$

2. 到期收益率。金融市场上的许多债券是附息债券。债券的持有者可以定期获得固定的利息支付,并在到期日收回债券的面值。投资者要区别不同的债券可以从以下三个方面进行:债券的发行者、债券的到期日及债券的票面利率。票面利率是年利息与面值的比值,但票面利率并不反映债券真正的利率水平,因为投资者并不一定是按照面值买入的。

按照定义,要计算到期收益率,首先要考虑对债券的收入流进行贴现的问题。由于债券的未来收入可能不止一次,所以必须要把每次支付的现值加总在一起。

【例8-1】 投资者以900元的价格购入一张10年期的面值为1 000元的财政债券,

每年将获得100元的利息支付,并在10年末收回1 000元的债券面值。1年后的100元利息的现值为$100/(1+i)$,2年后的100元利息的现值为$100/(1+i)^2$,依此类推,10年末的债券面值与利息的现值为$1\,100/(1+i)^{10}$。根据下式:

$$900 = \frac{100}{1+i} + \frac{100}{(1+i)^2} + \cdots + \frac{1\,100}{(1+i)^{10}} \tag{8.19}$$

得出$i=11.75\%$,即为到期收益率。

将式(8.19)公式化。如果以C代表年利息,以F代表面值,以n代表距离到期日的年数,以P代表债券的现值,对于一般的附息债券,到期收益率的计算公式为

$$P = \frac{C}{1+i} + \frac{C}{(1+i)^2} + \cdots + \frac{C+F}{(1+i)^n} \tag{8.20}$$

到期收益率也称为内部收益率。在式(8.20)中,由于C、F、P、n已知,可以计算出到期收益率。实际的计算可以使用试错法进行。当然,现在人们可以借助计算机方便地计算。

如果债券的现价与债券的面值相等,那么,到期收益率就等于息票利率。因为此时债券与简易贷款一样,有相同的本金支付,按年支付利息的数量也是一样的。如果债券的价格下降,到期收益率就会上升,如果债券的价格上升,到期收益率就会下降,所以到期收益率与债券的价格是负相关的。

3. 当期收益率。对永久性债券而言,当期收益率就是到期收益率。当债券的价格等于面值时,当期收益率与到期收益率、票面利率完全相等。相应地,如果债券的期限越长,债券的价格越接近面值,当期收益率就越接近于到期收益率。由于当期收益率与债券的价格也是负相关的,所以当期收益率与到期收益率的波动将会是同向的。

实际上,债券不一定总是按平价发行,它有可能是溢价发行,也可能是折价发行。在二级市场上购买债券时,投资者所花费的购买价格也不一定正好就是债券的票面值。因此,债券投资的名义收益率并不能确切地衡量投资者的实际收益,而当期收益率则克服了这一缺陷,它用债券的实际购买价格取代了债券息票率公式中的债券票面值来做分母。

$$当期收益率 = \frac{债券每年支付的利息}{债券的认购价格} \times 100\% \tag{8.21}$$

4. 最终收益率。当期收益率似乎比债券息票率更为合理,实际上这个衡量指标只考虑到债券投资每年所得到的利息收入,而忽略了债券的偿还盈亏或资本损益。对于长期性运用资金的机构投资者(如保险基金、养老信托基金等)来说,它们不仅看重债券的利息收入,而且债券投资的资本损益也至关重要。于是,最终收益率这一衡量指标应运而生。最终收益率是指从债券的认购日起至偿还日止债券的全部持有期间所得到的利息收入与偿还盈亏的合计金额折算成相对于投资本金每年能获多少收益的百分比,它是以年率为基础来计算的。

$$最终收益率 = \frac{年利息 + (债券面额 - 发行价格或认购价格) \div 剩余年限}{债券的发行价格或认购价格} \times 100\%$$

$$\tag{8.22}$$

【例8-2】 某投资者用94元购买了一张面值为100元、年利率为8%的债券,购入债券的日期是2008年1月26日,债券的偿还日期是2016年12月20日。债券的剩余年限采用择一计算法,即认购日和偿还日只计入其中的1天。从认购日的第2天(2008年1月27日)至2008年12月20日共计329天,折合成0.9013699年,加上从2008年12月21日到2016年12月20日的整年数(8年),共计8.90137年。即

$$年最终收益率 = \frac{8 + (100 - 94) \div 8.90137}{94} \times 100\% = 9.23\%$$

值得一提的是,在债券投资的最终收益率中,利息收益适用所得税,债券的偿还盈亏或损益适用资本利得税。但在中国,后一税种目前还没有开征。

5. 由最终收益率计算附息债券的认购价格。证券交易所里的债券报价一般都使用最终收益率,而不是直接报出债券价格。这样做的目的是为了方便投资者能直接将债券投资的收益率与其他投资工具的收益率作比较,以判断债券投资是否合算。另外,投资者也需要通过最终收益率来计算债券的认购价格。

$$债券的认购价格或卖出价格 = \frac{债券面值 + 年利息 \times 剩余年数}{1 + 年最终收益率 \times 剩余年数} \quad (8.23)$$

【例8-3】 有一种附息国债面额为100元,息票率为6.2%,偿还日期是2016年7月20日。在2008年2月20日,其单利最终收益率为4.81%。问:该种国债的卖出价格(对于投资者来说就是认购价格)是多少?

根据前面介绍过的方法算出该种附息国债的剩余年限为8.41644年,投资者的认购价格为108.33元。

6. 债券持有期间收益率。对债券进行投资并非一定要持有到债券的偿还日。实际上,在市场利率水平趋于下降、债券价格开始上涨的情况下,投资者可在二级市场上抛出债券以实现资本收益。以获取买卖利益为主要目的的债券交易需要持有期间收益率这一衡量指标,它表现为息票收益和买卖收益的合计金额对投资本金的比率,并用年率作标准化处理。

$$债券持有期间收益率 = \frac{年利息 + (卖出价格 - 买入价格) \div 持有年限}{买入价格} \times 100\%$$

$$(8.24)$$

【例8-4】 某种附息债券的面额为100元,息票率为5.1%。假定有个投资者在2016年10月22日以94.49元的价格将其买进,在领取了当年的息票收入之后,他又于同年12月1日以98.17元的价格将其抛出,其持有期间的收益率(年率)为40.94%。投资者的持有期间收益折合成年率竟高达40.94%,假定当时的市场短期利率(年率)为4.75%,前者就是后者的8.6倍。很显然,在这类追求持有期间收益的短期交易中,准确预测债券未来行情走向的技巧非常关键。但是,即使预测失败,投资者在债券价格处于较高水平时买进,其后债券价格下跌了,并且再未出现过反弹,在这种情况下,投资者只要将该债券一直持有到偿还日,当初购买债券时的最终收益率还是能够确保的。

7. 剩余期限不到1年的贴现债券(或零息票债券)的最终收益率。贴现债券与附息债券不同,它没有息票率,即在债券存续期间没有周期性的利率支付,故又称零息票债

券。这类债券以低于面额的价格发行,到期按面额偿还,偿还金额与认购价格之差便是投资收益。距偿还日不满1年的贴现债券的最终收益率的计算公式如下:

$$\text{贴现债券的最终收益率} = \frac{\text{债券面值(或偿还价格)} - \text{认购价格}}{\text{认购价格}} \times \frac{365}{\text{剩余天数}} \times 100\% \tag{8.25}$$

【例8-5】 某种短期金融债券的面值为100元,偿还日期是2017年1月27日,2017年2月20日,投资者按96.83元的价格购入该种贴现债券。问:其单利最终收益率是多少?

解:根据前面介绍过的方法算出该种金融债券的剩余天数为341天,投资者的最终收益率为3.504%。

同样,投资者也可根据已知的距到期日的天数不到365天的贴现债券的最终收益率来推算债券的认购价格,但使用的公式与附息债券的情况是不一样的。

$$\text{剩余年限不足1年的贴现债券的认购价格} = \frac{\text{债券面额(或偿还价格)}}{1 + \text{年最终收益率} \times \text{剩余天数} \div 365} \tag{8.26}$$

【例8-6】 某种短期国库券的面额为100元,距偿还日还剩余341天。假定其最终收益率为4.2%,那么,该种国库券的现行市场价格(或投资者的认购价格)是多少?

零息票国库券的认购价格 = 96.9038元

(二) 债券定价原理

1962年,麦尔齐最早系统地提出了债券定价的五个原理,至今,这五个原理仍然被视为债券定价理论的经典。

为了更好地理解债券定价的五个原理,将通过图8-5债券价格变动幅度作为到期收益率变动值的函数,来对债券定价的五个原理进行说明。其中:债券A,息票率为12%,到期时间为5年,初始到期收益率为10%;债券B,息票率为12%,到期时间为30年,初始到期收益率为10%;债券C,息票率为3%,到期时间为30年,初始到期收益率为10%;债券D,息票率为3%,到期时间为30年,初始到期收益率为6%。

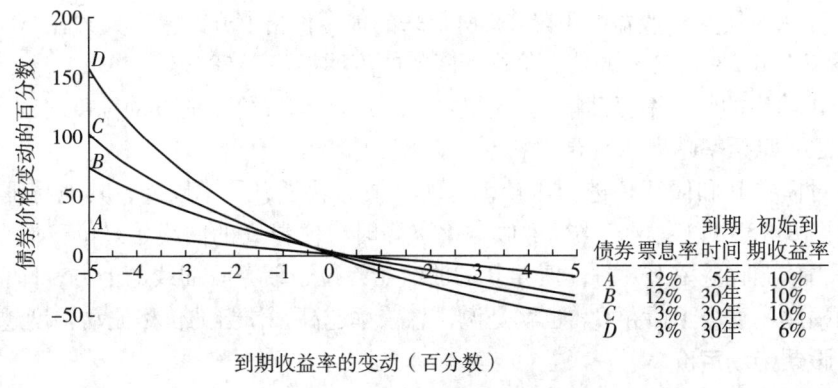

图8-5 债券价格变动幅度作为到期收益率变动值的函数

1. 债券的价格与债券的收益率成反比例关系。换句话说,当债券价格上升时,债券的收益率下降;反之,当债券价格下降时,债券的收益率上升。

在图 8-5 中,当 A、B、C、D 四种债券的价格变动百分数大于零时,即四种债券的价格上升时,四种债券的收益率变动百分数均小于零,即债券的收益率下降;当四种债券的价格变动百分数小于零时,其各自对应的收益率变动百分数均大于零。

2. 当债券的收益率不变即债券的息票率与收益率之间的差额固定不变时,债券的到期时间与债券价格的波动幅度之间成正比关系。换言之,到期时间越长,价格波动幅度越大;反之,到期时间越短,价格波动幅度越小。这个定理不仅适用于不同债券之间的价格波动的比较,而且可以解释同一债券的期满时间的长短与其价格波动之间的关系。

现在对债券 A 和债券 B 进行比较,这两种债券除了期限以外,其他特征都相同。通过观察图 8-5 可以发现,债券 A 与债券 B,对于每一个到期收益率的变动,即债券的收益率,都有一个债券价格变动百分数,即债券价格的波动幅度与之相对应,并且债券 B 的价格变动百分数永远大于债券 A。

3. 随着债券到期时间的临近,债券价格的波动幅度减少,并且是以递增的速度减少;反之,到期时间越长,债券价格的波动幅度增加,并且是以递减的速度增加。这个定理同样适用于不同债券之间的价格波动的比较以及同一债券的价格波动与其到期时间的关系。

继续对债券 A 与债券 B 进行比较,由于债券 A 与债券 B 除了期限以外其他特征仍相同,所以,可以将债券 A 与债券 B 看成是一种债券在不同的到期时间的不同情况。在图 8-5 中,可以明显观察出,债券 A 的价格变动幅度远远小于债券 B 的价格变动幅度,即随着到期日的临近,债券价格的波动幅度在减小。

4. 对于期限既定的债券,由收益率下降导致的债券价格上升的幅度大于同等幅度的收益率上升导致的债券价格下降的幅度。换言之,对于同等幅度的收益率变动,收益率下降给投资者带来的利润大于收益率上升给投资者带来的损失。

在图 8-5 中可以发现,A、B、C、D 四种债券在期限一定的情况下,其收益率上升 1% 所带来的债券价格下降的幅度小于其收益率下降 1% 所带来的债券价格上升的幅度。以债券 D 为例,债券 D 收益率下降 2% 所带来的债券价格上升的幅度大约在 50%,而债券 D 收益率上升 2% 所带来的债券价格下降的幅度明显小于 50%。

5. 对于给定的收益率变动幅度,债券的息票率与债券价格的波动幅度之间成反比关系。换言之,息票率越高,债券价格的波动幅度越小。

现在对债券 B 和债券 C 进行比较,这两种债券除了息票率以外,其他特征均相同。通过观察图 8-5 可以发现,当债券收益率下降时,债券 B 的曲线始终位于债券 C 曲线的下方;当债券收益率上升时,债券 B 的曲线始终位于债券 C 曲线的上方,即债券 B 的价格波动幅度一直小于债券 C。也就是说,息票率越高,债券的价格波动幅度越小。

二、股票市场定价

(一) 现金流贴现模型

1. 一般公式。现金流贴现模型是运用收入的资本化定价方法来决定普通股股票的内在价值的。按照收入的资本化定价方法,任何资产的内在价值是由拥有这种资产的投资者在未来时期中所接受的现金流决定的。由于现金流是未来时期的预期值,因此必须按照一定的贴现率返还成现值,也就是说,一种资产的内在价值等于预期现金流的贴现值。对于股票来说,这种预期的现金流就是在未来时期支付的股利。因此,贴现现金流模型的公式如下:

$$V = \sum_{t=1}^{\infty} \frac{D_t}{(1+k)^t} \tag{8.27}$$

式中,V 为股票的内在价值,D_t 为在未来时期以现金形式表示的每股股利,k 为在一定风险程度下现金流的合适的贴现率。

在这个方程里,假定在所有时期内贴现率都是一样的。由该方程我们可以引出净现值这个概念。净现值等于内在价值与成本之差,即

$$NPV = V - P = \sum_{t=1}^{\infty} \frac{D_t}{(1+k)^t} - P \tag{8.28}$$

式中,P 为在 $t=0$ 时购买股票的成本。

如果 $NPV>0$,意味着所有预期的现金流入的现值之和大于投资成本,即这种股票被低估价格,因此购买这种股票可行。

如果 $NPV<0$,意味着所有预期的现金流入的现值之和小于投资成本,即这种股票被高估价格,因此不可购买这种股票。

2. 内部收益率。内部收益率就是指投资净现值等于零的贴现率。如果用 k^* 代表内部收益率,通过公式(8.28)可得

$$NPV = V - P = \sum_{t=1}^{\infty} \frac{D_t}{(1+k^*)^t} - P = 0 \tag{8.29}$$

由公式(8.29)可以解出内部收益率 k^*。将 k^* 与具有同等风险水平的股票的必要收益率(用 k 表示)相比较:如果 $k^*>k$,则可以考虑购买这种股票;如果 $k^*<k$,则不要购买这种股票。

(二) 不同类型的贴现现金流模型的股利增长率

1. 零增长模型。零增长模型假定股利增长率等于零,即 $g=0$,也就是说,未来的股利按一个固定数量支付。根据这个假定,我们用 D_0 来改换方程中的 D_t,有

$$V = \sum \frac{D_0}{(1+k)^t} = D_0 \sum \frac{1}{(1+k)^t} \tag{8.30}$$

因为 $k>0$,按照数学中无穷级数的性质,可知:

$$\sum \frac{1}{(1+k)^t} = \frac{1}{k}$$

代入式(8.30)中,得出零增长模型公式:

$$V = D_0/k \tag{8.31}$$

式中,V 为股票的内在价值;D_0 为在未来无限时期支付的每股股利;k 为到期收益率。

【例 8-7】 假定某公司在未来无限时期支付的每股股利为 8 元,必要收益率为

10%，运用公式（8.31），可知 1 股该公司股票的价值等于 8/0.10 = 80（元），而当时 1 股股票价格为 65 元，每股股票净现值为 80 - 65 = 15（元），说明该股股票被低估 15 元，因此可以购买该种股票。

公式（8.31）也可以用于计算投资于零增长证券的内部收益率。首先，用证券的当前价格 P 代替 V，用 k^*（内部收益率）代替 k，其结果是

$$p = \sum \frac{D_0}{(1+k^*)^t} = \frac{D_0}{k^*} \tag{8.32}$$

进行转换，可得：$k^* = D_0/P$。

利用这一公式计算上述例子中的公司股票的内部收益率，其结果是 $k^* = 8/65 = 12.3\%$。由于该股票的内部收益率大于其必要收益率（12.3% > 10%），表明该公司股票价格被低估了。

零增长模型的应用似乎受到相当的限制，毕竟假定对某一种股票永远支付固定的股利是不合理的。但在特定的情况下，它对于决定普通股股票的价值仍然是有用的。在决定优先股的内在价值时这种模型相当有用，因为大多数优先股支付的股利是固定的。

2. 不变增长模型。如果我们假设股利永远按不变的增长率增长，那么就会建立不变增长模型。t 时点的股利为

$$D_t = D_{t-1}(1+g) = D_0(1+g)^t$$

$$V = \sum \frac{D_0(1+g)^t}{(1+k)^t} \tag{8.33}$$

运用数学中无穷级数的性质，如果 $k > g$，可知：

$$V = D_0 \sum \frac{(1+g)^t}{(1+k)^t} = \frac{(1+g)}{(k-g)} \tag{8.34}$$

得出不变增长模型的价值公式：

$$V = D_0(1+g)/(k-g) \tag{8.35}$$

又因为 $D_1 = D_0(1+g)$，有时把公式（8.35）改写成如下形式：

$$V = D_1/(k-g) \tag{8.36}$$

【例 8-8】 假定去年某公司支付每股股利为 1.80 元，预计在未来日子里该公司股票的股利按每年 5% 的速度增长。因此，预计下一年股利等于 1.80 × (1 + 0.05) = 1.89（元）。假定必要收益率是 11%，根据公式可知，该公司的股票等于 1.80 × (1 + 0.05) / (0.11 - 0.05) = 31.50（元）。而当今每股股票价格是 40 元，因此股价被高估 8.50 元，建议当前持有该股票的投资者出售其股票。

公式（8.36）可用于解出不变增长证券的内部收益率。用股票的当今价格代替 V，用 k^* 代替 k，其结果是

$$P = D_0(1+g)/(k^* - g) \tag{8.37}$$

经过变换，可得

$$k^* = D_0(1+g)/P + g = D_1/P + g \tag{8.38}$$

用上述公式来计算公司股票的内部收益率，得出

$$k^* = 1.80 \times (1 + 0.05)/40 + 0.05 = 9.725\%$$

由于该公司股票的内部收益率小于其必要收益率,显示出该公司股票价格被高估。

零增长模型实际上是不变增长模型的一个特例。假定增长率 $g = 0$,股利将永远按固定数量支付,这时,不变增长模型就是零增长模型。

从这两种增长模型来看,虽然不变增长的假设比零增长的假设有较小的应用限制,但是在许多情况下仍然被认为是不现实的。由于不变增长模型是多元增长模型的基础,因此这种模型极为重要。

3. 二阶段增长模型。该模型假定在时间 n 以前股息以一个 g_1 的不变增长速度增长,在 n 以后以另一个不变增长速度 g_2 增长,公式为

$$V = \sum_{t=1}^{n} \frac{D_0(1+g_1)^t}{(1+r)^t} + \frac{D_n(1+g_2)}{r - g_2} \cdot \frac{1}{(1+r)^n} \tag{8.39}$$

专栏
三阶段增长模型

三阶段增长模型最早是由 Nicholas Molodvsky、Catherine May 和 Sherman Chattiner 于 1965 年在《普通股定价——原则、目录和应用》一文中提出的。它是基于假设所有的公司都经历三个阶段,与产品的生命周期的概念相同。在成长阶段,由于生产新产品并扩大市场份额,公司取得快速的收益增长。在过渡阶段,公司的收益开始成熟并且作为整体的经济增长率开始减速,在这一点上,公司处于成熟阶段,公司收入继续以整体经济的速度增长。在超常阶段,假设红利的增长率为常数 g_n;在过渡阶段不妨假设红利增长率以线性的方式从 g_a 变化为 g_n,g_n 是稳定阶段的红利增长率。如果 $g_a > g_n$,在过渡期表现为递减的红利增长率;反之,表现为递增的红利增长率。

三阶段增长模型更多内容

(三) 市盈率估价法

市盈率又称价格收益比,市盈率是股票市价与税后利润之间的比值,即市盈率等于股票市价除以税后利润。其计算公式为

$$市盈率 = 每股价格 / 每股收益 \tag{8.40}$$

如果我们能分别估计出股票的市盈率和每股收益,那么我们就能由此公式估计出股票价格。这种评价股票价格的方法就是市盈率估价方法。在股价一定时,利润越多,市盈率越低;利润越少,市盈率越高。而在利润一定的情况下,股票市价越高,市盈率越高;反之,则市盈率越低。市盈率说明了股票的盈利能力,它与盈利能力呈反向关系。

三、投资基金的价格决定

投资基金按照投资者是否能够向基金自由申购和售回的特性,可以分为开放型基金和封闭型基金两种形式。

（一）开放型基金

开放型基金也译为开放式基金。世界上第一只开放型基金1924年在美国诞生。在美国，开放型基金也称共同基金。这种基金只发行基金份额筹集资金。在基金发起设立后可以随时向公众卖出基金股份，并承诺投资者可以随时将基金售回给公司。所以，开放式基金的规模取决于投资者的需求状况。在美国，如果基金公司发现基金规模太大，难以操作，可以将基金封闭，不再接受新的申购。同时，为投资者开立新的基金，以免失去客户。

开放型基金的价格与基金净资产密切相关。基金净资产是指基金投资组合的市值减去基金负债后再除以基金发行在外的总份额数。假设某基金发行了1亿股股票，证券组合市值为2.5亿元，负债为0.5亿元，那么，该基金的每股资产净值就是2元。

开放型基金既然可以随时申购和赎回，其价格也就包括两种：申购价格和赎回价格。开放型基金是由基金公司或经纪人负责销售的。基金股份的申购价格为基金的每股净资产值加上买入佣金，即手续费。以公式表示，则有

$$申购价格 = \frac{基金资产净值}{1 - 手续费费率} \tag{8.41}$$

仍如前例，如果基金净资产为2元，手续费费率为8.5%，则申购价格为2.19元。

当然，有些基金是不收手续费的。按照是否收取手续费，开放型基金可以分为收费基金和不收费基金。不收费基金的申购价格即为基金净资产。一般而言，收费基金对小额投资者收取8.5%的高额手续费，50万美元以上的大户则只收取1%的手续费。不收费基金有利于招徕客户。投资于不收费基金未必是有利的，因为收费基金的业绩往往好于不收费基金的业绩。

基金即使对投资者买入不收费，也可能对投资者赎回收取手续费。这类基金称为后端收费基金。此时，开放型基金的赎回价格即为

$$赎回价格 = \frac{基金资产净值}{1 + 手续费费率} \tag{8.42}$$

如果基金对赎回不收费，则基金的赎回价格即为基金净资产。

基金的申购与赎回价格确定中的资产净值还有一个时间的问题。美国采用的是历史定价方式，即根据基金经理接到申请之前的最近一个定价日的资产净值确定的价格。这样，投资者在申购赎回时对价格是确知的。有些国家采用的是预约定价方式，即根据基金经理接到申请之后的最近一个定价日的资产净值确定的价格。投资者在申购赎回时并不确切知道价格。

（二）封闭型基金

封闭型基金不仅通过发行基金份额，还通过发行优先股、债券（包括可转换债券）、认股权证等方式筹集资金。封闭型基金的发行数额是固定的，这种基金并不给投资者赎回基金的权利。基金的流动性体现在二级市场的交易上，投资者可以在二级市场买卖封闭型基金，但基金公司本身不参加交易。所以，无论是封闭型基金还是开放型基金，基金都有较高的流动性。封闭型基金的买卖不需要支付手续费，但必须支

付经纪人佣金。

在二级市场上，封闭型基金的价格由供求决定，所以其价格可能会高于或低于资产净值。价格低于资产净值，称为折价交易，这可能是因为资产净值没有经过税收调整。另外，开放式基金往往支付大量的广告宣传费用，因为基金招来的客户越多，管理费用就越多。但封闭型基金的规模是固定的，所以基金设立后一般不需要大量做广告宣传，因为这只有成本却没有收益。这与封闭型基金的折价交易可能有一定的关系。在美国，基金的业绩也是一个重要的方面。长期业绩良好的基金可能会溢价交易，长期业绩不良的基金可能会折价交易。有一些投资基金持有的资产组合风险较高，比如有些基金投资于私募证券，这些证券又难以估价，因而会导致基金的折价交易。因为存在折价交易的问题，封闭型基金的流动性比开放式基金差。封闭型基金一般是溢价发行，溢价部分也就是发行成本，它是由最初的购买者承担的。

由此可见，封闭型基金的价格不像开放型基金的价格那样稳定，其波动性更类似于普通公司的股票。所以，我们可以利用前面分析普通股价格的方法分析封闭型基金的价格。

第三节　金融衍生市场定价机制

一、期货市场定价

期货的价格就是指由期货买卖双方在期货交易所通过公开竞价方式所达成的期货合约的交易价格。

期货价格与现货价格的基本关系也是期货套期保值策略依据的两个基本原理：一是同一品种的商品，其期货价格与现货价格受到相同因素的影响和制约，虽然波动幅度会有不同，但其价格的变动趋势和方向有一致性；二是随着期货合约到期日的临近，期货价格和现货价格逐渐聚合，在到期日，基差接近于零，两种价格大致相等。

（一）股票指数期货的定价

与其他金融期货相比，股票指数期货的一个明显的特征是其标的资产并非实际存在的金融资产，而是一种假定的资产组合。大部分股票指数可以被看成支付红利的证券。这里的证券就是计算指数的股票组合，证券所付红利就是该组合的持有人收到的红利。根据合理的近似，可以认为红利是连续支付的。设 q 为红利收益率，可得股票指数期货价格为

$$F = Se^{(r-q)(T-t)} \tag{8.43}$$

式中，T 表示期货合约到期的时间（年），t 表示现在的时间（年），则 $T-t$ 表示期货合约中以年为单位所剩下的时间，S 表示期货合约标的的股票指数在时间 t 时的价格，r 为无风险利率。

【例8-9】　考虑一个标准普尔500指数的3个月期期货合约。假设用来计算指数的股票的红利收益率为每年3%，指数现值为400，连续复利的无风险利率为每年8%。这里，$r=0.08$，$S=400$，$T-t=0.25$，$q=0.03$，期货价格为

$$F = 400e^{(0.08-0.03)\times 0.25} = 405.03$$

实际上，计算指数的股票组合的红利收益率一年里每周都在变化。例如，纽约股票交易所的大部分股票是在每年 2 月、5 月、8 月和 11 月的第一周付红利的。q 值应该代表合约有效期间的平均红利收益率。用来估计 q 的红利应是那些除息日在期货合约有效期之内的股票的红利。

如果分析者对于计算红利收益率不感兴趣，他可以估计指数中股票组合将要收到的红利金额总数及其时间分布。这时股票指数可以看成是提供已知收入的证券，用下面的公式来计算期货价格：

$$F = (S - I)e^{r(T-t)} \tag{8.44}$$

这个公式对日本、法国、德国的指数很有效，因为这些国家所有的股票都在相同的时间里付红利。

（二）外汇期货的定价

确定外汇期货价格的理论依据是国际金融领域著名的利率平价关系。根据利率平价理论，具有相同期限和风险的两国证券在定价上的差异应该等于两国利率的差异。我们用以下两个组合来给外汇期货定价：组合 A：一个远期多头加上 $Ke^{-r(T-t)}$ 金额的现金；组合 B：$Se^{-r_f(T-t)}$ 金额的外汇。

这两个组合在时刻 T 时都将等于一单位的外汇，因此，在 t 时刻两者也应该相等，有

$$f + Ke^{-r(T-t)} = Se^{-r_f(T-t)} \tag{8.45}$$

即

$$f = Se^{-r_f(T-t)} - Ke^{-r(T-t)} \tag{8.46}$$

远期价格 F 就是使得式中 $f=0$ 时的 K 值，因而有

$$F = Se^{(r-r_f)(T-t)} \tag{8.47}$$

式中，K 表示远期合约中约定的交割价格；S 表示以美元表示的一单位外汇的即期价格；r_f 表示外汇的无风险利率，若外汇的持有人将外汇投资于以该国货币标价的债券，他就能够获得货币发行国的无风险利率的收益；f 表示 t 时刻远期多头的价值；采用连续复利方式计息。

当外汇的利率大于本国利率时（$r_f > r$），F 始终小于 S，并且合约到期日 T 越大，F 值越小；当外汇的利率小于本国利率时（$r_f < r$），F 始终大于 S，并且合约到期日 T 越大，F 值越大。

（三）利率期货的定价

在短期国库券期货合约中，标的资产是 90 天期的美国国库券。通常期限为 13 周，即 91 天的短期国库券交易较多，但期货合同也允许 90 天或 92 天的短期国库券进行交易，不过期货合同的价格总是用 90 天期短期国库券来计算的。在实际交割时，所交割的国库券既可以是新发行的短期国库券，也可以是尚有 90 天剩余期限（交割日至国库券到期的天数）的原来发行的 6 个月或 1 年期的国库券。短期国库券也被称为贴现债券，以折价方式发行，在期限内不付息，在到期日投资者收到债券的面值。

与其他的期货合约相比，短期国库券期货合约有一个明显的特点，就是在合约到期前的时间里，用于在到期日交割的国库券可能尚不存在。将期货合约的标的资产看做是一种在期货合约的有效期内都有价值的贴现债券，并且这种债券在合约的到期日具有与 90 天期国库券相同的价值。例如，若一个国库券期货合约在 120 天后到期，则可以认为标的资产就是 210 天期的贴现债券。经过 120 天以后，其价值和当天发行的 90 天期国库券的价值相等，其面值也和 90 天期国库券的面值相同。

假定 t 是现在的时间（年），T 是期货合约的到期时间（年），T^* 是期货合约标的资产的贴现债券的到期时间，其中 $T^* - T$ 约为 90 天；r 表示从 t 到 T 的期限内的无风险利率（连续复利）；r^* 是从 t 到 T^* 的期限内的无风险利率；$\hat{r}$ 是在 t 时刻的 T 和 T^* 期间的远期利率；合约标的资产的贴现债券的面值为 100 美元，S 是其在 t 时刻的价格，则 S 为

$$S = 100 e^{-r^*(T^*-t)} \tag{8.48}$$

F 是 t 时刻的期货价格，则 F 为

$$F = S e^{r(T-t)} = 100 e^{-r^*(T^*-t)} e^{r(T-t)} = 100 e^{-[r^*(T^*-t)-r(T-t)]}$$

根据式 $r \cdot (T-t) + \hat{r}(T^*-T) = r^* \cdot (T^*-t)$，可简化式（8.48）为

$$F = 100 e^{-\hat{r}(T^*-T)} \tag{8.49}$$

需要重申的一点是，由式（8.49）得到的期货价格是期货合约的现金价格，是合约的多头方在合约到期时购买 100 美元面值的国库券所必须支付的价格，它与短期国库券期货合约的报价是有区别的，二者之间的关系为

$$F = 100 - (100 - 报价) \times \frac{T^* - T}{360} \tag{8.50}$$

通常，短期国库券期货使用芝加哥国际货币市场指数报价。

【例 8-10】 假设 140 天期即期利率是 8%，230 天即期利率是 8.25%，连续复利计息。则自第 140 天起至第 230 天止的这段时间里的远期利率为

$$\frac{0.0825 \times 230 - 0.08 \times 140}{90} = 0.0864$$

由于 90 天 = 0.2466 年，则过 140 天后到期的 100 美元面值的短期国库券的期货价格为

$$F = 100 e^{-0.0864 \times 0.2466} = 97.89 (美元)$$

该期货的报价为

$$100 - \frac{360}{90} \times (100 - 97.89) = 91.56 (美元)$$

二、期权市场定价

金融期权交易是一种权利交易，在这种交易中，期权购买者为获得期权合约所赋予的权利，就必须向期权出售者支付一定的期权费用，这笔费用就是期权费或者叫期权价格。

（一）布莱克—斯科尔斯模型的假设条件

布莱克—斯科尔斯模型共有以下七个假设条件。

1. 期权的标的物为有风险的资产，其现行价格为 S。这种资产可以被自由地买卖。

2. 期权是欧式的,其协定价格为 X,期权期限为 T(以年表示)。

3. 在期权到期日之前,标的资产无任何收益(如股息、利息等)的支付,于是,标的资产的价格的变动是连续的且是均匀的,既无跳空上涨,也无跳空下跌。

4. 存在一个固定的无风险利率,投资者可以以此利率无限制地借入或贷出资金。

5. 不存在影响收益的任何外部因素,如税负、交易成本及保证金等。于是,标的物持有者的收益仅来源于价格的变动。

6. 标的物的价格的波动为一已知常数。

7. 标的物价格的变动符合布朗运动。即

$$d_s = \mu S d_t + \sigma S d_z \tag{8.51}$$

式中,d_s 为标的物价格的无穷小的变化值;d_t 为时间的无穷小的变化值;μ 为标的资产在每一无穷小的期间内的平均收益率;σ 为标的资产价格的波动性,也就是标的资产在每一无穷小的期间内的平均收益率的标准差;d_z 为均值为 $0d_t$、方差为 $1d_t$ 的无穷小的随机变量。

(二)现货看涨期权的定价模型

在上述假设条件下,布莱克—斯科尔斯得出以下适用于现货看涨期权的定价模型:

$$C = SN(d_1) - Xe^{-rT}N(d_2) \tag{8.52}$$

$$d_1 = [\ln(S/X) + (r + \sigma^2/2)T]/\sigma T^{0.5} \tag{8.53}$$

$$d_2 = d_1 - \sigma T^{0.5} \tag{8.54}$$

式中,C 为看涨期权的价格,S 为标的资产的现行价格,X 为期权的协定价格,r 为瞬间的无风险利率,T 为以年表示的期权期间的长短(折算为年的目前至期权到期日的时间),$\ln(\cdot)$ 为自然对数,e 为自然对数之底的近似值(2.71828),σ 为标的物价格的波动性,$N(\cdot)$ 为累积正态分布函数。

(三)期货看涨期权的定价模型

上述定价模型只适用于以现货金融工具为标的物的看涨期权,而不适用于以期货合约为标的物的看涨期权,这是因为现货看涨期权与期货看涨期权有着不同的交易规则。为了说明期货看涨期权的定价,布莱克将现货看涨期权的定价公式进行了修正,得出了期货看涨期权的定价公式:

$$C = [FN(d_1) - XN(d_2)]e^{-rT} \tag{8.55}$$

$$d_1 = [\ln(F/X) + \sigma^2/2T]/\sigma T^{0.5} \tag{8.56}$$

$$d_2 = d_1 - \sigma T^{0.5} \tag{8.57}$$

式中,F 为期货价格,其他的符号均与上述相同。

根据这一模型,我们可以得出期货价格的波动性对期货看涨期权的价格的影响。在一极端情况下,期货价格在整个期权期间内毫无波动,即 $\sigma = 0$,则 $N(d_1)$ 和 $N(d_2)$ 均等于 1,所以,$C = (F - X)e^{-rT}$。很显然,在标的期货的价格稳定不变的条件下,看涨期权的价格是以无风险利率贴现的内在价值的现值。

(四)期货看跌期权的定价模型

以上所讲的布莱克—斯科尔斯模型只适用于看涨期权而不能适用于看跌期权。然而通过看跌期权与看涨期权的平价关系，我们就可用看涨期权的价格推算出相同标的物、相同期权期间和相同协定价格的看跌期权的价格。

看跌期权与看涨期权的平价关系是指看跌期权的价格与看涨期权的价格必须维持在无套利机会的均衡价格水平的价格关系。如果这一关系被打破，则在这两种价格之间就存在着无风险的套利机会，于是，套利者将通过套利行为把那种不正常的价格关系拉回正常水平。我们可以推导出 $C + Xe^{-rT} = p + S$，通过等式转换可以得到

$$p = C - S + Xe^{-rT} \tag{8.58}$$

将式（8.52）代入式（8.58），我们可以得出适用于计算现货看跌期权价格的布莱克—斯科尔斯模型：

$$\begin{aligned} p &= C - S + Xe^{-rT} \\ &= SN(d_1) - Xe^{-rT}N(d_2) - S + Xe^{-rT} \\ &= S[N(d_1) - 1] + Xe^{-rT}[1 - N(d_2)] \\ &= Xe^{-rT}N(-d_2) - SN(-d_1) \end{aligned} \tag{8.59}$$

上述看涨期权与看跌期权的平价关系只适用于现货期权。对期货期权来说，看涨期权与看跌期权的平价关系为

$$\begin{aligned} P &= C + PV(X - F) \\ &= C + (X - F)e^{-rT} \\ &= C + Xe^{-rT} - Fe^{-rT} \end{aligned} \tag{8.60}$$

式中，F 为期货价格，只是以 Fe^{-rT} 代替了 S。则我们可以得到适用于计算期货看跌期权价格的布莱克—斯科尔斯模型：

$$\begin{aligned} P &= C + Xe^{-rT} - Fe^{-rT} \\ &= [FN(d_1) - XN(d_2)]e^{-rT} + Xe^{-rT} - Fe^{-rT} \\ &= FN(d_1)e^{-rT} - XN(d_2)e^{-rT} + Xe^{-rT} - Fe^{-rT} \\ &= Xe^{-rT}[1 - N(d_2)] + Fe^{-rT}[N(d_1) - 1] \\ &= Xe^{-rT}N(-d_2) - Fe^{-rT}N(-d_1) \end{aligned} \tag{8.61}$$

【例8-11】 假设 $S = \$50$，$X = \$50$，$T = 1$ 年，$R = 12\%$，$\sigma = 10\%$。计算过程可以分为三步：

第一步：先计算出 d_1 和 d_2。

$$\begin{aligned} d_1 &= [\ln(S/X) + (r + \sigma^2/2)T]/\sigma T^{0.5} \\ &= [\ln(50/50) + (0.12 + 0.01/2) \times 1]/0.1 \times 1 \\ &= 1.25 \\ d_2 &= d_1 - \sigma T^{0.5} \\ &= 1.25 - 0.1 \times 1 \\ &= 1.15 \end{aligned}$$

第二步：查标准正态分布，得出 $N(d_1)$ 和 $N(d_2)$。

$$N(d_1) = N(1.25) = 0.8944$$
$$N(d_2) = N(1.15) = 0.8749$$

第三步：将上述已知条件及运算结果分别代入定价公式，可以得到看涨期权与看跌期权的理论价格。

$$C = SN(d_1) - Xe^{-rT}N(d_2)$$
$$= 50 \times 0.8944 - 50e^{-0.12 \times 1} \times 0.8749$$
$$= 44.72 - 50 \times 0.8869 \times 0.8749$$
$$= 44.72 - 38.80$$
$$= 5.92$$
$$P = S[N(d_1) - 1] + Xe^{-rT}[1 - N(d_2)]$$
$$= 50 \times (0.8944 - 1) + 50 \times 0.8869 \times (1 - 0.8749)$$
$$= -5.28 + 5.55$$
$$= 0.27$$

（五）二项式模型

布莱克—斯科尔斯（Black-Scholes）模型的提出对期权定价问题的研究而言是一个开创性的成就。然而该模型涉及比较复杂的数学运算，因此对多数人来说，它既难以理解，更难以操作。因此，它在实务中的运用受到了很大的限制。有鉴于此，考克斯、罗斯和鲁宾斯坦于1979年发表了《期权定价：一种被简化的方法》一文，用一种较浅显的方法导出了期权定价模型。他们的这一模型被称为二项式模型。

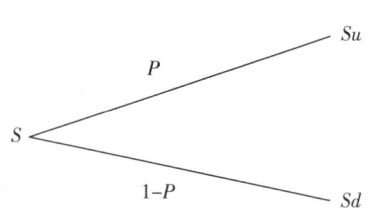

基于 Black-Scholes 模型的个股期权案例设计——以中国北车（601299）为例

根据布莱克—斯科尔斯模型的假设，标的物价格处于无时无刻的变动中，即使在一个很短的时间之内也是如此。所以，在经过一段时间（哪怕是极短的时间）之后，标的物价格既可能上升，也可能下跌，还可能不变。二项式模型也就是在这样的假定下展开分析的。

如果我们假设购买1股当前交易价格为 S 的基础股票，离期权到期日只有1期，在期权到期日，基础股票价格既可能上涨到原来的 u 倍，也可能下跌到原来的 d 倍，这两种可能性（概率）分别为 P 和 $(1-P)$，那么，基础股票价格的变动情况可以用图8-6来反映。

如果能够建立一种投资组合，并证明在各种情况下都是无风险的，就能确定这个期权的唯一价格。这个价格必须是所有的投资者都能够接受的，无论这些投资者认为基础股票价格向哪一个方向移动。

图8-6 单一期间的标的物价格的变动

在设计这一种投资组合时，我们先建立以下简单假设：投资者可以在每期间以无风

险利率 r 借入或借出货币；投资者可以买卖任意一小部分的基础股票。

【例 8-12】 考虑一个以 100 美元买入 1 股目前价格为 S 的股票的期权，假定这个期权经过单个期间到期，在期间结束时，股票价格可以上升 25%（$u = 1 + 0.25 = 1.25$）或下降 25%（$d = 1 - 0.25 = 0.75$）。这样，在期间结束时，股票价格是 125 美元或 75 美元。那么，这个协定价格为 100 美元的看涨期权的价格现在是多少？可以用布莱克和斯科尔斯的主要发现来回答这个问题。他们发现，这个期权合约到期时的回报结构可以由一定比例的基础股票和一定金额的单期借入资金组成的杠杆投资组合来精确地复制。

由于我们已经假定了基础股票的未来价格，所以就可以很容易地确定例子中的看涨期权在期间结束时的价值范围。由于已经假定基础股票在期权到期时只有两种可能的价值，对应基础股票的两个可能价值，看涨期权在到期时也只能有两个价值。如果期权到期时的股票价格为 Su，则期权的价值 Cu 为

$$Cu = \max(Su - X, 0) = \max(125 - 100, 0) = 25$$

类似地，如果期权到期时股票的价格为 Sd，期权的价值为

$$Cd = \max(Sd - X, 0) = \max(75 - 100, 0) = 0$$

图 8-7 描述了对应期间结束时的看涨期权的价值：

现在来考虑建立一个由卖出看涨期权和 h 股基础股票组成的对冲投资组合。在这里，h 为套期保值比率，建立上述头寸时，初始成本是 hS 减去卖出期权收到的期权费 C，即 $hS - C$。如果股票价格是 Su，上述头寸的价值将是 $hSu - Cu$；如果股票价格是 Sd，上述头寸的价值将是 $hSd - Cd$。在期间结

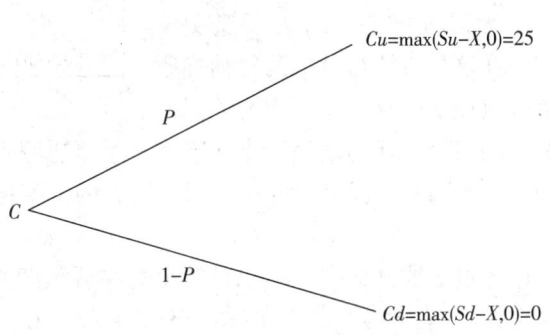

图 8-7 期末看涨期权的价值

束时，无论当股票价格上升到 Su 或下降到 Sd，投资组合的回报都相同的情况下，投资组合才是无风险的。这个条件可以用下列等式来表述：

$$hSu - Cu = hSd - Cd \tag{8.62}$$

在上述等式中，等号左边是标的物价格上涨时的投资者的投资组合的损益，等号右边则是标的物价格下跌时的投资组合的损益。

由式（8.62）可以解出 h：

$$h = (Cu - Cd)/(u - d)S \tag{8.63}$$

在我们的例子中，套期保值比率 $h = (25 - 0)/(125 - 75) = 0.50$。

描绘期间结束时看涨期权可能的价格与股票可能的价格之间的关系，就能得到一个关于套期保值比率的有用发现，图 8-8 描述了例子中两者的关系。由于例子中只有两种可能的结果，两者在一条直线上，这意味着期间结束时看涨期权的回报和基础股票的回报是完全相关的。因此，可以用一种证券的回报对冲另一种证券的回报来消除全部的

风险。对冲卖出的看涨期权风险敞口所需要的基础股票的比例就是期间结束时看涨期权价格差异与股票价格差异的比例，也就是图8-8中直线的斜率。

因此，每卖出一个看涨期权就需要购入半股的基础股票，使两个头寸的回报差异相等。表8-1显示，在期间结束时，无论股票价格上涨到125美元还是下降到75美元，投资组合的价值都是37.50美元。

通过选择 h，使无论股票价格上涨还是下跌投资组合在期间结束时都有相同的价值，我们就建立了一个无风险的头寸。为了避免套利，在这个投资组合上的任何净投资都应该获得这一期间内的无风险

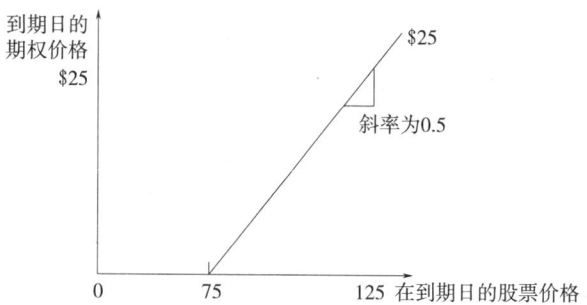

图8-8 期间结束时股票价格和看涨期权价格的关系

表8-1 期间结束时对冲投资组合的回报

	期间结束时的股票价格=125美元	期间结束时的期权价格=75美元
买入0.5股票的价值	62.50美元	37.50美元
卖出一张看涨期权的价值	-25.00美元	0.00美元
投资组合的净价值	37.50美元	37.50美元

利率的回报。换句话说，建立这个头寸的初始成本 $hS - C$ 按无风险利率在期间结束时的回报应当与对冲投资组合在期间结束时的价值相等，也就是

$$(hS - C) \times (1 + r) = hSu - Cu (或者 hSd - Cd) \tag{8.64}$$

通过等式（8.64）可以计算出现在看涨期权的价值：

$$C = [hS(1 + r) + Cu - hSu]/(1 + r) \tag{8.65}$$

假设看涨期权的无风险利率是10%，我们的例子中期权的价格为15.91美元 $[25 \times 0.7/1.1, p = (1.1 - 0.75)/(1.25 - 0.75) = 0.7]$。

$$C = [Cup + Cd(1 - p)]/(1 + r) \tag{8.66}$$

式中，$p = [(1+r) - d]/(u - d)$。

p 可以看做对冲概率，因为它的值在0和1之间，具有概率的特征。实际上，如果假设投资者是风险中性的，而且市场均衡，p 就是实际的概率值 q。若一个风险中性的投资者只要求现在市场价格为 S，期间结束时价格有 q 的概率会涨到 Su、有 $(1-q)$ 的概率降到 Sd 的股票的投资回报等于无风险利率。也就是说：

$$S(1 + r) = Suq + (1 - q)Sd$$

即 $q = [(1+r) - d]/(u - d)$ \tag{8.67}

因此，对风险中性的投资者来说，$p = q$。

在我们的基本例子中，看涨期权的现在价值是15.91美元。现在可以看到，在我们的假设条件下，无论期权购入者认为基础股票是看涨还是看跌，15.91美元一定是看涨期权的统一价格。对这个价格的任何偏移都将有获得无风险利润的机会。考虑建立对冲

投资组合所需要的净投资 $hS-C$，即 34.09（即 $0.5 \times 100 - 15.91$）美元。假设投资者借入这笔资金建立这个对冲投资组合，那么投资者在整个投资组合中的净价值为 0 美元。因此，为了避免套利，在期权到期时，投资者在各种情况下的净现金流入都应当为 0，见表 8-2。

表 8-2　　　　　　　　　　零成本投资组合的到期价值

	现在价值	在 $S_T = 125$ 美元时的价值	在 $S_T = 75$ 美元时的价值
买入 0.5 股股票的价值	-50.00 美元	62.50 美元	37.50 美元
卖出看涨期权的价值	15.91 美元	-25.00 美元	0 美元
以 10% 的利率借入融资	34.09 美元	-37.50 美元	-37.50 美元
投资组合净价值	0 美元	0 美元	0 美元

将表 8-2 重新整理可以看到，由一个基础股票头寸和借入资金组成的杠杆投资组合可以替代看涨期权到期时的回报，具体见表 8-3。

表 8-3　　　　　　　　　　替代投资组合现金流

	现在价值	在 $S_T = 125$ 美元时的价值	在 $S_T = 75$ 美元时的价值
买入 0.5 股股票的价值	-50.00 美元	62.50 美元	37.50 美元
以 10% 的利率借入融资	34.09 美元	-37.50 美元	-37.50 美元
替代投资组合的净价值	-15.91 美元	25 美元	0 美元
买入看涨期权的净价值	-15.91 美元	25 美元	0 美元

注意，在各种情况下，替代投资组合的净价值都与看涨期权的回报相同。通过建立在各种情况下都无风险的替代投资组合，我们就能确定期权的单一价格。无论投资者认为基础股票的价格向哪一个方向变动，这个价格对所有的投资者都是可以接受的。

三、互换的定价

假定不存在违约风险，金融互换可看做债券的多空组合或一系列远期合约的组合。具体有货币互换的定价和利率互换的定价。

（一）货币互换的定价

货币互换的定价可分解为债券的多空组合和一系列远期合约组合两部分。

对支付外币利息、收取本币利息的互换者来说：

$$V = SB_F - B_D \tag{8.68}$$

式中，B_F 是以外币计价的外币债券的价值，B_D 是本币债券的价值，S 为现汇汇率。因此，货币互换的价值取决于本国利率、外币利率及现汇汇率。

【例 8-13】　某银行进行了一次美元/日元的货币互换交易，日元年利率为 4%，美元年利率为 9%（都用连续复利表示）。在货币互换中规定，该银行每年以日元收取年利率为 5% 的利息，以美元支付年利率为 8% 的利息，以两种货币表示的本金分别为

1 000 万美元和 12 亿日元，互换将持续 3 年，现汇汇率为 1 美元 = 110 日元，在这个例子里：

$$B_D = 0.8e^{-0.09} + 0.8e^{-0.09 \times 2} + 10.8e^{-0.09 \times 3} = 9.64（百万美元）$$

$$B_F = 60e^{-0.04} + 60e^{-0.04 \times 2} + 1\,260e^{-0.04 \times 3} = 123\,055（万日元）$$

互换的价值为：123 055/110 - 964 = 155（万美元）

假如该银行支付日元利息，收取美元利息，则互换价值为 - 155 万美元。

（二）利率互换的定价

若不存在违约风险，利率互换也可看做债券的多空组合。

假定当前时间为 0，根据利率协议，中介银行在时间（$1 \leq i \leq n$）时收取固定利率利息 K 美元，同时支付浮动利率利息，定义 V 为互换的价值，B_1 为固定利率债券价值，B_2 为浮动利率债券价值，Q 为互换协议的本金额。则有

$$V = B_1 - B_2 \tag{8.69}$$

定义 r_i 为适用于时间的 t_i 贴现率，则 B_1 即固定利率债券未来现金流量的现值为

$$B_1 = \sum_{i=1}^{n} Ke^{-r_i t_i} + Qe^{-r_n t_n} \tag{8.70}$$

对于浮动利率债券来说，一旦在某一支付日支付完成，B_2 总是等于其名义本金 Q，同样，在下一个支付日亦然，以 t_i 表示到下一个支付日的时间，则有

$$B_2 = Qe^{-r_i t_i} + K^* e^{-r_i t_i} \tag{8.71}$$

式中，K^* 是在时间 t_i 时的浮动利率利息（已知）。对于支付固定利率利息、收取浮动利率利息的金融机构，互换价值为 $B_2 - B_1$，B_1、B_2 的计算方法相同。在互换刚刚生效和结束时，它的价值均为零。在互换期限内，互换价值可正可负。

【例 8-14】 某银行支付 6 个月 LIBOR 利息、收取 8% 的固定利率利息，每半年支取一次，本金为 1 亿美元，该互换剩余期限为 1.25 年，3 个月期、9 个月期和 15 个月期的相关贴现率分别为 10.0%、10.5%、11.0%，上个支付日的 6 个月 LIBOR 为 10.2%，经计算，$K = 4$（百万美元），$K^* = 5.1$（百万美元），则

$$B_1 = 4e^{-0.25 \times 0.1} + 4e^{-0.75 \times 0.105} + 104e^{-1.25 \times 0.11} = 98.24（百万美元）$$

$$B_2 = 5.1e^{-0.25 \times 0.1} + 100e^{-0.25 \times 0.1} = 102.51（百万美元）$$

所以，该互换价值为：$V = B_1 - B_2 = 98.24 - 102.51 = -4.27$（百万美元）

若该银行处于相反的市场头寸，即支付固定利率利息、收取浮动利率利息，则互换的价值为 +4.27 百万美元。

四、可转换债券的价格决定

如果债券契约规定投资者有权按照一定的比例将债券转换为发行人的普通股股票，那么该债券就是可转换债券。这种转换权利实际上是一种买入期权。如果持有人的权利是将债券转换成不是发行人的另一家公司的普通股股票，那么该债券就是可交换债券。公司发行可转换债券的原因往往是本公司的普通股股票价值被低估，所以公司先发行可转换债券。可转换债券可以被提前赎回，所以具有赎回风险。这种债券实际上包含了两个期权，即投资者的买入看涨期权和发行公司的买入看涨期权。另外，早赎的权利也有

促使投资者进行转换的作用。公司决定赎回时，一般给投资者 1 个月的时间，由投资者自己决定是实施转换还是由公司赎回。如果出现了购并行为，公司的股票不再流通，此类债券的投资者可能会蒙受一定的损失。另外，可转换债券的买入期权不一定在整个债券期限内都是可以执行的，而是有特定的转换期限。一般而言，多数的可转换债券是没有抵押的，其发行者多数是小公司，所以风险比较大。

债券可以转换成普通股的股数称为转换率。如果转换率为 50，即 1 张债券可以转换为 50 股股票。可转换债券可能事先不给出转换率，只给出转换价格，不论股票市价如何，债券都可以根据面值按照转换价格转换为普通股。由于转换价格等于可转换债券的面值除以转换率，所以这与给出转换率的情况是一样明确的。如果一张面值为 1 000 元的债券可以兑 50 股股票，那么，转换价格就是 20 元。转换价格会明显高于发行时的市价，这正是公司选择发行可转换债券而不是股票的原因。转换率随着股票拆股、派息、增发、配股等情况的变化会作出调整。如果公司股票 1 股拆为 2 股，原定转换率为 50，那么，新的转换率将变成 100。

投资者实施转换期权所能得到的普通股的市场价值称为可转换债券的转换价值。因此，股票的市价上升，可转换债券的转换价值就会上升。投资者决定是否转换时，首先要看可转换债券的市价与转换价值的比较。仍如前例，如果投资者将债券转换为 50 股普通股股票，在普通股市价为 15 元时，转换价值为 750 元。以公式表示，则有

$$CV = Ps \times CR \tag{8.72}$$

式中，CV 代表转换价值，Ps 代表普通股的市价，CR 代表转换率。

可转换债券的市价一般会高于不可转换债券（普通债券）的市价，也就是说，可转换债券的收益率一般低于普通债券，因为放弃转换权利应该得到补偿。所以，可转换债券的价值可以分为两部分：一部分是可转换债券作为普通债券的价值，称为纯粹价值；另一部分则是转换期权（看涨期权）的价值。用公式表示，则有

$$CB = P_b + CVO \tag{8.73}$$

式中，CB 代表可转换债券的价格，P_b 代表纯粹价值，CVO 代表看涨期权的价值。

当然，如果更全面考虑的话，由于可转换债券有可赎回特性，所以在定价时还应考虑到发行者赎回债券的期权，即减去投资者卖空看涨期权的价值。用公式表示，则有

$$CB = P_b + CVO - CLO \tag{8.74}$$

式中，CLO 代表卖空看涨期权的价值。

假定一张可转换债券的市价为 1 100 元，而期限、票面利率、违约风险等特征均相同的普通债券的市价为 800 元，则对应可转换性的价值为 300 元。

如果转换价值低于纯粹价值，纯粹价值就是可转换债券的最低价值，因为可转换债券的市价不会跌到纯粹价值以下。如果转换价值高于纯粹价值，转换价值就是可转换债券的最低价值，因为如果可转换债券的市价跌到转换价值以下，购买可转换债券并实施转换权利就成为有利可图的。所以，可转换债券的最低价值是转换价值与纯粹价值中较大的一个。用公式表示，则有

$$MV = \max(CV, P_b) \tag{8.75}$$

式中，MV 代表可转换债券的最低价值，CV 代表转换价值，P_b 代表纯粹价值。

可转换债券的市场价格超过其转换价值的部分称为可转换债券的升水。用公式表示，则有

$$Premium = \frac{CB - CV}{CV} \tag{8.76}$$

式中，CB 代表可转换债券的价格，CV 代表转换价值。

如果可转换债券的市价为 1 100 元，转换率为 50，股票市价为 20 元，则转换价值为 1 000 元，升水为 100，或 10%。

为什么可转换债券会存在升水呢？一是因为投资者有可转换债券的价格会随股价上涨而上涨的预期；二是因为如果股价不升反跌，可转换债券的价值所受影响会较小。可转换债券有普通债券的价值（纯粹价值）为最低价值，这形成一种保护作用。当然，对纯粹价值所提供的保护作用不能过分夸大。如果在股票价格下跌时利率处于上升时期，那么普通债券本身的价格也会下降，所以它能提供的保护作用极其有限。但如果利率保持稳定甚至下降，那么普通债券的价值会保持稳定甚至上升，就能对可转换债券价格的下跌起到很好的保护作用。

在可转换债券的价值分析中，由 Brigham 提出的图解法是一种重要的方法。

如图 8-9 所示，可转换债券的发行价明显高于普通债券的发行价。在发行时，可转换债券的升水较大，发行价明显高于转换价值。如果随后普通股价格不断上升，转换价值也将随之上升。在 T 年时，转换价值上升到与普通债券价值持平；在 T 年以前，可转换债券的最低价值为普通债券价值；在 T 年后，最低价值为转换价值。从图中还可以看出，可转换债券的升水是逐渐下降的。这是因为，其一，可转换债券一般附有赎回条款。如果转换价值大于赎回价格，发行者就很可能会通过赎回迫使投资者转换。赎回风险使得升水下降。其二，随着转换价值上升，普通债券所提供的投资保护作用将下降，这也会减少可转换债券的升水。其三，可转换债券价格的上升意味着股票价格的上升，

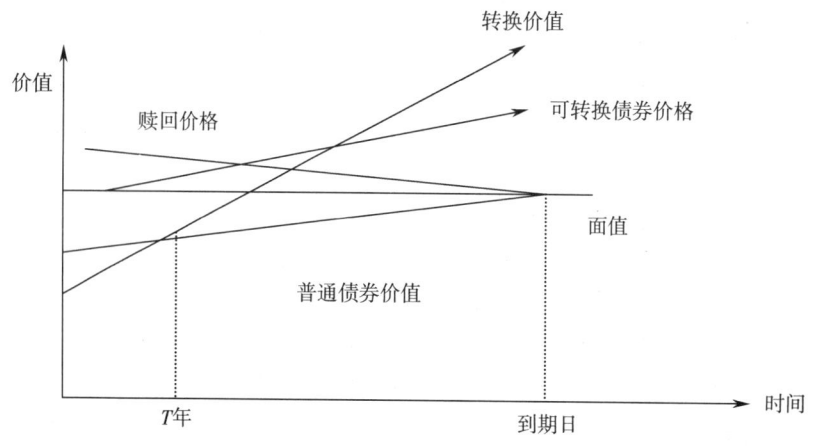

图 8-9 可转换债券价格图解法

投资者在可转换债券与股票两种资产的选择中会偏向于股票，增加对股票资产的需求，这也会导致升水的下降。

前面讨论的是股价上升的情况，如果股价下跌，那么，比起普通债券，可转换债券的投资者将处于不利的境地。因为股价下跌后债券的价格一般不会受到影响，只有在公司濒临倒闭、违约风险上升时，普通债券的价格才会受到较大影响。普通债券价格稳定，意味着纯粹价值稳定，但由于转换价值下降，可转换债券的价格就会下跌。

另外，可转换优先股也是一种可转换证券，它赋予投资者将优先股按照一定条件转化为普通股的权利。前面讨论的可转换债券的定价一般也适用于可转换优先股。

五、优先认股权的价格决定

以发行优先认股权的方式发行普通股也是普通股发行的方式之一。按照法律规定，现有股东有权维护其在公司的投资比例。公司在发行新股时，可以向现有股东按持股比例发行优先认股权。公司的现有股东持有优先认股权后，可以按照一定的价格即认购价格购买新发行的股票。当然，认购价格会低于市场价格。这种股票发行方式也称为配股发行。

在优先认股权发行中，投资银行不再扮演其在传统发行方式中的角色。就是说，一般而言，投资银行并不承担承销服务。但投资银行有时会买下没有被认购的股票，这就是备用包销安排。投资银行为此而收取备用费。

下面举例说明。假定某公司股票的市价为20元，发行量为3万股，即总股本为60万元。如果采用优先认股权发行1万股新股，每1股可得1个认股权，每3个认股权加上认购价格可以购买1股新股。认购价格应低于20元，如17元。市价（20）－认购价（17）＝3（元），为折扣量。

优先认股权是一种发行方式，而发行一般不能是无限期的，所以优先认股权会有固定的期限。事实上，这一期限往往较短。

优先认股权一旦发行出去后就可以在市场上流通转让。这就涉及优先认股权价值如何确定的问题。

理论上讲，优先认股权的价值应该等于认股权发行前的股票价格减去认股权发行后的股票价格，即等于附权股票价格减去除权股票价格。如上例，以认股权发行股票之后总股份变为4万股，总资本为60万元＋1万股×17元/股＝77万元，股票每股价格下降为77/4＝19.25（元）。由于是1股1个认股权，股票认股权价值则应为20－19.25＝0.75（元）。

认股权价值也可以这样计算。在除权前，如果以 C 代表认股权发行前的股票价格，以 R 代表优先认股权价值，以 N 代表购买1股新股所需的认股权数，以 S 代表认购价格，则有

$$C = RN + S + R$$
$$R = \frac{C - S}{N + 1} \tag{8.77}$$

这一公式的理论意义是：如果投资者在除权前购买了1股股票，需要支付的货币数

为 C，此时，他不仅获得了价格为 C 的 1 股股票，还获得了 1 个认股权。如果投资者购买了 N 个认股权，再支付一个认股价格，则可以购买 1 股无权的股票。所以，$C-R=RN+S$。由此可以计算出 R 的价格。在上例中，为 $(20-17)/(3+1)=0.75$（元）。结果是一样的。

在股票除权以后，优先认股权可以实际交易了。此时，投资者既可以选择在公开市场上直接购买股票，也可以选择先购买足够数量的认股权，然后再支付认购价格来购买股票。这两种选择的结果应该是一样的。如果以 Ce 代表除权后的股票市价，则应有

$$Ce = RN + S$$
$$R = \frac{Ce-S}{N} \tag{8.78}$$

假定股票市值跌至 18.5 元，则认股权价值则为 $(18.5-17)/3=0.5$（元）。

当然，这种分析是以不存在无风险套利为假定前提的。由于交易成本等因素的存在，式（8.78）不一定成立。另外，如果股票价格跌至认购价格以下，没有人会执行认股权。因此，优先认股权发行在一定程度上有发行失败的风险。

认股权发行前后的股价差额占初始价格的比例被称为稀释效应。本例中，稀释效应为 $0.75/20=3.75\%$。

六、认股权证的价格决定

与面向老股东发行的优先认股权不同，认股权证是面向普通投资者发行的。认股权证的持有者拥有在一定时期内以一定价格购买一定数量公司普通股的权利，因此，它在本质上是以普通股为标的的看涨期权。认股权证一般是与债券或优先股一起发行的，也有单独发行的独立认股权证。认股权证与可转换债券非常类似。如果把可转换债券所附带的买入期权与债券分开来单独出售，就形成了认股权证。与可转换债券不同，认股权证的执行既可以用附着的债券交换，也可以用现金支付。可转换债券只能用债券执行。与可转换债券的发行原因相同，债券或优先股发行时附有认股权证也是为了吸引投资者。如果发生股票分拆或红利支付，认股权证的执行价格与数量也要进行调整。认股权证一般由处于成长阶段的公司发行。有些认股权证是可以赎回的，赎回特性也有迫使投资者执行期权的作用。从二级市场看，认股权证的交易场所既包括场内市场，也包括场外市场。

认股权证可以在到期前或到期日执行，所以是一种美式期权。认股权证与看涨期权并不是完全相同的。认股权证的到期时间一般比股票看涨期权的时间长得多，永久性认股权证甚至没有到期日。普通投资者可以卖出看涨期权，而只有公司本身才可以发行认股权证[①]。随着交易的进行，期权合约的数量会不断变化，但认股权证的数量只有当投资者执行期权或权证到期时才会发生变化。看涨期权的执行并不需要公司增发新的股票，而认股权证的执行则要求公司新发行相应的股票数（或启用库存股）。因此，认股权证的执行会对公司的每股收益产生稀释作用，这也会影响到认股权证的价值。认股权

[①] 有些金融机构也发行看涨和看跌认股权证。在执行认股权时，金融机构一般用现金结算。

证的出售、购买和执行都不需要期权清算公司的介入。认股权证的执行会为公司带来现金流，这一点也与看涨期权有所不同。

由于与股票看涨期权存在差异，认股权证的执行本身会影响到普通股的价值，因此认股权证的定价要比看涨期权复杂。总的来看，认股权证价格的影响因素包括执行价格、距离到期日的时间、股票的市价、股票未来预期价格以及可能存在的每股盈利的稀释效应等。以公式表示，则有

$$V_w = f(EP, T, P_0, D_1, P_c) \tag{8.79}$$

式中，EP 代表执行价格，T 代表距离到期日的时间，P_0 代表股票的市价，D_1 代表可能存在的每股盈利的稀释效应，P_c 代表股票未来预期价格。

与其他期权一样，认股权证的价值也包括内在价值和时间溢价两个部分。内在价值是立即执行认股权证所能获得的价值，其公式为

$$IV = \frac{P_0 - EP}{N} \tag{8.80}$$

式中，IV 代表内在价值，P_0 代表普通股的市价，EP 代表认股权证的执行价格，N 为购买 1 股普通股需要持有的认股权证数。

如果股票市价为 20 元，执行价格为 15 元，每份认股权证可以购买 1 股普通股，则内在价值为 5 元。

如果认股权证的市价低于其内在价值，如为 2 元，投资者就可以买入认股权证并执行，然后在市场上出售股票，获得 3 元的无风险利润。所以，认股权证的市价不可能低于其内在价值。

认股权证是一种期权，所以它也有明显的杠杆作用。假定股票市价为 40 元，执行价格也为 40 元，认股权证的市价为 5 元，此时，内在价值为 0。如果股票价格由 40 元上涨到 80 元，现货市场多头头寸的收益率为 100%。由于认股权证的价格至少会上涨到 40 元，投资者的最低收益率为（80-40-5）/5 = 700%。从本例可以看出，认股权证杠杆作用的大小与时间溢价的大小有明显关系。如果时间溢价最初为 20 元，则投资者的最低收益率变为（80-40-20）/20 = 100%。因此，时间溢价越大，杠杆作用就越小；反之，时间溢价越小，杠杆作用就越大。

本章小结

1. 利率最一般的定义是利息/本金。利率可分为不同的种类：即期利率、远期利率、到期收益率、名义利率以及真实利率等。利率的分类不同，定价方式也不同。

2. 在短期外汇买卖中，交易双方主要是把不同的货币当做不同的资产进行交易。为讨论外汇市场上当期汇率的决定，将本币与外币的预期收益率表示为当期汇率的函数。本外币的预期回报率决定了均衡的即期汇率水平。均衡汇率的变动取决于本外币预期回报率的变动。

3. 债券投资带来的收益有利息收入、资本损益以及将利息做再投资所得到的收

益。债券收益率指投资于债券所得到的收益占投资本金的比率,说明从金融工具上获得的收入的现值与其今天的价值相等时的利率水平。债券收益率分为债券的息票率、到期收益率、当期收益率、最终收益率、债券持有期间收益率、贴现债券最终收益率等。不同的收益率,其计算方法也不同。1962年麦尔齐最早系统地提出了债券定价的五个原理,这五个原理至今仍然被视为债券定价理论的经典。

4. 股票市场定价中的现金流贴现模型是运用收入的资本化定价方法来决定普通股股票的内在价值的,即一种资产的内在价值等于预期现金流的贴现值。它分为零增长模型、不变增长模型、二阶段增长模型等。

5. 市盈率又称价格收益比,是股票市价与税后利润之间的比值。通过估计股票的市盈率和每股收益,可以估计出股票价格,该方法即市盈率估价法。市盈率说明了股票的盈利能力。

6. 投资基金按照投资者是否能够对基金自由申购和售回的特性,分为开放型基金和封闭型基金。开放型基金的价格与基金净资产密切相关,具体可分为申购价格和赎回价格。按照是否收取手续费,开放型基金还可分为收费基金和不收费基金。封闭型基金通过发行股票、优先股、债券(包括可转换债券)、认股权证等方式筹集资金。在二级市场上可以进行封闭型基金的买卖,其价格由供求关系决定。封闭型基金的价格不如开放型基金的价格稳定,其波动性更类似于普通公司的股票。

7. 期货的价格是指由期货买卖双方在期货交易所通过公开竞价方式所达成的期货合约的交易价格。股票指数期货的标的资产并非实际存在的金融资产,而是一种假定的资产组合。大部分股票指数可以看成支付红利的证券。确定外汇期货价格的理论依据是利率平价理论。根据利率平价理论,具有相同期限和风险的两国证券在定价上的差异应该等于两国利率的差异。短期国库券期货合约的一个明显特点是在合约到期前的时间里,用于在到期日交割的国库券可能尚不存在。

8. 布莱克—斯科尔斯模型有七个假定条件,在这些条件下,适用于现货看涨期权的定价模型。布莱克将现货看涨期权的定价公式进行了修正,得出了期货看涨期权的定价公式。通过看跌期权与看涨期权的平价关系,可用看涨期权的价格推算出相同标的物、相同期权期间和相同协定价格的看跌期权的价格。看跌期权和看涨期权的平价关系指看跌期权的价格与看涨期权的价格必须维持在无套利机会的均衡价格水平上的价格关系。二项式模型以一种较浅显的方法导出了期权定价模型。

9. 金融互换在假定不存在违约风险的条件下可看做债券的多空组合或一系列远期合约的组合。具体有货币互换的定价和利率互换的定价。

10. 可转换债券契约规定投资者有权按照一定的比例将债券转换为发行人的普通股股票。这种转换权利实际上是一种买入期权。如果持有人的权利是将债券转换成不是发行人的另一家公司的普通股股票,那么该债券就是可交换债券。可转换债券实际上包含两个期权,即投资者的买入看涨期权和发行公司的买入看涨期权。债券可以转换成普通股的股数称为转换率。转换价格等于可转换债券的面值除以转换率。

投资者实施转换期权所能得到的普通股的市场价值称为可转换债券的转换价值。可转换优先股也是一种可转换债券。

11. 公司的现有股东持有优先认股权后，可以按照一定的价格即认购价格购买新发行的股票。优先认股权是一种发行方式，其期限往往较短，发行后可在市场上流通转让。优先认股权的价值等于认股权发行前的股票价格减去认股权发行后的股票价格。

12. 认股权证是面向普通投资者发行的。认股权证的持有者拥有在一定时期内以一定价格购买一定数量公司普通股的权利，它在本质上是以普通股为标的的看涨期权。认股权证一般是与债券或优先股一起发行的，也有单独发行的独立认股权证。从二级市场看，认股权证的交易既包括场内市场，也包括场外市场。认股权证可以在到期前或到期日执行，是一种美式期权。认股权证价格的影响因素包括：执行价格、距离到期日的时间、股票的市价、股票未来预期价格、可能存在的每股盈利的稀释效应等。

关键术语

利率　汇率　债券收益率　现金流贴现模型　市盈率　开放型基金　封闭型基金　股票指数期货　外汇期货　利率期货　布莱克—斯科尔斯模型　现货看涨期权　期货看涨期权　现货看跌期权　期货看跌期权　二项式模型　货币互换　利率互换　可转换债券　优先认股权　认股权证

知识扩展

实际中如何使用布莱克—斯科尔斯模型[①]

布莱克—斯科尔斯模型并不能完美描述现实世界的情况。股票价格和其他资产价格的行为远比几何布朗运动复杂。然而，实际从业人员仍然使用布莱克—斯科尔斯模型，这主要有两种原因：一种原因是该模型很容易使用。只有唯一一个参数不是从市场中直接观测到的，这就是波动率。实际从业人员可以以某种确定的方式从期权价格推出波动率，也可以从波动率推出期权价格。另一种原因是实际从业人员开发出所谓的交易技巧，改进了该模型的不完美性。

1. 波动率的微笑。实际从业人员频繁地计算所谓的波动率的微笑曲线。这是一张图，反映了隐含波动率作为执行价格函数的关系。典型的外汇期权的波动率微笑如图8-10所示。

处于虚值状态的期权和处于实值状态的期权的隐含波动率大于处于两平状态的期权

---

① 约翰·赫尔［美］：《期权、期货和衍生证券》，张陶伟译，华夏出版社，1999。

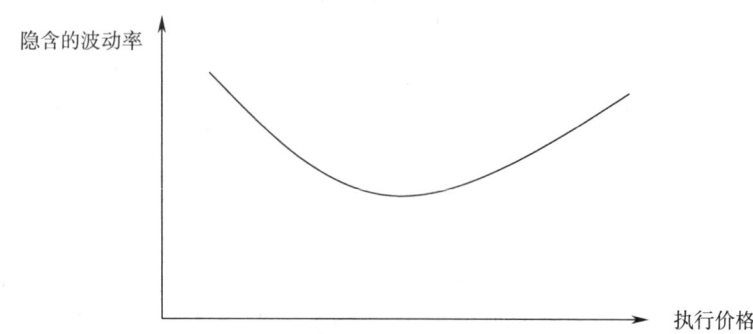

图 8-10 外汇期权的波动率微笑

的隐含波动率。这可由跳跃扩散模型来解释，或由标的资产价格与波动率不相关的随机波动率模型来解释。

2. 波动率的期限结构。实际从业人员也喜欢计算所谓的波动率期限结构曲线，反映了隐含波动率随期权到期时间的变化关系。

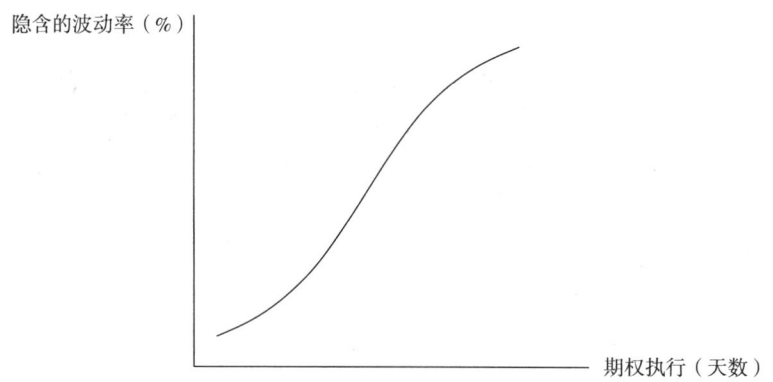

图 8-11 标准普尔 500 指数期权的波动率期限结构

图 8-11 说明标准普尔 500 指数期权的波动率期限结构曲线。从图中可以看到，在这个时候，隐含波动率是期权有效时间的增函数。

3. 波动率矩阵。弥补布莱克—斯科尔斯模型缺陷的一种普通的方法是构造一个隐含波动率的矩阵。矩阵中一个坐标是执行价格，另一个坐标是距离到期日的时间。矩阵中的内容就是从布莱克—斯科尔斯模型中计算出的隐含波动率。在任意给定的时刻，该矩阵中的某些项有可能对应于某些与现实市场数据相符的期权情况。这些期权的波动率可直接从它们的市场价格中计算出来并填入表中。矩阵中的其余的点可以用线性内插法来确定。

当必须为某个新的期权进行估值时，实际从业人员从表中寻找适当的波动率。

4. 模型的作用。实际上，模型只是用于理解波动率环境以及给流动性差的证券制定与交易活跃证券一致的市场价格的一种工具。如果实际从业人员停止使用布莱克—斯科尔斯模型且转换到使用波动率的弹性为常数的模型，波动率的矩阵将会改变，波动率微笑的形状也就改变了,但是市场报价将不会明显地改变。

案例分析

宝钢权证投资全面分析[①]

背景资料:

宝钢认股权证是由我国上海宝钢集团公司发行的欧式认购权证,于2005年8月22日在上海证券交易所挂牌交易。宝钢权证作为目前国内市场上第一只权证,它的推出是与宝钢股份制改革方案相联系的。

2005年8月18日宝钢实施了股改方案,即宝钢非流通股股东向流通股股东每持有10股流通股支付2.2股宝钢股份股票及1份认购权证。宝钢权证作为宝钢股改方案的一个对价方式出现,使宝钢权证持有人可以在约定的时间以约定的价格购买一定数量的宝钢股份。宝钢权证的出现为投资者提供了一个难得的新的投资品种,对我国衍生金融工具的发展起到了极大的推动作用。

认股权证为流通权对价提供了新的支付形式。在没有认股权证的情况下,非流通股股东支付流通权对价只能用股票或者现金来支付,选择比较单一,而且有一些股票的市净率很低或者非流通股比率很小,非流通股股东现金流也不很充裕,无论以股票或者现金支付对价都很困难,此时,非流通股股东可以通过发行认股权证,以认股权证的价值来支付对价。对于发行认股权证的非流通股股东而言,以认股权证支付对价实际允许非流通股股东以股票的未来价值支付当前对价,而股票或现金支付对价都只能以当前价值支付对价,相对而言,认股权证降低了非流通股股东的对价支付成本,还能实现对价的延期支付。同时,宝钢在股权分置改革中采用权证方案,将公司的长远发展与股东利益更好地结合起来。

一、宝钢权证的基本情况

(一)宝钢权证基本条款

1. 宝钢权证的简称是宝钢JTB1。其中宝钢表示该权证的标的证券为宝钢股份,JT表示该权证的发行人是宝钢集团,B表示该权证是认购权证,1表示该权证是以宝钢股份为标的证券的第一只权证。投资者掌握了权证的命名规则,就可以通过简称了解权证的一些基本信息。

2. 宝钢权证的交易代码是580000。

3. 宝钢权证的类型是欧式认购备兑权证。

(1)按行使期间分为欧式权证和美式权证:欧式权证的持有人只有在约定的到期日才有权买卖标的证券,而美式权证的持有人在到期日前的任意时刻都有权买卖标的证

[①] 参考上海证券报网络版,国泰君安证券新产品开发部,黄文卿,2005年,http://finance.qq.com。

券，由此可见宝钢权证是欧式权证。

（2）按权利行使方向分为认购权证和认沽权证：认购权证的持有人有权买入标的证券，认沽权证的持有人有权卖出标的证券，由此可见宝钢权证是认购权证。

（3）按发行人分为股本权证和备兑权证：股本权证通常由上市公司发行，其行使会增加股份公司的股本；备兑权证是由标的证券发行人以外的第三方发行，其行权得到的股票是已经存在的股票，不会造成总股本的增加。宝钢权证的发行人是宝钢集团而不是上市公司宝钢股份，权证持有人行权时获取的宝钢股票是宝钢集团原先持有的，宝钢股份的总股本并没有增加，所以宝钢权证是备兑权证。

宝钢权证与海外标准的备兑权证是有区别的。海外备兑权证的发行人一般为证券公司，其用于发行备兑权证的标的证券原本就是已在市场上流通的。宝钢权证的标的证券是宝钢集团持有的宝钢股份的非流通股，在权证行权前它是不可以在市场上流通的，只有行权后宝钢集团向持有人支付股票后，这部分非流通股转换为流通股，才可以上市流通。我们今后也会发行真正意义上的备兑权证，备兑权证也是今后权证市场的一个主要发展方向。

4. 宝钢权证的发行人是宝钢集团，而不是宝钢股份。

5. 宝钢权证的标的证券是 G 宝钢（股权分置后的宝钢股份股票）。

6. 宝钢股份的行权价格是 4.5 元。即权证到期时权证持有者可以以每股 4.5 元的价格向宝钢集团购买宝钢股份。一般权证的行权价格确定后就不会改变，但宝钢权证有一个调整条款，即标的证券除权、除息时，行权价格和行权比例将相应调整。调整公式如下：

宝钢 A 股除权时：

$$新行权价 = 原行权价 \times \frac{标的证券除权日参考价}{标的证券除权前一日收盘价}$$

$$新行权比例 = 原行权比例 \times \frac{标的证券除权前一日收盘价}{标的证券除权日参考价}$$

宝钢 A 股除息时：权证行权比例不变，

$$新行权价 = 原行权价 \times \frac{标的证券除息日参考价}{除息前一日标的证券收盘价}$$

其中：

除权（息）报价 = [（前收盘价 - 现金红利）+ 配（新）股价格 × 流通股股份变动比例] ÷ （1 + 流通股股份变动比例）

宝钢股份公司承诺，2005 年宝钢股份分红比例在 40% 以上（按 2005 年每股收益 0.82 元计算，2005 年分红 0.328 元），且 2005—2007 年 3 年每股分红不低于 0.32 元。

2006 年 5 月 25 日，宝钢股份公司进行了分红除息，每 10 股分红 3.2 元。由于只派发现金红利，因此套用上面公式计算除息报价：

$$除息报价 = 前收盘价 - 现金红利$$

前一日（即 2006 年 5 月 24 日）宝钢股份收盘价是 4.82 元，可算出：除息报价 = 4.82 - 0.32 = 4.5（元）。因此，根据上面公式计算出宝钢股份除息时的新行权价：

$$新行权价 = 原行权价 \times \frac{宝钢股份除息日参考价}{除息前一日宝钢股份收盘价} = 4.5 \times \frac{4.5}{4.82} \approx 4.2（元）$$

从此，宝钢权证的行权价由 4.5 元改为 4.2 元。实际上，最后宝钢权证行权时宝钢集团就是以每股 4.2 元的价格来支付宝钢股份的。

7. 宝钢权证的行权比例是 1，就是 1 份宝钢权证可以认购 1 股宝钢股份。

8. 宝钢股份的结算方式是实物交割。宝钢集团公司按行权价格向行权者收取现金并支付股份。权证持有人行权时，每份权证需再支付 4.5 元，宝钢股份的股票从宝钢集团账户转移至权证持有人账户。

9. 宝钢权证的发行总量是 38 770 万份。根据宝钢股份流通股总数，每 10 股支付 1 份权证，确定宝钢权证的发行总量是 38 770 万份。该发行规模实际上是比较小的，按宝钢权证上市当天理论价值 0.688 元计算，其总流通市值也不过 2.67 亿元。

10. 宝钢权证的交易期限是 2005 年 8 月 22 日至 2006 年 8 月 30 日。到期日是 2006 年 8 月 30 日，整个存续期是 378 天。

11. 宝钢权证的行权简称是 ES060830。E 表示欧式权证，S 表示证券给付结算方式，060830 表示到期期限为 2006 年 8 月 30 日。

12. 宝钢权证的行权代码是 582000。

13. 另外，宝钢在发行权证时作出承诺：在股改方案通过后的 2 个月内，如宝钢股价低于每股 4.53 元，宝钢集团将投入累计不超过人民币 20 亿元的资金增持宝钢 A 股；在股改方案通过后的 2 个月届满后的 6 个月内，如宝钢股价低于每股 4.53 元，宝钢集团将再投入累计不超过人民币 20 亿元并加上前 2 个月 20 亿元资金中尚未用完的部分（如有）增持宝钢 A 股。在该项增持计划完成后的 6 个月内，宝钢集团将不出售增持股份并将履行相关信息披露义务。此举无疑是在向市场表达信心：在 4.53 元的价格附近，宝钢集团将投入资金进行护盘。事实上，宝钢集团虽然投入资金回购流通股，但并没有守住 4.53 元的承诺价，股价还是跌到了 4.53 元以下。

（二）宝钢权证的特性

宝钢权证具有权证所具有的一般特性。其中某些特性与其他证券品种有很大区别，需引起投资者的重视。

1. 高杠杆性。权证属于衍生性金融产品之一，权利金仅为正股价格的一小部分，具有高杠杆作用。杠杆比率越大表示杠杆效果越大，其获利与损失的风险也越大；反之，杠杆比率越小表示杠杆效果越小，其获利与损失的风险也越小。

例如：某日宝钢股份 4.6 元，权证价格 0.74 元，如果次日宝钢股份涨 5%，那么此时权证价格应为 0.90 元，上涨 21.62%［(0.9－0.74)/0.74＝21.62%］，涨幅为宝钢股份涨幅的 4.32 倍；如果次日宝钢股份跌 5%，那么此时权证价格应为 0.59 元，下跌 20.27%［(0.74－0.59)/0.74＝20.27%］，跌幅为宝钢股份跌幅的 4.05 倍。

从这个例子中可以看出宝钢权证是一个高杠杆性高风险的金融产品，它在放大收益的同时也放大了风险。

2. 时效性。投资者买卖权证不像买卖股票可以长期持有，权证具有存续期间，权证到期后即丧失其效力。权证到期时如不具行权价值，投资者将损失其当初购买权证的价金。例如，某投资者购买了宝钢权证，持有到期时，宝钢股份的价格低于行权价格，那么投资者将损失全部投资，即使到期日后宝钢股份大涨也与投资者无关。

3. 风险有限，获利无穷。权证到期前如不具行权价值或持有人未申请行使的，其最大损失仅为当初购买权证所支付的权利金，故风险有限。而在到期前如标的证券价格上涨，则认购权证价格将随之上涨，因标的证券价格可能无限上涨，故权证的获利是无穷的。

（三）交易方法

宝钢权证的交易方法与股票基本一致，但也有一些规则上的区别：

1. 在购买权证之前，投资者须签订权证业务风险揭示书，从而可以有效防范和化解权证的交易和结算风险。投资者买卖权证可以通过券商进行，投资者在宝钢股份股改中获赠的权证则可通过任何券商卖出。

2. T+0 交易：当日买进的权证，当日可以卖出。因此，一天可以进行多次买卖。

3. 涨跌幅限制：权证价格的涨跌幅按以下公式计算：

权证涨幅价格 = 权证前一日收盘价格 +（标的证券当日涨幅价格 − 标的证券前一日收盘价）×125% × 行权比例

权证跌幅价格 = 权证前一日收盘价格 −（标的证券前一日收盘价 − 标的证券当日跌幅价格）×125% × 行权比例

当计算结果小于或等于零时，权证跌幅价格为零。

例如：上一个交易日宝钢股份和宝钢权证的收盘价分别为 4.6 元、0.74 元，那么本交易日，宝钢权证的涨停价格 = 0.74 +（4.6 × 1.1 − 4.6）×125% × 1 = 1.315（元），涨幅限制为 77.7%；宝钢权证的跌停价格 = 0.74 −（4.6 − 4.6 × 0.9）×125% × 1 = 0.165（元），跌幅限制为 77.7%。

宝钢权证的涨跌幅是与宝钢权证和宝钢股份的前一日收盘价相关的，所以宝钢权证各个交易日的涨跌幅限制可能不同。

4. 行权：宝钢权证只能在 2006 年 8 月 30 日行权，权证行权的申报数量为 100 份的整数倍，当日行权申报指令，当日有效，当日可以撤销；当日买进的权证，当日可以行权；当日行权取得的宝钢股份，第二个交易日方可卖出。宝钢权证由于其实物交割，因而不是自动行权，投资者行权时必须进行行权申报。例如，某投资者需要行使 1 000 份权证，那么其必须保证资金账户中有 4 500 元现金（假设行权价格没有调整），然后买入宝钢股份 1 000 份。

二、宝钢权证的定价

比较常用的欧式权证定价方法主要有三种：布莱克—斯科尔斯定价模型、蒙特—卡罗（Monte - Carlo，通常简写为 MC）模拟和二叉树模型。其中，布莱克—斯科尔斯定价方法为连续时间模型，蒙特—卡罗模拟和二叉树方法为离散时间模型。在理论上，它们都基于股价的对数正态分布、伊藤定理和风险中性等前提下推导得出，只要蒙特—卡罗模型和二叉树模型得出的期权价格都收敛于布莱克—斯科尔斯定价模型的解。这三种方法在本质上是没有区别的，只是对设计方案不同的期权，三种方法在使用上各有优势。

（一）布莱克—斯科尔斯定价模型

对宝钢权证的定价最常用的模型是布莱克—斯科尔斯定价模型，该模型应用范围较广且容易理解，而且适用于欧式权证。

我们可用布莱克—斯科尔斯模型来计算宝钢权证的理论价值。我们假设权证上市日宝钢股份的价格为4.55元，历史波动率为26.4%，行权价格为4.5元，无风险利率取1年期限国债利率1.6%，因除权除息时行权价格进行调整，所以将红利率设为0，剩余天数378。将上述参数输入布莱克—斯科尔斯模型计算得出，宝钢权证上市初期的理论价值为0.756元左右，其中有0.706元是时间价值。

布莱克—斯科尔斯模型计算简便，但对权证定价的灵活性较差，且只能计算欧式权证的价值，同时它不考虑股价未来预期和分红对权证价值的影响。

但就宝钢权证而言，它是一种执行价可调整的且其标的股价受特定信息影响的（宝钢集团承诺在一定时间内增持宝钢A股）欧式备兑权证，属于路径依赖型权证。因此，对宝钢权证来说，蒙特—卡罗模拟法是一个更好的定价方法。

（二）蒙特—卡罗模拟

蒙特—卡罗模拟是一种通过模拟标的资产价格随机运动路径得到权证价值期望值的数值方法，是一种应用十分广泛的权证定价方法。

蒙特—卡罗模拟的基本思路是：从初始时刻的标的资产价格开始，根据假定的随机路径来模拟出大量的标的资产的到期价值，计算出每个到期价格下权证的收益，求出其均值，再以无风险利率贴现，就得到这个权证的估计。

蒙特—卡罗模拟的具体计算过程：

设S为股票的价格，由于假设股票价格满足一般维娜过程，所以有：$\frac{dS}{S} = adt + bdz$，其中a表示股票预期收益率，b表示收益的标准差（年波动率），其离散形式为$\frac{\Delta S}{S} = a\Delta t + b\Delta z$。又因为$\Delta z = \zeta \sqrt{\Delta t}$，且$\zeta$为取自标准正态分布的随机抽样值，所以有：$\frac{\Delta S}{S} = a\Delta t + b\zeta \sqrt{\Delta t} \sim \Phi(\mu, \sigma)$，其中$\mu = a\Delta t$，$\sigma = b \sqrt{\Delta t}$。

第一步，先从标准正态分布[即$\Phi(0, 1)$]中取样值v_1，v_1可任意选取，v_1即为ζ。

第二步，将v_1转换为$\Phi(\mu, \sigma)$中样本点v_2，$v_2 = \mu + \sigma v_1$（$v_1 = \frac{v_2 - \mu}{\sigma}$）。

第三步，由$\frac{\Delta S}{S} \sim \Phi(\mu, \sigma)$得$\Delta S = S \times v_2$。

第四步，$S' = S + \Delta S$，S'是股票初始价格经时间变化后的股票价格，作为下一个阶段（下一个Δt）开始时的股票价格；依此类推下去，可以计算出一个股票价格分布的随机抽样值；经过反复模拟，就可以得出到期股票价格的一个完整的概率分布（在计算每一

个阶段股价选取的 v_1 不同可以得到不同的到期股价)。

第五步，计算每个到期价格下权证的收益 f_T。

第六步，求出收益 f_T 的算术平均值，用来估计 $\bar{E}(f_T)$。

第七步，将 $\bar{E}(f_T)$ 以无风险利率贴现得 $f = e^{-rT}\bar{E}(f_T)$，其中 r 等于 T 时刻到期的零息票债券的收益率。

f 即为权证的估价。

（三）二叉树权证定价模型

二叉树权证定价模型早在1979年就被提出，现已经成为金融界最基本的权证定价方法之一。它的基本出发点在于：假设资产价格的运动是由大量的小幅度二值运动构成，用离散的随机游走模型模拟资产价格的连续运动可能遵循的路径。同时运用无套利定价原理或风险中性定价原理获得每个节点标的资产的价格，再根据权证的盈亏状况，从末端 T 时刻起，倒推计算出权证的价格。

当二叉树模型相继两步之间的时间长度趋于零的时候，该模型将会收敛到布莱克—斯科尔斯模型。

这种方法的优点在于其比较简单直观，可以为美式权证及其他较复杂的权证定价。缺点是它假定在一小段时间内标的资产的价格只以特定的概率向两个方向运动，难以令人信服。

从权证本身价值来看，权证价值与标的股价走势密切相关，而标的股价走势又受到整个市场走势的制约，因此在权证投资策略上必须参考市场具体走势。

但是考虑到目前市场不完美因素的存在，套利机制尚不能很好地运作，权证供应机制也不能很快见效，所以宝钢权证价格在很大程度上仍受市场供求关系的影响。

在上市的最初几天宝钢权证一度飙升，盘中涨幅一度接近45%，换手率更是达到了惊人的331%。宝钢权证上市近几日价格偏高大致有三方面原因：其一，权证产品作为证券市场金融产品创新，其受市场的欢迎和关注程度相对较高；其二，宝钢权证与股权分置改革相结合，使宝钢股权分置改革方案对价实现，股权分置改革的特殊性也增大了市场对宝钢权证的参与度；其三，宝钢权证作为股权分置改革对价方案的一部分是由非流通股股东发行，其规模上的限制吸引了部分喜欢投资高风险产品资金的入场。

宝钢权证曾在上市初期被爆炒到2.088元，随后一路下跌，单日换手常常超过400%。热钱非常青睐宝钢权证，一天可以暴涨30%，也可以跌30%。直到2005年10月27日最低跌到0.682元，跌破所谓的上市参考价0.688元之后突然峰回路转。2005年11月形成第二波上升行情，累计涨幅达193%。到2006年5月19日，宝钢权证最高为2.38元。谢幕之前先拉升两日，然后一路下跌，中间偶尔有十几个点的上涨。作为权证市场的第一个认购权证，宝钢权证的最后一天交易日以暴跌85%结束了自己的旅程，收盘价为0.031元，与高峰期的2.38元相比，累计下跌达98%。然而在这一过程中，其换手率居然高达1 164%。持有权证的人只有等待行权。行权则意味着买入G宝钢股票的成本为4.231元（4.2元+0.03元）。2006年8月23日，G宝钢的收盘价是4.17

元,比 4.231 元低了不少。也就是说,如果宝钢权证在 8 月 30 日行权日之前涨到 4.231 元以上,通过宝钢权证购买 G 宝钢还算一笔划算的买卖,而如果没有,宝钢权证就完全是废纸一张。购买权证所花的钱也就完全蒸发了。

讨论题:
1. 认股权证的风险有哪些?
2. 认股权证与期权有什么区别?
3. 宝钢权证对我国资本市场发展有什么启示?

分析路径与思路:
第一,权证的产品特点决定了它是一种投机性较高的品种,市场如果供给不够,投机活动会更加膨胀。这一点在各个国家和地区都得到了验证。投机性和活跃性本身就是新兴市场的重要特点,因此,市场需要担心的并不是隐含波动率可能很高,而是导致隐含波动率高的原因迟迟得不到修复和改善。

第二,对于本土证券公司来说,它们的规模亟待提高。创设也难以平抑权证的非理性价格的核心原因之一是创新类券商即我国最好的一些证券公司的资本金也不足以用做风险对冲(尽管全额对冲也是部分原因)。这说明就衍生品市场的规模和需求而言,我国证券公司的发展已经落在了市场后面。

第三,对于证券市场监管层来说,需要意识到市场有纵深发展的强大内生需求。衡量一个金融产品成功与否的标准主要是交易量及其对市场效率的贡献,以宝钢权证为代表的上市权证在短时间内便超越中国香港成为全球的一大权证市场,并且在部分权证中已经显示出正股和权证的相关性。这些都显示以宝钢权证为代表的我国权证市场是基本成功的。监管层需要顺应市场发展的需求推出持续创新的品种,而这也将极大地增进我国证券市场运行的效率。此外,监管层还需要意识到好的规则和好的产品品种同样对衍生品市场的发展起着关键性作用。

第四,从产品推出的顺序考量,宝钢权证只是"衍生品一号"。风险的相互对冲性决定了衍生品推出的序列不应该是一个一个品种先后推出,而是相关联、相对冲的品种"一对一对"推出。要壮大我国的衍生品市场,如果只有宝钢权证等权证类产品,而同时没有可与之进行风险对冲的结构性产品、场外期权等其他新型金融品种,市场会证明,这可能会给市场参与者造成无法管理的风险。

能力训练

一、单项选择题

1. 已知 1 年期即期利率 5%、2 年期即期利率 6% 的 3 年期附息债券的当前价格是 960 元,面值为 1 000 元,息票率为 10%,则第 2 年到第 3 年的远期利率是( )。
   A. 5%   B. 26.20%   C. 11.30%   D. 20.19%

2. 如果债券的回报率是8%，同期物价上涨12%，投资者的实际回报率是（　　）。

　　A. 4%　　　B. 8%　　　C. -4%　　　D. 12%

3. 某商品，基期价值100元，年初价值115元，年末价值121元，名义利率10%，则该年的通货膨胀率是（　　）。

　　A. 4.5%　　　B. 5.2%　　　C. 5.5%　　　D. 10%

4. 和短期汇率决定相关的理论是（　　）。

　　A. 一价定律　　　　　　　B. 绝对购买力平价理论

　　C. 相对购买力平价理论　　D. 利率平价条件

5. 英镑的年利率为27%，美元的年利率为9%，假如一家美国公司投资英镑1年，为符合利率平价，英镑应相对美元（　　）。

　　A. 升值18%　　B. 贬值36%　　C. 贬值14%　　D. 升值14%

6. 投资者根据（　　）区别不同的债券。

　　A. 债券的发行者　　　B. 债券的到期日

　　C. 债券的票面利率　　D. 以上都是

7. 投资者以940元的价格买入一张5年期的面值为1 000元、息票率为10%的债券，该债券的到期收益率是（　　）。

　　A. 10%　　　B. 11.37%　　　C. 11.66%　　　D. 11.75%

8. 面值为1 000元的美元债券，其市场价值为1 100元，这表明市场利率相对于债券的票面利率（　　）。

　　A. 较高　　　B. 较低　　　C. 相等　　　D. 无法确定

9. 有关市盈率的说法正确的是（　　）。

A. 市盈率是股票市价与税前利润的比值

B. 股价一定时，利润越多，市盈率越高

C. 利润一定时，股票价格越高，市盈率越高

D. 市盈率说明了股票的盈利能力，它与盈利能力成正比关系

10. 对于可转换债券的叙述正确的是（　　）。

A. 可转换债券所拥有的转换权利实际上是一种买入期权

B. 可转换债券的买入期权在整个债券期限内都是可以执行的

C. 发行可转换债券需要有抵押

D. 当股价下跌时，比起普通债券，可转换债券的投资者将更有利

11. 对于优先认股权的叙述错误的是（　　）。

A. 优先认股权的认购价格低于市场价格

B. 在优先认股权发行中，投资银行要承担承销服务

C. 优先认股权的期限往往较短

D. 优先认股权发行出去后便可以在市场上流通转让

12. 对于认股权证的叙述正确的是（　　）。

A. 认股权证和优先认股权一样是面向老股东发行的

B. 认股权证不能单独发行
C. 认股权证的执行不可以用现金支付
D. 认股权证一般由处于成长阶段的公司发行

二、多项选择题

1. 以下对利率的描述正确的是（   ）。
A. 利率是重要的经济变量
B. 宏观上，利率与消费、投资、收入水平都有密切关系
C. 微观上，企业和居民的经济决策都会受到利率的影响
D. 利率最一般的定义是利息/本金

2. 如果债券的期限比投资者的持有期要长，投资者得到的回报是（   ）。
A. 如果利率上升，投资者不仅获得利息收入，还要承担资本损失
B. 如果利率上升，投资者不仅获得利息收入，还将获得资本利得
C. 如果利率下降，投资者不仅获得利息收入，还要承担资本损失
D. 如果利率下降，投资者不仅获得利息收入，还将获得资本利得

3. 和长期汇率决定相关的理论有（   ）。
A. 一价定律　　　　　　　　B. 绝对购买力平价理论
C. 相对购买力平价理论　　　D. 利率平价条件

4. 关于利率平价条件，正确的有（   ）。
A. 利率平价条件说明本币利率应该等于外币利率减去外币的预期升值率
B. 利率平价条件说明本币利率应该等于外币利率加上外币的预期升值率
C. 利率平价条件说明本币利率应该等于外币利率减去外币的预期贬值率
D. 利率平价条件说明本币利率应该等于外币利率加上外币的预期贬值率

5. 关于均衡汇率变动的说法正确的是（   ）。
A. 外国利率上升，外币预期回报率曲线右移，均衡汇率下降
B. 本国利率上升，本币预期回报率曲线右移，均衡汇率上升
C. 本国汇率预期下降，外币预期回报率曲线右移，均衡汇率下降
D. 本国价格水平预期上升，外币预期回报率曲线右移，均衡汇率下降

6. 以下属于债券定价原理的有（   ）。
A. 债券的价格与收益率成反比例关系
B. 当债券收益率不变时，债券的到期时间与债券价格的波动幅度之间成正比关系
C. 对于期限既定的债券，由收益率下降导致的债券价格上升幅度小于同等幅度的收益率上升导致的债券价格下降的幅度
D. 对于给定的收益率变动幅度，债券的息票率与债券价格的波动幅度之间成反比关系

7. 对于净现值的叙述正确的是（   ）。
A. 如果 NPV>0，则股票价格被高估，因此不购买该股票
B. 如果 NPV>0，则股票价格被低估，因此购买该股票

C. 如果 NPV<0，则股票价格被高估，因此不购买该股票

D. 如果 NPV<0，则股票价格被低估，因此购买该股票

8. 封闭型基金筹集资金的方式有（　　）。

A. 发行股票　　　　　　　　B. 发行优先股

C. 发行可转换债券　　　　　D. 发行认股权证

9. 以下属于布莱克—斯科尔斯模型的假设条件的有（　　）。

A. 期权的标的物为有风险的资产，这种资产可以自由买卖

B. 期权是美式的

C. 存在一个固定的无风险利率

D. 不存在影响收益的任何外部因素

10. 认股权证价格的影响因素有（　　）。

A. 执行价格　　　　　　　　B. 距离到期日的时间

C. 股票的市价　　　　　　　D. 股票未来预期价格

三、简答题

1. 债券投资会带来哪些收益？
2. 简述期货价格与现货价格的基本关系。
3. 建立布莱克—斯科尔斯模型需要哪些假设条件？
4. 可转换债券为什么会存在升水？升水会有一个怎样的变化趋势？为何会有这种趋势？
5. 认股权证的价格会受哪些因素的影响？

四、论述题

1. 简述债券定价原理。
2. 比较看涨期权、可转换债券与认股权证之间的异同。

五、计算题

1. 已知从现在起不同时期的即期利率如下表所示。

年数	1	2	3
即期利率	5%	5.5%	6.55%

计算从 1 年到 2 年和从 2 年到 3 年的远期利率。

2. 如果英镑和美元的汇率是 1 英镑等于 1.80 美元。美国的 6 个月的无风险利率为 3%，英国的为 3.5%，那么 6 个月的远期汇率是多少？

3. 一个面值 1 000 元、4 年到期的息票债券，息票率为 7%，到期收益率为 9%，那么债券售价多少？

4. 现有面值 1 000 元、息票率为 8%（按年支付）的 4 年期债券。售价为 878.5 元，从现在到 1 年后做第一次利息支付。如果折现率为 10%，计算这个债券的固有值并决定是否购买这个债券。

5. 某公司现时每股股息为 10 元，预期前 3 年股息平均增长率为 10%，3 年后预期年平均增长率为 4%，投资者的应得回报为 8%，那么股票的固有值是多少？

6. 假设当前的股票价格为 100 元，1 年后的股票价格可能上升至 108 元，也可能下跌至 90 元。现有一份该股票的欧式看跌期权和一份看涨期权，执行价格都为 99 元，1 年后到期。假设年利率为 5%。问：该看跌期权的当前价值为多少？

7. 7 月 1 日，一家服装零售公司看好今年的秋冬季服装市场，向厂家发出大量订单，并准备在 9 月 1 日从银行申请贷款以支付货款 1 000 万美元。7 月利率为 9.75%，该公司考虑若 9 月利率上升，必然会增加借款成本。于是，该公司准备用 9 月的 90 天期国库券期货做套期保值。

要求：（1）设计套期保值方式，说明理由；

（2）9 月 1 日申请贷款 1 000 万美元，期限 3 个月，利率 12%，计算利息成本；

（3）7 月 1 日，9 月的 90 天期国库券期货报价为 90.25；9 月 1 日，报价为 88.00，计算期货交易损益；

（4）计算该公司贷款的实际利率。

第九章
证券投资组合理论

学习目标：

1. 掌握单一证券及证券组合预期收益率和风险的测定方法、β系数的含义、投资组合的可行集与有效集、投资者最优投资组合的确定。

2. 了解系统性风险与非系统性风险、马柯维茨证券投资组合理论基本模型的假设以及允许投资者无风险借贷后有效集的改变与对投资者最优投资组合的影响。

知识结构图：

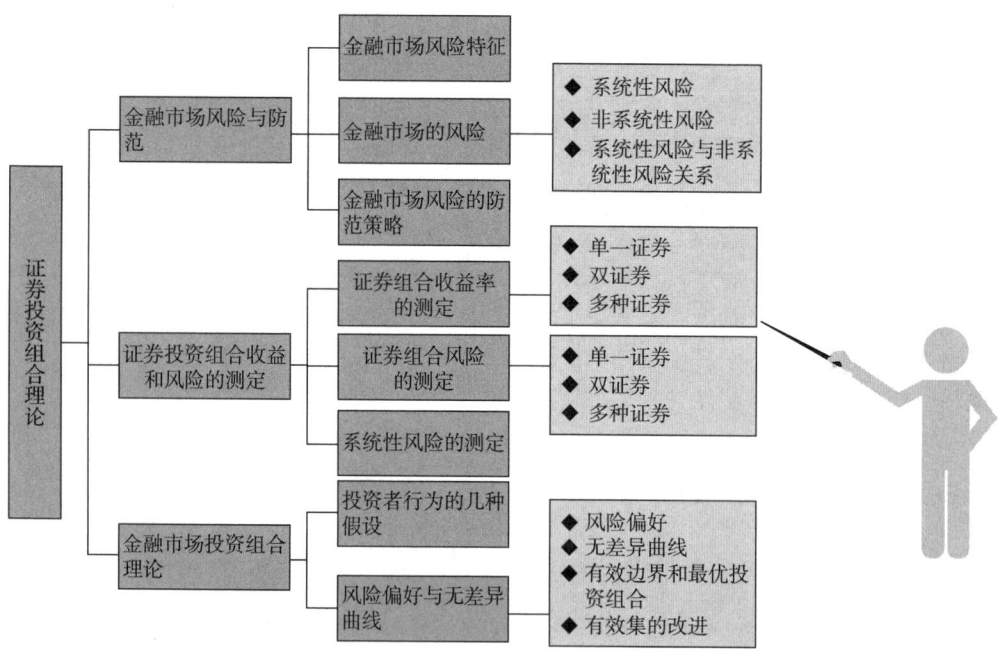

第一节 金融市场风险与防范

金融市场风险是指基础金融变量（如利率、汇率、股价）的变动而使金融资产或负债的市场价值发生变化的可能性。

一、金融市场风险的特征

1. 不确定性。不确定性是指投资者预期收益的不确定性，即对应于各种不同的经济状况有一系列的可能结果。通过提高对将来损失或收益预计的准确性，人们都是尽可能地收集信息，并在此基础上进行科学的预测与分析，以把握好各种不确定性因素，尤其是对风险程度的分析。在分析时常常用概率来表示风险程度的大小，从而预计投资活动的结果。

2. 普遍性。现实世界的变化是永恒普遍的，在用价格配置资源的市场经济中，金融市场的参与者面临的市场瞬息万变。由于信息的不对称性，任何人都不可能完全掌握市场的运动。金融市场风险普遍存在，它不可能被消除，只能积极防范和管理。

3. 扩散性。金融机构是整个社会金融活动的中介，它是多边信用网络上的节点。金融机构的参与使原始的信用关系变成相互交织、相互联动的网络。金融活动不是完全独立的，其外部效应广泛存在。任何一个节点出现断裂都有可能产生连锁反应，引起其他节点波动，进而导致金融体系的局部甚至整体发生动荡和崩溃。

4. 突发性。金融市场风险收益或损失的不确定性不一定立即表现为现实的损失，因此，风险责任人往往存有侥幸心理，尽力掩盖风险，期待市场出现转机。金融机构的信用创造能力也掩盖了已经出现的损失和问题。如果金融市场风险不断积累，最终会以突发的形式表现出来。

二、金融市场的风险

证券投资的目标在于追求收益的最大化和风险的最小化。要想在这对矛盾统一体系中寻求平衡，以实现预期目标，就必须有效地控制和回避风险。金融市场的风险主要分为系统性风险和非系统性风险两大类。

（一）系统性风险

对系统性风险不可能通过证券投资组合来加以分散，因而它又称为不可分散风险，有时也被称为广义的市场风险。具体包括市场风险、利率风险、汇率风险、购买力风险、政策风险等。

> 系统性风险：是指由于某种全局性的因素而对所有证券收益都产生作用的风险。这种风险来自宏观方面的变化并对金融市场总体产生影响，又称为宏观风险。

1. 市场风险。这里是指狭义的市场风险，单指由于证券市场行情变化而引起的风险。引起证券市场行情变化的因素很多，比如政治局势、经济周期、股市中的操纵行情等都可能带来整个行情的大起大落。这类风险的一个共同点是不易被市场中的投资者事先预料，所以对投资人造成的损失也是巨大的。

2. 利率风险。利率变动是影响股市价格的重要因素。利率变动会使货币供应量发生变化，从而带来股市供求关系的变化，导致价格波动，形成风险。一般来说，利率下调，股市资金流入，价格上涨；利率上调，股市资金流出，价格下跌。利率调整属于管理层的政策范畴，其调整的时间、方向和幅度一般投资人事先无从得知，因而它是一个现实的系统性风险。

3. 汇率风险。外汇汇率由于受制于各国政府货币政策、财政政策以及国际市场上供给与需求平衡而频繁变动。因此，当投资者投资于以外币为面值发行的有价证券时，就要承担货币兑换的汇率风险。

4. 购买力风险。又称通货膨胀风险，是由通货膨胀、货币贬值给投资人带来的实际收益水平下降的风险。在通货膨胀条件下，随着商品价格的上升，证券价格在一段时期内也是不断上涨的。投资人的货币收入变化比以往要多，而实际上由于货币的贬值，投资人收益没有增加反而下降了。通货膨胀可分为期望型和意外型两种，前者是投资者根据以往的数据资料对未来通货膨胀的预料，也是他们对未来投资索求补偿的依据和基础，而后者则是他们始料不及的，也不可能得到任何补偿。

5. 政策风险。这是指由于国家政策变动而引起的投资人的损失。前面提到的利率调整也是一种政策。作为政策风险还有股票市场扩充规模和速度的政策、国家关于抑制过度投机以规范市场的政策、关系到财政收支的有关政策等。

（二）非系统性风险

投资人可以通过投资组合弱化甚至完全消除这类风险，因此又称可分散风险。非系统性风险具体包括财务风险、信用风险、经营风险、偶然事件风险等。

> 非系统性风险：是因个别上市公司特殊状况造成的风险，这类风险只与上市公司本身相联系，而与整个市场没有关联，所以也称微观风险。

1. 财务风险。财务风险是与企业的融资方式相联系的风险，是由企业的不同的筹资方式带来的风险。公司所需资金一般来自发行股票和债务两个方面。其中债务的利息负担是一定的，如果公司债务过大就会因公司资本利润率低于利息率而使股东可分配的股息减少。也就是说，当融资产生的利润大于债息率时，债务给股东带来的是收益增长；而当资本利润率小于债务利息率时，债务越大，股东的风险就越大。

2. 信用风险。信用风险又称违约风险，是指企业在债务到期时无力还本付息而产生的风险。作为股票投资人所承担的信用风险，一个是因上市公司债务过重，不能还本付息而对公司造成恶劣影响继而对股价的影响，另一个就是因公司信用上的危机而带来的不能或减少分红对股价产生的直接影响，更严重的是公司因债务问题而破产，那么股票将一文不值，风险就更大了。

3. 经营风险。经营风险是指由于公司经营方面的问题导致盈利水平下降而给股票投资人带来的风险。在市场竞争中，上市公司的经营方针、管理水平、市场占有率等无不经受着严峻的考验。或是由于产品陈旧、质量下降，或是由于管理混乱、人浮于事、铺张浪费，或是由于市场定位不准、产品积压，等等，都可以导致盈利水平的下降。对这些问题股票持有人往往直到公司的中期报告披露时才能知道，而这时股价已经不能保持原有水平了，自然会为投资人带来风险。

4. 偶然事件风险。这种突发性风险是绝大多数投资者必须承担的，且其剧烈程度和时效性因事而异。如自然灾害、异常气候、战争危险的出现可能影响期货的价格，政府的货币政策和外汇政策可能会导致汇率、利率波动，法律诉讼、专利申请、兼并重组、信用等级下降会引起证券价格急剧变化，等等。这些偶然事件是投资者在进行投资决策时无法预料的。

（三）系统性风险与非系统性风险的关系

从图9-1中可以得出如下结论：

1. 证券投资风险由两部分组成，它们是不可分散的系统性风险和可分散的非系统性风险。

2. 非系统性风险随证券组合中证券数量的增加而逐渐减少，当证券数量达到一定程度时，证券组合的总风险程度趋于稳定且趋近于系统性风险。

3. 系统性风险由市场变动所产生，它对所有股票都有影响，不能通过证券组合而消除。

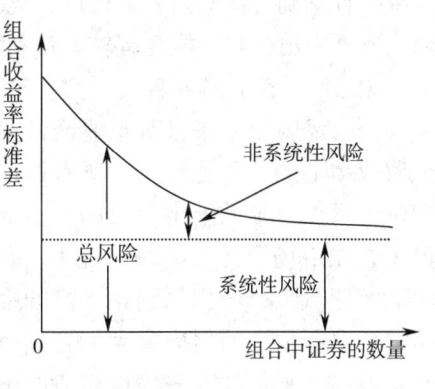

图9-1 风险关系

三、金融市场风险的防范策略

风险是客观存在的，无论投资者选择何种方法都不可能完全避开风险，但通过对整个市场、投资对象、资金实力、心理素质等方面的分析，采取适当的投资策略与方法，就能够在一定程度上分散风险、降低风险和防范风险。

（一）购买力风险的防范

购买力风险对于股票而言远比固定收入的债券要小得多。因为随着物价的上涨，企业所得到的名义上的经营收入也会提高。但是，也不能认为股票投资人就没有购买力风险。首先，公司名义收益的提高速度赶不上物价上涨的速度，而且二者之间还有一个时间差。其次，对于不同种类的股票而言风险大小不一，一般来说率先涨价的产品生产公司、上游产品生产公司、热销及供不应求的产品生产公司的购买力风险较小，国家控制价格并以此作为平抑物价手段的公用事业公司、直接用于居民消费产品生产公司的购买力风险则较大。最后，在购买力下降过程的不同阶段上股票投资人的风险也不同。在通货膨胀出现后的一段时期内，物价上涨是由于流通中货币量超过对其实际需要量而造成的，经济生活中人们更多看到的是市场产品旺销、收入不断提高、股票价格也在不断攀升。可是，随着购买力的持续下降，最后必然带来经济生活的严重混乱以及国家严厉的宏观调控政策的出台，股票价格也会因此而下跌。综上所述，防范购买力下降风险的股票投资人的投资策略是：选择持有受购买力下降的负面影响较小的上游产品公司的股票；随时准备迎接因购买力不断下降最终带来的经济调整及各项紧缩政策的出台。在股价上涨的过程中应保持对其上涨原因的冷静判断，千万不要把购买力下降初始期的股价上涨当成经济繁荣、股市大牛市已经到来的征兆而大量买入股票并长期持有，那样风险是很大的。

（二）利率风险的防范

利率风险是典型的系统性风险，最好的规避方法是建立在对经济周期的发展阶段的正确认识和分析基础上的投资策略的调整。在利率尚未调整之前，察觉利率调整的可能和分析其方向、幅度，并据此作出买入或卖出股票的决策。利率上调往往是在购买力持续下降、通货膨胀日渐严重的情况下出台的政策。利率一旦上调，必然导致股市资金流入银行存款，市场需求下降，企业经营进入艰难时期，股票价格在相当长一段时间内保持不断下降的趋势。最好的办法是顺市而卖出股票，将一部分资金转入银行存款。如果利率一旦下调，情况则完全相反，此时应及时买入股票，并坚定持股信心，不因小的波动而频繁进出，则可能会有较大获利。

（三）经营风险防范

经营风险主要来自对企业经营业绩的忽视。上市公司由于经营管理水平不同，在经营业绩上的差距也很大，既有每股税后利润高达几元钱的绩优股，也有亏损股票。理论上讲，亏损的上市公司的股票应该是一钱不值的，股票价格应与其业绩成正比。但是，在市场异常火爆的情况下，往往是"鸡犬升天"，垃圾股股价翻番。这时股市中的经营风险已经积累到相当高的程度，一旦市场转向理性投资，持有业绩不佳的公司的股票所承受的损失要大大超过市场总市值下降的幅度。投资人应学会分析公司的经营业绩水平，放弃恶炒垃圾股的不良投机倾向，这样就可以大大降低股票投资中的经营风险。

（四）减少投资者自己造成的风险

投资者自己造成的风险是指由于投资者的错误操作而带来的风险。造成投资者操作错误的因素有：第一，信息不准确的情况下盲目购入某种股票。这里不是指信息披露中的问题带来的不准确，而是指投资人没有去掌握准确的信息。第二，缺乏股票投资的基础知识。比如有的人买股票就知道选绝对价格便宜的买，其实绝对价格便宜的股票很可能是真正意义上的"贵"的股票；还有人认为买了股票就一定赚钱，不管什么股票买上一个就不撒手。第三，自认为是股市高手，似乎深知股市中一切玄机，频繁进出，视风险而不顾，铤而走险，时而挥刀断臂，做股票做得轰轰烈烈，赔钱可能也是轰轰烈烈了。第四，投资股市缺乏自我克制的能力，患得患失，明明是赚了钱，可看到股票又涨了就难受；明明是买对了股票，可看到股票继续下跌了又后悔不已。其实在股市中买在最低点、卖在最高点只能是一种理论状态。由于心理素质不好，往往刚刚卖出又在高价上买进，刚刚买好的股票又赔着手续费卖掉了。此种人如不能调整好心态，应远离股市为妙。针对上述种种错误，投资人就可以找到减少自我风险的办法了：一是认真收集和对待市场信息，不仅要注意个股的经营状况、产品构成、资产变动，更要密切关注宏观经济形势、国家经济政策、政治局势等变化趋势。不能听信传言，不能盲目跟风。二是学习基本的股票投资知识和投资技巧，树立正确的投资理念。三是谦虚谨慎、切忌浮躁、看清大市、精选个股，不可过分迷信技术分析，放弃短时间小幅度的差价变化，要清醒地看待自己的成功,市场永远是变化的。四是心态要放松,学会自我克制,市场的风险往往来自绝大多数投资人的通病——贪心太重。克服过分计较得失的心态,以平常心对待股价起伏,就可以把投资股票作为一种乐趣。

第二节 证券投资组合收益和风险的测定

一、证券组合收益率的测定

证券投资的收益有两个来源,即股利收入(或利息收入)加上资本利得(或资本损失)。

(一) 单一证券收益率的测定

证券投资者在一定时期内投资于某一证券的收益率测定公式为

$$R = \frac{W_1 - W_0}{W_0} \tag{9.1}$$

式中,R 代表收益率;W_0 代表期初证券市价;W_1 代表期末证券市价及投资期内投资者所获收益的总和,包括股息和红利。

【例 9-1】 某投资者购买 100 元股票,该股票向投资者支付 7 元现金股利,1 年后,股票价格上涨到 106 元,求投资收益率。

$$R = \frac{W_1 - W_0}{W_0} = \frac{106 + 7 - 100}{100} = 13\%$$

马柯维茨认为,正是由于未来收益率具有不确定性,因此其往往表现为一个随机变量,所以可以将期望收益率作为对未来收益率的最佳估计。投资者可以通过估计投资期内各种可能发生的结果(事件)及每一种结果发生的可能性(概率),使用概率加权的方法来计算预期收益率状况。如果收益率 R_i 为离散性随机变量,其概率密度为 P_i,则预期收益率公式为

$$E(R) = \sum_{i=1}^{n} P_i R_i \tag{9.2}$$

式中,$E(R)$ 代表预期收益率,R_i 是第 i 种可能的收益率,P_i 是收益率发生的概率,n 是可能性的数目。

【例 9-2】 某投资者投资某种股票的投资收益率 R_i 和概率 P_i 如表 9-1 所示。

该股票的预期收益率为

$$E(R) = \sum_{i=1}^{7} P_i R_i$$

表 9-1 某种股票的投资收益率

收益率	组中值(R_i)	概率(P_i)
7.5%~8.5%	8%	0.05
8.5%~9.5%	9%	0.10
9.5%~10.5%	10%	0.20
10.5%~11.5%	11%	0.30
11.5%~12.5%	12%	0.20
12.5%~13.5%	13%	0.10
13.5%~14.5%	14%	0.05
合计		1.00

$$= 8 \times 0.05 + 9 \times 0.1 + 10 \times 0.2 + 11 \times 0.3 + 12 \times 0.2 + 13 \times 0.1$$
$$+ 14 \times 0.05 = 11\%$$

计算结果表明该股票的平均收益率为11%。

（二）双证券组合收益率的测定

投资者将资金投资于A、B两种证券,其投资比重分别为 X_A 和 X_B,$X_A + X_B = 1$,则双证券组合的预期收益率 R_P 等于单个证券预期收益率的加权平均数,用公式表示:

$$R_P = X_A R_A + X_B R_B \tag{9.3}$$

式中,R_P 代表两种证券组合的预期收益率,R_A、R_B 分别代表A、B两种证券的预期收益率。

【例9-3】 表9-2是国库券、股票两种证券有关资料,假定其投资比例各占1/2,计算两种证券组合的收益率。

表9-2 国库券和股票收益率资料

项目	国库券		股票	
	牛市	熊市	牛市	熊市
收益率（%）	8	12	14	6
概率（%）	0.5	0.5	0.5	0.5
期望值（%）	$8 \times 0.5 + 12 \times 0.5 = 10$		$14 \times 0.5 + 6 \times 0.5 = 10$	

$$R_P = 1/2 \times 10\% + 1/2 \times 10\% = 10\%$$

计算结果表明,两种证券组合的期望收益率同国库券期望收益率和股票期望收益率一样均为10%。

（三）多种证券组合收益率的测定

证券组合的预期收益率就是组成该组合的各种证券的预期收益率的加权平均数,权数是投资于各种证券的资金占总投资额的比例,用公式表示为

$$R_P = \sum_{i=1}^{n} X_i R_i \tag{9.4}$$

式中,R_P 代表证券组合的预期收益率,X_i 是投资于证券 i 的资金占总投资额的比例或权数,R_i 是证券 i 的预期收益率,n 是证券组合中不同证券的总数。

【例9-4】 利用下面数据计算证券组合的预期收益率。

表9-3 相关数据

证券	期初投资值（元）	期末投资值（元）	数量（%）
1	1 000	1 400	18
2	400	600	6
3	2 000	2 000	39
4	1 800	3 000	37

(1) 计算各种证券的预期收益率:

$$E(R_1) = \frac{1\,400 - 1\,000}{1\,000} = 40\% \quad E(R_2) = \frac{600 - 400}{400} = 50\%$$

$$E(R_3) = \frac{2\,000 - 2\,000}{2\,000} = 0 \quad E(R_4) = \frac{3\,000 - 1\,800}{1\,800} = 67\%$$

(2) 计算证券组合的预期收益率:

$$R_P = \sum_{i=1}^{4} X_i R_i = 18\% \times 40\% + 6\% \times 50\% + 39\% \times 0 + 37\% \times 67\% = 34.99\%$$

二、证券组合风险的测定

风险是指投资者投资于某种证券的不确定性,即遭受损失的可能性。实际发生的收益率与预期收益率的偏差越大,投资于该证券的风险也就越大。

(一) 单只证券风险的测定

它是由预期收益率的方差或标准差来表示,标准差公式为

$$\sigma = \sqrt{\sum_{i=1}^{n} [R_i - E(R)]^2 P_i} \qquad (9.5)$$

式中,σ 代表风险;R_i 代表所观察到的收益率;$E(R)$ 代表收益率的期望值,即预期收益率;P_i 代表各个收益率 R_i 出现的概率。

方差 σ^2 公式为

$$\sigma^2 = \sum_{i=1}^{n} [R_i - E(R)]^2 P_i \qquad (9.6)$$

【例9–5】 根据【例9–2】有关数据计算该种股票的风险。

$$\sigma = \sqrt{\sum_{i=1}^{7} [R_i - E(R)]^2 P_i}$$
$$= [(8-11)^2 \times 0.05 + (9-11)^2 \times 0.1 + (10-11)^2 \times 0.2 + (11-11)^2$$
$$\times 0.3 + (12-11)^2 \times 0.2 + (13-11)^2 \times 0.1 + (14-11)^2 \times 0.05]^{\frac{1}{2}}$$
$$= 1.45\%$$

$$\sigma^2 = (1.45\%)^2 = 0.00021$$

计算结果表明风险为1.45%,其收益率在(11% ± 1.45%)的范围内变动。

(二) 双证券组合风险的测定

双证券组合的风险不能简单地等于单个证券风险以投资比重为权数的加权平均数,因为两只证券的风险具有相互抵消的可能性。这就需要引进协方差和相关系数的概念。

1. 协方差。协方差是表示两个随机变量之间关系的变量,它是用来确定证券组合收益率方差的一个关键性指标。若以 A、B 两种证券组合为例,则其协方差为

$$Cov(R_A, R_B) = \frac{1}{m} \sum_{i=1}^{m} [R_{Ai} - E(R_A)][R_{Bi} - E(R_B)] \qquad (9.7)$$

式中,R_A 代表证券 A 的收益率,R_B 代表证券 B 的收益率,$E(R_A)$ 代表证券 A 的收益率

的期望值，$E(R_B)$ 代表证券 B 的收益率的期望值，m 代表证券种类数，$Cov(R_A, R_B)$ 代表 A、B 两种证券收益率的协方差。

$Cov(R_A, R_B)$ 在此处的含义在于：如果 $Cov(R_A, R_B)$ 得到的是正值，则表明证券 A 和证券 B 的收益有相互一致的变动趋向，即一种证券的收益高于预期收益，另一种证券的收益也高于预期收益；一种证券的收益低于预期收益，另一种证券的收益也低于预期收益。如果 $Cov(R_A, R_B)$ 得到是负值，则表明证券 A 和证券 B 的收益有相互抵消的趋向，即一种证券的收益高于预期收益，则另一种证券的收益低于预期收益，反之则相反。

2. 相关系数。相关系数也是表示两种证券收益变动相互关系的指标。它是协方差的标准化。其公式为

$$r_{AB} = \frac{Cov(R_A, R_B)}{\sigma_A \sigma_B} \times 100\% \qquad (9.8)$$

$$Cov(R_A, R_B) = r_{AB}\sigma_A\sigma_B \qquad (9.9)$$

从公式可以看出，协方差除以 $(\sigma_A \sigma_B)$ 实际上是对 A、B 两种证券各自平均数的离差，分别用各自的标准差进行标准化。这样做的优点在于：A、B 的协方差是有名数，不同现象变异情况不同，不能用协方差大小比较，标准化后，可以比较不同现象的高低。A、B 的协方差的数值是无界的，可以无限增多或减少，不便于说明问题，经过标准化后，绝对值不超过 1。

相关系数的取值范围介于 -1 与 $+1$ 之间，即当取值为 -1 时，表示证券 A、B 的收益变动完全负相关；当取值为 $+1$ 时，表示证券 A、B 完全正相关；当取值为 0 时，表示变动完全不相关；当 $0 < r_{AB} < 1$ 时，表示正相关；当 $-1 < r_{AB} < 0$ 时，表示负相关。

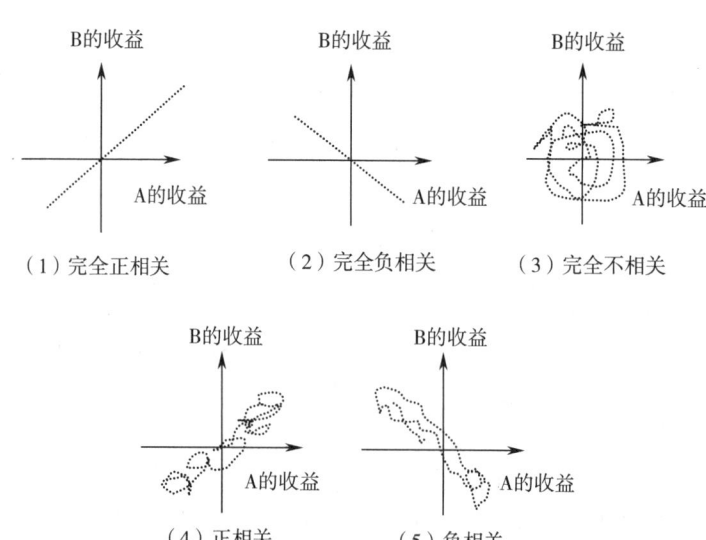

图 9-2 相关系数的五种情况

3. 相关系数的讨论。根据相关系数的性质，就 A、B 两种证券所构成的投资组合在两种证券的相关系数分别为 +1、0 和 -1 三种情况时进行讨论。

（1）完全正相关（$r_{AB} = +1$）。

【例 9-6】 假设 $\sigma_A = 3\%$，$\sigma_B = 5\%$，投资于这两种证券的比例为 x_A、x_B，各为 50%，证券组合的方差可由下式求得

$$\sigma_p^2 = x_A^2\sigma_A^2 + x_B^2\sigma_B^2 + 2x_Ax_BCov(R_A, R_B) \tag{9.10}$$

由 $Cov(R_A, R_B) = r_{AB}\sigma_A\sigma_B$ 可得

$$\sigma_p^2 = x_A^2\sigma_A^2 + x_B^2\sigma_B^2 + 2x_Ax_Br_{AB}\sigma_A\sigma_B \tag{9.11}$$

又因为：$r_{AB} = +1$

$$\sigma_p^2 = x_A^2\sigma_A^2 + x_B^2\sigma_B^2 + 2x_Ax_Br_{AB}\sigma_A\sigma_B = (x_A\sigma_A + x_B\sigma_B)^2$$
$$= 50\%^2 \times 3\%^2 + 50\%^2 \times 5\%^2 + 2 \times 50\% \times 50\% \times 1 \times 3\% \times 5\%$$
$$= 0.16\%$$
$$\sigma_p = x_A\sigma_A + x_B\sigma_B = 50\% \times 3\% + 50\% \times 5\% = 4\%$$

（2）完全负相关（$r_{AB} = -1$）。

$$\sigma_p^2 = x_A^2\sigma_A^2 + x_B^2\sigma_B^2 - 2x_Ax_B\sigma_A\sigma_B = (x_A\sigma_A - x_B\sigma_B)^2 \tag{9.12}$$
$$\sigma_p = |x_A\sigma_A - x_B\sigma_B| = |50\% \times 3\% - 50\% \times 5\%| = 1\%$$

由此可以看出，在完全负相关的情况下，风险可以大大降低，甚至可以通过改变 x_A 和 x_B 值使风险达到最小为零。在本例中，当 $x_A = 62.5\%$、$x_B = 37.5\%$ 时，$\sigma_p = 0$。

（3）完全不相关（$r_{AB} = 0$）。

$$\sigma_p^2 = x_A^2\sigma_A^2 + x_B^2\sigma_B^2 + 0$$
$$\sigma_p^2 = x_A^2\sigma_A^2 + x_B^2\sigma_B^2 \tag{9.13}$$
$$\sigma_p = (x_A^2\sigma_A^2 + x_B^2\sigma_B^2)^{\frac{1}{2}} = (50\%^2 \times 3\%^2 + 50\%^2 \times 5\%^2)^{\frac{1}{2}} = 2.9\%$$

由此可以看出，在证券组合中如证券间的相关系数为零，投资组合的风险可以因而降低。

【例 9-7】 利用表 9-2 资料计算两种证券组合的风险。具体步骤为

①单证券标准差：

$$\sigma_{国库券} = \sqrt{\frac{1}{n}\sum_{i=1}^{n}[R_i - E(R)]^2}$$
$$= \sqrt{\frac{1}{2} \times [(8-10)^2 + (12-10)^2]} = 2$$
$$\sigma_{股票} = \sqrt{\frac{1}{2} \times [(14-10)^2 + (6-10)^2]} = 4$$

②两证券组合协方差：

$$Cov(R_A, R_B) = \frac{1}{m}\sum_{i=1}^{m}[R_{Ai} - E(R_A)][R_{Bi} - E(R_B)]$$

$$= \frac{1}{2} \times [(8-10) \times (14-10) + (12-10) \times (6-10)]$$
$$= -8$$

③相关系数：
$$r_{AB} = \frac{Cov(R_A, R_B)}{\sigma_A \sigma_B} = \frac{-8}{2 \times 4} = -1$$

④两证券组合的方差和标准差：
$$\sigma_p^2 = x_A^2 \sigma_A^2 + x_B^2 \sigma_B^2 + 2 x_A x_B r_{AB} \sigma_A \sigma_B$$
$$= \left(\frac{1}{2}\right)^2 \times 2^2 + \left(\frac{1}{2}\right)^2 \times 4^2 + 2 \times \frac{1}{2} \times \frac{1}{2} \times (-1) \times 2 \times 4 = 1$$
$$\sigma_p = 1$$

计算结果表明，国库券的收益率与股票的收益率之间存在着完全的负相关关系，即国库券收益率降低，股票的收益率就上升。

4. 影响证券组合风险的因素。从 σ_p 的计算公式中可以得出影响证券组合风险大小有三个因素。

（1）每种证券所占的比例。当 $r_{AB} = -1$ 时，由式（9.12）推出 A 证券的最佳结构为

$$x_A = \frac{\sigma_B}{\sigma_A + \sigma_B} \tag{9.14}$$

上例中国库券投资的比例为

$$x_A = \frac{4}{2+4} = \frac{2}{3}$$

代入两个证券组合标准差公式得

$$\sigma_p = \left[\left(\frac{2}{3}\right)^2 \times 2^2 + \left(\frac{1}{3}\right)^2 \times 4^2 + 2 \times \frac{2}{3} \times \frac{1}{3} \times (-1) \times 2 \times 4\right]^{\frac{1}{2}} = 0$$

在这种比例的配置下，两种证券组合的风险为零，即完全消除了风险。

（2）证券收益率的相关性。当证券组合所含证券的收益是完全正相关即 $r_{AB} = +1$ 时，证券组合并未达到组合效应的目的；当证券组合所含证券的收益是完全负相关即 $r_{AB} = -1$ 时，证券组合通过其合理的结构可以完全消除风险。

（3）每种证券的标准差。各种证券收益的标准差大，那么组合后的风险相应也大一些。但组合后的风险若还是等同于各种证券的风险的话，那么就没有达到组合效应的目的。一般来说，组合后的证券风险不会大于单个证券的风险，起码是持平。

【例 9-8】 两种证券的收益和标准差为：$E(R_1) = 20\%$，$\sigma_1 = 10\%$；$E(R_2) = 25\%$，$\sigma_2 = 20\%$。

两种证券分别记为 A 和 B。表 9-4 就是根据收益和标准差的计算公式按照不同的相关系数和权重得到的证券组合（$E(R_p)$，σ_p）的不同值。

表 9–4　　　　　　　　　　　不同相关系数和权重的证券组合

$\rho_{1,2}$ (w_1,w_2)	1	0.5	0	-0.5	-1
(1, 0)	(0.20,0.10)	(0.20,0.10)	(0.20,0.10)	(0.20,0.10)	(0.20,0.10)
(0.8, 0.2)	(0.21,0.12)	(0.21,0.106)	(0.21,0.894)	(0.2d,0.0693)	(0.21,0.04)
(2/3, 1/3)	(0.217,0.133)	(0.217,0.115)	(0.217,0.0943)	(0.217,0.667)	(0.217,0)
(0.5, 0.5)	(0.225,0.15)	(0.225,0.132)	(0.225,0.112)	(0.225,0.087)	(0.225,0.05)
(1/3, 2/3)	(0.233,0.167)	(0.233,0.153)	(0.233,0.141)	(0.233,0.12)	(0.233,0.10)
(0.2, 0.8)	(0.24,0.18)	(0.24,0.17)	(0.24,0.161)	(0.24,0.15)	(0.24,0.14)
(0, 1)	(0.25,0.20)	(0.25,0.20)	(0.25,0.20)	(0.25,0.20)	(0.25,0.20)

当 $r_{AB} = +1$ 时，双证券组合的收益和风险关系落在图 9–3 中的 AB 直线上（具体在哪一点决定于投资比重 x_A 和 x_B）；当 $r_{AB} < 1$ 时，代表组合的收益和风险所有点的集合是一条向后弯的曲线，表明在同等风险水平下收益更大，或者说在同等收益水平下风险更小，r_{AB} 越小，往后弯的程度越大；当 $r_{AB} = -1$ 时，是一条后弯的折线。

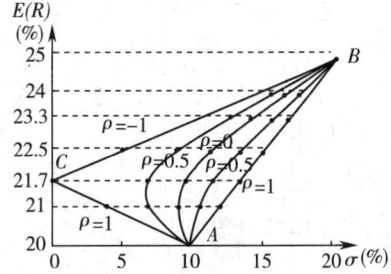

图 9–3　双证券组合收益、风险与相关系数的关系

（三）多种证券组合风险的测定

多种证券组合风险的计算其基本原理同两种证券组合一样可用公式来表示，也可以用矩阵的形式表示。证券组合方差的计算公式为

$$\sigma_p^2 = \sum_{i=1}^n \sum_{j=1}^n X_i X_j Cov_{ij} \qquad (9.15)$$

式中，X_i 和 X_j 分别代表第 i 种证券和第 j 种证券在证券组合中所占的比重，Cov_{ij} 代表第 i 种证券和第 j 种证券的协方差，r_{ij} 代表第 i 种证券和第 j 种证券的相关系数。用矩阵表示：

$$\sigma_p^2 = X' \sum X \qquad (9.16)$$

其中，$\sum$ 称为方差—协方差矩阵：

$$\sum = \begin{bmatrix} \sigma_1^2 & \sigma_{12} & \cdots & \sigma_{1n} \\ \sigma_{21} & \sigma_2^2 & & \\ \vdots & & \ddots & \\ \sigma_{n1} & & & \sigma_n^2 \end{bmatrix}$$

方差—协方差矩阵是一个方阵，组合中每种证券的方差出现在矩阵对角线上，而且该矩阵是对称的，也就是说出现在第 j 列第 i 行的数一定会出现在第 i 列第 j 行，这是因为两证券的协方差不会随组合中两证券顺序的改变而发生变化。

随着组合中证券数目的增加,在决定组合方差时,协方差的作用越来越大,而方差的作用越来越小。这一点可以通过考察方差—协方差矩阵得知。在一个由两只证券组成的组合中,有两个加权方差和两个加权协方差。但对一个大的组合而言,总方差主要取决于任意两种证券间的协方差。若一个组合进一步扩大到包括所有的证券,则协方差几乎就成了组合标准差的决定性因素。

【例 9-9】 给定三种证券的方差—协方差矩阵以及各证券占组合的比例,计算方差和标准差。

	证券 A	证券 B	证券 C
证券 A	459	-211	112
证券 B	-211	312	215
证券 C	112	215	179

$X_A = 0.5$,$X_B = 0.3$,$X_C = 0.2$。

用公式计算:

已知:$\sigma_A^2 = 459$,$\sigma_B^2 = 312$,$\sigma_C^2 = 179$,$\sigma_{AB} = -211$,$\sigma_{BC} = 215$,$\sigma_{AC} = 112$。

计算总方差为

$$\sigma_p^2 = X_A^2\sigma_A^2 + X_B^2\sigma_B^2 + X_C^2\sigma_C^2 + 2X_AX_B\sigma_{AB} + 2X_BX_C\sigma_{BC} + 2X_AX_C\sigma_{AC}$$
$$= (0.5)^2 \times 459 + (0.3)^2 \times 312 + (0.2)^2 \times 179 + 2 \times 0.5 \times 0.3 \times (-211)$$
$$+ 2 \times 0.3 \times 0.2 \times 215 + 2 \times 0.5 \times 0.2 \times 112 = 134.89$$

标准差为

$$\sigma_p = \sqrt{134.89} = 11.61$$

用矩阵计算:

$$\sigma_p^2 = X' \sum X = (0.5 \quad 0.3 \quad 0.2) \begin{pmatrix} 459 & -211 & 112 \\ -211 & 312 & 215 \\ 112 & 215 & 179 \end{pmatrix} \begin{pmatrix} 0.5 \\ 0.3 \\ 0.2 \end{pmatrix}$$

$$= 134.89$$

$$\sigma_p = 11.61$$

三、系统性风险的测定

由于非系统性风险可以通过有效的证券组合来消除,所以当一个投资者拥有一个有效的证券组合时,就要测定系统性风险,这就是 β 系数。

1. β 系数的含义。
2. 公式。

$$\beta_i = \frac{\sigma_{iM}}{\sigma_M^2} \quad (9.17)$$

> β 系数:单个证券的 β 系数是指其收益率和市场组合收益率的协方差再除以市场组合收益率的方差,即单个证券风险与整个市场风险的比值。

式中,β_i 代表 i 种证券的 β 系数;σ_{iM} 代表 i 种证券收益率与市场组合收益率的协方差;σ_M^2 代表市场组合收益率的方差。

由于系统性风险无法通过多样化投资来抵消,因此一个证券组合的 β 系数 β_p 等于该组合中各种证券的 β 系数的加权平均数,权重为各种证券的市值占整个组合总价值的比重 X_i,其公式为

$$\beta_p = \sum_{i=1}^{n} X_i \beta_i \tag{9.18}$$

【例 9-10】 假定 4 种股票的系统性风险分别是 $\beta_1 = 0.9$，$\beta_2 = 1.6$，$\beta_3 = 1.0$，$\beta_4 = 0.7$，4 种股票在证券组合中的比例相等，即 X_i 各占 25%，计算 β_p。

$$\beta_p = \sum_{i=1}^{n} X_i \beta_i = 25\% \times 0.9 + 25\% \times 1.6 + 25\% \times 1.0 + 25\% \times 0.7 = 1.05$$

这个数值稍大于 1，说明这个证券组合的波动也比市场的波动稍大。如果投资者改变投资比例，$X_1 = 30\%$，$X_2 = 20\%$，$X_3 = 10\%$，$X_4 = 40\%$，则证券组合的风险程度小于市场风险。

$$\beta_p = \sum_{i=1}^{n} X_i \beta_i = 30\% \times 0.9 + 20\% \times 1.6 + 10\% \times 1.0 + 40\% \times 0.7 = 0.97$$

3. 运用。β 系数说明单个证券系统性风险与市场组合系统性风险的关系。$\beta = 1$，说明该证券系统性风险与市场组合风险一致；$\beta > 1$，说明该证券系统性风险大于市场组合风险；$\beta < 1$，说明该证券系统性风险小于市场组合风险；$\beta = 0.5$，说明该证券系统性风险只有整个市场组合风险的一半；$\beta = 2$，说明该证券系统性风险是整个市场组合风险的 2 倍；$\beta = 0$，说明没有系统性风险。

第三节　金融市场投资组合理论

证券投资组合理论的基本模型是由马柯维茨提出来的，在一系列合理假设下，讨论有效集和最佳投资组合。

一、投资者行为的几种假设

1. 投资者认为，每一个投资选择都代表一定持有期内预期收益的一种概率分布。
2. 投资者追求一个时期的预期效用最大化，而且他们的效用曲线表明财富的边际效用递减。
3. 投资者根据预期收益的变动性估计资产组合的风险。
4. 投资者完全根据预期收益率和风险作决策，这样他们的效用曲线只是预期收益率和预期收益率方差（或标准差）的函数。
5. 在特定的风险水平上，投资者偏好较高的收益。与此相似，在一定预期收益率水平上，投资者偏好较小的风险。

根据这些假设，以下的资产组合被认为是有效的。即在相同（或较低）风险下提供更高预期收益率的资产或资产组合，或者说，在更低风险下提供相同（或更高）预期收益率的资产或资产组合。从图 9-4 可以看出，给定两个相同标准差的组合 A 和 E，投资者将选择具有较高预期收益率的组合 A。

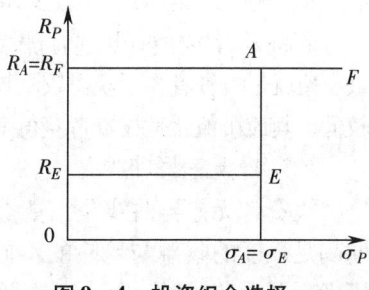

图 9-4　投资组合选择

二、风险偏好与无差异曲线

不同的投资者对收益的偏好和对风险的厌恶程度是有差异的,这一差异的存在无疑会影响他们对于投资对象的选择。因此,我们在寻找最优投资策略时必须把投资风险、收益和投资者偏好同时加以考虑。

(一) 风险偏好 (λ)

在证券投资过程中,投资者同时追求收益最大化和风险最小化。一种包含 n 种证券的证券组合的收益为

$$R_p = \sum_{i=1}^{n} X_i R_i$$

式中,$X_1 + X_2 + \cdots + X_n = \sum_{i=1}^{n} X_i = 1$。

投资者追求收益最大化,实质上就是要选择 X_1,X_2,…,X_n 在约束条件:

$$\begin{cases} 0 \leq X_1 \leq 1, \\ 0 \leq X_2 \leq 1, \\ \vdots \\ 0 \leq X_n \leq 1 \end{cases}$$

下使得 $\sum_{i=1}^{n} X_i R_i$ 取最大值。

$$\sum_{i=1}^{n} X_i = 1$$

若 $X_i = 0$,则在投资者选择的证券组合中不包含 X_i;若 $X_i = 1$,则在投资者选择的证券组合中只包含一种证券,即证券 i。

同样一种包含 n 种证券组合的投资风险也是在上述的约束条件下使风险取最小值,即

$$\sum_{i=1}^{n} \sum_{j=1}^{n} X_i X_j Cov_{ij} \text{ 取得最小值。}$$

将两种考虑联系起来,就是选择 X_1,X_2,…,X_n,使得:

$$\lambda \sum_{i=1}^{n} X_i R_i + \sum_{i=1}^{n} \sum_{j=1}^{n} X_i X_j Cov_{ij} \tag{9.19}$$

取得最小值。其中,λ 表示相对风险而言投资者对于收益的偏好。

若将 λ 看做一个固定的常数,如果证券组合收益给定,式 (9.19) 的最小值实际上就是要求证券组合的风险取最小值。这就是说,在投资收益给定时,要求投资风险最小化。如果证券组合的风险给定,式 (9.19) 的最小值就是要求证券组合的收益取最大值。即在投资风险给定时,要求投资收益最大化。

若将 λ 看做相对风险而言投资者对收益的偏好,λ 值较高,即投资者更加偏好收益,其最小值就是投资者为了获得较高投资收益而愿意承担相对较高的投资风险。反之,如果 λ 值较低,其最小值就是投资者获得一定投资收益时只愿意承担相对较低的投资风险。

(二) 无差异曲线

投资者无差异曲线是指能够给投资者带来相同满足程度的收益与风险的不同组合。在分析投资者无差异曲线时,首先考察两种特殊情况。

> 无差异曲线:是指能够给投资者带来相同满足程度的收益与风险的不同组合。

其一，投资者以追求收益最大化为唯一目标，而完全忽略投资风险。在图9-5（a）中，I_1、I_2、I_3 分别表示投资者的三条无差异曲线。由于投资者完全忽略风险，因此，只要收益水平相等，而不管投资风险的大小，投资者获得的满足程度都相同。此时，投资者的无差异曲线为水平直线，其位置越向上，投资者获得的满足程度越高。

其二，投资者以追求风险最小化为唯一投资目标而完全忽略投资收益的高低。在图9-5（b）中，I_1、I_2、I_3 分别为投资者的三条无差异曲线。此时，投资者不考察投资收益的高低，只要风险水平相等，投资者得到的满足程度就相等。在这种情况下，投资者的无差异曲线成为与横轴垂直的直线。直线越向左，投资者获得的满足程度就越高。

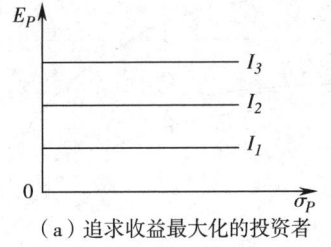
（a）追求收益最大化的投资者

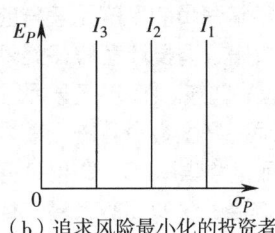
（b）追求风险最小化的投资者

图9-5 两种特殊情况下的投资者无差异曲线

此外，对于不同程度的风险厌恶者，其无差异曲线的形状也有区别，如图9-6所示。大多数投资者同时兼顾收益和风险两个方面，无差异曲线的斜率表示风险和收益之间的替代率，斜率越大，表明为了让投资者多冒同样的风险，必须给他提供的收益补偿也越高，说明该投资者越厌恶风险。同样，斜率越小，表明该投资者厌恶风险程度较轻。

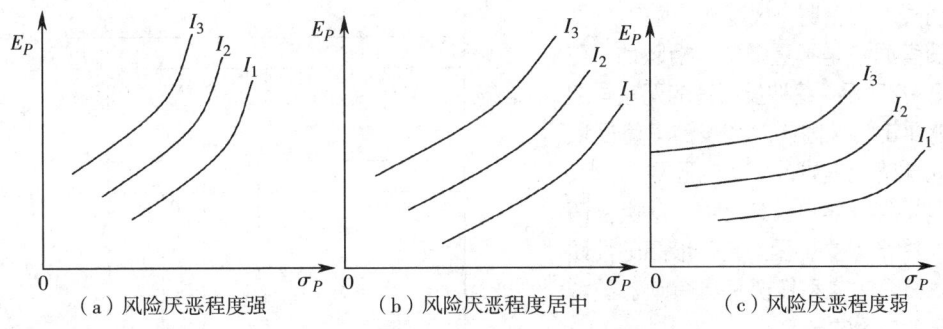

图9-6 不同程度风险厌恶者的无差异曲线

> **专栏**
> **风险中性型和风险偏好型的投资者**[①]

本章中提及的马柯维茨方法，其假定投资者是厌恶风险的。尽管作出这样的假设是合理的，

[①] 资料来源：威廉·F. 夏普等：《投资学基础》（第3版），2003年1月。

但并没必要作出这种假设。相反地，可以假设投资者是风险中立的或风险偏好的。

首先考虑风险偏好型的投资者。当面对一个合理的风险时，这种投资者会承担风险。因此，与较小的风险相比，风险偏好型的投资者会偏好较大的风险，因为他从获胜中得到的效用（满足）远大于从失败中得到的负效用（不满足）。因为获胜和失败的机会相等，风险偏好型的投资者一般将从事投机。这种投资者具有向上倾斜和凸起的效用函数。

例如，在两个有相同的预期收益和不同的标准差的资产组合中进行选择，风险偏好型的投资者将选择有更高标准差的资产组合。这种选择证明了风险偏好型的投资者常常有负曲率的无差异曲线。此外，风险偏好型投资者偏好最靠近东北向的无差异曲线。图 9-7 表示了一个假定的风险偏好型投资者的无差异曲线，如图所示，当从 A、B、C 和 D 四种方案中进行选择，这种投资者将选择 B 方案。

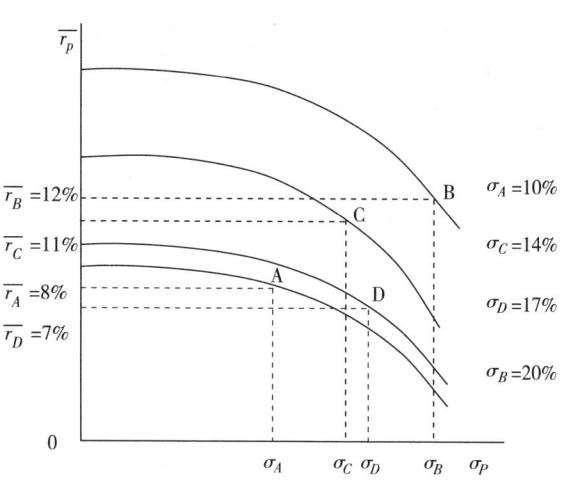

图 9-7　风险偏好型投资者的无差异曲线

风险中立者的例子位于风险偏好型的投资者和风险厌恶型的投资者的例子中间。尽管风险厌恶型的投资者并不承担合理的风险，而风险偏好型的投资者常常进行这样的风险投机，但风险中立型的投资者并不关心是否有这样的风险。在评估资产组合时，风险对风险中立型的投资者而言是不重要的。相应地，正如图 9-8 所示，这种投资者的无差异曲线是水平的。风险中立型投资者偏好最靠近北部的无差异曲线。当面对 A、B、C 和 D 四种方案进行选择时，这类投资者将选择 B 方案，因为它有最高的预期收益。风险中立型投资者具有向上倾斜的、直的效用曲线。

尽管投资者可以是风险中立和风险偏好的，但有证据表明大多数投资者拥有风险厌恶者的显著特点。股票较债券的平均收益率高的事实证实，投资者有可能受到更高收益的诱惑而进行风险较大的投资。

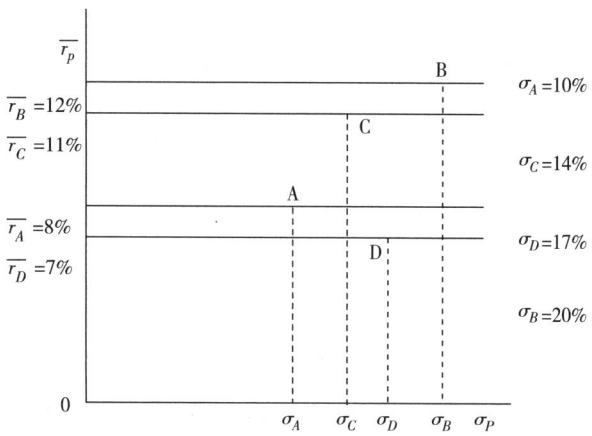

图 9-8　风险中立型投资者的无差异曲线

（三）有效边界和最优投资组合

现实生活中证券种类繁多，可以构成无数种组合，根据马柯维茨的有效集定理，可以确定最优投资组合。

1. 可行集。

可行集是指由 n 种证券所形成的所有组合的集合，它包括了现实生活中所有可能的组合。也就是说，所有可能的组合将位于可行集的内部或边界上。一般来说，可行集的形状像雨伞，如图 9-9 中由 A、N、B、H 四点所围成的区域所示。

2. 有效集。

有效集是指能同时满足预期收益率最大和风险最小的投资组合的集合。有效集是可行集的一个子集，它包含于可行集中。首先，在图 9-9 中风险最小的组合是 N，风险最大的组合是 H。对于各种风险水平而言，能提供最大预

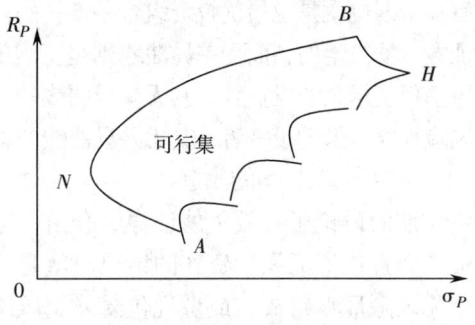

图 9-9　可行集与有效集

期收益率的组合集是可行集中介于 N 和 H 之间的上方边界上的组合集。其次，各种组合的预期收益率都介于组合 A 和组合 B 之间。对于各种预期收益率水平而言，能提供最小风险水平的组合集是可行集中介于 A、B 之间的左边界上的组合集。同时满足这两个条件的是 N、B 两点之间上方边界上的可行集，也就是有效边界。

有效集曲线具有以下特点：有效集是一条向右上方倾斜的曲线，它反映了高收益、高风险的原则；有效集是一条向上凸的曲线；有效集曲线上不可能有凹陷的地方。

3. 最优投资组合。投资者投资效用最大化的最优投资组合位于无差异曲线与有效集的相切点。

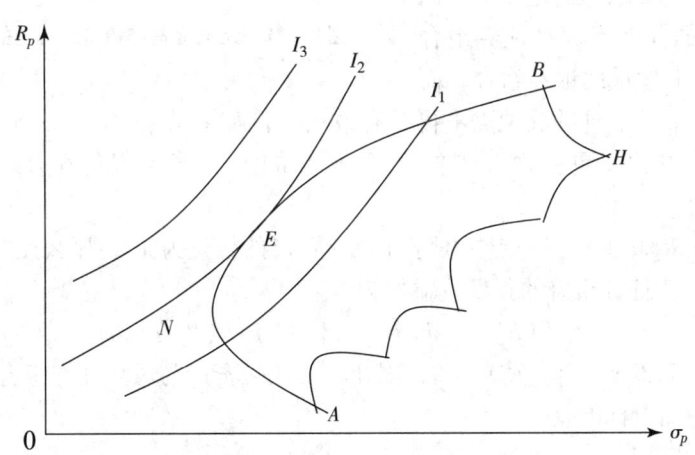

图 9-10　最优投资组合

如图 9-10 所示，虽然投资者更偏好 I_3 上的组合，然而可行集中找不到这样的组合，因而是不可实现的。I_1 上的组合虽然有一部分在可行集中，但由于其位置位于 I_2 的右下方，即所代表的效用水平低于 I_2，因此 I_1 上的组合都不是最优组合。I_2 代表了可以

实现的最高投资效用,因此 E 点所代表的组合就是最优投资组合。

有效集向上凸的特性和无差异曲线向下凹的特性决定了有效集和无差异曲线的相切点只有一个,也就是说最优投资组合是唯一的。对于投资者而言,有效集是客观存在的,它是由证券市场决定的,而无差异曲线则是主观的,它是由投资者的风险—收益偏好决定的。厌恶风险程度越高的投资者,其无差异曲线的斜率越大,因此其最优投资组合越接近 N 点。厌恶风险程度越低的投资者,其无差异曲线的斜率越小,因此其最优投资组合越接近 B 点。

(四) 有效集的改进

前面讨论了有效集的证券组合由风险资产构成。在此我们讨论投资者不仅投资风险资产而且投资无风险资产的情况,就是说投资者购买的证券组合是由 n 个风险证券和 1 个无风险证券组成,或者说包含 n 个风险证券组成的组合 P 和 1 个无风险证券 F,进一步还允许投资者通过一定的利率借款购买证券。

1. 使用无风险资产对有效集的改进。无风险资产是有确定的预期收益率和方差为零的资产。每一个时期的无风险利率等于它的预期值。因此,无风险资产和任何风险资产的协方差是零,所以无风险资产与风险资产不相关。

如图 9-11 所示,曲线 AB 是证券组合 P 的有效集,无风险证券 F 在纵轴上,这是因为它的风险是零。从点 R_F 做曲线 AB 的切线,切点为 M。此时直线 $R_F M$ 上的任何点都是证券组合 P 与无风险资产 F 组成的证券组合,而

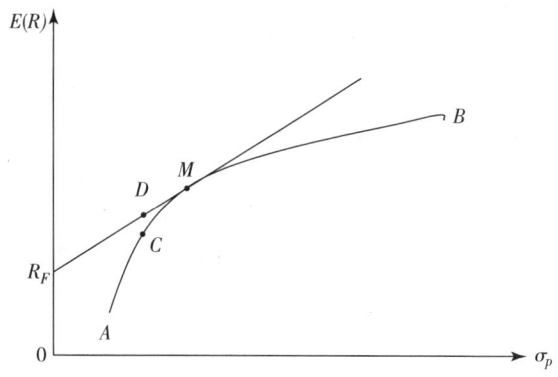

图 9-11 无风险资产和有效集上的证券组合

且有效集 AB 上除 M 点外的其他点不再是有效的。比如 C 点在 AB 上,可以在直线 $R_F M$ 上找到证券组合 D 比 C 更有效。同样,C 和 F 组成的证券组合总能在直线上找到比它更有效的证券组合。

如果在直线 $R_F M$ 上任何一点投资于无风险资产的权重为 w_F,那么投资于证券组合 P 的权重为 $1-w_F$,证券组合的预期收益率为

$$E(R_p) = w_F R_F + (1-w_F)E(R_{p0}) \tag{9.20}$$

由于 $\sigma_F = 0$ 和 $Cov(R_F, R_i) = 0$,因此,无风险资产与风险证券组合的标准差就是风险证券组合的加权标准差。

$$\sigma_p = (1-w_F)\sigma_{p0} \tag{9.21}$$

式中,σ_{p0} 是风险证券组合的标准差。

如果投资者把资金完全投资于无风险资产上,则预期收益率为 R_F,风险为零;如果完全投资在风险资产组合的证券上,则预期收益率为 $E(R_{p0})$,风险为 σ_{p0};投资在这两种资产组合上时,预期收益率和风险的大小决定于投资在无风险资产上的权重 w_F。

2. 使用贷款和借款对有效集的改进。投资者根据自己的偏好在直线 $R_F M$ 上选择最

优证券组合。图9-12中投资者的无差异曲线与直线 R_FM 的切点 C 和 D 是不同投资者的最优证券组合。如果一个投资者投资在 C 点，他资金中的 w_F 投资在无风险资产上，而 $(1-w_F)$ 投资在风险证券组合上，这个投资者以无风险利率贷出资金，如购入国库券，实际上是贷款给政府收取无风险利息。C 越靠近 R_F，风险越小。当 $w_F=1$ 时，即投资者把所有资金都投资在无风险资产上；相反，当 $w_F=0$ 时，投资者把所有资金投资在风险证券组合上。

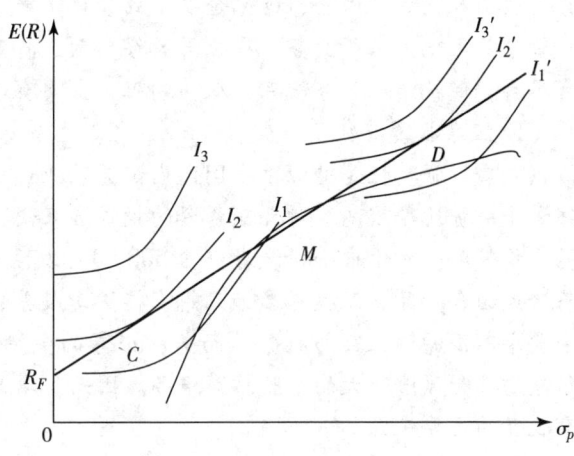

图 9-12 无风险借款下的投资组合选择

如果一个投资者投资在 D 点，w_F 是负值，表示用出售（或发行）证券或以无风险利率从银行借款或卖空筹集资金用于购买风险证券组合。若 $w_F=-1$，那么，$1-w_F=2$，就是投资者借到和他自有可投资金额相等的资金投资到风险证券组合 P（即图9-12中点 M）。这时投资者证券组合的预期收益率为

$$E(R_p) = w_F R_F + (1-w_F) E(R_{p0}) = -R_F + 2E(R_{p0})$$

若借款增加，则预期收益率线性地增加。它的标准差是

$$\sigma_p = (1-w_F)\sigma_{p0} = 2\sigma_{p0}$$

可见，当借款增加时，风险将增大。

【例 9-11】 假设证券组合 M 的预期收益率为 15%，标准差为 10%，无风险收益率（借款率）为 5%，投资者把借到的款项和他可投资的相同款项投资在证券组合 M 上，计算预期收益率和标准差。

$$\begin{aligned}E(R_M) &= w_F R_F + (1-w_F) E(R_{M0}) = -R_F + 2E(R_{M0}) \\ &= -1 \times 5\% + 2 \times 15\% = 25\%\end{aligned}$$

$$\sigma_M = (1-w_F)\sigma_{M0} = 2\sigma_{M0} = 2 \times 10\% = 20\%$$

案例分析

美林证券营业部的投资组合业务构成[①]

背景资料：

翻开美林证券营业部的业务指导手册会发现，其业务范围几乎涵盖了所有的金融业

---

① 引自 www.investbank.com.cn（该文作者包学勤，原为中信证券深圳投资银行部总经理，现为美国加州大学圣地亚哥分校作访问学者，并在美林证券圣地亚哥分部私人客户集团高级副总裁殷敢为（Gary Yin）先生工作团队中实习）。

务。从个人投资、保险、退休金安排到委托资产管理、信用卡业务、网上银行业务、个人贷款甚至瑞士银行业务，从公司的存贷款、资产信托、股权安排到投资银行业务，应有尽有。但就个人业务而言，从易到难，主要有以下几个方面。

1. 股票投资委托

股票投资委托是类似于中国国内证券营业部所从事的经纪业务，但投资者的资金底线和手续费比率较高。对大额资金的投资者来说，美林首先提供的是资金投资方向分配的咨询服务。对于中小投资者（$500 000以下）而言，美林只会建议他们投资于各种基金或组合产品。而投资者如只想直接买卖股票，一般会选择收费低廉、资料丰富、资金要求不高的网上交易服务，而美林证券的金融投资顾问FA（Financial Advisor）们也不愿意进行风险较大的个股推荐服务。因而，单只股票买卖的手续费收入不是证券营业部收益的主要来源。

2. 股票组合投资委托

股票组合投资产品是美林证券营业部的FA们所乐意向客户推荐的由美林证券的研究部门开发的一类产品。所谓股票组合是指对特定的一些股票进行分散投资，以达到分散风险、稳定收益的作用。所有的投资组合均由研究部门开发，按投资者的不同喜好，组成不同收益期望和风险预期的组合，而该投资组合的长期历史收益率会高于基准指数，而风险指标则随收益期望的增加而增加。较为典型的例子是美林开发的QQQ组合，该组合是选择NASDAQ中100种成长性较好的股票同时进行投资。从历史数据看，该组合的长期回报高于NASDAQ指数。类似的投资组合还有蜘蛛组合，Dog of Dow等。通过参加这类投资组合，可以使投资者以少量的资金进行分散投资，获得高于市场平均回报的收益，特别是在熊市中规避股市大幅下挫的风险，因而在熊市中特别受客户的欢迎。美林证券也通过这些组合来吸引投资者的资金，并通过收取年管理费获得收益。特别值得一提的是美林证券的研究部门，它是美林证券盈利的重要保障。研究部门的Focus One会每周向公众推荐一只股票。在过往的9年中有8年表现好于S&P500，在市场上有口皆碑。

3. 共同和对冲基金投资委托

在美国活跃着不计其数的基金管理公司，它们管理着各种名目的基金。尽管投资者个人通过网络买卖基金已经非常容易，但美林还是把基金的销售作为营业部的主要工作。美林营业部主要代理的是全球知名基金管理公司声誉及业绩较好的基金和本公司开发的产品。美林设立专门的部门来评估基金及管理人的策略、团队和业绩，以确保将最好的基金推荐给投资者。美林的研究部门还根据当时的市场热点和投资者偏好，每月开发出两到三个新品种投向市场。例如，针对基金市场看好中国经济的发展，美林后又推出了以中国龙指数为参照的中国直接资产基金；针对日本股市的复苏，推出了日经225指数保本型投资基金；针对市场上对中美汇率看法的分歧，推出了保本型中国货币看涨型基金。对这些基金的分析、研究和筛选，为FA们提供了向投资者提供高附加值服务并收取费用的机会。同时，美林证券的FA们也成为美林资产管理业务的市场开拓者。

4. 针对特殊目的的理财计划

由于大额资金消费的理财计划需要更多的金融理论知识和市场分析数据，给美林证券的FA们更多的市场空间。在相互信任的基础上，FA会适时向投资者提出以教育、退休、不动产投资或人寿保险为目的的长期甚至终生理财计划，使他们成为美林的终生客户。而这些理财安排，与市场的价格波动联系不大，更进一步确保了营业部稳定的收入来源。

5. 信用卡、个人结算、贷款等商业银行配套业务

营业部所提供的信用卡、个人结算、贷款等传统商业银行配套功能除了能增加一些收益以外，更重要的是为客户提供便捷的服务，使他们在营业部内获得"一站式"全方位的金融服务，从而把潜在的机会留在美林。

除上述主要的业务以外，美林证券的营业部还派生出许多与上述业务相关的其他服务，使客户能强烈地感受到这个全球金融巨子的惊人实力和广泛的业务跨度。

讨论题：

1. 通过美林证券营业部的业务构成，分析投资组合的作用。
2. 对美林证券营业部业务构成的研究，我们能得到哪些启示？

分析路径与思路：

1. 我国证券营业部的生存与发展，需要根植于成熟和健康的金融市场。完善的金融市场能给营业部的业务拓展提供广阔的空间。美林证券的营业部之所以能在任何市场环境中盈利，是因为它的研究机构能在股票、债券、期货、保险以及货币、贵金属、原油等市场中创造出符合投资者要求的产品，在为投资者创造财富的同时，也为自己创造利润。脱离了市场环境空谈营业部发展，无疑是无本之木、无源之水。

2. 证券营业部的盈利模式应基于高附加值的金融服务，而不是简单的手续费收入。随着网络等先进技术手段的运用，委托买卖变得越来越简单、便捷，随之而来的价格竞争不可避免。证券营业部必须依靠公司研究机构的支持，向投资者提供机器设备所不可替代的专业金融服务，才能获得较高的利润。

3. 证券营业部需要更加专业的一线服务人员才能实现其盈利模式和功能的转变。营业部的转变，是以一线工作人员的转型为基础的。没有既熟练掌握金融知识和投资理论又了解金融市场的专业人才，营业部就不能真正适应证券市场和投资者的要求。

本章小结

1. 金融市场风险是指基础金融变量变动而使金融资产或负债的市场价值发生变化的可能性。金融市场风险具有不确定性、普遍性、扩散性、突发性等特征。金融市场风险分为系统性风险和非系统性风险两大类。系统性风险是由于某种全局性的因素而对所有证券收益都产生作用的风险，它不可能通过证券投资组合来加以分散。非系统性风险是因个别上市公司的特殊状况造成的风险，与整个市场没有关联，可以通过投资组合来消除。

2. 证券投资组合的收益是不确定的，通常用预期收益率来表示，是该组合中各

种证券预期收益率的加权平均数,权数是投资于各种证券的资金占总投资额的比例。证券组合的风险不仅取决于单只证券的风险,还取决于各种证券间收益率变化的互动性(用协方差表示)。随着组合中证券数目的增加,在决定组合风险时,协方差作用越来越大,方差作用越来越小。

3. 系统性风险的测定用 β 系数来表示。β 系数是衡量一个证券系统性风险的指标,是指证券的收益率和市场组合的收益率的协方差再除以市场组合收益率的方差。

4. 不同投资者对收益的偏好和对风险的厌恶程度是有差异的,这种差异用 λ 值表示。λ 值较高,即投资者更加偏好收益,愿意承担较高风险;λ 值较低,表示投资者获得一定投资收益时只愿意承担相对较低的投资风险。无差异曲线是指能够给投资者带来相同满足程度的收益与风险的不同组合。无差异曲线的斜率表示风险和收益之间的替代率,斜率越大,说明投资者越厌恶风险;斜率越小,表明该投资者越喜好风险。

5. 有效集是指能同时满足预期收益率最大、风险最小的投资组合的集合。有效集是一条向右上方倾斜的曲线,它反映了高收益、高风险的原则;有效集是一条向上凸的曲线;有效集曲线上不可能有凹陷的地方。投资者投资效用最大化的最优投资组合是位于无差异曲线与有效集的相切点。利用无风险资产与使用贷款和借款对有效集进行改进。

关键术语

系统性风险　非系统性风险　预期收益率　标准差　β 系数　无差异曲线　相关系数　可行集　有效集　最优投资组合

能力训练

一、单项选择题

1. 如果证券投资组合包括全部股票,则投资者(　　)。
   A. 不承担任何风险　　　　B. 只承担市场风险
   C. 只承担公司特有风险　　D. 既承担市场风险,又承担公司特有风险

2. 下列因素引起的风险中投资者可以通过证券投资组合予以分散的是(　　)。
   A. 国家货币政策变化　　　B. 发生经济危机
   C. 通货膨胀　　　　　　　D. 企业经营管理不善

3. 张女士是一个风险厌恶的投资者,李先生的风险厌恶程度小于张女士,因此,(　　)。
   A. 对于相同风险,李先生比张女士要求更高的回报率
   B. 对于相同的收益率,张女士比李先生忍受更高的风险
   C. 对于相同的风险,张女士比李先生要求较低的收益率

D. 对于相同的收益率，李先生比张女士忍受更高的风险

4. 两种完全正相关的股票形成的股票组合（　　）。
   A. 可降低所有可分散风险　　B. 可降低市场风险
   C. 可降低可分散风险和市场风险
   D. 不能抵消任何风险，分散持有没有好处

5. 投资者将其财富的30%投资于一项预期收益为0.15、方差为0.04的风险资产，70%投资于收益率为6%的国库券，他的资产组合的预期收益和标准差分别为（　　）。
   A. 0.114，0.12　　　　　　B. 0.087，0.06
   C. 0.295，0.12　　　　　　D. 0.087，0.12

6. β系数用以测度（　　）。
   A. 市场风险　　　　　　　B. 个别风险
   C. 可分散化的风险　　　　D. 公司特殊的风险

7. 假设有甲、乙和丙三种股票，其相关系数矩阵如下：

	甲	乙	丙
甲	1		
乙	0.9	1	
丙	0.1	−0.4	1

下列投资组合（　　）有最低风险。
   A. 等比例投资于甲、乙　　B. 等比例投资于甲、丙
   C. 等比例投资于乙、丙　　D. 全投资于丙

8. 假设证券组合P由两个证券组合Ⅰ和Ⅱ构成，组合Ⅰ的期望收益水平和总风险水平都比Ⅱ的高，并且证券组合Ⅰ和Ⅱ在P中的投资比重分别为0.48和0.52，那么（　　）。
   A. 组合P的总风险水平高于Ⅰ的总风险水平
   B. 组合P的总风险水平高于Ⅱ的总风险水平
   C. 组合P的期望收益水平高于Ⅰ的期望收益水平
   D. 组合P的期望收益水平高于Ⅱ的期望收益水平

9. 不知足且厌恶风险的投资者的偏好无差异曲线具有的特征是（　　）。
   A. 无差异曲线向左上方倾斜
   B. 收益增加的速度快于风险增加的速度
   C. 无差异曲线之间可能相交
   D. 无差异曲线位置与该曲线上的组合给投资者带来的满意程度无关

10. 证券X的期望收益率为12%，标准差为20%；证券Y的期望收益率为15%，标准差为27%。如果两只证券的相关系数为0.7，它们的协方差是（　　）。
   A. 0.038　　　　B. 0.070　　　　C. 0.018　　　　D. 0.013

11. 相关系数 β 等于 -1，意味着（　　）。
A. 两种证券之间具有完全正相关性　　B. 两种证券之间相关性稍差
C. 两种证券之间的风险可以完全抵消　　D. 两种证券组合的风险很大

12. 一位投资者希望构造一个资产组合，并且资产组合的位置在资本市场线上最优风险资产组合的左边，那么（　　）。

A. 只投资风险资产

B. 不可能有这样的资产组合

C. 以无风险利率贷出部分资金，剩余资金投入最优风险资产组合

D. 以无风险利率借入部分资金，剩余资金投入最优风险资产组合

二、多项选择题

1. 对一个追求收益而又厌恶风险的投资者来说，下列说法正确的是（　　）。

A. 他的偏好无差异曲线可能是一条水平直线

B. 他的偏好无差异曲线可能是一条向右上方倾斜的曲线

C. 他的偏好无差异曲线之间互不相交

D. 偏好无差异曲线位置高低的不同能够反映该投资者与其他投资者的偏好差异

2. 关于债券价格、到期收益率与票面利率之间关系的描述中，下列说法正确的是（　　）。

A. 票面利率 < 到期收益率，债券价格 < 票面价值

B. 票面利率 < 到期收益率，债券价格 > 票面价值

C. 票面利率 = 到期收益率，债券价格 = 票面价值

D. 票面利率 > 到期收益率，债券价格 > 票面价值

3. 关于 β 系数，（　　）结论是正确的。

A. β 系数说明的是单个证券系统性风险与市场组合系统性风险的关系

B. $\beta = 3$，说明证券系统性风险是整个市场组合风险的 3 倍

C. $\beta < 1$，说明市场组合风险小于证券系统性风险

D. $\beta = 0$，说明没有系统性风险

4. 马柯维茨模型的理论假设是（　　）。

A. 投资者以期望收益率来衡量未来实际收益率的总体水平，以收益率方差来衡量收益率的不确定性

B. 不允许卖空

C. 投资者是不知足的和风险厌恶的

D. 所有投资者都具有相同的有效边界

5. 投资证券的预期收益率与风险之间的关系是（　　）。

A. 二者不具有互动关系

B. 预期收益率越高，承担的风险越大

C. 预期收益率越低，承担的风险越大

D. 证券的风险—收益率特性会随着各种相关因素的变化而变化

6. 在均值方差模型中，如果不允许卖空，由两种风险证券构建的证券组合的可行域（　　）。
A. 可能是均值标准差平面上一个无限区域
B. 可能是均值标准差平面上一条折线段
C. 可能是均值标准差平面上一条直线段
D. 可能是均值标准差平面上一条光滑的曲线段

7. 下列对无差异曲线的特点描述正确的是（　　）。
A. 每个投资者的无差异曲线形成密布整个平面又互不相交的曲线簇
B. 无差异曲线越低，其上的投资组合带来的满意度就越低
C. 无差异曲线的斜率越大，说明该投资者对风险的厌恶程度越强
D. 不同无差异曲线上的组合给投资者带来的满意程度不同

8. 在无风险资产与风险资产的组合线中，有效边界上的切点组合具有（　　）的特征。
A. 它是有效组合中唯一一个不含无风险证券而仅由风险证券构成的组合
B. 有效边界上的任意证券组合均可视为无风险证券与切点组合的再组合
C. 切点证券组合完全由市场所决定，与投资者的偏好无关
D. 任何时候，切点证券组合就等于市场组合

9. 下面关于市场组合的陈述，正确的是（　　）。
A. 市场组合是由风险证券构成，并且其成员证券的投资比例与整个市场上风险证券的相对市值比例一致的证券组合
B. 在均衡状态下，最优风险证券组合就等于市场组合
C. 市场组合是对整个市场的定量描述，代表整个市场
D. 在均值标准差平面上，所有有效组合刚好构成连接无风险资产和市场组合的资本市场线

10. 影响证券组合风险的因素有（　　）。
A. 每种证券所占的比例　　　　　　B. 每种证券的预期收益率
C. 证券收益率的相关性　　　　　　D. 每种证券的标准差

三、简答题
1. 什么叫有效边界？
2. 怎样决定一个证券及证券组合的预期回报？
3. 金融投资风险有哪些？
4. 讨论马柯维茨有效集的含义。
5. 投资者如何寻找最优证券组合？

四、论述题
1. 说明为什么多样化能降低非系统性风险而不能降低系统性风险。
2. 如何使用无风险资产改进马柯维茨有效集？这时投资者如何寻找最优证券组合？

五、计算题
1. 利用下面的数据计算包含这四只证券的证券组合的预期回报。

证券	期初投资值（元）	期末预期投资值（元）	权重（%）
甲	1 000	1 400	18
乙	400	600	6
丙	2 000	2 000	39
丁	1 800	3 000	37

2. 三种股票的回报的概率分布如下：

$$\text{股票}\begin{cases} \text{甲} & -10\% \quad 0 \quad 10\% \quad 20\% \\ \text{乙} & 10\% \quad 10\% \quad 5\% \quad -10\% \\ \text{丙} & 0 \quad 10\% \quad 15\% \quad 5\% \end{cases}$$

$$\text{概率} \quad 0.30 \quad 0.20 \quad 0.30 \quad 0.20$$

计算由这三种证券组成的证券组合的预期回报和标准差，假定这三种证券的权重分别为20%、50%和30%，并且它们是两两不相关的。

3. 假如证券组合由两只证券组成，它们的标准差和权重分别为20%、25%和0.35、0.65。这两只证券可能有不同的相关系数。什么情况使这个证券组合的标准差最大及最小？

4. 由三只证券组成的证券组合的数据如下：

证券	β 值	随机误差项的标准差	权重
甲	1.20	6%	0.20
乙	0.80	10%	0.50
丙	0.60	3%	0.30

如果市场指数的标准差 $\sigma_I = 18\%$，求这个证券组合的总风险。

5. 某证券组合由一个风险证券组合和一只无风险证券构成。风险证券组合中包括两只证券，它们的预期回报和协方差矩阵分别为：

$$E(R_{p0}) = \begin{pmatrix} 10 \\ 8 \end{pmatrix} \quad \begin{pmatrix} \sigma_{11} & \sigma_{12} \\ \sigma_{21} & \sigma_{22} \end{pmatrix} = \begin{pmatrix} 200 & 50 \\ 50 & 80 \end{pmatrix}, \quad \text{单位：}\%，\text{权重都是}0.5。无风险证券$$

的预期回报为5%，在证券组合中的权重为0.25。计算这个证券组合的总回报和标准差。

第十章
资本资产定价模型与套利定价理论

学习目标:

1. 学习资本资产定价模型（CAPM），以马柯维茨的证券组合理论为基础，说明资本资产的价格，提供在市场中如何定价。

2. 资本资产定价模型需要很多假设，套利定价理论则比较简单实用。区别资本资产定价模型与套利定价理论。

知识结构图:

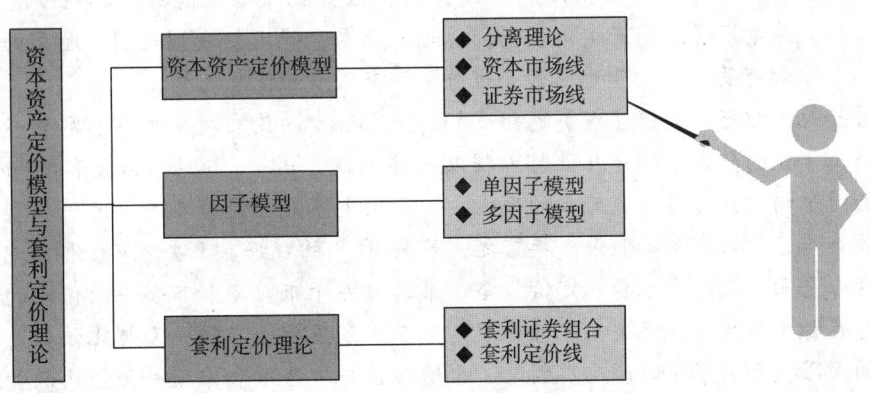

第一节 资本资产定价模型

资本资产定价模型的主要特点是一种资产的预期收益率可以用这种资产的风险相对测度 β 值来测量。

知识拓展

β 系数过时了吗？

资本资产定价模型代表了金融经济学领域最重要的进展和突破。因为资本资产定价模型表明了资产的期望收益如何与其 β 系数相联系，所以对于投资者来说，它显然是十分有用的。此外，投资项目的折现率是投资项目的 β 系数的函数。但资本资产定价模型未必就是真理，实际上，与其他各种模型一样，资本资产定价模型是一个有待实证检验的模型。

第一个有关资本资产定价模型的实证检验。使用 20 世纪 30 年代到 60 年代的数据，研究人员发现，股票组合的平均收益与组合的 β 系数呈正相关关系，研究结果与资本资产定价模型一致。虽然在研究过程中也曾出现过一些与资本资产定价模型不完全相符的证据，但是金融经济学家根据这些实证研究的论文，很快地接受了资本资产定价模型。

在过去的 12 年中，虽然有关资本资产定价模型的实证研究层出不穷，而且研究的结果不断变化，但是直到最近才对资本资产定价模型提出了严厉的质疑。虽然 Fama 与 James MacBeth 于 1973 年合作撰写的一篇论文支持了资本资产定价模型，但是后来由 Fama 和 French 发表的两篇论文却提出了与资本资产定价模型不一致的证据。后者的研究成果不但引起学术界而且引起了新闻界的高度重视。报纸曾经在头版显著的位置刊登题为"β 系数死亡了"的文章。这些论文提出了两个相互联系的观点：第一，他们的结论是，在 1941—1990 年这一期间，平均收益与 β 系数的关系十分微弱；而在 1963—1990 年这一期间，平均收益实际上与 β 系数基本没有关系。第二，他们认为单只股票的平均收益与市盈率和市值—面值比成反比关系。这些观点如果能够由其他研究人员证实，将会极大地危及资本资产定价模型。总之，资本资产定价模型表明，股票的期望收益仅仅与 β 系数有关，而与其他因素如市盈率和市值—面值比无关。

尽管如此，相当多的研究人员也对 Fama 和 French 的论文提出批评，尽管我们不可能深入讨论争论的焦点，但是在此可以提及一些问题。第一，虽然 Fama 和 French 的研究无法拒绝平均收益与 β 系数无关的假设，但人们也不能拒绝资本资产定价模型所确认的平均收益与 β 系数有关的假设。换言之，虽然 50 年的数据看上去很多，但是它们也许仍然不足以全面地检验资本资产定价模型。第二，关于市盈率和市值—面值比的研究结果可能存在称为事后认识误差的统计错误。第三，市盈率和市值—面值比仅仅是各种可能因素的无限多个数字中的两个。因此，平均收益与市盈率和市值—面值比的关系也许是种假象，除了数据采集外没有任何价值。第四，从 1927 年至今，平均收益与 β 系数成正比关系，用一个比这更短的时间的观察证据去反驳资本资产定价模型，至今仍然没有令人信服的理由。第五，当使用年收益率而非月收益率来估价 β 系数时，那么在较短的时期内实际上出现了平均收益与 β 系数成正比现象。同样，仍然没有令人信服的理由去偏爱月份数据而非年份数据，或反之亦然。因此，我们坚信：虽然 Fama 和 French 的研究结论令人十分感兴趣，但是它们并不是最终的定论。

一、资本资产定价模型的假设

由于资本资产定价理论建立在证券组合理论基础上,这就需要把个别投资者的假设扩展到所有的投资者。假设如下:

(1) 投资者通过投资组合在单一投资期内的预期收益率和标准差来评价这些投资组合;

(2) 投资者永不满足,当面临其他条件相同的两种选择时,他们将选择具有较高预期收益率的那一种;

(3) 投资者是厌恶风险的,当面临其他条件相同的两种选择时,他们将选择具有较小标准差的那一种;

(4) 每种资产都是无限可分的;

(5) 投资者可按相同的无风险利率借入或贷出资金;

(6) 税收和交易费用均忽略不计;

(7) 所有投资者的投资期限均相同;

(8) 对于所有投资者来说,无风险利率相同;

(9) 对于所有投资者来说,信息都是免费的并且是立即可得的;

(10) 投资者对于各种资产的收益率、标准差、协方差等具有相同的预期。如果每个投资者都以相同的方式投资,根据这个市场中的所有投资者的集体行为,每只证券的风险和收益最终可以达到均衡。

> 分离定理表示风险资产组成的最优证券组合的确定与个别投资者的风险偏好无关。最优证券组合的确定仅取决于各种可能的风险证券组合的预期收益率和标准差。

二、分离理论

每个投资者根据自己的偏好在资本市场线(CML)上选择需要的证券组合,它是由市场证券组合 M 和以 R_F 为利率的无风险证券组成。投资者可以利用利率 R_F 自由地借入或贷放款项,但他们都选择相同的市场证券组合 M。就是说,个人投资者的效用偏好与风险资产组成的证券组合无关。

分离理论在投资中是非常重要的。个人投资者研究投资可分为两部分:首先决定一个最优的风险证券组合,然后决定最想要的无风险证券和这个证券组合的组合。只有第二部分依赖效用曲线。正如图 10 - 1 所示,投资者可以选择 CML 上的任意点(投资组合)。在点 M 左端的点(如点 O_2)表示投资在利率为 R_F 的无风险证券和风险证券组合 M 的组合。它适宜较保守的投资者。在点 M 右端的点(如点 O_1)表示以 R_F 借款和自有资金一起投资风险证券组合

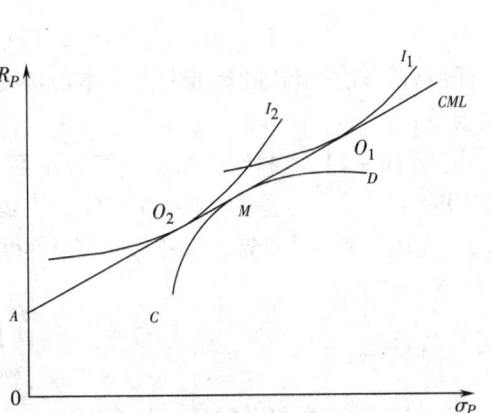

图 10 - 1 分离定理

M。它适宜比较喜好风险的投资者。

分离定理使得投资者在作决策时不必考虑个别的其他投资者对风险的看法。更确切地说，证券价格的信息可以决定应得的收益，投资者将据此作出决策。

三、资本市场线

如果投资者准备投资风险资产，他们就需要一个风险报酬来补偿增加的风险。风险报酬是一个证券组合的收益与无风险收益之差。图10-2中证券组合M的风险报酬为

$$E(R_M) - R_F \qquad (10.1)$$

通常资本市场线总是向上倾斜的，因为风险报酬总是正的。根据假设，投资者都不喜爱风险，除非未来的风险得到补偿才会投资。因此，风险越大，预期收益越大。但这不等于说永远如此，资本市场线有时可能向下倾斜，也就是风险报酬低于无风险收益。这表明投资者的预期收益不是总能实现，否则就不会有风险了。因此，虽然资本市场线在事前必然向上倾斜，但事后有可能向下倾斜。

$$CML\text{的斜率} = \frac{E(R_M) - R_F}{\sigma_M} \qquad (10.2)$$

> 资本市场线是由无风险收益为R_F的证券和市场证券组合M构成的。市场证券组合M是由均衡状态的风险证券构成的有效的证券组合。同时，投资者可以收益率R_F任意地借款或贷款。

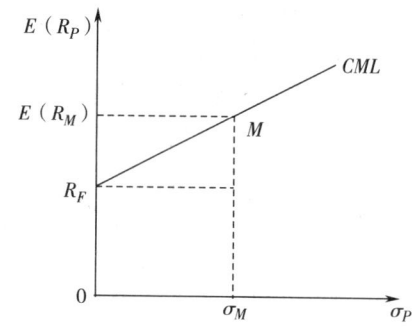

图10-2 资本市场线

资本市场线的斜率是有效证券组合的风险市场价格，表示一个证券组合的风险每增加1%需要增加的收益。在了解资本市场线的斜率和截距R_F后，在资本市场线上的任意有效证券组合中的预期收益率可用它的风险表示，因此，资本市场线的表达公式为

$$E(R_P) = R_F + \frac{E(R_M) - R_F}{\sigma_M} \cdot \sigma_P \qquad (10.3)$$

式中，$E(R_P)$代表资本市场线上任意有效证券组合的预期收益率；σ_P代表资本市场线上任何有效证券组合的标准差，资本市场线根据证券组合P的不同风险水平决定它的预期收益。

【例10-1】 假设市场证券组合由两只证券A和B组成。它们的预期收益率分别为10%和15%，方差为20%和28%，权重为40%和60%。已知A和B的相关系数为0.3，无风险利率为5%，求资本市场线的方程。

解：依题意：

$$\sigma_A^2 = 20\%, 则：\sigma_A = 44.72\%$$
$$\sigma_B^2 = 28\%, 则：\sigma_B = 52.91\%$$

有风险的证券组合的预期收益率为

$$E(R_M) = \sum_{i=1}^{2} X_i R_i = 40\% \times 10\% + 60\% \times 15\% = 13\%$$

风险证券组合的方差：

$$\sigma_M^2 = X_A^2 \sigma_A^2 + X_B^2 \sigma_B^2 + 2X_A X_B r_{AB} \sigma_A \sigma_B$$
$$= 40\%^2 \times 20\% + 60\%^2 \times 28\% + 2 \times 40\% \times 60\% \times 0.3 \times 44.72\% \times 52.91\%$$
$$= 40.85\%^2$$

$$\sigma_M = 40.85\%$$

资本市场线的斜率 $= \dfrac{E(R_M) - R_F}{\sigma_M} = \dfrac{13\% - 5\%}{40.85\%} = 19.58\%$

资本市场线方程为 $E(R_P) = 5\% + 19.58\% \sigma_P$

四、证券市场线

资本市场线只用于反映有效证券组合的预期收益和标准差在均衡状态时的关系。但个别的风险证券本身可能是非有效的证券组合，因此，就要进一步测定个别证券的预期收益与总风险之间的关系。在考虑市场组合风险时，重要的不是各种证券自身的整体风险，而是其与市场组合的协方差。也就是说，自身风险较高的证券，并不意味着其预期收益率也较高；同样，自身风险较低的证券，也并不意味着其预期收益率就较低。个别证券的预期收益率取决于其与市场组合的协方差（σ_{iM}）。在均衡状态下，个别证券风险与收益的关系可以写成：

$$E(R_i) = R_F + \frac{E(R_M) - R_F}{\sigma_M^2} \cdot \sigma_{iM} \tag{10.4}$$

式（10.4）所表达的就是著名的证券市场线（SML），它反映了个别证券与市场组合的协方差和其预期收益率之间的均衡关系，如图 10-3 所示。

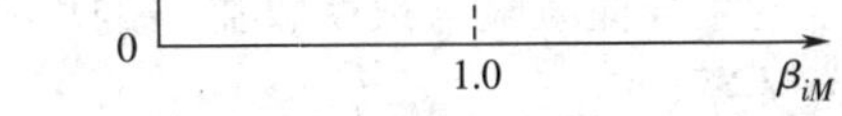

从图 10-3 中可以看出，对于 $\sigma_{iM} = 0$ 的风险证券而言，其预期收益率应等于无风险利率，因为这个风险证券与无风险证券一样，对市场组合的风险没有任何影响。当某种证券的 $\sigma_{iM} < 0$ 时，该证券的预期收益率甚至会低于 R_F。

图 10-3　证券市场线

【**例 10-2**】　市场证券组合的预期收益率为 12%，标准差为 20%，无风险预期利率为 8%。求资本市场线方程并用图形表示。现有三种证券组合的标准差分别为 14%、20% 和 30%，求它们的预期收益并在图上标出。

解：依题意已知：

$$E(R_M) = 12\%, \sigma_M = 20\%, R_F = 8\%$$

资本市场线的斜率 $= \dfrac{E(R_M) - R_F}{\sigma_M} = \dfrac{12\% - 8\%}{20\%} = 20\%$

资本市场线方程为 $E(R_P) = 8\% + 20\% \sigma_P$

又知三种证券组合的标准差 $\sigma_{P1} = 14\%$，$\sigma_{P2} = 20\%$，$\sigma_{P3} = 30\%$

$$E(R_{P1}) = 8\% + 20\% \times 14\% = 10.8\%$$
$$E(R_{P2}) = 8\% + 20\% \times 20\% = 12\%$$
$$E(R_{P3}) = 8\% + 20\% \times 30\% = 14\%$$

三种证券的资本市场线如图 10-4 所示。

证券市场线的另一种表达形式可以用 β 系数来表示。β_{iM} 表示单一证券与市场组合的协方差，公式为

$$E(R_i) = R_F + [E(R_M) - R_F]\beta_{iM} \tag{10.5}$$

β 系数的一个重要特征是一个证券组合的 β 值等于该组合中各种证券 β 值的加权平均数，权数为各种证券在该组合中所占的比例，即

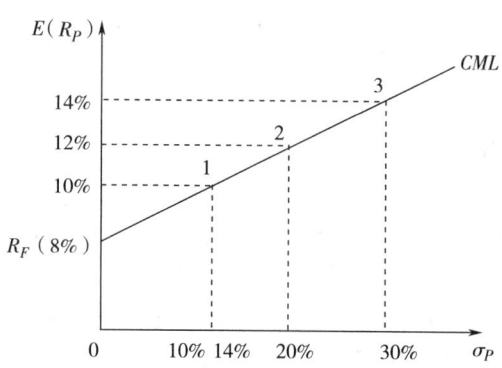

图 10-4 三种证券的资本市场线

$$\beta_{PM} = \sum_{i=1}^{n} X_i \beta_{iM} \tag{10.6}$$

式中，β_{PM} 表示组合的 β 值。

由于任何组合的预期收益率和 β 值都等于该组合中各个证券预期收益率和 β 值的加权平均数，其权数也都等于各个证券在该组合中所占的比例，因此，既然每一种证券都落在证券市场线上，那么由这些证券构成的证券组合也一定落在证券市场线上。在市场组合点，β 值为1，预期收益率为 $E(R_M)$；在无风险资产点，β 值为0，预期收益率为 R_F。证券市场线反映了在不同的 β 值水平下各种证券及证券组合应有的预期收益率水平，从而反映了各种证券和证券组合的系统性风险与预期收益率的均衡关系。

【例 10-3】 一个证券组合由三种证券构成，它们的 β 值和权重如表 10-1 所示。

表 10-1　　证券组合资料

证券	β 值	权重
1	0.80	0.20
2	1.20	0.30
3	1.04	0.50

求这个证券组合的 β 值。

解：根据题意，由公式（10.6）可得

$$\beta_{PM} = \sum_{i=1}^{n} X_i \beta_{iM} = 0.2 \times 0.8 + 1.2 \times 0.3 + 1.04 \times 0.5 = 1.04$$

因此，这个证券组合的 β 值为 1.04。

证券市场线与资本市场线在市场均衡时两者是一致的,但也有区别:其一,资本市场线用标准差衡量,反映整个市场的系统性风险;证券市场线用协方差衡量,反映个别证券对市场系统性风险的敏感程度及该证券对投资组合的贡献。其二,资本市场线的有效组合落在线上,非有效组合落在线下;证券市场线包括了所有证券和所有组合,无论有效组合还是非有效组合都落在线上。

【例 10-4】 已知 $E(R_M) = 0.10$,$\sigma_M = 0.08$,$Cov(R_i, R_M) = 0.0014$,$R_F = 0.06$,$\sigma_i = 0.07$,求 $E(R_i)$ 和 β_i。

解:在达到均衡时,证券 i 的预期收益率为

$$E(R_i) = 0.06 + \left(\frac{0.10 - 0.06}{0.08}\right) \times \frac{0.0014}{0.08} = 0.06875$$

$$\beta_i = \frac{0.0014}{0.08^2} = 0.21875$$

知识拓展

证券市场线的数学推导

我们考察证券市场上的某一个证券 i,投资者按 $\{a, 1-a\}$ 的比例将资金在证券 i 和市场组合 M 之间分配,这样形成的组合 P 的期望收益率和标准差分别为

$$E(R_P) = aE(R_i) + (1-a)E(R_M)$$

$$\sigma_P = [a^2\sigma_i^2 + (1-a)^2\sigma_M^2 + 2a(1-a)\sigma_{iM}]^{\frac{1}{2}}$$

将它们分别对参数 a 求导,得:

$$\frac{dE(R_P)}{da} = E(R_i) - E(R_M)$$

$$\frac{d\sigma_P}{da} = \frac{a\sigma_i^2 - (1-a)\sigma_M^2 + (1-2a)\sigma_{iM}}{\sigma_P}$$

在期望收益率—标准差坐标图上,在由证券 i 和市场组合 M 构成的一系列组合所形成的曲线上,P 点的切线斜率为

$$\frac{dE(R_P)}{d\sigma_P} = \frac{dE(R_P)/da}{d\sigma_P/da} = \frac{[E(R_i) - E(R_M)]\sigma_P}{a\sigma_i^2 - (1-a)\sigma_M^2 + (1-2a)\sigma_{iM}}$$

如果 $a = 0$,把所有资金投入到市场组合 M,则此时 P 与市场组合 M 重合,上式变为

$$\left.\frac{dE(R_P)}{d\sigma_P}\right|_{a=0} = \frac{[E(R_i) - E(R_M)]\sigma_M}{\sigma_{iM} - \sigma_M^2}$$

由于 M 在有效组合的边界上,连接证券 i 和市场组合 M 的曲线不能穿越有效组合边界。因此,曲线上 M 点的切线一定与资本市场线重合,即切线斜率与资本市场线斜率相等。因此有:

$$\frac{[E(R_i) - E(R_M)]\sigma_M}{\sigma_{iM} - \sigma_M^2} = \frac{E(R_M) - R_F}{\sigma_M}$$

对上式变形,可得证券市场线方程:

$$E(R_i) = R_F + \frac{\sigma_{iM}}{\sigma_M^2}[E(R_M) - R_F]$$

$$= R_F + \beta_{iM}[E(R_M) - R_F]$$

第二节 因子模型

证券的价格变化受多种因素的影响,需要通过因子模型来解决,只要我们找出影响证券价格的因子,就可以构造出因子模型来估计每只证券的预期收益率。因子可以取很多,如 GDP、利率、通货膨胀率等影响因素。

一、单因子模型

单因子模型的基本思想是认为证券收益率只与一个影响因素有关。假定每种证券或多或少地受股价指数的影响,当投资者观察证券市场时可以发现,当股价指数上升时,大部分股票的价格也上升;当股价指数下跌时,大部分股票的价格也下跌。这说明各种证券对市场变化有共同的反应。因此,可以用一种证券的收益率和股价指数的收益率的相关关系得出以下模型:

$$R_i = a + bR_M + \varepsilon_i \tag{10.7}$$

式中,R_i 代表第 i 种证券的收益率;R_M 代表股票市场股价指数收益率;a 代表证券收益率中独立于市场的部分;b 代表证券收益率对股价指数收益率的敏感程度,即测定 R_M 既定变化情况下 R_i 预期变化的常数;ε_i 代表剩余收益,它是一个随机变量,测度 R_i 与平均收益率之间的偏差,也叫残差。

单因素模型假设两种类型的因素造成证券收益率各个时期之间的差异:其一为宏观经济环境的变化,如通货膨胀、存款利率的变化等。宏观经济变化会影响市场股价指数的变化,并通过市场的驱动影响每一只证券收益率的变化。证券的不同预期收益率是市场不同时期受不同影响所形成的。其二为微观因素的影响。具体表现为股份公司内部环境的变化,如新产品的开发、公司内部的人事变动等。它只对个别证券产生影响,而没有普遍作用。在一定时间内,在股价指数一定的条件下,微观因素的影响能使证券收益率高于正常水平,它引起 a 和 ε_i 的变动,也是产生残差的主要原因。

需要指出的是,这里我们假设微观因素的变动对其他证券没有影响。同时其他类型的影响因素也不予考虑,因为它们不至于广泛得足以影响经济系统或整个证券市场的股价指数,但这类因素也会引起残差。

单因素模型中有两个基本假设:

其一,ε_i 的均值 $E(\varepsilon_i) = 0$,且对于一切 ε_i,ε_j($i \neq j$)不相关,即

$$Cov(\varepsilon_i, \varepsilon_j) = 0 \tag{10.8}$$

其二，市场股票指数和独立的证券收益率不相关，即协方差等于零。

因此，单因子模型中某种证券的预期收益率、方差和协方差可以这样推导出来：

1. 某种证券的预期收益率公式：

$$E(R_i) = E(a + bR_M + \varepsilon_i)$$

由于随机变量的期望值等于期望值的和，故：

$$E(R_i) = E(a) + E(bR_M) + E(\varepsilon_i)$$

又由于 a、b 都是常数，而且 ε_i 的期望值 $E(\varepsilon_i) = 0$，故：

$$E(R_i) = a + bE(R_M) \tag{10.9}$$

2. 任何证券收益率的方差公式：

$$\sigma_i^2 = \sum[R_i - E(R_i)]^2$$

$$\sigma_i^2 = E\{[a + bR_M + \varepsilon_i] - [a + bE(R_M)]\}^2$$

$$= E\{b[R_M - E(R_M)] + \varepsilon_i\}^2$$

$$= b^2 E[R_M - E(R_M)]^2 + 2bE\{\varepsilon_i[R_M - E(R_M)]\} + E(\varepsilon_i)^2$$

$$\sigma_i^2 = b^2 E[R_M - E(R_M)]^2 + E(\varepsilon_i)^2$$

$$\sigma_i^2 = b^2 \sigma_M^2 + \sigma_{\varepsilon_i}^2 \tag{10.10}$$

由式（10.10）可知，我们可以把某种证券收益率的方差分为两个部分：系统性风险 $b^2\sigma_M^2$（主要由宏观因素影响产生）和非系统性风险残差方差 $\sigma_{\varepsilon_i}^2$（主要由微观因素影响产生）。在单因子模型的假设条件下，$b^2\sigma_M^2$ 反映了不能分散掉的风险，$\sigma_{\varepsilon_i}^2$ 表示投资者只要通过分散化投资就可以消除这项风险。

3. 任何两种证券间的协方差公式：

$$\sigma_{ij} = E[(R_i - E(R_i))(R_j - E(R_j))]$$

$$= b_i b_j E[R_M - E(R_M)]^2 + b_i E\{\varepsilon_i[R_M - E(R_M)]\} + b_j E\{\varepsilon_i[R_M - E(R_M)]\}$$

$$+ E(\varepsilon_i, \varepsilon_j)$$

根据假设，上式的最后三项等于零，所以有

$$\sigma_{ij} = b_i b_j \sigma_M^2 \tag{10.11}$$

由式（10.11）可知，协方差只取决于市场风险。

【例 10-5】 假设股票收益率和市场股票指数收益率如表 10-2 所示，其中 $\sigma_M^2 = 8$，$\sigma_{\varepsilon_i}^2 = 2.8$。

表 10-2 单因子模型中的相关数据

月份	股票收益率 R_i	市场指数收益率 R_M	$R_i = a + bR_M + \varepsilon_i$			
（甲）	（1）	（2）	（3）	（4）	（5）	（6）
1	10	4	10	2	6	2
2	3	2	3	2	3	-2
3	15	8	15	2	12	1

续表

月份	股票收益率 R_i	市场指数收益率 R_M	$R_i = a + bR_M + \varepsilon_i$			
（甲）	（1）	（2）	（3）	（4）	（5）	（6）
4	9	6	9	2	9	-2
5	3	0	3	2	0	1
合计	40	20	40	10	30	0

$$E(R_i) = a + bE(R_M) = 2 + 1.5 \times 4 = 8$$
$$\sigma_i^2 = b^2\sigma_M^2 + \sigma_{\varepsilon_i}^2 = 1.5^2 \times 8 + 2.8 = 20.8$$

设 $b = 1.5$，则第（5）栏 bR_M 的值可由第（2）栏乘上 1.5 求得。

ε_i 的期望值等于 0，所以 ε_i 的和也等于 0。5 个月的收益是 40，其中 30 个与市场相关，独立部分 a 的和等于 10。因为 a 是常数，所以每个月的 $a = 10/5 = 2$。剩下的 ε_i 就是能使单因子模型等式两侧相等的数值，如第（6）栏所示。

由此可见，单因子模型中所有的值都来自 b，b 把收益分为与市场相关和与市场独立的两部分。当 b 确定为 1.5 时，市场收益率独立于剩余收益 ε_i。如果 b 的值取得低，部分市场收益就进入 ε_i，ε_i 与市场的协方差取正值；如果 b 的值取得高，市场收益去掉太多，就会导致 ε_i 与市场的协方差取负值。因此，b 值恰好把市场收益与独立收益分离开来。

如果一种证券的单因子模型成立，那么证券组合的预期收益率为

$$E(R_P) = a_P + b_P E(R_M) \tag{10.12}$$

式中，a_P、b_P 分别为 a_i、b_i 的加权平均，即

$$a_P = \sum_{i=1}^{n} X_i a_i$$
$$b_P = \sum_{i=1}^{n} X_i b_i$$

则式（10.12）又可以写成：

$$E(R_P) = \sum_{i=1}^{n} X_i a_i + \sum_{i=1}^{n} X_i b_i E(R_M)$$

证券组合的方差可以写成：

$$\sigma_P^2 = \sum_{i=1}^{n} X_i^2 b_i^2 \sigma_M^2 + \sum_{i=1}^{n} X_i^2 \sigma_{\varepsilon_i}^2 + \sum_{i=1}^{n}\sum_{j=1}^{n} X_i X_j b_i b_j \sigma_M^2 \tag{10.13}$$

如果我们估计出每股股票的 a_i、b_i、$\sigma_{\varepsilon_i}^2$ 以及市场预期收益率 $E(R_M)$ 和方差 σ_M^2，我们就能估计出任何证券组合的预期收益率的方差。这比用马柯维茨方法选择最佳证券组合是大大简化了。

二、多因子模型

影响证券收益的因子不止一个，它是由多种因子共同影响的结果，这些因素的变动会引起证

$$\left\{ R_i = a_i + b_{i1}R_M + b_{i2}I + \varepsilon_i \right.$$

券价格的不同变化。根据其影响程度的不同，可以得出证券收益率与这些因素的关系式，从而得到最佳证券组合。

（一）双因子模型

在现实生活中，假设影响证券收益率 R_i 的因素分别为市场股价指数的收益率（R_M）和通货膨胀率 I，则双因子模型可用式（10.14）表达：

$$R_i = a_i + b_{i1}R_M + b_{i2}I + \varepsilon_i \tag{10.14}$$

由前面给出的假设条件可知，市场股价指数的收益率 R_M 与通货膨胀率 I 互不相关，剩余收益 ε_i 与 R_M 和 I 也不相关，则可以得出证券组合中收益率的方差为

$$\sigma_P^2 = b_{1P}^2\sigma_M^2 + b_{2P}^2\sigma_I^2 + \sigma_{\varepsilon P}^2 \tag{10.15}$$

式（10.15）中：b_{1P}、b_{2P} 和 $\sigma_{\varepsilon P}^2$ 分别为证券组合中各项的加权平均值，即

$$b_{1P} = \sum_{i=1}^{n} X_i b_{i1}$$

$$b_{2P} = \sum_{i=1}^{n} X_i b_{i2}$$

$$\sigma_{\varepsilon P}^2 = \sum_{i=1}^{n} X_i^2 \sigma_{\varepsilon i}^2$$

【例 10 - 6】 假设有三种股票 A、B、C，三种股票收益率对市场股价指数收益率、通货膨胀收益率的敏感程度 b 系数和剩余收益的方差 $\sigma_{\varepsilon i}^2$ 如表 10 - 3 所示。

表 10 - 3　b 系数和残差方差

股票	b_{i1}	b_{i2}	$\sigma_{\varepsilon i}^2$
A	0.5	1.20	0.03
B	1.5	0.40	0.05
C	2.0	0.30	0.04

假设市场股价指数收益率的方差 $\sigma_M^2 = 6\%$，通货膨胀率的方差 $\sigma_I^2 = 3\%$，则可得股票 A 的方差为

$$\sigma_1^2 = b_{11}^2\sigma_M^2 + b_{12}^2\sigma_I^2 + \sigma_{\varepsilon 1}^2 = 0.5^2 \times 0.06 + 1.2^2 \times 0.03 + 0.03 = 0.0882$$

股票 B 的方差为

$$\sigma_2^2 = b_{21}^2\sigma_M^2 + b_{22}^2\sigma_I^2 + \sigma_{\varepsilon 2}^2 = 1.5^2 \times 0.06 + 0.4^2 \times 0.03 + 0.05 = 0.1898$$

股票 C 的方差为

$$\sigma_3^2 = b_{31}^2\sigma_M^2 + b_{32}^2\sigma_I^2 + \sigma_{\varepsilon 3}^2 = 2.0^2 \times 0.06 + 0.3^2 \times 0.03 + 0.04 = 0.2827$$

假设投资者以 0.4:0.3:0.3 的比例将资金投资于三种股票上，则证券组合收益率对市场股价指数收益率的 b 系数为

$$b_{1P} = \sum_{i=1}^{3} X_i b_{i1} = 0.4 \times 0.5 + 0.3 \times 1.5 + 0.3 \times 2 = 1.25$$

对通货膨胀收益率的 b 系数为

$$b_{2P} = \sum_{i=1}^{3} X_i b_{i2} = 0.4 \times 1.2 + 0.3 \times 0.4 + 0.3 \times 0.3 = 0.69$$

证券组合的残差方差为

$$\sigma_{\varepsilon P}^2 = \sum_{i=1}^{3} X_i^2 \sigma_{\varepsilon i}^2 = 0.4^2 \times 0.03 + 0.3^2 \times 0.05 + 0.3^2 \times 0.04 = 0.0129$$

证券组合中收益率的方差为

$$\sigma_P^2 = b_{1P}^2 \sigma_M^2 + b_{2P}^2 \sigma_I^2 + \sigma_{\varepsilon P}^2 = 1.25^2 \times 0.06 + 0.69^2 \times 0.03 + 0.0129 = 0.1209$$

（二）多因子模型

多因子模型的一般表现形式为

$$R_i = a_i + b_{i1}I_1 + b_{i2}I_2 + \cdots + b_{ij}I_j + \varepsilon_i \tag{10.16}$$

式中，R_i 表示某种证券的收益率与因子 I_1，I_2，$\cdots$，I_j 变动的相关关系式，如 I_1 代表市场指数收益率、I_2 代表 GDP 增长水平、I_3 代表利率水平等；a_i 代表证券收益率独立于各指数的变化，即独立收益率的预测值；b_{ij} 代表证券收益率对各指数的敏感程度；ε_i 代表剩余收益部分，是一个随机变量。

在多因子模型中，要求各因子 I_1，I_2，$\cdots$，I_j 之间不存在相关关系，即 I_i 与 I_j 之间的协方差为零，剩余收益与因子之间的协方差为零，两种证券收益率 ε_i 和 ε_j 之间的协方差为零。根据上述假设条件，我们导出下列公式：

（1）证券 i 的预期收益率：

$$E(R_i) = a_i + b_{i1}E(I_1) + b_{i2}E(I_2) + \cdots + b_{ij}E(I_j) \tag{10.17}$$

（2）证券 i 收益率的方差：

$$\sigma_i^2 = b_{i1}^2 \sigma_{i1}^2 + b_{i2}^2 \sigma_{i2}^2 + \cdots + b_{ij}^2 \sigma_{ij}^2 + \sigma_{\varepsilon i}^2 \tag{10.18}$$

（3）证券 i 和 j 之间收益率的协方差：

$$\sigma_{ij} = b_{i1}b_{j1}\sigma_{11}^2 + b_{i2}b_{j2}\sigma_{12}^2 + b_{i3}b_{j3}\sigma_{13}^2 + \cdots + b_{ij}b_{ij}\sigma_{ij}^2 \tag{10.19}$$

由式（10.19）分析可知，利用多因子模型进行证券分析，假设是一个有 N 种证券和 j 种因子的证券组合，则需要输入：

（1）N 个与各因子无关的独立收益率预期值 a_i；

（2）jN 个证券收益率对因子的敏感度的值 b_{ij}；

（3）N 个剩余收益 ε_i 和方差 $\sigma_{\varepsilon j}^2$；

（4）j 个指数收益 $E(I_j)$；

（5）j 个指数收益的方差 σ_{ij}^2。

因此，对多因子模型进行证券组合分析，需要输入 $2N + 2j + jN$ 个数据，显然比原始方法要少得多。

理论运用：
《我国上市公司
风险厌恶程度
——基于因子模型
的理论与
实证分析》

第三节　套利定价理论

套利是指利用一个或多个市场存在的各种价格差异，在不冒风险或冒较小风险的情况下赚取较高收益率的交易活动。换句话说，套利是利用资产定价的错误、价格联系的失常以及市场缺乏有效性等其他机会，通过买进价格被低估的资产，同时卖出价格被高估的资产来获取无风险利润的行为。套利是市场无效率的产物，而套利的结果则促使市场效率提高,因此,套利对社会的正面效应远超过负面效应,应予以充分鼓励和肯定。

一、套利的基本形式

套利有五种基本形式:空间套利、时间套利、工具套利、风险套利和税收套利。

1. 空间套利。空间套利(或称地理套利)是指在一个市场上低价买进某种商品,而在另一个市场上高价卖出同种商品,从而赚取两个市场间差价的交易行为。空间套利是最简单的套利形式之一。

2. 时间套利。时间套利是指同时买卖在不同时点交割的同种资产,包括现在对未来的套利和未来对未来的套利。

3. 工具套利。工具套利就是利用同一标的资产的现货及各种衍生证券的价格差异,通过低买高卖来赚取无风险利润的行为。在这种套利形式中,多种资产或金融工具组合在一起,形成一种或多种与原来有着截然不同性质的金融工具,这就是创造复合金融工具的过程。反之,一项金融工具可以分解成一系列的金融工具,且每一个都有着与原来金融工具不同的特性。金融工具的组合和分解正是金融工程的主要运用。

4. 风险套利。风险套利是指利用风险定价上的差异,通过买低卖高赚取无风险利润的交易行为。根据高风险、高收益原则,风险越高,所要求的风险补偿就越多。保险是风险套利的典型事例。

5. 税收套利。税收套利是指利用不同投资主体、不同证券、不同收入来源在税收待遇上存在的差异所进行的套利交易。

二、套利定价理论

20世纪70年代中期由罗斯发展的套利定价理论(APT)比资本资产定价模型要简单,其主要假设有:资本市场处于竞争均衡状态;投资者喜爱更多财富;资产的收益可用因子模型表示。

(一) 套利证券组合

根据一价定律,同一种资产不可能在一个或几个市场中以两种不同的价格出售,否则就会出现套利机会。套利定价理论假设证券收益率也可以用因子模型来解释,现在我们假设它是单因子模型,公式为

$$R_i = E(R_i) + b_i I + \varepsilon_i \tag{10.20}$$

式中,R_i 是证券 i 的收益率;$E(R_i)$ 是证券 i 的预期收益率;I 是证券 i 的公共因子;b_i 是因子 I 的敏感度;ε_i 是随机误差项,并且 $E(\varepsilon_i)=0$,方差为 $\sigma_{\varepsilon i}^2$ 且与 I 不相关。

套利证券组合是预期收益增加而风险没有增加,因此,套利证券组合要满足三个条件:

1. 不需要投资者增加任何投资。如果 X_i 表示在套利证券组合中证券 i 的权重的变化,那么要求:

$$X_1 + X_2 + X_3 + \cdots + X_n = 0 \tag{10.21}$$

2. 套利证券组合对因子 I 的敏感程度为零,就是它不受因子风险影响,它是证券敏感度的加权平均数,公式为

$$b_1X_1 + b_2X_2 + \cdots + b_nX_n = 0 \tag{10.22}$$

3. 套利组合的预期收益率必须是正数，即

$$X_1E(R_1) + X_2E(R_2) + \cdots + X_nE(R_n) > 0 \tag{10.23}$$

【例10-7】 现有三种股票组成的套利证券组合，各种数据如表10-4所示。

表10-4 套利组合数据

i	$E(R_i)$	b_i	权重变动
股票1	20%	4.0	0.05
股票2	15%	2.5	0.10
股票3	10%	3.0	-0.15

由上面的三个条件可得

(1) $X_1 + X_2 + X_3 = 0.05 + 0.10 - 0.15 = 0$

(2) $b_1X_1 + b_2X_2 + b_3X_3 = 4 \times 0.05 + 2.5 \times 0.10 + 3 \times (-0.15) = 0$

(3) $X_1E(R_1) + X_2E(R_2) + X_3E(R_3)$
$= 0.05 \times 20\% + 0.1 \times 15\% + (-0.15) \times 10\% = 1\% > 0$

假定投资者持有这三种证券的市值分别为100万元，那么套利证券组合的市值为300万元。为了套利他可以这样操作：

(1) 出售股票3：$-0.15 \times 10\% \times 300 = -4.5$（万元）

(2) 购买股票1：$0.05 \times 20\% \times 300 = 3$（万元）

(3) 购买股票2：$0.1 \times 15\% \times 300 = 4.5$（万元）

其和为：$1\% \times 300 = 3$（万元）

因此，投资者可以在没有任何风险的情况下获得较高回报。它是非投资获利，没有风险，并且有正的预期收益。

（二）套利定价线

一般地，一个套利证券组合由 n 种资产组成，权重为 X_i（$i=1, 2, \cdots, n$）。投资者没有使用其他财富进行套利，因此，套利证券组合要求无净投资，即

$$E(R_i) = \lambda_0 + \lambda_1 b_i$$

$$\sum_{i=1}^{n} X_i = 0$$

同时还要求套利证券组合充分多样化。

$$\sum_{i=1}^{n} X_i R_i = \sum_{i=1}^{n} X_i E(R_i) + (\sum_{i=1}^{n} X_i b_i) I + \sum_{i=1}^{n} X_i \varepsilon_i$$
$$\approx \sum_{i=1}^{n} X_i E(R_i) + (\sum_{i=1}^{n} X_i b_i) I \tag{10.24}$$

当 n 很大时，充分多样化的证券组合可以忽略非因子风险的影响。如果还要求套利证券组合不受因子风险的影响，那么有

$$\sum_{i=1}^{n} X_i b_i = 0$$

因此，如果证券组合没有套利机会，则在均衡状态必须有

$$\sum X_i E(R_i) = 0 \tag{10.25}$$

根据代数知识，套利定价理论的单因子模型为

$$E(R_i) = \lambda_0 + \lambda_1 b_i \qquad (10.26)$$

式中，λ_0 和 λ_1 是常数。它表示在均衡状态下预期收益率和影响因素敏感度的线性关系。这条直线叫做套利定价线，如图 10-5 所示。

λ_0 是资产没有因子敏感度（$b_i = 0$）时的收益，它是无风险收益，记为 R_F，式（10.26）可记为

$$E(R_i) = R_F + \lambda_1 b_i \qquad (10.27)$$

λ_1 可以记为因子敏感度为 1 的证券组合 P 的超额收益，即

$$E(R_P) = R_F + \lambda_1 b_P \qquad (10.28)$$

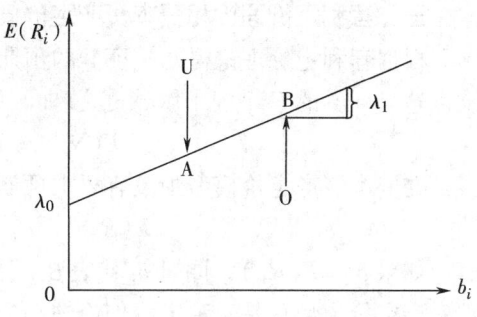

图 10-5 套利定价线

式中，$b_P = 1$。则

$$\lambda_1 = E(R_P) - R_F \qquad (10.29)$$

因此，λ_1 是因子敏感度为 1 的一个证券组合的超额收益，叫做因子风险报酬。

令 $\delta_1 = E(R_P)$，则

$$\lambda_1 = \delta_1 - R_F \qquad (10.30)$$

$$E(R_i) = R_F + (\delta_1 - R_F) b_i \qquad (10.31)$$

根据套利定价理论，如果任何具有一个因子的敏感度和预期收益率的资产不在套利定价线上，那么投资者就有构造套利证券组合的机会。图 10-5 中资产 U 表示资产价格被低估，预期收益率比资产 A 高，投资者可以购买资产 U 出售资产 A 构成一个套利证券组合。同样可以出售资产 O 购买资产 B 构成一个套利证券组合。因为套利不增加风险，投资者没有使用任何新的资金。同时，资产 U 和资产 A 以及资产 O 和资产 B 都有相同的因子敏感度，这就使得构成的套利证券组合的因子敏感度为零，而且套利证券组合都有正的预期收益率。由于买压使得资产 U 价格上升，卖压使得资产 O 价格下降，最后分别达到资产 A 和资产 B，套利机会消失。

【例 10-8】 承【例 10-7】，假设 $\lambda_0 = 5$，$\lambda_1 = 2$，因此套利定价方程为

$$E(R_i) = 5 + 2b_i$$

三种股票的均衡预期收益率为

$E(R_1) = 5 + 2 \times 4 = 13(\%)$

$E(R_2) = 5 + 2 \times 2.5 = 10(\%)$

$E(R_3) = 5 + 2 \times 3 = 11(\%)$

由于 $\lambda_0 = 5$，$\lambda_1 = 2$，即 $R_F = 5$，可得

$$\delta_1 = R_F + \lambda_1 = 5 + 2 = 7$$

它表示公共因子的敏感度是 1 的证券组合的预期收益率为 7%。图 10-6 分别用点 A、B 和 C 表示。由于股票 1、股票 2 和股票 3 的预期收益率原都不在套利定价线

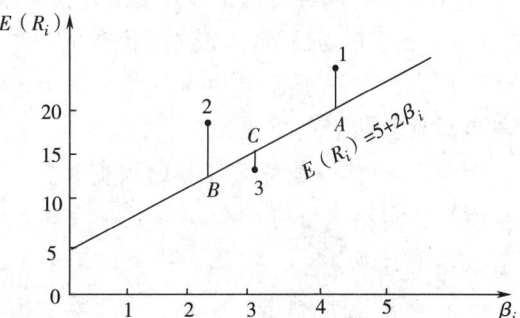

图 10-6 三种股票组成的套利证券组合

上，因而可以构成套利证券组合，但由于买压和卖压的影响最终趋于均衡。

三、套利定价理论和资本资产定价模型的一致性

根据套利定价理论得知，证券的预期收益率等于无风险利率加上 R 个因子报酬分别乘以这只证券的 R 个因子敏感度之和。在只有一个因子时，模型为

$$E(R_i) = R_F + (\delta_1 - R_F)b_i$$

在资本资产定价模型中没有要求预期收益率满足因子模型，其定价模型为

$$E(R_i) = R_F + [E(R_M) - R_F]\beta_i$$

如果 $\delta_1 = E(R_M)$，同时 b_i 代表 β_i，那么套利定价理论与资本资产定价模型一致，资本资产定价模型只是套利定价理论的一个特例。

然而在一般情况下，δ_1 不一定等于市场证券组合的预期收益，两者仍有区别，主要表现在：第一，套利定价理论仅假定投资者偏好较高收益，而没有对他们的风险类型作出严格的限制。第二，套利定价理论认为，达到均衡时，某种资产的收益取决于多种因素，而并非像资本资产定价模型那样只有一种市场组合因素。第三，在套利定价理论中并不特别强调市场组合的作用，而资本资产定价模型则强调市场组合必须是一个有效组合。

本章小结

1. 资本资产定价模型是根据投资者行为提出的资本市场理论的假设而建立的。根据这些假设，所有投资者持有的由风险资产构成的有效的证券组合相同。这个证券组合叫市场组合。市场组合由所有资产构成，其中每一种资产的权重是这种资产的总值与市场内所有资产总值的比值。市场中每一种证券的现时市价都是均衡价格。

2. 分离定理表示风险资产组成的有效证券组合的确定与个别投资者的风险偏好无关，或者说它是投资决策从金融决策中分离出来的思想。

3. 资本市场线表示均衡状态的有效组合的预期收益率和标准差的线性关系。通常资本市场线总是向上倾斜的。其斜率是有效证券组合中的风险市场价格，表示一个证券组合的风险每增加1%需要增加的收益。

4. 证券市场线表示在均衡状态下一个证券的预期收益率和它的 β 值的线性关系，还可以表示为一个证券的预期收益和市场协方差的线性关系。β 值等于市场协方差与市场证券组合的方差比。

5. 因子模型是每只证券的预期收益率和影响它们的一个或多个公共因子的线性模型。任何两只证券的独有收益率互不相关。利用因子模型可以大大简化马柯维茨有效集的计算。

6. 套利是指利用一个或多个市场上存在的各种价格差异，在不冒任何风险或冒较小风险的情况下赚取较高收益的交易活动。套利是市场无效率的产物，而套利的结果则促使市场效率的提高。套利有五种基本形式：空间套利、时间套利、工具套

利、风险套利和税收套利。

7. 套利定价理论认为，套利组合要满足三个条件：投资者不需要增加资金；套利组合对任何因素的敏感度为零；套利组合的预期收益率大于零。套利定价理论也是关于资产定价的均衡模型，但其假设条件少，使用起来比较方便。

8. 套利定价线表示在均衡状态下预期收益率和影响因素敏感程度的线性关系。根据套利定价理论，任何具有一个因子的敏感度和预期收益率的资产不在套利定价线上，投资者就有构造套利组合的机会，直到套利机会消失。

关键术语

分离定理　资本市场线　证券市场线　因子模型　套利　套利定价理论　套利定价线　套利组合条件

《CAPM 及其拓展模型在中国股票市场的适用性实证研究》

案例分析

套利定价理论的运用[①]

背景资料：

从 20 世纪 70 年代初套利定价理论就已经给研究者和职业投资者提供了一个直观且灵活的体制，使他们能够借此解决重要的投资管理问题。资本资产定价理论对于投资偏好和市场投资组合所起的特定作用都有严格的特定假设。与此相对，套利定价理论具有相对较弱的假设。由于它重点考察系统性风险的各种来源，所以作为一种更好的解释投资结果、更有效地控制组合投资风险的工具，套利定价理论引起了广泛的关注。

尽管套利定价理论具有很多吸引人的特性，但它还是没有被投资团体广泛应用，主要是因为该理论有明显缺陷：缺少关于多重要素的明确说明，而这些要素会系统性地影响证券收益及与每个要素相联系的长期收益。无论正确与否，资本资产定价理论明确提出一种证券的各种市场组合的协方差是在多种投资组合条件下投资风险的唯一来源，而套利定价理论却对影响证券风险和收益的系统要素不予任何说明。投资者在确定这些要素时自然会抵制这种理论。

极少数投资者在实践中运用套利定价理论来管理资产。其中最突出的是罗尔&罗斯资产管理公司（以下简称 R&R 公司），由于史蒂芬·罗斯先生本身是套利定价理论的发明者，故本文对 R&R 公司是怎样将理论付诸实践进行简要回顾。

R&R 公司开始便阐述了与资本市场普遍相关的风险的系统性来源，并且确定了显著影响普通股收益的五个要素：经济周期、利率、投资信心、短期通货膨胀和长期通货膨

[①] 资料来源：威廉·F. 夏普等：《投资学基础》，中文三版，北京，中国人民大学出版社，2003。

胀预期。R&R 公司又通过指定一些可计量的宏观经济变量作为上述要素的代表从而将其量化。例如，经济周期要素被工业产出指数的实际（经过通货膨胀率调节）百分比变化所代表，而短期通货膨胀以每月消费价格指数的百分比变化来表示。

现在来看一下委托人的标准。一个美国股票投资者会选择市场指数如标准普尔 500 股票指数作为基准。R&R 公司的典型做法就是设计更多有效的投资组合，使其收益以一个预先设计好的（合理的）量超过基准的预期收益，而保持一个相似的标准差。公司运用了组合最优化技术，这种技术通过将组合的标准差控制在基准的标准差附近的方式来组合证券，将非要素风险减少到最低水平，并且强调组合中的股票相对其他股票要有低的市盈率和正的近期收益，而且以诱人的风险收益率增加对风险要素的风险暴露，尽量减少证券买卖（以控制交易成本）。上述过程每个月都要重复进行，以确保具有与基准期相一致的正确投资组合。

R&R 公司的方法是一种精确策划、高度量化的方法。对于预期要素收益和风险从不只是进行定性的判断。与证券要素和要素敏感性相关的历史数据要经过手工处理以便确定要获得的投资组合。这种方法在未来与过去情况相一致时是行之有效的。但当过去的数据与未来的价值没有什么稳定关系时，其结果就令人相当失望。

尽管没有争取到很大的美国国内客户，R&R 公司在 1986 年组建时仍然引起相当多的机构投资者的兴趣。公司已经吸收了一些在国外运用其技术的国外合伙人。R&R 公司在将理论性投资理念转变为实际投资产出方面给我们提供了一个生动的案例。

讨论题：
1. 套利定价理论主要测定哪种风险？
2. 资本资产定价模型与套利定价理论的区别有哪些？
3. R&R 公司方法的核心技术在哪里？

分析路径与思路：
R&R 公司方法的核心技术有以下几种。

1. 系统性风险的每种来源都有当前的不稳定性和预期收益，这种要素的不稳定性和预期收益甚至连要素本身都会随时间变化而变化。

2. 单一证券和投资组合对每种要素具有不同的敏感性，这种敏感性会随时间变化而变化。

3. 一种充分分散化的投资组合对其要素的暴露将决定该种组合的预期收益和总风险。

4. 参照要素对应的当前预期收益和波动性构建一种投资组合，要求它具有最诱人的总预期风险收益率。

能力训练

一、单项选择题

1. 下列关于 β 系数的说法不正确的是（　　）。
   A. β 系数可用来衡量可分散风险的大小
   B. 某种股票的 β 系数越大，风险收益率越高，预期报酬率也越大
   C. β 系数反映个别股票的市场风险，β 系数为零，说明该股票的市场风险为零
   D. 某种股票的 β 系数为1，说明该种股票的风险与整个市场风险一致

2. 已知某证券的无风险利率为5%，市场证券组合的预期收益率为10%，β 值为1.5，则该证券的预期收益率为（　　）。
   A. 10%　　B. 5%　　C. 7.5%　　D. 12.5%

3. 资本资产定价模型中，风险的测度是通过（　　）进行的。
   A. 个别风险　　B. β 系数　　C. 收益的标准差　　D. 收益的方差

4. 反映证券组合期望收益水平的总风险水平之间均衡关系的方程式是（　　）。
   A. 证券市场线方程　　B. 证券特征线方程
   C. 资本市场线方程　　D. 套利定价方程

5. 反映证券组合期望收益水平和多个因素风险水平之间均衡关系的模型是（　　）。
   A. 多因素模型　　B. 特征线模型
   C. 资本市场线模型　　D. 套利定价模型

6. 构建证券组合的原因是（　　）。
   A. 降低系统性风险　　B. 降低非系统性风险
   C. 增加系统性收益　　D. 增加非系统性收益

7. 根据资本资产定价模型理论，如果甲的风险承受力比乙大，那么（　　）。
   A. 甲的最优证券组合比乙的好
   B. 甲的无差异曲线的弯曲程度比乙的大
   C. 甲的最优证券组合的期望收益率水平比乙的高
   D. 甲的最优证券组合的风险水平比乙的低

8. 无风险收益率为0.07，市场期望收益率为0.15，证券 X 的期望收益率为0.12，β 值为1.3。那么你应该（　　）。
   A. 买入 X，因为它被高估了　　B. 卖出 X，因为它被高估了
   C. 卖出 X，因为它被低估了　　D. 买入 X，因为它被低估了

9. 利用证券定价错误获得无风险收益称做（　　）。
   A. 套利　　B. 资本资产定价
   C. 因素　　D. 基本分析

10. 假设无风险利率为6%，最优风险资产组合的期望收益率为14%，标准差为22%，资本市场线的斜率是（　　）。
    A. 0.64　　B. 0.14　　C. 0.08　　D. 0.36

11. 下列有关资本资产定价模型的叙述正确的是（　　）。

Ⅰ. 所有投资者投资于无风险资产和风险资产的比例都相同

Ⅱ. 投资人投资在风险资产的金额中分配于各风险性资产的比例随投资人风险偏好而有区别

Ⅲ. 市场投资组合完全无系统性风险

Ⅳ. 资产评价者关心的是资产的 β 值而非其报酬率的变异数

A. 仅Ⅰ对　　　B. 仅Ⅱ、Ⅲ对　　C. 仅Ⅳ对　　　D. 仅Ⅰ、Ⅳ对

12. 套利定价理论是1976年由（　　）提出的。

A. 林特纳　　　　　　　　　B. 莫迪利安尼和米勒

C. 罗斯　　　　　　　　　　D. 夏普

二、多项选择题

1. 资本资产定价模型的假设条件包括（　　）。

A. 证券的收益率具有单因素模型所描述的生成过程

B. 投资者对证券的收益和风险及证券间的关联性具有完全相同的预期

C. 投资者都依据组合的期望收益率和方差选择证券组合

D. 资本市场没有摩擦

2. 套利的基本形式包括（　　）。

A. 工具套利　　B. 税收套利　　C. 地理套利　　　D. 风险套利

3. 反映证券组合期望收益水平和风险水平之间均衡关系的模型包括（　　）。

A. 证券市场线方程　　　　　　B. 证券特征线方程

C. 资本市场线方程　　　　　　D. 套利定价方程

4. 假设证券市场上的借贷利率相同，那么有效组合具有的特性包括（　　）。

A. 在具有相同期望收益率水平的组合中，有效组合的风险水平最低

B. 在具有相同风险水平的组合中，有效组合的期望收益率水平最高

C. 有效组合的非系统性风险为零

D. 除无风险证券外，有效组合与市场组合之间呈完全正相关关系

5. 证券市场线与资本市场线在市场均衡时（　　）。

A. 基本一致，但有所区别

B. 资本市场线有效组合落在线上，非有效组合落在线下

C. 证券市场线有效组合落在线上，非有效组合落在线下

D. 证券市场线反映整个市场的系统性风险

6. 套利定价理论的假设有（　　）。

A. 资本市场处于竞争均衡状态

B. 投资者喜爱更多财富

C. 其他条件相同时投资者选择具有较高预期收益的证券

D. 投资者对于各种资产的收益率、标准差、协方差具有理性预期

7. 下列结论正确的有（　　）。

A. 同一投资者的偏好无差异曲线不可能相交
B. 由于不同投资者偏好态度的具体差异，他们会选择有效边界上不同的组合
C. 因素模型是均衡模型
D. 套利定价模型是均衡模型

8. 有关套利，下列说法正确的是（　　）。
A. 套利对社会的负效应超过正效应
B. 套利是市场无效率的产物
C. 套利利用的是资产定价的错误以及价格联系的失常
D. 套利是买进价值被高估的资产同时卖出价值被低估的资产来获取无风险利润

9. 下面关于 β 系数的陈述，正确的是（　　）。
A. β 系数的绝对值越大，表明证券承担的系统性风险越小
B. β 系数是衡量证券承担系统性风险水平的指数
C. β 系数反映证券或者证券组合的收益水平对市场平均收益水平变化的敏感性
D. β 系数的绝对值越小，表明证券承担的系统性风险越大

10. 对一个追求收益而又喜好风险的投资者来说，下列描述正确的是（　　）。
A. 他的偏好无差异曲线可能是一条水平直线
B. 他的偏好无差异曲线可能是一条垂直线
C. 他的偏好无差异曲线可能是一条向右上方倾斜的曲线
D. 他的偏好无差异曲线之间互不相交

三、简答题

1. 叙述资本资产定价模型的假设。
2. 叙述分离定理的主要含义。
3. 单因素模型假设哪两种类型的因素会造成证券收益率各个时期之间的差异？
4. 资本市场线和证券市场线有何区别？
5. 简述工具套利。

四、论述题

1. 套利证券组合的三个条件是什么？
2. 论述套利定价理论和资本资产定价模型的一致性。

五、计算题

1. 假设市场证券组合由两只证券 A 和 B 组成。它们的预期回报分别为 10% 和 15%，标准差为 20% 和 28%，权重为 40% 和 60%。已知 A 和 B 的相关系数为 0.30，无风险利率为 5%。求资本市场线的方程。

2. 考虑构成证券组合的两只证券满足单因子模型：

证券	因子载荷	非因子风险（σ_{ei}^2）	权重
A	0.20	49	0.40
B	3.50	100	0.60

如果因子的标准差是15%，求这个证券组合的因子风险、非因子风险和标准差。

3. 假设两只证券满足双因子模型。这两个因子不相关。两只证券的数据如下：

证券	零因子	因子1载荷	因子2载荷	非因子风险（σ_{ei}^2）
A	2%	1.1	2.0	20
B	3%	0.2	1.8	50

如果因子1和因子2的预期值分别为15%和4%，标准差为20%和5%。在证券A上投资1 000元、在证券B上投资2 000元，构成一个证券组合。求这个证券组合的预期回报和标准差。

4. 根据单因子模型，假设无风险利率是6%，因子载荷为1的证券组合的预期回报为8.5%。考虑一个证券组合由下面A、B两只证券组成。

证券	因子载荷	比例
A	4.0	0.30
B	2.6	0.70

根据套利定价理论，求这个证券组合的均衡预期回报。

5. 假设满足双因子模型的一个证券组合由以下四只证券构成。

证券	因子1载荷	因子2载荷	比例	预期回报
A	2.50	1.40	0.30	13%
B	1.60	0.90	0.30	18%
C	0.80	1.00	0.20	10%
D	2.00	1.30	0.20	12%

增加证券B的资金0.05建立一个套利证券组合，其他三只证券的权重是多少？套利证券组合的预期回报是多少？

第十一章
金融监管概述

学习目标：

1. 掌握金融监管的概念、要素、原则和内容。
2. 正确理解金融监管的理论基础和金融监管理论的变革。
3. 了解不同国家的金融监管法规体系。

知识结构图：

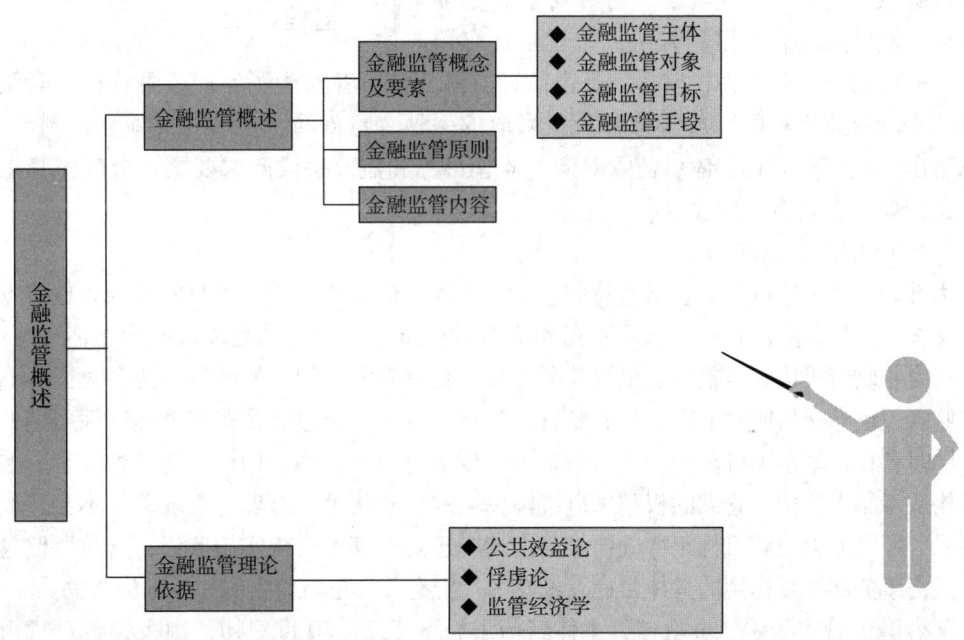

金融监管是指一国政府或政府的代理机构对金融机构实施的各种监督和管制，包括对金融机构市场准入、业务范围、市场退出等方面的限制性规定，对金融机构内部组织结构、风险管理和控制等方面的合规性、达标性的要求，以及一系列相关的立法和执法体系与过程。这个定义表明，金融监管是一个实践性很强的问题，涉及的内容也十分庞杂，而金融监管理论就是金融监管实践的抽象总结。

第一节　金融监管概述

金融监管可以有效地控制金融风险，维护金融系统的稳定。金融监管过松，就会导致金融秩序混乱甚至金融动荡和金融危机；监管过严，又会抑制金融创新效率的发挥。因此，必须在金融监管效率和维护公平之间寻找均衡点，以实现金融监管的帕累托效率，而要想达到这一境界，首先要从金融监管的基本内容入手，找到金融监管的理论基础，因为金融监管只有建立在有效的理论基础上才能适应社会及经济金融环境的变化，才能真正发挥金融监管在维护经济金融稳定和促进经济金融发展方面的作用。

一、金融监管的概念及要素

合理界定金融监管的定义，应从监管的概念入手：监管是由某个或某几个主体进行的活动，而且是有意识的活动；监管是一种有对象和范围的活动；监管必须有手段和方法；监管是具有预定目标的活动。一般认为，监管就是由监管主体（监管者）为了实现监管目标而利用各种监管手段对监管对象（被监管者）所采取的一种有意识的、主动的干预和控制活动。可以看出，监管有监管主体、监管对象、监管目标和监管手段四大要素。金融监管也正是在这四要素上具有特殊性。

> 金融监管：是指金融监管当局依法对整个金融业（包括金融机构和金融业务）实施的监督管理。

（一）金融监管的主体

大部分经济学家认为，金融监管的主体是政府，金融监管是一种政府行为。也有不同的意见认为，从金融监管的实践看，虽然大多数的金融监管活动是以政府为主体进行的，但也有由非政府机构的金融行业组织甚至是某个企业来完成的。如证券商协会对证券商的自律监管，证券交易所对上市公司的监管，等等。可见，金融监管有多个不同性质的监管主体同时存在，基本上可分为两类：一是政府授予权力的公共机构；二是各种非官方的民间机构或者私人机构，它们的权利来自机构决策的普遍认可，出现违规现象并不会造成法律后果，但可能会受到机构纪律处罚。是由政府还是由其他机构实施监管，这与所监管的具体经济事务和所要达到的具体目标及花费的代价有关，也与监管的外部环境有关。

从金融监管实践看，金融监管主体经历了如下变迁。20世纪初，中央银行对货币发行的逐渐统一使金融监管的职责很自然地落在了中央银行身上。这一时期，各国除了对证券市场通过传统上的专门机构如证券管理委员会等进行管理之外，金融监管主体是中央银行。20世纪30年代之后，中央银行金融监管主体地位进一步加强。但是，随着第二次世界大战后中央银行越来越多地承担和实施货币政策、执行宏观调控职能的加强以及六七十年代新兴金融市场的不断涌现，金融监管的主体出现了分散化、多元化的倾向，主要表现为：中央银行专门对银行及非银行金融机构进行监管，证券市场、期货市场等由政府的专门机构如证券市场委员会、期货市场委员会等行使管理职能，对保险业的监管也由专门的政府机构如保险监督管理委员会承担。近年来，随着金融自由化的发展，出现了一批综合化经营的超级金融机构。为此，像英国、日本、韩国、澳大利亚等国专门建立了或准备建立集中统一的监管部门，金融监管主体又有了统一趋势，不过已不再是统一于中央银行，而是覆盖面广泛的综合性监管机构，如1997年英国成立的金融服务管理局（FSA）。

（二）金融监管的对象

由于政府监管存在涉及面广、权威性强的特点，因此，对于那些具有很强的外部性、带有普遍性和后果严重的市场失灵问题，一般由政府监管（市场失灵将在本章第二节讲述）。但是，政 { 金融监管对象：是指人类的金融行为和金融活动领域，具体包括金融市场、金融机构和金融工具等。

府监管也有成本高、缺乏灵活性和反应比较慢的缺点。因此，需要灵活性高的自律组织和证券交易所等其他机构和企业配合监管。总之，实施政府监管的总原则是：政府监管应比私人监管做得更好，成本更低。

那么，金融监管的对象究竟是什么？笼统地说，金融监管的对象是人类的金融行为和金融活动领域，或者说是某些金融行为和某些金融活动领域。监管对象的具体内容和范围在不同时间、地点、环境下都有可能不同。它不仅取决于金融监管对象本身的性质和特点，还取决于人们对金融监管目标的认识、所使用的监管手段和工具以及金融监管的成本。

对于那些为国情、经济发展水平和法规制度所限，处于转轨过程中或发展中国家的新兴证券市场来说，一个缺乏政府干预和导向的证券市场不能自动带有产业扶植目标（为发展中国家经济增长所需）的资源配置任务。因此，需要政府监管者介入。总之，一切市场不能正常发挥功能的场合是广义金融监管对象之所在。

从金融监管客体的历史变迁看，20世纪早期的金融监管客体主要是商业银行。因为商业银行有创造存款功能，且其当时的资产负债规模、业务量等占绝对优势，从而对经济的影响也非常大。第二次世界大战后，金融机构日趋复杂化，非金融机构不但种类、数量、资产负债规模大幅度扩张，而且随着金融创新和金融自由化的深入，其存款性业务增加，使得货币的定义变得模糊不清。因此，从非金融机构的经济影响和货币供给两方面考虑，金融监管当局不得不重视加强对非银行金融机构的监管。此外，金融市场种类更加繁多，尤其是金融衍生商品类市场的膨胀，使金融监管客体更加丰富。近年来金融全球化快速发展，跨国银行和其他跨国金融机构也日益成为监管客体。

（三）金融监管的目标

之所以要对某些行为和领域进行干预，施加某些限制，是因为这些行为和活动自身的发展可能会偏离人类为其预定的目标，从而带来人们所 { 金融监管目标：是金融监管行为取得的最终效果或达到的最终目的。

不愿意看到的结果。监管的目标就是要消除或部分消除人类的某些行为或活动所带来的目标上的偏差,从而避免出现人们所不愿意看到的结果。但是,什么是人们不愿意看到的结果?如何通过监管去消除这些偏差以及在多大程度上消除偏差?这两个问题,前者与监管对象有关,后者则与监管工具和监管成本有关。

具体来说,金融监管的目标有两个层次:一是克服金融市场失灵,保护市场参与者的合法利益,维护金融市场的公平、效率、透明和稳定,促进金融市场功能的发挥,这是金融监管的现实目标;二是保证金融市场的稳定、公平、高效,进而促进整个国民经济的稳定和发展,这是金融监管的最终目标。

如果说效率和公平是当代政府经济职能的两大方面,那么金融市场中的效率和公平同样是政府监管目标的焦点。在一般经济学意义上,金融市场的效率是指资源配置的效率,公平是指社会成员收入分配和社会财富占有的平等化,在这个意义上存在公平与效率的两难选择。所以有人认为,金融市场的公平是指市场公平,即市场机会平等、交易平等、竞争平等的公平。因此,金融市场的效率和公平是统一的。

金融监管目标是金融监管理论和实践的核心。20世纪30年代以前,金融监管的目标主要是提供一个稳定和有弹性的货币供给,并防止银行挤提带来的消极影响。比如1913年美国《联邦储备法》中明确规定:"为了建立联邦储备银行,为了提供一种具有弹性的货币,为了能为商业银行票据提供一种再贴现手段,为了在美国建立对银行更有效的监督,以及为了其他目的,特制定本法。"30年代大危机的经验教训使各国的金融监管目标开始转为致力于维持一个安全稳定的金融体系,以求防止金融体系的崩溃对宏观经济的严重冲击。70年代末,过度严格的金融监管造成的金融机构效率下降和发展困难,使金融监管的目标开始重新注重效率问题,近年来则发展到有效控制风险、注重安全与效率的平衡方面。可见,20世纪金融监管目标的变迁是对原有目标的完善和补充,而非取代,这使得当今各国的金融监管目标均包含多重内容,即维护货币和金融体系的稳定,促进金融机构谨慎经营,保护存款人、消费者和投资者的利益,以及建立高效率、富于竞争性的金融体制。

(四) 金融监管的手段

一般来讲,具体的金融监管手段必须根据金融监管对象的性质及特点、监管主体的层次等级、监管目标实现的难易程度以及金融监管目标所付出代价的高低而定。具体来说,可供选择的金融监管手段有:法律手段;经济手段,包括金融信贷手段和税收政策;行政手段,即政府直接干预和管理;以及自律管理。金融监管包括政府为主体的监管和其他机构进行的监管。在市场出现政府全面介入前的历史演变中,自律管理是市场管理的主要形式,在目前自律管理仍占有重要一席。

> 金融监管手段:是监管当局实现金融监管的方式,包括经济手段、法律手段和行政手段等。

2007年爆发的次贷危机及其引发的国际金融危机,暴露了银行体系及其监管的脆弱性,也推动了各国金融监管的改革。金融监管的重心从侧重个体稳性的微观审慎监管转为保障金融系统性安全的宏观审慎监管。宏观审慎监管是一套有效识别、监测和处理系统性金融风险的政策管理框架。

二、金融监管的原则

1. 依法监管原则。尽管各国法律存在差异，但金融行业的特殊性决定了金融监管当局必须依据现行的金融法规严格执法，否则，健全有效的金融监管将难以维持下去。

2. 公开、公平、公正原则。公正指立法公正、执法公正、仲裁公正。公开是指将金融市场上的各种信息向市场参与者披露，任何市场参与者不得利用内幕信息从事金融活动。公平指的是地位、税负、权利、利益等的公平。公平的对象是指以社会公众为主的市场参与主体，机会均等和平等竞争是金融市场正常运行的前提。

3. 系统性风险控制原则。个体风险由金融机构自己承担，金融监管主体控制金融系统性风险，这就需要监管者从社会经济和政治的全局着想，服从国民经济稳定与发展的总体需要。

4. 有机统一原则。各级金融监管机构、宏观金融监管与微观金融监管、国内金融监管与国际金融监管之间要统一，不能各自为政，或者自相矛盾。

5. 监管适度与适度竞争原则。检验监管效果的根本标准是能否促进金融业和社会经济的顺利发展。金融监管过严，会导致金融系统失去活力和效率；监管过松，则会导致金融系统的不稳定，从而削弱一个国家金融业的市场竞争力。

6. 综合性和系统性监管原则。各种监管手段应综合运用，以实现有效监管；金融监管要实现现代化、系统化，日常监管与重点监管、事前督导与事后监察要同时运用。

此外，金融监管还必须服从政府监管与自律管理相结合的原则、保护投资者利益的原则、要求市场参与者诚实信用的原则。

✓ 专栏
中国人民银行明确互联网金融监管五大原则

互联网科技在金融领域已经全面展开运用，大数据、云计算、人工智能、区块链、支付货币市场、网络借贷 IPO 等几乎已经覆盖所有金融领域。互联网金融创新有利于发展普惠金融，有旺盛的市场需求，应当给予积极支持，但也必须清醒地认识到互联网金融的金融功能属性和金融风险属性，加强互联网金融监管势在必行。中国人民银行于 2014 年 4 月 29 日发布的《中国金融稳定报告（2014）》提出了中国互联网金融监管应遵循的五大原则。

一是互联网金融创新必须坚持金融服务实体经济的本质要求，合理把握创新的界限和力度。互联网金融创新必须以市场为导向，以提高金融服务能力和效率、更好地服务实体经济为根本目的，不能脱离金融监管、脱离服务实体经济转而抽象地谈金融创新。互联网金融中的网络支付应始终坚持为电子商务发展服务和为社会提供小额、快捷、便民的小微支付服务的宗旨；P2P 和众筹融资要坚持平台功能，不得变相搞资金池，不得以互联网金融的名义进行非法吸收存款、非法集资、非法从事证券业务等非法金融活动。

二是互联网金融创新应服从宏观调控和金融稳定的总体要求。一切金融创新，均应有利于提高资源配置效率，有利于维护金融稳定，有利于稳步推进利率市场化改革，有利于央行对流动性的调控，避免因某种金融业务创新导致金融市场价格剧烈波动，也不能影响银行体系流动性转化，进而降低银行体系对实体经济的信贷支持能力。

三是要切实维护消费者的合法权益。互联网金融企业开办各项业务，应有充分的信息披露和风险揭示，任何机构不得以直接或间接的方式承诺收益、误导消费者。开办任何业务，均应对消费者权益保护作出详细的制度安排。

四是要维护公平竞争的市场秩序。在市场经济条件下，公平竞争是保证市场对资源配置起决定性作用的必然要求。在线上开展线下金融业务，必须遵守线下现有的法律法规，必须遵守资本约束。不允许存在提前支取存款或提前终止服务而仍按原约定期限利率计息或按原收费标准收费等不合理的合同条款。

五是要处理好政府监管和自律管理的关系，充分发挥行业自律的作用。充分发挥协会的自律管理作用，推动形成统一的行业服务标准和规则，引导互联网金融企业履行社会责任。

三、金融监管的内容

金融监管按不同标准可做如下分类。

1. 按金融监管的范畴可分为金融行政监管和金融业务监管。前者是对各类金融机构的设立、撤并、升降格、迁址、法人资格审查、业务范围界定、资本金审验等的监管。后者是对银行存贷款利率、结算、信贷规模、资产负债比例、现金、信贷资产质量、经营风险、存款准备金等的管理、监测和检查。

2. 按金融监管的主要内容和范围可分为金融机构监管、金融风险监管和金融业务监管。对于金融机构的监管又包括市场准入监管、分支机构设置监管、机构撤并监管、金融机构的内部管理等部分。对于金融风险的监管，可以按照针对金融风险的不同表现形式而进行的监管分类，分为信贷风险监管、外汇风险监管、利率风险监管、外汇业务风险监管、国家风险监管和系统性风险监管；也可以根据金融监管当局和金融机构防范风险所采取的措施分类，分为资本充足性、资产风险性、经营效益性等的管理和监测。对于金融业务的监管，主要是分业经营原则下对商业银行业务范围、投资银行、保险公司、投资基金业务、信托投资业务等业务范围的监管。

以上对于金融监管内容的分类应注意以下两点。

1. 金融监管是针对市场失灵而进行的，是一项系统性、综合性的工作，对于金融监管进行分类只是为了便于理解，多种分类是出于从不同角度的理解，并无一种完美的分类方法。

2. 尽管按不同标准进行分类在不同经济环境中保持不变，但是由于在不同的经济环境下经济监管理论的发展以及金融监管目标、手段、对象等发生变迁，因而监管的具体内容也会发生变化。

 专栏
　　央行 "升级" 宏观审慎政策框架　引入新 MPA 体系

为避免监管协调不够与监管真空，央行决定将 2008 年国际金融危机以后创设的宏观审慎政策框架予以改良，自 2016 年起将现有的差别准备金动态调整和合意贷款管理机制"升级"为"宏

观审慎评估体系"（Macro Prudential Assessment，MPA）。

新 MPA 体系将由央行货币政策司具体负责，共包括资本与杠杆、流动性、资产质量等七大方面，细分为 14 个指标，具体包括资本和杠杆情况、资产负债、流动性、资产质量、信贷政策执行等。评估为一季度一评，评估结果分为 A、B、C 三档，以此实行差别准备金利率（有激励有约束）。据了解，央行 2015 年末推出 MPA 时，将同业拆借、同业存款等广义信贷纳入了考核体系，对机构的资产扩张行为起到了很好的约束效应。在这个监管模式下，央行通过 MPA 将流动性总闸门把好，对于广义货币供应量有明显的控制力。除本币市场外，央行也不断尝试将外汇体系纳入 MPA 监管体系。央行公布，自 2016 年 5 月初开始，对金融机构和企业的外债不再实行事前审批，外债余额将挂钩其资本金或净资产。而据央行的相关人士透露，包括此前推出的离岸人民币准备金制度，也是在宏观审慎政策框架下制定的政策。新 MPA 体系保持了宏观审慎政策框架的连续性、稳定性，尤其是继承了"资产扩张受到资本约束"的要求，这将有利于促进金融改革和结构调整，能更有效地防范日益复杂的系统性风险和疏通货币政策的传导渠道。

第二节　金融监管的理论依据

在界定了金融监管内涵的基础上，从经济学的角度来分析金融监管可以更好地解释金融监管问题。这就首先要找出金融监管的理论基础。以下三种理论基本上说明了金融监管的理论根源。

一、公共效益论

公共效益理论主要是在 20 世纪 30 年代世界经济金融危机出现后提出来的强调政府加强管制的一种理论。该理论认为，监管是政府对公众要求纠正某些社会个体和社会组织的不公正、不公平和无效率或低效率做法的一种回应。上述观点有以下两个假设：一是市场本身是脆弱的和有缺陷的，如果让市场单独发挥作用，那么它的运行会缺乏效率；二是政府的干预可以提高市场的运行效率。是什么导致市场本身的缺陷呢？公共效益论认为是市场中存在自然垄断、外部性和信息不对称等因素。

（一）自然垄断

根据经济学观点，判断某一行业是否具有自然垄断倾向，主要依据就在于其生产函数是否具有规模经济的特征，即其生产的平均成本是否会随着产出的提高而降低。如果某一行业存在着生产的平均成本随着产出的提高而降低的现象，那么，在行业中，生产规模越大的企业越具有竞争优势，因而该行业具有自然垄断的倾向。

由于金融行业的特殊性，规模经济同样存在于金融业。规模经济的存在将构成对自然竞争的约束限制，导致金融业的垄断，金融部门的垄断可能造成价格歧视、寻租等有损资源配置效率和消费者利益的不良现象，会对社会产生负面影响，降低金融业的服务质量和有效产出，造成社会福利的损失。

（二）外部效应

外部效应是指提供一种产品或劳务时的社会费用（或利益）和私人费用（或所得）

之间存在的偏差。外部效应包括外部经济和外部不经济。外部经济是由公共产品的特征引起的社会利益大于私人所得。公共产品是指不具有经济利益可分性、所有权确定性和效用排他性的产品和劳务。纯公共产品具有非竞争性（每个人消费这种产品或劳务不会导致别人对其消费的减少）和非排他性（不能把非购买者排除在消费公共产品之外）。非排他性导致免费搭乘的问题，意味着私人没有或极少有动因去生产公共产品。尽管可以找到解决免费搭乘问题的手段，如征收某种费用，或者要求对公共产品的消费必须得到某种许可，公共产品的共同消费属性仍然表示私人生产公共产品的次理想消费。因此非排他性会导致这些产品生产不足，其他的解决方法则由于非竞争性而处于次理想状态，需要通过管制来解决。外部不经济是指私人所得超过社会利益，典型的例子是环境污染。从理论上讲，如果产权明晰，私人可以走到一起来协调解决外部不经济问题。但是由于免费搭乘和各方协商成本过高，因此仍需政府监管来解决外部性导致的产品成本失真或产品效用失真。比如，针对生产某种产品所造成的环境污染，可以通过以下两种方法：一是征收能反映把费用加给其他人承担某种义务的税收，换言之，制造公害应纳税；二是把负担加于制造公害的方面，转嫁社会代价于私人成本，如排污单位被责令采取措施治理污染。

金融业作为高风险行业，具有内在的不稳定性，存在风险与收益的外部性、监督和选择信贷的外部性以及金融混乱的外部性。尤其是金融业作为一种特殊行业，其破产的社会成本明显地高于金融机构自身的成本，并且个别金融机构的破产会因"多米诺骨牌效应"而有可能导致整个金融系统的崩溃乃至引发金融危机。

（三）信息不对称

信息不对称是指信息在交易双方之间分布不均衡的现象。由于信息不对称，往往会导致以下后果：第一种情况，信息在产品生产者和消费者之间、在合同双方或多方分配的不对称性。产品的生产者或提供者对产品的价格、质量等方面信息的掌握程度要多于购买者，买卖双方之间的信息不对称，会导致产品价值和价格不符。这样，在同一价格条件下，价值较高的产品的销售者退出市场以逃避损失，而一些价值较低产品的销售者会利用这种机会占据市场，结果出现"劣质产品驱逐优质产品"的市场逆向选择。对于逆向选择问题，可以通过信息的私人生产和销售来解决，但是由于信息的公共产品性，容易产生"搭便车"问题，所以由政府监管来解决尽管不能完全消除逆向选择，但可以使其弱化。第二种情况是交易一方试图以另一方信息减少为代价取胜从而遏制对方信息来源的道德风险。由于交易者将本来可以投在生产性使用上的资源投在遏制对方信息来源的非生产性使用上，从而造成了社会资源的浪费。基于同样理由，也需要政府监管。

在金融交易中存在大量的信息不对称现象，如存款人和银行之间、贷款银行与借款人之间、证券投资者与证券发行及销售机构之间、保险人与被保险人之间都会出现信息不对称的问题。这些现象一方面会造成金融交易的风险较大，另一方面还将造成金融市场的低效率。

在分析了导致市场失灵的几个因素之后，是否可以通过政府行为纠正市场机制的无效率或低效率？是不是政府干预就比市场单独作用好？政府干预是否应把握一个度？为了对某种监管措施作出客观评价，首先必须有一个能够确定该监管措施给社会带来成本和效益的工具，经济效率一般被用来充当这一工具。经济效率是用来衡量各经济部门以及整个社会花费多大的经济代价并在多大程度上实现了其与社会利益相一致的经济目标的一个指标。在实际经济研究和分析中，经济效率往往从多个方面分类定义。在经济学中，帕累托最优原则是应遵守的一个基本原则，即不可能有另外一种既能够提高某些消费者的福利而又不影响其他消费者福利的均衡来取代目前这种均衡。针对于监管，如果每一个人都因为某种监管措施而使自己的情况变化或者至少有一个人因此而情况变好且没有人因此而情况变坏，那么，该监管措施便被认为是一种好的监管措施。但是由于现实经济生活中总是有一部分人的利益因为某种政府监管措施而受到损害，因此人们很难用帕累托最优原则来衡量政府监管的效果。为此，传统经济学提出一个新的衡量标准——补偿原则。这就是：如果某种监管措施给获利一方带来的好处足以弥补由此而遭受伤害的一方所造成的损失而且还有剩余，从而使得每一个人都因此而情况好转，那么，该监管措施就被认为是一种好的监管措施。

二、俘虏论

20 世纪 30 年代以前的金融监管理论还很少遇到挑战。但是，到了 70 年代中后期，这种情况发生了变化。尽管公共利益的观点仍然是监管理论的主流，因为它所赖以生存的基础——福利经济学为人们提供了一个研究监管者应该如何进行监管的有效工具，但是，监管者是否真正做了它应该做的却越来越引起人们的怀疑。因此，经济学家们开始把注意力从研究市场失灵转向决策的具体过程，尤其是公共政策的制定过程，在此基础上产生了一种新的监管理论——俘虏论。该理论认为，随着时间的推移，监管机构会越来越为监管对象（也就是被监管者）所支配，监管者会越来越迁就被监管者的利益而不是保护所谓的公共利益，有人甚至认为有些监管机构的产生本身就是某些利益集团活动的结果，认为这些利益集团为了逃避市场竞争和保护自己的利益，要求政府提供监管。监管在限制垄断权力方面已经变得越来越没有效率，监管机构往往被某些行业巨头所俘虏，成为它们的管家，它们的监管行为将严重地损害正常合理的资源配置，导致行业和部门之间投资以及其他要素的不合理搭配。

俘虏论的一个有代表性的模型即生命周期模型。该模型有以下几个假设条件。

1. 某些消费者团体或者公众在共同利益的驱使下组成了短暂的同盟，并迫使立法机关通过立法成立旨在保护公共利益的监管机构。

2. 新成立的监管机构的使命是对被监管者实施积极的监管。

3. 监管机构没能够履行自己的职责，原因是被监管者成功地削弱了监管者的力量并最终将监管者置于自己的影响之下。

生命周期模型的原理如图 11-1 所示。图中标出了不同的假设条件与不同参数、变量之间的因果关系，还标出了阶段、因变量和中间变量之间的关系。在生命周期的第一个阶段，因变量是立法机关，在随后的各个阶段，因变量是监管者与被监管者之间的各种复杂关系。新监管机构的起因是来自社会公众的压力和各个利益集团达成的努力，在这两种力量的共同作用下，通过了建立新监管机构的法律和法规。在新监管机构刚刚成立之初，尽管新机构经验不足，但显得非常有朝气和信心。那些不怀好意的反对者开始攻击允许新机构成立的立法机关。随着时间的推移，公众对新机构的注意力开始转移，立法机关对新机构的支持程度也开始变弱，新的监管机构开始变得孤立起来。随着新机构对环境的不断适应，成熟期开始到来，情况开始发生变化，监管机构与有关各方的冲突开始淡化，合作成为主流。监管机构被自己的各种繁文缛节所束缚，开始将被监管者的利益置于公共利益之上。监管机构的最后一个阶段是它的老化期。此时，监管机构的行为已经完全与其初衷相违背，越来越缺乏朝气和创造力，也越来越趋向于保护被监管者。它与被监管者之间相互利用的关系使其情况不断恶化，立法机关开始注意到这种情况并且进一步撤销对它的支持，结果导致监管机构更加不负责任，变本加厉地牺牲公共利益。

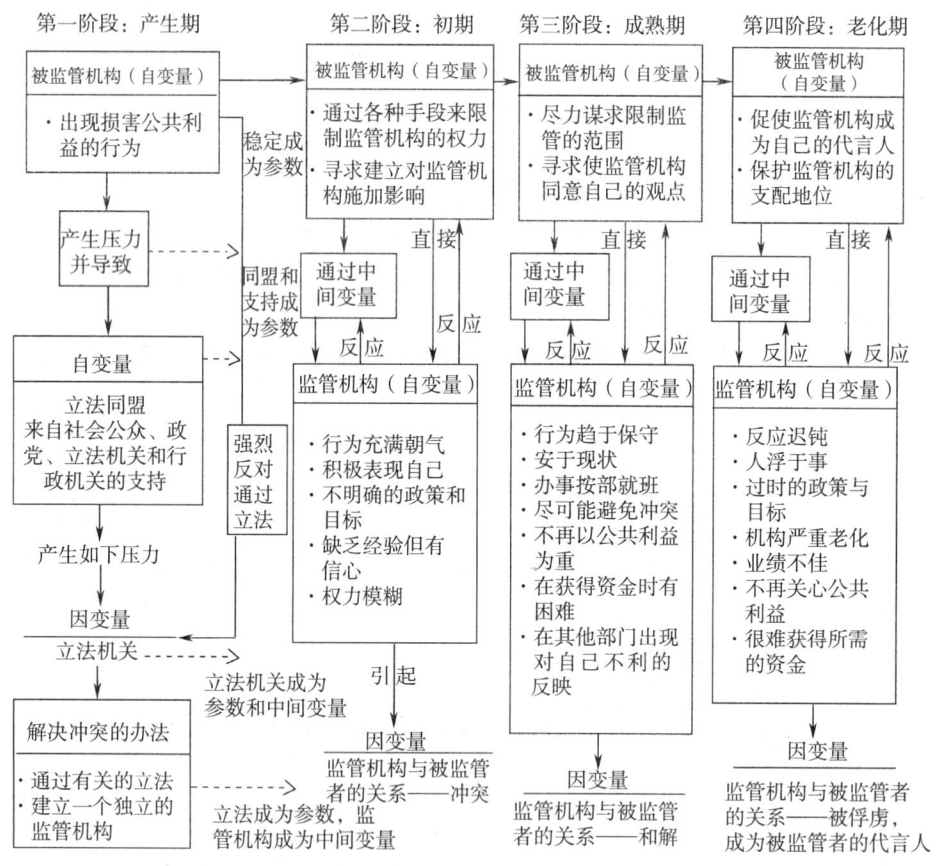

资料来源：Chatov. R. Government Regulation：Process and Substantive Impacts in Research in Corporate Social Performance and Policy. Volume I, JAI Press INC., 1978。

图11-1　生命周期模型

三、监管经济学

监管经济学把监管看成是一种商品,这种商品的分配受供求关系的支配。根据监管经济学的观点,之所以会存在对监管的需求,是因为国家可以通过监管使得利益集团的经济地位获得改善。企业可以从政府监管那里获得至少三个方面的利益:直接的货币补贴、控制竞争者的进入、获得影响替代品和互补品的能力以及定价能力。监管的供应则来自那些千方百计谋求当选的政治家,他们需要选票的资源。由于愿意接受监管的利益集团十分明白通过监管能够从政治家那里获得的好处,因此,它们就愿意承担相应的成本,同时也会千方百计地寻找能够给它们提供政策庇护的合适的庇护者。监管就是在这种供求关系的相互作用下产生的。由于政治决策具有间断性、整体性、强制性和一次性的特点,因此,政治决策过程与一般的市场决策过程之间存在着一些本质上的差别,这就是为什么许多企业和行业都能够同时利用政治手段来实现各自不同目的的原因。从这一点上讲,监管已经超出纯经济现象的范畴。可以这么认为,监管问题是一个寻找某个企业、行业或者团体在什么时候和为什么能够将这些具有共同政治目的的企业集中起来加以利用的问题。既然监管是一种产品,那么就存在着一个生产成本的问题;同时,由于监管这种产品与一般的产品在供求上有着本质的区别,因此,它还有自己的特点。监管经济学认为,监管的成本除了维持监管机构存在和执行监管任务的行政费用之外,还会带来四个方面看不见的成本,其中最为主要的是第一种成本——道德风险。

(一) 道德风险

道德风险是指由于制度方面或者其他方面的变化而引发的私人部门行为的变化,进而产生有害的而且往往是消极的作用。道德风险的典型例子是火灾保险:当某个人为自己的房子购买了火灾保险后,反而会放松对烟火的警惕,从而更加容易冒险而引发火灾。虽然在大多数情况下发生火灾的绝对次数仍然不是很多,但是会大大高于未购买保险时的情况。因此,对监管持怀疑态度的人认为,监管会导致私人部门有意地或无意地去冒更大的风险,换言之,监管会造成人们放松正常的谨慎标准。这在实际上反而可能会增加本来旨在避免的风险,造成适得其反的结果。银行和其他金融机构的监管就是一个例子。在完全自由的市场中,个人和企业必须去评价银行和金融机构的安全性,但在一个受监管的市场中,个人和企业认为政府监管会确保这些金融机构的安全性,或者至少保证在发生违约时会得到偿付,因而在存款时就不假思索。从某种意义上说,这是监管所起的积极作用,因为监管的作用就在于为私人部门减少交易成本。进一步的分析还证明,无论是对整个银行体系还是对其客户来说,对银行或者整个金融业的信心都是一种公共产品,向消费者提供这种信心理所当然应该是政府部门的职责。因此可以这么说,从弥补市场失灵的角度看,政府公共部门通过监管所提供的对银行体系和整个金融业稳定性的信心是有其积极意义的。然而,从另外一个角度看,当存款人普遍地以不假思索的方式去存款时,就会使那些不良的金融机构很容易获得存款。尽管这么

> **道德风险**:从事经济活动的人在最大限度地增进自身效用的同时作出不利于他人的行动。
> **逆向选择**:由于买卖双方信息不对称和市场价格下降产生的劣质品驱逐优质品,进而出现市场产品平均质量下降的现象。

做并没有什么不好，因为至少它减少了进入银行业的障碍，但是，如果监管本意上是为了保证金融业的稳定性，以减少存款人的风险，但实际上却又有利于不良金融机构获得存款，那么，这显然是违背其初衷的。极端的情况可能是：也许正是由于政府通过监管提供了某种金融业务许可证，才使得不良的金融机构获得资金。道德风险会进一步加大逆向选择这种负面效应。由于政府监管的存在，使得被监管的企业或行业会放松自身的内部管理，以求通过降低管理成本来吸引客户。结果，由于内部管理方面投入的减少，这些企业或行业就有可能比那些在内部管理上投入较多的企业或行业更加具有价格竞争的优势，就能吸引更多的顾客，而那些在内部管理上投入较多的企业或行业由于成本较高就有可能失去价格竞争优势。最终，内部管理较好的企业或行业将会因优质不能优价而退出市场以逃避损失，而一些内部管理较差的企业或行业则会利用这种机会占据市场，结果出现"劣质企业驱逐优质企业"的市场逆向选择。如果再加上消费者在产品信息、企业信息和行业信息上的不对称性，逆向选择的负面效应将越来越大。除了道德风险之外，监管还可能产生其他不利后果。金融机构可能因为监管而扩大风险业务，从而增加其信贷资产的风险程度。由于某些监管措施可能会导致被监管者的成本增加或者利润下降，金融机构为了消除或者至少部分地消除这一影响，于是就扩大风险业务的比例，从而提高其信贷资产中收益率较高但也是风险较大部分资产的比例，结果增加了整个信贷资产的风险程度。

（二）合规成本

合规成本是被监管者为了遵守或者符合有关监管规定而额外承担的成本。就金融监管而言，这种合规成本的数额可能非常之大。例如，有人估计，为了满足1986年《金融服务法》的要求，英国金融机构至少多支出了1亿英镑。

（三）社会经济福利的损失

监管的第三种成本是社会经济福利的损失，这是由于在存在监管的情况下，各经济主体的产量可能会低于不存在监管时的产量。监管的合规成本和由此造成的经济福利损失如图11-2所示。

在图11-2中，某一竞争性行业在接受监管之前的均衡点位于$P_n Q_n$，是需求曲线D和供给曲线S（也是该行业的边际成本曲线MC）的交点。在引入监管以后，有效供给曲线S_{NEW}等于原来的边际成本曲线加上监管的合规成本RC（假定监管的合规成本RC与产品产量成比例变化），它与需求曲线D形成了一个新的均衡交叉点，新均衡点位于$P_r Q_r$。因此有：

监管对生产者的影响：$Q_n - Q_r$

监管对消费者的影响：$P_r - P_n$

消费者剩余损失：$A+B+C$

监管前的利润：$D+E+F$

监管后的利润：$A+E$

生产者剩余的损失：$(D+F)-A$

总监管成本（消费者剩余+生产者剩余损失）：$B+C+D+F$

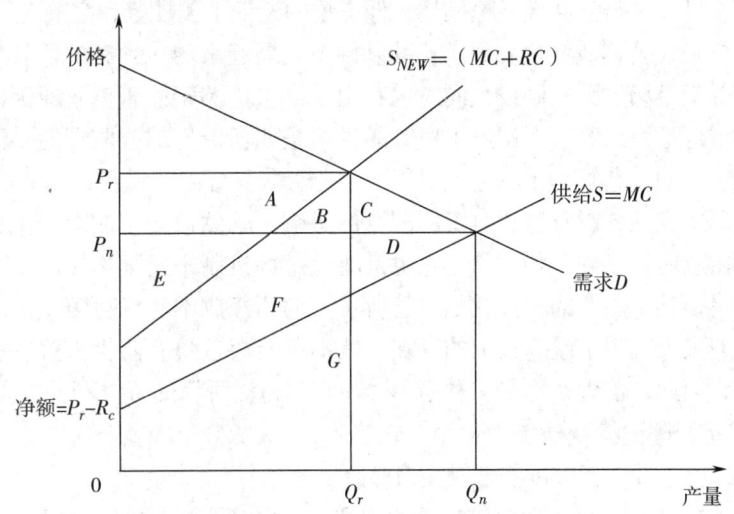

图11－2　监管的合规成本和经济福利损失

其中：合规成本：$B+F$

由于产量减少而导致的经济福利损失：$C+D$

（四）动态成本

无论是道德风险、合规成本还是社会经济福利损失，都只属于监管的静态成本。监管所带来的第四种成本是监管的动态成本。监管经济学认为，监管有时起着保护低效率的生产结构的作用，因而会成为管理和技术革新的障碍，造成动态经济效率的下降。

四、金融监管理论的几点结论

在上面三种关于监管的经济理论中，公共效益论是最早出现也是发展得最为完善的理论，它从市场失灵的原因和后果出发论述了监管存在的理由、可能的监管范围和监管的总体目标，认为市场失灵自然而然地就会产生监管的需求，通过监管可以消除市场失灵所带来的价格扭曲，从而弥补市场机制在资源配置过程中的效率损失。可以说，公共效益论是目前关于监管的一个最为成熟和规范的理论。但是，它不能说明这种监管的需求是如何转化为监管实际的，也不能说明为什么监管者会背离初衷而与被监管者形成相互依赖的关系，更重要的是，根据公共效益论，监管应该集中在垄断程度较高或者容易引起垄断、所产生的外部性较大以及信息高度不对称的行业，但实际的研究却表明，许多行业被监管，并不是由于其垄断程度较高或者比较容易引起垄断，也不是由于它们所产生的外部性很大。

俘虏论是继公共效益论之后形成的又一个关于监管的理论，它从监管机构本身的行为出发，比较完整地论述了其产生和发展的整个过程。它的积极意义在于将人们的注意力从以往的仅仅从经济学理论出发对监管进行研究，转向对监管者实际行为和动机的考察，说明了究竟是什么原因导致了对监管的需求。但是，它不能说明监管的供给是怎么产生的以及是什么原因导致监管机构行为的变异，也不能说明为什么监管者会背离初衷而与被监管者形成相互依赖的关系，更不能说明为什么只有被监管者才是唯一能够给监管机构施加影响的利益集团。另外，与公共效益论相比，俘虏论的论证也欠规范和完整。

监管经济学是在公共效益论和俘虏论的基础上发展起来的一种新的监管理论，它保留了公共效益论关于市场失灵的假设，同时也利用了俘虏论关于监管需求原因的观点。它将经济学中的供求理论引入监管，论述了监管的供给是如何产生的，监管的供给与需求之间又是如何相互作用的。它解释了哪些人可以通过监管获得好处，哪些人将承担监管的成本，监管将以何种形式实施，以及监管对资源配置的影响。既然市场机制会产生失灵，而监管不过是市场中由政府提供的一种产品，它也是通过市场机制来发挥作用的，不可避免地监管也会产生失灵，其中主要的失灵就是监管所带来的高额成本和对竞争条件的破坏，这种失灵被称为政府失灵。由于政府失灵的存在，就不可能通过政府监管去解决所有由市场失灵带来的问题，因此，监管并不是一种简单、便宜和包治百病的万灵药。

五、金融监管理论的变革

（一）20 世纪 30 年代以前的金融监管理论

20 世纪 30 年代以前的金融监管理论主要集中在货币监管和防止银行全面挤提方面，讨论的焦点总是在于要不要建立以中央银行为主体的安全网，对于金融机构经营行为的具体讨论则很少。在 1797—1825 年的金块论战中，亨利·桑顿对真实票据原则提出质疑，要求对发行银行券进行集中监管。1825—1865 年分别支持真实票据理论与桑顿理论的银行学派和通货学派继续围绕着真实票据理论进行争论，最后通货学派获胜，从而统一货币发行的中央银行纷纷成立。货币统一发行的权利赋予了中央银行及其他金融监管机构的监管者地位。中央银行的另一项职能就是建立全国统一的票据清算系统。但是，统一货币发行和统一票据清算之后，货币信用的不稳定问题仍然没有消失，许多金融机构常常由于谨慎的信用扩张而引发金融体系连锁反应式的波动。这样，中央银行以统一货币发行和提供弹性货币供给为特征的金融监管就逐渐转向了通过最后贷款人的职能稳定经济和金融方面上来。尽管在现在看来这些已不算金融监管，但它们却为中央银行进一步自然地发展为广泛的金融活动的监管者奠定了基础。这一时期，另一种值得一提的理论是以哈耶克为首的自由银行制度学派理论，他们不承认市场是有缺陷的，因而信奉金融业的自由经营原则。

（二）20 世纪 30 年代到 70 年代的金融监管理论

20 世纪 30 年代的大危机提供了一系列证明市场不完全性的充分证据，金融监管理论从此建立在对市场不完全性的确认的基础上。外部性、垄断及信息不对称等于市场失灵，需要广泛、严格的政府金融监管。公共效益理论成为主流，在凯恩斯客观经济理论的影响下，传统中央银行的货币管制已经转化为货币政策并服务于宏观经济调控的目标，对金融机构具体经营行为的干预成为这一时期金融监管的主要内容。不过，值得一提的是，上述理论并不是唯一针对金融体系，在当时的理论研究中，如斯蒂格勒关于产业组织和政府管制理论的研究中，对金融业的管制是被当做与对电力、航空等行业的管制类似的情形，金融业的独特性在很大程度上被忽略掉了。

（三）20 世纪 70 年代至今的金融监管理论

20 世纪 70 年代，自由化理论和思想在凯恩斯主义经济政策破产的情况下开始复兴，金融自由化理论以金融压抑和金融深化理论为代表，主张放松对金融业的过度严格管制，特别是解除金融机构在利率水平、业务范围和经营的地域选择等方面的限制，恢复金融业的竞争，以提高金融业的效率。

现实中，金融体系效率下降，压制了金融业发展，金融自由化理论把这归罪于广泛、严格的金融管制；而且，金融监管作为一种政府行为，其实际效果也受到政府解决金融领域市场不完全性问题的能力限制。

可见，如果说20世纪30年代至70年代金融监管理论的核心是金融体系的完全优先的话，金融自由化理论则尊崇效率优先的原则。对此，我们可以从矫枉过正的角度来理解。显然没有任何一个金融自由化理论的支持者同意完全解除政府金融监管，就像当初自由银行制度学派所主张的那样，它们与主张政府干预者的观点差异也仅仅限制在干预的范围、手段和方式等并不算本质的方面，在这种情况下，金融监管开始转向如何协调安全稳定与效率的方面。

20世纪90年代以来，金融自由化理论也因一系列金融危机而受到普遍批评。但是，迄今为止还没有充分的证据证明金融自由化一定会导致金融体系的不稳定，或者尚未自由化的金融体系就一定是安全稳定的；与此同时，一些国家金融机构效率的提高和金融业的繁荣倒是提供了相反的证据。因此，金融理论在其普遍有效性方面还有待于进一步的发展和完善。

 专栏
巴塞尔协议的演变历程[①]

20世纪70年代以后，金融国际化和全球化的程度不断加深，金融创新日趋活跃。各国在放松国内金融管制的同时，也面临着对国际银行业进行监管的需求和挑战，协调国际银行的监管被提上了日程。1974年末，在英格兰银行的倡议下，国际清算银行在瑞士巴塞尔主持召开了由十国集团和瑞士、卢森堡等12个国家参加的会议，研究国际银行风险监管问题。1975年2月，成立了常设监督机构，即"银行业务条例和监管委员会"，后更名为"巴塞尔银行监管委员会"（以下简称巴塞尔委员会）。

巴塞尔委员会自成立以来，制定并发布了银行监管的一系列文件，确立和阐发了有关银行监管的原则、规则、标准和建议，构成了所谓的巴塞尔协议。经过数十年的发展，巴塞尔委员会制定和发布的许多规则已经成为国际银行监管的指向标。巴塞尔协议是一个动态的、不断自我修正的过程，在这个过程中，协议的内容不断更新、方法不断改进、思想不断成熟。至今，巴塞尔协议已经经过了三个重要阶段。

1988年7月，巴塞尔委员会通过了《关于统一国际银行的资本计算和资本标准的协议》，即《巴塞尔协议Ⅰ》。该协议主要包括三方面的内容：第一，资本的组成。对各类资本按照各自不同的特点进行明确界定，将银行的资本构成划分为核心资本和附属资本两个层次。第二，风险加权的计算。根据资产类别、性质以及债务主体的不同，将银行资产的风险划分为五个等级，从"无

---

① 资料根据霍晓冉、王振耀《巴塞尔协议的演变历程梳理》改编。

风险"到"十足风险";对资产负债表外项目采用"无风险"到"十足风险"的信贷风险折算率。第三,资本与风险资产的目标标准比率。银行资本对风险加权资产的最低目标比率为8%,其中核心资本至少为4%;允许各银行在5年过渡期内对其资本基础进行必要的充实,以达到该水平。该协议第一次建立了一套完整的国际通用的、以加权方式衡量表内与表外风险的资本充足率标准,有效地扼制了与债务危机有关的国际风险。

由于《巴塞尔协议Ⅰ》本身在制度设计上存在缺陷,同时随着金融全球化趋势的不断加强,国际银行业需要一个对于风险更加敏感的风险监管框架,因此,2004年6月26日,巴塞尔委员会正式公布了《统一资本计量和资本标准的国际协议修订框架》最终稿,《巴塞尔协议Ⅱ》由三大支柱构成。

第一支柱是最低资本要求,规定资本由核心资本和附属资本构成,同时为了抵御市场风险,增设了第三级资本。《巴塞尔协议Ⅱ》对银行风险的评估更加全面和精细,银行的风险范围不仅涵盖信用风险和市场风险,而且将操作风险也纳入其中。要求银行根据所面临的风险配置相应的资本金,以提高资本对于风险的敏感程度。第二支柱是监督检查,将各国监管机构的监督检查作为确保其实施的重要保障,将各国金融监管当局监管的重点从原来的单一最低资本充足水平转向银行内部评估体系的建设状况。第三支柱是市场约束,对银行的资本结构、风险状况、风险评估程序及资本充足率等重要信息的披露提出了更为具体的定性和定量的信息披露要求。这三大支柱中,最低资本要求是核心内容,监督检查、市场约束是实现最低资本要求的有力保障,三者有机结合,构成了对银行全面风险监管的完整体系。

随着金融创新的不断涌现,《巴塞尔协议Ⅱ》一直秉承的资本充足管理理念受到挑战,2007年金融危机的爆发使得《巴塞尔协议Ⅱ》的问题也日益暴露出来。为了应对金融危机,巴塞尔委员会制定了银行业监管新标准,即2013年发布的《巴塞尔协议Ⅲ》。《巴塞尔协议Ⅲ》主要由以下内容组成:

第一,第一支柱中的资本。《巴塞尔协议Ⅲ》重新定义了资本构成,提升了资本质量,提高了资本框架的风险覆盖范围,特别是对交易账户的风险、资产证券化的风险、资产负债表外工具的风险以及衍生产品带来的交易对手风险暴露的覆盖;提高了最低资本要求比率;引入了杠杆率作为资本充足率的补充方法。第二,第二支柱中的监管标准。《巴塞尔协议Ⅲ》提出了流动性风险管理的17项原则,完善了金融工具评估实践,提升了压力测试的地位,规定了薪酬原则和标准的评估方法,完善了公司治理原则,并突出了加强跨国监管协调的重要性。第三,第三支柱中的信息披露。《巴塞尔协议Ⅲ》提高了信息披露的要求,增加了分别对交易账户中证券化风险的披露、资产负债表外交易工具信息的披露、内部评估方法和其他资产支持商业票据流动性信息的披露、再证券化风险的披露、证券化资产评估风险的披露以及管道和仓储风险证券化风险的披露。第四,增加了流动性比率标准。《巴塞尔协议Ⅲ》提出了流动性覆盖比率(短期标准)和净稳定融资比率(长期标准)两项指标,加强了流动性管理。第五,逆周期的资本缓释。为了应对顺周期的问题,《巴塞尔协议Ⅲ》提出了逆周期资本缓释工具,用于缓解顺周期效应对宏观经济造成的不良影响。

本章小结

1. 金融监管是一国政府或政府的代理机构对金融机构实施的各种监督和管制,包括市场准入、市场退出、业务范围、风险管理和控制以及一系列立法、执法体系的建立过程。

2. 金融市场监管有监管主体、监管对象、监管目标和监管手段四大要素。金融监管原则主要包括合法原则，公开、公平、公正原则，系统性风险控制原则，监管适度原则等。金融市场监管内容可分为金融行政监管和金融业务监管等。

3. 金融市场监管的理论依据主要有公共效益论、俘虏论和监管经济学。公共效益论认为市场中存在自然垄断、外在性和信息不对称等因素。俘虏论则以生命周期模型为代表。监管经济学把监管看成是一种商品，这种商品受供求关系的影响。

4. 金融市场法规体系在世界各国由于情况不同，主要有以美、英为代表的英美法系和以法、德为代表的大陆体系。

关键术语

金融监管　金融监管对象　金融监管目标　金融监管手段　金融监管原则　金融监管内容　公共效益论　外部性　俘虏论　生命周期模型　监管经济学　道德风险　逆向选择　合规成本

案例分析

首例沪港通跨境操纵案　唐汉博被罚超过 12 亿元①

背景资料：

2017 年 3 月，中国证监会（CSRC）在其网站上表示，对唐汉博及其同伙数次操纵 A 股股票开出 12 亿元人民币（合 1.74 亿美元）的罚单，该金额包括罚款和没收的违法所得。中国证券监管机构对市场操纵行为开出了有史以来最大的罚单。

出生于 1973 年 12 月的唐汉博，曾在联合证券、宝盈基金、深圳国城投资任职，从业经验丰富。他多次挑战监管红线，此前已因操纵华资实业、银基发展受到过证监会的处罚，此次为了便于操纵、躲避监管，又横跨内地和香港，利用沪港通机制，跨境操纵股价。

2016 年 2 月 4 日至 6 月 23 日，唐汉博等人使用 3 个独立的香港账户和一个内地账户，在 56 个交易日中通过交易沪港通"小商品城"获利。期间累计买入 460 185 283 股，成交金额 3 388 514 081.57 元，成交均价 7.36 元；累计卖出 460 185 283 股，成交金额 3 438 333 561.03 元，成交均价 7.47 元。共计获利 41 884 236 元。

2016 年 2 月 4 日至 4 月 26 日为主要操纵期间，操纵股价共分四个阶段。

第一阶段：2016 年 2 月 4 日至 15 日为初步建仓阶段，大约用 6 680 万元买入 1 072 万股。2 月 16 日至 18 日为拉高式建仓阶段，账户组通过拉涨停、封涨停、操纵开盘价、

---

① 本案例资料主要取材于《新民晚报》2017 年。

虚假申报、盘中拉抬、对倒等方式实施操纵行为。2月19日至22日为初步卖出获利阶段。2月24日至25日为维持股价阶段。2016年3月1日、2日为再次拉升股价阶段，账户组通过对倒、拉涨停、封涨停、虚假申报撤单、操纵开盘价等方式再次拉升"小商品城"股价。3月3日是卖出获利阶段。

第二阶段：2016年3月4日至16日是维持股价阶段，账户组以对倒、盘中拉抬、虚假申报等方式维持、拉抬股价。3月17日、18日为再次拉升股价阶段，账户组通过盘中拉抬等手法持续买入以推高股价。3月21日为卖出获利阶段，以7.6元的价格申报卖出"小商品城"40 896 242股，成交16 194 142股。

第三阶段：3月23日至29日为加仓阶段，账户组通过日内双向申报、对倒、高买低卖等方式操纵股价，期间累计买入"小商品城"28 452 559股，累计卖出13 163 748股。3月30日至4月8日为逐步卖出阶段，期间账户组累计买入25 024 119股，累计卖出53 486 976股。2016年4月11日至14日为加仓拉抬股价阶段。4月15日为拉高出货阶段，以7.95~8.2元的价格申报卖出69 949 090股，成交54 038 190股，占当日市场成交量的44.55%。

第四阶段：2016年4月20日至25日，为加仓及维持、拉抬股价阶段。4月26日至6月23日，为卖出获利阶段，4月26日"唐汉博"账户以7.2~7.4元的价格申报卖出"小商品城"21 085 658股，成交17 603 596股。

在利用沪港通操纵小商品城的案件中，唐汉博坐镇香港，利用海外账户回到A股进行交易。之所以选择香港，是因为证监会在日常监管中是从上海证券交易所和深圳证券交易所调取数据，而香港证券交易所的数据系统是独立于体系之外的，因此在香港交易，能更大程度地避开证监会的监管。2014年10月17日，中国证监会与香港证监会签署了《沪港通项目下中国证监会与香港证监会加强监管执法合作备忘录》，内容就包括线索和案件调查信息通报、协助调查和联合调查、文书送达、协助执行、投资者权益损害赔偿、执法信息发布、人员培训交流等合作机制。中国证监会通过与香港证监会合作，查出的唐汉博操纵市场案是利用"沪港通"的首例跨境操纵市场案件，今后两地证监会会更加紧密地合作，加强信息共享、加大金融监管力度，共同促进中国证券市场健康、有序发展。

讨论题：

1. 这起跨境操纵案反映了我国金融监管的哪些问题？
2. 对我国证券业监管的启示主要有哪些？

分析路径与思路：

1. 反映出的金融监管问题：

（1）监管信息不对称。唐汉博之所以选择坐镇香港、利用香港账户进行违规操作，是因为他觉得中国证监会对其在香港的账户不能进行准确有效的监管，不仅监管者与被监管者之间信息不对称，中国证监会和香港证监会对唐汉博所掌握的信息也会有一定差异，监管者之间信息也存在不对称现象。

（2）证券账户管理过于宽松。无论是个人账户数量，还是每日的交易量和交易额，证监会的监管都过于宽松。操纵股价需要投资者有不同的证券账户、大量的资金和可观的成交量，唐汉博正是具备这三项条件才能轻易地操纵股价，迅速赚取大量非法收入。

2. 对我国证券业监管的启示有：

（1）监管机构应加强合作，实现信息共享。监管者之间应建立健全的信息披露制度，利用发达的网络技术，实现信息快速、及时和准确的共享，实现对被监管者的信息互补。全面掌握被监管者的信息，有利于监管者作出准确判断，提高监管效率和监管水平。中国证监会和香港证监会应紧密配合、加强合作，严格查处证券市场上的违规操作行为，促进证券市场的有序、健康发展。

（2）完善立法，从严监管。监管机构应加强对投资者证券账户的审查和管理，对交易量大、交易频繁的账户持续、重点关注。进一步修订和完善证券法律知识，加大对证券市场违规操作的处罚力度，实现从严监管。

（3）开展投资者教育，引导投资者树立正确的投资观念。对新入市或投资经验较少的投资者，进行证券投资基础知识教育，向其解释和宣传证券市场监管方面新的政策法规，帮助其树立正确的投资观念，避免盲目跟风操作。

能力训练

一、单项选择题

1. 金融监管理论和实践的核心是（　　）。
   A. 监管主体　　　B. 监管法律　　　C. 监管手段　　　D. 监管目标
2. 美国确立银行业分业经营原则的法律是（　　）。
   A.《1933年银行法》
   B.《1935年银行法》
   C.《1956年银行控股公司和道格拉斯修订案》
   D.《1960年银行合并法》
3. 实行全能型银行制度的国家是（　　）。
   A. 美国　　　　　B. 英国　　　　　C. 德国　　　　　D. 日本
4. 把监管看成是一种商品，认为这种商品的分配受供求关系支配的金融监管理论是（　　）。
   A. 俘虏论　　　　　　　　　　　　B. 监管经济学
   C. 金融脆弱性理论　　　　　　　　D. 公共效益论
5. 香港金融业实行的是（　　）。
   A. 混业经营，混业监管　　　　　　B. 混业经营，分业监管
   C. 分业经营，分业监管　　　　　　D. 分业经营，混业监管

二、多项选择题

1. 金融监管的要素包括（　　）。

A. 监管主体和监管对象 　　　　B. 监管法律
C. 监管手段 　　　　　　　　　D. 监管目标
2. 金融监管的手段包括（　　）。
A. 经济手段　　B. 法律手段　　C. 自律管理　　D. 行政手段
3. 按照金融监管的范畴划分，可以分为（　　）。
A. 金融行政监管 　　　　　　　B. 金融机构监管
C. 金融风险监管 　　　　　　　D. 金融业务监管
4. 信息不对称导致的后果有（　　）。
A. 逆向选择　　B. 垄断　　　　C. 道德风险　　D. 外部性
5. 德国的银行监管机构包括（　　）。
A. 联邦银行业监管局 　　　　　B. 联邦银行
C. 财政部 　　　　　　　　　　D. 金融监管局

三、简答题

1. 试述金融市场监管的概念及要素。
2. 金融监管的原则是什么？
3. 简述生命周期模型。
4. 用图形描述监管的合规成本和福利损失。

四、论述题

1. 试述公共效益理论的假设及主要论点。
2. 试述金融监管理论的变革。

第十二章
金融监管体制

学习目标：

了解金融监管体制的变迁、发达国家金融监管体制的比较以及中国金融监管体制的发展演变。

知识结构图：

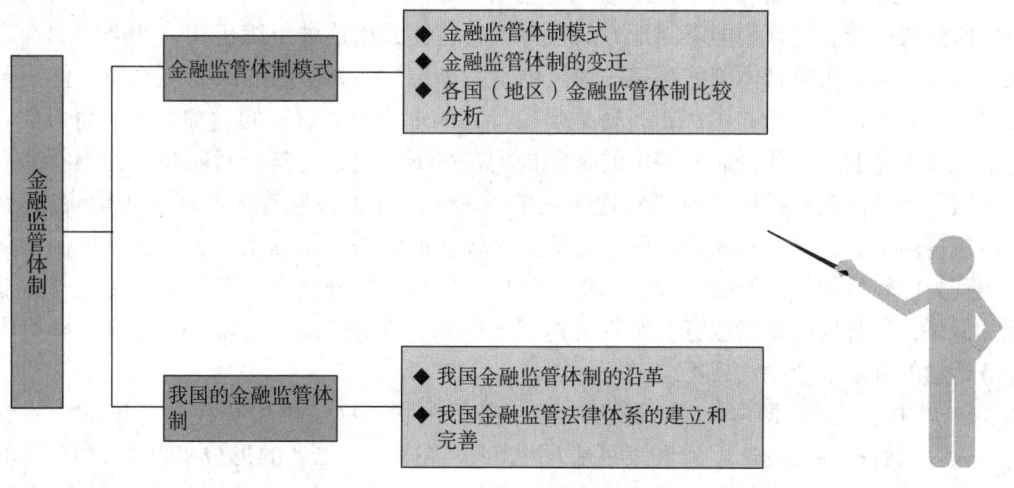

第一节 金融监管体制模式

金融监管体制涉及金融监管当局、中央银行以及金融监管对象等多个要素。金融监管体制的模式受一国社会经济体制、经济发展水平、社会结构、政治结构和具体组织结构等多种

{ 金融监管体制：是金融监管体系和基本制度的总称。

因素制约。

20世纪80年代以来，始于西方的金融自由化、金融创新浪潮冲垮了第二次世界大战后在许多国家推行的专业金融体制，一些国家的金融业纷纷挣脱政府管制和法律限制，向更高层次深入发展。通过收购、兼并或者设立附属公司，或者通过金融创新绕过管制从而向顾客提供原先只由其他机构经营的业务。在这种情况下，传统经营模式被打破，银行与非银行金融机构之间的业务界限逐渐模糊，金融机构业务走向多元化、综合化。金融监管体制模式也因此出现了发展变革。

一、金融监管体制模式

金融监管体制模式在不同的国家（地区）有不同的特点，概括来讲，可将其分为三类。

1. 一元多头式。这是一种全国的金融机构的监管权集中在中央，地方没有独立的权力，在中央一级由两家或两家以上的机构共同负责的监管模式。德国、日本、法国均属于这种模式，反映了这些国家权力集中的特性和权力制衡的需要。一元多头金融监管体制的优点是有利于金融体系的集中统一和监管效率的提高，但需要各金融管理部门之间的相互合作和配合。从德国、日本、法国的实践来看，人们习惯和赞成各权力机构相互制约和平衡，金融管理部门之间的配合是默契的和富有成效的。然而，在一个不善于合作与法制不健全的国家里，这种体制难以有效运行。

2. 二元多头式。即中央和地方都对银行有监管权，同时每一级又有若干机构共同来行使监管的职能。联邦制国家因地方的权力较大往往采用这种组织机构，如美国和加拿大。实行二元多头监管体制的国家的情况也不完全相同。如美国的二元多头监管体制形成对某一家银行（不管是国民银行还是州银行）的多头的、重复的检查管理；而加拿大的二元多头体制却是各自监管特定的金融机构，并不重复，尤其是对联邦特许银行——商业银行和外国银行机构的监督管理还是单一的。二元多头监管体制适用于地域辽阔、金融机构多而且情况差别大或政治经济结构比较分散的联邦制国家。实行这种体制的优点表现为能较好地提高金融监管的效率，防止金融权力过分集中，有利于金融监管专业化。但是，这种监管体制也存在监管机构交叉重叠、容易造成重复检查、影响金融机构业务活动的开展、金融法规不统一等缺点。

3. 集中单一式。即由一家金融机构集中进行监管，这一机构往往是各国的中央银行。这种监管模式在发达国家和发展中国家都很普遍，但二者的形成机制却有所不同。发达的市场经济国家实行此种模式是金融高度发达基础上一体化的结果，是与其完善的市场体系、高度的经济水平和自身拥有较大独立性的中央银行相适应的。发展中国家采用这种模式，原因则在于其国内市场体系不完善，金融制度结构比较简单，客观上需要政府通过中央银行统一干预监管以便与这种状况相适应。因此，尽管发展中国家的银行监管也由中央银行执行，但体现的是政府意志，而不具备中央银行独立的监管和决策权力。这种监管体制的优点主要包括金融管理集中，金融法规统一，有助于提高货币政策和金融监管的效率。但是，这种体制易于使金融管理部门养成官僚化作风，滋生腐败现象。

二、金融监管体制的变迁

由于金融监管体制模式通常与金融业经营模式有一定的联系,而金融业经营模式主要是分业经营和混业经营,因此又可以把金融监管体制划分为分业监管模式和混业监管模式。分业监管模式是指在银行、证券、保险领域内分别设置独立的监管机构,专门负责本领域的监管。混业监管模式是指仅设一个统一的金融监管机构,对金融市场、金融机构和金融业务进行全面的监管。

(一) 20世纪30年代以前

20世纪30年代以前,金融业基本是混业经营的格局,金融业的核心是银行业,证券业和保险业都不发达。20世纪初,美国金融市场的主体商业银行开始经营证券业务。1929年以前,证券市场日益繁荣和膨胀,证券市场上的投机、投资、包销、经纪活动空前活跃,商业银行大力扩展投资银行业务,并直接担任证券承销商。这一阶段的银行业务综合化、自由化,从存款、贷款、汇兑到信托,经营活动自由,政府很少给予限制。商业银行通过对企业的贷款和股权投资,参与竞争企业债权、股票发行的主承销权,并从银行的信贷和股权参与部门中划分出证券推销部门,专门从事证券业务。在混业经营的金融体制下,金融监管的职能基本由中央银行履行,中央银行是唯一的监管机构,属于比较典型的混业监管。英格兰银行、德意志银行、法兰西银行和美国联邦储备体系都承担金融监管的职能。

(二) 1929—1933年大危机至20世纪70年代

1929—1933年,西方世界发生了一次严重的经济危机,这次由于证券市场大崩溃引起的经济危机对西方的银行业和证券业是一个毁灭性的打击,使得银行业与证券业合业经营的弊端暴露出来。美国国会经过调查后认为,这次经济危机是以大量银行倒闭为特征的金融危机,旧银行倒闭的重要原因是银行从事了高风险的证券业务。因此,1933年美国国会通过了《格拉斯—斯蒂格尔法》,该法确立了银行与证券、银行与非银行机构分业经营的制度,成为一部划时代的金融立法,对全球金融经营体制产生了深远的影响。该法规定,任何以吸收存款为主要资金来源的商业银行,除了可以进行投资或代理、经营指定的政府债券、用自有资本有限地买卖股票债券外,不能同时经营证券投资等长期性投资业务;同样,证券公司也不能从事吸收存款等商业银行业务。这是美国证券业和银行业分业经营的重要标志。为了加强对证券业的监管,1933年美国颁布了《证券法》,1934年颁布了《证券交易法》,1939年颁布了《信托契约法》,1940年颁布了《证券公司法和投资顾问法》,1939年设立了证券交易委员会(SEC)。金融监管的加强对维护金融业的稳健经营、增强公众信心发挥了重要的作用。第二次世界大战后,许多国家纷纷参照美国建立了分业监管的模式,如日本、加拿大、澳大利亚等。然而,与此同时,以德国为代表的部分欧洲大陆国家仍然维持混业监管的金融监管体制模式。因此,这一阶段世界金融监管体制大致可以分为两种:一种是以美国为代表的分业经营、分业监管体制,另一种是以德国为代表的混业经营、混业监管体制。

(三) 20 世纪 70 年代以来

20 世纪 70 年代以来,由于商业银行不断加剧竞争以及国际资本流动的日趋活跃,推动了金融创新的发展。这些不断涌现的金融创新模糊了不同金融机构之间的业务界限,银行、证券和保险的产品日益趋同。各国金融管理当局在内外压力的推动下,纷纷对本国金融体制实行了重大改革,其中一个重要内容就是打破商业银行与证券业之间的界限,出现了银行业与证券业融合的趋势。1999 年 11 月,美国国会通过了《金融服务现代化法》,允许金融持股公司下属子公司对银行、证券、保险兼业经营,证券公司和保险公司也可通过上述方式经营商业银行业务,美国金融业重新进入混业经营时代。英国、日本等国家也都在 20 世纪八九十年代先后完成了分业经营向混业经营的过渡。为了在混业经营的体制下更有效地对金融机构进行监管,许多国家对金融监管体制进行了改革,建立各监管机构之间的协调与合作机制,或是将建立集中统一的监管机构作为改革的目标。

专栏

美国国会于 20 世纪先后通过了三个具有重大影响力的法案。第一个是 1933 年的《格拉斯—斯蒂格尔法》;第二个是 1956 年通过的《银行控股公司法》,其在《格拉斯—斯蒂格尔法》的基础上有所发展;第三个是 1977 年通过的《社区再投资法》。这三个法案是美国金融业发展的法律基础。

随着美国金融业的发展和扩张,1933 年的《格拉斯—斯蒂格尔法》对美国金融的快速发展起到了抑制的作用。商业银行不满足于低利润的银行零售业,开始向投资银行渗透,很多商业银行都有变相的投资银行部门。自 20 世纪 80 年代起,《格拉斯—斯蒂格尔法》遭到很多商业银行的反对。

1988 年,第一次尝试废除《格拉斯—斯蒂格尔法》,未成功。

1991 年,布什政府经过研究推出了监管改革绿皮书(Green Book)。

1998 年,以花旗银行和旅行者集团合并为标志,《格拉斯—斯蒂格尔法》名存实亡。

1999 年,克林顿政府向国会提交由 1991 年布什政府推出的监管改革绿皮书(Green Book)并经国会通过,形成了《金融服务现代化法案》(*Financial Services Modernization Act*),也称《格雷姆—里奇—比利雷法案》(*Gramm – Leach – Bliley Act*),废除了 1933 年制定的《格拉斯—斯蒂格尔法》有关条款,从法律上消除了银行、证券、保险机构在业务范围上的边界,结束了美国长达 66 年之久的金融分业经营的历史。其结果是,商业银行开始大规模参与从事投资银行的活动,如花旗集团(Citigroup)和摩根大通(JP Morgan)。

三、各国(地区)金融监管体制比较分析

金融创新和新市场的出现使金融机构和金融体制的风险特征更为复杂,导致了金融组织的改变、金融业务的综合发展,这些使金融监管更加复杂并且范围广大。同时,金融业务国际化的日益发展强调金融监管的国际标准和范围。所有这些都使传统的监管组织结构和方式面临挑战,并导致了一些国家和地区金融监管体制的改变。

表 12–1　　　　　　　主要国家和地区金融业经营及监管体制

国家（地区）	经营方式		监管方式
	过去	现在	
美国	分业	混业（1999年，废除《格拉斯—斯蒂格尔法》，通过了《金融服务现代化法案》，标志着进入混业经营时代）	分业监管
英国	分业	混业（1986年）	混业监管
日本	分业	混业（1996年11月）	混业监管
德国	混业	混业	混业监管
瑞士	混业	混业（与保险业是分开的）	混业监管
荷兰	混业	混业	分业监管
卢森堡	混业	混业	银行、证券混业监管 保险单独监管
比利时	分业	混业	银行、证券混业监管 保险单独监管
意大利	分业	分业	分业监管
加拿大	分业	分业	银行、证券混业监管 保险单独监管
法国	分业	分业（可持非银行公司股份，但不超过20%）	分业牵头监管
韩国	分业	分业（业务范围在不断放开）	混业监管
中国	分业	分业	分业监管
中国香港	混业	混业	分业监管

资料来源：谢萍、蔡浩仪等：《金融经营模式及监管体制研究》，北京：中国金融出版社，2003。

表 12–2　　　　　　　各国（地区）银行监管机构

	中央银行	非中央银行	合计
银行单独监管	63	7	70
银行和证券统一监管	7	6	13
银行和保险统一监管	16	13	29
银行、证券和保险统一监管	3	8	11
合计	89	34	123

表 12-2 和表 12-3 综合了当前 123 个国家（地区）金融监管体制的概况。但应注意，这并不是将复杂的体制结构进行压缩形成的简单的表格：一是实际监管工作并不总是如同正常机构所述的那样准确，而且分工界限和职责也通常与正常机构的结构不同。二是当监管职责交叉时，如有些机构联合监管某个领域，各监管机构之间的协调、合作和信息共享程度不同。三是对金融业各个部门通常是由整个金融体系监管，而实行统一监管的各国的经验也千差万别。

表 12-3 各国（地区）金融监管体制结构概况

监管机构	国家
中央银行	3
其他机构	10
实行银行、证券和保险分业监管	35
实行银行单独监管、证券和保险统一监管	3
实行银行和证券统一监管、保险单独监管	9
实行银行和保险统一监管、证券单独监管	13
合计	73

1. 商业银行的监管机构大多数情况下 [123 个国家（地区）中的 81 个] 是中央银行。同时，多数国家（地区）[123 个中的 70 个] 负责监管银行的机构并不监管其他金融机构，只有荷兰、新加坡和乌拉圭实行由中央银行负责银行、证券和保险公司的三业监管。

2. 在更广泛意义上考虑监管体制的组织结构时，73 个国家（地区）中的 35 个对银行、证券和保险实行由特定机构分业监管，保险公司是由指定的机构监管。但是自 1996 年以后，有指定专业监管机构的国家越来越少。智利和斯洛伐克等实行银行业单独监管、证券和保险由同一机构监管。有 9 个国家实行银行和证券统一监管、保险由单独机构监管。有 13 个国家实行银行和保险由同一机构统一监管、证券单独监管。

3. 实行统一监管的国家有奥地利、挪威、丹麦、马耳他、瑞典、澳大利亚、冰岛、日本、韩国和英国等 10 个国家。这些国家建立统一监管机构，其内部组织结构也大有不同，可归纳为三种模式。

（1）英国模式。由金融服务管理局负责所有金融机构和市场两方面的监管；现有的自律组织也合并为一个单一机构，从而结束了双重监管体制。英格兰银行将保存最后贷款人的职能，其目的是保持金融体系的稳定，监管涵盖防范系统性风险和维护消费者利益两个层面。

（2）澳大利亚的双峰式模式。选择监管方式时要根据监管目标建立监管机构。监管目标包括系统稳定和客户保护两方面。澳大利亚证券与投资委员会负责单一日常业务经营（客户保护）监管，该机构的职责有：信息披露、客户保护、金融咨询及维护市场经营的统一性。澳大利亚审慎监管局负责所有金融机构的审慎监督（系统稳定）。

（3）奥地利在 1997 年建立了单一机构，负责所有经营业务的监管，但是对证券业、银行业和保险业保留了不同的审慎监管机构。

四、次贷危机后各国金融监管改革

（一）次贷危机后美国的金融监管改革

次贷危机发生之前，美国实行的"双重多头"监管模式就已因监管成本高而效率低、监管重叠与监管真空并存、"监管竞次"、"监管套利"等问题饱受质疑。

对于这次国际金融危机的爆发与蔓延，美国金融监管当局有着不可推卸的责任，这也导致了人们对美国现行金融监管体制的质疑。面对外界的批评与改革呼声，奥巴马政府于2009年6月17日公布了《金融监管改革——新基础：重建金融监管》的改革方案，旨在增强美国资本市场的竞争力，保护美国的消费者利益和维护市场稳定。这一改革方案体现出美国金融监管理念发生了改革，强调"无盲区、无缝隙"的全面监管理念。2010年7月21日，奥巴马正式签署金融监管改革法案——《多德—弗兰克华尔街改革与消费者保护法案》（以下简称《多德—弗兰克法案》），该法是自1933年全球经济大萧条之后美国通过《格拉斯—斯蒂格尔法》以来最重要的金融监管改革法，力求从强化宏观审慎监管、提高监管标准、建立自救处置机制、加强影子银行监管、改革证券市场、加强消费者保护等方面改革金融监管。《多德—弗兰克法案》对银行、对冲基金、信贷评级机构、交易商、投资咨询机构、上市公司、会计和其他金融机构的运行规则等进行了全面的改革与修订。该法围绕监管系统性风险和消费者金融保护两大核心，着重推进了七个方面的改革措施，主要包括：第一，成立消费者金融保护局，加强对消费者权益的保护；第二，成立金融稳定监管委员会，应对系统性风险；第三，健全预防机制，降低金融机构"大而不能倒"情况出现的可能性；第四，监督高管薪酬，抑制风险过度行为；第五，强化证券业监管，保护投资者利益；第六，加强金融衍生产品监管；第七，加强对对冲基金等机构的监管。

（二）次贷危机后英国的金融监管改革

英国在2008年国际金融危机中同样遭受了严重的冲击，因此危机后它积极推进金融监管改革，改革的成果主要体现为《2009年银行法》和《2010年金融服务法》，目的是为了加强对金融稳定性的监管并弥补在此次危机中暴露出的立法缺陷。主要内容包括：第一，《2009年银行法》明确规定了英格兰银行作为中央银行在金融稳定中的法定职责和所处的核心地位，并强化了相关的金融稳定政策工具。第二，《2009年银行法》赋予英格兰银行保障金融稳定的新的政策工具，赋予英格兰银行在政策操作中更大的灵活性。为了降低系统性风险的危害，《2010年金融服务法》规定了复苏及解决方案，即金融服务局有义务制定规则要求金融机构在陷入财务困境时必须提出并始终执行复苏及解决方案。第三，《2009年银行法》建立了特别处置机制（SRR）来干预和处置问题银行，以防金融风险扩散。第四，《2010年金融服务法》中明确了关于扩大金融服务局的权力和职责的规定。第五，《2010年金融服务法》提出了保护消费者利益的若干措施。

此外，2012年12月英国议会通过了《2012年金融服务法》，该法对英国金融监管体制进行了系统性改革，新设立了金融政策委员会（作为英格兰银行内设机构）、审慎监管局（作为英格兰银行的附属机构）、金融行为监管局三个监管机构。

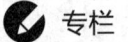专栏

审慎监管是指监管部门以防范和化解银行业风险为目的，通过制定一系列金融机构必须遵守

的周密而谨慎的经营规则,客观评价金融机构的风险状况,并及时进行风险监测、预警和控制的监管模式。

审慎监管的理念源于巴塞尔委员会 1997 年的《银行业有效监管核心原则》(Core Principles for Effective Banking Supervision)。在该文件中,审慎监管原则被作为其中一项最重要的核心原则确立下来。《银行业有效监管核心原则》包括 7 个部分共 25 条原则,从银行业有效监管的前提条件、银行准入和结构、审慎监管法规和要求、持续监管手段、信息披露、监管者的正式权力、跨境银行监管等七个方面,分别对监管主体和监管行为作出规定。这些原则是世界各国近百年银行监管经验和教训的系统总结,反映了国际银行业发展的新变化和银行监管的新趋势。《银行业有效监管核心原则》已得到大多数国家的认同,并作为建立和完善本国银行监管体系的指导准则。由此,《银行业有效监管核心原则》被认为是国际银行监管领域里一份具有里程碑意义的重要文献。在"审慎监管法规和要求"(Prudential Regulations and Requirements)部分,《银行业有效监管核心原则》共提出了 10 条原则,要求监管当局制定和实施资本充足率、风险管理、内部控制、资产质量、损失准备、风险集中、关联交易、流动性管理等方面的审慎监管法规。这些审慎监管法规可以分为两大类:一类涉及资本充足率监管,另一类涉及风险管理和内部控制。

我国《银行业监督管理法》《商业银行法》等有关金融法律法规借鉴国际银行业监管惯例和《银行业有效监管核心原则》的基本精神,确立了银行业审慎监管的理念和原则,并将其作为银行业监管的最重要的制度予以贯彻落实。

(三) 次贷危机后日本金融监管改革

国际金融危机后,日本金融厅虽然采取了一系列应急措施,但仍坚持鼓励金融创新的原则,并没有采取过多的金融监管调整措施,只是制定了以下稳定市场的短期应急措施:改革会计措施,对应国际会计改革动向;缓解中小企业融资瓶颈,修改监管指导和金融检查手册;修改《金融功能强化法》,推动中小企业融资;部分放松自有资本比率监管等。在此基础上,日本金融厅又制定了中长期监管治理措施:将行政资源尽早投入到对金融危机影响的把握和分析上,尽早采取应对措施;明确证券化商品原资产的可追查性;加强对评级公司的监管;强化金融厅的内部体制,设立新的部门负责把握市场动态等。

(四) 次贷危机后德国的金融监管体制改革

由于德国的经济金融体系本身并无根本性缺陷,再加上欧盟监管一体化推动了德国的金融监管与欧盟监管要求趋于一致,因此金融危机后德国的金融监管改革并未像美国那样整体推出一系列的金融监管改革方案,而是结合了本国法规,以修正的方式贯彻欧盟及国际组织的监管改革要求,加强宏观审慎监管,实现与微观审慎监管之间的有机结合。德国在危机后为金融监管体系增设两家监管当局:宏观审慎管理当局(FSC)和联邦金融市场稳定局(FMSA)。

德国更加强调以银行体系作为切入点构建宏观审慎监管体系,通过强化内在稳健性、重视针对系统重要性的金融机构的跨境监管合作、在加强预警和早期干预等方面强化对系统性危机的防范。其中宏观审慎监管的主要内容有以下几点:

(1) 修改风险管理的最低要求,加强金融机构的稳健性和应对系统性风险的管理能力;

（2）丰富逆周期监管工具，重视改善跨期风险变化对金融稳定的影响；

（3）加强国家间监管合作，重视对具有系统重要性的机构的有效监管；

（4）重视应对危机的实践与经验，积极加强监管当局防范系统性风险的早期干预以及干预手段；

（5）加强中央银行金融稳定的职能，组织金融监管当局职能的重新分配。

专栏

国际金融危机之前，欧盟在金融监管上的法律协调采用莱姆法路西框架（Lamfalussy Framework）。莱姆法路西框架分为四个层次：第一层包括欧洲经济与金融事务理事会（ECOFIN）、欧洲议会（EP）、欧盟委员会（EC），主要是进行框架原则性立法，由欧盟委员会提出立法建议；第二层包括欧洲银行业委员会（EBC）、欧洲保险与职业养老金委员会（EIOPC）以及欧洲证券委员会（ESC），主要是确定、建议和决定有关对第一层指令和条例的实施细则；第三层包括欧洲银行业监管者委员会（CEBS）、欧洲保险与职业养老金监管者委员会（CEIOPS）、欧洲证券监管者委员会（CESR），主要是加强成员国监管当局的合作，以确保统一实施第一层、第二层立法；第四层即执行层次，各成员国监管者具体实施欧盟指令、条例，欧盟委员会负责监督实施（Stichele，2008）。此外，欧盟委员会（EC）、欧洲中央银行（ECB）、各国中央银行及部长级官员共同组成了经济金融委员会（EFC），以对金融市场问题进行共同讨论并与第三方国际机构（如IMF）加强合作。

危机显示，欧盟旧有的监管体系存在不少的问题，其中包括欧盟层面的监管框架松散，在危机管理上应对不足，欧盟法律在会员国层面的实际实施效果差强人意。金融危机之后，欧盟的金融监管框架发生了翻天覆地的变化，其中有两大变化最值得注意：（1）欧盟委员会提议创建了欧洲金融监管体系（ESFS），形成了一个多层次的、宏观审慎与微观审慎相结合的监管体系；（2）在旧框架中，欧洲中央银行的部分职责是维护金融稳定，而不直接监管银行业或金融市场；但在新框架中的单一监管机制（Single Supervisory Mechanism）下，欧洲中央银行负责监管整个欧洲银行业，尤其以123家系统重要性银行为重（Volcker，2015）。

欧洲金融监管体系（ESFS）的微观审慎机构包括欧洲银行管理局（EBA）、欧洲证券与市场管理局（ESMA）、欧洲保险与职业养老金管理局（EIOPA）这三个审慎管理局（European Supervisory Authorities）。EBA、ESMA以及EIOPA分别替代了旧框架中的CEBS、CESR以及CEIOPS，并对相应行业进行监管。ESFS的宏观审慎机构则是欧洲系统风险委员会（ESRB），其职责包括识别系统性风险，针对所识别的风险提出警告或建议，监控建议实施情况等。除此之外，由EBA、ESMA、EIOPA组成的协调机构—欧洲监管局联合委员会（JCESA），以及各国的主要监管当局（National Competent Authorities，如德国的BaFin）也被包含在ESFS的框架之中。

除了ESFS，欧洲中央银行在现行的金融监管框架中也扮演了重要的角色并承担了制定宏观审慎政策的职责。2013年，欧盟理事会（Council of the European Union）提出了单一监管机制（SSM），使欧洲中央银行以监管者的角色对欧洲银行业以及金融稳定进行监控。SSM于2014年正式实行，并同时成为欧盟所欲打造的银行联盟（Banking Union）中的第一个重要组成部分。单一清算机制（SRM）是银行联盟中另一个重要的组成部分。SRM旨在为面临破产威胁的信贷机构、投资公司等金融主体提供救助和复苏方案。SRM机制由单一清算委员会（SRB）和单一清算基金（Single Resolution Fund）组成，SRB 则直接对欧洲议会负责。目前，银行联盟正计划在欧元区内建立欧洲存款保险计划（European Deposit Insurance Scheme），以加强对银行业内系统性风险的防范。

第二节　我国的金融监管体制

一、我国金融监管体制的沿革

（一）计划经济体制下的金融监管

新中国成立后，经过社会主义改造，建立起计划经济体制，到1978年期间，与高度集权化的计划经济相适应，我国实行高度集中的金融管理体制。这个时期中国金融业有两大突出特点：一是金融结构单一。中国人民银行集储蓄、工商信贷和发行货币于一身，除银行和一些农村信用社外，基本上不存在其他金融机构。二是金融业务单一。当时中国除了银行信用以外几乎没有任何其他的信用形式。中国人民保险公司只有一些海外业务，基本上没有国内业务，证券业被视为是资本主义的产物而被取缔。

中国金融业不存在分业经营和混业经营问题，金融监管主要以上级银行对下级银行执行统一的信贷计划和现金计划进行管理。

（二）经济体制转轨时期的金融监管

在经济体制转轨时期，我国金融业开始尝试混业经营。这个阶段我国金融业混业经营的主要特点有：一是银行兼营信托业和证券业；二是信托公司兼营银行业务；三是证券公司介入银行业参与短期融资；四是金融企业大量从事非金融业务；五是非金融部门也通过各种方式介入金融业务。

这一时期的金融监管能力较弱。1983年9月，国务院决定中国人民银行专门行使中央银行职能，初步在我国形成了二元化银行体制。中国人民银行在金融监管方面的主要职责包括：按规定审批金融机构的设立、变更、终止及业务范围；对金融机构的存款、贷款、结算、呆账等情况随时进行稽核、检查监督以及要求金融机构按规定报送资产负债表、损益表及其他财务会计报表和资料。通过监督管理，保护了存款人、投资者和社会公众的利益，从而使金融业合法、稳健、有效运行，促进了国民经济的持续、快速、健康发展。但同时也出现了一些问题。第一，由于计划经济体制的基础框架还没有改变，不论是国家专业银行还是中央银行，作为货币资金计划分配工具的地位难以改变；中央银行再贷款成为中央银行扩张信贷规模的推动器，两者互为作用，造成了信贷规模的一增再增，不良资产越积越多，金融风险不断积累；中央银行的首要任务是分配资金，金融监管的重点是检查专业银行是否按照国家的要求发放贷款，风险监管的功能不强。第二，专业银行既办理政策性业务又办理商业性业务，难以企业化经营。第三，非银行金融机构过度扩张，定位不准，导致金融管理绩效下降。这些问题的存在，在一定程度上引起了经济金融秩序的混乱，反映出金融监管体制尚不完善，金融风险问题突出。

(三) 建立与社会主义市场经济体制相适应的金融监管体制

1994年以后,我国金融业的分业经营体制逐步确立,与此相适应,也初步形成了分业监管体制。

1. 中国人民银行统一监管时期。1986年1月,国务院颁布了《中华人民共和国银行管理暂行条例》,其中规定:"中国人民银行是国务院领导和管理全国金融事业的国家机关,是国家的中央银行。"中国人民银行主要负责制定有关金融法规和政策,制定金融规章制度,管理金融机构与金融市场,全面管理股票和债券。同时,中国人民银行作为国家证券主管机关负责证券发行、上市的审批。保险监管职能也由中国人民银行承担。

2. 1992年,中国证券监督管理委员会成立,证券监管部分独立。随着证券业的发展,我国证券市场的监督管理体系也逐步建立起来。1981—1985年,证券业由财政部独立管理。1986—1992年,证券业由中国人民银行主管。1990年,在中国人民银行设立了八个部委共同参加的国务院股票审批办公室,即股票市场办公会议制度。1992年6月,成立国务院证券管理办公室,统一的证券市场领导管理体制初步形成。此外,成立了两个民间证券业自律组织,即中国证券业协会和国债协会。由此我国证券业监管开始步入政府管理和行业自律性管理相结合的新阶段。

1992—1998年,证券业由国务院证券委员会主管。1992年10月,国务院决定成立国务院证券委员会(简称证券委)和中国证券监督管理委员会(简称证监会)。证券委作为证券业的主管机构,主要负责证券市场的宏观政策制定,其主要职责包括:组织拟订有关证券市场的法律法规草案,审核申请设立的证券交易场所,并配合国家计委下达证券市场的年度规模。证监会是证券委的执行机构,它对证券业、证券市场实施全过程、全方位的监管。1992年以后,中国人民银行已不再是证券市场的主管机关,但仍然负责审批金融机构,其中包括证券交易中心和证券商,还负责管理债券交易投资基金。

在这一证券监管体制下,我国开始在全国范围内进行股票发行和上市试点,证券市场逐步成为全国性市场,证券业的监管也由分散监管走向集中监管。从1998年至今,证券业由证监会主管。1998年,国务院决定撤销证券委,其工作改由证监会承担,并决定其对地方证券管理部门具有垂直领导权,同时,中国人民银行对证券机构的审批监管权也划给中国证监会,这就形成了以中国证监会为主和集中统一的证券监管体系。

3. 1998年,中国保险监督管理委员会成立,分业监管制度形成。中国保险业发展较慢,尽管1949年10月成立了中国人民保险公司,但在计划经济体制下,商业保险和社会保障难以形成市场。1980年,我国开始恢复停办20年之久的国内保险业务。1986年2月,中国人民银行批准设立了新疆生产建设兵团农牧业保险公司,从此结束了中国人民保险公司独家垄断保险业的局面。此后,中国太平洋保险公司、中国平安保险公司相继成立。1992年10月,美国友邦保险公司成为第一个在中国开业的外国保险公司。1996年7月,中国人民保险公司改建为中国人民保险(集团)公司,实行分业经营,下设中保财产保险有限公司、中保人寿保险有限公司与中国再保险有限公司。同年,新华人寿、泰康人寿、华泰财险、华安财险四家股份制保险公司获准成立。中国保险业真正进入了竞争和开放时代。

中国保险业监管过去一直由中国人民银行承担。中国人民银行下设保险司,具体负责保险监管工作，保险司有六大处，分别为财产险管理处、寿险管理处、再保险管理处、中介机构管理处、业务检查处和混业处。另外，关于外资保险公司和外资保险中介公司的审查批准及有关对外资保险和中介机构的政策方针和有关规则办法的制定，由中国人民银行外资金融机构管理司负责。对保险公司和保险业的现场检查，则由中国人民银行稽核司负责。

1998年，中国保险监督管理委员会（简称中国保监会）成立，使保险监管从中国人民银行金融监管体系中独立出来。中国保监会的成立有利于培育和完善我国保险市场；有利于统一保险监管职能，理顺保险监管体制，建立与社会主义市场经济发展相适应的保险监管体系；有利于加强保险业的监管工作，防范和化解金融风险，确保我国保险业持续、健康发展；有利于加强保险业的国际交往与合作，不断提高保险业监管水平。

4. 2003年，中国银行业监督管理委员会成立，分业监管体制最终确立。2003年，中国银行业监督管理委员会（简称中国银监会）成立，统一监督管理银行、金融资产管理公司、信托投资公司及其他存款类金融机构，维护银行业的合法、稳健运行。中国银监会的成立，改变了近50年中国人民银行宏观调控和银行监管合一的管理模式，进一步增强了中央银行的独立性，使其有更多的时间与空间履行制定和执行货币政策的职能，从而有助于不断提升货币政策水平，更好地发挥中央银行在宏观调控方面的作用；同时，明晰了银行、保险、证券分业监管的框架，使银行业的监管力度得到了加强，监管方式、技术、理念、制度走向专业化，并逐步向国际惯例靠拢，从而不断提升中国银行业的监管水平，进一步增强了中国银行业的国际竞争力。

2003年12月27日，第十届全国人大常委会第六次会议通过了《中华人民共和国银行业监督管理法》《全国人民代表大会常务委员会关于修改〈中华人民共和国中国人民银行法〉的决定》《全国人民代表大会常务委员会关于修改〈中华人民共和国商业银行法〉的决定》，从法律上确立了分业监管的体制。

二、我国金融监管法律体系的建立和完善

目前，我国金融监管实行的是分业监管、"一行三会"分工合作制度。"一行"即指中国人民银行，负责制定和执行货币政策、对货币市场及外汇市场进行监督管理。"三会"指银监会、证监会和保监会。银监会负责对全国银行、金融资产公司、信托投资公司和其他存款类金融机构进行监管。证监会负责对全国证券、期货市场进行监管。保监会负责对全国保险市场进行监管。与此同时，我国加快了金融法制建设的步伐，逐步形成了以《中国人民银行法》《商业银行法》《保险法》《银行业监督管理法》和《证券法》为核心，以《人民币管理条例》《储蓄管理条例》《外汇管理条例》《贷款通则》和《金融违法行为处理办法》等行政法规和规章为主体，金融司法解释为补充的金融监管法律体系。

在银行业监管方面，《中华人民共和国银行业监督管理法》是我国第一部关于银行业监督管理的专门法律。它适应了我国金融监管体制改革的需要，吸收借鉴西方发达国家的先进监管理念和通行做法。除此之外，银行业监督管理依据的法律还有《中华人民共和国商业银行法》《中华人民共和国中国人民银行法》《中华人民共和国反洗钱法》《中华人民共和国担保法》《中华人民共和国信托法》《中华人民共和国票据法》等。在行政法规方面，银行业监管的行政法规有《中华人民共和国外汇管理条例》《中华人民共和国外资银行管理条例》等。同时，银行业监督管理还有大量的规章和规范性文件。

在法律层面上，我国证券业监督管理主要以《中华人民共和国证券法》《中华人民共和国证券投资基金法》《中华人民共和国公司法》和《中华人民共和国刑法》作为基础。同时还有由国务院制定并颁布的行政法规和法规性文件，以及由证监会及相关部门制定的规范性文件，如《证券经营机构证券自营业务管理办法》《证券公司融资融券业务试点管理办法》等。

《中华人民共和国保险法》是对保险业进行监督管理的核心，此外，《中华人民共和国社会保险法》《中华人民共和国合同法》等法律也是保险业监督管理的重要依据。

相关法律、法规的制定和完善为我国金融监管体制的运行奠定了基础，其对我国金融业发展起到的作用是巨大的。同时，我们也应看到，随着金融全球化、金融自由化和金融创新的迅猛发展，金融监管的环境也在发生着变化，对金融监管提出了更高的要求。这就需要对金融监管法律不断与时俱进，适应我国金融监管的需要。例如，随着我国金融机构的不断发展、壮大，金融业混业经营的趋势开始显露，一些大型的金融控股公司相继成立，如中信集团、平安集团等，在产品和服务中交叉有银行、证券和保险业务，对我国现行金融监管体制形成挑战，也对我国金融监管法律提出了更高要求。同时，随着金融集团规模的不断壮大，如何避免其出现"大而不能倒"的现象值得金融监管层深思，在法律层面建立金融机构管理办法成为解决这个问题的重要途径。除此之外，外资金融机构的涌入也对我国金融监管法律的制定提出挑战，只有金融监管法律体系的不断完善，才能保证我国金融业合法、稳健运行。

 **专栏**
国务院金融稳定发展委员会成立

2017年7月14日至15日在北京召开的全国金融工作会议上提出，设立国务院金融稳定发展委员会，强化人民银行宏观审慎管理和系统性风险防范职责，落实金融监管部门监管职责，并强化监管问责。

2017年11月8日，经党中央、国务院批准，国务院金融稳定发展委员会成立，并召开了第一次全体会议。

为贯彻党的十九大精神，落实全国金融工作会议要求，党中央、国务院决定设立国务院金融稳定发展委员会，作为国务院统筹协调金融稳定和改革发展重大问题的议事协调机构。其主要职责是：落实党中央、国务院关于金融工作的决策部署；审议金融业改革发展重大规划；统筹金融改革发展与监管，协调货币政策与金融监管相关事项，统筹协调金融监管重大事项，协调金融政策与相关财政政策、产业政策等；分析研判国际国内金融形势，做好国际金融风险应对，研究系统性金融风险防范处置和维护金融稳定重大政策；指导地方金融改革发展与监管，对金融管理部门和地方政府进行业务监督和履职问责等。

2017年10月中旬，中国人民银行行长周小川曾公开表示，国务院金融稳定发展委员会未来将重点关注四个方面的问题。

一是影子银行。中国监管机构已于两年前开始着手应对这一问题，目前已取得积极进展，许多影子银行业务已回归银行部门，被纳入商业银行资产负债表。

二是资产管理行业。中国银监会、证监会和保监会三家分业监管的监管机构针对同一资产管理行为可能有不同的监管规定，因此理顺和精简对资管行业的监管。

三是互联网金融。目前中国许多科技公司开始提供金融产品，有些公司取得了牌照，但有些没有任何牌照却仍然提供信贷和支付服务、出售保险产品，这可能会带来竞争问题和金融稳定风险。

四是金融控股公司。一些大型私人企业通过并购获得各种金融服务牌照，但并非真正意义上的金融控股公司，其间可能存在关联交易等违法行为，而我们对这些跨部门交易尚没有相应的监管政策。

视频：中国人民银行原行长周小川十二届全国人大四次会议谈金融监管体制改革

本章小结

1. 金融监管体制模式在不同的国家（地区）有不同的特点，概括来讲可将其分为三种：一元多头式，即全国的金融机构的监管权集中在中央，地方没有独立的权力，在中央一级由两家或两家以上机构共同负责的监管模式；二元多头式，即中央和地方都对银行有监管权，同时每一级又有若干机构共同来行使监管的职能，联邦制国家因地方的权力较大往往采用这种组织机构；集中单一式，即由一家金融机构集中进行监管。

2. 金融监管体制随着金融业经营模式的变化而相应发生变化，随着金融业经营模式从分业向混业转变，金融监管体制也逐步从分业监管向混业监管转变。美国、英国、日本、德国等发达国家都根据其金融经营模式的变化改革其金融监管体制。

3. 当前我国的金融监管体制是银行、保险、证券分业监管，金融监管的法律体系也在不断完善。随着中国加入世界贸易组织后过渡期的结束，我国金融市场与世界金融市场的接轨和融合将是一个必然的趋势，我国金融业由分业经营走向混业经营将是一个未来的发展方向，金融监管体制也应分步骤地向混业监管体制过渡。

关键术语

金融监管体制　一元多头式　二元多头式　集中单一式　分业监管　混业监管

知识扩展

香港金融管理局

香港金融管理局（以下简称金管局）成立于1994年4月，由外汇基金管理局与银行业监理处合并而成。其政策目标包括：在联系汇率制度下，通过稳健管理外汇基金、执行货币政策及其他适当措施，维持货币稳定；通过规管银行业务和接受存款业务，以及监管认可机构，确保银行体系安全和稳定；促进金融体系（尤其是支付和结算安排）发展，并提高金融体系的效率和稳健程度。金管局是香港政府架构中负责维持货币及银行体系稳定的机构，其主要职能为：第一，在联系汇率制度的架构内维持货币稳定。香港的货币政策目标由财政司司长厘定，金管局负责达成有关目标，包括决定有关的策略、工具及执行方式，以及确保香港货币制度的稳定与健全。香港的货币政策目标为货币稳定，即保持港元汇价稳定，在外汇市场港元兑美元的汇率保持在7.80港元兑1美元左右的水平。第二，促进金融体系，包括银行体系的稳定与健全。作为监管机构，金管局在保障金融稳定方面担当重要角色，确保银行能抵御冲击、有能力自危机中恢复并作出应对，以至最终协助防止银行倒闭。金管局负责监管香港的银行业务及接受存款业务，以及认可香港的持牌银行、有限制牌照银行及接受存款公司。第三，协助巩固中国香港的国际金融中心地位。金管局通过积极参与国际及中央银行论坛，促进对香港货币及金融体系的信心；推行发展市场措施，以协助加强香港金融服务的国际竞争力（包括有关促进香港离岸人民币中心地位的发展的措施）；维持及发展香港的金融基础设施建设。第四，管理外汇基金。金管局根据财政司司长所转授的权力，以及按照转授权力的条款，就外汇基金的运用及投资管理向财政司司长负责。根据《外汇基金条例》，外汇基金的主要目的是直接或间接影响港元汇价。

案例分析

泛亚"日金宝"事件[①]

背景资料：

泛亚有色金属交易所是全球最具规模的稀有金属现货投资及贸易平台，是我国最早由政府批准、监管的专业有色金属现货交易所。使命是利用中国独有的稀有金属资源优势、先进的电子商务模式，提升中国稀有金属产业链价值，形成稀有金属国际定价中心，为企业提供购销和融资服务，为投资者提供便捷高效的稀有金属投资服务。已上市品种包括铟、锗、钨、铋、镓、钴、白银、钒、锑等10大类12个品种，除白银外其他9个品种的交易量、交割量均为全球第一。日金宝是由泛亚有色金属交易所打造的一款创新类自主理财增值服务。概括而言，这款产品的委托方为有色金属货物的购买方，受托方则是日金宝投资者，投资者购买日金宝理财产品的本质是为委托方——有色金属货物的购买者垫付货款，委托方则按日给受托方投资者支付一定利息，并在约定时间购买货物偿还本金。

日金宝预期年化收益率达到13%~15%，最高收益是当时活期存款利率的390倍，

---

① 本案例资料主要取材于《21世纪经济报道》，2015年。

是一年期定期存款利率的4.56倍。投资日金宝开户后资金在中国工商银行、招商银行等16家银行存管，可随时申购和退出，本金收益随用随取，无封闭期，如银行活期一样的便利。由于上述优势，日金宝产品吸引了国内大批投资者，融资达400亿元人民币，涉及全国28个省市区20多万名投资者。

但自2015年4月起，投资日金宝的资金开始无法取回，到了7月，连投资者放在泛金所账户的个人资金都被冻结。随着泛金所出现资金链问题的消息传出，越来越多投资者要求取回资金。由于交易所的日金宝业务发生挤兑，2015年8月泛亚有色金属交易所宣布将进行重组并停止了委托受托业务。

此次流动性风险的形成因素是多方面的，一是随着宏观经济增速放缓，有机构大举做空有色金属套利。如通过期货交易让电子盘期货铟价格在半年内从550元下跌到了最低180元，跌幅超过72%，无形间加剧了铟上下游产业链恐慌情绪，令不少购货企业不敢接货，导致日金宝整体流动性变差。二是股票牛市行情令不少投资者将资金转出泛金所，也令市场流动性骤降。还有一个不容忽视的因素是2014年底泛金所应监管要求，将T+1（交易商买入后卖出或卖出后买入同一交易品种的时间间隔不得少于1个交易日）改成了T+5，加之2015年1月又取消了卖出申报的交易模式，导致有色金属交易额大幅下降，有的品种交易量甚至不到原来的1/10。由此，400多亿元客户资金（50%是具有180天封闭期的结构化资产，另外50%为流动资产，其中还有20%以上的风险处置金）瞬间变成可流动的资产，在成交量骤减的压力下，流动性风险增加不少。

可见，日金宝的交易模式本身存在漏洞。日金宝本质是以100%稀有稀土金属货物资产质押，以交易为基础，由投资者向下游购货企业提供贷款预付购货款，并得到相应利息。但要吸引下游购货企业履行这份购货协议，就需要有色金属交易价格持续走高，这在某种程度上导致泛金所不少有色金属交易价格远高于其他交易市场，容易被其他机构沽空狙击。一旦这些有色金属交易价格被沽空大幅下跌，下游购货企业就觉得无利可图而纷纷违约。与此同时，泛金所对下游购货企业履约义务缺乏足够强硬的约束力，自身又没有强大的有色金属货物库存处理变现能力，才导致了这场流动性危机。

目前我国的监管体制，一个特征是分金融和非金融，区别点是连续和不连续，如果不连续交易的不算金融，它顶多是一个现货交易场所。在现行监管体制下，地方性现货交易场所审批权限在于地方政府，然而由于小金属交易清淡，嫁接"日金宝"后，打破了大宗商品交易非连续性的特征，交易在理论上有了连续性，应当属于金融领域，也该被纳入监管范围，但事实上仅为地方监管，这是监管的漏洞之一。

泛亚模式从技术上和专业性上并不难被察觉存在风险，但地方政府、金融办没有动力去防范，而地方政府审批设立，没有提示风险，没有履行相应的监管责任，反而为其背书。金融的铁律在于风险与收益的匹配，保护投资者并不是用刚性兑付来保护，而是需要详尽的信息披露，让其明白产品的真实含义，地方政府对于金融资源的无序竞争，是滋生泛亚事件背后的恶性土壤。泛亚"日金宝"事件从发酵到查处，引发了我们对现行金融监管体制存在的缺陷及金融监管机构和当地政府的处理方式深深的思考。

讨论题：
1. 从我国现行金融监管体制出发，"日金宝"事件发生的原因有哪些？
2. 本案例给我们哪些启示？

分析路径与提示：

主要原因是金融监管体制存在的一系列缺陷。

（1）监管部门侧重于机构监管而非产品监管，削弱了对宏观市场的把控。

银监会、证监会、保监会在划分监管范围时，主要是从金融机构的角度出发，而非金融产品。例如，四大行归属银监会监管，意味着银监会有权监管它们的所有业务，而这些业务有可能会涉及证券、保险条线。另外，银监会还针对国有大型商业银行设置了科室，如设有中行处、农行处等，体现了监管机构而不是监管产品的思路。

发达国家的成熟金融监管机构在划分监管范围时，一般不以金融机构为标准，而是从金融产品的功能特征出发，决定该产品归属哪一政府部门监管。这种产品监管的思路更值得我们借鉴。

（2）机构监管的思路衍生出层次复杂的监管体系，导致沟通协调出现障碍。

以银监会为例，分层监管就非常复杂：大型商业银行、地方性商业银行、小额信贷公司分别归属银监会、地方银监局、地方政府金融办监管，对于各金融机构的分公司还要再进行细分。复杂的监管体系很容易导致各层级沟通和协调不力，在处理全国性、跨地区的金融风险时更是凸显了这种监管体系的弊端。

（3）监管机构以是否为连续性交易来区分现货交易场所和金融交易场所，导致对某些现货交易所的金融行为出现监管真空。

能力训练

一、单项选择题

1. 20世纪30年代以前，各国执行金融监管职能的唯一监管机构一般是（　　）。
   A. 财政部　　　　B. 中央银行　　　C. 金融管理局　　　D. 金融监管部
2. 美国当前的金融监管体制模式是（　　）。
   A. 一元多头式　B. 二元多头式　　C. 多元多头式　　　D. 集中单一式
3. 当前日本负责金融监管的主要机构是（　　）。
   A. 金融监督厅　B. 金融重建委员会　C. 大藏省　　　　D. 金融厅
4. 德国金融监管局中的证券监管部设在（　　）。
   A. 法兰克福　　B. 波恩　　　　　C. 柏林　　　　　D. 斯图加特
5. （　　）年，我国的证券监督管理委员会成立，证券监管部分独立。
   A. 1990　　　　B. 1991　　　　　C. 1992　　　　　D. 1994

二、多项选择题

1. 金融监管体制模式分为（　　）。

A. 一元多头式 B. 二元多头式
C. 多元多头式 D. 集中单一式

2. 当前英国的金融监管服务局负责（   ）的监管。

A. 银行 B. 保险公司
C. 投资银行 D. 住房信贷机构

3. 1929—1933年大危机至20世纪70年代，世界金融监管体制大致可以分为（   ）。

A. 分业经营、分业监管体制 B. 混业经营、混业监管体制
C. 分业经营、集中监管体制 D. 混业经营、分业监管体制

4. 2003年，中国银监会成立，由银监会统一监督管理（   ）。

A. 银行 B. 金融资产管理公司
C. 信托投资公司 D. 存款类金融机构

5. 我国的民间证券业自律组织有（   ）。

A. 证券监督管理委员会 B. 中国证券协会
C. 证券委员会 D. 国债协会

三、简答题

1. 金融监管体制模式有哪些？各有什么优缺点？
2. 分析中央银行在各国金融监管体制中的作用。
3. 简述我国"五法一决定"的主要内容。
4. 我国目前为什么要实行金融分业监管？

四、论述题

1. 比较美国、英国、日本和德国的现行金融监管体制。
2. 试述我国金融监管体制的改革方向。

第十三章
金融市场监管

学习目标：

    1. 正确理解广义的金融市场监管就是金融监管，狭义的金融市场监管主要是对各种类型的金融市场进行监管。

    2. 货币市场、证券市场、外汇市场、保险市场以及金融衍生品市场的监管的有关知识。

知识结构图：

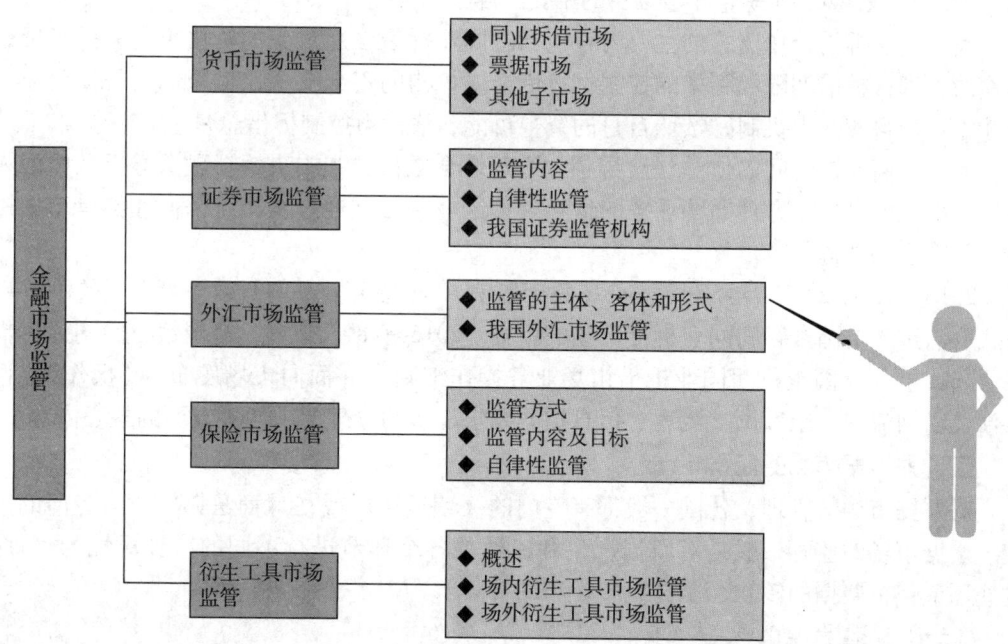

第一节 货币市场监管

货币市场是一个相对分散的市场，世界各国通常是以中央银行作为对货币市场进行监管的主体，对货币市场各项专门业务即各个子市场进行分别监管。

一、对同业拆借市场的监管

同业拆借市场是金融机构之间相互调剂、融通短期资金的市场。中央银行对同业拆借市场的监管是指中央银行对金融业内部同业拆借活动所进行的计划、组织、指挥、协调、监督和控制。

（一）对同业拆借市场监管的基本原则

1. 协调自愿、平等互利、自主成交原则。进行拆借的双方要在尊重各自经营自主权的前提下，平等协商成交。只要资金来源正当，资金使用合理，就不能硬性摊派或强行阻止干预，或附加其他条件。

2. 短期使用的原则。同业拆借是一种短期资金融通的方式，同业拆借的资金来自银行的超额准备金或闲置资金。因此，在使用上要符合暂时性余缺调剂的特点，不能以此来盲目扩大资产规模或弥补信贷差额。

3. 坚持按期归还的原则。同业拆借多属信用融通，所以拆借双方都要讲求信用，避免短期长用或随意逾期和转期的现象发生。

（二）我国对同业拆借市场监管的主要内容

我国同业拆借市场监管的主要内容包括：同业拆借参加对象的资格审定；拆借资金用途的管理；拆借期限和利率的控制；拆借金融机构的资金安全比例限制；督促商业银行建立健全自我约束机制，按照自身的资金可能和清偿力控制拆借总量。

此外，商业银行间的债券（含国债、政策性金融债券和中央银行融资券以及中国人民银行批准的可用于办理回购业务的债券）回购业务必须通过全国统一同业拆借市场进行，不得在场外进行。

2016年2月23日，国务院发布《关于取消13项国务院部门行政许可事项的决定》，正式取消进入全国银行间同业拆借市场的审批。2016年8月9日，全国银行间同业拆借中心起草了《全国银行间同业拆借市场业务操作细则》并面向市场发布。《操作细则》共涉及联网流程、限额调整流程、信息披露要求、履约管理要求四大方面的核心内容。

二、对票据市场的监管

对票据市场的管理，各国一般都有专门的《票据法》或在《商法典》中有专门的规定。票据市场的监管一般是对票据产生和流通的各个环节进行不同的有针对性的管理，这些环节包括票据的签发、承兑、转让和贴现。

（一）我国票据市场监管的一般原则

1. 承兑、贴现、转贴现、再贴现的商业汇票应以真实、合法的商品交易为基础。

2. 上述票据活动应遵循平等、自愿、公平和诚实信用的原则。再贴现应当有利于实现货币政策目标。

3. 承兑、贴现、转贴现和再贴现的期限不超过6个月。

4. 再贴现利率由中国人民银行制定、发布与调整。贴现利率采取在再贴现利率基础上加百分点的方式生成，加点幅度由中国人民银行确定。转贴现利率由交易双方自主商定。

（二）我国加强票据业务监管的措施

近年来，基于商业汇票的各类票据市场业务快速增长，为拓宽企业融资渠道、优化银行业金融机构，资产负债管理发挥了积极作用。但也存在部分票据业务发展不规范，部分银行有章不循、内控失效等问题。为落实金融支持实体经济发展的要求，有效防范和控制票据业务风险，促进票据市场健康有序发展，中国人民银行和中国银行业监督管理委员会于2016年4月30日下发了《关于加强票据业务监管 促进票据市场健康发展的通知》，从四个方面进一步加强了对票据业务的监管。

第一，强化票据业务内控管理。要求按业务实质建立审慎性考核机制；加强实物票据保管；严格规范同业账户管理；强化风险防控。

第二，坚持贸易背景真实性要求，严禁资金空转。要求严格贸易背景真实性审查；加强客户授信调查和统一授信管理；加强承兑保证金管理；不得掩盖信用风险。

第三，规范票据交易行为。要求严格执行同业业务的统一管理要求；加强交易对手资质管理；规范纸质票据背书要求；严格资金划付要求；禁止各类违规交易，如跨行清单交易、一票多卖等。

第四，开展风险自查，强化监督检查。要求银行全面开展票据业务风险自查。人民银行及银监会将加大监督检查力度，增强监管实效。

三、对其他子市场的监管

（一）对国库券市场的监管

每年国库券的发行数额、利率、偿还期等，经国务院确定后，由财政部予以公告。国库券的发行和还本付息事宜，在各级人民政府统一领导下，由财政部门和中国人民银行组织有关部门多渠道办理。国库券发行采取承购包销、认购等方式。国库券可以用于抵押，但是不得作为货币流通。国库券可以转让，但是应当在国家批准的交易场所办理。发行国库券筹集的资金，由国务院统一安排使用。对伪造国库券的，依法追究刑事责任。在二级市场上交易国库券，其交易价格随行就市，并遵循时间优先、价格优先的原则。

（二）对证券回购市场的监管

在我国，开办证券回购业务的必须是经中国人民银行批准的证券交易场所和融资中心。非金融机构、个人以及不具有法人资格的金融机构一律不得直接参与证券回购业务，任何交易场所、融资中心不得接受其为会员。严禁在国家批准的证券交易场所之外私下从事证券回购业务。证券回购券种只能是国库券和经中国人民银行批准发行的金融债券；回购期限最长不得超过1年；回购资金不得用于固定资产投资，不得用于期货市场投资和股本投资，不得以贷款、拆借等任何名义用于企业。回购方必须有百分之百的属于自己所有的国库券和金融债券，并将国库券和金融债券集中在中国人民银行省（自治区、直辖市、计划单列市）分行指定的一家证券登记托管机构保管。代保管单只能由该机构出具。禁止买空卖空或以租券、借券等方式从事证券回购业务。

第二节　证券市场监管

在金融市场中，证券市场是重要组成部分。证券市场具有筹资、产权复合与重组、资金导向与资源优化配置及宏观调控的重要职能，在国民经济中发挥着重要作用。然而，由于证券市场内在投机性和高风险性特点，证券市场本身并不能自发实现高效、平衡、有序运行，因此必须对证券市场实施监管。对证券市场的监管包括以政府为主进行的监管和证券市场参与者的自律监管。

证券市场监管的内容主要包括证券发行监管、证券交易监管、证券商监管以及对自律机构的监管。

一、证券市场监管的内容

（一）证券发行和上市监管

1. 证券发行管理制度。证券发行监管是指证券监管部门对证券发行的审查、核准和监控。按审核制度划分，各国证券发行监管主要有注册制和核准制两种形式。

（1）注册制。注册制即所谓的公开原则，是指证券发行者在公开募集和发行证券前，需要向证券监管部门按照法定程序申请注册登记，同时依法提供与发行证券有关的一切资料，并对所提供的资料的真实性、可靠性承担法律责任。在注册制下，监管部门的权力仅限于保证发行人所提供的资料无任何虚假的陈述或事实。如果发行者未违反上述原则，监管部门则应该准予注册。

（2）核准制。核准制即所谓的实质管理原则，是指证券发行者不仅必须公开有关发行证券的真实情况，而且所发行的证券还必须符合《公司法》和《证券法》中规定的若干实质性条件，证券监管机关有权否决不符合实质条件证券的发行申请。中国目前对证券发行的监管属于核准制。

	注册制	核准制
优点	简化审核程序，提高工作效率	以依法公开发行信息为前提，使证券发行市场信息公开的程度不低于注册制
	降低门槛，促进竞争	降低投资风险
	促使投资者审慎投资，提高市场整体水平	市场主体的地位平等、机会均等
缺点	过分地依赖于公开信息披露制度	可能限制新兴行业的发展和投资者对风险投资的选择
	不能实现对投资者利益的充分保护	弱化投资者的风险意识
	一些质量较差的企业进入证券市场	增加证券发行成本，有损证券市场效率

2. 证券上市管理制度。证券上市管理制度是指证券交易所（及各类集中交易所）、政府监管部门约束与规范证券上市行为和过程的一系列规则的制度安排。各国（地区）

证券交易场所均订立一定的实际性标准作为审核上市条件，称为上市审查基准，包括规模基准、证券持有分布基准、经营基础标准及其他基准，如公司在所属行业的相对地位及行业发展前景，要求财务报表中无虚假记录，经注册会计师审计公认；制作的证券符合法定要求，如股票票样格式等；无证券的转让限制；等等。

出于对投资者利益的保护，对于某些上市证券设定上市停业基准，即暂停和终止规则。具体包括主管机关停止权，即政府主管机关在上市公司违反证券交易法或其他法规时，为保护公共利益而命令证券交易所暂停或终止交易；当事人的停止权，包括两类：证券交易所依上市规则和上市公司停止证券上市的规定，通常情况下须由政府监管部门核准；发行人依上市契约申请终止上市，各国交易所上市规则和其他证券法均列举暂停（即停牌）或终止（即除牌）上市的各类情况，内容涉及：证券规模和持有分布情况（尤其公众持有部分），获利能力，经营亏损状况和前景，证券交易量和投资回报，公司财务和业务营运中的重大问题，公司合并改组或倒闭，以及违反上市契约（合同）的各种情形，等等。

（二）证券交易监管

1. 对垄断与操作的监管。广义上，垄断与操纵现象作为非完全竞争市场的主要现象出现于证券市场的三个层面：一是在一定条件下被视为企业的证券交易场所取得垄断地位。二是证券行为中的若干企业（证券商）成为垄断性金融企业，如日本的状况（本节稍后讲述）。上述两个层面并非一般意义上的反操纵监管的范畴。三是介于证券流通市场中的交易者之间所发生的垄断或操纵证券市场价格或数量的行为。这正是各国证券立法与管制主要针对的对象。

一般而言，证券市场中的操纵行为指某一或若干利益主体背离自由供求关系而有意识地抬高、压低或稳定证券价格，影响或诱使其他交易者的证券交易行为。在本质上，操纵是对市场供给和需求的自由力量的一种有意识的干预。操纵者通过上述行为制造交易的虚假价格或虚假繁荣，以达到其获利或避损的目的。

操纵者对市场价格和数量的支配性控制显然有损市场公平原则。操纵行为令市场价格信号失灵而无法真实反映证券价值，严重降低市场有效性，进而误导资金配置。

现实中操纵证券市场的行为主要包括：（1）单独或者通过合谋，集中资金优势、持股优势或者利用信息优势联合或者连续买卖，操纵证券交易价格或者证券交易量；（2）与他人串通，以事先约定的时间、价格和方式相互进行证券交易，影响证券交易价格或者证券交易量；（3）在自己实际控制的账户之间进行证券交易，影响证券交易价格或者证券交易量；（4）以其他手段操纵证券市场。

根据我国《证券法》的规定，操纵证券市场的，责令依法处理其非法持有的证券，没收违法所得，并处以违法所得一倍以上五倍以下的罚款；没有违法所得或者违法所得不足三十万元的，处以三十万元以上三百万元以下的罚款。单位操纵证券市场的，还应当对直接负责的主管人员和其他直接责任人员给予警告，并处以十万元以上六十万元以下的罚款。

2. 对内幕交易的监管。内幕交易是指内幕人员利用内幕信息买卖证券或根据该信息建议他人买卖证券；内幕人员向他人泄露内幕信息，使他人利用该信息进行内幕交易；非内幕人员通过不正当手段或其他途径获得内幕信息，并根据该信息买卖证券或建议他人买卖证券及其他内幕交易行为。内幕人员的范围界定于与上市公司有联系或由于从事该证券交易而拥有内幕信息的个人，主要包括董事、监事、经理、重要职员、持股在法定数额以上的大股东及直接或间接受益人。内幕信息是指内幕人员所知悉的尚未公开的可能影响证券市场价格的各类重大信息。内幕交易产生的经济学根源是内幕人员与非内幕人员之间的信息不对称状态。前者运用对投资者判断具有重大影响的非公开的事实资料来进行证券买卖，直接损害了证券市场公开与公正的原则以及保护普通投资者利益的宗旨。

我国对内幕交易的惩处主要包括要求违法行为人承担行政、民事及刑事责任。行政责任规定于《证券法》第二百零二条：证券交易内幕信息的知情人或者非法获取内幕消息的人，在涉及证券的发行、交易或者其他对证券的价格有重大影响的信息公开前，买卖该证券，或者泄露该信息，或者建议他人买卖该证券的，责令依法处理非法持有的证券，没收违法所得，并处以违法所得一倍以上五倍以下的罚款；没有违法所得或者违法所得不足三万元的，处以三万元以上六十万元以下的罚款。单位从事内幕交易的，还应当对直接负责的主管人员和其他直接责任人员给予警告，并处以三万元以上三十万元以下的罚款。

民事责任规定于《证券法》第七十六条，内幕交易行为给投资者造成损失的，行为人应当依法承担赔偿责任。

刑事责任规定于《刑法修正案（七）》及最高检察院和公安部联合发布的《关于公安机关管辖的刑事案件立案追诉标准的规定（二）》中，证券、期货交易内幕信息的知情人员或者非法获取证券、期货交易内幕信息的人员，在涉及证券的发行，证券、期货交易或者其他对证券、期货交易价格有重大影响的信息尚未公开前，买入或者卖出该证券，或者从事与该内幕信息有关的期货交易，或者泄露该信息，或者明示、暗示他人从事上述交易活动，情节严重的，处五年以下有期徒刑或者拘役，并处或者单处违法所得一倍以上五倍以下罚金；情节特别严重的，处五年以上十年以下有期徒刑，并处违法所得一倍以上五倍以下罚金。内幕交易的立案追诉标准为：（1）证券交易成交额累计在五十万元以上的；（2）期货交易占用保证金数额累计在三十万元以上的；（3）获利或者避免损失数额累计在十五万元以上的；（4）多次进行内幕交易、泄露内幕信息的；（5）其他情节严重的情形。

3. 对过度投机和市场稳定性的监管控制。证券市场上暴涨剧跌的背后往往隐伏着人为操纵和过度投机的阴影。逾越限度的投机与操纵行为往往不仅造成众多投资者的利益损失，而且对证券市场的正常运行以及国民经济和社会安定带来极大的破坏性。对于它们的监管有信用交易制度、交易停业制度、价格限额制度、卖空限制及政府入市等方式。

（三）反欺诈监管

对于证券欺诈行为的一种广义的定义包含了内幕交易和操纵行为的种种表现。狭义地说，反欺诈监管所强调的是禁止在证券发行、交易及相关活动中从事欺诈客户、虚假陈述等行为。欺诈客户行为表现为：证券经营机构将自营和代理业务混操作；违背被代理人的指令为其买卖证券；不按国家法规和交易所规则的规定处理证券买卖委托；不在规定时间内向被代理人出示书面确认文件；以多获取佣金为目的诱导客户进行不必要的证券买卖；联手客户翻炒股票；散布不实消息，诱使顾客买卖证券；证券登记与清算机构违法抵押顾客委托保管的证券；不按法规与业务规则办理清算、交割、过户、登记手续；发行人或发行代理人出售证券时未向投资者提供招股说明书；以及其他违背客户真实意愿、损害客户利益的行为。虚假陈述是指相关主体对证券发行、交易及相关活动的事实、性质、前景、法律等事项作出不实、严重误导或含有重大遗漏的任何形式的虚假陈述或诱导，致使投资者在不了解真相的情况下作出证券投资决定的行为。具体包括：发行人、证券商在其招股说明书、上市公告书及其他文件中作虚假陈述；律师事务所、会计师事务所、资产评估机构等专业性证券服务机构在其出具的文件中作虚假陈述；交易所、证券业协会及其他自律机构作出对证券市场产生影响的虚假陈述；上述各类主体在向政府监管部门提交的文件、报告中作虚假陈述。

(四) 信息披露监管

综观各国（地区）政府监管者和证券交易所对证券发行、证券上市后的上市公司管理的整个监管过程，可以发现，贯彻这一监管过程的核心是对信息的监管，即实施持续性的信息披露管理或称咨询公开管理，关键目标是解决证券市场的信息不对称。对信息披露的要求是充分、准确、及时，主要形式有股票发行和上市公告书。上市后的持续披露管理主要是定期报告和临时报告。就信息披露监管的内容和对象而言，涉及上市公司股票和股权变动方面的若干所谓重大事项或必须公开的交易是重点，包括重大收购事项、股份回购、关联交易、公司治理结构中的持股及变动情况等。

(五) 对证券商的监管

1. 对证券商资格的监管。由政府机构直接进行证券商的资格审查，核发许可证，目前已经成为国际上通用的做法。有所区别的是，有的国家只要经过政府部门批准就可自动成为证券交易所会员或证券同业公会会员，如日、韩等国。有的国家如美、英等，证券交易所和证券同业公会对推荐和选举程序、购买会员席位有相对独立的规定和审批权力。在中国，凡是专营证券业务的证券公司和兼营证券业务的信托投资公司都必须经证券监管部门批准，发给营业许可证。

对于取得证券商资格的主要条件和限制在各国也不同。采取注册制的国家如美、英等，只要求达到注册资本额的最低标准，缴纳保证金，以及人员具有相应的知识、经验、能力等条件；只要求证券商提供全面、准确、真实的资料并符合法定设立要求，不需要通过政府监管机构的专门审批。其背后体现的是以诚实信用和自由竞争为理念的自由市场原则。在特许制下，除满足以上条件外，证券商还必须经过证券监管机构特许并满足若干实质性条件。日本便实行这种制度。

此外，除了规定证券商最低资本额的限制外，还规定要提取一定比例的营业保证金，以弥补证券交易及其他业务因事故而发生的损失，赔偿因证券商的失误对客户造成的损失，补偿自营买卖中的损失。

2. 对证券商财务责任和经营行为的监管制度。

（1）顾客保护规则。该规则用于保护证券商所持有的投资者的资金和证券，旨在限制证券商运用客户资金，从而保障客户利益。

（2）净资本原则。通过对证券商的负债比率限制，规定其最低的流动性标准。目的是确保证券商维持充足的流动性资产，以备经营失败时足以承担投资者的兑现要求。

（3）最低资本限制。旨在维护证券商债权人利益并维持金融机构的经营稳定性和风险承受力。

（4）定期报告制度。目的是通过掌握证券商的经营和财务状况，保证其营业安全性并忠实履行其义务。

（5）行为规范制度。诚实信用原则是证券商行为监管的核心原则：①对承销商而言，各国证券法大多强调其执行业务时应遵循诚信原则，禁止其在销售活动中获取不合理利润，且不得有操纵市场行为。②对证券经纪商而言，对其诚信义务，在美国主要通过欺诈条款实现。以反欺诈为核心，可将经纪商义务划分为三个方面：经纪商与客户签订委托契约时的诚信义务，经纪商在介绍与推销证券时的诚信义务，以及对客户证券与款项的保护义务。③对证券自营商而言，制度规范的着眼点主要为：一是防止自营买卖损坏公司客户的利益；二是避免自营业务膨胀导致的过度投机和扰乱市场行为，避免对市场构成系统性的威胁；三是防止自营商滥用客户资金；四是自营商必须拥有足够资金，其自营业务不能影响其财务稳健性。④对于兼营各类业务的证券商而言，除上述监管方面外，还需强调防止与客户利益产生冲突。

（6）证券商信用和保证金管理制度。旨在限制证券商的信贷行为，以抑制过度投机。

（7）适当性规则。证券商与客户的责任和义务是日常的证券商监管的焦点问题。具体来说存在三种不同的监管原则，统称为适当性规则：①非家长规则。它禁止证券商向客户误导买卖和作虚假陈述，但并不要求证券商征询有关客户的财务状况和目标的信息。②有限审判长式规则。它要求证券商只能推荐那些他们有合理的理由认为是适当的证券，但禁止出售他们认为不适当的证券，即使客户坚持要购买。③完全家长式规则。在有限家长式规则的基础上加了一条，即证券商有义务了解客户的财务状况和需要并证实这些信息。三种监管规则反映了对所谓投资者公平和效率间关系的不同理解。这种差异在相当程度上是不同市场的投资者知识与素质差异的体现。

（8）证券投资者保护制度。即证券的保险制度，类似于银行保险制度，有相同的优点，也面临类似的挑战。

二、证券市场的自律性监管

证券市场的自律监管机构由以下三类市场组织构成：证券交易所、电子交易系统等，证券商协会，以及证券登记、托管、清算机构。

（一）国家对证券自律机构的监管

1. 证券交易所的设立管理。（1）登记制或注册制。以美国为代表。美国《1934年证券法》第五条、第六条规定，全国性证券交易所必须向证券交易委员会提交注册申请，该申请必须符合证券交易委员会规定的对于公众利益和投资者保护为必要或适当的信息和文件等内容的格式。实行注册制的国家不多。(2) 特许制或称许可制。以日本为代表，日本《证券交易法》规定，设立证券交易所须经大藏省特许。世界大多数新兴市场一般采用特许制。(3) 认可制。以英国为代表，属事后性质，实施者少，没有普遍意义，这与英国长期沿袭而成的自律管理系统有关。

2. 证券商协会的职能及其设立管理。政府监管部门对证券商协会的设立和运行的管理大致也包括注册和审核两种形式。注册制以美国为例，审核形式即由监管当局审批决定证券商协会成立与否。证券商协会的职能主要是协助政府监管部门实现证券业的行业自律和证券商的规范管理，以维护市场的公平和竞争秩序。

3. 证券登记和清算机构的职能及其设立管理。证券的登记、过户、清算、交割等环节是所谓的交易后服务，其高效、安全、顺利地运行与投资者的利益休戚相关。专门的证券登记和清算机构出于上述原因独立于证券交易所而存在，对其的管理也有注册登记或审核批准两种方式。在美国，清算机构主要包括证券清算公司和证券托管机构，采用注册制。

(二) 证券自律机构监管

各国证券监管都需要处理政府监管与自律监管的关系，重点要做到以下两点：一是政府监管者应当适当地运用自律机构，使二者能够根据市场规模及监管复杂性，在各自胜任的领域内实施直接监管责任。二是自律机构须置于政府监管之下，在行使其权力和承担责任时须符合公开与可信的标准。两种监管形式尽管在内在目标上有差异，但其根本目标是一致的。

除了上述分工外，证券交易所与证券商协会之间的职能分工构成分工格局的第二个层面，两者都是政府监管部门在监管体系中的辅助机构和有效补充。证券交易所是证券交易市场的组织者，在机构设置、规则制定、交易制度、监管职责等方面有着明确而严格的法律规定和紧密的政府监管约束，因此最具有正式制度安排的特征。证券商协会并非二级市场的组织者，在市场中的职能较弱，但是可以协调发行与承销行为中的证券商关系并促使其适度竞争。对证券从业人员的培训、考试与注册等自律管理责任一般也由证券商协会承担。

证券交易所监管的内容包括：

1. 实施证券上市监管和上市后的持续监管。上市公司监管目标是提高上市公司的运作效率和运作质量，充分保护投资者利益。对上市公司的监管主要集中在两个方面：一是建立上市公司信息披露制度，对其信息披露进行监管；二是加强对上市公司治理结构的监督，规范其运作。

2. 对会员证券商的监管。主要是会员资格与准入条件监管，会员风险及运作监管，会员内部控制要求，会员的财务、业务等的外部监管，以及会员违纪行为的调查与处理。

3. 证券交易行为监管。作为证券市场第一线监管者，证券交易所担负着监视和查处各类不正当交易行为,在一定权限内维护市场稳定的职责。证券交易行为的实时监管主要是对内幕交易、欺诈操纵市场等行为的实时监管。近年来发展很快的证券市场微观结构理论认为,交易制度的设计影响证券市场的安全性、流动性和有效性,因此,除了证券交易所监管体系外,证券交易制度本身的设计就与监管有关。随着近年来证券交易所的合并与集中,证券交易所日益从会员制转为公司制,证券交易所监管正逐渐面临挑战。

三、我国证券监管机构

我国《证券法》对中国证券监督管理机构及其职责做了最新规定。其主要内容有:《证券法》第一百七十八条规定:"国务院证券监督管理机构依法对证券市场实行监督管理,维护证券市场秩序,保障其合法运行。"

《证券法》第一百七十九条规定:"国务院证券监督管理机构在对证券市场实施监督管理中履行下列职责:(一)依法制定有关证券市场监督管理的规章、规则,并依法行使审批或者核准权;(二)依法对证券的发行、交易、登记、托管、结算,进行监督管理;(三)依法对证券发行人、上市公司、证券公司、证券投资基金管理公司、证券服务机构、证券交易所、证券登记结算机构的证券业务活动,进行监督管理;(四)依法制定从事证券业务人员的资格标准和行为准则,并监督实施;(五)依法监督检查证券发行、上市和交易的信息公开情况;(六)依法对证券业协会的活动进行指导和监督;(七)依法对违反证券市场监督管理法律、行政法规的行为进行查处;(八)法律、行政法规规定的其他职责。"国务院证券监督管理机构可以和其他国家或者地区的证券监督管理机构建立监督管理合作机制,实施跨境监督管理。

总的来说,以上监管内容可分为证券发行和上市监管,证券交易监管,证券交易所、证券业协会等自律机构的监管,以及证券商监管四部分。

第三节 外汇市场监管

外汇市场监管是指一国外汇监管当局通过法令规定等形式对外汇市场中的外汇买卖、资本输出输入、国际清算及外汇汇率等进行的干预和控制。对外汇市场进行监管是保证外汇市场正常运行及维持汇率稳定的需要,同时也是一国实施其货币政策的需要。因此,加强外汇市场监管有助于保证一国经济的安全,但是对外汇市场的监管要适度,过分严格的监管反而不利于外汇市场的健康发展。

一、外汇市场监管的主体、客体和形式

(一)外汇市场监管的主体

在对外汇市场实行管制的国家一般都设有相应的外汇市场监管机构,有的国家授权中央银行对外汇市场进行监管,有的国家设立外汇管理局履行监管职责。我国是中国人民银行授权国家外汇管理局对外汇业务和外汇市场实行监管。

（二）外汇市场监管的客体

外汇市场监管的客体具体分为对人和对物的监管。人是指外汇交易的主体，包括自然人和法人。一般国家根据自然人和法人居住地的不同把自然人和法人划分为居民和非居民。居民是指在外汇管制国家以内居住和营业的本国与外国的自然人和法人，非居民是指在外汇管制国家以外居住和营业的法人和自然人。对居民和非居民的管理在政策上是有差别的。多数国家对居民的监管较严，对非居民则放宽。

物是指外汇及外汇资产，包括外国货币（钞票、铸币）、外币支付凭证（汇票、本票、支票、银行存款凭证、邮政储蓄凭证等）、外币有价证券（政府公债、国库券、股票、息票等）以及其他在外汇收支中所使用的各种支付手段和外汇资产。一些国家把黄金白银等贵金属也列入监管对象之内。

（三）外汇市场监管形式

总体来说，世界各国外汇市场管理大致分为三个类型：一是对外汇市场实行比较全面的管理。实行这一类型的国家对其国际收支的所有项目都进行管理。二是对外汇市场实行部分管理。这一类型的国家一般对经常项目的外汇交易不实施或基本不实施管理，但对资本项目的外汇交易给予一定的限制。三是对外汇市场基本不实施管理。这一类型的国家对经常项目和资本项目的外汇交易不实行普遍和经常性的管理。

根据监管作用的过程不同，可以将外汇市场监管分为直接监管和间接监管。直接监管是指外汇监管机构对外汇市场的需求和供给直接从数量上进行控制，具有较强的约束力。主要监管措施有：实行统一的外汇买卖政策；不允许私自买卖外汇，要求所有外汇收入都要出售给国家指定的外汇银行，所有外汇支出都要经过批准；限制或禁止外汇出入国境；直接限制外汇需求的数量；实行不由市场供求决定的汇率制度；等等。间接监管是指外汇监管机构通过各种经济手段间接地影响外汇的供求及市场汇率，主要监管措施有：设立外汇平准基金、干预市场汇率、利用利率政策等。

二、我国外汇市场监管的主要内容

（一）对银行结售汇市场的监管

为了完善银行结售汇业务监管制度，保障外汇市场平稳运行，中国人民银行对《外汇指定银行办理结汇、售汇业务管理暂行办法》进行了修订，于2014年6月22日发布了《银行办理结售汇业务管理办法》（以下简称《管理办法》），自2014年8月1日起施行。《管理办法》的出台是适应结售汇业务发展和外汇管理职能转变现实需求的重要举措，体现了简政放权、构建合理监管体系的改革思路。《管理办法》主要修订内容包括：一是将结售汇业务区分为即期结售汇业务和人民币与外汇衍生产品业务，分别制定管理规范；二是降低银行结售汇业务市场准入条件，简化市场准入管理；三是转变银行结售汇头寸管理方式，赋予银行更大的自主权，以充分发挥市场主体在外汇业务发展中的主观能动性；四是取消部分行政许可和资格要求，实现以事前审批为重向以事后监管为重的转变；五是根据外汇实践发展，修订部分则内容。

根据《管理办法》，银行应当建立、健全本行结售汇业务风险管理制度，并建立结售汇业务经营和风险管理定期评估机制；银行应当指定专门部门作为结售汇业务的牵头管理部门,负责督导、协调本行及其分支机构的外汇管理规定执行工作;银行应当加强对结售汇业务管理人员、经办人员、销售人员、交易员以及其他相关业务人员的外汇管理政策培训,确保其具备必要的政策法规知识;银行应当建立结售汇会计科目,区分即期结售汇和人民币与外汇衍生产品,分别核算对客户结售汇、自身结售汇和银行间市场交易业务;银行办理结售汇业务时,应当按照"了解业务、了解客户、尽职审查"的原则对相关凭证或商业单据进行审核;银行办理人民币与外汇衍生产品业务时,应当与有真实需求背景的客户进行与其风险能力相适应的衍生产品交易,并遵守国家外汇管理局关于客户、产品、交易头寸等方面的规定。

(二) 对银行间外汇市场的监管

我国的银行间外汇市场是指经国家外汇管理局批准可以经营外汇业务的境内金融机构(包括银行、非银行金融机构和外资金融机构)之间通过中国外汇交易中心(以下简称交易中心)进行的人民币与外币之间的交易市场。外汇市场由中国人民银行授权国家外汇管理局监管,交易中心是在中国人民银行领导下的独立核算、非营利性的事业法人,交易中心在国家外汇管理局的监管下负责外汇市场的组织和日常业务管理。

1. 对外汇市场组织机构的监管。主要包括:(1) 交易中心为银行间外汇市场提供统一、高效的电子交易系统,该系统提供竞价、询价和撮合等模式,并提供交易分析、做市接口和即时通信工具等系统服务。(2) 交易中心实行会员制,只有会员才能参与外汇市场的交易。会员大会是交易中心的最高权力机构,每年召开一次。(3) 交易中心设立理事会,为会员大会闭会期间的常设机构。(4) 会员理事由会员大会选举产生,非会员理事由国家外汇管理局提名,会员大会选举产生。

2. 对外汇市场交易参与者的监管。外汇市场参与者即交易中心会员。经中国人民银行批准设立、国家外汇管理局准许经营外汇业务的金融机构及其分支机构,均可向交易中心提出会员资格申请,经交易中心审核批准后,可成为交易中心会员。中国人民银行也作为交易中心会员参与市场交易。会员选派的交易员必须经过交易中心培训并颁发许可证方可上岗参加交易,交易员接受交易中心的管理。

3. 对交易行为的监管。主要包括:(1) 会员之间的外汇交易必须通过交易中心进行,非会员的外汇交易必须通过有代理资格的会员进行。(2) 市场交易的交易方式、交易时间、交易币种及品种和清算方式等事项须报经国家外汇管理局批准。(3) 交易中心和会员单位应保证用于清算的外汇和人民币资金在规定时间内办理交割入账。

4. 对市场交易价格的监管。主要包括:(1) 中国人民银行授权中国外汇交易中心于每个工作日上午9:15对外公布当日人民币对美元、欧元、日元、港元、英镑、马来西亚林吉特、俄罗斯卢布、澳大利亚元、加拿大元和新西兰元汇率中间价,作为当日银行间即期外汇市场交易汇率的中间价。(2) 每日银行间即期外汇市场人民币对美元的交易价可在中国外汇交易中心对外公布的当日人民币对美元汇率中间价上下2%的幅度内浮动。人民币对欧元、日元、港元、英镑、澳大利亚元、加拿大元和新西兰元交易价在中国外汇交易中心公布的人民币对该货币汇率中间价上下3%的幅度内浮动。人民币对马来西亚林吉特、俄罗斯卢布交易价在中国外汇交易中心公布的人民币对该货币汇率中间价上下 5% 的幅度内浮动。人民币对其他非美元货币交易价的浮动幅度另行规定。(3) 银行可基于市场需求和定价能力对客户自主挂牌人民币对各种货币汇价，现汇、现钞挂牌买卖价没有限制，根据市场供求自主定价。

第四节　保险市场监管

对于保险业的监管，分为国家对保险业的监管和保险业的自律管理两种。

一、保险市场监管的方式

（一）公告管理方式

公告管理是指国家对保险业的实体并不加以任何直接管理，仅规定保险企业按照政府规定的格式及内容，定期将资产负债、营业结果以及其他有关事项予以公告的方式。至于业务经营优劣，由被保险人和社会公众评判。保险合同格式的设计、资本金的运用由保险公司自主决定，政府不过多干预。公告管理方式是国家对保险市场最为宽松的一般管理方式。采取这种方式对保险业实行监管客观上要求国家的国民经济高度发展，保险机构发达，投保人能够选择承保人；保险企业行为规范，市场竞争平等，具有良好的商业道德；国民具有较高的文化水准和风险意识，投保人对承保公司的业绩优劣具有适当的判断能力和判断标准。公告管理方式的优点是使保险业在自由竞争的环境中得以自由地发展，其局限性是一般公众对保险业优劣的评判标准不易准确掌握，对不正当的经营无能为力。随着保险业竞争的日益激烈，政府对保险业监管愈加严格，这种方式逐渐被放弃。1994 年以前英国是采用这种形式的典型国家，但 20 世纪许多保险公司破产倒闭，表明这样的监管方式难以有效地保护广大投保人的利益，因而这一监管方式被许多国家放弃。

（二）规范管理方式

由政府规定保险业经营的一定准则，要求保险业共同遵守。政府对保险经营的重大事项，如最低资本额、资产负债比例、投资运用等方面，均有明确规定。这种管理方式较公告管理方式有进步，但政府对保险业的管理只是形式上的合法审查。由于保险经营专业技术性强，有关法规很难适应各个方面，所以实务中时有发生形式上合法而实质上不合法的现象，难以管理。因此，这种管理方式也不被广泛采用。采用这种监管方式的代表性国家是荷兰。

（三）实体管理方式

这种管理方式由瑞士创立，实体管理是指国家制定完善的保险管理规则，国家保险机关具有较高的权威和灵活处理的能力，对保险企业的设立、经营、财务以及破产清算等均实行有效监管的方式。这是一种较为严格的监管方式。目前大多数国家采用这种形式，具有代表性的国家有日本、美国、德国和中国。

二、保险市场监管的内容及目标

（一）保险市场监管的内容

1. 对保险组织的监管。国家依据法律及有关规定对保险组织形式、资本金、保险经营人员、停业及外资保险企业进行监管。综观各国保险法，保险公司有股份有限保险公司、合作保险公司、相互保险公司、互助保险组织及国有独资保险公司等组织形式。英国劳合社采用个人承保人的组织形式，我国保险公司采取股份有限公司和国家独资公司的组织形式。

保险企业开业必须经过审批管理，并达到注册资本最低限额的要求。保险公司注册资本最低限额必须为实际货币资本。保险企业还须按照其注册资本总额的一定比例提取保证金，存于监管部门指定的银行，用于担保企业的偿付能力，并不得擅自动用。保险从业人员包括保险公司的管理人员和保险经营人员。对于保险业的高级管理人员，各国都有任职资格的规定。此外，对保险从业人员的管理还包括培训和教育。

2. 对保险经营的监管。国家对保险经营的监管包括经营范围、偿付能力、保险费率、保险条款、再保险及资金运用等方面的监管。规定保险企业所能经营的业务种类和范围，是为了加强监管，保障广大被保险人的利益（但该措施正逐渐受到大多数人的质疑）。偿付能力监管主要体现在最低开业资本金限额、提存最低法定保证金、限制保险企业资金运用规模及去向、财务会计报告制度监管等方面。对于保险费率的审定和保险单条款的审定，由于其专业性和技术性很强，各国有不同程度的监管。我国《保险法》规定，关系社会公众利益的保险险种、依法实行强制保险的险种和新开发的人寿保险险种的保险费率，应报国务院保险监督管理机构批准，保险公司拟定的其他险种的保险费率应报保险监管部门备案。

3. 对保险企业的财务管理。

（1）各种准备金提取的监管。为了保证保险企业的偿付能力，除缴存保证金外，保险公司应依法提取和结转各项准备金。包括未到期责任准备金、未决赔款准备金、保险保障基金和公积金等。我国《保险法》还规定了有关违反准备金制度的制裁措施。

（2）保险公司的财务核算监管。保险公司业务的财务报告制度包括业务资料的保管、月营业统计报表、年度报告制度。国家为了有效地监管保险企业的运营，必须随时了解和掌握保险企业的营业状况。

4. 对保险代理的监管。

（1）保险代理人的资格监管。①法律资格的规定，包括行为能力与权利能力的限制以及行为范围和权利范围的限制。②从业资格。由于保险代理不同于一般商品销售的代理，需要一定的专业知识，因此，在从业年限和专业资格两方面限制保险代理人的从业资格。国家以立法形式确定保险代理人的法律资格和从业资格，不符合条件的，不得从事保险代理业务。除此之外，从事保险代理还要具备相关的知识和综合能力，如经济理论修养、信息分析加工技能及办事能力等，对保险代理人也是非常重要的。③开业资格。在具备以上资格的基础上，保险代理人必须得到保险监管部门颁发的营业许可证，向工商部门办理登记，领取营业执照，与有关保险公司签订代理合同，才能正式从事保险代理业务。

(2) 保险代理人的业务监管。代理人以保险人的名义办理保险业务，其行为为保险人所为，后果由保险人承担。因此，国家以法律形式明确了保险代理人应为和不应为的行为规范。此外，对保险代理人的行为规范要求也比较严格。

(3) 保险代理人的财务监管。①明确保险代理人的收入来源。保险代理人的收入来自按代理业务收入的一定比例所提取的手续费。强调其收入的唯一性，不允许代理人向投保人或有关客户收取任何其他费用。②必须建立严格完善的财务报告制度。③保险监管部门严格进行依法监管。监管部门对保险代理人的经营情况、账册、业务记录、收据等进行检查时，保险代理人不得拒绝。

(二) 保险市场监管的目标

1. 保证保险人有足够的偿付能力，维护被保险人的利益。这是国家对保险企业进行监管的核心。

2. 防止利用保险进行欺诈。欺诈行为表现在投保人和保险人两方面。投保人欺诈是指投保人利用保险谋取不正当利益；保险人的欺诈行为主要表现为缺乏必要的偿付能力以及非法经营保险业务，保险人超出规定的业务范围经营保险业务，保险人利用保险条款和保险费率欺骗投保人和被保险人。对此各国保险法都有严格规定，对保险企业实行一系列严格审批手续和监管措施。

3. 在保险市场上维护合理的价格和公平的保险条件。一方面保证保险人与投保人之间的公平交易，另一方面使保险人之间在同等保险费率条件下公平竞争，提高保险服务质量。

4. 提高保险业的经济效益和社会效益。

三、保险业的自律性监管

保险业自律监管是由保险及相关领域中从事活动的非管理组织具体实施的。这种保险行业管理组织具有民间社团组织性质，具有独立的社会团体法人地位，是非经济实体，不经营保险业务，它的主要任务是：维护保险业的自身利益；沟通政府与各保险企业的关系；协助政府加强保险行业的监管，在保险监管机构与保险企业之间起桥梁与纽带作用。保险行业管理组织既可以将保险行业的经营状况和要求及时向国家保险管理机构反映，又可以及时下达管理机构的意思、办法并协助贯彻执行。保险行业组织的目标是致力于促进和保护成员的利益，主要通过建立行规、行约及条例等形式来约束会员的行为。

从世界范围看，保险行业组织的基本形式是保险行业协会或保险同业协会，它是各类保险人自行组织和自愿参加的组织。如英国的英国保险公会、人寿保险公会、劳合社承保人公会、伦敦承保人公会、经纪人委员会等，美国的人寿保险协会、保险公司协会、美国相互保险协会等，日本的日本损害保险协会、日本生命保险协会、日本保险公会等。我国经济和保险业较发达的地区已经成立了地方性的保险协会。

保险行业自身管理的主要内容有：

1. 制定保险行业发展的长期总体目标和近期目标。保险行业组织从整个国民经济的协调发展出发，制定保险业较长期的发展目标，例如保持保险需求的平衡、增进保险企业的社会效益、创造一个平等竞争的市场环境等。为实现长期目标，制定近期工作的中心任务，通过近期具体工作的落实，以实现长期总体目标。

2. 制定行业自律守则。为了协调整个保险市场参与者的行为，保险行业组织以全行业的利益为出发点，制定行业自律制度。行业组织受到会员的信赖，从全局的观点出发，制定行业守则，供全行业共同遵守，具有权威性和约束力。

3. 提出保险行业发展的指导性建议，为会员提供咨询服务。保险行业组织通过对保险业发展的研究，可以为各类保险组织提出指导性建议，进而形成整个行业发展方向的建议。例如，加拿大承保人协会为其会员提供诸多技术方面的服务，如火险和多种风险的检验、洒水灭火系统的检查、统计资料的制作、保险计划的制订等。通过行业组织的工作，为会员提供技术经济情报和市场信息，组织会员进行经验、技术推广和交流，依据会员需要为其拟定新的业务项目，设计新的险种。

4. 制定解释保单措辞的公共原则。当保险单的某些用词不明确、保险双方产生争议时，保险行业管理组织制定了有关共同遵守的解释原则，以维护双方的正当利益。

5. 制定共同遵守的费率和条件。费率是保险行业自身管理的一个较主要的方面。保险行业组织可以组织专家制定更科学、合理、经济、准确的保险费率。各国保险行业组织均制定统一的费率标准，要求会员遵守；另外，行业组织还规定统一的手续费标准，防止保险同业间的盲目竞争，这些都是保险行业管理的重要内容。

6. 规定统一的保险条款格式。保险条款的不同规定表明了险种保障范围的不同，它是保险市场竞争的重要方面。保险条款具有较强的技术性和法律性，一般由保险人单方事先拟定。保险行业组织通过规定统一的保险条款格式或统一的保险单，避免保险人利用保险条款进行不公平交易，欺骗投保人，从而有利于保险市场的公平竞争。

7. 促进保险教育和培训。保险经营活动是一项技术性很强的专业工作，它要求保险从业人员必须具备一定的业务能力和素质。为此，保险行业组织都将保险业务教育和人才培训视为同业自律的一项重要内容。

8. 保险行业组织对保险代理人的管理。

（1）保险行业组织对保险代理业的管理。①协助保险监管部门监督检查保险代理人依法进行业务经营活动的情况。保险行业组织有权向监管部门反映保险代理市场中的不规范行为，如异地代理、违反手续费给付标准等违规行为，并在自身权限内进行处理。②对保险代理人员进行培训和组织资格考试，实施保险代理人员资格核准制度。我国保险行业组织在保险监督管理部门的授权下，负责组织、实施保险代理人员的资格培训和考试、发证工作，以提高保险代理人员的素质和促进规范化管理，逐步建立我国保险代理人员的中央登记制度。③受理有关保险代理的投诉。保险行业组织对保险代理方面的投诉电话、信函等进行登记备案，并负责向有关公司、部门反映监督处理结果，掌握保险代理人的资信情况，保护被保险人的利益。

（2）保险代理人的行业自律。保险代理人的行业自律主要是通过保险代理人协会（公会）这一组织形式在保险代理行业内部进行自我管理和自我约束。保险代理人的行业自律是各国在发展保险中介市场过程中行之有效的方法。为了维护保险代理人的利益，建立平等有序的竞争环境，通过建立行业社团，在代理业内部形成有效的行业自律机制。保险代理人协会一方面协调代理人之间及同其他保险行业组织的关系，另一方面也起着国家保险管理机构、行业组织和保险代理人之间的桥梁作用。

目前由于我国保险市场尚待完善，保险代理制度刚刚起步，具有独立法人资格的代理公司正在酝酿，因此，建立保险代理人协会还需要一个过程。保险代理人协会的基本职能和任务主要有：①维护保险代理人的合法权益，反映保险代理人的合理建议和要求；②规范保险代理人的代理行为；③组织保险代理人之间及与其他有关部门的交流研讨；④制定行业内部守则和代理人员职业道德规范。

第五节　金融衍生工具市场监管

由于金融衍生工具既具有规避风险、提高金融体系效率的积极作用，也具有刺激投机、加剧金融体系脆弱性的消极作用，因此，对金融衍生工具市场的监管已日益引起各国监管机构的重视，是20世纪90年代以来各国尤其是发达国家金融监管当局的监管重点。

一、金融衍生工具市场监管概述

（一）金融衍生工具交易市场监管的原则要求

目前关于金融衍生品交易监管的原则性要求主要包括以下方面的内容：从事金融衍生商品交易的机构及主管当局必须制定一套完善的风险管理、交易咨询收集的制度，促使金融衍生商品的交易透明化，防范交易损失与不当交易；交易所、票据交换所与中央银行必须强化交易、清算以及交割管理，着重于将交易日到交割日间的期限标准化，增加市场的流动性，进而增强市场抗突发风险事件冲击的能力；根据各项金融衍生工具的特性，将需要上报的信息资料标准化，确保监管当局能够借此正确评估交易本身以及双方的风险；金融衍生工具的投资人，尤其是市场大户必须与监管当局合作，遵从相关的交易法令，促进市场稳定；要严格对衍生交易员的选择与管理，加强操作规程控制和权力制约，防止交易员违规操作。

（二）金融衍生工具交易市场监管的国际合作

加强金融衍生工具交易的国际合作、提高国际范围的有效监管水平在当前非常重要，是控制与防范国际金融衍生工具风险的重要途径。负责世界主要期货与期权市场监管的16个国家监管机构的代表于1995年6月2日在英国维德所集会，建议相关国际机构应进一步作出如下努力：一是加强市场监管机构之间的合作。建立各国监管组织和市场在双边或多边基础上共享信息的机制，对国际化运作的金融集团及其重大交易活动进行有效监管。二是加强保护客户的投资持有、资金和资产。目前不同国家和地区对客户资金、资产采取不同类型和层次的保护措施，应寻找最佳途径协助各国和地区采取更有效、更一致的保护措施，特别是要有效地提供持续保护性措施。三是加大清算违约的惩罚力度。在金融机构面临破产危机时,监管当局应能够采取最佳的操作方式,迅速将问题锁定在一定的范围而不延及市场。特别是对突发事件应加强国际性合作,提高对突发事件的防范应变能力。

(三) 金融衍生工具交易市场监管体系

由金融监管当局组成的专门监管机构,如证监会及其他专门机构,负责衍生工具交易的宏观监管,制定监管法规,组织对重大风险事件的预警和查处。由行业组成自律机构,负责行业内部协调与自律管理。组织从事衍生工具交易的金融机构,包括场内交易的交易所、清算所,以及场外交易的银行、非银行金融机构进行有效的内部风险控制。

二、场内衍生工具市场的监管

场内交易市场是指在有组织的交易所内进行金融衍生工具集中交易的市场,如英国伦敦国际金融期货交易所、美国芝加哥期货交易所、日本东京股票交易所等几大交易所,各类金融期货(利率、外汇、证券和股指期货)及金融期权(利率、外汇、股票和股指期权)交易基本上都在场内交易。

目前世界各地专门从事金融衍生交易的市场很多,由于其交易项目、交易方式不尽相同,因此法律规范也有所区别,但大多数场内交易市场的模式均仿照美国。美国对本国场内金融衍生交易市场实行三级监管模式,即由政府监管、行业自律和交易所管理三级监管及严密的结算制度组成。欧美各国对场内市场基本都采用三级监管体制(我国香港由于地区较小,只采用政府监管和交易所自我管理相结合的两级监管模式)。

在具体监管模式及内容上,场内衍生工具市场的特征可以概括为集中、正式、受监管、制度推动。为保证市场稳定和资金安全,交易所对会员实行严格、公开、透明、谨慎的管理,通常要求会员达到最低资本充足率,有保证客户资金安全的措施,建立汇报制度,以及满足其他制度和监管要求。交易所对交易活动进行严密监督,特别是要监视大客户头寸(或头寸集中度)。提高透明度的措施有报告资金头寸、成交量和价格数据,每日确定结算价格等。

交易所一般允许会员在严格限定的条件下持有一部分投机头寸,同时要求会员提供初始的保证金,每天都要按市场计价并据以调整保证金要求,从而限制会员的净信用风险。根据交易所的规定,会员应服从对其财务状况和风险管理能力的突然审查和调查。出于同样的理由,交易所还规定非会员的交易必须通过会员来进行,以保证交易所及其会员免受非会员交易活动带来的风险。例如有些交易所规定,交易所会员不一定要成为清算所会员,但其交易必须通过清算所会员来清算。对于限制会员的客户风险,交易所除了限制头寸规模外,也有最低保证金要求(通常高于对会员风险要求的保证金)。清算会员如果还代理其客户账户的清算,就比只做自营业务的会员面临更高的资本充足率要求。

三、场外衍生工具市场的监管

场外交易,是指在交易所以外进行的交易。场外交易是在众多的金融机构、中间商和千千万万顾客之间,通过个别磋商而进行的无形的、组织松散的交易。场外金融衍生工具交易商包括大银行的分支机构、证券公司、保险公司以及其他私人交易者。新近发展的大量金融衍生工具，大多在场外市场交易。

与场内交易的金融衍生工具比较，场外交易市场具有以下特点：对交易对手风险（信用风险）的管理是分散的，由各机构自身承担；对单项头寸、杠杆率和保证金比率没有正式统一的规定；对风险和分担方式没有正式规定；没有什么正式的制度或机制保证市场的稳定和统一，对市场参与者应获得的利息支付也没有正式的保障措施。实际上，金融衍生工具市场的风险主要来自场外衍生工具市场，因此，对场外金融衍生工具市场的监管是金融监管的重点和难点。

场外交易由双边关系的非正式网络构成，没有一个物理上的交易中心，而是分散在各主要金融机构的交易大厅里。场外交易没有统一的机制来限制个别或总体风险、杠杆率和信用扩张程度，风险管理完全是分散的。市场参与者对风险进行自我管理，特别是在双边的委托人与委托人之间的交易中，风险完全自负。场外衍生工具市场上的运行也是分散的，没有统一的交易、清算和结算机制。透明度总的来说也不够高。除了中央银行每半年进行一次审查外，市场参与者不需要披露其总体或个别项目的持仓情况和价格。一般情况下，市场集中度以及谁具有何种风险都是不得而知的，至多能从交易部门上反映出有机构在建仓。

在场外衍生工具市场上，交易工具和交易行为基本上是不受管制的，只是间接地受国家法制、规章、银行业监管以及市场监督的影响。没有一个主要的金融中心会像对银行业或证券业那样设置一个场外衍生工具市场监管部门。在管理制度上也存在漏洞，对于对冲基金和券商的有些分支机构就无人过问，国内监管和国际监管都是各自为政。此外，主要的做市机构在全球市场上灵活运转，审查和监督却是面向国内的。不过尽管作用有限，目前的监管框架还是表现出对市场的影响。

为了完善市场机制以支持场外衍生工具市场的良性运转，一些行业组织参与发起了机制设计工作，突出的有国际掉期与衍生产品协会（ISDA）、交易对手风险管理政策组织、三十国集团（G-30）和衍生产品政策小组。它们所做的努力包括：发布风险管理实践中的最佳做法，使合约文本标准化，认定风险管理中的疏漏和市场基础设施中的缺陷，评估法律风险及其他经营风险。它们还致力于在行业间以及公共部门与私人部门间建立就关键问题进行对话的机制，倡导对监管当局进行自愿的信息披露。

但总体而言，对于场外交易市场，国际上一直没有十分有效的措施加以监管，管制少正是场外市场飞速发展的主要原因，其市场的急剧扩大，使加强监管的必要性大大增加。

本章小结

1. 广义的金融市场监管就是金融监管，狭义的金融市场监管主要是对各种类型的金融市场进行监管，包括对货币市场、证券市场、外汇市场、保险市场以及金融衍生品市场的监管。

2. 货币市场是一个相对分散的市场，因此，世界各国通常是以中央银行作为对货币市场进行监管的主体，对货币市场各项专门业务即各个子市场进行分别监管。

3. 对证券市场的监管包括以政府为主进行的监管和证券市场参与者的自律监管。证券市场监管的内容主要包括证券发行监管、证券交易监管、证券商监管以及对自律机构监管。

4. 外汇市场监管是指一国外汇监管当局通过法令规定等形式对外汇市场中的外汇买卖、资本输出入、国际清算及外汇汇率等进行的干预和控制。对外汇市场进行监管是保证外汇市场正常运行及维持汇率稳定的需要，同时，对外汇市场的监管也是一国实施其货币政策的需要。

5. 对于保险业的监管，分国家对保险业的监管和保险业的自律管理两种。

6. 由于金融衍生工具既具有规避风险、提高金融体系效率的积极作用，也具有刺激投机、加剧金融体系脆弱性的消极作用，因此，对金融衍生工具市场的监管已成为20世纪90年代以来各国尤其是发达国家金融监管当局的监管重点。

关键术语

注册制　核准制　内幕交易　直接监管　间接监管　公告管理方式　规范管理方式　实体管理方式

知识扩展

银行间同业拆借市场监管升级

为落实国务院关于取消进入全国银行间同业拆借市场行政许可的决定，明确金融机构进入全国银行间同业拆借市场相关流程和事中事后监管要求，全国银行间同业拆借中心发布《全国银行间同业拆借市场业务操作细则》（以下简称《操作细则》）。

根据国务院相关文件和《同业拆借管理办法》（以下简称《管理办法》）的相关规定，《操作细则》涉及四大方面的核心内容。

第一，联网流程方面，符合《管理办法》规定条件的金融机构直接向交易中心提交联网材料；而交易中心收到金融机构提交的完整材料进行形式核对后五个工作日办理完成联网手续并向市场公告，金融机构即可开展同业拆借交易。此外，境外人民币清算行进入同业拆借市场的，也直接向交易中心提交联网材料；金融机构办理更名或退出同业拆借市场的，也直接向交易中心提交材料办理。

需要注意的是，交易中心仅对金融机构提交的联网信息、财务数据、财务报表、书面说明等材料做形式核对，金融机构应对其向交易中心提交材料的真实性、准确性和完整性承担相关法律责任。

第二，限额调整流程方面，拆借期限管理属于《管理办法》规定的风险管理措施。行政许可取消后，交易中心依据《管理办法》要求和金融机构提供的财务指标计算拆借限额,用于交易系统进行事前风险控制;金融机构需要调整拆借限额的,也直接向交易中心提交相关财务报表,交易中心据此在交易系统中进行调整。

第三,信息披露要求方面,企业集团财务公司及证券公司应当按照人民银行相关规定进行信息披露。信托公司、金融资产管理公司、金融租赁公司、汽车金融公司、保险公司、保险资产管理公司等非银行金融机构则按照交易中心制定的要求通过同业拆借中心平台披露信息。

第四,履约管理要求方面,为进一步加强行政许可取消后的事中、事后管理,保障同业拆借市场交易的严肃性,《操作细则》要求金融机构应当确保交易信息真实、有效,交易达成后应当按约定履行交易。若出现未按约定履行交易的情形,交易双方应当在结算日次一工作日向交易中心提交书面报备。交易中心将履约信息报人民银行及相关分支机构。

自中国人民银行1996年依托交易中心电子化交易系统建立全国统一的同业拆借网络以来,顺应市场发展需要,逐步建立市场化约束机制和利率定价机制。与此同时,交易中心不断完善电子化交易系统建设,极大地提升了市场效率和市场规范度,同业拆借市场步入统一、规范、高效的发展轨道,市场规模不断扩大,市场运行效率不断提高。截至2017年末,我国同业拆借市场成员已超1 900家,是市场建立之初的38倍,基于同业拆借市场形成的SHIBOR利率已经成为我国金融市场重要的基准利率。

2007年,《管理办法》颁布后,同业拆借市场确立更加开放、透明、市场化的管理框架,引入更多市场化的事中、事后管理手段,逐步取代严格的事前管制措施,逐步实现管理手段的市场化转型。

2016年2月,国务院取消13项行政许可事项,《银行业金融机构关于进入全国银行间同业拆借市场的审批》也在列。这项以入市审批为主要内容的行政许可自2005年1月21日公布实施,执行时间超过11年。为贯彻落实国务院要求,规范同业拆借市场入市流程,全国银行间同业拆借中心按照国务院文件和《管理办法》相关规定,制定并公布《操作细则》,明确了金融机构进入同业拆借市场的流程。下一步,将进一步强化同业拆借交易的事中事后监管,完善同业拆借市场管理规则,提升同业拆借市场的深度和广度,进一步发挥同业拆借市场在金融市场中的基础作用。

案例分析

中国A股史上五类典型内幕交易案例回顾[①]

一、官员从事内幕交易的类型——爱仕达内幕交易案

2010年7月至2012年4月初,爱仕达与温岭市东部新区人民政府商谈投资事项,谈妥后爱仕达将享"退二进三"政策,对上市公司产生重大利好。2012年4月17日,

---

① 本案例主要取材于:http://mt.sohu.com/20160826/n466248474.shtml。

爱仕达向政府提交了请示文件。时任温岭市政府办公室主任的陈维立负责下发市长办公会议通知及制作会议纪要，东部新区管委会副主任王永进负责起草爱仕达项目协议书，二人因职务关系直接获悉内幕信息。

2012年4月19日至20日，陈维立利用其朋友及亲属账户买入"爱仕达"股票25.36万股，交易金额242.08万元，获利9.45万元，账户具体操作人为陈维立及其亲属颜某某。颜某某配合陈维立操作"陈某"账户时获悉内幕信息，自己又利用两个亲属账户买入"爱仕达"股票10.97万股，交易金额99.81万元，盈利8.8万元。

2012年4月19日至20日，王永进通过其岳母"王某某"账户买入"爱仕达"股票4.21万股，交易金额39.88万元，获利4.26万元。

根据《证券法》第七十六条和《刑法》第一百八十条相关规定，证监会将陈维立等人移送公安机关查处，同时对王永进作出行政处罚决定，没收其违法所得4.26万元，并处罚款12.77万元。

二、证券从业人员内幕交易——谢风华、安雪梅夫妻内幕交易案

谢风华，国内首批注册保荐代表人，案发前任中信证券投行部执行总经理。安雪梅，谢风华妻子，国内首批注册保荐代表人，案发前任原华泰证券投行部执行董事。2008年12月17日至2009年5月25日，谢风华是中信证券企业发展融资业务部执行总经理，作为厦门大洲收购、重组兴业房产内幕信息的知情人，在内幕信息尚未公开前，自己购买并告知其妻安雪梅购买ST兴业股票，获利13.7万元。2009年5月18日在制作天宝矿业借壳万好万家的重组方案期间，作为该内幕信息的知情人，在内幕信息尚未公开前，自己购买并告知其妻子安雪梅购买万好万家股票共计121.06万股。其中，谢风华通过其控制的账户买入93.06万股，累计成交金额667.2万元，获利585.39万元；安雪梅在明知有关信息是内幕信息的情况下，仍利用该内幕信息，通过其控制的账户买入28万股，累计成交金额204.71万元，获利168.5万元。

2010年3月，证监会稽查局开始调查谢风华在ST兴业重组过程中的内幕交易行为，安雪梅于同年8月被宁波证监局立案调查。谢风华曾逃至新西兰，经国内公安机关申请，国际刑警组织向谢风华发出红色通缉令，罪名为"欺诈"。

2011年5月，安雪梅被上海市公安局批捕。2011年6月，谢风华从潜逃地新西兰归国，向公安机关投案自首。

2012年1月6日，上海市浦东新区人民法院作出一审判决，谢风华犯内幕交易罪，判处有期徒刑三年，缓刑三年，罚金人民币800万元；安雪梅犯内幕交易罪，判处有期徒刑一年，缓刑一年，并处罚金人民币190万元；追缴被告人谢风华、安雪梅违法所得共计人民币767万余元。

三、上市公司高管内幕交易

借重组从事内幕交易获刑七年——德赛电池总经理

从2010年下半年起，德赛电池开始与申银万国证券研究所接触，筹备德赛电池重大

资产重组事项。2012年2月10日，德赛电池股票停牌，2012年2月20日，德赛电池公告称正在筹划重大资产重组事项。

冯大明，时任德赛电池总经理，是此次重大资产重组事项的主要负责人，为法定的内幕信息知情人。2011年11月至12月，冯大明伙同其女友谢晖利用新开立的"刘某""张某"证券账户以及借用的"李某""车某"共4个证券账户，合计买入"德赛电池"股票200余万股，买入金额4 500余万元，并于2012年4月至7月陆续卖出股票，实际获利1 800余万元。

王文芳，申银万国研究所企业客户部总经理，为德赛电池重大资产重组项目提供财务顾问服务的中介机构负责人，将内幕信息泄露给大学同学徐双全。2012年2月6日至8日，徐双全利用其控制的"徐双全""陈某""唐某""徐某"账户买入"德赛电池"股票62余万股，买入金额1 300余万元，并于2012年6月卖出股票，实际获利700余万元。

2012年5月，证监会对冯大明等人涉嫌利用内幕信息交易"德赛电池"股票行为立案稽查。2012年7月，证监会将该案移送公安机关。上海市第一中级人民法院、深圳市中级人民法院分别于2013年5月和8月作出刑事判决。

四、资产管理行业从业人员"老鼠仓"

"金牛"沦为"硕鼠"——苏竞案

苏竞，1974年出生，经济学硕士，2007年加入汇添富基金公司，一年后升至基金经理。2009年3月到2012年10月，苏竞在担任汇添富均衡增长股票、汇添富蓝筹稳健混合等两只基金的基金经理期间，利用工作获取的未公开信息，通过堂弟、堂弟媳的账户交易130余只股票，交易金额达到7.33亿元，非法获利3 652.58万元。根据其200多万元的本金计算，苏竞在三年多的时间中获利约18倍。

经过证监会和公安部立案调查，该案被移送至司法机关。2014年7月16日，上海市第一中级人民法院对苏竞案进行了开庭审理，苏竞当庭认罪。

五、其他人员内幕交易

中国证监会首开"过失泄露内幕信息"罚单——况勇泄露内幕信息案

2005年10月，原格力电器董事长秘书况勇经常在家中与人电话沟通海星科技卖壳、格力地产借壳事宜，其妻张蜀渝听到了电话内容。10月25日，张蜀渝将借壳一事告知给了外甥女徐琴。10月25日至26日，徐琴利用自己及丈夫"李某"的账户合计买入海星科技股票9.96万股。该股复牌后涨幅几近翻番，徐琴将其持有的海星科技股票陆续卖出，共获利11.23万元。2010年8月，中国证监会认定况勇过失泄露内幕信息，处以其3万元罚款。本案是证监会认定的首例"过失泄露内幕信息"案，相关责任人对内幕信息负有严格保密的责任，过失泄密也应承担责任。执法实践将内幕交易主观过错范围扩展到"过失泄露"，有助于督促内幕信息知情人加强保密意识、完善保密措施，从源头上防止内幕信息的泄露。

讨论题：
1. 结合材料分析内幕交易产生的原因有哪些？
2. 思考如何有效减少内幕交易的发生？

分析路径与思路：

1. 原因

（1）隐蔽性较强与取证相对困难。内幕交易产生的重要原因是：①隐蔽性强；②查证困难。内幕人员在得知公司重大事项、相关内幕信息的情况下将其透露给他人，场所隐蔽，不易被人察觉，利用口头传达，不会留下证据。然后在进行内幕交易时，涉案人员不会直接参与股票买卖，而是利用他人进行违法行为，导致监督部门难以察觉，查处和取证时困难重重，况且当事人概不承认，办案人员也很难获得证据。

（2）高额利益驱动。内幕交易一直屡禁不止，与承担的风险代价很小、知晓内幕信息的内幕交易人员只要利用手上的信息就可以轻轻松松地获取巨大利润有关。在公司尚未公布重大事项前，股票的价格走势不会有太大波动；当重大事项公布后，投资者根据信息作出是买入还是卖出的决策，这个公司股票的价格会上涨并且资金会持续流入，成交量会放大。然而在信息公开之前，具有消息的内幕人员，早已卖出该类证券，牟取了高额利润。

（3）处罚不严厉，违法成本低。内幕交易本来是违法人员牟取暴利的手段，如果处罚的力度不够大，对违法人员根本就无法构成有效震慑和制约。况且，在收益远大于风险的情况下，巨额利益会驱使着内幕信息知情人一步步走向犯罪的道路，相对较轻的处罚与高额利润不成比例。

（4）制度缺失，法律不完善。在我国证券市场，防治内幕交易不能仅仅只靠内幕人员的自律管理，还需要社会舆论的监督，同时运用法律手段才能对内幕交易违法人员产生震慑力。

（5）证券从业者综合素质不高。

2. 手段

（1）重视舆论力量，制定举报激励制度。打击、防控内幕交易，除完善法律法规之外，数额可观的举报激励机制和舆论监督也不可或缺。证券市场最为重要的是内幕交易的防控，探索建立内幕交易举报人奖励制度，通过社会媒体及广大投资者的监督，在全社会形成打击内幕交易的风气，通过每个人的努力，保证我国证券市场健康地发展。

（2）扩大内幕知情人的限定领域。

（3）加大对内幕交易的处罚措施。我国应该借鉴西方发达国家的经验，完善法律法规，提高内幕交易罪的量刑标准，彻底消灭掉人们侥幸进行内幕交易的念头。

（4）完善证券市场的监督机制。内幕交易现象的防范离不开对证券市场的监督管理，最高人民法院会同最高人民检察院，一并就证券行业内幕交易行为制定相关法规，填补当前相关法律空缺的现状，证监会据此依法加强查处的力度；证券交易所对违反信息披露的上市企业及时作出停牌处理并上报，配合证监会、公安、司法等机关查处内幕交易案件，打击内幕交易行为；同时，制定严格的信息披露制度、内部自律管理规则，对违规的会员进行处罚，毫不姑息，更要加强行业职业道德建设，增强社会责任感。

（5）引导投资者树立正确的投资理念。

能力训练

一、单项选择题

1. 我国《票据法》规定票据承兑、贴现、转贴现的期限不超过（　　）个月。
   A. 4　　　　　B. 5　　　　　C. 6　　　　　D. 9
2. 中国目前对证券发行的监管属于（　　）。
   A. 审批制　　B. 核准制　　C. 会员制　　D. 注册制
3. 内幕交易产生的经济学根源是（　　）。
   A. 信息不对称　B. 垄断　　C. 外部性　　D. 市场失灵
4. 证券交易所的设立实行特许制的代表国家是（　　）。
   A. 美国　　　B. 英国　　　C. 日本　　　D. 德国
5. 目前我国对银行结售汇进行监管的基本原则是（　　）。
   A. 人民币经常项目下可兑换，资本项目下严格管制
   B. 人民币经常项目下管制，资本项目下可兑换
   C. 人民币经常项目和资本项目下都可兑换
   D. 人民币经常项目和资本项目下都严格管制

二、多项选择题

1. 证券市场监管的内容主要包括（　　）。
   A. 证券发行监管　　　　B. 证券交易监管
   C. 证券商监管　　　　　D. 对自律机构的监管
2. 各国证券发行监管主要有（　　）两种形式。
   A. 审批制　　B. 核准制　　C. 会员制　　D. 注册制
3. 保险市场监管的方式有（　　）。
   A. 公告管理方式　　　　B. 实体管理方式
   C. 行政管理方式　　　　D. 规范管理方式
4. 我国可以参加同业拆借的机构有（　　）。
   A. 商业银行　　　　　　B. 非银行金融机构
   C. 中央银行　　　　　　D. 工商企业
5. 对外汇市场进行间接监管的主要措施有（　　）。
   A. 实行统一的外汇买卖政策　B. 限制或禁止外汇出入国境
   C. 建立外汇平准基金　　　　D. 使用利率政策干预市场汇率

三、简答题

1. 试述证券上市管理制度。

2. 简述外汇市场监管的主要方式。
3. 简述对保险业监管的主要方式。
4. 简述对场外金融衍生工具市场的监管内容。

四、论述题
1. 试述加强我国证券市场监管应采取哪些措施。
2. 试述如何完善我国金融市场监管体系。

附　录
独立同分布、鞅过程和白噪音

为了说明独立同分布（$i.i.d.$）、鞅过程（Martingale）和白噪音（WN）三者之间的关系，先用一个式子将三者统一起来。这个式子为

$$X_t = X_{t-1} + u_t$$

式中，u_t 是一个均值为零的协方差平稳过程。三种情况就分别对应于：

(1) u_t 是 $i.i.d.$ $(0, \sigma^2)$。

(2) $E(u_t | I_{t-1}) = 0$；I_{t-1} 表示时刻 $t-1$ 的信息集合。

(3) $E(u_t) = 0$；$E(u_t^2) = \sigma^2$；$E(u_t u_{t-j}) = 0$，$j > 0$。

一、独立同分布与鞅过程

如果 u_t 是一个独立同分布，则彼此之间的信息集合是不受影响的，因此必然有 $E(u_t | I_{t-1}) = E(u_t) = 0$，满足鞅过程的条件。但反过来，鞅过程不一定是一个独立同分布。

因为独立同分布还要求 $E(u_t^2 | I^{t-1}) = E(u_1^2) = \sigma^2$。最典型的例子就是 ARCH 模型。该模型具体表述为

$$u_t = \varepsilon_t \sqrt{h_t}, h_t = \alpha_0 + \alpha_1 u_{t-1}^2$$

式中，$\alpha_0 > 0$，$0 < \alpha_1 < 1$，$\{\varepsilon_t\}$ 是 $i.i.d.$ $(0, 1)$。

$$E(u_t | I_{t-1}) = E[\varepsilon_t \sqrt{h_t} | I_{t-1}] = \sqrt{h_t} E[\varepsilon_t | I_{t-1}] = 0$$

但 $u_t^2 = \varepsilon_t^2 h_t$，所以 $E(u_t^2 | I_{t-1}) = E(\varepsilon_t^2 h_t | I_{t-1}) = h_t E(\varepsilon_t^2 | I_{t-1}) = h_t$

所以 $\text{var}(u_t | I_{t-1}) = h_t = \alpha_0 + \alpha_1 u_{t-1}^2$，这是不断发生变化的。

所以鞅过程不一定满足独立同分布。

二、鞅过程与白噪音

在时间序列方差存在的条件下，因为：

$$E(u_t) = E[E(u_t | I_{t-1})] = 0$$

$$E(u_t u_{t-j}) = E[E(u_t u_{t-j} | I_{t-1})] = E[u_{t-j} E(u_t | I_{t-1})] = 0$$

$$E(u_t^2) = \sigma^2$$

所以鞅过程是一个白噪音。

但白噪音不一定满足鞅过程，因为上面的等式都是不可倒推的。一个典型的例子就是一个非线性 MA 过程。该过程的具体表述为

$$MA; u_t = \alpha\varepsilon_{t-1}\varepsilon_{t-2} + \varepsilon_t, where \{\varepsilon_t\} \text{ is } i.i.d.(0,\sigma^2)$$
$$E(u_t \mid I_{t-1}) = E(\alpha\varepsilon_{t-1}\varepsilon_{t-2} + \varepsilon_t \mid I_{t-1}) = E(\alpha\varepsilon_{t-1}\varepsilon_{t-2} \mid I_{t-1}) + E(\varepsilon_t \mid I_{t-1})$$
$$= \alpha\varepsilon_{t-1}\varepsilon_{t-2} \neq 0$$

所以它不是一个鞅过程。

$$\text{cov}(u_t, u_{t-j}) = E(u_t u_{t-j}) = E[(\alpha\varepsilon_{t-1}\varepsilon_{t-2} + \varepsilon_t)(\alpha\varepsilon_{t-j-1}\varepsilon_{t-j-2} + \varepsilon_{t-j})]$$
$$= E(\alpha^2\varepsilon_{t-1}\varepsilon_{t-2}\varepsilon_{t-j-1}\varepsilon_{t-j-2} + \alpha\varepsilon_{t-1}\varepsilon_{t-2}\varepsilon_{t-j}$$
$$+ \alpha\varepsilon_{t-j-1}\varepsilon_{t-j-2}\varepsilon_t + \varepsilon_t\varepsilon_{t-j})$$
$$= 0$$
$$E(u_t) = E(\alpha\varepsilon_{t-1}\varepsilon_{t-2} + \varepsilon_t) = \alpha E(\varepsilon_{t-1})E(\varepsilon_{t-2}) + E(\varepsilon_t) = 0$$

所以它是一个白噪音。

总结起来，对一个均值为零的协方差平稳过程而言，独立同分布一定是一个鞅过程，鞅过程不一定是独立同分布；鞅过程一定是白噪音，但白噪音不一定是鞅过程。因此三者之间的关系就是独立同分布⊂鞅过程⊂白噪音。用图表示为

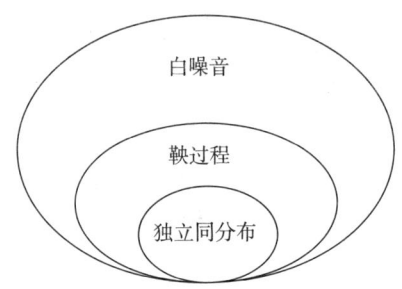

博克斯—詹金斯 Q 统计值

博克斯—詹金斯 Q 统计值（Q_{LB}）是检验一个零均值协方差平稳时间序列是否是白噪音的最常用的方法。它的计算公式为

$$Q_{LB} = T(T+2) \sum_{j=1}^{k} \frac{\rho_j^2}{T-j}$$

$$\rho_j = \frac{\sum_{t=j+1}^{T}(u_t - \bar{u}_t)(u_{t-j} - \bar{u}_{t-j})/(T-j)}{\sum_{j=1}^{T}(u_t - \bar{u}_t)^2/T}$$

式中，T 表示样本个数；ρ_j 表示 j 阶自相关系数；u_t 表示观测时间序列；$\bar{u}_t$ 表示观测时间序列均值。

Q_{LB} 服从自由度为自相关个数的卡方分布。对 Q_{LB} 的检验有一个滞后最大值的选取问题。如果这个值取得太小，则有可能无法检验到高阶的序列相关；如果这个值取得太大，则有可能抵消显著的低阶序列相关。

无位移单位根的检验

为了检验 p_t 是否符合一个无位移的单位根检验过程,必须进行以下的计算步骤。

(1) 将 p_t 对 p_{t-1} 进行 OLS 回归,得出 $p_t = \hat{c} + \hat{\rho} p_{t-1} + \hat{u}_t$。

(2) 计算样本 OLS 残差的估计自协方差 $\hat{\gamma}_k$,计算公式为 $\hat{\gamma}_k = 1/T \sum_{t=1}^{T} \hat{u}_t \hat{u}_{t-k}$,为了估计的准确性,这里计算至滞后 10 项的自协方差。

(3) 构造 u_t 的序列相关估计值 $\hat{\lambda}^2 = \hat{\gamma}_0 + 2 \sum_{k=1}^{q} \left(1 - \frac{k}{q+1}\right) \hat{\gamma}_k$,其中 $q = 10$。

(4) 计算菲利普斯—佩龙 t 统计量为

$$(\hat{\gamma}_0 / \hat{\lambda}^2)^{1/2} t - \{1/2(\hat{\lambda}^2 - \hat{\gamma}_0)(T^* \hat{\sigma}_{\hat{\rho}} / s) / \hat{\lambda}\}$$

式中,t 为标准的 t 统计值;T 为样本数量;$\hat{\sigma}_{\hat{\rho}}$ 为 ρ 估计值的标准差;

$$s = (T-2)^{-1} \sum_{t=1}^{q} \hat{u}_t^2$$

(5) 将统计量与临界值进行比较并判断是否存在单位根过程。这是检验 ρ 是否等于 1。

(6) 利用 F 检验的迪基—富勒临界值对 $c = 0$、$\rho = 1$ 进行检验。这是检验是否存在无位移的单位根。

参考书目

[1] 谢百三：《金融市场学》，北京，北京大学出版社，2003。
[2] 张亦春、郑振龙：《金融市场学》，北京，高等教育出版社，2003。
[3] 霍文文：《金融市场学教程》，上海，复旦大学出版社，2010。
[4] 黄达：《金融学》，北京，中国人民大学出版社，2004。
[5] 中国证券业协会：《证券市场基础知识》，北京，中国财政经济出版社，2006。
[6] 李曜：《证券投资基金学》，北京，清华大学出版社，2005。
[7] 施东晖：《中国股市微观行为：理论与实证》，上海，上海远东出版社，2001。
[8] 张育军：《国家竞争中的资本市场战略》，北京，中国金融出版社，2003。
[9] 盛立军：《中国金融新秩序》，北京，清华大学出版社，2003。
[10] 郑伟鹤、陈耀华、盛立军：《私募股权基金和金融业资产管理》，北京，机械工业出版社，2004。
[11] 盛立军：《私募股权与资本市场》，上海，上海交通大学出版社，2003。
[12] 施东晖、孙培源：《市场微观结构：理论与中国经验》，上海，上海三联书店，2005。
[13] 郭研：《金融市场教程》，北京，北京大学出版社，2004。
[14] 中国证监会从业资格考试委员会办公室编：《证券投资分析》，北京，中国财政经济出版社，2006。
[15] 白钦先、张荔等：《发达国家金融监管比较研究》，北京，中国金融出版社，2003。
[16] 林平：《银行危机监管论》，北京，中国金融出版社，2002。
[17] 陈建华：《金融监管有效性研究》，北京，中国金融出版社，2002。
[18] 刘丁己、周纯、何国全：《天使投资与风险投资基金的比较分析》，载《商业经济与管理》，2005(5)。
[19] [美] 詹姆斯·D. 汉密尔顿：《时间序列分析》（中文版），北京，中国社会科学出版社，1999。
[20] 德沃特里庞、泰勒尔：《银行监管》，中文版，上海，复旦大学出版社，2002。
[21] [美] 约翰·赫尔著，张陶伟译：《期权、期货和衍生证券》（中文版），北京，华夏出版社，1999。
[22] 威廉·F. 夏普等：《投资学基础》（中文三版），北京，中国人民大学出版社，2003。
[23] 斯蒂芬·A. 罗斯等：《公司理财》（中文版），北京，机械工业出版社，2006。
[24] 杜金富：《金融市场学》（第三版），大连，东北财经大学出版社，2010。
[25] 祁群：《金融市场学》，北京，北京大学出版社，2010。
[26] 王振山、王立元：《金融市场学》，北京，清华大学出版社，2011。
[27] [美] 弗兰克·J. 法博齐、弗兰克·莫迪利安尼：《金融市场与金融机构基础》，北京，机械工业出版社，2010。

[28] 梁福涛：《货币市场利率结构、基准利率与利率衍生品创新》，上海，上海财经大学出版社，2007。
[29] 韩长青：《国际结算》（2010 年版），北京，中国商务出版社，2011。
[30] 苏宗祥、徐捷：《国际结算》（第 5 版），北京，中国金融出版社，2010。
[31] 何小峰、黄嵩、刘秦：《资本市场运作教程》（第 3 版），北京，中国发展出版社，2011。
[32] 黄梅波、熊爱宗：《国际金融实务》，北京，高等教育出版社，2011。
[33] 胡日东、赵林海：《国际金融理论与实务（修订版）》，北京，清华大学出版社，2010。
[34] 张洪涛、郑功成：《保险学》（第三版），北京，中国人民大学出版社，2008。
[35] 郑振龙、陈蓉：《金融工程》（第二版），北京，高等教育出版社，2007。
[36] Campbell J. Y. (1999), *Asset prices, consumption, and the business cycle*, in John, Taylor and Michael Woodford (eds), Handbook of Macroeconomics, Vol. 1, NorthHolland, Amsterdam.
[37] John Y. Compbell (2000), *Asset pricing at the millennium*, Journal of Finance 55, 1515–1567.
[38] Robert A. Haugen (1997), *Modern Investment Theory*, Fourth edition, Prentice Hall.

21世纪高等学校金融学系列教材

一、货币银行学子系列

书名	作者	职务	价格	出版时间
★货币金融学（第四版）	朱新蓉	主编	56.00元	2015.08 出版

（普通高等教育"十一五"国家级规划教材/国家精品课程教材·2008）

货币金融学	张 强 乔海曙	主编	32.00元	2007.05 出版

（国家精品课程教材·2006）

货币金融学（附课件）	吴少新	主编	43.00元	2011.08 出版
货币金融学（第二版）	殷孟波	主编	48.00元	2014.07 出版

（普通高等教育"十五"国家级规划教材）

货币银行学（第二版）	夏德仁 李念斋	主编	27.50元	2005.05 出版
货币银行学（第三版）	周 骏 王学青	主编	42.00元	2011.02 出版

（普通高等教育"十一五"国家级规划教材）

货币银行学原理（第六版）	郑道平 张贵乐	主编	39.00元	2009.07 出版
金融理论教程	孔祥毅	主编	39.00元	2003.02 出版
西方货币金融理论	伍海华	编著	38.80元	2002.06 出版
现代货币金融学	汪祖杰	主编	30.00元	2003.08 出版
行为金融学教程	苏同华	主编	25.50元	2006.06 出版
中央银行通论（第三版）	孔祥毅	主编	40.00元	2009.02 出版
中央银行通论学习指导（修订版）	孔祥毅	主编	38.00元	2009.02 出版
商业银行经营管理（第二版）	宋清华	主编	43.00元	2017.03 出版
商业银行管理学（第四版）	彭建刚	主编	49.00元	2014.07 出版

（普通高等教育"十一五"国家级规划教材/国家精品课程教材·2007/国家精品资源共享课配套教材）

商业银行管理学（第三版）	李志辉	主编	48.00元	2015.10 出版

（普通高等教育"十一五"国家级规划教材/国家精品课程教材·2009）

商业银行管理学习题集	李志辉	主编	20.00元	2006.12 出版

（普通高等教育"十一五"国家级规划教材辅助教材）

商业银行管理	刘惠好	主编	27.00元	2009.10 出版
现代商业银行管理学基础	王先玉	主编	41.00元	2006.07 出版
金融市场学（第三版）	杜金富	主编	55.00元	2018.07 出版
现代金融市场学（第四版）	张亦春	主编	50.00元	2019.02 出版
中国金融简史（第二版）	袁远福	主编	25.00元	2005.09 出版

（普通高等教育"十一五"国家级规划教材）

货币与金融统计学（第四版）	杜金富	主编	48.00元	2018.07 出版

（普通高等教育"十一五"国家级规划教材/国家统计局优秀教材）

金融信托与租赁（第四版）	王淑敏 齐佩金	主编	42.00元	2016.09 出版

（普通高等教育"十一五"国家级规划教材）

| 金融信托与租赁案例与习题 | 王淑敏 齐佩金 | 主编 | 25.00元 | 2006.09出版 |

（普通高等教育"十一五"国家级规划教材辅助教材）

金融营销学	万后芬	主编	31.00元	2003.03出版
金融风险管理	宋清华 李志辉	主编	33.50元	2003.01出版
网络银行（第二版）	孙森	主编	36.00元	2010.02出版

（普通高等教育"十一五"国家级规划教材）

| 银行会计学 | 于希文 王允平 | 主编 | 30.00元 | 2003.04出版 |

二、国际金融子系列

| 国际金融学 | 潘英丽 马君潞 | 主编 | 31.50元 | 2002.05出版 |
| ★国际金融概论（第四版） | 王爱俭 | 主编 | 39.00元 | 2015.06出版 |

（普通高等教育"十一五"国家级规划教材/国家精品课程教材·2009）

国际金融（第三版）	刘惠好	主编	48.00元	2017.10出版
国际金融概论（第三版）（附课件）	徐荣贞	主编	40.00元	2016.08出版
★国际结算（第六版）（附课件）	苏宗祥 徐捷	著	66.00元	2015.08出版

（普通高等教育"十一五"国家级规划教材/2012～2013年度全行业优秀畅销书）

| 各国金融体制比较（第三版） | 白钦先 | 等编著 | 43.00元 | 2013.08出版 |

三、投资学子系列

投资学（第三版）	张元萍	主编	56.00元	2018.02出版
证券投资学	吴晓求 季冬生	主编	24.00元	2004.03出版
证券投资学（第二版）	金丹	主编	49.50元	2016.09出版
现代证券投资学	李国义	主编	39.00元	2009.03出版
证券投资分析（第二版）	赵锡军 李向科	主编	35.00元	2015.08出版
组合投资与投资基金管理	陈伟忠	主编	15.50元	2004.07出版
投资项目评估	王瑶琪 李桂君	主编	38.00元	2011.12出版
项目融资（第三版）	蒋先玲	编著	36.00元	2008.10出版

四、金融工程子系列

金融经济学教程	陈伟忠	主编	35.00元	2008.09出版
衍生金融工具（第二版）	叶永刚 张培	主编	37.00元	2014.08出版
现代公司金融学（第二版）	马亚明	主编	49.00元	2016.08出版
金融计量学	张宗新	主编	42.50元	2008.09出版
数理金融	张元萍	编著	29.80元	2004.08出版
金融工程学	沈沛龙	主编	46.00元	2017.08出版

五、金融英语子系列

| 金融英语阅读教程（第四版） | 沈素萍 | 主编 | 48.00元 | 2015.12出版 |

（北京高等教育精品教材）

| 金融英语阅读教程导读（第四版） | 沈素萍 | 主编 | 23.00元 | 2016.01出版 |

（北京高等学校市级精品课程辅助教材）

| 保险专业英语 | 张栓林 | 编著 | 22.00元 | 2004.02出版 |
| 保险应用口语 | 张栓林 | 编著 | 25.00元 | 2008.04出版 |

注：加★的书为"十二五"普通高等教育本科国家级规划教材

21世纪高等学校保险学系列教材

保险学（第二版）	胡炳志	何小伟	主编	29.00元	2013.05出版
保险精算（第三版）	李秀芳	曾庆五	主编	36.00元	2011.06出版

（普通高等教育"十一五"国家级规划教材）

人身保险（第二版）	陈朝先	陶存文	主编	20.00元	2002.09出版
财产保险（第五版）	许飞琼	郑功成	主编	43.00元	2015.03出版

（普通高等教育"十一五"国家级规划教材/普通高等教育精品教材奖）

财产保险案例分析	许飞琼		编著	32.50元	2004.08出版
海上保险学	郭颂平	袁建华	编著	34.00元	2009.10出版
责任保险	许飞琼		编著	40.00元	2007.11出版
再保险（第二版）	胡炳志	陈之楚	主编	30.50元	2006.02出版

（普通高等教育"十一五"国家级规划教材）

保险经营管理学（第二版）	邓大松	向运华	主编	42.00元	2011.08出版

（普通高等教育"十一五"国家级规划教材）

保险营销学（第四版）	郭颂平	赵春梅	主编	42.00元	2018.08出版

（教育部经济类专业主干课程推荐教材）

保险营销学（第二版）	刘子操	郭颂平	主编	25.00元	2003.01出版
★风险管理（第五版）	许谨良		主编	36.00元	2015.08出版

（普通高等教育"十一五"国家级规划教材）

保险产品设计原理与实务	石兴		著	24.50元	2006.09出版
社会保险（第四版）	林义		主编	39.00元	2016.07出版

（普通高等教育"十一五"国家级规划教材）

保险学教程（第二版）	张虹	陈迪红	主编	36.00元	2012.07出版
利息理论与应用（第二版）	刘明亮		主编	32.00元	2014.04出版

注：加★的书为"十二五"普通高等教育本科国家级规划教材。